中国新华书店发展大系

《中国新华书店发展大系·总店卷（1937—2017）》编纂委员会 编

总店卷
1937
2017

人民出版社

责任编辑:韦玉莲
装帧设计:陈　楠
版式设计:王　蓓

图书在版编目(CIP)数据

中国新华书店发展大系.总店卷:1937—2017/《中国新华书店发展大系.总店卷:
　1937—2017》编纂委员会 编. —北京:人民出版社,2017.4
ISBN 978－7－01－017532－4

Ⅰ.①中…　Ⅱ.①中…　Ⅲ.①新华书店-史料-中国-1937—2017
　Ⅳ.①G239.27

中国版本图书馆 CIP 数据核字(2017)第 060953 号

中国新华书店发展大系·总店卷
ZHONGGUO XINHUA SHUDIAN FAZHAN DAXI ZONGDIANJUAN
(1937—2017)

《中国新华书店发展大系·总店卷(1937—2017)》编纂委员会　编

人 民 出 版 社 出版发行
(100706　北京市东城区隆福寺街 99 号)

北京新华印刷有限公司印刷　新华书店经销

2017 年 4 月第 1 版　2017 年 4 月北京第 1 次印刷
开本:710 毫米×1000 毫米 1/16　印张:40.5　插页:16
字数:650 千字

ISBN 978－7－01－017532－4　定价:110.00 元

邮购地址 100706　北京市东城区隆福寺街 99 号
人民东方图书销售中心　电话 (010)65250042　65289539

1. 1939 年 9 月 1 日，毛泽东主席在延安为新华书店题写店名

2. 1948 年 12 月，毛泽东主席在河北省平山县西柏坡再次为新华书店题写店名

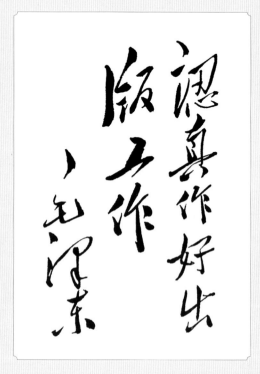

1949 年 10 月 3 日，毛泽东主席为全国新华书店出版工作会议题词：
"认真作好出版工作"

新华书店五十春秋

1986 年秋，中共中央政治局常委、中央顾问委员会主任、中央军委主席邓小平为新华书店总店编辑出版的《新华书店五十春秋》题写书名

继承和发扬新华
书店光荣的革命传统

江泽民 一九九二年
四月五日

1992 年 4 月 5 日，中共中央总书记江泽民为新华书店成立 55 周年题词

成长轨迹

1. 1937 年 4 月 24 日，中共中央机关理论刊物《解放》周刊问世，同时成立"新华书局"发行《解放》周刊。当年 10 月，"新华书局"易名"新华书店"，办公地点在延安清凉山万佛洞

2. 新华书店发祥地原貌

3. 由全国新华书店捐资修复后的新华书店发祥地延安清凉山旧址

4. 1937—1938 年，新华书店发行的马列著作单行本

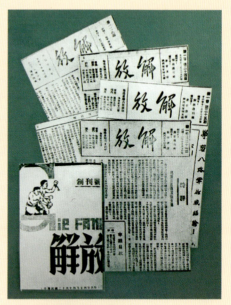

	1
	2
4	3

1. 1940年1月，延安新华书店改名为新华书店总店。3月，新华书店总店在山西兴县建立第一个分店——新华书店兴县分店（晋西北新华书店）

2. 1941年1月，华北书店在太行山区桐峪镇开设第一个门市部

3. 1941年1月，山西太岳新华书店在沁源县成立。图为太岳新华书店在阳城县的旧址

4. 1942年5月1日，陕甘宁边区新华书店在延安南关新市场开业。新华书店总店遂把陕甘宁边区的书报刊发行任务交给边区书店，集中主要力量向各个根据地、国民党统治区、敌占区以及八路军、新四军各兵站发行和运送延安出版的书刊、报纸

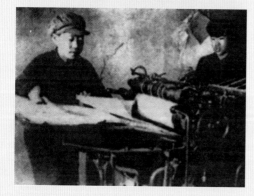

1. 1943年3月，陕甘宁边区新华书店经理张良在《书报下乡》一文中提出"文化下乡"必须有"书报下乡"来配合。陕甘宁边区新华书店开展送书下乡

2. 1944年，山西阳城新华书店工作人员运送书刊到各分支店

3. 1947年，边区新华书店在加紧印刷书刊

4. 1947年5月，国民党军队向山东孟良崮发动进攻时，渤海总分店被炸，同志们正在清理场地

1	
2	
3	4

1. 1945 年 11 月，张家口新华书店晋察冀分店开张营业

2. 1949 年 2 月，北平新华书店王府井门市部营业

3. 1949 年的新华书店天津分店第二门市部

4. 1949 年 7 月的新华书店哈尔滨分店

	1
	3
2	4

1. 1949 年 10 月 3—19 日，全国新华书店出版工作会议在北京召开，会议作出统一全国新华书店的决议

2. 1950 年 8 月 29 日，参加全国新华书店第二届工作会议代表合影

3. 1950 年 8 月 29 日—9 月 10 日，全国新华书店第二届工作会议在北京召开，出版总署署长胡愈之作报告。大会决定将新华书店总管理处改为新华书店总店

1.1950 年 4 月 30 日，新华书店华东总分店第一届分店会议召开

2.1950 年 6 月，新华书店西南总分店第一次分店代表会议召开

3.1950 年 8 月，新华书店华南总分店成立

1	2
3	

1. 1950 年，华北总分店首届分店会议
召开

2. 1950 年，东北总分店第六次分店会
议召开

3. 1951 年 5 月，新华书店中南区首届
发行会议召开

4. 1951 年，新会书店西北区第二届分
支店会议召开

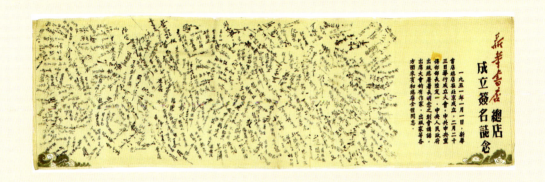

1. 1951年1月1日，新华书店总店正式成立，为全国新华书店最高管理机构。图为《新华书店总店成立签名志念》。上面有陆定一、胡愈之等300多人签名

2. 1951年1月3日，总店关于组织机构、人员配备名单的请示及出版总署办公厅的批示文件

3. 1951年11月，政务院财政经济委员会主任陈云签发的"新华书店总店营业执照"

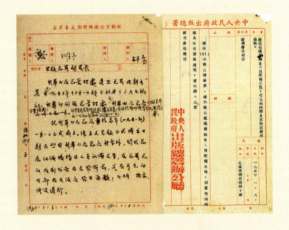

1. 1951 年 2 月 23 日召开的总店成立大
会代表合影（局部）

2. 1951 年，总店成立时在延寿寺街刘
家大门 1 号办公

3. 1951 年 7 月—1952 年 6 月 和 1954
年 8 月—1958 年 7 月，总店在廊房头
条 10 号办公

4. 1952 年 6 月—1954 年 8 月，总店专
事全国新华书店的业务权、财务权管
理工作，在东总布胡同 10 号与出版总
署发行局合署办公

1	2
3	
4	

1. 1958 年 7 月，总店作为文化部指导全国图书发行工作的职能机构，迁至文化部大楼与出版局合署办公

2. 1965 年 7 月—1969 年 4 月，总店在北京汉花园 12 号原北京大学红楼办公

3. 1973 年 10 月，总店恢复建制，在北礼士路 135 号和京所合署办公。1978年 4 月京所改制为新华书店北京发行所和储运公司，由总店管理

4. 1982 年 3 月—1987 年 10 月，总店在海淀区大柳树北村甲 23 号职工宿舍楼内办公

1. 1987 年 10 月 1 日，新华书店总店、新华书店北京发行所、新华书店储运公司正式合并，名称为新华书店总店，为中央一级图书发行企业，在北礼士路 54 号办公，至 1999 年 11 月

2. 京所 1985 年引进日本的 M-240D 150 万次 / 秒计算机成套设备。1986 年开发应用。这一系统的应用被《电子报》评为 1989 年中国 9 个 "电子计算机之最" 之一

3. 2005 年 11 月—2008 年 4 月，总店在马连道红莲南路 30 号办公。总店马连道 30 号院用地是在 1982 年胡耀邦总书记亲切关怀下经国务院批准征地建设的

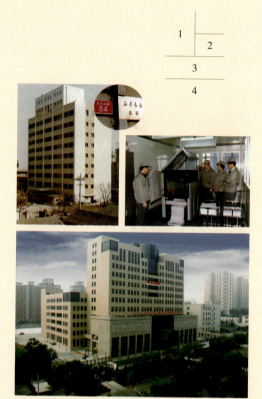

4. 2017 年，总店北礼士路 135 号院改建扩建中的 "新华文化创意产业园" 园区效果图

1. 1956 年 9 月 3—9 日，新华书店总店、中国国际书店总店在北京联合召开全国图书发行先进工作者代表会议。这是新中国成立以来新华书店系统第一次召开的全国性表彰先进会议

2. 1983 年 3 月，总店在北京召开全国新华书店表彰先进大会。这是新华书店建店以来规模最大的一次盛会

1 | 2

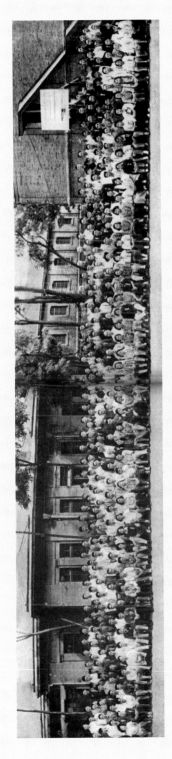

1
―
2
―
3

1. 1962年4月16日—5月3日，总店在北京和平宾馆召开图书发行工作会议，讨论加强计划发行、缓和供需矛盾的措施。图为部分代表在宾馆门前合影

2. 1963年11月，总店在北京召开全国图书转运工作会议。文化部副部长徐光霄、文化部部长助理黄洛峰、出版局局长王益、副局长史育才到会指导，总店总经理王璟主持会议

3. 1980年7月，总店在北京召开全国图书发行工作座谈会。会议由总店经理王璟主持。中宣部出版局、国家出版局领导王子野、常萍、王益、牛玉华等到会指导

1. 1981 年 7 月，总店委托京所在北京举办全国新华书店图书调剂会，国家出版局副局长王益等领导到会指导工作

2. 1982 年 8 月，总店在西宁召开首次全国少数民族文字图书发行工作座谈会

3. 1983 年 3 月，总店召开全国新华书店经营责任制经验交流会

4. 1983 年 7 月，总店召开全国新华书店扶植和发展集体、个体书店经验交流会

5. 1984 年 6 月，总店在南京召开全国新华书店工作会议，检查贯彻中共中央、国务院《关于加强出版工作的决定》情况，讨论书店整顿和改革问题

1	2
3	4
5	

1
—
2
—
3

1. 1993 年 11 月 8 日，新华书店总店与北京华威大厦有限公司合作经营的华威图书精品店开业，是国内第一家进商场的零售书店。1997 年 2 月 27 日被新闻出版署命名为"全国新华书店精神文明示范单位"

2. 1994 年 4 月 28 日，总店批销中心开业，对新华书店系统内外提供现货批销。图为批销大厅

3. 1996 年 6 月 18 日，新华书店总店和中国音像协会共同筹建的北京音像城开业，营业面积 3 000 平方米

服务基层

```
        1
        2
      3     4
      5
```

1. 1980 年 10 月 7—21 日，总店和北京市店在北京劳动人民文化宫联合举办 1980 年第一届全国书市

2. 1981 年 4 月，京所在北京召开全国年画订货工作座谈会，同时举办第一次全国年画看样订货会，与会代表看样后计划订货数达 6 亿多张（册）

3. 1987 年 3 月，京所与中央一级、北京地区 160 家出版社在秦皇岛联合创办全国第一届图书看样订货会

4. 1992 年 3 月，总店和各省、自治区、直辖市新华书店，各发行所联合主办，河北、甘肃、江西、辽宁、四川、湖南省店承办的 1992 年首届春季全国新华书店图书看样订货会分八片举行

5. 1992 年 8 月，总店主办的 1992 全国新华书店音像出版物订货会在北京举行

1. 1950 年 3 月 24 日，新华书店总管理处创办店刊《内部通报》

2. 总店为指导全国新华书店工作而编印的《新华通讯报》（1951—1952 年）、《发行通报》（1953—1954 年）

3. 由总店编辑、出版的《图书发行》报于 1955 年 1 月创刊，"文革"期间停刊，1979 年 9 月复刊，并向全国公开发行

4. 1995 年 1 月 2 日，《图书发行》报正式改名为《中国图书商报》

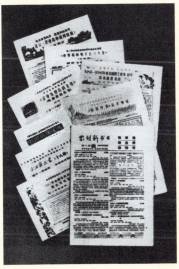

1	3
2	4
	5

1. 总店编辑、出版的《科技新书目》（1963 年 10 月创刊）、《社科新书目》（1980 年 4 月创刊）、《标准新书目》（1983 年 10 月创刊）简称"三目报"

2. 京所编印的专题书目《农村新书目》，自 1985 年起由京所、津所、沪所合编

3. 图为总店编辑、出版的《新华书目报》（1998 年由"三目报"合刊创办）、《图书馆报》（2010 年 1 月创刊）、《国际出版周报》（中英文版，2016 年 6 月创刊）、《全国大中专教学用书汇编》（始编于 1986 年秋季）

4. 图为店史系列图书

5. 1963—1994 年，总店主持编写图书发行专业教材、图书发行丛书、书店工作史料、图书发行工作文件选编等

企业文化

1. 1983 年 4 月 1 日，经教育部批准，总店倡导并出资 284.4 万元，与武汉大学联合设立图书发行专业，首届开学典礼于 1983 年 9 月 10 日举行。总店副总经理郑士德出席并讲话

2. 1985 年 10 月，总店欢送第一批学员 5 人，去日本出版贩卖株式会社研修图书批发、储运、门市等发行业务

3. 1987 年 12 月 30 日，中国共产党新华书店总店第一次代表大会召开

4. 1988 年 5 月，总店召开第一次职工代表大会

1	
2	
3	4

1. 1995 年 11 月 7 日，由总店牵头在西安召开全国新华书店经营协调委员会全体委员会议，研究新华书店 60 周年店庆活动，同时作出修复延安清凉山新华书店旧址及兴建新华书店延安希望小学的决定

2. 2001 年 10 月 23 日，民政部批准总店筹备中国新华书店协会。2003 年 1 月 6 日，中国新华书店协会召开成立大会

3. 全国出版物发行标准化技术委员会于 2004 年 7 月 19 日召开成立大会。标委会主任委员、新闻出版总署副署长柳斌杰与参会代表合影。总店通过竞标成为标委会秘书处承办单位

4. 1991 年 11 月 16—18 日，总店参与承办全国新华书店首届财会知识竞赛，图为在京决赛现场

5. 1997 年 6 月 16 日，新闻出版署、劳动部主办，总店承办的"全国新华书店知识技能比赛"在京举行

全国出版物发行标准化技术委员会成立大会纪念 2004.7.19 北京

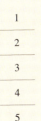

1

2

3

1. 1987 年 4 月 24 日，总店在全国政协礼堂隆重举行"新华书店创建五十周年纪念会"

2. 1997 年 4 月 24 日，新华书店成立六十周年纪念座谈会召开

3. 新华书店六十周年纪念活动之一"全国新华书店系统老职工游北京"活动由总店承办。1997 年 4 月 24 日，中央宣传部、新闻出版署领导和新华书店总店领导亲切会见了第三批游北京的云南、新疆等省、区新华书店老职工代表并合影

```
1
2
3
4
```

1. 1951 年 10 月 6 日，新华书店总店、中国图书发行公司工会召开欢送赴朝战地文化服务队大会

2. 由海军战士军乐队伴奏、总店职工百人合唱团演唱的《我的祖国》，在 1991 年 6 月新闻出版署机关党委组织的纪念中国共产党成立 70 周年署直单位职工歌咏比赛中荣获一等奖

3. 总店参加中国出版集团 2015 年 9 月 22 日举办的第一届运动会

4. 2015 年 10 月 14 日，为纪念抗日战争胜利暨世界反法西斯战争胜利 70 周年，总店组织在职员工和部分离退休老同志参观中国人民抗日战争纪念馆

1
——
2
——
3

1. 1979 年 6 月，应英国出版商协会邀请，总店副总经理汪轶千参加以陈翰伯为团长、陈原为副团长的中国出版代表团访问英国

2. 1985 年 3 月，总店副总经理鲁明一行访问日本，与日本出版贩卖株式会社洽谈合作项目

3. 2015 年 5 月，总店总经理茅院生参加美国书展、访问日本文化企业

1. 2016 年 8 月 24 日，由国际出版商协会、中国出版协会主办，新华书店总店《国际出版周报》发起并承办的 2016 国际出版企业高层论坛暨"国际出版网"上线仪式在北京举行。国家新闻出版广电总局副局长阎晓宏、中国出版集团公司总裁谭跃、国际出版商协会秘书长 JoséBorghino、埃及文化部副部长海赛姆·艾尔哈加里等中外 200 余位嘉宾出席，中央电视台、凤凰网、搜狐网等 20 家媒体进行了报道

2. 2017 年 3 月 15 日，国际出版商协会、中国出版协会、中国出版集团、伦敦书展组委会主办，新华书店总店、《国际出版周报》承办的 2017 国际出版企业高层论坛伦敦峰会在英国伦敦举行，总店总经理、《国际出版周报》社长茅院生发布《中国出版产业发展报告》。国际出版商协会主席柯曼、伦敦书展主席托马斯、中国出版协会副理事长李朋义、国家新闻出版广电总局规划发展司司长朱伟峰、中国出版集团副总裁姜军等出席

$\dfrac{1}{2}$

亲切关怀

1
2
3
4

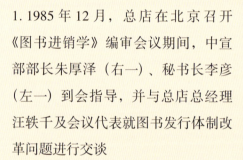

1. 1985 年 12 月，总店在北京召开《图书进销学》编审会议期间，中宣部部长朱厚泽（右一）、秘书长李彦（左一）到会指导，并与总店总经理汪轶千及会议代表就图书发行体制改革问题进行交谈

2. 1989 年 10 月，总店和北京市店主办第二届全国书市，新闻出版署署长宋木文视察第二届书市，并与总店和市店领导合影留念

3. 1996 年 4 月 24—27 日，全国新华书店经营协调委员会会议在北京举行，讨论通过《新华书店 60 周年纪念活动总体方案》。新闻出版署刘杲、杨牧之等领导到会指导

4. 1996 年 10 月，中宣部副部长龚心瀚（左一）、新闻出版署署长于友先（左二）视察总店批销中心

1 ─
2 ─
3 ─
4 ─
5

1. 2015 年 11 月 9 日，中宣部副部长庹震到总店调研指导工作

2. 2017 年 3 月 24 日下午，国家新闻出版广电总局副局长阎晓宏莅临总店视察调研并座谈，听取总店改革发展及重点项目建设情况汇报并发表重要讲话。中国出版集团公司党组书记王涛主持座谈会。国家新闻出版广电总局印刷发行司司长刘晓凯、副巡视员董依薇，中国出版集团公司副总裁刘伯根等陪同调研

3. 2015 年 7 月 27 日，中国出版集团公司谭跃总裁、王涛书记、刘伯根副总裁、李岩副总经理、潘凯雄副总裁、孙月沐副总经理在总店召开 135 号院改造改建方案现场办公会

4. 2016 年 5 月 10 日，中国出版集团党组书记王涛莅临总店听取新华发行网项目汇报

5. 2017 年 2 月 17 日，中国出版集团总裁谭跃，副总裁刘伯根、潘凯雄莅临总店考察指导工作

荣誉称号

1. 1959 年 10 月，新华书店北京发行所荣获全国工业、交通运输、基本建设、财贸方面社会主义建设先进集体和先进工作者代表大会（简称全国群英会）锦旗

2. 1975 年 1 月，北京发行所与邮政科研所合作，自行试制成功 SK-2 型塑料带自动捆扎机，荣获 1978 年全国科学大会奖

3. 1983 年 3 月，总店在北京主办全国新华书店表彰先进大会。会上，新华书店北京发行所第三发行科、新华书店储运公司第二包装科第三组荣获"全国新华书店先进单位（集体）"光荣称号

4. 在 1991 年中国共产党建党 70 周年之际，《毛泽东选集》（1—4 卷）（第二版）出版发行。7 月下旬，在这次出版发行工作中作出突出贡献的新华书店总店等 18 个单位在新闻出版署召开的表彰会上获颁奖旗

1
—
2
—
3
—
4

1. 1991 年 6 月 20 日，总店荣获劳动部、国务院生产委员会、国家教委、人事部、全国总工会、中国职工教育和职业培训协会、中国成人教育协会联合授予的"全国职工教育先进单位"称号

2. 1992 年 11 月 21 日，总店荣获商业部授牌的"中华老字号"铜匾

3. 总店荣获首都精神文明建设领导小组授予的 1992 年度"首都文明单位"荣誉称号

4. 2007 年 4 月，总店荣获人事部和新闻出版总署授予的"全国新华书店系统先进集体"荣誉称号

新中国成立前新华书店（总店）经理

王矛、张道吾、易吉光

新中国成立后新华书店（总店）历任负责人

新华书店总编辑

胡愈之
（1949 年 9 月—1950 年 3 月）

新华书店总管理处总经理

黄洛峰
（1950 年 4—11 月）

新华书店总店总经理

徐伯昕
（1951 年 1 月 1 日—1954 年 11 月）

王益
（1954 年 12 月 -1958 年 10 月 10 日）

史育才
（1958 年 10 月 10 日—1960 年 12 月 19 日）

王璟
（1960 年 12 月 19 日—1982 年 12 月）

汪轶千
（1983 年 11 月 10 日—1993 年 7 月 1 日）

邓耘
（1993 年 7 月 1 日—2002 年 4 月 8 日）

刘国辉
（2002 年 9 月 9 日—2007 年 12 月 19 日）

汪季贤
（2007 年 12 月 19 日—2010 年 8 月 11 日）

茅院生
（2013 年 12 月 30 日—　）

中国新华书店发展大系

编纂委员会

中国新华书店发展大系
—总店卷（1937-2017）—

编纂委员会

主　　　编	茅院生	
副 主 编	柏万良　　张雅山　　陈　新	
编　　委	戴　昕	
编 写 者	程丽红	
图片提供者	总店档案室及办公室人员	
顾　　问	汪轶千　　鲁　明　　郑士德　　周昌喜　　刘国辉	
	汪季贤　　邓　耘　　罗敏君　　王栋石　　王四海	
	马宝亮　　王宏经　　赖雪梅	

继承光荣传统 履行光荣使命

聂辰席

当前，全党全国各族人民正在以习近平同志为核心的党中央领导下，朝着全面建成小康社会、实现中华民族伟大复兴中国梦的目标阔步前进。

作为党创建和领导的出版发行机构，作为社会主义出版事业和文化事业建设的亲身经历者、积极参与者和忠实见证者，新华书店已经走过了80年的光辉历程。

1937年4月，新华书店在革命圣地延安诞生。从清凉山麓的一间窑洞出发，新华书店始终伴随着党和人民事业一路砥砺前行、不断发展壮大。在党中央的高度重视和亲切关怀下，新华书店始终坚持正确方向、坚定立场，坚持围绕中心、服务大局，坚持读者至上、服务群众，及时把党的路线方针政策传播到千家万户，把教材送到亿万学生手中，把科学文化知识提供给广大读者受众，为满足人民群众精神文化需求、提高全民族思想道德素质和科学文化素质作出了卓越贡献，为促进全民阅读、建设书香社会发挥了积极作用，为传承中华优秀传统文化、建设社会主义文化强国凝聚了强大力量。

进入新的历史时期，新华书店不断深化改革，完善体制机制，优化业务结构，创新发展业态，努力提升整体实力和服务水平，把发行网点开小到人民群众最需要的地方，开创了图书发行史上流动供应和上门售书的服务新举措，目前已形成遍布全国的1万余处发行网点，拥有13万名员工，成为以图书发行为主营业务、多业态发展的国有文化企业中坚力量。

80年来，无论是在战火硝烟的革命战争年代，在热火朝天的社会主义建设时期，在探索中前行的计划经济阶段，还是在改革开放的社会主义市场经济大潮中，新华书店始终坚守宣传真理、传播知识、传承文化的历史责任，筚路蓝缕、不畏牺牲，坚定不移、勇往直前，经受了血与火的考验，克服了难以想象的挫折与困难，走出了一条服务党和国家大局、服务人民群众的改革发展之路，创造了许多载入文化建设史册的突出业绩，留下了无数值得后人铭记的感人事迹。

80年来，新华书店涌现出一大批出版发行事业的中坚力量，他们中有在抗战时期反扫荡中宁死不屈、跳崖牺牲的女英雄黄君珏，有在为各敌后根据地运送图书时突破封锁线而倒下的发行员，有在抗美援朝战争中送书上阵地而壮烈牺牲的随军书店员工高照杰，有在为读者服务中苦练业务、精益求精、服务周全的普通营业员，有在平凡岗位上坚持读者第一、服务第一的劳动模范，还有身退心不退、愿把余生献给读者的新华老员工……他们是不同历史时期新华书店创业发展的脊梁，永远留在读者的记忆中，永远铭刻在新华书店发展前行的历史丰碑上。

在80年的奋斗发展历程中，新华书店留下了宝贵的精神财富，锻造了鲜明的新华精神，其核心要义就是：坚持正确政治方向，与时俱进、改革创新，全心全意为人民服务、为读者服务。这种坚守了80年的光荣传统已融进新华人的血液，贯穿于每个新华人的行动中。正是有了这种精神，新华书店才能改革创新、与时俱进、自强不息、永葆青春，才能在激烈的市场竞争中持续健康发展。

在纪念新华书店创立80周年之际，由中国新华书店协会组织编纂并呈现给新华人和社会读者的这套《中国新华书店发展大系》，系统收集整理了新华书店在革命战争时期、社会主义建设时期和改革开放时期的重要资料，记录了新华书店自创立以来的重大史实和事件，回顾了新中国出版发行事业的缘起与形成，展现了中国出版发行业特别是新中国图书发行业详尽的发展脉络，是新华书店建立以来史料最全、内容最广、时间跨度最长、记录最详实的珍贵资料，是新中国出版史的重要文献和新华书店员工必读的史料教材，具有"存史、资政、育人"的重要价值。 位出版界老前辈曾经说过：通过新华书店发展轨迹和辉煌历史，可以看到新华书店所具有的光荣的历史、自豪的品牌、高昂的士气和远大的前程。《中国新华书店发展大系》既是对新华书店光荣奋斗历史的详实记载，更蕴含着激励当代新华人不忘初心、继续前进的强大动力。

伟大的事业需要伟大的精神力量，对新华书店赋予了新的职责使命。广大新华人要牢固树立政治意识、大局意识、核心意识、看齐意识，深入学习贯彻习近平总书记系列重要讲话精神和治国理政新理念新思想新战略，进一步弘扬优良传统作风，进一步加大改革创新力度，努力繁荣发展社会主义先进文化，更好满足人民群众精神文化需求，让新华书店这一光荣品牌"苟日新、日日新、又日新"，让新华精神不断发扬光大，更加充满信心地迈向辉煌百年，为实现"两个一百年"奋斗目标、中华民族伟大复兴中国梦而不懈奋斗！

序

茅院生

新华书店总店作为中国共产党在延安成立的红色企业，回顾其 80 年的历史，我们看到的是一部中国文化企业的革命史、创业史、奋斗史、改革发展史。

一、新华书店总店是具有悠久革命历史的文化企业

1937 年 4 月 24 日，党中央在延安成立新华书店，作为中共中央党报委员会发行科的对外机构、中央机关刊物《解放》的发行机构，承担着党的书报刊出版发行任务。1940 年，中共中央出版发行部将"延安新华书店"改名为"新华书店总店"。新中国成立之前新华书店总店与解放区新华书店分店共出版图书 5 291 种（册），发行图书报刊 4 亿余册。新华书店总店从无到有，从小到大，以宣传马列主义、毛泽东思想为己任，努力传播科学知识与进步理论，为夺取抗日战争和解放战争的伟大胜利、为新中国的建立起到了文化传播与精神引领的重要作用。

1939 年、1947 年毛泽东同志两次题写了"新华书店"店招，1946 年 1 月，毛泽东同志题写了"新华书店总店"店名。新华书店总店不同时期曾直属于中央党报委员会、中共中央出版发行部、中宣部出版委员会、中央出版局、中央宣传部、中央人民政府出版总署、文化部、国家出版局、国家新闻出版总署等领导机关。2002 年 4 月，按照中央文化体制改革战略部署，新华书店总店成为组建中国出版集团的 12 家重要成员单位之一。

二、新华书店总店为新中国的出版发行事业奠定了重要基础

1949 年 10 月 3—19 日，全国新华书店第一届出版工作会议在北京召开，毛泽东主席接见全体会议代表。根据周恩来总理建议，会议作出《关于统一全国新华书店的决定》。这是我国图书发行事业的一个历史转折点。1951年1月1日，新华书店总店作为全国新华书店的最高管理机构，对各地分、支店的人、财、物实行集中统一管理。新华书店从分散经营走向统一、集中，并按照事业发展规划，在全国各地建立健全发行网点，规范经营管理制度。

1977年开始，新华书店总店根据中央部署，对经历"文革"冲击的全国新华书店开展恢复整顿工作，在企业管理、业务恢复、队伍培训、发行体制改革、制度建设、创办全国书市（即现在的全国图书博览会）、制定全行业发展规划和推广现代化设备与技术等方面做了一系列工作，全国新华书店发行网点、事业规模、职工队伍得到蓬勃发展。

三、新华书店总店为出版发行体制改革做出了有益的探索

1987年10月，新华书店总店转制成为中央一级图书发行企业。总店积极探索，调整业务及管理结构，在财务管理、新技术应用、人才队伍、基础设施、现代经营管理体制、机制和多元化经营等方面，进行了影响全行业的调整与探索。新华书店总店自身影响不断扩大，到2008年累计发行图书销售额超过260亿元。

在出版发行体制改革的不同时期，新华书店总店成功申请注册"新华书店"服务商标，牵头筹备成立"中国书刊发行协会""中国新华书店协会"，使"新华书店"商标及品牌无形资产得到了有效的法律保护和应用，为国家出版发行事业发展做出了新的贡献。

随着出版社自办发行，各省市店开展省内连锁经营，总店历经多次国家出版物发行体制改革，逐渐失去了出版物总发行总经销的市场优势地位，承担总店图书发行主营业务的新华出版物流通公司资金链和业务链断裂。2008 年 4 月，总店传统图书批发业务歇业。在经历了由全国新华书店系统的分散到集中，又由集中到分散的跌宕起伏之路后，总店事业也随之进入发展的低谷期。

四、新华书店总店新时期全力推进改革发展

2013 年 12 月，在中宣部、中国出版集团关心下，总店新一届领导班子成立。新班子根据党和国家发展规划，结合总店实际，科学制定了新的发展战略，明确了目标，厘清了思路，规划了项目，坚持知难而进、改革创新、依法治企、发展为本，全面深化改革，努力推进产业转型，在复兴的道路上扬帆起航。

总店在新时期始终将抓经营成效作为企业生存之本。2016 年与 2013 年同期相比，营业收入增长 34%；近三年利润平均增长率达到 347%；在岗员工平均薪酬是 2013 年的 2.5 倍；为老同志增加生活补贴，让老同志分享改革发展成果；应付账款同比减少 29%，各项经营指标更加稳健更趋健康。可以说，今天的总店经营状况良好。

总店在新时期始终抓战略规划、谋可持续发展。2014 年总店年度工作会确定了"盘活存量资产、推进产业转型"发展战略，2016 年确定了总店"十三五"期间的发展规划，进一步明确了总店的发展方向、发展思路、发展目标、发展措施和一批发展项目。可以说，今天的总店战略思路更加清晰。

总店在新时期始终抓重点项目推进产业转型。总店围绕发展战略，规划了"中国新华发行网""全国大中专教材采选系统""新华文化创意产业园"三大项目。"中国新华发行网"得到财政部国有资本经营预算资金支持、"全国大中专教材采选系统"入选总局改革发展项目库，两个项目均入选中国出版集团"十三五"重点项目，各项工作基本按照计划进行。可以说，今天的总店在"互联网+"时代一体两翼业务新板块已见雏形。

总店在新时期始终抓对外合作重建市场形象。创新规划会展经济，全年8次常规会展、5大评选活动展现总店品牌影响力。创办《国际出版周报》"国际出版网""国际出版企业高端论坛"。通过"国际出版企业高端论坛""全国高等教育教材峰会""出版界图书馆界全民阅读年会""全国馆社高层论坛"等会展平台，"优秀馆配商""优秀教材供应商""金牌教材编辑"等评选活动，与国际出版商协会、中国出版协会、中国书刊发行业协会、韬奋基金会等开展了广泛深入的合作。可以说，今天的总店树立了良好的市场形象。

总店在新时期始终抓全面改革促规范治理。2014年以来，总店全面梳理业务和管理流程，经营性业务公司化运营，实现经营职能和行政管理职能分离。先后出台了近70项规章制度，为总店实现战略目标提供了制度保障。对原投资的11家企业根据经营情况实施分类管理，建立统一的财务管理制度和法律顾问制度，排除重大经营与法律风险。可以说，今天的总店管理渐趋规范、科学。

总店在新时期始终抓机制创新建优秀团队。通过公司化运营、内部培养、外部引进等方式，培养了一批经营管理和业务骨干。与2013年相比，总店员工平均年龄下降9.2岁，大学本科以上学历员工比例增加25.74%，达到79.66%，硕士以上员工比例增加12.89%，达到16.1%，中层干部硕士博士以上学历占37%。大多数员工都能做到主动思考、主动作为，具有较强的市场意识、创新意识、团队意识。可以说，今天的总店充满活力和朝气。

总店在新时期始终抓党建形成企业合力。不断加强党的组织建设和党风廉政建设，建立了"克勤于邦，止于至善"的核心理念，改善了办公环境，设立帮困基金，设立专门的部门为老同志服务。离退休职工看到了总店的改革发展，分享了总店的改革发展成果，支持总店的改革发展。可以说，今天的总店形成了风清气正、干事创业的良好氛围。

艰苦创业彰显担当，与时俱进再创辉煌。站在新的历史起点上，我们将不忘初心，砥砺前行，通过干事创业重塑总店形象，重现昔日荣光；我们将艰苦奋斗、努力拼搏，通过干事创业激发改革活力，实现强企梦想；我们将改革创新、与时俱进，通过干事创业谱写新篇章，创造更加美好的未来。让我们一起努力，为创新和发展"新华书店"品牌，为国家文化大发展大繁荣，为"两个一百年"的奋斗目标做出新的贡献！

凡例

一、本系以马克思列宁主义、毛泽东思想、邓小平理论、"三个代表"重要思想、科学发展观和习近平总书记系列重要讲话精神为指导，坚持真实、客观、全面地记载中国新华书店的发展史实。

二、本系上限追溯自 1937 年 4 月 24 日中国新华书店诞生，下限断至 2017 年 3 月 31 日。

三、本系以编年体为主，适当结合纪事本末体，分年、月、日记述。

四、本系分卷编纂，以省、自治区、直辖市设卷，另设有总店卷和协会卷。各卷一般含序、概述、图片、大事记、附录、参考文献、后记。

五、本系采用规范语体文，行文力求朴实、简洁、通畅。

六、本系纪年一律采用公元纪年。

七、本系采用的简化字以国家语言文字工作委员会公布的《简化字总表》为准；标点符号以国家质量监督检验检疫总局、国家标准化管理委员会发布的《标点符号用法》为准；计量单位，新中国成立之前使用当时通用单位，新中国成立后使用国家法定计量单位。

八、本系资料主要选自各省级新华书店现存的文书档案和各类档案馆、图书馆所藏相关资料和出版物。

各卷卷目

总店卷

北京卷

天津卷

上海卷

重庆卷

河北卷

山西卷

辽宁卷

吉林卷

黑龙江卷

江苏卷

浙江卷

安徽卷

福建卷

江西卷

山东卷

河南卷

湖北卷

湖南卷

广东卷

海南卷

四川卷

贵州卷

云南卷

陕西卷

甘肃卷

青海卷

内蒙古卷

广西卷

西藏卷

宁夏卷

新疆卷

协会卷

目录

概述

1937年4月24日，新华书店在中国共产党中央所在地延安清凉山麓的两口小窑洞里诞生。当时，其内部建制是中央党报委员会发行科，全科7人中有6人是经过长征考验的老红军，他们最早把长征精神带进新华书店。建店初期，主要任务是发行中共中央机关刊物《解放》和马列丛书、抗战丛书。1939年，新华书店独立建制，划归新的中共中央出版发行部领导，店址从清凉山迁至延安北门外。是年9月1日，毛泽东主席第一次为新华书店题写店招。新华书店的成立，是我国现代图书发行事业发展的一个新起点。

1940年1月，中共中央出版发行部为加强新华书店机构建设，把延安新华书店改名为新华书店总店。2月，中央出版发行部派人前往绥德专区和晋绥、晋察冀等抗日根据地建立发行网。3月，新华书店总店在山西兴县建立第一个分店——晋西北新华书店。9月，党中央发出《中央关于发展文化运动的指示》，要求各地党委"注意组织报纸、刊物、书籍的发行工作"。12月25日，毛主席为中共中央起草的党内指示《论政策》中，再次强调"每个根据地都要建立印刷厂，出版书报，组织发行和运输机关"。敌后各根据地党委，按照这两个文件的指示精神，陆续建立起受延安总店业务指导的新华书店。

1941年底，中央出版发行部改制为中央出版局，新华书店总店实际上成为出版局的一个组成部分，总店随出版局迁回清凉山。

1942 年 5 月 1 日，中共陕甘宁边区中央局在延安南门外新市场成立陕甘宁边区新华书店。从此，清凉山的新华书店总店把发行工作重点放在各敌后根据地及大后方。向兴县分店、黎城分店、陕甘宁边区书店、绥德西北抗敌书店批发书刊，并逐步建立与晋绥、晋察冀、晋冀鲁豫、山东等根据地发行网点的联系。

1946 年 1 月，中央出版局并入中央宣传部。中央宣传部设发行科，发行科就是新华书店总店原机构。同月，发行科请毛主席亲笔题写"新华书店总店"店名，并把这次题写的店名刻在总店店章上。办公地址仍在清凉山。

抗日战争胜利后，为适应解放战争的需要，各解放区纷纷建立新华书店。在解放军的一些大部队里，还成立新华书店的随军书店。随着解放战争节节胜利，东北、华北、华东、中原（后改为中南）新华书店的发行网点不断增加，先后成立各大战略区新华书店总店或总管理处。重庆解放后，建立新华书店西南总分店。

1947 年 3 月，国民党胡宗南部队进犯延安。我军作战略转移，在撤离延安时，新华书店总店随中央机关迁至瓦窑堡，又迁至晋绥边区。在大规模的运动战和游击战环境里，总店中止了出版发行业务，人员相继奔赴各解放区工作。

新华书店总店从 1937 年 4 月成立，到 1947 年 3 月离开延安的十年期间，扩大发行网点，培养干部，发行了数以百万计的革命出版物，为我国图书发行事业发展奠定了基础。

1948 年 4 月 23 日，中共中央进驻河北平山县西柏坡村。8 月，党中央决定建立全国出版工作的统一集中领导机关，考虑全国新华书店的统一工作。12月，毛主席在西柏坡重新题写"新华书店"四个大字。平津解放后，在平津新成立的新华书店以及全国各地的新华书店，统一用这次题字复制店招。

1949年初，中共中央宣传部派出版组抵北平外围，准备重建新华书店总店，接管国民党出版业。2月23日，中央宣传部出版委员会成立，负责领导平津地区及华北的出版发行工作，并为实现全国新华书店的统一集中进行工作准备。

1949年10月3日，中华人民共和国成立的第三天，中央宣传部出版委员会在首都北京召开全国新华书店出版工作会议。各大行政区新华书店总店、各总分店及有关单位派出代表出席了会议。毛主席为会议题词："认真作好出版工作"。会议做出了《关于统一全国新华书店的决定》。这次会议奠定了全国新华书店统一的基础。

1949年11月1日，中央人民政府出版总署成立。中宣部出版委员会改制为出版总署出版局。

1950年4月1日，出版总署将编、印、发具体业务部门从出版局分离出来，成立新华书店总管理处，隶属出版总署。全国各大行政区设新华书店总分店，由各大行政区中共中央局（或分局）宣传部领导，在业务、财务上受新华书店总管理处领导。总分店下设分店，分店以下设支店。总分店在各野战军及军区设随军书店。新华书店从分散经营走向统一、集中，是我国图书发行事业的一个历史转折点。

1950年8月29日召开全国新华书店第二届工作会议。会议讨论了统一分工和调整公私营关系等问题。为实行出版、印刷、发行分工专业化，1950年12月1日，新华书店总管理处改组为新华书店总店、人民出版社、新华印刷厂管理处三个独立单位。同月，新华书店全国管理委员会召开第一次会议，制定《新华书店试行组织条例》和1951年工作计划大纲。1950年11月，新华书店总管理处制定《新华书店统一会计制度》，确立了图书流转核算采用"码价核算制"。是年，新华书店总管理处创办最早的店刊《内部通报》。

1951年1月1日，以新华书店总管理处发行部及其他部门（华北联合出版社课本发行部门）为基础组建的新华书店总店（以下简称"总店"）正式成立。直属出版总署领导，统一领导管理全国各地新华书店及国际书店。对分支店的人、财、物实行集中统一管理，并直接承担北京地区公营出版物的总发行任务，直接领导华北地区的分支店。

1951年2月总店创刊《新华通报》。3月，本着"亲兄弟，明算账"的精神，总店与人民出版社签订了第一个店社业务往来合同《图书产销合同》。同月，总店和人民教育出版社联合召开第一次全国教科书出版工作和课本发行会议，这次会议为教科书的出版逐步走向全国统一奠定了基础。同月，总店从各总分店和部分城市书店抽调干部，组成抗美援朝战地文化服务队，奔赴朝鲜前线，为中国人民志愿军服务。总店还号召全国新华书店职工积极投入保家卫国、抗美援朝活动，组织捐献了"新华书店职工号"飞机一架、高射炮一门；统一布置，完成发行抗美援朝书刊1亿册。同月，总店与北京师范大学商议联合创办总店职工业余学校。5月，教育部、出版总署联合发出《关于教科书在华北区试行预订制的通知》，并附《新华书店课本预订办法》，从此开始了课本通过预订实行计划发行的办法。10月，组织发行《毛泽东选集》第一卷。第四季度，总店统一部署全国新华书店进行了清理资产、核定资金的工作，摸清了家底。到1952年8月，全国新华书店自有资金为2 175万元，其中固定资产619万元，国有流动资金1 565万元。是年，总店建立了统一的工作报告和人事管理制度，制定《关于执行新华书店工作报告制度》《新华书店人事管理制度》《人事工作报告制度》《人事统计工作制度》《关于各级新华书店工资标准》（1952年）。

1952年6月10日恢复成立华北总分店，总店将原有的图书发行部、期刊发行部、课本发行部和全国性发货业务移交给华北总分店后，成为专事全国新华书店的业务权、财务权管理工作的企业管理机构，迁至出版总署，与总署发行管理局合署办公。自此，全国新华书店系统形成总店、总分店、分店、支店四级管理体制。9月22日，总店制定《全国书刊发行网的基本情况及今后扩充和调整发行网的办法》，提出要有计划、有步骤地在全国建设一个完整的发行网。10月，出版总署召开第二届全国出版行政会议，会议确定了计划出版和计划发行的制度。会后，全国新华书店认真推行计划发行，加强发行工作的计划性，在一定程度上减少了盲目性。12月，总店制定《新华书店统计制度》，还制定《商品账务处理和有关统计表编制方案》，促使全国新华书店的统计、会计工作逐步走向正规化。

1953年1月起，实行报刊邮发合一，总店期刊发行部及相关业务设备移交给邮政局，实现报刊与图书发行工作的专业分工。这年第一季度，总店组织全国新华书店检查和纠正书刊发行工作中的强迫摊派错误。第二季度，总店领导带队到任丘蹲点，进行农村发行调查，对正确指导全国农村发行工作起到重要作用。同年，总店委托中南总分店代拟的《新华书店自办图书中转运输工作办法》经修改审定后颁发执行。此后，一个统一的、纵横交错的图书中转网络在全国新华书店范围内形成。

1954年1月1日，由华北总分店的图书、课本两发行部与中国图书发行公司总管理处合并而成的新华书店北京发行所成立，专门办理北京出版物的进发货业务，由总店直接领导。是年秋，各大行政区撤销，各总分店随之撤销。华东、东北、中南、西南四个总分店的业务机构，分别改制为上海、沈阳、武汉、重庆发行所。西北总分店的业务机构并入陕西分店。总店对五个发行所和全国的省级分店直接领导管理。6月，总店召开年画发行工作第一次会议。11月30日，出版总署并入文化部，总店直属文化部领导，由文化部出版局归口管理。从1954年10月—1986年12月，京所在北礼士路135号院共修建11幢库房，总建造面积36 132平方米。

1955年1月创刊《图书发行》报。11月，根据各地党、政反映，及时总结经验，文化部决定，新华书店改为双轨领导。人财物及党的关系由地方党、政领导，图书发行业务由总店领导。是年，总店协助政府完成对私营书业的社会主义改造，到1956年，我国私营书店实现了全行业公私合营，1958年，公私合营书店全部过渡到新华书店，由此我国图书发行业务形成了由新华书店独家经营的发行渠道。

1956年1月，总店起草的《关于加强农村图书发行工作的联合指示》发布后，农村普遍依靠供销社建立了售书点，促进农村发行工作适应全国农业合作化高潮的到来。9月，总店和国际书店总店联合召开全国图书发行先进工作者代表会议。这是新中国成立以来书店系统第一次开展的全国性表彰先进活动。1956年制定了新的《国营书店定期统计报表制度》。

从1957年起，我国开始进入全面社会主义建设阶段。总店成为文化部指导全国图书发行工作的职能部门，着重抓基本业务建设，制定《图书退发货试行章程》《新华书店邮购试行简章》《新华书店县店工作条例》，制定新的《国营书店统一会计制度》，修订完善《新华书店自办图书中转工作办法》。是年，总店召开第一次全国新华书店运输中转工作会议。总店拨付基建费，在北京通县建造图书发行干部学校校舍，负责教学业务。

1958年6月，根据文化部的决定，新华书店管理体制彻底下放，一切下放地方党政部门领导。分支店名义取消，将新华书店名称变为××省（区、市）新华书店和××县（旗）新华书店。上海、沈阳、武汉、重庆四个发行所分别划归地方文化局领导。京所改组成立新华书店北京、科技、外文三个发行所和储运公司。总店成为文化部在京的几个直属发行单位的领导管理机构和文化部管理全国图书发行的职能机构，迁至文化部大楼，与文化部出版局合署办公。这次下放，在政治上、经济上都造成了严重损失。在1958年"大跃进"期间，总店盲目提倡高指标，片面强调扩大发行数量，忽视发行质量，给全国新华书店的工作带来了损失。对于"大跃进"期间全国新华书店造成的严重积压，1962年全国新华书店进行了清仓核资，7 000多万元的核资损失由国库承担，新华书店解脱了积压包袱，增强了经营活力。

1959—1961年我国经济困难时期，图书供应十分紧张。为了安排图书市场，总店提出了7项措施：改进图书分配，加强计划发行，重印急需图书，挖掘存书潜力，收购旧书再售，开展租书业务，改善服务态度。

1961年中央书记处明确指示：教材供应必须做到"课前到书，人手一册"。在中小学课本、大中专教材实行计划发行，征订包销时期，总店和全国新华书店努力按这一要求来开展工作，很好地完成了这项既重要而又十分艰巨的任务。

1961年初，部分省市店陆续恢复双重领导。1962年9月，恢复省级书店财务统一管理。1963年10月，总店创刊《科技新书目》。12月，文化部规定：新华书店总店对各地新华书店有业务指导关系。这次改制以后，新华书店事实上成为以省级为单位的专业公司。总店对省级店只起联合、协调和服务的作用。总店在调查、总结经验的基础上，研究摸索图书发行规律，进行业务规章制度的基本建设。

1966年，《五·一六通知》标志着"文化大革命"的发动。1966年5月—1976年10月的"文化大革命"十年，使包括总店在内的全国新华书店遭受了空前浩劫。

1967年1月，总店群众组织夺权，工作基本停顿。

1969年4月，按进驻总店的"工军宣传队"的决定，总店全体人员，除两人在京留守外，其余全部下放文化部湖北咸宁"五七"干校，总店工作完全停顿。

1970年5月，进驻文化部的"工军宣传队"宣布总店、京所、储运公司三单位留京人员合并为一个单位，单位名称用新华书店北京发行所，集中到北礼士路 135 号储运公司办公。

1971 年 3—7 月，国务院召开的全国出版座谈会上，周恩来总理亲自过问出版工作，指名原总店总经理王璟到会汇报新华书店工作，强调书店应该将封存下架的"文革"前出的图书拿出来，公开陈列出售。

1973 年 9 月，国务院出版口领导小组召开会议，传达国务院对总店机构的指示："恢复新华书店总店机构，属司局级建制"。总店和京所为两级机构，京所受总店领导，总店和京所合署办公。9 月 26 日，国务院出版口改为国家出版事业管理局，简称国家出版局。总店直接由国家出版局领导。12 月，国家出版局决定，总店与北京发行所机构分开。

1974 年初，铁路运输十分紧张，北京、上海、武汉、济南等许多地方新出版的教科书、年画发运不出去，经总店多次与交通部铁路运输局等有关领导机关联系，疏通图书运输渠道。

1974 年 11 月，国家出版局决定总店对外称"新华书店总店"，对内称出版局的发行部。

1976 年 10 月，"四人帮"反革命集团被粉碎，我国进入新的历史发展时期。1978 年党的十一届三中全会召开后，全国新华书店经过拨乱反正和组织整顿，各项工作重新蒸蒸日上。从 1977 年到 1986 年，是新华书店的发行网点、事业规模、职工队伍和进销业务得到蓬勃发展的黄金时期。在中央宣传部、文化部和国家出版局的领导下，总店着重抓企业整顿、队伍培训、发行体制改革、业务建设、经验交流、表彰先进和推广现代化设备等方面的工作。

1977 年 10 月，国家出版局召开全国图书发行工作座谈会，会议强调要在

1978 年对全国新华书店进行全面整顿，提出要创造条件把财权重新移交给省级书店管理。

1978 年 3 月，由京所与邮电部邮政科研所合作，从 1975 年初开始，历时两年多，自行试制成功的 SK-2 型塑料带自动捆扎机，荣获全国科学大会奖，这是图书发行系统技术革新成果获得的第一个国家级科技奖。经国家出版局批准，总店从 1978 年起，改为国家出版局管理全国图书发行工作的事业单位。将新华书店北京发行所划分为新华书店北京发行所和新华书店储运公司两个独立核算单位，从 1978 年 10 月起分开办公。是年，全国新华书店进行全面恢复性整顿。

1979 年，总店建议在新华书店系统实行利润留成制度，经财政部和国家出版局批准，自 1979 年 7 月起试行。至 1985 年的七年期间，总店利用集中的部分留成，共补贴西藏、新疆、内蒙古、青海、宁夏、云南等六个少数民族边远地区省店 3 600 多万元。利润留成制度的实行，增强了企业自身发展能力，七年期间，全国新华书店增加固定资产为新中国成立初的 1.4 倍，门市部增加60%，书店系统的业务用房、库房和职工宿舍有较大增加，图书销售额平均年增长 17%。这一年，总店由事业单位改回企业单位。

1980 年 4 月创刊《社科新书目》。10 月，总店与北京市店联合创办 1980 年第一届全国书市。

1981 年 4 月，北京发行所在北京召开全国年画订货工作座谈会，这次会议也是第一次全国年画看样订货会。9 月，为适应铁路运输推行"集装化、整车化、大件化"，改变以往图书发运直接发货办法，总店提出试行图书发运二级分发。

1982 年初，总店与团中央少儿部等 8 单位发起和联合举办"全国红领巾读书读报奖章活动"。2 月，国家出版局决定，新华书店北京发行所和储运公司两单位的财务由总店集中管理，统一核算。5 月 5 日，国家出版局改为文化部出版局。新华书店总店作为文化部直属单位，归文化部出版局领导。

1982 年 6 月，开始推行"三多一少"的图书发行体制改革。总店主要从三个方面抓全国新华书店工作改革：一、在基层书店推行经营责任制；二、支持和帮助政府发展集体、个体书店书摊；三、与出版社协商，推行多种购销形式。先后召开一系列会议。经过一系列改革，产销形式由单渠道变为多渠道，初步形成了以新华书店为骨干的多种经济形式、多种销售层次的图书发行网络。购销形式灵活多样，推广寄销、经销、初版分配试销、重版征订包销、发样订货、看样订货等多种购销形式，突破"隔山买牛"式的征订包销。企业管理推行责权利相结合的经营责任制。

1983 年 3 月，总店召开全国新华书店表彰先进大会，着重表扬了在改革中做出突出成绩的先进人物和先进单位。是年，总店为发展图书发行专业高等教育，与武汉大学密切合作，创建我国第一个图书发行管理学专业，开辟了企业与高校联合办学的新途径，迄今已为我国出版发行事业培养了 7 000 多名高等专业人才。10 月创刊《标准新书目》。

1984 年 6 月，在胡耀邦总书记的亲切关怀下，经国家出版局和国家建委批准，新华书店储运公司在马连道魏墙村征地 62 亩，兴建现代图书流通中心，分别于 1990 年和 2005 年建成马连道图书流通中心 1.2 万平方米书库和 3.7 万平方米书库业务楼工程。同月，总店在主持召开的全国新华书店工作会议上，提出五项改革措施。会后，新华书店改革图书流通体制，进一步发展集体个体售书点，在城市发展专业书店，在农村发展集镇门市部；改革经营管理体制，试行承包形式的经营责任制；改革门市售书形式，全面推行开架售书；改革人员管理体制，实行企业人财物统一管理；改革产销体制，实行"一业为主，多种经营"等。

1985年2月，总店组织评选了1984年度全国"最佳发运店"。12月，北礼士路54号京所9层业务大楼竣工，建筑面积5 674.2平方米。

1986年5月，京所从日本引进的M-240D大型电子计算机系统交付使用。京所和电子工业部六所共同开发的第一期工程"计算机图书发行管理系统"运行成功。这一系统的应用被《电子报》评为1989年中国9个"电子计算机之最"之一。1992年，被国家科委评为国家级科技进步三等奖。京所率先实现图书发行计算机管理。总店为推动计算机在全国新华书店系统的应用，先后于1986年和1991年分别召开了省级店和市级店计算机推广应用经验交流会。

1986年10月6日，文化部所属的国家出版局恢复为国务院直属机构。新华书店总店直属国家出版局领导。

1987年3月，京所与中央一级和北京地区160家出版社在秦皇岛联合创办全国第一届图书看样订货会。11月，总店京所和沪所、津所，川、鄂省店和5家少儿出版社联合举办首届少儿读物全国看样订货会。

1987年4月24日，总店在全国政协礼堂隆重举行新华书店成立50周年纪念大会。邓小平、胡耀邦分别为总店编辑出版的《新华书店五十春秋》（店史集）和《新华书店五十年》（图片集）题写了书名。

1987 年 10 月 1 日，经新闻出版署批准，总店、所属新华书店北京发行所和新华书店储运公司合并为一个经济实体，成为中央一级图书发行企业，名称为新华书店总店，仍属司局级建制，实行总经理负责制，直属新闻出版署领导。与各地新华书店为业务往来关系。同时，继续承担原国家出版局委托的任务。12 月 15 日，图书发行中专教材编审委员会成立。该编审会共完成组织编写图书发行中等专业统编教材 18 种。12 月 30 日总店召开第一次党员代表大会。

从 1954 年京所成立到 1987 年新华书店总店、京所、储运公司三单位合并的 34 年间，京所共发行图书 121.08 亿册，62.41 亿元（指销售总额，下同）。

1988 年 5 月，开始推行"三放一联"的发行体制改革。同月，人民体育出版社、总店京所和上海、天津、广州等 10 多个大城市店共同组成的体育图书出版发行企业联合集团成立。5 月 17 日，总店储运公司主持召开第一届北片储运协作会。同月 26 日，总店召开第一届第一次职工代表大会。是年，总店开始实行"三包一挂"承包经营责任制，至 1990 年 12 月，如期完成承包指标，1991 年延续承包两年。

自 1989 年 1 月至 1990 年，总店京所、科所分别与广州、南京、杭州、长沙等 13 家城市店建立了订货基数承包关系。据统计，1990 年两所对 13 个城市店的实际发货总码洋为 9 013 万元，比承包指标超额 528 万元。

1990 年 3 月，总店牵头成立图书发行大专教材编审委员会（后更名为"图书发行高等教材编审委员会"）。该编审会共完成组织编写高等院校图书发行专业统编教材 12 种。10 月，总店京所与六家民族出版社、五家省店联合举办了首届藏文图书看样订货会。总店编印的教目《全国大中专教学用书汇编》于这年秋季大中专教材全国征订时开始使用，每年分春秋两季出版。

1991 年 1 月，总店京所与人美、电影等 13 家出版社联合召开 1992 年度京版年画看样订货会，同时成立由上述出版发行单位组成的北京地区年画出版发行联合体。3 月 1 日，中宣部常务副部长徐惟诚主持召开会议，确定《中华大家唱（卡拉 OK）曲库》交总店京所总发行。5 月，《曲库》首发式在北京人民大会堂隆重举行。6 月，总店成立音像发行所（内部称第三发行部），开始全面开展音像制品的发行业务。同年，总店与中央电视台联合承办了"中华大家唱卡拉 OK 比赛"。11 月，总店参与承办全国新华书店首届财会知识竞赛。

1992 年 1 月起，总店负责汇总全国新华书店系统的图书发行统计报表，并将汇总后的统计资料及时反馈给各省级新华书店。3 月，总店牵头与各省店和发行所联合创办六片全国新华书店图书看样订货会。8 月，首次主办全国新华书店音像出版物订货会。

1992 年 4 月 5 日，在新华书店成立 55 周年前夕，中共中央总书记、国家主席江泽民为新华书店题词："继承和发扬新华书店光荣的革命传统"。

1992 年 6 月 8 日，总店获得首批图书总发行单位登记。11 月 21 日，总店被商业部授予"中华老字号"称号。从 1992 年至 1994 年，总店连续三年被评为中国 500 家最大的服务企业之一。

自 1988—1992 年的五年间，京所、科所共发行图书 15.22 亿册，43.20

亿元。

1993 年 4 月 29 日，总店召开全体职工大会，举行《承包经营责任书》签字仪式，标志着总店改革、实行店内二级核算落到了实处。11 月 8 日，总店华威图书精品店开业，这是国内第一家开进商场进行图书零售的书店。该店于 1997 年 2 月 27 日被新闻出版署命名为"全国新华书店精神文明示范单位"。

党的十二大以后，新华书店系统的改革集中在产权改革和代理制改革方面。1994 年，总店积极探索改革，适当调整原有组织结构，实行"集中领导、分级管理、二级核算、模拟法人"的管理体制和经营机制。

1994 年 1 月，总店的内部业务部门第一发行部（京所）、第二发行部（科所）、储运部等实行二级核算承包经营责任制。1—2 月，总店制订并实施三项制度改革方案，干部实行聘任制，签约上岗；职工实行合同制，签约上岗；工资分配改为岗位技能工资制，个人收入与劳动、效益和责任大小挂钩。4 月 28 日，总店批销中心开业，此举打破了总店只对新华书店系统内调拨图书的传统经营方式。10 月，总店组编的 5 种图书发行行业工人技术等级培训统编教材出版。11 月，组建全国新华书店经营协调委员会。12 月 17 日，总店正式确定"南移方案"，储运公司部分业务转移至马连道图书物流中心。

1995 年 1 月 2 日，《图书发行》报改名为《中国图书商报》。办报宗旨确定为立足主渠道，面向图书大市场，做书业商字文章。1 月，组建连锁中心，开展连锁经营。2 月 25 日，新闻出版署公布 1994 年度科学技术进步奖获奖项目，总店自主研制的总店计算机图书发行信息处理系统获新闻出版署公布的 1994 年度科学技术进步奖三等奖，自主研制的市级新华书店业务、财务管理系统及数据通信工程获四等奖。

1996年5月13日，总店组建的书业物流中心成立，面向北京地区出版社提供图书代储、代发、代运的一条龙服务。6月18日，中国音像协会和新华书店总店共同筹建的北京音像城开业。是年，总店开始承担新闻出版署金版工程《全国新华书店出版物发行信息网络系统》（简称"全国网"），分三期工程完成建设。

1997年4月24日，新华书店成立60周年。总店利用60年店庆活动机遇，共同出资，举办了系列活动：修复延安新华书店旧址、新建希望小学、举办全国新华书店知识技能比赛电视大赛、组织全国新华书店系统老职工游北京、举行新华书店成立60年店庆座谈会、表彰总结会等。是年，总店开始建设"企业网"工程，在2000年1月M-240D主机关闭后初步运行，但由于新技术的开发使用和不断优化升级，此项工程未达到稳定和理想状态，最后未完工验收，对总店业务的发展造成了不利的影响。

1998年1月，总店向国家工商总局申请注册"新华书店"服务商标，统一标识注册成功。自此，新华书店系统的服务商标正式受到法律保护。5月14日，组建新华书店总店信息中心，按经营部门建制。5月28日，举行总店汽车直送开行典礼。11月10日，总店总经理室决定对书刊业务进行结构重组和流程再造。将北京发行所和批销中心合并为一个机构，对外保留"北京发行所"和"批销中心"两块牌子，对内统称"书刊部"。是年，将三目报合刊创办《新华书目报》。

1999年3月24日，总店与上海东方出版中心合资建立的上海东华图书发行代理有限责任公司开业。7月4日,新闻出版署与总店共同投资成立北京中新华旅行社有限责任公司。9月9日,总店选择音像发行所以剥离改制的方式,与民企武汉诚成文化公司和北京东方诚成公司合作成立新华音像租赁发行有限公司。11月底,总店总经理室及职能、经营部门,由北礼士路54号院迁入135号院办公。

从2000年起,总店实行"模拟市场、二级核算"的体制并实行财务负责人委派制。

2001年1月18日,新华音像租赁有限责任公司举行新华驿站启动仪式,宣布新华驿站全国连锁系统全面启动。2月12日,颁发《新华书店总店"十五"发展规划》。

2002年4月9日,中国出版集团成立。新华书店总店成为中国出版集团直属企业。

2003年1月6日,中国新华书店协会成立。总店当选为协会常务理事单位,协会秘书处设在总店。10月,总店与中国图书馆学会联合举办首届全国图书馆新书展示订货会。

2004年1月,总店成立连锁中心,对外名称为北京新华求索图书连锁有限公司,负责总店连锁书店的建立与管理,开展全国图书连锁销售业务。3月,成立图书馆直供中心,进军馆配市场。7月19日,全国出版物发行标准化技术委员会成立,总店通过竞标成为标委会秘书处承办单位。

2005年4月24日,总店采取业务剥离方式,与其他10个中外股东共同组建中外合资企业新华出版物流通有限公司(以下简称"新公司"),成为中央一级图书音像电子出版物的大型批发物流企业。9月，新公司南迁马连道新办公楼。11月，总店除物业部以外，全部搬迁至马连道新办公楼，与新公司合署办公。

2007年1月，总店《新华书目报》召开首届图采高峰论坛。4月24日，新华书店成立70周年。4月，总店配合中国新华书店协会举行纪念新华书店成立70周年系列活动。

在2004年各省纷纷成立发行集团，并以省为单位推进连锁经营，上收区县店的进货权的市场背景下，新公司成立后，由于员工身份没有完成置换，投资未到位，经营改革措施执行不力，市场份额大幅下降，经营出现巨额亏损，同时把总店彻底拖入困境。从2007年开始，总店及新公司所属主营图书发行业务逐步萎缩，2008年资金链业务链断裂，2009年全面停止。与四川新华文轩连锁股份有限公司股权重组也未成功。

2008年至2010年8月两年多期间，总店在新一届领导班子带领下，面对资金紧缺、信誉危机、进货断档、主营业务趋于停顿的经营困境，积极开拓经营思路，提出了一套解决困境的方案，在中国出版集团公司的大力支持与指导下，采取有效措施，开源节流，加强管理，盘活资产，积极开展租赁业务，增加物业收入；对一些长期亏损的所属企业采取关停措施，同时控制、压缩费用开支，积极追收货款，清理减少债务以降低法律诉讼风险，处理长期积压的存货，对应付出版社货款采取打折支付措施，减少应付账款的资金压力和企业负担，为总店减亏打下一定基础，确保工资发放和职工社会保险金缴纳，使职工基本保持稳定，基本平稳地度过了困难时期。2008年4月，总店和新公司迁回北礼士路 135 号院办公。

2010 年 1 月创刊《图书馆报》。

2012 年 8 月 6 日，按照中国出版集团公司要求，新华出版物流通有限公司经股权转让后，由中外合资企业变更为内资有限责任公司。

2014 年初，总店新一届领导班子在调查研究基础上确定了总店发展的长远战略定位、战略目标、主体战略、工作中心、发展路径、抓手、战略思路。通过不断改革创新，盘活资源，转型升级，加强党的建设与企业文化建设，重塑总店品牌。2014 年底总店完成全员竞聘上岗。自 2014 年，135 号院开始改造建设成新华文化创意产业园。

2015 年 1 月创办店刊《总店通讯》，2016 年 1 月更名为《新华书店总店》。2015 年初，总店北京勤盛物业管理公司改制为北京新华文博物业管理有限公司。7 月 6 日，总店 135 号院 7 号楼经装修改造正式投入办公使用，总店店史陈列馆同时开放。同年底，总店信息中心改制，成立新华国采教育网络科技有限责任公司、新华互联电子商务有限责任公司和北京新华数创传媒科技发展有限公司三个子公司。

2016 年 3 月，总店确定企业文化核心理念（店训）：克勤于邦　止于至善。6 月总店创刊《出版周刊》（中英文版）。8 月 24 日，总店《国际出版周报》发起并承办"2016 国际出版企业高层论坛暨'国际出版网'上线仪式"。9 月 18 日，总店承担的"中国新华发行网"和"全国大中专教材采选系统"入选中国出版集团公司"十三五"时期重点建设项目。

80 年来，总店在党和政府的关怀和领导下，以"为人民服务，为社会主义服务”为业务方向，以"全心全意为读者服务"为宗旨，以肩负传播马列主义、毛泽东思想，传播科学文化知识，丰富人民群众精神文化生活为光荣任务，以"把社会效益作为最高准则"为出发点，秉承"与祖国同呼吸共命运"的新华精神，累计发行图书超过145亿册，150万种，累计发行码洋超过260亿元，累计销售收入达180亿元。

不忘初心，继续前进。为服务国家政治、经济、文化、社会、生态文明建设，服务全民阅读、书香中国建设，服务建设世界第一的出版强国，服务出版发行业的繁荣发展，发扬"延安精神""新华精神"，谱写新的华章。

1937 年

　　1 月　中共中央从陕北保安（今陕西志丹县）进驻延安。为了加强抗日救国和马列主义宣传工作，中共中央党报委员会（1931 年 1 月 27 日成立）开始工作，委员有张闻天（中共中央书记处书记兼中宣部部长，《解放》周刊主编）、博古（秦邦宪）、凯丰（何克全）、周恩来、王明，张闻天任中央党报委员会主任，廖承志、徐冰先后为秘书长，主持日常工作。中央党报委员会的职责是指导党的书报刊编辑出版和发行工作。具体任务是领导新华通讯社、《新中华报》和中央印刷厂，编辑、出版中共中央政治理论周刊《解放》，负责有关出版发行工作。

　　4 月 24 日　新华书店在延安清凉山万佛洞成立。其内部建制为中央党报委员会发行科，科长涂国林，对外称新华书店。涂国林实为首任新华书店经理。1940 年初，中共中央出版发行部为了加强新华书店的机构建设，将延安新华书店改名为新华书店总店。新华书店最初的发行任务是公开发行中共中央机关理论刊物《解放》周刊。1937 年 4 月 24 日出版的《解放》创刊号上署名"陕西延安县新华书局"。10 月 30 日《解放》周刊从第 21 期起称"发行者：新华书店"，新华书局至此正式改称新华书店。

　　中央党报委员会编辑出版的《解放》周刊，对外用《解放》周刊社名义。因此，新华书店也是解放社的发行科。新华书店（发行科）有 7 人，发行科长兼中央党报委员会支部书记涂国林，副科长臧剑秋。发行员有刘兴许、杨三吉等 5 人，其中一方面军 2 人，四方面军 2 人，均为长征战士，还有陕北老红军 1 人。当年的发行员称通讯员。因此可以说，新华书店最早的发行员是长征战士，他们把长征精神最早带进新华书店。

新华书店（中央党报委员会发行科）在万佛洞底层的一个简陋的小石窟开设了门市部，这是新华书店最早的门市部。小石窟是办公室同时兼卧室，涂国林白天在洞口放一张办公桌作为柜台卖书，到了晚上，这个石窟就成了涂国林、黄植（中央党报委员会出版科副科长）两人的宿舍。书库设在小石窟左上方万佛洞主窟（中央印刷厂）右后侧的石窟内。清凉山万佛洞底层的这间小石窟，成为新华书店的发祥地。

为便于对外联系，发行科刻制一枚木质长方形的新华书店印章，并用新华书店的名义开票和结算货款。那时，新华书店除发行《解放》周刊外，还发行解放社出版的30多种图书，主要是《马列丛书》。为了扩大宣传，新华书店在《解放》周刊连续刊登新书发行广告。

书店创建时期，人手少，条件艰苦，工作繁忙。同志们白天忙着为上门来的陕北公学和鲁迅艺术学院等院校师生服务，零售书刊；晚上在清油灯下收书、配书、捆包、写邮签；第二天挑着邮件蹚过延水河，送到城里邮政局寄出。

当年，朱德总司令非常关心党的书刊发行工作，经常利用晚上休息时间来到清凉山万佛洞底层的小石窟，和书店同志们拉家常，了解书刊发行情况。

在清凉山的单位还有新华通讯社、解放日报社、延安新华广播电台、中央印刷厂等新闻出版单位。延安时期，清凉山成为中国共产党新闻出版事业的中心。

5月10日　中国革命军事委员会主席毛泽东、红军总司令朱德发出《军委关于征集红军历史资料的通知》。为纪念"八一"建军节10周年，决定编辑《全国红军战史》。征集项目包括：历史、战史、长征史、史略、报纸、宣传品、书籍、图片、剧本、日记、歌曲、照片、纪念品、旗帜、奖章、文件、法令等。

《解放》周刊陆续刊登了《红军长征记》片段。以后，解放社出版的《红军长征记》《苏区的一日》等书籍，都是由中央党报委员会发行科或新华书店发行的。

8 月 1 日 光华书店在延安城内西府巷 9 号开业，由上海生活书店来延安的张季良主持工作。这家书店是由中宣部、中央青委、边区银行三家集资开设的，以"贯通陕北文化，促成民族解放"为宗旨。同时，青年书店（中共中央青委于 1937 年 3 月 12 日在延安建立，负责人高朗山）并入光华书店。1939 年 9 月，光华书店并入延安新华书店。

10 月 2 日 《解放》周刊第 18 期刊登署名"发行处：陕西延安县新华书局"的图书广告书目有《列宁主义概论》《列宁主义问题》《两个策略》《列宁选集（第十二卷）》等解放社出版的新书。

10 月 30 日 《解放》周刊第 21 期刊登的周刊发行者名称由"新华书局"改为"新华书店"。自此，延安解放社编辑出版的马列著作和毛泽东著作等许多图书，版权页上都印有"出版者：解放社""总销售：新华书店"或"发行者：新华书店"的字样。

10 月 随着《解放》周刊和《马列丛书》《抗日战争丛书》发行数量的增多和发行范围的扩大，不到半年时间，新华书店的影响已扩及陕西、山西、河北、山东、河南、甘肃、四川、湖北、江苏、上海等十几个省市。

同月 陕西省国民党当局的教育厅长周某下令查封延安新华书店和《解放》周刊社，并强行查封了《解放》周刊西安办事处。同时，派军警在三原、西安等地搜查没收《解放》周刊。

为此，10 月 30 日出版的第 21 期《解放》周刊发表《抗议〈解放〉周刊的查禁》的时评，向南京国民党最高当局和西安当局"提出严重抗议"，"抗议西安国民党当局——陕西教育厅长周某查封延安新华书店与《解放》周刊社，并向全国抗日同胞作最愤慨的声诉"。经八路军南京办事处与国民党中央宣传部交涉，据理力争，国民党宣传部长邵力子电示陕西省国民党党部，"和解了事"，迫使国民党当局将查抄的书刊全部退还，《解放》周刊西安办事处恢复营业。当年，延安是中共中央所在地，是陕甘宁边区首府，所谓"查封新华书店"实为一纸空文。

同月 为了扩大影响和方便读者购书，延安新华书店在延安市南大街

（现延安大礼堂南）、陕甘宁边区政府驻地的崖畔下边开设了一个门市部。因此，《解放》周刊和《新中华报》署名"公开发行者：新华书店；地址：延安南大街"。中共中央党报委员会、《解放》周刊社和发行科（新华书店）仍在清凉山办公。

12月 新华书店从延安清凉山万佛洞搬到延安城内凤凰山麓。

同年 张闻天指示陕甘省委宣传部长李华生和刘伟文编写一本简明通俗的《党员课本》。编写人在编写过程中曾几次到农村向党员征求意见。写成并经张闻天修改后出版。共32课，故事体裁，配有插图（黄亚光画），形式活泼。既是识字课本，又是阐述革命道理的党课教材。先在保安县几个乡试用，后来被整个边区采用。

1938 年

1月 中共中央决定,中央党报委员会主持编印的刊物和图书一律以解放社名义出版,新华书店总经销。1—8月,新华书店共发行新书98种。

2月下旬 泰县文化界抗战工作团成立。该团组织翻印毛泽东《论持久战》《论新阶段》等文章,自编《抗日歌选》,创办苏北书报社,并筹集资金500元,发行中共江苏省委出版的革命书刊和马克思、列宁著作的单行本。

2月 中共地下组织在河南南阳县创建新生书店,中共方城县委创办群众书店。与此同时,地下党还在开封、新乡、遂平、内乡、镇平、舞阳等市县陆续办起了书店。这些书店,既是发行毛泽东《论持久战》《抗日游击战争的战略问题》,《解放》周刊、《新华日报》(中共中央北方局机关报)、《群众》周刊等党报党刊以及马列著作的革命书店,同时又是党的地下联络站。新生书店在创建当月掩护郭以青、袁宝华等中共南阳中心县委成员开展地下工作,并联系了冯友兰、姚雪垠等进步知识分子。

5月1日 根据党中央、毛主席指示,中共绥德特委筹建的西北抗敌书店在陕西绥德县城开业,经理为常紫钟。

西北抗敌书店出版《西北儿童》月刊,并自建印刷厂,首次出版毛泽东的《辩证法唯物论》和359旅的《日语喊话》《一二·九史话》《抗战歌曲》等书籍。

西北抗敌书店的书刊货源主要来自两个方面,一是从延安新华书店订进马列著作、毛泽东著作、中共中央机关报《新中华报》和《解放》周刊;二是从西安生活书店订进《全民抗战》《大众哲学》《老百姓报》等进步书刊和抗日救亡读物。

西北抗敌书店开业后读者盈门，震动了全城。同在一条街上的国民党官办的青年书店和中国文化服务社却门庭冷落，勉强支撑了一个月就关了张。当年的绥德，地方政权仍由国民党控制，而军权则由八路军控制。国民党反动势力不甘失败，处心积虑地不断在书店周围制造事端，干扰书店正常营业，企图破坏抗敌书店。为此，时任绥德八路军警备区司令员的王震将军在特委机关报《抗敌报》上撰文谴责，"西北抗敌书店是抗日的进步文化事业，为抗日的人民大众服务，为抗日的人民大众拥护，谁胆敢来破坏，我们坚决予以制裁"。

西北抗敌书店同新华书店一样，是党的宣传工具，同时它又是党的统战阵地。中共绥德特委统战部曾将该店作为与地方友军、士绅和知识分子联系工作的据点，成为进步作家和边区参议员进出延安的接待站。中共绥德特委统战部长刘文蔚经常在抗敌书店与地方友军、开明士绅和知识分子联络感情，开展统战工作。

后又在米脂、佳县和山西临县建立了支店，将发行网延伸到晋察冀边区。

8月中旬 沐宿海青年救国团组建文化服务站，发行苏、鲁根据地出版的报刊、图书、杂志，宣传党的抗战主张和八路军的抗战事迹。

秋季 涂国林调中宣部工作，王均予继任中央党报委员会发行科科长。在他的领导下，新华书店（发行科）的书刊发行业务有了进一步发展。中共中央总书记张闻天称赞王均予是我们党的"发行大王"。王均予调走后，由曾在天津地下党办过知识书店的向叔保接任发行科科长。

11月20日 星期日。日军飞机轰炸了延安城，炸弹投在凤凰山麓新华书店门市部前，读者及行人伤亡严重。延安城被炸后，新华书店门市部又搬回清凉山（现解放剧院后边）。

12月中旬 东海文化服务社在沭河岸发行抗日书刊。他们通过八路军南进支队将山东解放区出版的书刊转送东海、沭阳地区，向各界人士推销散发。1940年，文化服务社改为铁路南北交通站。

冬季 毛主席在延安会见全国各界救国联合会负责人之一李公朴先生时说："将来我们的后方更要缩小，可以利用的地方更小。因此，书业界的工作便不得不向游击区去谋发展，同时，也适应那里的需要。"

同年 解放社把出版《列宁选集》和《抗日战争丛书》作为党的宣传工作的两大重点工程，全年共出版发行《列宁选集》8卷（全书20卷）、《抗日战争丛书》5种。新华书店重点发行了这两套书。

同年 西安生活书店在马坊门开业。

1939 年

1 月 15 日 陕甘宁边区陇东分区在甘肃庆阳县成立救亡书店。1941 年改名为新华书店陇东分店。

1 月 中共中央中原局书记刘少奇从延安秘密到达河南南阳，在党的地下联络站新生书店会见当地党组织负责人，听取工作汇报，传达党的六届六中全会精神，并就当前抗战工作作重要指示。

同月 中共江北特委在金沙创办苏北文化服务社，负责人吴铭。该社通过省委将上海进步书店的书刊秘密运到江北发行，销售方法是实行指定路线、流动服务，每次流动时间为两个月。发行的主要书刊有《列宁主义问题》《西行漫记》《共产党宣言》《论持久战》《新民主主义论》等数十种。该社坚持在通、如、启、海、皋地区进行发行工作 3 年多。1941 年 3 月，并入苏中四分区印刷局而告结束。

2 月 7 日 陕甘宁边区政府机关报《新中华报》改为中共中央机关报（革新号），发行工作由陕甘宁边区政府收发科移交给新华书店。

2 月上旬 中共江北特委在南通县马塘建立半公开书店——晓塘书店。该店由党外进步青年王蕾、王汉弼兄弟俩筹建，以销售普通图书为掩护，发行抗日书籍、刊物。10 月，被国民党顽固派查封。

2 月 中共泰县工委出版刊物《大家看》，翻印《论新阶段》等。戴欧从上海《译报周刊》社购进进步书刊，在城内新泰书店出售，还销往淮海地区。

3 月 22 日 为了加强对书刊发行工作的领导，中共中央书记处作出《关于加强对出版发行工作领导的决定》。

同日 中共中央发出《关于建立发行部的通知》，要求"从中央起至县委止一律设立发行部"，"各级发行部应依照各种不同的环境，建立公开的、半公开的或秘密的发行网"，以"推销党的各种出版物，统一对于各种发行机关的领导，打破各地顽固分子对于本党出版物的查禁与封锁，研究各种发行经验"。

3月 国民党政府颁布《中央图书杂志原稿审查工作纲要》87条。接着，又颁布《战时书刊检查条例》，进一步对国统区的进步书刊进行查禁，并公开取缔进步书店。

4月16日 《晋察冀日报》（1937年12月—1948年6月，是晋察冀抗日根据地在敌后创办的第一张大区党报，初期名为《抗敌报》）根据中共中央给北方局的电报指示，在报社发行门市部悬挂"新华书店晋察冀分店"的招牌，不久因敌机轰炸而撤离。

4月 中共中央秘书长任弼时、中央组织部副部长李富春，在延安向有关部门和干部传达中共中央关于组建中央发行部的决定。指出发行部的任务是把党的方针、政策、指示和马列主义理论，通过书籍、报刊，传播到敌后抗日根据地和国统区，以扩大党的影响，发展党的队伍。

5月17日 中共中央发出《关于宣传教育工作的指示》，再次要求"各级党委应经常注意与检查党的发行工作。在运用公开发行的一切可能之外，应建立党内的秘密发行。宣传部应与发行部发生密切的联系"。

5月21日 中共江苏省委确定恢复新知书店，派王益负责，并同时派徐达为党刊《时论丛刊》发行人，要求在短时间里筹办一个书店，作为省委书刊发行机构。

6月1日 中共中央发行部在延安清凉山成立。部长李富春。中央党报委员会的出版、发行（新华书店）等科室合并到发行部，下设组织、发行和会计3个科。中央从中央党校、抗日军政大学、陕北公学等部门抽调一批曾经在生活和新知书店工作过的王矛（王锦荣）、卜明、周保昌、吴彬、叶文等人到中央发行部工作。延安新华书店直属中共中央发行部领导。

8月18日 全国各地抗日救亡青年不断奔赴革命圣地延安，中国人民抗日军政大学、陕北公学、鲁迅艺术学院等学校日益壮大。为了适应形势发展，满足读者需要，延安新华书店在《新中华报》刊登"扩大营业迁移新址启事"："自9月1日起迁移本市北门外（鲁艺旧址）新址办公"，并刊登新书目录及总经销《解放》《新中华报》《中国青年》《中国妇女》《八路军军政杂志》《文艺突击》《前线画报》等7种报刊名称。

9月1日 中共中央发行部改名为中共中央出版发行部，部长李富春（兼），副部长王林，秘书长褚苏生。设立出版、发行、印刷、秘书、总务5个处。出版处长孙萍，副处长臧剑秋；发行处长向叔保，副处长陈文宪、徐光；印刷处长祝志澄，副处长朱华民；秘书处长褚苏生（兼）；总务处长臧晓真，副处长王越、卢积仓。延安新华书店单独建制，直接由出版发行部领导。王矛任新华书店经理，同时调到新华书店工作的还有卜明（卜光麟）、周保昌、叶文（殷益文）、吴彬（范广桢）。

同日 延安新华书店从清凉山搬迁到延安北门外凤凰山麓的平房，并举行隆重的开业仪式。张闻天、朱德等中央领导同志，中宣部、边区政府的领导，部队及各界代表前往祝贺。毛泽东主席得知新华书店在新的地点开业的消息后，高兴地说道："好呀！这是人民群众政治生活中的一件大事，是党的大事，是国家的大事。"说完，乘兴挥毫题写了"新华书店"四个大字，并派秘书柴沫送到新华书店。新华书店经理王矛和同志们接到毛主席亲笔题写的"新华书店"店招，万分激动，立即把它挂到当天开业的延安北门外新华书店门市部的门额上。现场前来祝贺的宣传部门、文艺部门、教育界人士和许多读者看到此番情景，也高兴地欢呼起来。

新华书店迁到延安北门外新址后，增加书报刊销售品种，充实人员和机构，还设立了发行、进货、栈务、邮购、门市、会计等科室，发行业务有了很大发展，并逐步与晋绥、晋察冀、晋冀鲁豫等根据地发行网点沟通联系。自此，新华书店成为中共中央出版发行部领导下的一个独立建制单位。

10月13日 延安新华书店在《新中华报》刊登启事："为远地读者便利购买书报起见，特设有邮购部，手续简易，妥捷便利，邮票十足通用，无异向门市现购。"这是新华书店为了适应形势的发展，扩大革命书刊的传播和直接为外地读者服务而增加的邮购发行业务。

10月22日　中共中央北方局机关报《新华日报》发表署名文章《什么是发行工作》，对发行工作的重要性、方式方法、重点进行了阐述，指出："发行工作应当是宣传教育工作的先锋，是组织工作的有力助手，是一切革命行动的尖兵前哨。——进行神圣抗战的各党派及其他社团，为宣传和组织抗战救国工作，要大量发行书报。——公开发行与秘密发行这两种方式，现在都能大大发挥其革命作用。"文章最后强调："发行工作者应努力改变旧的传统方法，把发行工作的活动范围扩大，使其深入群众。发行网的重心，应当确立在工厂、农村、兵营、学校之中。"同时"对现有的发行干部加以极大的注意力来加强其政治与理论的水平，使其能把握革命的理论，坚定其政治立场与意志"。

10月　王矛去中共中央党校学习，张道吾继任延安新华书店经理。

11月下旬　中共江苏省委文委在上海开办亚美书店，除发行马列著作和毛泽东著作外，还公开发行《资本论》《大众哲学》《鲁迅全集》等。1940年5月，亚美书店还自编出版了一些理论书籍。1941年12月，该书店奉命转移到苏北抗日根据地。

12月　中共中央北方分局书记彭真复电延安中共中央出版发行部部长李富春，报告晋察冀边区建立书报发行网的情况。

1940 年

1 月　中共中央出版发行部为了加强新华书店的机构建设，将延安新华书店改名为新华书店总店，办公地址在延安北门外，易吉光任总店经理。

2 月 29 日　为庆祝《解放》创刊 100 期，延安新华书店发起广泛征求各地纪念订户运动。

2 月　中央出版发行部派发行处长向叔保、运输科长许光庭前往绥德专区和晋绥、晋察冀等敌后抗日根据地，协助地方建立新华书店，与延安新华书店总店建立发行业务联系。从晋绥根据地到晋察冀根据地，须穿过敌占区，为了将 60 多箱革命书籍带到晋察冀，驻守在山西兴县的八路军 120 师师长贺龙和政委关向应专门抽调 30 匹骡马组成运输队，并派一个连的兵力武装护送过封锁线，历时 10 个月返回延安。

3 月 15 日　在中央出版发行部的协助下，中共晋西北区（属晋绥抗日根据地的一个区）党委以八路军 120 师 358 旅随军文化合作社为基础，在山西兴县成立新华书店兴县分店，即晋西北新华书店，这是延安新华书店总店成立后建立的第一个分店，也是山西省内第一个单独建制的新华书店。晋西北党委宣传部发行科科长江奔海兼任经理，曾在国统区进步书店工作过的刘玉卿任副经理，韩孝礼任巡视员。建店初期有工作人员 10 多人，设有门市、批发、订阅、邮购、书栈等岗位，还有炊事员、马夫（有毛驴一头）。晋西北新华书店除销售书报刊外，还承担向华北、华中等革命根据地转运延安出版物的任务。

3 月　《新华日报》华北分馆以华北新华书店名义出版毛泽东的《新民主主义论》。以后出书即沿用华北新华书店名称。

同月　西北抗敌书店接收了国民党《绥德日报》四开铅印机、石印机各一台，开展了出版工作。先后出版《辩证法唯物论（讲授提纲）》《一二·九史话》《抗战歌曲》《日语喊话》等书。

4 月 中共晋西区党委建立出版发行部，并举办训练班培训发行干部。25日，中共晋西区党委发出《晋西环境与今后发行工作的任务》的通知，要求所属各地党委：一、广泛深入根据地建立书摊书站；二、发行党的定期报纸，供给党的高级理论书籍与基本通俗小册子；三、利用发行站发行网的各种公开与秘密的关系，建立并巩固与前方根据地的联系；四、加强敌占区发行工作，与敌人作宣传斗争。

初夏 在重庆，中共中央南方局书记周恩来先后找生活书店、新知书店、读书出版社的负责人谈话，指示他们组织力量到敌后开展革命书刊的出版发行工作。

7 月 中共中央北方分局在晋察冀边区举办发行人员短期训练班，邀请分局秘书长姚依林和中央出版发行部向叔保、许光庭等人讲课。培训班结业后，学员大多被分配到报社新闻出版系统，成为书刊发行工作的骨干力量。

9 月 1 日 新华书店总店决定，延安出版的各种书报杂志在延安的直接订户，自本日起均由新华书店派专人送达，读者只要在其所在机关收发科登记姓名及所订书报名称，即可收阅。过去自取办法一律作废。

这年冬天，新华书店在街头派送书报杂志的发行人员，每人穿一件白茬光板老羊皮袄，很引人注意，读者戏称之为"皮袄队"。遇到延安领导机关召开群众大会，新华书店发行员也总是挑着书挑子赶到会场摆摊，配合供应书报杂志。

同日 《新华日报》（华北版）在山西黎城南委泉村设立新华书店门市部，由徐晨钟负责。这是太行山抗日根据地建立的第一家新华书店。10 月 20 日，日军侵占黎城，报社及新华书店随八路军总部转移到辽县（今山西左权县）麻田镇一带。

9 月 6 日 中共中央出版发行部为了扩大对外发行，克服过去出版物数量分配不合理与转送迟缓现象，制定《关于延安发行原则的通知》。

9 月 10 日 中共中央发布由总书记张闻天起草的《中央关于发展文化运动的指示》，要求各地党委"注意组织报纸刊物书籍的发行工作，要有专门的运输机关与运输掩护部队，要把运输文化食粮看作比运输被服弹药还重要"。

10 月 3 日 《新中华报》发表延安新华书店总店全体同志给朱德总司令、彭德怀副总司令及八路军"百团大战"全体指战员的祝捷信。

10 月 10 日 新华书店总店成立夜校，设校长 1 人，教务主任 2 人，教员由本机关各部负责同志担任，课程包括党建、常识、时事等数种。

10 月 11 日 中共中央出版发行部发出《关于搜集各种出版物的通知》。

10 月 14 日 中央宣传部发出《关于充实和健全各级宣传部门的组织及工作的决定》，要求各级党委宣传部门要"领导和组织党报的出版与发行，并编审和出版各种书籍、教材及宣传品"。在各级党委宣传部的机构设置中，设立编审委员会，管理编审工作；设立出版发行科，管理出版发行工作。

10 月下旬 陈毅在海安文化座谈会上的讲话中指出：在苏北应该建立大小报馆、大小书店、大小印刷局、大小图书馆，以此担负苏北文化工作的任务。

10 月 中共中央南方局宣传部决定，生活书店、读书书店和新知书店三家联合，赴苏北、苏中根据地设立大众书店，发行共产党出版的抗日书刊。21 日，在新四军苏北指挥部的帮助下，新知书店的王益、生活书店的袁信之和读书出版社的张汉卿在盐城（中共中央华中局及新四军军部所在地）黄桥开办了苏北抗日民主根据地大众书店，经理王益。

11 月 14 日 《新中华报》发表叶林写的文章《三年来的新华书店》，全面地总结 1937 年 5 月—1940 年 11 月三年多来新华书店从无到有的发展历程。

文章说，三年来延安新华书店发行的出版物，有解放社版的书籍 130 余种，其他出版机关的丛书 30 余种，另外发行《新中华报》《群众报》等数种报纸，《解放》《军政杂志》《中国文化》《中国工人》《中国青年》《中国妇女》《团结》等近 10 种杂志，总计发行延安出版的书籍 50 万册，杂志及报纸数百万份。同时，发行国内各大出版机关和苏联外国工人出版社出版的社会科学、文学艺术和其他类书籍300余种，杂志40余种，报纸（包括代订）20余种，发行其他外国书籍及刊物、报纸14种。

文章揭露了国民党顽固派三年来对新华书店的阻挠破坏和对进步读者的威胁迫害，列举了顽固分子对革命书刊发行工作的非法劫掠、没收、查封和延期积压等罪恶行径——1937年11月，顽固分子先在西安没收《解放》，查封西安解放分销处两次，劫掠《解放》两万余份、书籍数百册；随后又在西安邮局设置数十名专门检查人员，全部没收从延安寄往各地的书报杂志。前后三年，顽固分子没收的书籍、刊物、报纸数量之多实为惊人。1937年2月以来，顽固分子的封锁关卡由西安而三原、咸阳，而中部、洛川，几乎遍及全国各地。甚至发展到公开搜查18集团军汽车，强行没收该军送往前方的书报。此外，顽固分子还强迫邮局延期积压寄运延安的进步报刊。对订阅进步报刊的读者施以警告、解职以至囚禁牢狱等威胁打击手段。

文章最后说，虽然我们遭受顽固分子那么多的破坏，但在今后我们仍要继续努力下去，并要用一切的力量，冲破困难，扩大我们的出版发行网到全国去，并更多地把边区以外的进步出版物运到边区来，以满足边区读者的需要。

12月7日　中共中央山东分局党报委员会决定成立大众印书馆，由中共中央山东分局宣传部长李竹如兼任董事长，大众日报社秘书处主任仲星帆任副董事长。

12月10日　《新华日报》华北分馆在辽县麻田镇东西大街路北一家染房旧址，开设新华书店门市部，第一任经理张兴树，第二任经理赵国良，另外配备3个发行人员。除坐堂售书外，他们还经常深入附近驻军、机关、学校、集会推销书刊，同时办理邮购，兼营文具。在此期间，《新华日报》华北分馆出版发行了《毛泽东论文集》。《文集》收编毛泽东的时政论文23篇，这是我党领导的出版机构出版的较早的毛泽东论文集，也是中国现代出版史上较早的一部毛泽东论文专集。

12月25日　毛泽东在为中共中央起草的党内指示《论政策》文章中，

再次强调"每个根据地都要建立印刷厂，出版书报，组织发行和运输机关"。敌后根据地的党组织按中央 9 月和 12 月两文件的指示精神，在各地陆续建立起新华书店。

12 月　中共中央出版发行部派向叔保、许光庭从延安到晋绥、晋察冀两个抗日根据地检查书刊报纸发行工作。

同月　晋察冀边区司令员聂荣臻写信指示各级党组织："把发行工作重新整理加强起来，必须了解这一工作不是我党组织里的附属工作，而是党的宣传与组织、党的重要工作，要把这一工作看作输送子弹到最激烈的战线上去"。

同年　延安解放社出版的《抗战中的中国政治》《中国现代史参考资料》等图书的版权页上印有"发行者：新华书店；总店延安。分店兴县、黎城"的字样。

同年　为了加强延安出版的书报杂志的发运工作，新华书店总店在八路军驻西安办事处帮助下，在西安设立转运点，与《新华日报》西安营业所一起办公。当时在延安，只要一有八路军军用汽车去西安，总后勤部长叶季壮就用电话通知新华书店总店，书店就将打好包的书刊报纸装上车运往西安，由西安转运到设在河南确山县竹沟镇的新四军后方留守处，再由留守处分转到新四军的各个支队去。

同年　在延安大生产运动中，新华书店总店同志积极响应中共中央提出的"从半自给过渡到全自给"的号召，积极投入工农业生产，粮食生产超过上一年的一倍，农业生产收成值为 1 920 元（陕甘宁边区银行在 1938 年以光荣商店的名义发行的光荣商店代价券），工业生产获利 1 440 元，蔬菜生产收成值为 1 898 元，畜牧生产获利 1 000 多元。新华书店总店还将这年的生产成绩在 1941 年 1 月 12 日的《新中华报》上作了专题报道。

同年　《新华书店店歌》诞生。歌词由卜明编写，延安鲁迅艺术学院的沙莱谱曲，曾在当时的新华书店广为传唱。歌曲表达了新华书店人以在延安工作为荣，担当起传播革命思想的重任，凝聚力量，团结亿万民众抗击日军，直至取得胜利！

《新华书店店歌》歌词

太阳挂在宝塔山，

延水弯弯在眼前。

我们在这里工作，

把革命的种子撒遍人间。

我们像太阳那么欢欣、勇敢，

像延水无尽止地流到辽远。

太阳照遍了城镇、田野、高原，

延水像粗壮的铁链，

团结着亿万人民向前、向前。

我们就在这里生长吧，

等待这种子生长，

到胜利的明天。

1941 年

1月1日 根据中共南方局书记周恩来指示,重庆生活书店、读书出版社、新知书店三方集资并派李文、刘大明、王华等三人在辽县(今左权县)桐峪镇组建华北书店。同日,华北书店在桐峪镇开设第一门市部,经理李文,副经理刘大明、王华。

同日 中共太岳区党委机关报《太岳日报》以新华书店的名义在山西沁源县城开设门市部,负责人李德元。报社内称发行科。

3月1日 中共澄锡虞工委在江阴后塍镇(现属张家港市)创办江南书店,经理陈岑。该店代销江南社出版的书刊和从上海购进的各类进步书刊。该店除在京沪东路地区主要集镇如黄土塘、长泾一带流动设摊供应书刊外,还在乡村建立了分销处。7月,在日伪大扫荡中停业。

3月28日 根据1941年3月26日颁发的《中共中央关于调整刊物问题的决定》,新华书店重整延安书报发行工作,至5月1日实施新办法。

3月 八路军129师政委邓小平和司令员刘伯承到华北新华书店麻田门市部视察,指示书店同志努力做好门市工作,要和部队密切联系,同老百姓打成一片。

同月 苏中三分区大众书店成立,负责人诸克。

同月 为了丰富书源,适应战地急需,苏北、苏中、盐阜等华中抗日根据地的书店以及苏南根据地的不少书店创办印刷厂,自编自印书刊。桃源书店用仅有的一块钢板、一支铁笔油印中小学课本。没有白纸,用土制灰黄纸;没有油墨,用锅灰调食用油代替;没有胶辊,就在自行车胎内塞上旧报纸代替。江南书店因陋就简,用木版代替铜锌版,用黄板纸代替铅条,出版毛泽东《论联合政府》《湖南农民运动考察报告》《农村调查》《论解放区战场》等著作以及俞铭璜的《新人生观》等书。

4月10日 盐城大众书店发表公告"新书大批涌到，欢迎各界选购"。新书中有《资本论》《中国现代革命运动史》《辩证唯物主义入门》等30余种。东台分店组织供应车，流动供应东台各地，读者争相购阅。

4月18日 刘少奇在盐城接见参加苏北文协代表大会的苏中代表，询问苏中文化出版发行工作的情况。

4月 中共晋西区党委宣传部建立交通局（抗日战争和解放战争时期专门从事通信、联络工作的党的工作部门），使根据地的发行工作基本上步入正轨。晋西区部分新华书店与交通局合并，门市部仍称新华书店。

5月5日 中共中央北方局发出《关于开办书店的决定》。《决定》要求"在《新华日报》华北分馆所在地开设分店，领导和推动全区的书店工作"。报社所属的新华书店扩大为新华书店华北总店，在报社发行部（部长史育才，副部长孙宜）的领导下，先后在漳北、晋中、冀西、太南、晋东南等地设立分店，同时开展书刊报纸的批发业务。至此，华北新华日报社形成一个完整的图书发行系统，为华北新华书店的建立奠定了基础。

同日 新华书店晋察冀分店在灵寿县陈庄镇成立，门市部位于西大街路北，有门面3间。分店以晋察冀日报社发行科为基础，在业务上受延安新华书店总店指导，行政上属晋察冀日报社领导。建制上是社店合一，对外称新华书店，对内是报社发行科。报社发行科和分店为一个机构、两块牌子，第一任经理由晋察冀日报社发行科科长罗军兼任。分店主要经销晋察冀日报社出版的报纸、杂志、书籍，与延安新华书店、晋西北分店建立了业务往来，代销和翻印延安出版的书刊，代订延安《新中华报》、晋绥《抗战日报》及其他书刊，并代销中共中央北方局的《新华日报》华北版和各种书刊。门市部开业之际，在《晋察冀日报》上刊出《新华书店晋察冀分店成立启事》：本分店准备经月，现定于5月5日学习节正式成立，开店营业。今后当本着服务于大众之精神，努力推广边区文化出版事业，切望边区文化教育界先进及各界同胞多予扶持与赞助为幸。同时，报上还刊发《发行条例》《邮购简章》及新书广告。

5 月 22 日　《解放日报》报道：新华书店编辑部除准备于本年内出齐《列宁选集》等主要马列主义经典著作外，更计划着手于社会科学、自然科学、文艺、史地等各种中级通俗读物之编辑与出版。为此，书店编辑部除酌量提高稿费，广泛征求各种稿件外，于本月 17 日在书店俱乐部招待在延安的著名作家，座谈讨论如何完成新的出版计划。

5 月　延安新华书店出版发行范文澜主编的《中国通史简编》上册。1942 年出版发行中册。1945—1947 年，延安新华书店改为 8 册，出版后受到广大读者的欢迎。毛泽东评论说："在延安出版一部有头有尾，有科学体系的著作，这是一件大好事。"

6 月 20 日　中宣部发出《关于党的宣传鼓动工作提纲》。《提纲》第九条阐发了书报刊的重要性和发展出版业的意见，指出："报纸、刊物、书籍是党的宣传鼓动工作最锐利的武器。党应当善于充分地利用这些武器。办报、办刊物、出书籍应当成为党的宣传鼓动工作中最重要的任务"，"应当大量地印刷和发行各种革命的书报"。

6 月 23 日　《马列主义提纲》一书出版，由中共中央宣传部赠送或者廉价出售给各机关，帮助职工干部学习，剩余一小部分存于"七一商店"出售。

6 月　《新华日报》华北分馆编辑出版《斯大林选集》（四卷本），由华北新华书店及《新华日报》各地办事处发行。

7 月 1 日　晋察冀边区冀中区党委成立新华书店冀中支店。冀中支店在 7 月 3 日和 11 日出版的《晋察冀日报》刊登成立启事：本店为开展冀中新民主主义文化事业，供应冀中广大军民抗战精神食粮，几经筹备，今定于 7 月 1 日正式成立。所有新华书店华北总店及晋察冀分店发行之一切书报杂志，本店均有出售。本店发行冀中之一切出版物，亦委托新华书店总店、晋察冀分店出售。1942 年，由于日军对该区进行"五一"大"扫荡"，冀中支店停办。

7 月 23 日　新华书店晋察冀分店及门市部遭受日军 9 架飞机空袭，经理罗军、营业员王吉贵光荣牺牲。罗军牺牲后，晋察冀日报社社长邓拓这样评价他：罗军年轻有为，才华初露，他的牺牲是边区发行战线的重大损失。8 月 20

日，分店临时设点发出启事，为防空起见，营业时间改在下午2时。同月，秦一飞接任分店经理，安克成任协理员。分店在反扫荡中停业转移。

8月13日 新华书店华北总店晋中分店成立并开业。18日，晋中分店又在山西和顺县横岭镇设立了门市部。

同日 生活书店委托柳湜、李文到延安开设华北书店。10月，延安华北书店在延安北门外开业，发售新书《我是劳动人民的儿子》《苏联历史讲话》《铁流》《法西斯主义》《给初学写作者的一封信》。经过两三年时间，延安华北书店由3人发展到拥有3个门市部、1个印刷厂和五六十名工作人员的综合性书店，出版发行了不少优秀的中外文学著作和自然科学读物。

11月4日 为了适应战争环境，新华书店晋察冀分店不再办理零售和直接订购书报，改由读者向专区或县书报销售处订购。边区宣传部副部长兼晋察冀日报社社长邓拓在总结这一经验时认为："发行工作事业化、正规化主要是对制度的坚持，保证每一份报纸所起的作用和收回的代价，而不在于门面的铺张。"

11月24日 《解放日报》介绍延安华北书店经理柳湜在本届边区参议会上被选为边区政府委员，任教育厅厅长。

12月 中共中央进行精兵简政，中央出版发行部改组为中央出版局，局长由解放日报社社长博古（秦邦宪）兼任，调中宣部国民教育科科长许之桢任秘书长，主持日常工作。中央出版局下设出版、发行、指导三个科，由尹达、卜明、臧剑秋分任科长。新华书店总店成为出版局的一个组成部分，易吉光任经理，对外联系发行业务仍用总店名义。为防日军飞机空袭，总店随出版局又从延安北门外迁回清凉山。

同月 新华书店总店在中共中央机关报《解放日报》上刊登广告，欢迎各地代销书刊。同时组织陕甘宁边区的各个合作社、下乡团体及小商小贩代销书刊、报纸，代销折扣为本版书八折，外版书九折。

年内 根据周恩来副主席指示，党的地下组织在江西吉安市文山路创办文山书店，经理曾霞初，后搬到清江县，1945年书店又迁到南昌百花洲。南昌解放后并入新华书店江西分店，经理曾霞初。

1942 年

1月1日 华北新华书店总店（又称新华书店华北总店）成立，地址在辽县（今左权县）岭南村，总经理杜毓云（沄），副总经理王显周。下设经理部、审计室、发行部、印刷厂等机构。其仍与华北新华日报合署办公，在业务上相互配合。它是晋冀鲁豫边区统一的出版发行机关，直属晋冀鲁豫中央局宣传部领导。对太行、太岳、冀南、冀鲁豫各新华书店进行业务指导。

1月16日 中共中央出版局制定《中央出版局的业务与组织》及《出版条例》。

1月 中共陕甘宁边区关中地区委员会在新解放的关中（今陕西关中盆地）重镇马栏设立关中新华书店。

同月 华北新华书店在涉县等地设立新华书店门市部。

2月1日 太岳书店在沁源县史家沟成立，经中共太岳区委批准，城内设立门市部，并从太岳日报社分出来，独立建制，隶属太岳区党委宣传部领导，姜时彦任经理，魏汉卿任副经理，阎子奇任指导员。店内设印刷科、会计科、发行科和总务科等机构，承担报纸、书籍的印刷、发行和其他机关团体的刊物杂志、布告、宣传品等印刷任务。

2月17日 华北书店为方便外县读者和书店，特设函购科及批发科，专为外县文化界服务，同时接受代办外版书刊及其他委托事项。

4月1日 中共北岳区党委在河北阜平建立新华书店北岳支店，分担新华书店晋察冀分店的批发业务。经理由区党委交通科长兼任，副经理由晋察冀分店经理秦一飞兼任。晋察冀分店实行精简，把边区及北岳区的书报发行业务均转到北岳支店。

4月15日　中共中央发出《关于统一延安出版工作的通知》，按照"集中指导，分散经营"的原则，中央出版局"负统一指导、计划、组织全延安各系统一般编辑出版发行工作之责（中央书记处及西北局常委会直接出版的书除外）。中央出版局应会同中宣部及有关部门，按时决定编辑、出版、发行工作的一般方针与具体计划，并保证其实现"。

4月　新华书店晋察冀分店出版《毛泽东言论选集》，选编《国共两党统一战线成立后中国革命的迫切任务》《抗日游击战争的战略问题》《论持久战》《论新阶段》《新民主主义论》等5篇文章。

5月1日　毛泽东在中央出版局秘书长许之祯和新华书店总店经理易吉光陪同下，到中央印刷厂和新华书店视察。毛泽东在讲话中强调了出版发行工作对宣传马列主义、指导抗口战争的重要作用，并用生动形象的语言比喻出版发行书报刊的作用。他说："一份报纸比几十发，甚至几百发炮弹的作用还要大"。还说："发行工作很重要，你们向边区军民输送精神食粮，向全国、向全世界传播党的声音，是很了不起的"。

同日　经中共陕甘宁边区中央局（中共中央西北局）批准成立的陕甘宁边区新华书店，在延安南关新市场（南市区合作社旧址）开业，九折优待读者3天，读者蜂拥而来。第一任经理张良（宁玉麟）。新华书店总店遂把陕甘宁边区的书报刊发行任务交给了边区书店。边区新华书店成立后，又陆续在边区各县建立了发行网点。从此，新华书店总店集中主要力量向各个根据地、国民党统治区、敌占区以及八路军、新四军各兵站发行和运送延安出版的书刊、报纸。

5月1日　绥德西北抗敌书店成立4周年。4年发行书报53万册（份），先后建立3个分店，4个代销处，发行地区遍及陕甘宁边区，远至绥西、晋西北、晋东南、晋察冀和冀中。营业资金由700多元增长到10万元。

5月　延安文艺座谈会召开。毛泽东在会上发表讲话并作总结，阐明了革命文艺为人民群众，首先是为工农兵服务的根本方向，系统地回答了文艺运动中许多有争论的问题，强调革命文艺工作者必须从根本上解决立场、态度的问题。会后，延安文艺界开始整风学习。

同月 日军对太行革命根据地进行大扫荡，华北新华日报社和华北新华书店随八路军总部转移，在辽县十字岭与日军遭遇，经过激战，报社和书店有46位同志英勇牺牲，有报社社长何云，书店审计室主任黄君钰，出版科长肖炳昆，书店杨叙九、朱省三、李暵辉、韩轶吾、徐晨钟等同志。晋西北新华书店巡视员韩孝礼等也在反扫荡斗争中牺牲。

9月 陕甘宁边区新华书店汇编中宣部规定的22个整风文件，定名为《整风文件》出版发行，配合延安整风运动。

秋季 整风运动开始，延安华北书店根据中宣部的决定，划归中共陕甘宁边区中央局宣传部领导，并与陕甘宁边区新华书店合并经营。

10月 在中共晋西区党委于1942年8月改为中共中央晋绥分局后，晋西北新华书店于10月奉命改为晋绥新华书店，受晋绥分局宣传部领导。对内是分局发行科，对外是新华书店。晋绥新华书店在全区先后建立7个支店、23个分销处，同时还在一些大集镇建立代销处，并发展一批流动书贩。为进一步扩大书源，晋绥新华书店以信箱代号和个人名义从国民党统治区进步书店购进鲁迅、郭沫若以及国外进步作家著作，同时又将根据地出版的革命书刊伪装成其他书籍，运用地下交通网发送到敌伪据点或敌占区。

同月 太岳书店在日军占领沁源县以后，由沁源史家沟迁至沁水、屯留、安泽交界的小河口。年底迁至安泽县桑曲镇附近的南瓜沟。太岳书店转移出城后，在部队的支援和掩护下，取出反扫荡时隐藏起来的印刷器材，自制油墨纸张，印制了《整风文献》《唯物史观》《共产党宣言》等22种书籍，送到区党委和部队，有力地配合了党的整风运动和对敌的反围困战。

同月 邹韬奋先生由大众书店负责人诸克、王兰芬护送来到苏北。在台北县（今大丰区）县政府扩大会上演讲。他还特地看望了大众书店的工作人员，并鼓励大家说：不管游击区出现怎样的艰难险恶，书店工作一定要坚持。党需要它，敌后军民需要它。

12月1日 冀热察区党委成立新华书店冀热察分店。

12月 晋西北实行精兵简政，晋绥行署交通总局同晋绥新华书店合并，改称交通总站，晋绥新华书店成为总站的发行科，但对外仍称晋绥新华书店，对上对下业务关系不变。这个体制一直延续到抗战胜利。期间白真任总站发行科科长，即书店副经理，李长庚任副科长。

同月 苏中四分区如中行署领导创办如中书店，陈一清任经理，工作人员10余人。于1941年2月下旬在如东建立的彦如印刷所改称如中书店印刷厂。印刷发行学校课本、群众冬学材料，并承印政府的文件、布告、表册，以及征收公粮用的粮串等。1943年3月，敌伪对如中地区"清乡"，如中书店奉命转移到东台三仓区，改名为明理书店。

同年 晋察冀日报社社长邓拓发表文章《报社五年回顾》，指出：1938—1942年，晋察冀报社和书店出版发行各类书刊180余种，110多万册。

同年 为了贯彻延安文艺座谈会精神，陕甘宁边区新华书店自办石印厂，及时编印出版《兄妹开荒》《血泪仇》《白毛女》等文艺作品，还有《十万个为什么》《地球和宇宙》等科普读物，同时还大量印制领袖像、年画和连环画，受到了边区军民的欢迎。

同年 根据地发生严重自然灾害，新华书店工作人员节粮救灾，每人每天只有12两（合现在7.5两）粮食，自己动手开荒种菜、养鸡、纺纱，战胜灾害，度过荒年。

1943 年

2 月 《新浙东报》在浙江四明山区浙东抗日游击根据地创刊。报社发行部负责发行书报杂志，发行部设在杜徐村，并在梁弄等镇建立门市部，对外称新浙东书店。

3 月 10 日 陕甘宁边区新华书店增设邮购服务科。在《解放日报》刊登征求邮购代办户启事：凡邮购代办每种书籍 5 本以上者，一律九折优待，邮购代办服务成绩优良者给予奖励。邮购服务科定出《邮购简章》及优待办法。

3 月 20 日 中共中央政治局会议决定设立宣传委员会，作为政治局和书记处的助理机关。宣传委员会由毛泽东、王稼祥、博古（秦邦宪）、凯丰（何克全）组成，毛泽东任书记，王稼祥任副书记，胡乔木任秘书。统一管理中宣部、解放日报社、新华社、中央党校、文委、中央出版局。原中央党报委员会撤销。

3 月 31 日 《解放日报》发表陕甘宁边区新华书店经理张良（宁玉麟）的《书报下乡》一文。文中提出"文化下乡"必须有"书报下乡"来配合。"对于农村读者，不能让他们来找书报，而是应当使书报去找他们。"

3 月 晋冀鲁豫边区文联和华北新华书店召开丛书座谈会，研究确定出版一批通俗的大众读物和一般读物。

同月 华北书店在涉县河南店开设分店。

同月 太岳书店在晋东南抗日根据地的安泽县桑曲镇建立门市部。

春季 蒋介石抛出了反共反人民的《中国之命运》一书，鼓吹中国的法西斯主义，在国民党统治区流毒甚广。延安《解放日报》连续发表许多文章批判这本书。中共中央出版局将这些文章集印成小册子，伪装成流行小说、弹词唱本，通过新华书店总店发到国民党统治区，在进步学生中广为流传。

同季 在延安生产展览会和骡马大会期间，陕甘宁边区新华书店在会址搭棚售书。毛泽东亲临书店售书棚视察，了解老百姓喜欢什么书。书店同志汇报说，新出版的《新农历》和一些通俗读物最受欢迎。

当时，书店同志除坚持做好门市工作外，还经常跟随延安民众剧团一起下乡，赶庙会、摆书摊。一次，书店同志下乡3个月，走了许多县的农村，《抗日英雄洋铁桶》《怎样养娃娃》等书受到农民群众喜爱。

边区书店流动供应员邵伯云每日里肩挑书担，走村串乡卖书，吃住在老乡家里，晚上还帮助村干部开展群众读报组活动，给乡亲们读《边区群众报》，宣传党的政策，深受欢迎。

4月中旬 中共泗沭县委在穿城街创办桃园书店，经销进步书刊并印发小学课本和政治读物。1944年3月，桃园书店改为泗沭县桃园书报合作社。1945年秋，恢复桃园书店名称。1946年春，改称华中新华书店泗沭支店。

4月 苏北根据地大众书店的邵德夫经常以商人身份为掩护，往返于上海、苏北之间，为根据地秘密运送报刊、纸张及印刷物资。4月2日，他在上海不幸暴露，遭敌特追捕，跳楼牺牲。

5月1日 陕甘宁边区新华书店成立一周年。除延安门市部外，分布在陕甘宁边区各地的分支店及代销处已有22处。

7月7日 延安军民在青年文化沟举行抗战6周年纪念大会，晋绥边区联防司令员贺龙在会上发表讲话。新华书店总店赶到会场配合供应新出版的整套《抗日根据地形势图》，受到与会军民的热烈欢迎。

7月17日 《解放日报》发表消息：延安华北书店召开全店大会，痛斥国民党反动派摧残文化的罪行。会上，全店工作人员捐款2 300元（抗日根据地陕甘宁边区银行发行的纸币）支持民众文化事业。

7月 山东新华书店在滨海区莒南县创立，对内是大众日报社出版科。从此，报社将报纸和图书的出版逐步分开。山东新华书店在各地陆续建立分店、支店和分销处。

9月　在八路军副总司令彭德怀的关怀下，作家兼通俗文艺家赵树理的短篇小说《小二黑结婚》由华北新华书店出版发行，受到群众欢迎，第一版连印2万册仍是供不应求。翌年3月，经过重新排印，再版2万册。

秋季　在残酷的反扫荡战斗中，新华书店华北总店晋察冀分店模范交通员李智光荣牺牲。发行员张春芳为联系发行站工作，夜间被敌人包围后中弹牺牲，交通员安治学在队伍转移行军途中牺牲。抗日战争时期，晋察冀报社和新华书店共牺牲55人，其中有晋察冀分店发行员霍进礼和交通员张吉堂等12人。

10月1日　《新华日报》华北版改为《新华日报》太行版。新华书店华北总店与报社机构正式分开，由涉县桃城搬到辽县后柴城村，组织上仍隶属中共中央北方局宣传部领导。书店成立了编辑部，王显周任经理，林火任总编辑兼编辑部主任。新华书店华北总店除编辑出版图书外，还主办《新大众》杂志和《新大众报》等报纸刊物。

10月　华北书店与新华书店华北总店合并，王显周任经理。对外仍用两块牌子，文艺读物以华北书店名义出版，政治读物以新华书店华北总店名义出版。王显周总结了山西榆社县小学教员与群众共同集资创办文化合作社经营书籍文具的经验，并在太行区各根据地推广。很快，长治、辽县、武乡、高平、阳城等地也办起这样的文化合作社，在太行革命根据地形成了以新华书店及其下属分、支店为骨干，众多文化合作社为辐射点的专群结合的书报刊发行网。据不完全统计，从1942年到1944年，华北总店出版发行各类书刊160多万册。

同月　潼阳县成立公办新华书店，除宣传时事材料、进步书刊外，还经营学生课本，出售文具纸张。

11月26日　陕甘宁边区新华书店、华北书店在骡马大会会场入口处设立联合书报供应处，陈列大批通俗读物，供广大读者选购。

11月　中共中央北方局将一台铅字印刷机由太行根据地拨给太岳书店，太岳书店在山西屯留县小寨建立印刷厂，从此太岳根据地开始印书刊。

12月 泗沭县为解决小学课本问题，在桃源书店的基础上，采用集资入股、政府补助的办法成立了"桃源书报合作社"（为适应战争形势，当时泗阳与邻县部分地区分设泗沭、淮泗、泗阳、运河特区4个县级民主政权）。

下半年 山东新华书店出版《中国共产党与中华民族》一书，该书收入《解放日报》为纪念中国共产党成立22周年发表的社论等5篇文章。

年内 新华书店总店开始向兴县、黎城两分店和陕甘宁边区书店、绥德（今陕西绥德县）西北书店批发书刊，并逐步与晋绥、晋察冀、晋冀鲁豫、山东等抗日根据地发行网点建立批发业务关系。

同年 由晋察冀日报社和新华书店华北总店晋察冀分店出版的英文版杂志《晋察冀》发行到国民党统治区，在国统区的国际友人中产生了一定的影响。

抗战期间，新华书店晋察冀分店出版发行的刊物还有《抗敌周报》《晋察冀日报增刊》《海燕》《边区文化》《新长城》《学习》《五十年代》《文艺通讯》《群众》《晋察冀画报》等，以照片为主的彩色画报《晋察冀画报》发行范围最广，深受边区内外广大读者的欢迎。

1944 年

1月20日 《解放日报》发表题为《群众需要精神粮食》的社论。同时发表陕甘宁边区新华书店经理黎文（李文）的文章：《怎样把书报送到工农兵手里》。

1月 为响应中共中央"精兵简政"的号召，新华书店晋察冀分店与北岳支店精简合并，改称晋察冀边区新华书店。

春季 冀鲁豫新华书店在濮县（旧县名，在山东西部）盛辛店成立并开业。1945年底迁菏泽。不久济宁解放，设济宁分店。

3月 按照四地委指示，南通明理书店受二专署文教科领导。仍由陈一清任经理，并由专署增派陈亚明任副经理。工作人员增至近30人。印刷课本供应二、四分区的学校。明理书店开始出版图书，有木刻毛泽东主席像、俞铭璜《新人生观》、抗日歌曲小册子等。

4月1日 《太岳日报》奉命更名为《新华日报》（太岳版），同日太岳书店再次和报社合署办公，对外改称太岳新华书店（对内称报社经理部下设的发行科），负责人李德元。先后在岳北、安泽、浮山寨疙瘩设立3个分店。同时，报社成立丛书编辑部，以太岳新华书店名义出版《工农兵》月刊，并编印出版剧本和通俗读物等200余种。

4月30日 为了进一步扩展延安出版物的代销业务，新华书店总店在《解放日报》刊登启事："欢迎各地合作社、下乡团体或个人、小贩等代为推销本店书报，本版书八折，外版书九折。"

5月1日 新华书店总店在延安东关设立的门市部开业。

5月5日 山东新华书店在《大众日报》上刊登《征聘会计、校对各项人材》的启事。

5月 大众日报社接管八路军115师宣传部于1942年创建的滨海书局，并以此为基础开设新华书店门市部，地址在莒南县十字路。随后又在大店、店头、夏庄、坪上等地建立新华书店的分、支店和代销处。

6月9日 中外记者西北参观团一行21人抵达延安。11日，参观清凉山各新闻出版单位，解放日报社社长兼中央出版局局长博古（秦邦宪）举行中外记者招待会。会上，国民党中央宣传部一个名叫邓友德的人肆意挑衅，责问新华书店为什么不卖国民党正中书局出版的图书。博古当即反问正中书局为什么不卖解放社出版的图书，并揭露国民党封锁新华书店书报刊的行为，他说："你们正中书局不仅不卖解放社出版的书，连新华书店发给国民党军政机关、军政要人的书刊，都被你们非法扣留了。"博古马上拿出一打西安邮局扣留我党印刷品的通知单。邓友德当着中外记者的面出了丑，灰溜溜地逃离会场。

同日 第二次世界大战，盟军根据德黑兰协定，于1944年6月8日开辟了第二战场。为了配合形势宣传，山东新华书店在6月9日《大众日报》上刊登《欧洲详图》出版的广告和《时事两面观》一书的内容介绍。

6月19日 山东新华书店在《大众日报》上登出交换出版物和征收稿件两则启事。征收稿件启事称："本店为大量出版通俗读物与一般科学常识、干部文化教材、部队政治教材、歌曲、戏剧等，特开始征收稿件，简章不日公布。"

6月25日 为扩大革命书籍在广大军民中的影响，山东新华书店在《大众日报》上刊登即将在7月份出版的《拥军月一日》《军政民一家》《真情实录》《两个世界》《中国史话》《小二黑结婚》等新书发行预告。

7月6日 山东新华书店从大众日报社分出，单独经营，内部建制为报社的出版部。成立大会在所在地莒南县后净埠子村召开，大会确定书店工作的方针任务主要是宣传毛泽东思想，为工农兵服务，保证国民教育材料的供给，推广新文化事业。山东分局宣传部部长陈沂在大会上讲话，山东新华书店经理（兼）刘力子介绍根据地书店创建以来的工作情况。

7月15日 新华书店崑嵛（驻文登城）、荣成（驻该县崖头集）支店建立。

7月24日 人民出版家邹韬奋病逝。为纪念其生前致力于新文化出版事业的奋斗精神，华北书店出版的图书改为由韬奋书店出版。

7月27日 为了配合山东根据地的鲁中、鲁南、滨海等地区开展群众冬季识字和政治教育活动，山东新华书店积极筹划出版冬学课本，并抓紧编印出版《民兵政治教材》《生产知识读物》《妇女常识课本》《卫生知识课本》以及群众工作和锄奸等方面的读物共10余种，作为冬学教育的辅助教材。

7月 中共中央晋察冀分局委托邓拓主编并撰写出版前言的中国第一部五卷本《毛泽东选集》，由晋察冀日报社出版，晋察冀边区新华书店发行。《毛泽东选集》收录了毛泽东1937年5月至1944年6月的著作，并附录两篇以前的文章共29篇，约50万字。五卷本《毛泽东选集》第一版平装本和精装合订本各印2 000册，次年3月再版重印。五卷本是《毛泽东选集》版本中第一个系统的版本，是一个流传最早、最广的版本。这在我国现代出版发行史上是一件大事。

同月 新华书店牟平（驻牟平县城）、海阳（驻该县东村）、牙前（驻该县桃村）、掖县（驻掖县县城）、平度（驻平度县城）、文登（驻该县高村集）、蓬莱（驻蓬莱县城）、黄县（驻黄县县城）、龙口（驻龙口）、栖东（驻该县藏格庄）、栖霞（驻栖霞县城）、招远（驻招远县城）支店建立。

同月 莒中县文教科为了解决教师、学生和群众购买图书的困难，发动群众募股办起一处群众性的书店。募股主要对象是小学学生、教师，妇女识字班学员，股金达2万余元。书店定名为文化书店，负责推销新华书店出版的各种图书和课本，并经营文具。书店还在各乡村组织读书会，帮助成立图书室。

同月 滨海书局并入山东新华书店，地址在滨海区莒南县十字路镇。

8月14日 陕甘宁边区新华书店在《解放日报》刊登启事："为做到普及文化教育，我们要求各地学校能成立文化合作社，向鄜县（旧县名，在陕西省中部，1964年改名富县）第一完小看齐，创造各种新的方法，把通俗的书报广泛地推销到群众中去。代销书籍以八折优待。"

8月 为纪念人民出版家邹韬奋先生，新浙东书店改名为浙东韬奋书店，并发展了15个分店。

10月31日 陕甘宁边区政府政务会议决定，设立韬奋出版奖金，基金定1 000万元（陕甘宁边币），"专用以奖励对报纸、杂志及出版发行事业有特别成绩之人"。

10月 新华书店日照（驻日照县城）支店建立。

11月1日 华北书店为纪念邹韬奋生前致力于新文化出版事业之奋斗精神，在邹韬奋逝世百日时改名为延安韬奋书店。周恩来、生活书店在延安同人、张仲实、林默涵及韬奋之弟邹恩洵等20余人，在韬奋书店举行座谈会。

11月22日 在边区政府礼堂举行邹韬奋追悼大会，朱德、吴玉章、陈毅等2 000余人参加追悼大会。《解放日报》特辟《邹韬奋先生逝世纪念特刊》，登载毛泽东、朱德等人的题词。毛主席的题词是："热爱人民，真诚地为人民服务，鞠躬尽瘁，死而后已，这就是邹韬奋先生的精神，这就是他之所以感动人的地方。"朱总司令的题词是："韬奋同志，爱国志士，民主先锋。"此后，韬奋书店出版了韬奋遗著《经历》。

12月13日 山东莒城解放，山东新华书店莒城分店成立。

12月 新华书店威海（驻威海市）、乳山（驻该县夏村）、藏马（驻该县泊儿）、沂北（驻该县马站）、沂南（驻该县界湖）支店建立。

同年 随着抗日战争的节节胜利和新解放区的开辟，晋绥新华书店的书刊发行工作日益兴旺，除原有的临县（三支店）、交城（八支店）外，又相继建立宁武、忻崞、隰县、五寨、左云、离石、汾阳、静乐等分支机构，在经营管理上也逐步形成了一套制度，如薪金制度、会议制度、交款制度、学习制度等。

同年 杜敏云（沄）调入太行八分区任专员，由王显周接任华北总店经理。

1945 年

1 月中旬 苏皖边区各界人士联席会议作出决定，要求加强出版发行工作，奖励翻印、推销各种出版物，健全发行网，建立专门的出版发行机关，各地合作社应兼管书报发行销售工作。

1 月 25 日 太行三分区党委与武东（武乡）县抗日政府委派曹国辉到洪水镇动员部分教师集资，以股份制形式在洪水镇创办文化合作社，直接受华北新华书店发行科领导，统编为第三分店（第一分店在左权麻田镇，第二分店在涉县河南店）。华北总店委派赵国良任经理。

1 月 山东新华书店改称山东新华书店总店，实行企业化管理，并增设了内部机构，全面担负起山东根据地书报的编辑、出版、印刷、发行任务。

同月 渤海新华书店在垦利县八大组正式成立。渤海日报社经理部长崔冠三兼任经理。渤海区是抗日战争、解放战争时期山东的一个行政区，它在 1944 年 1 月由冀鲁边区和清河区合并而成。

2 月 新华书店华北总店出版发行毛泽东的《论持久战》《论新阶段》《新民主主义论》"三大名著"。

同月 随着冀中区形势好转，自 1942 年大扫荡以来停刊的《冀中导报》复刊。新华书店冀中支店在冀中导报社发行科的基础上，在饶阳县大尹村重建，经理王钊。这是编印发一体的出版发行机构，职工近 500 人，担负着河北中部 44 个县、3 个市的图书发行工作。

同月 新华书店福山（驻福山县城）支店建立。

同月 大众书店（盐城）在益林更名为盐阜书店。为配合参军工作，盐阜书店出版发行四幕话剧《过关》。9 月，盐阜书店在淮安更名为华中新华书店盐阜分店。

3月 新华书店莱西（驻该县水沟头）、沙河（驻掖县南沙河）支店建立。

春季 新华书店华北总店迁往黎城清泉村，为配合抗日战争形势发展的需要，还成立了随军书店。

4月24日 在中共太行区文教大会上，发明文教工具的王显周（新华书店华北总店经理）被授予太行区模范文教工作者称号，并荣获银质奖章。

4月 山东新华书店总店在莒南县十字路召开分支店经理会议，研究如何扩大发行网点和赶集供应书刊等问题。参加会议的共有29人。

同月 鲁南新华书店在费县梁丘成立，张治任经理。鲁南是抗日战争时期山东的一个行政区，成立于1941年。1947年11月，鲁南新华书店撤销，书店的大部分人员被派到鲁南建国学校学习。

同月 《漫画与木刻》第1集由苏中画报社编辑出版，由苏中韬奋书店发行到华中各地区。

5月 中共冀南区党委宣传部在河北威县方家营建立冀南新华书店总店（后改为冀南新华书店），经理赵鼎新。当时，冀南新华书店共有从事书刊的编辑、出版、印刷和发行专业人员近200名。

6月1日 华北新华书店由冯诗云主编的群众性读物《新大众》创刊，32开，初为周刊，出版几期后改为月刊。1947年12月停刊，共出45期。

6月 新华书店华北总店在山西黎城县下清泉村成立发行职业学校，培训专业发行人员，学员来自左权、黎城、涉县、平顺、武乡、榆社等县，该班由王华讲授出版知识，刘大明讲授会计知识，张诚讲授图书发行业务知识，史育才讲授时事政治以及太行山区抗战8年的书报发行工作经验。第一期学员40人，学习3个月，毕业后分配到太行、太岳两个地区的新华书店工作。

同月 白真任晋绥新华书店经理。

7月7日 陕甘宁边区新华书店在延安新市场口路东的新址落成并开业。

8月15日 日本天皇裕仁发表《停战诏书》，宣布无条件投降。9月5

日，延安各界 2 万人举行庆祝抗日战争胜利大会。此后，中共中央决定，抽调大批干部到新解放区工作。解放日报社李锐、王揖，中央印刷厂蔡善卿等，陕甘宁边区新华书店经理李文、副经理龚家华，陆续调走。西北局派陶信铺为边区新华书店经理，陈林彬为副经理。

8 月中旬 日本宣布无条件投降前后，冀晋新华书店成立，经理左政，副经理李平。

8 月 28 日 晋察冀边区新华书店和冀晋新华书店在《晋察冀日报》联合发出启事：为适应环境，方便书报发行工作，《晋察冀日报》在冀晋区发行事宜由冀晋新华书店负责。

同日 大连的中共地下工作者白全武、车长宽等人，在西岗区长生街 13 号创建大连大众书店（大连市新华书店前身）。门市面积 210 平方米，库房面积 100 平方米。经理车昇五，副经理金鑫，工作人员 9 人。

同日 滨海新华书店在莒南县十字路成立，山东新华书店总店将隶属滨海区的出版发行业务移交滨海新华书店，原滨海区的各分店也直属滨海新华书店领导。

8 月 苏联红军在我东北抗日联军的配合下，解放了延吉、吉林、长春等地。中共长春党组织在长春市创建第一个革命图书发行机构——真理书店，并以中苏友好协会的名义出版革命领袖著作和其他进步书籍，如《新民主主义论》《在延安文艺座谈会上的讲话》《论解放区战场》《联共（布）党史简明教程》《列宁主义问题》《一个伟大的创举》等，以及反映苏联卫国战争的小说《日日夜夜》《何止千万》和俄罗斯文学名著《猎人日记》《死魂灵》等。11 月初，我军战略转移，真理书店随军撤出长春。

同月 抗日战争胜利，晋绥新华书店先后派人随军建立晋中新华书店，绥蒙（今内蒙古自治区）的丰镇、集宁新华书店。

同月 抗日战争胜利后，华北新华书店先后派张诚、谭林、张兴树、刘平、刘子华、郭存德、王中保、赵国良、张顺理、贾德贞等到邢台、邯郸、长治、焦作、阳泉、安阳等地接收敌伪印刷厂并在当地开办华北新华书店分支店。

　　同月　中共苏北区委员会宣传部根据党委关于加强出版工作的决议,建立出版发行科,对外即为苏北出版社。该社建立后不久,苏皖边区政府成立,行政区划作了变更,苏北区党委撤销,苏北出版社即与华中新华书店五分店(也称新华书店盐阜分店)合并。

　　同月　新华书店滨县支店(驻滨县县城)建立。

　　同月　新华书店青州直属支店(驻青州城)建立。

　　同月　太岳新华书店随报社迁至沁水郑庄。

　　9月12日　《晋察冀日报》发表《关于全党办报新任务的指示》,要求"各地发行工作可统一于新华书店,各县设支店或书报派销处,发行干部及经费,尽量统筹自给,走向企业化"。

　　9月30日　浙东韬奋书店奉命随新四军一纵队战略转移,北撤山东。撤退时书店大量印发《浙东游击纵队忍痛告别浙东父老兄弟姐妹书》。1946年春,书店领导骨干陈树穗、钟虹、鲁明、唐贤等6人调入山东新华书店总店。

　　9月下旬　无锡进步青年侯耿易在城区公园后门开办青鸟书店,出售进步书刊,传播革命思想。为解决书店经费困难,中共无锡工委发动地下党员集资入股。同年10月,中共党员徐治清在无锡恢复抗战前夕被国民党查封的无锡书店。

　　9月　一度与晋绥交通局合并的晋绥新华书店及其二、三、五、八支店,正式与交通局分开,成为独立的书报发行机构,从此形成图书发行归书店、报刊发行归邮局的格局。

　　同月　陕甘宁边区新华书店增设石印部,可以自己印制地图和年画。

　　同月　山东临沂城第一次解放,山东新华书店总店由莒南县的卜河进驻临沂城,并从大众日报社分出,成为一个独立单位(仍属报社领导)。增设门市、会计、书栈等部门。于光和周保昌分别任山东总店的经理、副经理。店址设在城北大街。

　　同月　晋察冀边区新华书店更名为新华书店晋察冀分店,边区党委宣传部任命秦一飞为晋察冀分店经理，智良俊为副经理。不久秦一飞调走，智良俊接任经理。

同月 新华书店莱阳（驻莱阳县城）、烟台（驻烟台市）、竹庭（驻该县青口镇）支店建立。

同月 鲁中新华书店在莱芜县涝坡成立，其前身是鲁中日报社出版股，李克公任经理（鲁中是抗日战争时期山东的一个行政区，成立于1941年4月）。1946年春，迁至博山城里，并建立门市部。

10月5日 《大众日报》报道，由于形势的发展和解放区的扩大，今年的冬学课本需要大量印刷方能满足需要。山东新华书店总店将组织全部印刷能力去完成这一任务。过去付印之稿件将缓期出版，各机关承印之书籍也将延迟付印。望各有关部门和广大读者鉴谅。

10月6日 山东新华书店总店在山东临沂设立门市部，并决定自10月7日（星期日）起，每逢星期日在门市部开展"每周特价书"活动，七折销售图书。

10月16日 为了适应新解放区读者需要，山东新华书店总店在《大众日报》刊登《为征求旧书启事》称：凡过去本店出售之书籍，各地读者无论以旧书换新书或作价退还、无价归还本店，一概欢迎。

10月20日 新华书店晋察冀分店在《晋察冀日报》刊登新华书店营业章程。章程规定在二级军区设支店，军分区设办事处，县设总销处，区设分销处，各集镇设代销处。

10月下旬 在中共苏州工委的倡议下，潘之辛、陈大经等4人创办朝花书店，后改为"青年书店"，发行进步、科学书刊。地点最初在禅兴寺桥塃，后多次搬迁。新中国成立后合并到苏州新华书店。

10月 华北新华书店长治分店开业，王忠保任经理。

同月 中共冀东区党委宣传部派张助国筹办冀东新华书店，张助国带领交通员张福山赶到晋察冀边区领导机关驻地张家口市求援，边区宣传部副部长兼晋察冀日报社社长邓拓亲自接待他们，并写介绍信给边区新华书店经理智良俊。智良俊全力支持新同行，无偿拨给他们一大批书籍，足足装满两车皮，连包装、运输都是边区书店一手操办的。

同月　晋冀鲁豫边区太行区成立发行职业学校，主要讲授抗战 8 年的书报发行工作经验。

同月　根据形势发展的需要，中共胶东区党委宣传部把书刊发行工作从胶东大众报社分出来，成立胶东新华书店，驻莱阳沐浴店村，大众报社经理部主任庄立毅兼任经理。书店下设编辑部、出版科、发行科，报社第一印刷厂改为胶东新华书店印刷厂。从此，胶东新华书店在区党委宣传部的领导下，担负起胶东半岛的出版发行工作（胶东是抗日战争、解放战争时期山东的一个行政区，成立于 1941 年 4 月）。

同月　山东新华书店从 1943 年 7 月—1945 年 10 月，共出版进步图书 200 余种，在全省根据地建立 5 个分店、9 个支店、20 多个分销处，编印书籍 318 种。还出版《山东文化》《山东画报》《山东群众》《新儿童》《滨海农村》《大众歌声》《教师之友》《学习导报》《山东教育》《戏剧与杂耍》等刊物。根据当时开展大生产运动和农村文化运动的需要，山东新华书店总店还先后组织编辑出版《生产运动小丛书》《通俗文库》《通俗读物》《文学丛书》4 套丛书，仅《生产运动小丛书》这一套书就出版了 30 多种。

同月　苏皖边区政府成立，苏中三、四分区在如皋合并，成立苏皖一分区。南通明理书店迁至如皋与三分区的大众书店合并组建为韬奋书店，并于 12 月 9 日开业。总经理兼编辑部主任由苏皖一分区文协理事长汪普庆担任，副经理稽德华，协理陈一清。下设编辑部、营业部等。一分区 8 个县设有支店。该店陈列书 400 多种。

同月　中共中央东北局、东北人民自治军总司令部等领导机关进驻沈阳，创立《东北日报》。东北日报社发行部随即着手筹建图书报纸发行机构——东北书店总店。

同月　大连大众书店白全武等 6 人加入中国共产党，成立支部，领导大众书店工作。书店租借私人印刷厂，翻印《论联合政府》《三民主义》《论解放区战场》《从九一八到七七》《评"中国之命运"》等图书，在门市发行。

11月1日 新华书店晋察冀分店迁至张家口市，本日开业。15日在张家口解放大街开设门市部，20日设社会服务部，收售各种新旧书报。

11月7日 东北书店总店成立，门市部在沈阳市大和区（今和平区）马路湾伪满图书株式会社旧址开业。东北日报社发行部主任向叔保兼任经理，史修德任副经理，工作人员有程刚枫、刘福海、白秀珍、刘景州、史堪。出售的图书主要是东北日报社自印的，有《论联合政府》《论解放区战场》《新民主主义论》《中国革命和中国共产党》《从九一八到七七》《赤胆忠心录》等。其中毛泽东的《论联合政府》是东北书店总店出版发行的第一本书。在半个多月里，累计发行《东北日报》90余万份，各种书籍10余万册。

11月20日 山东新华书店总店编印的《新华文摘》（半月刊）创刊号出版。山东新华书店总店在创刊号上刊登营业要目：一、本店以传播新民主主义文化，为广大工农兵服务为宗旨；二、编辑和出版各种通俗读物、文艺小说、科学常识、国民教育教材、小学课本、定期刊物和党、政、军干部政治教材；三、竭力为社会服务，代印各种书刊表册；四、为了便于外地读者购书，本店设邮购服务部；五、本店在山东各县设有分、支店，如愿为本店代售书刊或设代销处者，均给予一定折扣优待；六、总店在本市设有门市部，零售书刊文具，并定于每星期日发售特价书多种，按七折优待。

11月25日 韬奋书店合并到陕甘宁边区新华书店，组成新华韬奋联合门市部，统一经营。为对外工作方便起见，两家各在报刊上刊登营业广告，或以"新华韬奋书店"刊登广告。

11月26日 由于形势变化，东北书店总店随东北日报社撤出沈阳，转移到本溪。撤出前夕，筹建铁西东北书店的负责人武云勉（延安派来的中共党员）被国民党特务杀害。27日到达本溪，在日伪商工金融合作社旧址开业。工作人员发展到十五六人，门市图书四五十种，每天发行《东北日报》一万余份，读者对象从城市扩大到农村。

11月 在中共地下党领导的北平中外出版社的资助下，由进步青年杨大辛、李克俭创办的知识书店在天津开业。初期主要销售中外出版社出版的进步书籍，同时也销售地下党出版的书刊。

同月 大连大众书店以中苏友好协会名义，接收位于天津街的大阪屋书店、鲇川洋行纸店和位于二七广场的日清印刷厂。

12月1日 大连大众书店由西岗区长生街13号迁至中山区天津街开业。这时书店有办公楼、印刷厂和门市部，工作人员发展到100多人，已形成集编辑（出版）、印刷、发行于一体的宣传马列主义、毛泽东思想，争取教育广大青年的阵地。

12月20日 东北民主联军辽东军区宣传部在安东市（今丹东市）元宝区中富街伪满兴农银行旧址建立辽东建国书社（后改由《辽东日报》社领导），负责辽东地区的出版发行工作，经理史屏，副经理赵明。书社随后在庄河、凤城、孤山、岫岩、青城、赛马、通远堡、宽甸等县镇建立支店或代销处。

12月中旬 华中新华书店总管理处成立，店址在淮阴市叶挺公园马路对面一条小街内。经理华应申、副经理华青禾。下设编辑部、出版部、发行部、财务组和分支店工作组。编辑部负责人杜诺、宋原放；出版部负责人朱执诚、王祖纪；发行部负责人张良、张锡文；财务组负责人桂容（女）等。同时在原来新四军军部江淮印刷厂和苏北报印刷厂的基础上成立华中新华印刷厂，厂址在淮阴，由华中新华书店总管理处管理。下辖7个分店、2个直属店等54处分支店（四分区、八分区因形势动荡、交通不便，没有建立新华书店）。分支机构有：分店包括清江（淮阴）、合德2个直属店；一分店如皋（当时称韬奋书店）下辖姜堰、东台、大中集、马塘、海安、聚星镇、金沙、季家市8个支店；二分店高邮下辖高邮、兴化、宝应、沈家仓、沙沟、樊川、邵伯7个支店；三分店天长下辖盱眙、涧溪、来安、小金沟、铜城、马集、竹镇、汊涧8个支店；五分店淮安下辖盐城、湖垛、陈家汪、东坎、益林、羊寨、涟水、高良涧、仁和集9个支店；六分店沭阳下辖众兴、王集、塘沟、高沟、阴平、大兴集、大伊山、新安镇8个支店；七分店泗县（原雪枫书店）下辖灵璧、大李集、睢宁、宿迁、石厢、五河 6 个支店。

12 月 晋绥新华书店设立出版科，并先后在宁武建立六支店和忻崞支店。

同月 吕梁新华书店在汾阳杏花村成立，不久迁入离石城。第一任经理由吕梁区党委发行科科长曹乐生兼任，副经理李长庚。

同月 在冀南区党委和行署的领导下，冀南书店在威县城东方家营成立。书店约有 200 名工作人员，冀南区党委宣传部副部长赵鼎新任经理兼总编辑，宋之光任副经理，胡青坡任副总编辑。书店除编辑部外，设有经理部和发行部，实行编辑、印刷、发行三者统一管理。除翻印一些书刊外，还承印自己编辑的图书、刊物和小学课本。后相继成立临清书店（经理赵本村）、南宫书店（经理孟兆哲）、衡水书店（经理霍峰）、大众书店（经理许长亭）。

冬季 热河省（旧省名，辖今河北省东北部、辽宁省西南部、内蒙古自治区东南部，1956 年撤销，分别并入三省、区）新华书店在承德南营子大街成立。经营图书和百货，负责人是付均权。1946 年 7 月，国民党大举进攻解放区，书店被迫停业撤离到林西，1947 年搬到赤峰，归东北书店领导。

同年 为了纪念 1944 年 9 月在淮北与日伪军作战中牺牲的新四军第四师师长彭雪枫，华中抗日根据地的淮北区泗州（今安徽省泗县）建立了雪枫书店。书店经理为孙立功（拂晓报社发行科长）。之后，根据华中分局宣传部的决定，雪枫书店改为华中新华书店七分店，并与华中新华书店总管理处建立了业务指导关系。

同年 为了适应战时需要，苏北根据地大众书店和苏中根据地二分区书店的发行员用改装的煤油桶当书箱，桶内装书，上下一扣，用扁担挑起就走，既防潮，又防火，转移、隐蔽也方便，被根据地群众称之为"扁担书店"。

这年，该店创刊 64 开本的小调集《大家唱》。由于小调集的形式生动活泼，内容又紧密配合当时的对敌斗争、土改复查、生产、参军等斗争和工作实际，因此备受军民欢迎，由每期发行 1 000 册上升到 5 000 册，最多时达 7 000 册，对于处在艰苦游击战争年代的苏北乡村来说，这个数字已相当可观。至 1948 年秋，3 年共出版发行 9 期。

抗战期间，苏北、苏中、苏南根据地的各个书店，共出版发行革命书籍和抗日救亡读物85种；解放战争期间，共出版发行各种书刊188种。

同年 华北新华书店总店与山东新华书店总店开始业务交往。华北新华书店派人为山东新华书店刻制毛主席像印版，山东新华书店总店调给华北新华书店总店7名印刷工人。

同年 陕甘宁边区新华书店在党的"文化下乡""书报下乡"的号召下，更加重视农村图书、报刊发行。主要形式：一、书店针对边区各县文化团体及读者比较分散的实际状况，增设邮购服务科，帮助读者函购书报；二、书店在《解放日报》上刊登启事，要求各地学校成立文化合作社，向郿县第一完小看齐，实行书报代销，方便就近购买；三、经常和延安民众剧团一同下乡，利用赶集、庙会等形式，一边演戏，一边搭棚摆摊，销售书报文具；四、书店货郎担肩挑背扛图书文具到偏远乡镇摆书摊，开展流动供应。

同年 经中共太行区党委批准，《新华日报》（太行版）发行科改组为太行群众书店，但无单独编制，对外为太行群众书店，对内为报社的发行科。发行科长马腾被任命为书店负责人。

同年 新华书店胶南（驻该县王哥庄）、莒北（驻该县枳沟镇）、蒲台（驻该县北镇）、沂水（驻沂水县城）支店建立。

同年 抗日战争胜利后，随着解放战争的不断推进，党的文化出版事业发展很快。冀中、冀南、冀东区党委宣传部分别发展了一批书店。其中，冀中九分区党委在安国、博野、蠡县、深泽、安平、无极、涞源、高阳等县先后建立大众书店、兴华书店、青年书店等。冀中书店出版、翻印和发行的图书有《帝国主义是资本主义的最后阶段》、毛泽东著作单行本、《论共产党员的修养》《大众哲学》《从猿到人》《社会发展史》《社会科学简明教程》《李有才板话》《李家庄的变迁》《小二黑结婚》《血泪仇》《王秀鸾》《白毛女》及中小学课本等。

同年 抗日战争胜利后，绥德西北抗敌书店改名为大众书店。原经理常紫钟调中央西北局工作，由王乃夫继任经理。解放战争初期改名为绥德新华书店。

1946 年

1月1日　新华书店冀东支店（唐山市新华书店前身）于遵化县城内南大街开业，经理张助国。在丰润县左家坞设门市部，并办印刷厂，有工作人员30余人。在玉田、三河、蓟县等地建立总销处。

1月10日　华中一分区文协编辑、一分区韬奋书店出版发行《文综》杂志创刊号。主编李俊民。该刊共出6期。

1月14日　东北书店总店转移到辽北海龙县（今吉林省梅河口市）海龙镇，借同源祥百货店半间铺面房当门市开业。主要业务是批发零售东北日报社出版的书报。3月初，东北书店为了给贫苦青年和学生提供免费读书的机会，在门市店堂设立阅览室。同时，积极发展发行网点，先后在山城镇、梅河口、辉南、东丰、西安（辽源）、伊通、吉林等地建立东北书店分支店。

1月　中共中央出版局并入中宣部。中宣部下设发行科，科长许之桢，发行科即新华书店总店原机构。发行科和总店，两块牌子、一套人马，办公地址仍在清凉山。为各根据地联系业务和出版发行书刊，用新华书店总店名义；给各级党委发书，用中宣部发行科名义。

同月　中宣部发行科科长许之桢在向毛泽东汇报出版发行工作时，请毛主席为新华书店总店题写店名，毛泽东高兴地题写了"新华书店总店"6个字。后来发行科用毛主席这次题写店名的手迹为模本，镌刻了总店店章。

同月　太岳新华书店随太岳区党政机关迁驻阳城，在城内设直属门市部，又从太行调来10多名发行干部，人数达30余名。太岳区设总店（驻阳城县），各分区设分店，各县设支店。太岳新华书店总店经理是李德元。总店内部设立业务组、栈务组、报务组、会计组、总务组、门市部等。

同月　中共安东省委成立后，辽东建国书社即划归省委宣传部领导。农历春节前，辽宁军区四纵队印刷厂并入辽东建国书社，省委派王璟任书社副经理兼印刷厂厂长。书社利用鸭绿江造纸厂的物质条件，翻印了《论共产党员的修养》《简明中国通史》等100多种书籍，还承担全省中小学教科书的出版发行任务，并在庄河县、盖平（今盖县）、营口等市县建立了支店和代销处。

同月　于光、周保昌调职，王益、叶籁士接任山东新华书店总店正、副经理。同时，山东总店成立编辑部，叶籁士兼任编辑部主任。

同月　大连大众书店因资金困难，开始发行股票。书店设立店务委员会和编辑委员会，由经理和编辑部主任分别领导。业务有了进一步发展，并突破国民党军队封锁，向各解放区供应图书，扩大发行，以加速资金周转。

同月　新华书店临邑支店建立（驻临邑县城）。

同月　华中新华书店出版发行阿英创作的五幕历史话剧《李闯王》。

同月　苏中韬奋书店海安支店（海安新华书店前身）建立。紫石县委宣传部长陆荫兼任经理，起初全店仅有4人，逐步发展到后来全县八九个发行员，管理着几百册图书。

同月　姜堰韬奋书店在姜堰成立。

同月　新华书店晋察冀分店大量印制发行彩色年画迎接春节。

年初　黑龙江省委创办的《黑龙江日报》报社在北安（当时黑龙江的省会）开办北安新华书店，负责人张向凌。牡丹江省（旧省名，今黑龙江省东南部）省委创办的《牡丹江日报》报社在牡丹江建立牡丹江书店，负责人郑士德。嫩江省由西满日报社在齐齐哈尔和内蒙地区建立西满日报发行部，对外发行报纸、图书。

2月13日　山东新华书店总店为庆祝政治协商会议成功召开，图书减价一天，本版书籍一律七折出售。

2月　苏中二分区在兴化县城创办人民书店，经理华骏。同年4月迁至高邮城，改名为华中新华书店二分店。该店销售革命书籍、报刊和领袖像。发行网点建设为华中各书店之首。1947年冬，以兴化为中心，建立了由39个分站代销处及 217 个村通讯组组成的文化交通发行网。

　　同月　作家柳青从延安调到大连，任大众书店中共党支部书记兼编辑部主任。

　　同月　山东新华书店总店将营业科扩充为营业部，并增设了进货科、推广科和栈务科。

　　同月　新华书店乐陵（驻乐陵县城）、沾化（驻沾化县城）支店建立。

　　同月　山东新华书店印刷厂在临沂埠前店建立，其前身为大众日报社印刷二厂，故仍称二厂，归山东新华书店总店领导。

　　同月　金州（今大连市金州区）中共地方党委办的民众书店（金县新华书店的前身）成立。

　　3 月 1 日　冀南新华书店是编、印、发三位一体的出版发行机构，承担《工农兵》《丛刊》两种刊物及其他书刊的编辑、印刷、发行工作。

　　为了适应解放战争不断推进、解放区不断扩大的形势，扩大发行，冀南新华书店相继成立临清书店（经理赵本村，辖 12 个县书店）、南宫书店（经理孟兆哲）、衡水书店（经理霍峰）、大众书店（经理许长亭）。

　　3 月 14 日　中共辽西省委领导下的辽西书店在郑家屯镇成立。地址在中兴街西北路。不仅发行进步书刊和文具用品，还承担发行《胜利报》的任务。5 月下旬，辽西书店搬迁到洮南。

　　3 月　中共冀东区党委发出指示，要求冀东辖区的 4 个分区及 27 个县，普遍把新华书店建立起来。

　　同月　渤海新华书店在山东惠民县城南门里新建一幢 2 层楼房，正式挂出渤海新华书店的牌子，但书店仍为渤海日报社的一个部门。10 月，渤海新华书店正式从报社分出，成为独立的出版发行机构，经理刘子章，副经理刘钊，同时与山东新华书店总店建立业务联系。

　　同月　新华书店石岛（驻石岛市）、昌北（驻昌邑县城）、即西（驻即墨县城）、即东（驻即墨县店集）、临沭（驻临沭县下庄镇）支店建立。

　　同月　胶东区党委派于明、张子良、王英洲和部分编辑、出版工作人员到胶东新华书店工作。于明任经理，王英洲任副经理，张子良任党支部书记。

同月 大众日报社印刷三厂划归山东新华书店总店领导。

春季 在刚解放的辛集市，中共冀中十一地委的团结报社创建编印发三位一体的解放书店。不久，由于国民党军队向解放区进犯，书店和印刷厂被迫转移到深县南网头村天主堂、浅庄等村庄。解放书店的出版物，全部采用石印机印刷，在各解放区很有影响。《各解放区形势图》《东北各省地图》以及十一地委王雅波绘制、老技工徐长俊制版印刷的毛主席、周副主席、朱总司令画像很受群众欢迎，发行量都有 3 万—4 万张。著名画家古元、彦涵等在解放书店精心绘制过毛泽东、周恩来、朱德、刘少奇、陈云、彭德怀、邓小平、叶剑英、刘伯承、陈毅、贺龙、聂荣臻、徐向前等领导人画像并制版彩色套印。解放书店还编辑出版中小学课本、农民识字课本、新尺牍、农历和其他通俗文化读物及文艺演唱材料，绘制出版《花木兰》《兄妹开荒》等新年画。

4 月 1 日 新华书店晋察冀分店将报纸发行业务交报社发行科和邮局，新华书店成为发行书刊的专门机构。

4 月 20 日 东北书店随东北局机关进入长春（4 月 18 日，长春解放）。

4 月 26 日 华中分局宣传部副部长冯定在华中宣教大会上作的总结中说：一年中新出版的书籍有 200 余种，新华书店除华中总店外，各地有分店支店 54 处；下属印刷厂每日排字 300 万字，印纸 600 余令左右。其中教科书约占一半。华中新华书店自编书籍 60 余种，发行书刊 40 余万册。淮海、盐阜、淮南、淮北 4 个分区对出版发行工作比较重视，出版发行了一批大众读物。

4 月 山东新华书店总店与大众日报社分立，直接归中共中央华东局宣传部领导。1945 年 9 月，中共中央决定华中局北移山东，与山东分局组成华东局。

同月 富锦市新华书店成立（原名东北书店）。

同月 新华书店五龙（驻该县团旺）、平南（驻该县蓼兰）支店建立。

同月 华北新华书店由山西黎城清泉村迁往河北邯郸，经理仍是王显周，史育才任副经理。6 月蒋介石撕毁"双十协定"，对平汉线发动进攻，在 7 月、

9月、10月三个月内书店先后搬迁三次，10月书店经理部搬至河北获鹿县西关。

同月 大连大众书店参照晋察冀日报社出版的《毛泽东选集》，编辑出版东北地区第一部《毛泽东选集》五卷平装本，收集毛泽东文章31篇，近50万字。这是《毛泽东选集》在辽宁地区首次出版发行。

5月1日 中共中央东北局宣传部决定，图书与报纸的工作实行专业分工。东北书店总店作为东北日报社直属部门，专门从事图书出版发行。东北局组织部决定，从延安来的李文任东北书店经理，同时调报社编辑部的卢鸣谷任副经理。

同日 东北书店总店为知识青年和中小学教师出版的《知识》（半月刊）创刊，纪云龙任主编。1949年8月15日终刊，共出版12卷68期。

5月7日 东北书店接收长春市丰乐路（今重庆路）大仓洋纸行大楼，书店同志在楼外墙体上精心制作"东北书店"四个大字，开门营业。这个店主要办理书刊批发业务，把从海龙带来的10多万册新书和刊物，批发给全市20多家私营书店代销。

5月22日 四平保卫战后，东北民主联军作战略转移，又主动放弃长春，东北书店随东北局机关撤离长春，向哈尔滨进发，书店将10多万册新书向后方转移。24日到达哈尔滨，把在长春印好的几万份《东北日报》散发到大街小巷。

5月 新华书店冀中支店从冀中导报社分离出来，在河北饶阳县大尹村镇成立冀中新华书店。经理王钊，副经理李宝光、韩志平。

同月 中共哈尔滨市委兆麟事业纪念协会创办的兆麟书店，在地段街56号开业，总负责人谢雨琴。

同月 中共中央华北局城工部指示天津地下党接管知识书店。从此，知识书店成为地下党的外围组织，利用合法身份在国民党统治区传播马列主义、毛泽东思想。

同月 新华书店安丘（驻安丘县城南关）、寿光（驻寿光县王高庄）支店建立。

6月30日　华中分局宣传部统计苏皖边区出版发行情况：公开出版发行的刊物有《民主建设》《生活》《江淮文化》《华中少年》《华中少年画报》等；内部出版的在机关团体内发行的刊物有《华中通讯》《边府生活》、华中新华书店编印的《店讯》；全边区有新华书店50多处。

6月　新华书店十字路支店（驻莒南县十字路镇）建立。

同月　辽东建国书社在安东召开第一次分支店经理会议。由于国民党军队进攻辽宁，书社分三批撤出安东。第一批人员由王璟带队绕道朝鲜转移到长白。

同月　大连日报社创办的大连书店并入大众书店。在大连书店旧址成立大众书店服务部，开展为读者订书、借书、租书和举办图片展览等业务。

同月　新华书店晋察冀分店召开首次书店经理联席会，制定发行办法，明确走企业化的方向。

同月　东北书店总店木兰代销点成立，这是木兰县新华书店的雏形。

同月　冀东新华书店首次召开所属书店经理联席会议，决定本年新华书店的工作方针和宣教工作任务，制定发行办法，明确走企业化的发展方向。当年，由于国民党军队大举进犯解放区，冀东新华书店随部队打起了运动战，过起了战时生活。书店的军事代号是"红星部队第三大队"。

同月　山东新华书店总店的工作上半年有较快发展，资金由1月份的76万元增加到930万元，增长了12倍。半年销售额（不含下属单位）566万元，6月份比1月份增长9倍。上半年编辑发稿120部、640万字，出版印刷各类书刊181种、76万册。相继成立了编辑部、营业部（下设进货、推广和栈务等科）、秘书科、材料科和资料室等经营与职能部门，职工增加到323人。经济上已不要政府任何补贴，全部自给，新建了可容纳400人的门市部，是临沂城最大的店堂。

山东新华书店的发行网点，全区共有5个总分店、4个直属支店、69个支店，并有大量分销处。邮购服务科发展邮购户330余户，每月收到来信350余封。山东新华书店总店不仅出售本店的出版物，还远到上海、东北等地采购各种参考书。1—6月，仅从上海就购进出版物861种、1万余册。

7月15日 为了贯彻为工农兵服务的方针，山东新华书店总店决定下半年编印一套真正为群众所接受的通俗大众文库。大众文库约105种，内容包括军事、政治、历史、地理、生产、卫生等各方面的知识。文艺作品包括小说、诗歌、戏剧、鼓词、连环画等。另外还有地图、字典、日用杂字、大众应用文等。买全了这套书，就可以成立一个小小的图书馆。

7月24日 山东新华书店总店在《大众日报》上刊登服务宗旨：编辑、出版、发行是本店的三件大事，传播新民主主义文化，供应全山东民众的精神食粮，是本店的任务。

7月 新华书店晋察冀分店在张家口委托边区邮政管理局代销书刊，邮局点多面广，代销点达160处以上。当时，新华书店晋察冀分店的直接、间接的书刊代销户已发展到419户。

同月 德州新华书店建立。

同月 新华书店平东支店建立（驻该县南村）。

同月 镇江各书店为统一销售教科书，专门成立镇江中小学教科书供应处，统筹统销固定本及审定本教科书。时任镇江书业公会理事长潘佰乾任总经理。

同月 东北书店图们支店建立。

7—10月 山东新华书店总店先后与华北新华书店、鲁西北书店、太行书店、冀南书店、延安新华书店、东北书店、华中新华书店以及烟台光华书店、上海世界知识社等，建立业务往来关系，并在鲁西北、太行、晋冀鲁豫等根据地建立办事处。

8月8日 苏皖一分区划分为一、九两分区。韬奋书店在东台鲁灶庙也相应分为一、九两个分店。韬奋书店九分店由陈一清率领四人将从如皋撤出的图书运到掘港东街，在明理书店原址开设门市部，配合解放区的土地改革、战备支前、保田保家等运动，组织发行图书。

8月　《晋察冀日报》报道：冀中区出版业有相当发展，全区有书店 12 家，其中平原书局日出书 1 400 册。各分区均有书店：博古书店（八分区，经理于强）、大众书店（九分区，经理邵振国）、文化书店（十分区，经理邢展）、解放书店（十一分区，经理张东瑞）。博古书店日出书 950 册。

同月　东北书店奉命迁至佳木斯市，对外称东北书店总店。总经理李文，副总经理卢鸣谷、周保昌，总店设门市部，并向周围的富锦、勃利等县发展网点，建立图书代销关系。在佳木斯建立印刷厂，编印发为一体，出版有关政治、经济、哲学、文艺和中、小学课本等 158 种，90.3 万余册，发往东北各地，当时佳木斯被称为东北的"小延安"。

同月　大连大众书店出版发行布面烫金的《毛泽东选集》合订精装本，加上 4 月的平装本印刷，共印刷《毛泽东选集》10 200 册。

同月　光华书店安东分店开业。除上海和重庆出版的进步图书外，主要是三联书店出版的社会科学和文艺方面的图书。

9月19日　延中书店创立，由延寿中学创办，归教导处领导，以经营文史为主，兼营书刊。分配两名同志负责，店址在现门市部的一角，后改名为延寿县新华书店。

9月　全面内战爆发后，国民党军队向山东解放区大举进攻，山东新华书店总店随人部队从临沂城迁往费县蒙山前聂家庄一带，直接由中共中央华东局宣传部和华东局直属机关党委领导。

同月，山东新华书店总店组织两个战地服务队，每队 2 个人，各带图书 3 小车，分别到鲁中、鲁南前线向广大指战员供应图书。

同月　中国高平县委创办大众书店，地址在县城青石圪洞口，贾德胜任经理。1951 年 1 月，改为高半县书店。1952 年 8 月，更名为新华书店山西分店高平支店。

同月　在冀中解放区，完县、望都、唐县三县县委根据中共冀晋区党委关于在各县建立新华书店的要求，先后建立书店。由于沿平汉铁路线的大小城市尚未解放，国民党军队不断进行骚扰，这 3 个县的书店都设在老乡家中，遇有敌情，随时转移。

同月 我军在黄河两岸连续与国民党军队打运动战，冀鲁豫新华书店随军频繁转移，1947年3月与菏泽新华书店在朝城县（旧县名，在山东西部）会师。冀鲁豫新华书店进驻该县孔庄，先后开设朝城、大名、桐城、聊城4个分店。

10月10日 新华书店晋察冀分店撤离张家口，向阜平根据地转移。在张家口一年中，共出书96种，57.6万册。受到读者普遍欢迎的有《论联合政府》《新民主主义论》《中国革命与中国共产党》《论共产党员的修养》《整风文献》等书。

10月23日 在国民党军队占领安东前一天，辽东建国书社第二批人员由赵明带领撤离安东，到达临江、长白一带。第三批人员由史屏、姜信之带领，在国民党军队已进入安东市郊时方才撤离。书社撤到长白县（旧县名，在吉林省东南部）后，继续坚持营业。光华书店安东分店亦经新义州转移到北满。

10月 东北书店总店在哈尔滨地段街开办门市部，负责人卢鸣谷。门市创办初期，工作和生活条件十分艰难，找不到门面房，同志们就不顾风吹日晒用铺板在马路边摆露天书摊，生活上实行供给制，一个月只发几元零花钱。哈尔滨门市部建成后，实行开架售书。

同月 胶东新华书店改为新华书店胶东总分店，隶属山东新华书店总店领导。胶东总分店下设分店和支店。分店有东海、西海、南海、北海和烟台5处。

同月 山东新华书店总店在烟台设立办事处，共有工作人员10人。主要任务是采购印刷器材和从大连、上海等地购进进步图书。办事处于1948年3月撤销。

11月15日 大连光华书店开业，经理邵公文，地址在大连市天津街126号（1952年并入当地新华书店）。

11月19日 《大众日报》报道，费县新华书店招收民股，试行民营公助的办法，各机关干部、文教工作者以及各村农民纷纷入股。到9月底已收股金

6.6 万元，加上上级书店投资 1 万元，共 7 万余元。这样一来，书店备书充足，业务扩大，9 月份 1 个月就销售 8 万元书，其中通俗读物销售最多。

11 月　陕甘宁边区甘肃宁县新华书店成立。

同月　上海原生活书店在佳木斯创办光华书店。

同月　中共吉林省委机关报《人民日报》社在延吉建立人民书店。主要担负国内外出版的朝文书刊和国内出版的汉文书刊发行任务。

12 月　冀中年画研究社在素有"直隶第一集"之称的河北省辛集市成立。1948 年迁至石家庄市同庆街 14 号，8 月改名为大众美术社，隶属于华北新华书店总店。1949 年 8 月，研究社主要领导人邹雅、侯凯及部分编辑骨干调到北京。留下的人员继续从事编辑出版、印刷业务，社的领导体制由社长制改为经理制。先后担任经理的有郭建章、梁振宗，副经理丁达光（兼印刷厂厂长）。改由中共石家庄地委领导。

同月　晋绥新华书店（山西）汾阳七支店因时局恶化，撤回离石城，并入吕梁新华书店。

同月　中共合江省委书记张闻天召集东北书店总店负责人到省委汇报工作。他指出要多出一些书，并亲自挑选几本延安解放社出版的书籍交书店重印发行。

同月　华青禾从上海带回韬奋遗著抄本《患难余生记》，由华中新华书店出版。这是解放区的第一个版本。

同月　新华书店阳信支店建立（驻阳信县城）。

冬季　为了配合晋中汾（阳）孝（义）战役，晋绥新华书店抽调骨干力量建立随军书店。1948 年 7 月战役结束，除太原孤城外，晋中地区全面解放，随军书店也于当年年底撤销。

同年　太行群众书店在长治设立分店。报社秘书王元直兼任经理，副经理周兰生，会计蔡尔颖。店址在长治城内东街，为一座小四合院，设 5 间门市。图书品种丰富，分经典、哲学、文学、医药等类型陈列。当年，赵树理就住在新华书店的一个小阁楼里写作。

同年 大连大众书店组成文化服务队开往辽南地区支援前线，在战火中为部队送书，并先后在大石桥、营口、海城、鞍山、辽阳等地协助地方政府建立了书店或图书发行供应站。

同年 大连大众书店在苏联军事管制区内的金县农村利用供销合作社代销图书。代销折扣没有统一规定，一般在10%左右。这是辽宁地区开展农村供销社经销图书的开端。

同年 辽东建国书社开始印刷发行全省中小学课本、辽东军区政治部出版的《战士画报》，以及省文联编印的《白山》《鸭绿江》两种杂志。书社设有出版科、营业（发行）科、总务科，人员增加到100余人。书社先后在安东县、庄河、凤城、万福、孤山、岫岩、青城、赛马、通远堡、桓仁、普兰店、新金（皮口）、盖平、营口、海城、宽甸等县、镇建立了支店和代销处。

同年 新华书店高青（驻该县田镇）、利津（驻利津县城）、诸城（驻诸城县城）支店建立。

同年 中共喀左县党组织和政府在大城子镇贺家店建立书铺（1948年改名为东北书店喀左支店）。负责人乌广信。

同年 邢台地区、邢台市、衡水市新华书店建店。

1947 年

年初　冀东新华书店三、通、顺分店在距今顺义县（解放战争时期，顺义是冀东解放区三河、通县、顺义联合县）城东 25 千米的张镇李家洼子村诞生。书店设在农民家里，只有几十种革命书籍，平时打开书捆卖书，遇有敌情，捆书就走。当时书店只有 3 个人，经理蒋一。

年初　大连中苏友好协会派胡克强、魏正涛等办的大连友谊书店在大连市中山路荣盛街开业（1950 年并入当地新华书店）。

1 月上旬　苏皖一分区韬奋书店改为苏中韬奋书店，周天泽任经理。下设编辑部、营业部。书店北撤到合德后，在黄海之滨设摊流动坚持发行工作，销售的书有六七十种。

春节前夕　为了慰问子弟兵，支援解放战争，哈尔滨东北书店门市部向哈尔滨民众发起"为前方战士征一万封慰问信"活动。启事在报纸刊登后，广大读者纷纷应征写信。一封封热情洋溢的慰问信由东北书店转送给前方将士，极大地激发了他们杀敌立功的战斗激情。

1 月 27 日　《大众日报》报道，日照新华书店经常派人挑书下乡流动供应。书店有个王岱峰，不光下乡卖书，还抽空给民校上文化课，群众都叫他"王老师"。

1 月　东北书店受东北行政委员会的委托，从 1947 年春季开始，编印并征订发行中小学课本，供全东北解放区师生使用。当年共出版发行春、秋两季教科书 48 种、222 万余册。到 1948 年，春秋两季教科书的总印数已达 600 余万册，基本上做到了全东北解放区中小学校"一校不漏，人人有书"。

同月　北安新华书店（包括中苏友协在北安建立的兆麟书店）改名为东

北书店北安分店。

　　同月　牡丹江书店改名为东北书店牡丹江分店，并发展了 14 个县支店。

　　同月　中共大连市委宣传部接管大连大众书店，书店改为国营企业（1948 年 8 月改为东北新华书店大连分店）。

　　2 月 19 日　在中共中央西北局领导下，西北新闻社成立。李卓然、杜桴生任正、副社长，胡绩伟、金照任正、副总编辑。《边区群众报》与边区新华书店一起并入西北新闻社。

　　2 月　华北新华书店总店为了适应晋察冀野战军广大指战员的文化需要，组成随军书店，随第三军分区赴安阳前线为部队服务。期间，晋察冀军区副司令员兼第三军分区政委滕代远亲切接见了随军书店的同志。

　　同月　人民书店改为东北书店吉林分店，分店销售的书刊主要来源于哈尔滨东北书店总店。当时书店是报社的一个部门，既是书店，又是报社发行科。东北书店总店对其有业务指导关系。

　　同月　为支援解放区军民自卫战争，慰问前线指战员和伤病员，新华书店胶东总分店两次向部队捐赠书刊，捐赠书刊的金额超过 2 万元。

　　同月　华中新华书店总管理处随华东野战军征战，经过山东临沂、临沭两县之间的重沟镇时，设立临时图书供应点，向广大指战员供应书报。华东野战军副政委谭震林得知后通知书店负责人到指挥部汇报工作，指示"书店要随军行动"，"要充分做准备，待我军打出去时到新解放区开展书店工作"。一同听取汇报的还有华东野战军司令员兼政委陈毅。

　　同月　华中新华书店总管理处从苏北分批撤至山东鲁南地区，与山东新华书店总店合并，建立华东新华书店总店。王益任经理，华应申、叶籁士、华青禾任副经理。

　　同月　勃利县政府接管坐落中心大街北侧、原经委大楼对面一位皮匠的房产，占地面约 150 平方米，营业面积近 90 平方米，与当时一家私营书店合并，成立东北书店。

　　同月　东北书店在辑安县（今集安市）成立东北书店辑安支店。店址设在西门里路南一间民房中（包括门市、库房、办公室共3间）。从此结束了辑安县一直没有书店的历史。

同月 新华书店盐山（驻盐山县城）、陵县（驻陵县郑家寨）、广饶（驻广饶县城）支店建立。

3月 国民党胡宗南部队进犯延安，我军作战略转移，中共中央主动撤离延安。3月13日新华书店总店随中央机关迁至瓦窑堡，仍以新华书店总店名义处理有关出版工作事宜。5月迁至晋绥边区。在大规模的运动战和游击战的环境里，总店中止了出版发行业务，人员相继奔赴各解放区工作。同时，陕甘宁边区新华书店奉命并入边区群众日报社，随军转移，从事战时书报发行工作。

从1937年4月创立到1947年3月撤离，新华书店在革命圣地延安度过了10个春秋，总店也已有7年历史。在这10年间，总店经历艰苦创业、随军征战、扩大网点、培养干部、传播真理等战斗历程，发行数以百万计的革命书报刊，积极有效地配合中国抗日民族解放战争和人民解放战争，为新中国的出版发行事业和现代中国书业奠定了坚实的基础。

同月 国民党军队进犯延安时，陕甘宁边区新华书店将存书疏散到安塞山上隐蔽起来。边区书店工作人员分别去了三边地区的安边堡、宁条梁等新解放区，协助三边书店开展工作，建立新店。

同月 察哈尔省（旧省名，辖今河北西北部及内蒙古自治区锡林郭勒盟）新华书店平西一支店在距北平160里的门头沟区百花山脚下的上清水村成立，李兴荣任经理，隶属中共晋察冀地委领导。平津战役中，该店迁至良乡县（旧县名，在北京市西南部）城内，北平解放后迁到张家口。

同月 东北书店派史修德到齐齐哈尔建立齐齐哈尔分店，命名为东北书店西满总分店，是齐齐哈尔市新华书店的前身。同时撤销齐齐哈尔市委领导的原大众书店。

同月 新华书店晋察冀分店与新华印刷局合并，隶属晋察冀中央局宣传部领导，与晋察冀日报社正式分开。书店经理李长彬，总店驻阜平马兰，印刷厂驻坡山村。

同月 山东新华书店总店派出任善才等 5 人，组成流动供应组，雇用 16 辆独轮车，满载 32 大包图书，从沂南县局埠村出发，穿过敌人的封锁线，到冀鲁豫边区和晋南一带推销图书。历时 3 个月，途经 3 省 20 余县，行程 500 多千米。

同月 光明书店在临江县成立，经理关雨。

同月 大连大众书店柳青调离大连，中共大连市委派叶克为编辑部主任，徐澄波为党支部书记兼副经理，车昇五仍为经理。

同月 新华书店周村（驻周村市）、南皮（驻南皮县城）支店建立。

春季 中央土改工作会议后，东北书店为配合平分土地运动的开展，组织各地书店采取流动供应方式，把农民需要的《平分土地文献》《怎样划分阶级》《地主血腥发家史》《农民泪》《农民文化课本》《党员课本》等政治文化读物送到东北各解放区的农村干部和农民手中。

同季 冀晋新华书店在河北唐县县城设立第一分店，经理王程伟，副经理齐朝周。以原来完县（经理齐朝周）、望都（经理卢俊波）、唐县（经理陈同友）3 个县店的人员为基础，共十二三人，分为定县（东大街，门市部负责人赵金明）、唐县（南大街）、定北（砖路村）3 个门市部。当时，定县城内除冀晋区新华书店门市部外，北街有一个晋察冀新华书店门市部，南街有一个冀中新华书店门市部。3 家书店相互有业务往来，按八折批发，货源主要来自各上级店。

同季 冀南书店机构进行调整，编辑部及其工作人员调归区党委宣传部，印刷厂从书店分离与行署印刷厂合并。仍以冀南书店（1948 年改为冀南新华书店）的名义出书。经理宋之光（1948 年 4 月调出改由柳永生接任）、副经理贺峰。本年六七月间，冀南书店由方家营迁至威县城。

同季 冀中区党委宣传部在河间县召开书店工作会议，由尹哲、董东主持。决定各地区书店由冀中新华书店统一领导，更名为某分区新华书店。冀中新华书店设在饶阳县大尹村。经理王钊、副经理李宝光。设有编辑部、生产部和发行部，出版工作十分活跃，除在本区发行外，还支持外区。

4月 国民党军队向山东发动重点进攻。山东新华书店总店大部分由鲁中向渤海区的惠民一带转移。鲁中留下部分人员成立总店鲁中留守办事处（番号是沂山宣传队，后改为鲁中办事处），管理鲁中的出版发行工作。这时鲁中只剩下沂山、沂南、沂水、淮安、莒沂、莱芜、沂东等支店坚持工作。其他支店因环境恶劣，被迫撤销。

同月 山东新华书店总店在第三野战军建立随军书店（设在三野政治部）。而后，随着解放战争形势的发展和部队的需要，总店和野政决定，在随军分店以下建立中心支店（设在兵团部）、支店（设在军部及总部直属部门）和小型图书馆（设在师团），统称随军书店。随军书店的全称为新华书店第三野战军随军书店。中心支店、支店都按部队的番号称谓。随军书店的任务开始只是送书卖书，后来发展到建阅览室，图书馆巡回展览，组织小型读书活动，以及配合部队各项中心任务，向广大指战员及新区群众进行文化服务工作等。随军书店的组织编制，规定分店干部4人，马车一辆，中心支店干部3人，牲口一匹，支店干部2人，牲口一匹。上海解放后，随军书店划归华东新华书店领导。

同月 新华书店晋察冀分店出版发行新版《毛泽东选集》六卷本，共印制精装本、平装本各2 000册，很快就发售一空。

同月 晋冀鲁豫边区裕民印刷厂与华北新华书店总店合并，原裕民印刷厂厂长郝汀改任华北新华书店总店副经理。

同月 太岳新华书店建立随军书店（经理秦良武），并先后建立翼城支店（经理张更新）、曲沃支店（经理王军）、新绛支店（经理周贤）、闻喜支店（经理张世图）。

同月 在肇州县城南街路东成立东北书店。当时只有2间土平房，5名工作人员。店内除发行党政类书籍外，还经营文具，出售自制的粉笔和墨水。1949年开始经营学生课本。

同月 华中新华书店十一分店出版发行《大众诗歌》《大家唱》（上、下集）和剧本《同志，你走错了路》《应当去》《干到底》《人面兽心》《穷人一家》等一批文艺书籍。

5月16日　孟良崮战役胜利结束。随军书店刚刚建立起来的6个支店，立即开到各个部队，利用指战员休整的时间，开展图书借阅和流动供应。

5月　新华书店庆云（驻庆云县城）、索镇（驻桓台县索镇）、长山（驻长山县城）、张店（驻张店市）支店建立。

同月　辽东建国书社在吉林通化改为辽东书店总店。

同月　中共旅顺党委创办的启明书店、中共金县党委创办的民众书店，均改为大众书店分店，由大连大众书店统一领导。书店增设文具部，还在供销社、文具店设分销处，建立农村推销队。

同月　东北书店林甸支店成立，设经理一名，附设在民众教育馆内。

6月1日　辽东书店总店在通化市转盘街国民党的新生日报社旧址开业，经理赵明，职工20多名。经营图书、课本，兼营文具、纸张。为鼓舞我军士气，印发《三大纪律八项注意》《革命军队是胜利之本》《国民党军队覆灭记》等；为瓦解敌军，印发《优待俘虏》《国民党士兵的出路》等；为配合土改，印发《土地法大纲》《反霸斗争》《土改后的农村》《翻身农民支援前线》等书，用花哨的封面伪装成通俗唱本，发到锦州、兴城等敌占区。辽东书店总店先后在柳河、东丰、西丰、西安（今辽源）、辑安（今集安）、桓仁、新宾、清原、磐石等地建立支店或代销处。

同日　"四保临江"胜利后，辽东建国书社一部分人员由赵明带领，随辽东分局和辽东军区进驻通化，建立辽东书店。

6月　华北新华书店创办《儿童》杂志。

同月　国民党军队飞机轰炸惠民城，渤海新华书店机关、工厂移驻惠民城东北苏家村和二郎堂村。

同月　安东第二次解放，辽东书店总店部分人员在姜信之带领下返回安东，接收国民党的中国文化服务社，成立辽东书店安东分店（1948年改称东北书店安东分店，后又改为东北书店辽东分店）。在此期间，书店工作人员胡良田被国民党溃军抓走，后牺牲。

同月 大连大众书店在普兰店建立群众书店，不久迁到辽南省委辽南专署所在地瓦房店。大连大众书店以瓦房店群众书店为基地，先后组织两批文化服务队随军北上，解放到哪里便在哪里建店卖书，配合政治宣传起到了很大作用。此后不久，群众书店并入辽南书店。

同月 平谷县在现今的旧城（即北门街 44 号）成立新华书店，属县委直接领导，业务方面由冀东十四军分区新华书店指导。第一任经理张春元。在靠山集、马坊、峪口、大集镇设有门市部，共有员工 11 人。

平谷县虽然解放较早，但还是个拉锯地区，敌人经常出来骚扰，情况紧急时，书店就进行转移，把图书隐藏起来，可以说是半游击的书店。当时书店经营的图书，绝大部分是木版油印。书店职工是半供给制，除发给粮食外，尤其他报酬。门市逢集开门营业，平时关门下乡，下乡卖书，都是人背、驴驮，还要带着枪支，生活条件虽然艰苦，但是大家工作热情很高。

同月 晋绥新华书店在隰县建立九支店，近半年内还建立五寨、左云、静乐、集宁、丰镇、车村等支店。

同月 新华书店东光支店建立（驻东光县城）。

7 月 15 日 河北遵化县第二次解放，冀东新华书店随部队迁回遵化城内，在旧址重张开业。

7 月 东北书店总店由佳木斯迁入哈尔滨，李文继任总经理，周保昌、卢鸣谷任副总经理。书店设立编辑部、业务部、经理部，在哈尔滨建立文具工厂。在五常县、拉林县分别成立五常支店、拉林支店，每店 2—3 人，以经营图书为主，兼营文具。东北书店总店迁入哈尔滨后，由东北日报社领导改为由中共中央东北局宣传部直接领导。在业务上除领导松江省各支店外，还领导嫩江（齐齐哈尔）、合江（佳木斯）、牡丹江、黑龙江（北安）和吉林、辽北 6 个分店（下属 60 个支店，100 余个代销处）。佳木斯改为合江省分店，下设 21 个支店。其中编辑、出版、印刷、发行工作仍以佳木斯为主。

同月 国民党军队重点进攻胶东解放区。新华书店胶东总分店由莱阳县的沐浴店村迁往海阳县战场泊、盘石店、台上、马德顶一带。其间，胶东敌统区的图书发行工作主要以游击战形式开展，书店人员一边拿枪进行对敌斗争，一边克服困难坚持书刊发行工作。

同月 华中九分区新华书店在如东县成立。下设编辑部、营业部等4个部门，在几个月内翻印毛泽东著作单行本6种。并组织专门力量编写新书出版发行。该店创办文摘性的杂志《月汇》月刊。出版的图书有《徐可琴翻身当县长》《论蒋管区经济总崩溃》。为配合"土地复查""三查三整"运动，编辑出版了《领导路线和作风》《目前形势和我们的任务》《整顿我们的队伍》等图书。

同月 新华书店商河（驻商河县城）、德平（驻德平县城）、临淄（驻临淄县城）支店建立。

同月 东北书店舒兰支店成立。该店原是一家私营书刊门市部，房屋不足2间，面积为50平方米。由县民政科出钱将其收购，委派一名经理，招收2名店员。

同月 杜尔伯特民族民主联合政府决定成立新华书店泰康支店。地址在泰康镇正阳街路南，3间土平房。首任经理包维新，另有一名会计，一名营业员。

8月15日 东北书店文具工厂在哈尔滨开工。文具厂设有粉笔、铅笔、油墨、墨水、佩章、象棋、军棋生产组。

8月25日 大连光华书店派朱启新在安东重建的光华书店安东分店开业。

8月 留在敌占区坚持工作的山东新华书店总店临沭支店，转移到该县的玉山区朱花村。书店的人员手拿武器坚持营业，敌人来了参加战斗，敌人走了就卖书。

同月 中共中央西北局宣传部派陕甘宁边区新华书店副经理陈林彬赴华北解放区组织货源，经过河北平山县西柏坡时，找到聂荣臻、周扬等领导，经领导介绍，陈林彬到冀中新华书店筹集了50多箱书籍和印刷物资。

随后，陈林彬又和边区书店出纳蔡风午到洛川、韩城等新解放区建新华书店。在洛川地方党委的支持下，9月间黄龙（当时洛川属黄龙分区管辖）分区新华书店成立，并在城内中山街民教馆开门营业。

同月　设在交城东社村的晋绥新华书店八支店改为八分店，并在汾阳、文水、静乐县建立分销店。

同月　苏北新华书店编辑的《土地复查参考材料》出版。还编辑出版《劳动英雄刘英源》等一批新书。

同月　九地委根据华中局宣传部的通知，决定将韬奋书店九分店改名为九分区新华书店，直属地委宣传部领导。8月1日起正式启用新店名。九分区新华书店印刷发行《国常混合课本》和数学课本，供应已解放的地区复课使用，并翻印毛泽东的《论持久战》等单行本。还大量印刷对敌宣传材料，称之为"政治手榴弹"的小传单，发射到敌人据点瓦解敌军。

9月1日　在中共内蒙古工作委员会直接领导下，内蒙古自治报社先后派斯日古楞、巴金、敖特根、散丹（女）等组建内蒙书店。地点在王爷庙（今乌兰浩特）乌兰大街，图书发行业务受东北书店西满分店（齐齐哈尔）管理。翌年5月任命日义谟德为经理。

9月9日　蛟河县委决定，委派宋显义任经理，刘汉岐任会计，建立东北书店蛟河支店。县委决定，没收工商户（李汉文）的大恒通印书局归书店所有。书店迁到新华街北头路西开业，同时合并设在火车站附近的《东北日报》《吉林日报》《延边日报》3个代销处。职工30余人，成立图书组、文具组、印刷组。该店业务归东北书店直接管理，人事归蛟河县委宣传部管理，财务自负盈亏。

9月　东北书店总店设立经理部、编辑部、出版科等部门。总经理李文，副总经理周保昌、卢鸣谷，编辑部主任李一黎，出版科长黄洪年。

同月　太岳区党委拨黄金40两（又说70两），派吴杰、刘甫到胶东采购印刷机械。一年后，购回约8吨左右的设备器材，太岳印刷厂生产能力大增，报纸印刷量由3 000份增至1.6万份，每月还可出新书1.5种，8万册。

同月　山东新华书店总店从惠民县的皂户李村迁到阳信县斜庄。

同月 东北书店接受东北局宣传部出版《毛泽东选集》的任务。

秋季 晋南大部分县城解放，吕梁区党委由离石迁至隰县，吕梁新华书店迁往新绛县城，同时将新绛群众书店并入其中。

同季 松江省分店成立。

10月26日 东北书店第一门市部在辽源市成立，是辽源市新华书店的前身。主要发行政治理论著作和当代小说等图书，并承担学生课本发行任务。

10月 辽东书店总店派尚洪瑞、姜锡爵等到瓦房店建立辽南建国书店（后与群众书店合并，改为辽南书店，1948年9月16日改为东北书店辽宁省分店）。

同月 新华书店胶县（驻胶县县城）、垦利（驻垦利县陈家庄）支店建立。

同月 泰兴县新华书店在县委所在地——夏家岔成立。

11月12日 石门（1947年12月26日，石门市更名为石家庄市）宣布解放，成为中国人民解放军"夺取大城市之创例"，晋冀鲁豫边区和晋察冀边区连成一片。随后，华北新华书店和晋察冀新华书店分别开始筹划在石门设立分店。

11月23日 毛泽东收到大连大众书店出版发行的《毛泽东选集》后，亲笔回信致谢。

11月25日 华中九分区新华书店召开工作会议，交流所属9个县的图书发行工作经验。决定今后普遍建立发行网，各县以战区为单位建立中心分销处和分销店，在战争中大力开展发行工作。

11月27日 晋察冀新华书店在石门设立分店，店址在华安街6号新石门日报社院内，经理张正路。1948年3月，晋察冀日报社社长邓拓为书店题写店招。

11月28日 华北新华书店石门分店在中山路（朝阳路）门牌84号，物化金店旧址，正式开业。经理赵国良。

11月 冀晋新华书店并入晋察冀新华书店。

同月　解放书店搬回辛集镇原地，同时接管晋县大众书店和赵县书店，门市 5 间，面积 120 平方米。

12 月 5 日　晋察冀新华书店石门分店（复兴路路北）开业。

12 月 23 日　华北新华书店阳邑门市部、左权分店、索堡门市部先后开业。

12 月 24 日　关东中苏友好协会友谊书店安东分店开业。主要发行苏联版中文图书和大连中苏友好协会出版的图书、期刊，并代销辽东书店出版的图书，兼卖文具。职工由六七人发展到十二三人。

12 月 25 日　华中二地委宣传部在《关于成立华中新华书店的决定》中指出，书店实行出版、印刷、发行三位一体，并对总店、支店的组建问题、编辑出版工作方针问题、营业方向问题和出版物的运送等都作出了明确的规定。

12 月 26 日　苏中韬奋书店与苏北新华书店合并，在射阳县中心桥组建华中新华书店总店，隶属中共华中工委宣传部领导。华中工委宣传部副部长徐进兼任总经理，周天泽为经理，张良为副经理。总店下设编辑部、出版部、营业部、秘书科、印刷厂及直属分支店、分支店工作组等。书店以翻印政治书籍为主。华中新华书店总店成立后，先后在合德、小海、三仓三个镇设立分店，后发展为下设有 11 个分店、28 个支店、221 个分销处，成为苏北地区广大的发行网络。一分区建立如皋分店，下设如皋、泰兴、靖江、泰州、海安等 5 个支店和 40 多个分销处；二分区建立二分店，下设江都、仪征、兴化、溱潼等 4 个支店和 16 个分销处；五分区建立盐阜分店，下设阜宁、涟水、叶挺、淮安 4 个支店和 36 个分销处；六分区建立泗沭分店，下设涟水、沭阳、泗沭、东海、灌云、淮阴、宿迁、潼阳等 9 个支店和 17 个分销处；九分区建立如东分店，下设如东、启海、南通 3 个支店和 29 个分销处。此外，还建立合德分店，下设盐东、射阳、阜东 3 个支店和 25 个分销处；东台、台北两地也建立了直属分店。

12 月　辽宁安东友谊书店建立。1949 年 10 月，辽宁安东友谊书店并入东北新华书店，改为东北新华书店安东支店。

同月 新华书店晋察冀分店浑源支店在雁北的浑源县成立。

同月 冀中新华书店并入新华书店晋察冀分店，经理李长彬、副经理王钊（兼任冀中新华书店经理）、李宝光。为了加强发行业务，适应形势发展的要求，晋察冀分店重新制定书店营业章程、代销办法、邮购办法等规章制度。

同月 华中新华书店印刷厂建立，厂长谭苏民。它是华中解放区唯一的书版印刷厂，1948年底该厂由射阳县董家尖迁往淮阴板闸，与新华日报（华中版）印刷厂组合，成立华中新华印刷厂。该书店自1946年至1949年春，共出版80多种新书。

同月 华北新华书店阳泉分店开业，张顺理任经理。

同月 晋察冀新华书店石门分店发售伟人证章。

同月 中央政治局委员彭真，华北局第三书记、华北军区司令员聂荣臻到石门分店检查指导工作。

下半年 为了解决边区小学生读书没有课本的问题，三、通、顺分店扩大书店规模，增加编印发中小学课本和土地契照任务，书店的人员扩大到30人。

年底 渤海新华书店与山东新华书店总店正式形成隶属关系，由当地党委和山东总店双重领导，改称新华书店渤海总分店，渤海所属各专区和县的新华书店由渤海总分店领导。

年底 北满地区的图书发行网开始形成，东北书店总店先后建立松江、嫩江、合江、牡丹江、黑龙江、吉林、辽北7个直属分店，下属73个支店，100多个代销处，并发展440多个邮购户，出版图书达300多种。

同年 为了扩大宣传阵地，引导群众读书，东北书店在哈尔滨门市店堂内专门开辟阅览室和借书处，免费为贫苦学生求读提供方便。同时，书店还经常举办读书报告会，邀请教育厅长唐景阳、哈尔滨大学校长车向忱、女作家白朗等知名人士为青年读者做读书辅导报告，有的报告会能吸引上千名读者参加。

同年 冀中新华书店建立第一分店（后改为束鹿旧城分店，经理魏峰）、第二分店（后改为任丘分店，经理翟敬修）、第三分店（后改为高阳分店）、第四分店（后改为安国分店，经理刘增瑞）。冀中新华书店出版发行的书籍有：毛泽东著作单行本，刘少奇《论共产党员的修养》，《大众哲学》《从猿到人》《社会发展简史》《帝国主义是资本主义的最高阶段》《社会科学简明教程》《李有才板话》《李家庄的变迁》《小二黑结婚》《血泪情仇》《王秀鸾》《白毛女》等书籍及部分中小学课本。

同年　太岳新华书店用土纸本翻印五卷本《毛泽东选集》以及一大批政治读物，仅《土地法大纲》一书印数就有 4.5 万册。据现存资料统计，1947—1948 年底，太岳新华书店除课本外，共出版发行各类图书 241 种。

同年　太行群众书店从太行新华日报社分离出来，成为独立机构，直属太行区党委宣传部领导。

同年　新华书店莱西南（驻莱西县院上）、高密（驻高密县城）、宁津（驻宁津县城）、吴桥（驻吴桥县城）、无棣（弘无棣县城）支店建立。

同年　由桦甸县人民政府主持，正式成立东北书店桦甸支店。

同年　东北书店总店的 3 名同志，随同解放军来到郑家屯镇，筹备建立辽北分店。辽北分店地址仍在辽西书店原址。有门市 3 间，仓库和宿舍 10 间。因出版和印刷等各方面条件所限，该店只能在门市部供应 100—200 种书刊。

同年　冀中新华书店在河间县出版冀中文协主编的《歌与剧》月刊。

同年　晋察冀新华书店出版书籍、课本 105 种，期刊 7 种，总册数达 60 万册。

同年　密山县建立"东北书店"，店址在老菜市场里（现农贸市场），经理李安帮（创店人）。业务归省领导，行政归东安市专员公署领导。同年，方正县开始建立东北书店支店。1950 年 6 月改为东北新华书店方正分店。

1948 年

1 月 15 日　东北书店总店在哈尔滨召开第一次分支店经理会议，39 个分支店，40 多人出席。主要议题：统一思想，明确书店性质与任务，重申为人民服务的方向，提出发行工作要密切配合党的政治任务，加强总店领导，整顿分支店，讨论农村发行工作，强调配合土地改革运动，大力开展农村流动书刊供应工作。这次会议形成了一个制度：每隔半年召开一次分支店会议，总结工作，交流经验，布置任务。会后，为贯彻会议精神、配合土改运动的下乡图书发行工作在各地开展起来。

同日　东北书店总店编印的内部刊物《业务通讯》创刊。这份刊物是我国当代出版发行史上的第一个业务刊物。

同日　东北书店总店由徐今明（女）担任主编的农村区乡干部读物《翻身乐》（半月刊）创刊。

同日　东北书店总店公布 1947 年几项统计（当时 1 万元约合新人民币 1 元）：一、出版物总册数为 223 万册；二、门市批发图书、文具等销售，现金总收入为 4.99 亿元；三、6 月份成立邮购部，到年末邮出图书 7500 册，303 万元；四、6 月份成立批发科，到年末建立了 174 个批发户，批发图书 1.47 亿元。

1 月 30 日　中共晋察冀中央局宣传部为加强和统一边区出版工作的领导，作出《关于成立边区出版局的决定》，并改组扩大晋察冀新华书店，作为出版局统一对外发行的机构。各地公营书店及所属印刷厂，应由新华书店接收，按照需要和条件设总分店、分店、支店，统一由晋察冀新华书店总店领导管理。原冀中新华书店改为总分店。中共晋察冀中央局宣传部部长周扬兼出版局局长，编辑部部长王子野，出版发行部部长李长彬兼晋察冀新华书店总店经理，副部长王钊兼副经理和冀中总分店经理。

1 月 东北书店总店改由中共中央东北局宣传部直接领导。东北书店总店成立业务（发行）部、编辑部、出版部、经理部。在业务上除领导松江省各支店外，还领导嫩江（齐齐哈尔）、合江（佳木斯）、牡丹江、黑龙江（北安）和吉林、辽北 6 个分店（下设 60 个支店，100 余个代销处）。东北书店的工作人员已将近 500 人（包括总店约 100 人），其中，90% 为东北的青年学生。这支队伍为扩大新的图书发行网点和开展新解放区的图书出版发行工作培养和储备了干部。

同月 新华书店华北总店晋中分店撤销，与石家庄分店合并，经理张顺理带领工作人员带着全部财产迁到石家庄。

同月 经中共中央华东局宣传部同意，山东新华书店总店印制书券 2 000 万元，交华东局宣传部分发党、政、军、民各机关使用，各机关凭书券在各地书店按价换取书籍。各书店收到的书券可向总店或总分店兑换现金或偿还账款。

同月 热东地委派人民报社沈良在建昌县城中街路筹建的热东人民书店开业。经理张泽。书店受热东人民报社和热东地委宣传部领导。

同月 延寿支店成立（1956 年 7 月 1 日改为延寿县新华书店）。

同月 常州地下党组织在城区觅渡桥开办大生书店，秘密销售革命书刊，陈益新任书店经理。

同月 鲁中新华书店撤销，大部分人员分配到鲁中建设大学学习，经理李克公调新华书店胶东总分店工作。

1—3 月 山东新华书店总店先后组织两批人员南下，每批 40 人左右，到开封、洛阳一带组建新华书店，筹建中原新华书店。南下途中遭遇敌人阻击，总支组织干事周仁祥牺牲。

年初 冀东新华书店三、通、顺分店在距今县城东 15 千米的杨镇建立第一个门市部，负责人田玉河。门市设备简陋，只有两个书架子，摆放着 30 多种图书。书店职工实行供给制。书店职工自己动手搞木刻制版、印刷和装订，经常点着酥油粗捻灯昼夜刻印。

2月1日 华中一分区新华书店在泰州建立，经理汪普庆。

2月6日 新华书店盐城分店计划每月出版一本《戏剧小调集》，为此编辑部在《盐阜大众》刊出"征求戏剧小调"启事。启事生动有趣，是一篇大众文艺作品："戏剧小调，到处都要，本店要出此书，手里没有材料，各地农村剧团，创作一定不少，大家互相交流，投到本店发表，每月出它一本，解决各地需要"。

2月 冀热辽新华书店在内蒙古赤峰（今内蒙古自治区辖市）成立，经理陈楠。7月，迁至凌源（今辽宁朝阳市辖县）。11月，迁到承德。

同月 晋察冀新华书店在阳泉成立分店。经理崔振南。

同月 东北书店总店在哈尔滨道外建立门市部。

同月 太行群众书店改称太行新华书店，经理徐大明，秘书王道伟，会计施雨普。下设长治、左权分店，同时在涉县、邢台、焦作、新乡、安阳、沁阳等地设立门市部。书店机构健全，职工48人。

同月 新华书店禹城（驻禹城县城）、齐河（驻该县西孙耿）支店建立。

同月 为响应政府土地改革的需要，及时、准确地把书报送到解放区的每一个地方，新华书店与各县交通队合并成为一个统一的机构。期间，翻印和发行的图书有《中国土地法大纲》《告农民书》《马恩列斯毛论农民土地问题》《毛主席论目前形势和我们的任务》《大众哲学》《整风文献》《新人生观》《宝山参军》等。

3月8日 鞍山2月19日解放后，市政府民教科在三道街成立的鞍山市三八书店开业。书店后由中共辽南地委民运部接办。7月中旬，受战局影响，鞍山市三八书店转移到海城、岫岩一带。情况好转后，书店回到海城，以"三江书店"名义营业，不久又退出海城，全部人员到地委干校学习。11月17日，鞍山市三八书店复业。

3月9日 东北书店吉林分店创立。

3月18日 阜新解放,市政府派郝国栋筹建海州书店。5月11日,阜新市海州书店在阜新市解放大街开业。经理郝国栋。6月阜新市海州书店改为东北书店阜新支店。

3月 中共晋冀鲁豫中央局选编的党内文件《毛泽东选集》由华北新华书店出版,全书共收入毛泽东著作及有关中央文件61篇,共95万字,分上、下两册,16开精装,内部发行到党内高、中级干部中。

同月 华北新华书店石家庄分店经理赵国良调离,李震云接任经理。晋察冀新华书店石家庄分店经理张正路调回晋察冀总店,晋察冀新华书店冀中分店经理邢显廷继任经理。

同月 解放战争势如破竹,解放区逐渐连成了片,这使得各解放区新华书店之间的业务来往更为密切。晋察冀新华书店除发行本版图书外,又陆续代售陕北、大连、渤海、华北、韬奋、太行、冀鲁豫等书店出版的新书。晋察冀和晋冀鲁豫两个解放区的报纸互登新书广告,活跃了各地的书刊销售。

同月 新华书店胶东总分店由山东海阳县的台上村迁至招远县毕郭乡西庄村,并召开第一次全区支店工作会议。会议确定总分店对各分、支店在工作上是指导关系,并决定海阳、牙前、乳山三个支店为总分店直属支店。这次会议使胶东各店统一了思想,明确了任务,进一步推动了全区出版发行工作的开展。

同月 中共渤海区党委派宣传科科长张明到新华书店渤海总分店帮助开展"三查三整"。运动后期,张明留在渤海总分店任副经理。

同月 热东地委移至玲珑塔,热东人民书店随之迁址玲珑塔开设门市部,原建昌县城门市部仍保留。两个门市部所经营的图书,除从外地批发购进外,主要靠自己印刷。自印有《目前形势和我们的任务》《共产主义运动中的"左派"幼稚病》《小二黑结婚》《兄妹开荒》等。这些书籍除在解放区发行外,还将封面用彩色纸张印成《评剧大观》《马寡妇开店》《王少安赶船》等,伪装成通俗唱本,通过敌工部发至国民党军队中。

同月 南通、宝应县建立新华书店。

同月　桦南县文教科委派县联合中学廉凤举、付旭两位教师筹建桦南县东北书店，10月正式营业，隋增洲任经理。12月，改为新华书店桦南支店。

　　春季　应朝鲜要求，光华书店安东分店在平壤华侨联合会帮助下，建立光华书店平壤支店。安东分店朱启新兼任平壤支店经理，带去3人，在当地聘用2人。同年9月、10月带去的人员撤回，图书及设备移交给平壤华侨联合会。

　　4月1日　东北书店总店派小分队进入四平，成立东北书店四平分店，由李国文担任四平分店经理。地址在四平市政府对面。

　　4月3日　东北书店吉林分店正式开业，负责人程刚枫。地点设在吉林市重庆路8号。机构设有办公室和1个门市部。该店发行范围除本市区外，还包括蛟河、舒兰、敦化、双阳、伊通、磐石、永吉、桦甸8个县。

　　4月4日　设在通化市的辽宁省光明书店改为东北书店辽宁分店（1949年3月改名为东北书店临江支店），下设梅河口、通化、海龙、西安（今辽源市）、东丰、临江、西丰、开原等支店。

　　同日　东北书店总店工作组赵昱筹建的东北书店东丰支店成立。地址在东丰镇正阳街。县人民政府选调教育科女科员盖毅为东丰支店第一任经理。

　　4月9日　冀晋区与察哈尔省合并为北岳区，在冀晋新华书店一分店基础上组建成立的新华书店察哈尔分店，在满城石井村正式营业。经理吕光，副经理王敏。不久，吕光调走，李平任经理，王敏任副经理。察哈尔分店下设4个支店：一支店在房山上清水，经理李兴荣；二支店在望都高昌店，经理陈同友；三支店在涞源县城，经理王程伟；四支店在易县榆林庄，经理齐朝周。

　　4月21日　西北野战军收复延安，群众日报社和西北印刷厂回到延安清凉山。陕甘宁边区新华书店回到延安新市场沟口营业，经理常紫钟，副经理陈林彬，工作重点放在积极出版为解放大西北服务供应的书刊上。

　　4月23日　中共中央从陕北来到了华北，进驻平山县西柏坡村。

　　4月27日　潍县解放。山东新华书店总店派钟虹等随军入城，接管国民党中国文化服务社潍县支社。5月11日建立潍县新华书店（不久改为潍坊分店），第一任经理宋玉麟。

4月 西北野战军收复延安，陕甘宁边区扩大为西北解放区。在中共中央西北局（原中共陕甘宁边区中央局）宣传部的领导下，陕甘宁边区新华书店扩大为西北新华书店，经理常紫钟。不久，西北新华书店随军挺进西安，工作范围由陕甘宁边区扩大到整个大西北，工作重点放在了迅速扩大的新解放区的网点建设上，留守在延安的原边区新华书店改名为西北新华书店延安分店。

当月，根据中共中央西北局宣传部指示，西北新华书店派副经理王乃夫、崔岐以及两名运输员组成第一野战军随军书店（也称野战书店）为部队服务。随军书店的同志赶着骡子到一野政治部报到时，司令员彭德怀、政治部主任甘泗淇等首长亲自接见，表示欢迎。彭德怀鼓励他们说："你们走的是毛主席的道路。"还说，"你们把革命图书发到敌占区，比炮弹还要厉害，看他胡宗南怎么办！"在一次随军书店为部队将士服务时，书摊被挤得水泄不通，王、崔二人应接不暇，正好让彭总赶上了，他就主动过来帮着给读者取书递书，当起了义务发行员。

随军书店还向沿途群众供应书报，宣传我党我军的政策。在路经洛川、蒲城、韩城、大荔、合阳等县时，协助地方党组织建立新华书店。

同月 延安分店的工作全面展开，门市读者踊跃购书，十分红火。同时，还协助各分区书店、县书店建立起相互的业务联系，先后恢复了绥德分店以及三边、关中、清涧等地的发行工作。图书货郎担也更加活跃了，他们挑着书担，深入山区，推销的图书多，收入也高。节假日里，延安分店还经常举办灯谜晚会、时事问答晚会等活动。

同月 东北书店佳木斯分店举行《联共（布）党史》出版发行仪式。合江省和佳木斯市的领导张平之（张闻天）、富振声、林平到会讲话并参加售书活动。

同月 中共辽东分局撤销，辽东建国书社随之撤销，部分人员留下组建东北书店通化（今吉林通化市）支店，大部分人员充实到安东（今辽宁丹东市）书店。

同月 东北书店敦化支店成立（敦化市新华书店的前身）。

同月　东北书店德惠支店创建并正式开业。地址在德惠县德惠镇中央街东三道路街口（现农机公司所在地）。刘自强任经理（1950 年初，刘自强调出，高恒任经理）。

同月　东北书店彰武支店在彰武县城东门建立。隶属于辽北分店。经理薛喜堂，工作人员 3 人。

5月1日　泰县韬奋书店改为泰县新华书店，在蒋垛、大伦镇等地设立发行点。

5月　晋察冀新华书店石家庄分店与晋冀鲁豫（华北）新华书店石家庄分店合并，经理苏光，副经理李震云。

同月　中共中央东北局宣传部部长凯丰（何克全）主持编辑、中共中央审定的《毛泽东选集》六卷合订本，由东北书店总店在哈尔滨出版，第一版印制 2 万部，在全东北解放区发行。东北书店佳木斯分店为《毛泽东选集》发行月举行隆重的首发仪式，张闻天、李延禄等省、市党政军领导出席并主持首发活动，佳木斯各界读者争相购买。

同月　苏北解放区华中新华书店抽调甄海澄、杨振亚、金志贤、朱学嫦、程礼君随军南进江淮地区（淮北、淮南），在淮北泗洪县半城镇（即雪枫镇）原华中新华书店二分店与华中新华书店七分店（前身是雪枫书店）合并组成江淮新华书店总店，属中共江淮区党委宣传部领导，经理孙立功。11 月，宿城（现宿州市）解放后，江淮新华书店总店迁至宿县。11 月 27 日，在宿县城内开办江淮新华书店门市部。江淮新华书店总店设立淮宝分店和 4 个分销处，并组织流动书店。

同月　东北书店在《东北日报》刊登启事，号召老解放区读者为新解放区工农大众募集图书。中共中央东北局党政军领导陈云、黄克诚、叶季壮、李大章、廖井丹等带头捐献图书 100 余册，广大读者积极响应。截至 7 月，社会各界共捐图书 11 686 册，东北书店分两批将募集的图书送往新解放区。

同月　晋绥新华书店八分店进入交城，经理李谨立。同时在汾阳建立支店，经理张茂元。

同月　辽北省新华书店总店在四平铁西区仁兴路原农机招待所成立。

同月　临汾解放，晋绥新华书店在临汾城内建立晋南新华书店。

同月　热东人民书店改为东北书店热东分店。

同月　东北书店总店决定将江清、图们、珲春三个支店划归牡丹江分店管辖。

6月5日　中共中央发出的《关于宣传工作请示与报告制度的决定》指出，各中央局、分局宣传部每半年要向中宣部报告"党与非党的书籍、杂志出版发行状况，书店工作状况与经济状况"。

6月10日　山东新华书店总店店刊《书店通讯》创刊。共出版22期，1951年6月停刊。

6月14日　根据中共中央的决定，晋冀鲁豫和晋察冀解放区合并为华北解放区，晋察冀新华书店与晋冀鲁豫华北新华书店合并成立华北新华书店总店，由华北局宣传部领导，经理史育才，副经理李长彬、王钊，总编辑王春，副总编辑冯诗云。驻井陉县西焦村，10月初迁至获鹿县城南关。总店下设邯郸总分店（经理胡体昭，副经理张诚）、冀中总分店（驻饶阳，经理李宝光，副经理韩志平）、石家庄分店（经理苏光，副经理李震云）。

中共中央华北局秘书长平杰三、宣传部长周扬以及宣传部出版科科长王子野等领导关心新华书店工作，经常与书店联系，了解出版发行工作情况。

6月25日—7月8日　东北书店总店在哈尔滨召开第一次分店经理会议，总结课本发行工作，研究改进领导作风，探讨加强新区发行工作问题。

6月　山东新华书店总店派员到大连采购一批苏联出版物，由东北行政委员会外国文出版局印制的中文图书，内容好，印刷精，深受读者欢迎。

同月　山东新华书店总店地址由渤海区阳信县斜庄迁至临朐县柳家圈，与鲁中办事处和留在鲁中的印刷厂会合，并在益都设立办事处。此时山东总店职工已增至700余人。

同月　新华书店昌乐（驻昌乐县城）、平西（驻该县店子村）支店建立。

6月、9月　国民党军队向冀东三、通、顺解放区发动两次"冀中穿心战"，书店在村干部的协助下，迅速将书和印刷设备分别隐藏在芦苇塘或转入地道，书店职工冒着枪林弹雨转入深山，靠摘枣、挖野菜度日。敌人扫荡过后，又迅速回店，照常工作。

夏季　第三野战军司令员兼政委陈毅从前线赶赴中央开会途中，路过朝城（旧县名，在山东省西部），专程到冀鲁豫新华书店视察用餐。

同季　渤海书局并入新华书店渤海总分店，渤海书局原属渤海行署教育处领导，主要印制发行课本。合并后，渤海总分店承担全区图书和中小学课本的出版印制和发行工作。

7月25日　中共中央华东局发出《关于统一党的宣传工作的指示》，决定成立出版局，统一党的出版事业，各战略区之各级书店一律隶属出版局领导。各地书店已出版的书籍、期刊，责成各地区党委进行审查，凡与毛主席的《目前形势和我们的任务》等文件精神不符合的，应立即停售。

《指示》规定，今后战略区的出版机关以完成华东出版局分配的任务为主，当地党委翻印或辑印涉及政策之书刊者，应报告华东局宣传部，经批准后始得付印。地方编印通俗读物涉及政策者，须经区党委宣传部审查并报华东局宣传部复查批准后，始得付印。

7月　中共中央西北局宣传部发出《关于宣传制度的规定》，重申"各地书店、图书馆、民教馆的书籍、报纸、杂志，凡属蒋管区出版者，须经地委或县委宣传部门的审查，始得出售或陈列"。"各地委宣传部每两月应向西北局宣传部报告一次书店出版、发行的状况和经济状况"。

同月　山东新华书店总店根据华东局指示改名为华东新华书店总店。机构、人事及工作范围不变，经理华应申，副经理王益、叶籁士。

同月　通化辽东书店撤销，其大部分人、财、物迁去安东（今丹东），并入安东分店。余下部分人、财、物组建东北书店通化中心支店。

同月　辽北分店由郑家屯迁到锦州。门市部仍留在郑家屯，改称东北书店郑家屯支店。职工8人，开始供应部分中小学课本。

同月　华东新华书店总店印刷厂试验的照相制版办法获得成功。

同月　新华书店博山直属支店建立（驻博山）。

同月　新华书店潍南（驻涌泉城）、昌南（驻该县饮马村）支店建立。

同月　牡丹江分店派出干部建立八面通支店。

同月　内蒙书店从报社分离出来独立经营。11月改建为东北书店内蒙分店，隶属中共内蒙古工委与东北书店总店（哈尔滨）双重领导。辖突泉、西科中、索伦（即喜扎嘎尔旗）三支店。

同月　晋中战役结束，榆次解放，晋绥区的吕梁新华书店随中共吕梁区党委迁入榆次，吕梁区党委改为晋中区党委，吕梁新华书店改名晋中新华书店。经理李长庚，副经理李谨立。

8月15日　华北新华书店察哈尔分店从满城石井村迁至定县东街路南，门市设在南街。11月暂驻宣化。

8月18日　辽东书店总店改为新华书店安东分店。

8月26日—9月15日　为了整顿出版工作，中共中央华东局宣传部在临朐柳家圈村召开出版工作会议。出席会议的有各区党委直属新华书店经理6人、华东总店各部门负责人11人。主要研究如何贯彻执行中央及华东局关于统一宣传工作的指示，建立总店、分店统一领导的县支店、所属印刷厂如何实行企业化管理的问题。会议明确指出，新华书店的任务是传播马列主义、毛泽东思想，传播新民主主义的文化，宣传党的政策。这次会议实际上也是华东新华书店总店的第一次分店会议。通过这次会议，统一了华东新华书店的工作。

8月　中共中央以解放社名义出版《目前形势和我们的任务》，就近交由华北新华书店总店发行。这部书除发行华北全区，还以样本和纸型供应全国其他解放区。

同月　中共中央在党中央所在地河北平山县西柏坡召开会议，研究建立全国出版工作的统一集中领导机关和全国新华书店的统一等问题。

同月　为了打破"干不干，二尺半"（"二尺半"是指八路军军服长二尺半）的平均主义分配制度，东北书店总店公布《实行薪金制暂行制度及办法》，从即月起，东北书店总店各部和直属分店按此办法，由供给制改为薪金制。具体是先定职别，然后划定各个职别的分差，最高为 140 分（总经理），最低分为 55 分（事务员），每分分值等于 1 斤 6 两米，按当地月中平均市价折成东北银行流通券计值。《办法》仅供各分支店参考。

同月 东北书店怀德支店成立。地址在大马路路西。刘志公任经理，职工 3 人，营业面积 25 平方米。

同月 东北朝鲜人民书店和龙支店成立。主要负责发行报纸和当时在苏联境内印制的朝文图书。同时在头道区建立了门市部。

同月 东北书店长岭支店建店开业。工作人员 3 人，业务由新华书店东北书店总店直接领导，行政由县委宣传部领导。

同月 在盘山县政府的领导下成立启蒙书店，店址在盘山县兵役局。经理刘永智，工作人员 3 人。1949 年 5 月，改为东北书店盘山支店。

同月 东北书店宾县支店成立，工作人员 3 人。1950 年改为新华书店宾县支店。

同月 新华书店益寿（驻该县口埠）、兖州（驻兖州县城）、肥城（驻肥城县城）、寿南（驻该县屯田镇）、益临（驻该县郑母镇）支店建立。

9 月 1 日 由中共中央中原局宣传部委派新闻大队的出版干部在河南省宝丰县大韩庄组建中原新华书店，成立大会由中原局宣传部部长刘子久、副部长陈克寒主持。

中原新华书店有工作人员 170 余人，其中干部 41 人（包括发行干部 11 人），经理华青禾、副经理彭展。不久，中原新华书店改称中原新华书店总店。

同日 华东新华书店总店正式转为企业化经营。截至 8 月 31 日，书店资金总额为 10.79 亿元（旧币）。9 月 1 日后，华东财办（华东财政经济办事处）拨款投资 19.64 亿元（旧币）。大众日报三厂、新潍坊报工厂等合并到书店，机器材料作价转入资金 2.94 亿元（旧币）。

9 月 5 日 华东新华书店总店主办的《群众文化》月刊创刊。该刊的读者对象是区村干部、小学教员及识字群众，内容有各地生产、工作、战斗和学习中的故事，还有时事说唱、庄户新法、民间故事和各种常识。华东总店在当天的报纸上刊登了月刊的预订办法。

9月中旬 光华书店辽南流动供应队在瓦房店（今辽宁瓦房店市）建立光华书店辽南办事处和门市部。

沈阳1948年11月2日解放当日，光华书店随军入城，接管国民党拔提书局，同时将辽南办事处迁入沈阳，于11月22日组建光华书店沈阳分店。

9月21日 中原新华书店总店在河南宝丰县大韩庄建立第一个分店，经理倪康华、副经理于子猷。分店开业时，华北、山东支援的图书还未运到，主要陈列中原总店自己印制的《共产党宣言》《中国革命与中国共产党》等书刊以及太行、太岳等店支援的书籍。中原总店迁往郑州后，第一分店改为宝丰支店，由县委派干部管理。

9月24日 济南解放。中共中央华东局组织新闻、出版单位人员，由恽逸群带队赴济南参加接管工作。新华书店接管人员由华东新华书店总店营业部副主任钟虹带队，接管国民党正中书局、文化服务社和建国书店。10月1日华东新华书店济南分店正式成立，店址在经四路三里庄口。钟虹任经理、东平任副经理。分店下设两个科、两个门市部。第一门市部设在经四路通惠街口，第二门市部设在西门大街。

同日 新华书店安东分店改为东北书店安东分店，店址由毛泽东路迁到斯大林路（今六纬路）。

9月 华东新华书店总店及所属各店全面进行清产核资，实行企业化管理。为了加强对书店工作的领导，中共中央华东局进一步明确，华东新华书店总店的政治思想工作由中共中央华东局宣传部负责；华东总店的行政工作和经济工作归华东财政经济办事处管理。

同月 中共中央中原局（后改为中南局）宣传部向各级党委发出关于加强出版发行工作的指示，并通告中原新华书店总店成立。桐柏、江汉等地区党委随即派人或来函，要求中原新华书店总店帮助筹建书店。

同月 为了迎接解放区秋季新学年，冀东新华书店突击印制小学课本28

万册，在开学前发售到全区各小学校。

同月 鲁中南新华书店在山东沂水县城东山村成立，11月进驻临沂城。鲁中南新华书店下设业务科、支店科、财务科和总务科，张治任经理。该店成立后经过3个月的工作，就在周边地区发展了3个中心支店和33个支店。

同月 中共中央中原局宣传部派陈树穗、张全吾到河北平山县西柏坡党中央所在地向中宣部汇报工作，并请求老解放区新华书店给予书刊支援。经中宣部发行科介绍，华北新华书店总店向中原总店支援了一大批华北版书籍。

同月 胶东全区解放。新华书店胶东总分店由招远县毕郭乡西庄村迁往莱西县水沟头，同时改名为华东新华书店胶东分店。

同月 新华书店济宁（驻济宁市）、坊子（驻坊子市）支店建立。

秋季 苏北全境解放，华中新华书店迁至江苏板闸镇，在淮阴市设立直属门市部，并在苏北各市县成立分、支店，积极开展书刊发行业务。同时，派人到南通市重印大量书籍，为配合解放军渡过长江、解放南京作准备。

同季 一天上午九十点钟，华东野战军司令员陈毅和政委饶漱石一行七八人来到山东渤海区临邑地委新华书店门市部门口。门市部全部图书有三四百种，迎面墙上高挂着毛主席、朱总司令和陈毅司令员的画像。陈毅认真浏览了一番，然后操着浓重的四川口音对书店的负责人傅玉颖说："你们把我陈毅的像拿下来，告诉你们上级，济南解放前夕，不要挂我陈毅的像，统统拿下来，只能挂毛主席和朱总司令像。"

同季 东北书店热河分店从赤峰迁入凌源，这是该县最早的国营书店。

10月8日 济南军管会出版部召开书业界座谈会，到会的有原济南市各书店经理21人及新华书店济南分店有关人员。市委宣传部长夏征农、出版部长恽逸群对各书店所提复业及营业方面的一些问题，分别作了解答。

同日 华东新华书店济南分店第一门市部开业，驻正中书局旧址。

10月初 中原新华书店总店所属的中原新华印刷厂在河南宝丰县成立，厂长倪德甫，副厂长刘玉瑞。当时仅有4开铅印机1台、石印机3台、新5号铅字3副，其他器材也十分缺乏，出版印刷能力相当薄弱。

同月初 中原新华书店总店的陈树穗、张全吾在完成向华北总店请求支援书籍任务后，为了解决印刷能力不足的问题，又从平山县西柏坡去济南购买印刷器材。器材买到后，中原总店又派唐掌观等人去济南接应，将买到的第一批印刷器材运回中原总店。张全吾接着又去了临朐，与山东总店联系，得到一批山东版书籍。同时马宝林、张恒修、翟益齐也在山东购得一批印刷器材，运到郑州。这样，中原总店的印刷设备和书刊货源的紧张局面得到了初步缓解。

10月上旬 中原新华印刷厂正式开工生产，用河南密县的土纸印制《共产党宣言》和《中国革命与中国共产党》。当时，从山东采购的印刷器材尚未运到，工人们克服重重困难，每天三班运转，积极赶印，按时完成了两本书的生产任务。

同月上旬 由华中新华日报社资料室编辑、华中新华书店出版发行的《时事学习材料》，先后出版3辑。该书除在江苏各地发行外，还发行到上海、安徽、武汉等地。

10月18日 为适应新华书店分支机构的发展，补充新生力量，华北新华书店总店公开登报招聘工作人员。到12月18日，报名应聘人员达484人，实际招录366人。其中250人直接分配到华北新华书店总店各部门工作，其余116人参加临时组织的新华业务讲习班学习，1949年2月15日学习班结业，大部分学员分配到华北总店及所属工厂和基层书店工作，另有35人随军渡江南下，到新解放区开展出版发行工作。

10月20—23日 10月20日，长春解放后的第二天，东北书店总店副总经理周保昌率领黄亚哲等10余人进驻长春，接管国民党中正书局及中国文化服务社长春分社，21—22日接管丰乐路（今重庆路）国民党政府三幢楼房，并将在哈尔滨准备好的东北书店匾额横挂在中国文化服务社长春分社的门额上，将毛主席、朱总司令的大幅油画像挂在大门的上端。同时，用带来的解放区书刊布置店堂和橱窗。23日，东北书店长春分店第一门市部在中国文化服务社长春分社原址正式对外营业。

10月24日 开封再次解放。中原新华书店总店派龚稼华、赵诚到开封筹建新华书店，并办理招收训练班学员事宜。11月8日，新华书店开封分店门市部在北书店街70号开业，并于8、9两日在《开封日报》刊登开业启事。开业后，开封各阶层群众踊跃购买《论联合政府》《中国革命与中国共产党》《毛泽东的人生观与作风》《毛泽东印象》《李有才板话》《李家庄变迁》《新华文摘》及解放区文艺作品和斯大林、毛泽东、朱德等领袖像。1949年初，中共豫皖苏区委派王矛等来开封组建豫皖苏新华书店，龚稼华等即奉命撤回中原总店，开封分店遂于2月撤销。

10月下旬 平津战役开始，东北书店、华北新华书店总店分别抽调骨干力量组成小分队，随东北、华北人民解放军到达北平（今北京）外围，准备随大军进城。

10月 河南洛阳市由太岳区党委划归中原局管辖，中原新华书店总店派王重前往联系新华书店交接工作。不久，太岳新华书店洛阳分店移交给中原总店。10月30日《新洛阳日报》刊登移交启事，书店改名为中原总店洛阳分店，王重任经理。11月5日，洛阳分店门市部正式营业，并在《新洛阳日报》刊登《论职工运动》《农业建设问题》《通俗社会科学讲话》《人民解放军将领印象记》等新书介绍。

同月 新华书店潍北（驻该县固堤）、北招（驻该县杜家村）、济阳（驻济阳县城）、齐东（驻该县魏家桥）、邹平（驻邹平县城）、淮安（驻该县景芝镇）支店建立。

同月 菏泽解放，冀鲁豫书店随军进入菏泽城，设立冀鲁豫新华书店菏泽营业部。

同月 华北新华书店榆次分店成立，经理郭存德，副经理谭林。

同月 辽阳解放。东北书店辽宁省（瓦房店）书店派姜锡爵等人到辽阳建立东北书店辽阳支店。店址在城内大十字街。

同月 国民党傅作义部企图偷袭石家庄，华北新华书店总店和石家庄分店为避免损失，一方面组织人员将财物暂时疏散转移到井陉、获鹿、元氏一带山区，同时留下一部分人员坚持开门营业，稳定民心。

同月 东北书店总店（位于沈阳）派周明才到鸡西（当时称鸡宁县）筹建成立鸡西书店，书店设在红军路道南的一所平房中，面积30多平方米。

同月 热东人民书店在建昌县开设的书店改名为东北书店建昌支店。

同月 东北书店新宾支店建立。地址在新宾镇衡记胡同。经理杨耀富，职工共3人。

10月 东北书店北票分店成立。

11月1日 冀鲁豫新华书店出版发行的由王亚平主编的综合性通俗刊物《平原》（半月刊）创刊。共出刊13期，于1949年6月停刊。

11月2日 东北书店长春分店第二门市部在原大马路4段15号开业。

同日 沈阳解放。东北书店总店副总经理卢鸣谷带领20多名同志随军进入沈阳，经军管会批准，接管国民党正中书局、中国文化服务社、拔提书局、独立出版社、时与潮出版社及其所属的印刷厂。经沈阳军管会主任陈云批准，拨给马路湾V型大楼作为东北书店总店办公地址。

11月2—11日 东北书店总店在哈尔滨召开第二次分店经理会议，讨论总店、分店从1949年起实行统筹统支的问题，布置秋季课本发行和开展冬季农村发行工作。

11月5日 东北书店沈阳分店成立，店址在沈阳市和平区马路湾泰东大楼。职工70人（不包括外市县支店），管辖鞍山、抚顺等11个书店。

11月6日 华北韬奋书店在石家庄中山路82号，原晋察冀新华书店旧址，开始营业。

11月8日 东北书店沈阳分店第一门市部（沈阳市马路湾和平区中华路三段34号）开业。营业面积120平方米，库房面积90平方米，股长黎光宇。首批从哈尔滨运来的1 200余种图书全部陈列，供读者选购。

同日 东北书店沈阳分店第二门市部正式对外营业（驻沈阳市沈河区中央路一段51号）。营业面积311平方米，库房面积170平方米，股长郝文莹。

11月9日 为解决图书不足问题，东北书店腾出沈阳第一门市部后的4间房子，放置座椅，建立图书阅览室。备有400余种，共1万余册书刊，供读者免费阅览。这是沈阳解放后第一个小型公共图书馆。

11月10日 东北书店沈阳分店第三门市部（沈阳市文化宫楼下）开业。营业面积120平方米，库房面积130平方米，股长夏志诚。

同日 东北书店沈阳分店第四门市部（铁西区兴顺街）开业。营业面积120平方米，库房面积130平方米，股长周长青。

11月初 中共北岳区党委给新华书店察哈尔分店经理李平送来一封鸡毛信，要求立即将书刊及设备打好包，人员动员安排好，应用的东西带好，剩下的物品移交给新华书店保定分店，轻装出发，随区党委挺进张家口。

11月14日 东北书店总店决定：周保昌回总店工作，程刚枫任东北书店长春分店经理，潘逢萍任吉林分店副经理。

11月20日 东北书店新民支店成立。营业面积85平方米，经理董吉魁，库房面积35平方米。

同日 延边教育出版社沈阳支社（东北朝鲜人民书店沈阳支店的前身）成立。职工4人。主要为沈阳市朝鲜族中小学校供应课本。店址在沈阳市和平区市府大路（现为沈阳市新华书店朝文书店）。负责人吴广显。

11月22日 沈阳光华书店开业（驻沈阳市太原街）。经理孙永孚。

11月26日 铁岭解放后，东北书店四平分店、梅河口分店分别派人携带图书到达铁岭。在军管部门帮助下筹建的东北书店铁岭支店开业。经理张兆山，副经理马泉龙，工作人员6名。

11月28日 冀东十二分区新华书店进入秦皇岛市，在朝阳街路西、市文化馆楼下15平方米的一间小房内建立新华书店秦皇岛支店。

11月 中共中央华北局宣传部根据中共中央《目前形势和我们的任务》等文件的精神，制定《关于书刊出版审查制度的通知》，并下发华北新华书店总店及所属各分店、支店贯彻执行。

同月 （1948年10月22日）郑州解放。中原新华书店总店在进入郑州前，派倪康华在郑州敦睦路建立郑州分店并设门市部，倪康华任经理。后又将郑州分店改为中原总店营业部，主任陈树穗。不久，大同路新建直属门市部开业，敦睦路营业部撤销。

同月　中共中央华北局宣传部发出通知："华北新华书店出版的书籍，华北各区书店都有推销的义务。华北新华书店总店与各区党委所属新华书店的销售关系，由双方协定。"通知还规定，太行、太岳、冀南、冀鲁豫各区新华书店应与华北新华书店总店建立业务关系。

同月　中共绥蒙区委宣传部在丰镇县（今丰镇市）组建绥蒙新华书店。经理文野，工作人员张云、剧耀宗、石明、李清福。地址在丰镇城关顺城街2号院。

同月　刘承云、王国然等随中共安东省委到抚顺接收国民党文化服务社，宣布东北书店抚顺支店成立。经理刘承云。

同月　华东新华书店总店经理华应申及徐律、李力行调中央出版委员会工作。

同月　华东新华书店济南分店第二门市部开业。

同月　新华书店胶河（驻该县铺上村）、胶高（驻该县夏庄）、章历（驻章历县城）、新浦（驻新浦市）支店建立。

同月　冀鲁豫书店在菏泽设杨道平流动支店和赵秉均流动支店。杨道平和赵秉均分任经理。以流动供应的形式，在菏泽和湖西区各县，进行图书宣传，图书供应。

12月1日　徐州解放。华东新华书店总店派钟虹、刑来、鲁明等11人随军进入徐州，接管国民党正中书局和中国文化服务社。由于正中书局和文化服务社的铺面较小，又不在繁华街道，徐州军管会又将原国民党官僚资本垦业银行拨给新华书店。12月26日，新华书店徐州分店正式开业。

12月6日　姜堰解放。年底，泰县新华书店从黄桥撤并到一分区店，并成立苏中一分区新华书店姜堰门市部。

12月9日　中原新华书店总店在郑州大同路170号新建的门市部开业，门市科长刘桂森。开业初期，全部书刊85折优惠销售5天，引来众多读者。第一天就销售图书1 298册，收入中州币（解放战争时期中州农民银行发行的纸币）65 868 元。为了方便群众，门市部设有阅览处，配备了 100 余种书刊供读者免费阅览。还设问事处，为读者解答问题和查找书刊。当时的《郑州新闻》详细报道了中原新华书店门市部的开业情况。

12 月 10 日 锦州解放，东北书店锦州分店成立，经理黄巨清。地址锦州市民权街。东北书店热东分店随军进入锦州，热东分店并入锦州分店。

12 月初 中原新华书店总店迁入郑州，同时中共中央中原局成立中原日报社，中原总店经理华青禾兼报社经理部经理。中原总店与报社由中原局宣传部领导，报社印刷厂由中原总店统一领导。中原总店增设了编辑部和训练班，负责人分别是梅关桦、龚稼华。

12 月中旬 中共中央华东局宣传部将华东新华书店总店编辑部改为华东局宣传部编审科，仍保留华东新华书店编辑部的名义，并保持与华东总店原来的隶属关系。

12 月 13 日 兴化第二次解放，兴化新华书店随县直机关进城，在东大街原广源绸布店开放营业，面积 160 平方米。

12 月 21 日 中国人民解放军北平市军事管制委员会文化接管委员会成立，钱俊瑞任文管会主任委员。12 月 25 日，文管会的出版处书店组、刊物组先后提出接管计划。

12 月 24 日 张家口解放。新华书店察哈尔分店由定县迁至张家口市。华北新华书店总店决定，一支店、三支店划归张家口察哈尔分店；二支店、四支店移交保定分店领导。

12 月 27 日 冀东新华书店迁驻唐山市，接管国民党中国文化服务社唐山分社，在唐山分社原址开设冀东新华书店唐山门市部。

同日 察哈尔书店在张家口武城街挂牌开业。书店设立秘书科、财务科、营业科和调研科，共有店员 20 余人。

12 月 29 日 中共中央发出《关于新区出版事业的政策指示》。《指示》指出：接收国民党的出版机关。民营及非全部官僚资本所经营的书店，仍准继续营业。

12月 毛泽东主席在中共中央所在地河北平山县西柏坡，第二次题写"新华书店"四个字，由中宣部出版组副组长华应申派李力行将题写店名原稿送到北平郊区良乡城中国人民解放军北平市军事管制委员会文管会出版处。北平解放以后，新成立的北平新华书店首先使用此次题字复制的店招。新中国成立后，全国各地新华书店统一以毛泽东第二次题写的店招手迹为标准，复制店招。

同月 中共中央华北局召开出版发行会议，提出华北区新华书店的统一问题。

同月 中共中央华东局宣传部决定，新华书店渤海总分店原经理刘子章调入华东新华书店总店任副经理，张明继任渤海总分店经理，刘钊任副经理。

同月 中共中央华东局宣传部和华东财政经济办事处决定，原属大众日报社和潍坊报社的印刷厂以及解放济南、徐州接收的印刷厂，统一由华东新华书店总店领导，调整以后的印刷厂编序为华东新华印刷厂第一厂至第九厂。

同月 随着解放战争形势的迅速发展，华东新华书店总店的书刊批发业务在原有的胶东、渤海、鲁中南等新华书店的基础上，扩大到了华北、徐州、晋绥、绥德等地区的新华书店和济南市的光华书店、新中国书局等，同时豫、皖、苏和中原等部分地区的新华书店也来不断添进图书，批发销售直线上升，12月的批发额就比10月增长3倍。

同月 华东新华书店总店下半年共出书115种，印制116.9万册。主要品种有重印的《列宁选集》、马恩列斯和毛主席著作的单行本、《联共（布）党史》和中共中央政策文件等，新出版的有《新华小文库》《文艺创作丛书》《新华文摘》丛刊、《小二黑结婚》《李有才板话》《李家庄变迁》《洋铁桶的故事》《吕梁英雄传》《地覆天翻记》等文艺读物；还有苏联文学名著《钢铁是怎样炼成的》《日日夜夜》《考验》《俄罗斯问题》《前线》《恐惧与无畏》《苏沃罗夫元帅》和《鼓风炉旁四十年》等。

同月 《华东新华书店总店出版图书登记册》包含1943年1—8月、1945年1—12月、1946年1—6月的出书目录，共计出版图书460多种。

同月　中原新华书店总店接管郑州原国民党三青团中报印刷厂，并增添设备改建为中原新华印刷二厂。主要印刷即将创刊的《中原日报》。

　　同月　河南西平、固始两县和南阳市分别建立新华书店。

　　同月　全国解放指日可待，接收大中城市的国民党出版发行机构，组建城市新华书店已刻不容缓。为此，中共中央华北局宣传部从晋察冀、冀中、冀南新华书店抽调干部，组织集训，任命李长彬为华北出版系统军代表，苏光、张正路等为有关小组负责人。同时，责成冀中新华书店为进城办店准备充足的书刊货源。

　　同月　中共合江省委常委、宣传部长李常青表扬东北书店合江全省分支店的书画下乡工作，并批示《合江日报》全文发表东北书店合江分店（佳木斯分店）的 1948 年农村发行工作总结。

　　同月　华北新华书店总店在河北井陉县西焦村召开第一次分店会议，传达贯彻中共中央华北局《关于书刊出版审查制度的通知》。会上，还与太行、太岳、冀南、冀鲁豫新华书店商定租型造货、供应范围及业务往来的实施办法。同时，讨论新华书店的集中统一问题，并取得一致意见。

　　同月　中共中央华北局决定，华北新华书店丛书编辑部从书店独立出来，专办《新大众报》。至此，华北新华书店完成书籍编辑使命。

　　同月　华北新华书店石家庄总分店成立，石家庄分店由华北新华书店总店改隶石家庄总分店。

　　同月　张家口市桥东怡安街新华书店（张家口市桥东区怡安街 12 号）门市部成立，此驻地是在张家口市第二次解放时，由军管会分配给张家口市新华书店作为图书发行场地使用。1949 年 1 月初正式营业。

　　同月　新华书店华中第二书店在高邮县城中市口（现实验小学对门）组建。

　　同月　东北书店总店发布《关于明确经济责任的决定》，明确规定：今后有关银钱往来，凡是丢失款项要负责赔偿，以明责任。

　　同月　新华书店长清（驻长清县城）、新泰（驻新泰县城）、峄县（驻峄县县城）、连云港（住连云港市）、赵镈（驻赵镈县城）、平邑（驻该县平邑镇）、蒙阴（驻蒙阴县城）、汶上（驻汶上县城）、曲阜（驻曲阜县城）、章丘（驻该县明水）、莱芜（驻该县口镇）、泰宁（驻该县楼德镇）、滕县（驻滕县县城）、邳县（驻该县湖镇）、南安丘（驻辉曲村）、平原（驻平原县王富楼村）支店建立。

同月 大兴县在临时县政府所在地青云店镇筹备成立胜利书店，地址在青云店镇十字街北路东，有门市3间、办公室宿舍3间、库房伙房各1间（蚨聚祥杂货店旧址），经理王万寿。

同月 通县解放，通县新华书店在张家湾成立，经理陈丙坤。

年底 华东新华书店总店有工作人员183人、练习生91人、工人442人、讲习班学员116人、后勤人员126人、家属16人，共计974人。经理王益，副经理叶籁士、张榕、刘子章。所属机构有秘书处（包括总务科、人事科、卫生所）、编辑部（包括文字编辑室、美术编辑室、群众文化社、新华文摘社、资料室）、营业部（包括批发科、邮购服务科、进货科、推广科、门市部、随军书店）以及印刷部（包括出版科、材料科、会计科和3个印刷厂）。

年底 东北书店总店设立邮购科，为偏远地区读者服务。

同年 华中新华书店的发行人员在地下党的帮助下，常常驾小船偷渡长江，进入江南内河，把革命书刊发行到敌占区。溱潼支店经理刘铭为保护一船图书，与国民党军队搏斗，寡不敌众，负伤被俘，壮烈牺牲。一次，书店同志将揭露蒋家王朝大势已去的《秋风扫落叶》一书，满满装了五大麻袋，巧妙地运送到国民党军队中散发，这一本本小册子犹如一枚枚小炮弹在敌人的心窝里爆炸，反响极为强烈。

同年 在当地党组织的支持下，热北地区的巴林左旗、林西县（今内蒙古自治区辖旗、县）等地分别建立新华书店。

同年 东北书店合江分店经理郑士德总结汤原县支店在香兰乡建立农村图书室的经验，并在合江全省推广。这个经验的主要做法是由农村党的基层组织号召和组织翻身农民大家买书、大家看（"买一本，看百本"），由农民夜校中心校、农民协会出面组建农村图书室。这个经验的推广在 1948 年冬掀起高潮，到 1949 年在东北全境农村普遍实行，为推动东北解放区的农村文化工作作出了贡献。

同年 扎兰屯、阿荣旗和莫力达瓦旗的中共党委宣传部相继组建大众书店，这 3 个书店在业务上受东北书店齐齐哈尔分店领导。全内蒙古境内的 4 家书店共有工作人员 14 人，当年发行书刊 6.7 万册。

同年 承德解放后，热河省新华书店在旧址重新开业。热河全部解放后，在各级党组织的关怀支持下，各县、旗、市相继建立书店。

同年 晋冀鲁豫边区教育厅裕民印刷厂并入华北新华书店印刷厂。厂长尚良辅。

同年 延边教育出版社领导下的大众书店在延吉市成立。书店主要承担东北各省朝文中小学教科书的发行工作。

同年 东北书店大安分店成立。1949 年 7 月更名为新华书店大安支店。1951 年 4 月归属新华书店东北总分店领导，隶属于黑龙江省管辖，1958 年后划归吉林省新华书店管理。

同年 开通县东北书店开通支店成立，瞻榆县成立东北书店瞻榆支店。1949 年 4 月，开通县和瞻榆县两县划归黑龙江省。

同年 东北书店总店设教育用品社，并附设铅笔厂、粉笔厂，向全区书店供应教育用品。

同年 合江、嫩江、黑龙江、牡丹江、松江各省发行网点增加。

1949 年

1 月 1 日　东北书店派于维江、周德基到本溪筹建的本溪支店在原由日本人开设的"弘文堂书店"旧址（今溪湖区顺山街）开业。职工 4 名。

1 月 2 日　为扩大革命书刊的发行、满足群众的文化需求，中原新华书店总店在《中原日报》刊登《批发简章》，将批发书刊的折扣、代邮、退换、差错查询、经济责任、结算等具体条款公之于世，吸引了一大批书贩和民营书店前来批发书刊。

1 月 7 日　中共中央华北局宣传部发出《关于当前出版工作几个问题的决定》指出：各地必须加强出版工作的领导，改进书店的经营管理。兹特根据去年 12 月 25 日召开的出版会议讨论决定，书店经营的总方针是"减降成本，提高质量，保证供应，改进发行"。《决定》明确划分华北新华书店总店与华北各区书店的发行范围。同时，还作出统一教科书定价和折扣的规定。

1 月 14 日　东北书店总店在哈尔滨召开第三次分店会议，12 个分店（嫩江、辽北、辽宁、吉林、牡丹江、合江、黑龙江、内蒙古、安东、辽南、热河、松江）的 28 名代表出席。会议起草并通过了统筹统支的会计制度，统一机构，建立工作制度，明确总店与分店的业务关系。

1 月 14—15 日　人民解放军天津军管会于 14 日发出向天津进发的命令，华北新华书店总店在胜芳的集训队当晚到达杨柳青镇。15 日晨随解放军向天津市区进发，中午到达西营门，当时天津市内硝烟弥漫、战火正酣。新华书店的接收目标国民党正中书局已被炮火击中，华北总店集训队又马不停蹄地赶到中国文化服务社天津分社。当晚深夜 12 点，在军代表李长彬的带领下，集训队顺利接收中国文化服务社、新时报社、独立出版社、商务日报社和工商日报社。为了使党的出版物尽快与天津广大读者见面，同志们满怀胜利的喜悦，不顾行军疲劳，连夜工作，筹建新华书店。15 日，东北书店卢鸣谷带领随军小分队随第四野战军进关，从民权门进入天津市区，经天津军管会主任黄克诚批准，拨给原中国农民银行旧址建立新华书店，经理史修德。

1 月 19 日　在原中国文化服务社的留用人员冯雍、龚希楷、龚希杰、程振民、刘兴志、董森林等的协助下，李长彬等经数日紧张筹备，并经军事管制委员会登记批准后，天津新华书店第一门市部在罗斯福路 245 号开业，经理李长彬。书店备有图书 400 余种，1 万余册，开业后读者购书异常踊跃，对于毛主席的著作，更是争先抢购。开业第一天即售书 700 册，其中毛主席著作占1/3，3 天后从解放区带来的图书销量过半。为满足读者需求，书店除派邵振国带队回华北老解放区调运大批书籍外，另由李长彬带领部分同志筹建新华印刷厂，准备在天津大量翻印解放区各种书刊。苏光任经理，邵振国任秘书。

1 月 20 日　蚌埠解放，江淮新华书店总店从宿城迁至蚌埠。在军管会统一领导下，接管国民党正中书局、中国文化服务社、独立出版社、大新书局等。3 月，中共江淮区党委由蚌埠迁到合肥，成立中共皖北区党委，4 月 20日，江淮新华书店总店随区党委迁至合肥。

1 月 25 日　中原新华书店总店为适应形势发展的需要，在《中原日报》刊登启事，招收有志为新民主主义文化工作服务，年龄在 18 岁以上 30 岁以下，具有初中以上文化程度的会计 5 名，职员 20 名，练习生 5 名。启事发布后，郑州和开封青年积极响应，报名者甚众。

1 月初　新华书店察哈尔分店门市部在张家口市正式营业。

1 月　北平解放在即，东北书店随军小分队卢鸣谷等人在青龙桥见到北平市长兼军管会主任叶剑英，并送上一部东北版的《毛泽东选集》。叶剑英翻看完这部书，十分高兴地说："这是我看到的解放区出版最好的一部精装《毛泽东选集》。"北平和平解放，以张治中为首席代表的南京国民党政府和平谈判代表团到达北平。叶剑英派秘书来王府井新华书店取走 10 部东北版《毛泽东选集》，作为珍贵礼品赠送给南京和谈代表团的全体成员（每人 1 部）。

同月　中原新华书店总店营业部行政管理员张曰长在从河南确山驻马店镇（今驻马店市）采购物品返回郑州途中，被歹徒杀害，以身殉职。

同月　中原新华印刷一厂由河南禹县迁到郑州东郊飞机场，增添设备和人员，扩大印刷能力，主要印刷党内文件，附带印刷书刊。原厂长倪德甫调中原新华书店总店负责人事科工作，由刘玉瑞任厂长、王安仁任副厂长。

同月　新华书店胶东分店经理张子良调任华东新华书店总店副经理。

同月　胶东分店组织机构进行调整。在经理室下，成立支店科、出版科、营业科、会计科、材料科、总务科。

同月　新华书店泰安支店建立（驻泰安县城）。

同月　晋绥新华书店八分店与吕梁新华书店合并，迁入榆次（今山西省榆次市），改名为晋中新华书店。

同月　中原新华书店总店在郑州大同路中原总店门市部举办训练班，培训在郑州和开封招收的30名学员。学员中大部分是高中文化程度，少数初中，还有几名大学生。课程以政治课为主，兼授业务课，学时两个月。训练班主任龚稼华，辅导员王重、任伊。训练班结业后少数学员留在中原总店工作，其余随解放军南下，到中南各省、市分店工作，后大都成为业务骨干。

同月　淮海战役结束后，中共中央华东局宣传部通知华东新华书店总店着手组织南下队伍，筹备参加接管并开展新解放区的出版发行工作。

同月　组建东北书店哈尔滨分店，郑士德任分店经理。

同月　东北书店总店与苏联国际图书公司订立合同，哈尔滨、齐齐哈尔、佳木斯、牡丹江等地书店开始销售苏联版中文书籍及俄文书籍、杂志、报纸等1 000余种。

同月　东北书店总店从哈尔滨迁入沈阳，在马路湾原泰东大楼办公。为了配合第四野战军入关作战，书店副总经理卢谷鸣和西满（齐齐哈尔）分店经理史修德等30余人随军进入。东北书店总店担负起将沈阳出版物向各地新华书店发运的任务。成立发货机构，初称栈务科，后改为储运部。东北书店总店主办的《业务通讯》改为《出版与发行》。

同月 太行新华书店长治分店与华北新华书店长治分店合并，称新华书店长治支店。经理蔡尔颖。9月业务统一于太原总分店。

同月 冀热辽新华书店门市部在承德正式开业，店址在南营子大街。冀热辽新华书店改名为东北书店热河分店，由中共热河省委宣传部领导，在业务上由东北书店总店领导。

同月 1949年春节（1月29日），东北书店发行的年画有《四平攻坚战》《给前方战士缝棉衣》《交公粮》《松花江大桥修复》《多造枪炮》《毛主席爱小孩》《做军鞋》等21种。以哈尔滨、齐齐哈尔、佳木斯、牡丹江、北安等地分、支店为中心，城乡当年春节发行的年画有47.5万多张。

年初 中宣部派出版组祝志澄、华应申等10余人抵北平外围，准备重建新华书店总店，接管国民党出版业。同时，部署出版书籍，供应新解放的北平、天津等城市。

年初 华中工委宣传部决定，华中新华书店总店的干部除留下少数于泰州、扬州外，其余随大军由靖江渡江，经江阴到无锡组建苏南新华书店总店。

2月2日 天津新华书店第一门市部在新华路99号（即一区旧林森路独立出版社旧址）设立借阅部，免费供读者借阅图书。

2月3日 北平和平解放。人民解放军举行北平入城式，东北书店和华北新华书店总店的小分队随军入城。不久，华北新华书店总店迁入北平。

2月7日 中国人民解放军北平市军事管制委员会文化接管委员会命令徐迈进、万启盈、卢鸣谷、王钊为军管会代表，带领东北书店总店随军小分队、华北新华书店总店派出的接管人员，分别接管国民党正中书局北平分局、独立出版社、中国文化服务社北平分社及其所属印刷厂。

2月10日 经过卢鸣谷、李力行（联络员）等带领东北书店小分队工作人员3个昼夜的奋战，北平新华书店第一门市部（王府井大街8号）在古老京城的最繁华地段正式开业，开业当天，盛况空前。

2月11日 中共中央就有关新华书店统一和组建出版工作委员会等出版工作问题，致电彭（真）叶（剑英）赵（毅敏）。电文如下：

彭真、叶剑英、赵毅敏并告祝志澄、华应申：关于出版问题，已与周扬商定。甲、新华书店总店与华北新华书店总店即开始实行统一，从北平做起。乙、新中国书局现在事实上是国家与私人合营，将来可能仍保持此种方式。丙、为筹划与进行新华书店总店与华北之统　及领导新华与新中国书局两店的出版事业，组织临时的出版工作委员会，由黄洛峰、祝志澄、王子野、平杰三、华应申、史育才、欧建新为委员。委员会主任由周扬到平后决定。丁、以上各项，请周扬到平后负责执行。

2 月 15 日　王钊、张兴树等带领的华北新华书店总店小分队筹建的北平新华书店第二门市部（西单北大街 42 号）在西单商业区开业。

2 月 19 日　东北书店筹建的天津新华书店第二门市部开业，经理史修德。开业第一周七折优待读者，图书销售很快，第 1 天销出 3 296 册，第 2 天增长一倍，销 6 876 册，第 6 天销到 9 826 册，6 天共销 41 195 册，983 958 元（旧币）。从东北所带的 700 余种图书已半数脱销。史修德派谭盛田回东北书店总店汇报并请调图书。3 月初东北书店无偿调来 10 余吨图书。

天津读者书店经理李秉谦为祝贺天津新华书店第二门市部开业，赠送了一辆崭新的自行车。这辆车以后见证了新华书店城市流供工作的艰辛与辉煌。

第二门市部开业后不久即派杜超生办理邮购业务，并逐步开展流动服务工作。以后陆续有王堉麟、关忠厚、王乃宽等加入，成为天津新华书店系统流动服务工作的先行者和开拓者。

2 月 19—24 日　华东新华书店总店由临朐县农村迁入济南，驻地经九路胜利大街。

2 月 20 日　全国新华书店即日起，书籍实行基本定价制。具体做法如下：一、每本书都规定基本定价，印在书的封底左下角。二、基本定价并非出售价，出售时要加倍数，倍数由总店按物价涨落情况通知，一般情况下，每月至多调整一次。三、今后图书目录只印基本定价，不印实际售价。四、存书和销货的统计，以基本定价为准，不再按售价计算。

2 月 22 日　东北书店热河分店建立的东北书店朝阳支店开业（朝阳大什

字北街）。经理佟文阁，职工 3 人。

2 月 23 日 中共中央宣传部出版委员会正式成立，黄洛峰任主任委员，主持出版委员会工作。出版委员会实行委员会制，黄洛峰、祝志澄、平杰三、王子野、华应申、史育才、欧建新、徐伯昕、卢鸣谷（后二人为后增）为委员。办公地址在北平西四南大街大院胡同 5 号（3 月 28 日迁至司法部街 75 号，9 月 21 日迁到东单东总布胡同 10 号）。

出版委员会的组织机构设：出版、厂务两处，秘书、会计两室。处室以下设科，出版处下设：出版、编务、印务、杂志、美术五科和资料室；秘书室下设：人事、文书、总务三科；厂务处先设一个材料科；会计室尚未明确建立分工系统。

到 8 月底，出版委员会本部共有工作人员 87 人。直属单位：北平新华印刷厂职工 406 人，华北新华书店总店及 8 个分店、3 个工厂职工 918 人，北平新华油墨厂职工 17 人，共计 1 428 人。

出版委员会负责领导平津地区及全华北党的出版发行工作，并为实现全国新华书店的统一集中进行工作准备。

出版委员会组建甫定，就着手筹划全国新华书店的统一集中工作，首先是把华北新华书店总店的出版工作掌握起来。出版委员会出版的政策文件、政治理论读物以解放社名义出版，其他书籍以新华书店名义出版，出版后统一由华北总店总发行。当前出版任务的重点，首先是政策文件和 12 本干部必读，其次是教科书。

2 月 河北保定解放后，新华书店冀中分店（冀中新华书店）由饶阳县迁入保定市，改名新华书店保定分店。

同月 冀东新华书店总部和印刷厂全部迁到唐山市内，厂址在新立街义学六条。此时书店财产已达到折合小米 150 万斤，有了一定财力来适应出版和发行工作的开展。

同月 冀南新华书店并入石家庄分店。原冀南新华书店经理王仲和任石家庄分店副经理。

同月　华东新华书店总店王益、叶籁士、刘子章等率领干部和勤杂人员362人随军南下。张子良继任华东新华书店总店经理，张榕任副经理。

同月　原辽南日报社经理部和印刷厂部分人员并入东北书店辽宁省分店。经理杨新吾。东北书店辽宁省分店设门市部、业务科、财务科、总务科、印刷厂等机构。

同月　东北书店阜新支店划归东北书店辽北省分店领导。

同月　东北书店抚顺支店门市开业（新抚区东四路）。

3月1日　东北书店辽中支店开业。营业面积144平方米，负责人郭铁，工作人员6人。

3月初　出版委员会主任委员黄洛峰到石家庄向中共中央请示工作。中央指示："出版工作需要统一集中，但是要在分散经营的基础上，在有利和可能的条件下，有计划地、有步骤地走向统一集中。"

3月21日　东北书店总店出版发行业务训练班第一期在沈阳开班。学时50天。学员50名（东北书店35名、光华书店15名）。李文、邵公文、王仿子、孙峰、周保昌等讲授发行业务课；沈静芷、华昌泗、石夫、刘力学、王一飞等讲授出版业务课；赵铎、卜明、李一黎、徐今明等讲授政治课；王琮、李珍等讲授事业管理、职业修养和会计业务课。

3月27日　中共中央华北局宣传部秘书处发出《关于华北新华书店总店移交中央宣传部出版委员会领导的决定》。

3月　党的七届二中全会根据毛泽东主席的提议决定，中高级干部学习12本马列主义著作（干部必读），包括《共产党宣言》《社会主义从空想到科学的发展》《国家与革命》《帝国主义是资本主义的最高阶段》《共产主义运动中的"左派"幼稚病》《论列宁主义基础》《苏联共产党（布）历史简要读本》《列宁、斯大林论中国》《列宁、斯大林论社会主义经济建设》《马恩列斯思想方法论》《社会发展简史》《政治经济学》。

中宣部出版委员会把组织出版发行这套"干部必读"当作新中国诞生前夜首要的政治任务。这套书以解放社名义出版，新华书店总发行，到当年10

月底已出版发行 11 种。

  同月 中原新华书店总店成立半年以来，共出版新书 84 种、417.3 万字、翻印书籍 24 种、170 万字，总计印发 70 多万册。共用新闻纸、土纸 2 000 令以上，平均每天可出 100 页的书籍一种，其中毛泽东著作及政策方面的书最受读者欢迎。除新华印刷厂外，还组织开封、郑州、洛阳的民营印刷厂印制一般书。

  同月 光华书店东北管理处在沈阳成立，由沈静芷负责。5 月撤销。

  同月 华北新华书店总店由河北获鹿县城关迁入北平，成为中宣部出版委员会的直属单位。经理史育才，副经理李长彬、王钊。华北总店的经营方针、出版发行计划、干部调配等直接对出版委员会负责。

  华北总店当年的任务，首先是着手解决华北区不同建制的新华书店统一集中问题。为了适应出版工作的开展，华北总店先后接收白庙胡同 5 号，糖房胡同 2 号、4 号以及和平门内北新华街 1 号等房产，作为华北总店的办公用房和仓库。

  同月 石家庄分店改为总分店，经理陈平舟。8 月间，又改为分店，经理李震云。

  同月 由华北新华书店榆次分店与晋中新华书店合并组成新华书店太原总分店。经理张诚，副经理邢显廷。

  同月 东北版图书实行基本定价加倍计算，解决由于售价不稳导致的频繁改动定价的问题。

  同月 新华书店费县支店建立（驻费县县城）。

  同月 东北书店营口县分销处（大石桥市新华书店前身）建立。负责人高成滨。

  同月 东北书店辽北省分店康平县支店成立，经理张新，职工 3 人。

  4 月 1 日 新华书店河南分店在开封成立。5 月由开封迁至郑州市大同路 170 号。5 月 29 日接办中原新华书店总店在郑州的对外批发、邮购业务。7 月 25 日，新华书店河南分店根据全省第一次分支店经理会议决议，对全省新华书店系统的领导关系、组织机构编制、干部标准、出版发行管理及发货折扣等问题作出统一规定。12月11日由郑州迁到开封，郑州市的书刊发行业务交给新华书店郑州支店。

4月4日　新华书店济南分店第三门市部正式营业，地址在经三纬四路。

4月5日　为了统一分支店会计业务标准，华东新华书店总店制定《支店暂行会计规程》，颁发各分支店试行。

4月初　苏北地区完全解放，中共中央华中工委宣传部决定华中新华书店总店的大部分机构和人员从淮安板闸到仙女庙（现江苏江都县辖区）集中，准备随解放大军渡江南下，筹建苏南新华书店总店。华中工委决定，由苏中一分区（泰州地区）、二分区（高宝地区）、九分区（启海地区）新华书店的干部组建苏北新华书店总店，苏北五分区（盐阜地区）、六分区（两淮地区）新华书店的干部赴皖北新区开辟网点建设工作。

4月17—20日　华东新华书店总店在济南召开第二次分店会议，作出《统一出版工作的决议》，制定《外版图书进货制度》《机关团体、图书馆及民营书店和邮购户的折扣问题的规定》《表报制度的规定》等规章制度，会议还研究了职工培训、城市发行、课本发行和《书店通讯》的编辑等工作。

4月20日　皖北新华书店总店成立，合肥新华书店并入皖北总店。皖北新华书店总店经理孙立功，协理甄海澄，工作人员30余人。

同日　东北书店总经理李文在《出版与发行》上撰文，提出门市的改造问题，要求东北书店各支店按照党的"书店的门市工作就是书店的群众工作"的指示，开展对各支店所属门市部的整顿工作。经过整顿，东北书店所辖各分、支店门市的图书陈列开始分类，销售开始分组，服务管理也有了具体目标要求。

4月下旬　中共中央中原局宣传部通知在郑州的新闻出版单位，为随解放军渡江南下进入武汉市，作好组织、人员及书刊货源上的准备，中原局宣传部初步确定新闻系统组成3个接收工作队，并派宣传部科长刘祖春统一督导南下接管事宜。

4月21日　辽北省建制撤销，与辽西省合并组建辽西省，四平市为省辖市，四平支店随之改划。

4月23日　无锡解放。华中新华书店总店经理周天泽、副经理张良率总店大部分人员随人民解放军渡过长江，当晚进驻无锡，接管国民党官办书店。

4月24日　太原解放。新华书店太原总分店随军入城，接管阎锡山创办的黄河书店和国民党中国文化服务社太原分社。

4月25日　苏南新华书店总店成立。经理周天泽，副经理张良。

原华中新华书店王祖纪、张泽民、丁裕、王克辛等随军渡江后，分赴苏州、常州、镇江、松江等地建立新华书店分店。

5月1日，苏南新华书店总店直属门市部在无锡钟楼西侧的无锡教育工会旧址开业。

同日　中宣部出版委员会南下出版工作组徐伯昕、祝志澄、卢鸣谷、万启盈等24人随军进入南京，会同华东新华书店总店南下的吕纪、刘近村、张锡文、孙光浩，三联书店的汪晓光、赵乐山和解放军周岩、南京地下党孔罗荪等，在军管会统一领导下，接管国民党正中书局、拔提书店、独立出版社、青年书店、中国文化服务社等。同时，卢鸣谷、万启盈等积极筹备南京新华书店的开业。

4月27日　太原总分店第一个门市部在红市街58号开业。宣告太原总分店（山西省新华书店的前身）正式成立。门市部主任李格。4月28日，中共太原市委书记、太原军事管制委员会副主任赖若愚等前来视察，称赞书店是"党的一个宣传阵地"。5月1日，太原人民庆祝解放后第一个"五一"国际劳动节，书店第一门市部以七折优惠购书的工人。

4月29日　东北书店长春分店第三门市部（现长江路56号）正式开业。为庆祝长春解放后第一个"五一"国际劳动节，全市书店各门市部大量发售马克思、恩格斯、列宁、斯大林、毛泽东领袖像。

4月　大连大众书店金县支店改为东北书店金县支店。

同月　东北书店决定，吉林（市）分店改为支店，其管理机构并入长春分店（吉林省分店），所属支店划归长春分店领导，潘建萍任分店经理。

同月　苏南地区全境解放，新华书店苏州、常州、镇江、松江等分店随之建立起来，下设 14 个支店。

同月　百万雄师横渡长江，随军南下的华东新华书店总店参加接管上海，在上海建立华东新华书店。

同月　大连大众书店改为东北书店大连分店，由东北新华书店总店领导。从 1945 年 8 月到 1949 年 4 月，大连大众书店（柳青任总编辑）共出版发行各类图书 422 种，194 万余册。

同月　东北书店天津分店在北马路天津影院旁建立第三门市部。

5 月 1 日　中宣部出版委员会在北平举办的第一期业务训练班开学，学时两个半月，7 月中旬结业。学员来自华北新华书店总店和三联书店北平、天津、保定、张家口、石家庄、济南分店的工作人员，共 53 人，2/3 是新招收的职员或练习生。教师有艾思奇、胡绳、萨空了、何其芳、周建人、王子野、吴敏、蒋齐生、马适安、黄操良等。

5 月 2 日　中共中央中原局新闻系统党委书记熊复召集中原局所属的新华社中原总分社、中原日报、中原新华书店总店负责人会议，布置进驻武汉的任务，要求接管与开业同时进行。会后，中原新华书店总店责成彭展、陈树穗二人具体筹划进武汉前的准备工作，并初步圈定了工作人员名单。

同日　东北书店新金支店成立（新金县政府所在地貔子窝镇）。

5 月 3 日　杭州解放。华东新华书店总店（设在山东）组成随军南下中队，其中一支分队到浙江，由钟虹带队，成员有徐德和、顾墨卿、卢俊、幽建坤、徐成功、汝又立、张庆华、王士富（后改名王旭）、黄慕先、戴树杰、尹节全、苏同俊、王汝合、李恕启等 16 人。分队编入华东财办南进总队直属一中队，佩戴中国人民解放军胸章，从山东济南出发，于 5 月 6 日进入杭州城。

5 月 6 日　《毛泽东选集》（新版）发稿，由北平新华印刷厂排版印制。6 月中旬经《毛泽东选集》编委会校对后，送呈毛主席亲自校阅。这是中共中央和中宣部为《毛泽东选集》的新版统一，责成中宣部出版委员会进行的

《毛泽东选集》新版统一编辑工作。

到 8 月底，中宣部出版委员会编辑出版的杂志有《争取持久和平争取人民民主》《新华月报》《中苏友好》《新中国妇女》《新闻》《人民文学》《文艺报》《新音乐》《人民》。

在此期间，平津两地重排、新排书刊 255 种，总印数 469 万册。

5 月 10 日　经中宣部出版委员会批准，新华书店北平分店正式成立，史修德任经理。王府井门市部改为分店直属门市部，西单门市部改为第一支店，同时在前门大街成立第二支店。至此，在新中国成立前夕，北平城内王府井、西单、前门三个繁华地段都有了新华书店。

5 月 12 日　南京新华书店成立，由中宣部出版委员会和南京军管会文教委双重领导。经理吕纪，副经理刘近村，张锡文、汪晓光、周岩、陆燧绵为秘书科、业务科、出版科、财务科等职能部门负责人。

同日，南京新华书店第一门市部（中山东路 130 号）开业。书店开业后，每天都有三四千读者到门市翻看和购买各种新书。由于东北版《毛泽东选集》的存书不多，一天只摆出 20 部供应读者，因而每天清晨 5 点钟就有读者在书店门口排队，人们都以能买到这部著作而高兴。

同日　东北书店总店颁布《人员任用办事细则（草案）》。《细则》第三条规定，凡参加本店之人员必须历史清白、思想进步、身体健康、诚实朴素，能吃苦耐劳，作风正派，具有初中以上文化程度，没有宿疾及传染病并有培养前途。

5 月 14 日　中宣部出版委员会召开关于北平、天津两地新华书店合并问题工作会，黄洛峰主持。会议有关涉及天津书店决定：一、天津分店隶属于华北新华书店总店领导，其所属门市部称为支店；二、天津分店经理苏光，第一支店经理陈明诗，第二支店经理辛隆发，第三支店经理刘增瑞，门市部主任刘新之；三、书店定名：新华书店天津分店；四、书店旧账结算时间为 5 月 31 日（存货按 50 折计价，家具按 60 折计价），6 月 1 日立新账。

5 月 15 日　为了统一和加强出版工作，冀东行署兴业印刷厂与冀东新华书店印刷厂合并，更名为冀东新华书店印刷厂，受冀东新华书店领导。冀东新华书店机构设置有经理部，下设有印刷厂、批发部、秘书室，具备编、印、发的功能。有2个门市部、3个印刷厂、27个市县支店。整个冀东区的书店和印刷厂，都走上集中统一的道路。

同日 太原总分店第二门市部在桥头街72号开业。门市部主任李永春。

5月16日 浙江省第一个新华书店门市部——杭州新华书店门市部在西湖六公园正式开业。开业当天陈列销售的图书是从山东通过船、卡车运来的，品种主要有《中国革命和中国共产党》《新民主主义论》《论工商政策》《论共产党员的修养》《中国四大家族》《什么人应负战争责任》《大众哲学》《小二黑结婚》《白毛女》《李家庄变迁》等解放区革命书籍和刊物，很受杭州各界群众欢迎。《浙江日报》报道说："很久没有见过这么伟大动人的场面，有这么多热衷求知的男女们拥塞在新开张的新华书店里进行大规模抢购书籍的活动。"

同日 新华书店浙江分店（浙江新华书店）正式建立，店址为杭州湖滨路86号（国民党社会局局长公馆原址）。在军管会领导下的浙江新华书店，直属华东新华书店总店领导，钟虹任分店经理，下设出版科、业务科、总务科、秘书科。业务科设立门市、服务、批发、供应四个股。军管会分配给书店10人，又从社会上吸收部分人员。科室人员均系供给制待遇。书店员工都佩有"中共浙江省委"证章和"中国人民解放军杭州军管会"臂章。

同日 陕西临潼县解放。县委机关工作人员只有6人，为了筹建新华书店，县委抽调文书鱼光亚任书店经理，并给了150块"袁大头"（1914年铸有袁世凯头像的银圆）、一支防卫短枪和一匹马。鱼光亚只身进城，经过20天的筹办，新华书店临潼支店开业。

5月17日 苏北新华书店总店在江苏泰州成立，工作人员120人，汪普庆任经理，华骏任第一副经理，陈一清任第二副经理。此后不久，苏北总店在泰州、盐城、淮阴、南通、扬州等地建立新华书店分店。年底，苏北总店随中共苏北区党委机关迁至扬州市。

5月18日　中宣部出版委员会第十二次会议决议，任命苏光为新华书店天津分店经理。

同日　为发动与组织职工积极参加工厂管理，华东新华书店总店召开所属三个印刷厂第一次工人代表会议。会上，代表们对企业管理、生产劳动、精减冗员、紧缩开支、劳动纪律、工资制度、工会工作、职工福利、事假病假制度以及改革生产工具等提出150多条意见。

5月20日　西安解放。24日随军书店在西安市北大街开始营业。

同日　中共中央东北局宣传部任命东北书店总店领导班子。领导班子及各部门负责人：总经理李文，第一副总经理兼审计部主任卜明，第二副总经理兼发行部主任周保昌，编辑部主任李一黎，出版部主任王大任，秘书处主任王璟，发行部副主任兼沈阳分店经理程刚枫。同时决定由东北书店统管东北地区的出版、印刷、发行工作。

5月中下旬　5月16日武汉解放，中原新华书店总店武汉工作队由彭展（领队）、陈树穗、倪德甫、王汝泉、刘玉瑞、马宝林、赵诚、魏启元等人负责，第一批54人于23日，第二批43人于月底到达武汉。工作队在武汉市军管会领导下，先后接管国民党正中书局、建国书店、中国文化服务社、《新湖北日报》《和平日报》《武汉日报》《青年日报》《大同日报》及其印刷厂，还接收湖北民生印刷公司，工作队本部设在汉口南京路商业大楼。

5月22日　华东新华书店总店经理张子良因车祸去世，终年47岁。

同日　南昌解放。中共江西省委工作团派正在徐州创办新中国书局的曾霞初携带几十包书到南昌创办新华书店。并着手江西新华书店的筹建工作。同时，以军管会的名义接管国民党正中书局南昌分局。

5月23日　陕西华县和平解放。县委派中共党员李毅武筹建新华书店华县支店，当时华县县城只有东西一条大街，县委正、副书记领着李毅武，从街西头门挨门逐户地查看到街东头，为新华书店挑选门面房。没有资金，县长批准从贸易公司暂借边币2万元，另拨给小麦20石（合人民币600元）。为了防卫，还给书店配发长枪、短枪和手榴弹。在县委、县政府的关心下，华县新华书店开业。

5月25日 中共中央西北局组织的接管西安的工作队（陕甘宁边区新华书店、西北印刷厂均派人参加）进入西安。

5月25日—6月2日 东北书店总店在沈阳召开第三次出版工作会议，系统地研究解决编辑、出版、发行三者之间的分工与联系问题，决定在编、印、发三个环节实行责任制。会议还就落实缩短出版时间、保证图书编辑质量、提高发行效率等具体措施作出决定。会议由东北书店总经理李文主持，第一副总经理卜明作总结。

5月26日 西安市军事管制委员会派军代表陈林彬（陕甘宁边区新华书店副经理）接管国民党官办的正中书局西安分局。

同日 关中新华书店迁到陕西三原县城，改称新华书店三原分店。

5月27日 上海解放。华东新华书店总店进驻上海。至此，华东新华书店总店与山东新华书店分开。

同日 西北新华书店在正中书局旧址开始营业，随军书店随军西进。西北新华书店第一任经理为常紫钟，副经理为雷达天、王乃夫、陈林彬。

5月28日 中宣部出版委员会南下出版工作组徐伯昕、祝志澄等随军进入上海，会同华东新华书店总店南下的王益、叶籁士等，在上海市军管会、文管会新闻出版处领导下，陆续接管国民党正中书局、中国文化服务社、独立出版社、拔提书店、东方书店、建国书店、胜利出版社、时与潮出版社、国民出版社、铁风出版社、天文台出版社、建军出版社、财政出版社、时代出版社、中国印书馆、中美日报及印刷所等16家出版发行印刷机构和国民党官宅一处。

为满足上海各界群众需求，南下书店从华北、东北、山东等老解放区调运大批革命书刊，上海地下党组织也通过各种关系预印一批书籍，华东新华书店总店还自行编辑出版和再版一大批新书刊，上海市店门市部开业。

5月 皖南新华书店在安徽屯溪成立，由中共皖南区党委宣传部领导。8月，书店随皖南区党委迁至芜湖，10月与芜湖新华书店合并。合并后的皖南新华书店有50多人，编、印、发三位一体。经理贺申府，副经理张齐生、江新华。

同月 中共中央文化工作委员会发出通知，决定广州解放时，由香港新民主出版社负责创办广州新华书店。

同月 随军南下的中原新华书店总店武汉工作队，在接管武汉的国民党官办正中书局、中国文化服务社、建国书店后，在正中书局原址（江汉路99号）建立新华书店汉口分店门市部。经理张全吾，第二经理马仲扬。汉口分店后来改称武汉分店。

同月 随着安东省和辽宁省（瓦房店）合并为辽东省，东北书店辽宁分店与安东分店合并，成立东北书店辽东总分店。原辽宁分店所属辽阳、盖平（今盖州）、辽中、台安、普兰店、宽甸、新宾、庄河、凤城、通化、辑安（今集安）11个支店和原安东分店所属抚顺、营口、海城、盘山、新金、复县（今瓦房店市）、安东县（今东港市）、孤山、桓仁、岫岩、通化、临江、抚松13个支店，统归辽东总分店领导。经理姜信之、杨新吾。辽东总分店本身有干部五六十人。业务范围进一步扩大，门市部图书日销量平均在两三千册以上（不包括教科书）。书店新设流动服务车，服务车图书日销量平均达二三百册。书店在全省的分支机构基本建齐。通化、营口为中心支店。大部分支店都由辽东总分店直接领导。全省已建立支店和代销处40个左右，建立安东、通化、瓦房店3个直属印刷厂。职工发展到200余人（包括直属支店），印刷厂工人150余人。业务包括出版、印刷、发行。

同月 张治调山东新华书店总店任副经理。

同月 东北书店凤城支店成立（凤城龙源路）。营业面积150平方米，库房面积120平方米。经理李桂迪。

同月 热河省朝南县的朝南书店并入东北书店朝阳支店。

5—6月 东北书店组织全地区的14个分店、156个支店开展支援解放军南下、迎接全国解放的"为关内新解放区募集图书活动"。短短的一个月内，东北全境共募集各类图书9万多册。

6月1日 为了统一平津的发行工作，把平津两地由东北、华北两个书店系统分设的门市部合并为华北新华书店北平分店和天津分店。

天津分店成立党支部，隶属于天津新华印刷厂党委。党支部成员为支部书记苏光、组织委员邵振国、宣传委员刘增瑞。至此，天津分店开业的网点有第一门市部（四面钟）、第二门市部（和平路）、第三门市部（北马路）、第四门市部（小白楼）和塘沽支店、灰堆支店（天津县委所在地），职工共65人。另外还负责管理沧州支店、泊镇支店和杨柳青支店（天津地委所在地）。1950年底这3个支店划归保定新华书店。为加强农村书刊发行工作，分店设立农村视导员，专管县书店的发行业务。

同日 原华东新华书店总店改称山东新华书店总店。

6月2日 青岛解放，新华书店胶东分店由莱西县水沟头进入青岛，接管国民党办的出版发行机构，组建新华书店青岛分店，马龙青任经理。至此，山东全境解放。山东新华书店总店共辖胶东、渤海、鲁中南、济南、潍坊、徐州（今江苏徐州市）等6个分店，博山、青州2个直属支店和124个县支店，全店共133个单位、2 046名职工。10月，胶东分店又由青岛迁往莱阳县城，继续负责胶东地区的出版发行工作。

6月5日 经过南下工作人员的紧张筹备，由中宣部出版委员会南下出版工作组领导的上海市店临时第一门市部（福州路中国文化服务社原址），由华东总店领导的上海市店第二门市部（河南中路正中书局原址）同时开业。同日，由上海书报摊地下党组建的人民书报供应社（福州路331号）成立。

南下工作组成立流动服务队，深入上海的工厂、农村、部队流动售书，为广大工农兵读者服务。

为了扩大革命书刊的宣传发行覆盖面，华东新华书店总店还充分挖掘上海民营书店的发行网点优势，组织商务、中华、开明、联营、群益、时代等67家私营书店同业，共同发行新华书店出版的书籍和刊物。

6月9日 江西第一家新华书店门市部开业，地址在中正路275号（国民党正中书局南昌分局原址）。王安文负责业务，聂会镇负责财务。解放区带来的新书《新民主主义论》《毛主席在延安文艺座谈会上的讲话》《白毛女》

《兄妹开荒》《王贵与李香香》等受到读者欢迎，5 天时间售书 5 000 余册。并以徐州带来的书为母本，陆续翻印，补充货源，以满足南昌各界对革命书刊的渴求。

6 月 10—15 日 山东新华书店总店在济南召开全省第一次分店会计会议，讨论修订《支店会计规程》，统一全省书店会计科目和账务处理办法。

6 月 15 日 东北书店总店在沈阳市召开第四次分店会议，贯彻党的工作重点已由农村转向城市的方针。

6 月 21 日 鞍山市三八书店成立铁西门市部。

6 月 25 日 山东新华书店总店专设教科书印刷厂，命名为山东新华书店第一印刷厂。并将分散在各地的一、二、三、四、五、七、八厂合并为一个厂，命名为山东新华书店第二印刷厂。另外，将六、九两个厂分别交给大众日报社和新徐日报社管理。

6 月 冀东区党委和行署把印刷《冀东日报》的冀东印刷厂、《新唐山日报》印刷厂及冀东新华书店印刷厂合并，统称冀东新华书店印刷厂，人员共 372 人，设备 68 台，资金折合小米 410 万斤，统一归属冀东新华书店领导。为了加强出版工作，设立编辑科和出版科，陈平任编辑科科长，孙介山、田涓任编辑。徐家瑞任出版科科长。翻印出版大批图书，如《党章教材》《关于修改党章的报告》《二万五千里长征》《中国史话》《人怎样变成巨人》等 30 多种图书。

同月 晋绥新华书店奉命结束工作，大批干部南下川康新区（今四川省西部及西藏东部地区）开展建店工作。晋绥新华书店资产移交中共晋西北地委，原晋绥新华书店所辖绥蒙区各店划出，晋绥书店所属支店在山西行政区内的，改组为晋西北新华书店，总分店设在兴县，梁乙亭任经理，副经理苗得心。下有离石、五寨、崞县、代县等分店和临县、碛口、原平、朔县、岱岳、柳林、巡镇等分支店。

同月 新华书店太原总分店改名为新华书店太原分店，原经理张诚、副经理邢显廷调离，由李长庚接任经理，郭存德接任副经理。内部机构调整为股的建制，分店印刷厂移交政府。

同月 香港新民主出版社派殷劼到上海，与新华书店、三联书店联系，将毛泽东手书的新华书店店招复制件和一大批解放区出版的书刊样本、纸型带回香港，为广州解放后新华书店的开业作准备。

同月 东北书店加强计划和财务工作，建立"统筹统支"的会计制度，并在所属各分、支店普遍建立财务预决算制度、码洋测算制度和按计划执行销售任务制度。同时，在东北全境开展书刊销售竞赛活动，并进行检查评比和奖励。对基层门市部实行按大、中、小不同类型的组合分类经营。

同月 马克思、恩格斯合著的《共产党宣言》中文版重版发行。

同月 新华书店天津分店塘沽支店在塘沽新华路新立街6号开业，全部用房面积200平方米，其中营业面积70平方米。

同月 天津分店工作人员停止供给制待遇，开始实行薪金制，以数种实物折合的"饭"为单位，每月随市场价格计算发薪金额。

同月 北海银行总行与山东新华书店总店订立《代理收款协议书》。

同月 张榕任山东新华书店总店经理。

同月 浙江新华书店接管国民党政府正中书局杭州分局。

同月 新华书店泗水（驻泗水县城）、邹县（驻邹县县城）、沂源（驻该县南麻）、临朐（驻临朐县城）、五莲（驻该县洪凝）、临城（驻临城车站）支店建立。

夏季 辽北哲里木盟和热北昭乌达盟划归内蒙古自治区，两地新华书店同时划转。此时，内蒙古东部区北起大兴安岭，南至西辽河平原、科尔沁草原和巴林草原，已建起新华书店分、支店10处。西部地区发展不平衡，只有1个分店、2个支店。

同季 中宣部出版委员会指示上海、南京两地出版发行系统抽调52人，晋绥边区新华书店抽调35人，分别编入西南服务团和南下工作团，随解放军进川建立新华书店。进川建店工作被纳入中共中央向四川进军的总体部署。

7月1日 中宣部出版委员会根据中央对出版工作的指示，对私营出版业实行"利用、限制、改造"的政策，把私营出版业从经济上联合起来，成立联合出版社。由新华书店、三联书店及商务、中华、世界、大东、北新、儿童、广益等23家公、私营出版社组成的华北联合出版社在北平成立，负责中小学教科书的出版工作。董事长史育才，经理薛迪畅，副经理于强。资本总额为白报纸9 310令，现金为9.21万折实单位（解放初期我国实行的一种以实物为基础而以货币折算的单位）。资本构成为新华书店、三联书店占26.4%，私营书店占73.6%。截至1949年8月底，共印制中小学教科书192.6万册，小学教科书供应平、津两市和附近几十个县以及察哈尔、雁北、绥蒙地区，中学教科书供应华北区五省以及陕西省。

同日 截至6月底，山东出版书刊经费的45%由政府补贴。为减轻负担，山东省政府决定，自7月1日起一般书籍取消补贴，毛泽东著作和干部重要学习文件补贴30%。

同日 东北书店总店改称东北新华书店总店，总经理李文，副总经理周保昌、毛星、王大任。同日，根据中共中央东北局决定，东北全区203个东北书店统一改名为新华书店，东北新华书店管辖东北地区8个分店，所属分（支）店一律改为新华书店××分（支）店。

新华书店沈阳分店经理程刚枫，辽东分店经理杨新吾，辽西分店副经理孟昭波（主持工作）。东北书店合江分店改称新华书店佳木斯分店，经理郑士德。东北书店长春分店改名为新华书店吉林分店，经理高万枝。西满总分店改称为东北新华书店齐齐哈尔支店。东北书店四平分店改称为新华书店四平支店。

同日 营口分店开业。经理尚洪瑞，副经理王锡成。不久尚洪瑞、王锡成二人调任，经理王国然，副经理赵纯令，支部书记孙延禧。

同日 鞍山市三八书店改为新华书店鞍山支店。

7月4日 中共湖北省委宣传部委派随军进城的浦一之会同洪涛、顾艺组建湖北新华书店，并在武昌中正路（后改为解放路）187号开业，浦一之任经理，里僻任副经理。湖北新华书店直属中共湖北省委宣传部领导。同时组建湖北印刷厂，由湖北新华书店管理。

7月6日 东北新华书店总店颁布《统计报告工作暂行规定》。

同日 东北新华书店总店对所辖分支店进行调整。调整后，有分店15处，支店185个。

7月10日 中共中央华东局抽调华东新华书店总店等单位干部18人，随带6万多册图书和14副纸型，随华东军区政治部宣传部出版发行科科长兼印刷厂厂长吉人任大队长的华东局南下纵队新闻出版大队（包括新华社、报社、广播电台、书店和文工团等），从上海出发南下，经苏州、嘉兴到浙江江山新塘边暂住休整时，安排福建新华书店的筹建工作。书店名称定为"福建新华书店"，下设秘书、出版、发行、材料4个科和1个直属的新华印刷厂。由吉人任经理，刘近村任副经理兼秘书科科长，赵子乔任秘书科副科长，工春生任出版科副科长，邓浩光、王敬增任发行科副科长，卢先和、王绍青、虞永富分别任新华印刷厂厂长、副厂长。

7月12日 中原新华书店总店迁入武汉，经理华青禾，郑州留守人员全部抵汉，中原总店改名为新华书店华中区管理处。10月，华中区管理处从汉口南京路商业大楼迁至黄兴路25号。

7月14日 新华书店华中区管理处派王汝泉（队长）、李诚、佘坤、王世峰、陈纯修、周洛安、于华等人到江西，在九江市筹建新华书店。8月，王汝泉带书到达南昌与曾霞初会合。

7月15日 苏北新华书店总店召开第一次经理会议，主要议题是：一、围绕发展生产和民主建设等中心工作，积极编辑出版工农青妇的大众读物与干部学习丛书；二、明确分、支店实行总店与当地党委双重领导的关系。

同日 宁波新华书店在宁波市中山公园内原国立图书馆成立。

7月21日 根据中央的指示，新华书店和三联书店在上海联合私营的商务、中华、世界、大东、开明、龙门、广益、文通等62家书店、出版社组成上海联合出版社，负责中小学教科书的出版工作。董事长王益，经理万国钧。资本总额为7.57亿元（旧人民币），白报纸3.3万令。资本构成为新华书店、三联书店占 20.75%，私营书店占 79.25%。截至 1949 年 9 月中旬，已出版教科书 800 万册，基本满足华东、华中两大区中小学校对教科书的需要。

7 月 25 日 华北新华书店总店在北平召开华北新华书店分店经理会议，石家庄、保定总分店及冀东、冀南、太行新华书店等均由经理参加。会议由史育才经理主持，主要讨论华北地区新华书店的统一集中问题。当时，华北新华书店总店有 6 个印刷厂（不包括平津两市），分设在保定、石家庄、邯郸、菏泽、威县、唐山。全区共有职工 1 644 人，资金 5 亿元（旧人民币）。到 1949 年底，全省有石家庄、保定、唐山、张家口 4 个分店和 47 个支店。

同日 吉安新华书店在吉安下永叔路（国民党大道印刷厂原址）正式营业。徐肇基任经理，胡亚侬为军代表。

7 月 26 日 西北新华书店派惠泽民、马照岐等 13 人加入由中共中央西北局组织的接管兰州工作队，携带 3 马车图书、刊物（共计 45 729 册）随解放军由西安出发，西进兰州。

7 月 为做好浙江解放后第一个新学年的中小学教科书供应工作，新华书店浙江分店联合商务印书馆、中华书局、开明书店、大东书局、世界书局在杭州的发行单位，成立浙江省教科书联合发行所，所址在杭州商务印书馆楼上，所长顾墨卿。负责中小学课本的货源组织和供应工作，从而保证全省中小学秋季准时开学。共发行 3 个学期的课本，1950 年 12 月结束。共发行课本 7 924 331 册。

同月 察哈尔省新华书店更名为新华书店察哈尔分店，在怡安街设立第一门市部，在明德街设立第二门市部，店员发展到 60 多人。

同月 河北冀中新华书店印刷厂与新华书店保定分店分立。之后，各地印刷、出版业务相继从新华书店分离出去。

同月 东部区内蒙古书店改为东北新华书店内蒙古分店，负责领导突泉（今内蒙古突泉县）、西科中、林东等地新华书店支店工作。

同月 一个星期日，天津市市长黄敬轻车简从，来到天津分店第二门市部购书。当他看到很多读者站着看书的情景后，便找到书店当时的值班负责人谭盛田："这么多读者站着看书，多累呀！建议你们增加些座位解决一下。"第二天星期一，书店就将办公室的长沙发、座椅搬到门市部靠临窗处摆成一排，供读者阅读、选书使用。几个月后一个星期天，黄敬又来到书店购书，当他看到读者坐在沙发上看书、选书时，非常高兴，称赞道："这多好呀！"是日，黄敬选购的图书有《松树的风格》（陶铸著）等。

同月　新华书店华中区管理处抽调李崇钦、赵诚、张瑞同、田裕昆、张韬等14人组成小分队挺进湖南，负责湖南新区新华书店的筹建工作。小分队分水陆两路并进。陆路由赵诚带队，乘南下工作团的卡车，由汉口出发经湖北通城进入湖南平江，8月4日到达长沙郊外春华山待命。8月5日长沙和平解放，8月6日随南下工作团进入长沙。水路由老红军李崇钦带队，押运一大批书刊乘木船溯长江而上，经洞庭湖进入湘江。8月12日抵达长沙，与赵诚等人会合。8月15日，进入长沙城。8月19日，长沙市军管会接管国民党正中书局和拔提书局印刷厂。8月22日，长沙军管会命令李崇钦、赵诚为军代表，全面负责接管工作。

同月　新华书店郯城（驻郯城县城）、淄川（驻淄川县城）支店建立。

同月　舒兰县朝族书店成立，主要承担朝文中小学课本的发行工作。

同月　东北书店营口县分销处改为东北新华书店营口支店。

8月1日　光华书店安东分店并入东北新华书店辽东分店。

8月6日　山东新华书店总店召开第一次分店营业会议，各分店营业科长和城市分店营业股长出席。会议集中讨论克服发行工作的盲目性问题，研究有关现款批发、开展邮购服务、培养提高发行人员业务水平以及加强课本发行工作等业务问题，并做出相应决议。

8月13日　中共于都县委指派扶尧生接管于都文化服务社，并改名为于都新华印刷厂，扶尧生任厂长。同时，筹备成立于都新华书店，扶尧生兼任负责人，地址位于现在县城东方红大街95号。主要印刷文件、宣传品，同时经营课本、图书、纸张、文具等。一个单位，两块牌子，一套人马，属于都县委领导。

8月14日　赣州解放。军管会委派李军筹建赣州新华书店，并将当时赣州最好的大楼——裕民银行大楼交给书店使用。8月20日书店试营业。8月底，书店接管正中书局赣州分局。书店由中共赣西南区党委宣传部直接领导。12月1日，赣州新华书店在文清路正式营业，经理李军，门市部约60平方米，职工11人。

8月15—31日　山东新华书店总店制定四份书店概况一览表：一、山东新华书店总店概况一览表（1949年8月31日）；二、胶东分店概况一览表（1949年8月15日）；三、渤海分店概况一览表（1949年8月25日）；四、鲁中南分店概况一览表（1949年8月24日）。

8月18日　中共河南省委宣传部向全省各级党委发出的《关于建立新华书店的通知》指出："书店是党的重要宣传教育机构之一，是党执行思想领导，贯彻政策主张的一个有力武器，是新民主主义建设中不可缺少的一个部门"。《通知》要求全省各地党的宣传部门要大力建立新华书店，进一步明确了新华书店的分支店在政治上由各级党委宣传部领导。

同日　为了贯彻中共中央华东局、中共山东分局、山东省人民政府提出的为克服目前财经困难厉行精简节约的号召和"十项禁令"的精神，山东新华书店总店向全省分、支店发出《为厉行紧缩编制，反对浪费，节约开支，克服目前财经困难的指示》，要求各分支店积极响应党的号召，认识当前的困难，紧缩编制，减少开支，发扬艰苦朴素的优良传统，集中力量克服困难，务必使机构精干合理，资金周转灵活，纠正铺张浪费之风。

8月20日　中共中央东北局宣传部发布《关于东北新华书店的决定》。《决定》明确了东北新华书店的性质、任务、机构和隶属关系，各地新华书店的行政、业务、财务、人事等均由东北新华书店总店统一领导，并要求各地党委宣传部门加强对新华书店的领导。《规定》于1950年1月1日起执行。

8月中旬　九江书店（九江市新华书店前身）在大中路337号正式营业，经理周洛安。营业面积150平方米，职工9人。

8月23日　8月17日福州解放。华东局南下纵队进驻福州，成立福州市军管会，吉人任省委宣传部出版科科长、市军管会出版处副处长。8月23日，以市军管会新闻出版处名义，接管国民党正中书局福州分局和中国文化服务社。福建新华书店在南门兜山甲尾8号戚公祠南方日报社原址开始办公。

8月27日 随中共中央西北局接管兰州工作队西进的西北新华书店惠泽民、马照岐等13人抵达西北重镇兰州，受兰州市军管会派遣，接管国民党正中书局和三青团甘肃分团部办的青年消费合作社，随即着手组建集出版、印刷、发行于一体的新华书店甘肃分店。

同日 新华书店湖南分店成立，经理李崇钦，副经理赵诚。以国民党正中书局门市部为分店门市部开业，地址长沙市府正街71号，这是长沙市第一家新华书店门市部。

随着进军形势的发展，湖南各地相继建立人民政权，陆续组建新华书店县支店。组建方式：一、由分店派人组织；二、由当地党政机关、湖南报社办事处组建，分店派人接收；三、由当地党政机关建店，由当地党政机关领导。

8月28日 萍乡县人民政府接管萍乡镇正大街29号教育用品供给合作社，更名为大众书店（萍乡市新华书店前身），由中共萍乡县委宣传部领导，县人民政府财政科具体管理。书店下设门市部、印刷部。经理刘定丰，职工24人。9月2日，书店正式营业。门市主要经营图书、教科书、文化用品、公文账册等。

8月 清江新华书店（樟树市新华书店前身）在清江县（今樟树市）政府所在地临江镇设立。经理陈宇，职工3人。书店受县文化局领导，业务、财务隶属江西分店管理。

同月 东北新华书店总店制定《业务部统计报告工作执行规则》。这是东北地区首次进行经营数据统计工作。

同月 胶东分店原经理李克公调山东新华书店总店任副经理。

同月 山东新华书店总店受上级委托，在全省发行中国共产党情报局机关报《争取持久和平与人民民主》英文、俄文版1 000份、中文版8 000份。

同月 山东新华书店总店制定《同业代销批发简章》。《简章》共14条，包括业务关系、经营方式、销货纪律、批发折扣，以及有关具体手续制度等。

同月　中共中央华中局宣传部决定，将新华书店华中区管理处编辑部及工作人员划转到宣传部出版科。

同月　新华书店汉口分店联合商务、中华、世界、广益、大文堂、大东、新亚、群益、广文、儿童、剑桥文化服务社等 11 家私营书店在汉口的发行机构，组成湖北省教科书联合发行所，担负中小学教科书的货源组织和供应工作，联合发行所由张全吾、马仲扬、胡瑞卿负责。湖北新华书店代理联合发行所发行武昌地区的中小学教科书，联合发行所于当年 10 月结束。

同月　随着行政机构的变更，冀鲁豫行署撤销，平原省成立，原冀鲁豫书店的主要人员从菏泽迁往新乡，部分人员留在菏泽，建立菏泽新华书店营业部。在营业部的基础上，改建为新华书店平原省分店菏泽支店。崔栋任经理。地址在菏泽城内"九间楼"，有房屋 9 间（楼上 5 间、楼下 4 间。除去过道，有门市 3 间），全店职工 10 人。负责菏泽、郓城、梁山、东明、巨野、嘉祥、定陶、曹县、南旺、鄄城等 10 个县的图书供应和课本发行工作。开始是发行"本版书"（指新华书店版），后逐渐发行部分公私合营或私营出版社出版的书，如三联书社、商务印书馆、神州国光社、文化书屋、中华书局等出版的书。在期刊发行上主要发行《新华日报》《时事手册》《文艺报》《新观察》《人民文学》《中国青年》等。

同月　宁波新华书店与宁波市内"明星""振新""竞新""新学会社"等 6 家较大的私营书店协商联合经营，在日新街 6 号建立课本联合供应站。

同月　华东新华书店总店派张良任浙江新华书店副经理。

同月　菏泽地区新华书店建立。

同月　新华书店崂山支店建立（驻该县华阴）。

9 月 1 日　江西新华书店正式成立，曾霞初任经理，王汝泉任副经理。经理室设秘书一人，由王安文担任，同时负责出版工作；业务科由李诚负责；财务科由聂会镇负责；总务科由周荣纪负责。

同日　新华书店甘肃分店在兰州成立，门市部同时开业。开业初期，主要销售《共产党宣言》《列宁主义基础》《中国革命和中国共产党》《论联合政府》《大众哲学》《论人民民主专政》《在延安文艺座谈会上的讲话》《目前形势和我们的任务》《解放区短篇小说选》等几十个政治、文艺图书品种及部分刊物。

同日 新华书店上海分店成立，经理朱晓光，副经理宋玉麟、蔡学昌。上海分店由华东新华书店总店发行部领导，负责上海地区的书刊发行业务，并对福州路和河南中路门市部进行调整，成立福州路支店、南京路支店和专为机关、工厂服务的流动支店。同时，在全店开展以"活目录"俞福寿为代表的创模范营业员活动。当时，上海分店职工不足 100 人，职工来自老解放区、上海地下党和新招进的中学毕业生。

同日 汤原县新华书店成立，营业面积 100 平方米。

9 月 2 日 遂川县委宣传部指派钟佩菊负责筹建遂川书店，在县城东路街东端租用公产房作为门市部营业。1951 年 5 月 1 日，遂川书店更名为新华书店遂川支店，钟佩菊任经理。

9 月 9 日 福建新华书店第一个临时门市部在福州市 817 北路（旧中山路）宫巷口开业，负责人李杏元。

9 月 10 日 江西新华书店派李进科去浮梁专区筹备新华书店。浮梁专区新华书店（景德镇市新华书店前身）在景德镇程家巷弄口正式营业。经理李进科，职工 3 人。

9 月 20 日 山东新华书店总店制定颁发《邮购服务章程》。为了加强邮购工作，山东总店营业部下设邮购服务科，胶东、渤海、鲁中南等分店的营业科下设邮购服务股，专办书刊的邮购、预订服务，并代办零售业务。同时，山东总店还制定《优待集体购书办法》，规定机关、团体、部队、学校、图书馆、工厂等单位集体购书，基价达 800 元以上者实行本版书九折、外版书九五折的优惠。

同日 山东新华书店总店和中国青年社订立《关于发行〈中国青年〉的合同》。内容包括指导思想、发行办法、发运费用、账务处理等。

9 月 21 日　中国人民政治协商会议在北平隆重开幕。

为庆祝政协会议召开,新华书店华中区管理处所属门市部开展廉价售书活动。此后,在"五一"国际劳动节、"五四"中国青年节、"十一"国庆节和春节等节假日,各地新华书店都举行节日廉价宣传销售活动,一般书刊八折或九折优待,另设一至七折的特别廉价部。

9 月底　泰和新华书店正式营业,店址在县城南门街口。肖林任经理。8月中旬,县委宣传部指派肖林(原泰和县民众教育馆馆长)具体筹办新华书店事务,由县财政科拨款 200 万元(折合新人民币 200 元)作为书店启动资金。

9 月　为了加强对新华书店编辑工作的领导,中宣部出版委员会聘请胡愈之任新华书店总编辑,叶圣陶任副总编辑。

同月　中宣部出版委员会上海办事处与华东新华书店总店、上海军管会新闻出版处等机构合并成立中共中央华东局宣传部出版委员会,主任委员冯定,副主任委员王益、卢鸣谷,委员会下设编辑、发行、厂务 3 个部门。

同月　新华书店从 1937 年在革命圣地延安创建,历经了抗日战争和人民解放战争的艰辛和磨难,这支党领导的出版发行队伍由小到大,逐步发展,并从陕北的崇山峻岭走向五湖四海。到新中国成立前夕,全国已建立新华书店分支店 735 个,全系统共有职工 8 100 多人。华北、华东、华中、东北、西北五大战略区新华书店,在烽火连天的战争年代,出版各类新书 5 291 种,共发行44 740 万册。至此,新华书店已初步形成了覆盖全中国的书刊出版发行网络,成为我国书刊出版发行的主力军。

同月　新中国成立前夕,华东地区已建立新华书店 297 个,中央局级 1个,分局级 1 个,省和区党委级 9 个,城市和县级 256 个,随军支店 30 个。

同月　冀东新华书店经理张助国调出书店,刘方接任经理,高云山任副经理。11 月,冀东新华书店改名为新华书店唐山分店,经理刘方。

同月　湖南桃源县委建立新华书店桃源支店;新湖南报社常德办事处建立常德新华书店。

同月　湘潭解放后，中共湘潭县委奉命准备战略撤退，肖家实和欧阳永全留下继续地下斗争，筹措700元（折新币）资金，在龙子巷口（现解放路）租了一个铺面营业，名为大众书店，主要发行中共地下党长沙市工委领导的新社会革命书刊和中共有关政策、法令书刊。后大众书店改名为新华书店，属宣传部领导，肖家实为经理。

　　同月　长沙地委（湘潭地委前称）抽调任春、薛正芳、叶云峦、宋彩仙等5人（10月增加姚金发），拨款300元，银行贷款500元，从潭中（现湘潭市一中）借来3个简易书架，租赁私人一家小店铺，营业面积仅20多平方米，陈列图书200种，因陋就简办起湘潭新华书店。9月正式开业，第一届经理由任春担任。隶属地委宣传部，与新华书店湖南分店只有业务往来，现款现批，自负盈亏。

　　同月　随着山西省人民政府的成立，省政府通知，新华书店太原分店归属省文教厅领导，各专县新华书店归当地文教科领导。

　　同月　信丰新华书店成立，郭先蓬任经理。

　　同月　江西新华书店派于华等3人到袁州专区筹建新华书店，派佘坤等3人到上饶专区筹建新华书店。

　　同月　入夏以来，黄河水位猛涨，山东新华书店总店和济南分店出动400余人，奔赴黄河大堤参加防汛工作。

　　9—12月　甘肃省全境相继解放，各地党政部门对建立新华书店高度重视，先后在天水、平凉、酒泉、武威、临夏、岷县、民勤、会宁、靖远、甘谷、定西、老君庙（今玉门市）等地建立12个新华书店支店。

　　10月1日　中华人民共和国成立。北京隆重举行开国大典。

　　10月3—19日　根据中共中央"出版工作需要统一集中"的指示，中宣部在北京召开全国新华书店出版工作会议。毛泽东主席为会议题词："认真作好出版工作"。朱德总司令为会议题词："出版会议，加强领导，力求进步"。出席会议的正式代表有华东、华北、华中、东北、西北等大区新华书店总店、总分店经理，部分省市店经理，三联书店、华北人民政府教科书编审委员会、解放社和出版委员会的负责同志共74人，列席、旁听91人，共165人。新华书店总编辑胡愈之致开幕词并作《关于全国出版事业概况》的报告，朱总司令在开幕式上发表重要讲话，中宣部部长陆定一作政治报告和致闭幕词，政务院文教委员会秘书长兼中共中央副秘书长胡乔木在会上讲话。

会上，出版委员会副主任委员徐伯昕作《国统区革命出版工作报告》的主题报告。各大行政区新华书店代表团团长李文（东北）、史育才（华北）、王顺桐（西北）、王益（华东）、华育禾（华中）等，先后在大会上作工作报告，汇报本行政区新华书店的发展情况。三联书店经理邵公文在大会上作《生活·读书·新知三联书店工作报告》。沈钧儒、茅盾、周扬、赵树理等到会祝贺。

会议主要讨论全国新华书店的统一集中和加强企业化经营管理问题。会议作出《关于统一全国新华书店的决定》，它是指导全国新华书店走向统一的纲领性文件。会议还决定新华书店店招统一采用毛主席1948年12月于西柏坡题写的"新华书店"四个标准字体，颜色采用红底黄字。会议通过了大连新华书店代表徐澄波提出的全国新华书店店徽图案，店徽采用圆形金边白底，银色的中国地图上有毛泽东主席题写的"新华书店"四个红色字，地图上方有一颗红星。

会议期间，毛主席在陆定一和胡愈之的陪同下，在中南海颐年堂接见了全体会议代表。

陆定一在闭幕词中说："会议的成绩，是在政策上、组织上、制度上、业务上都得到了一致的意见，奠定了全国新华书店统一的基础。"

会议正式召开前，于9月23日—10月2日召开了预备会议。10月1日，全体代表参加了中华人民共和国中央人民政府成立典礼。《人民日报》于10月3日发表新华社短评《祝全国新华书店出版会议》。10月21日，又发表社论《出版会议的收获》。

全国新华书店出版工作会议是新中国出版事业史上，尤其是新华书店店史上具有划时代意义的一件盛事。这次会议的成功召开，对新中国成立初期人民出版事业的建立和发展，具有里程碑意义。

10月上旬 新华书店华中区管理处派王重等11人组成小分队，携带大批书籍、刊物，随人民解放军南下广西建店。经过一个月的火车、汽车、木船和马车等水陆旅程和辗转运输，南下小分队于11月30日—12月5日分3批到达桂林，建立新华书店广西分店。

10月8日 中宣部出版委员会招待应邀来访的苏联文化代表团团员、苏联国际书店协会主席、苏联国际书店经理德奥米多夫，出版、发行方面领导人参加座谈会。10月10日，德奥米多夫在北京为我国出版、发行工作者和图书馆工作者800多人演讲，介绍苏联的出版工作。

10月18日 银川市军管会派崔生祥、朱红兵接管国民党教育厅银川书局，经过紧张筹备，新华书店银川分店正式成立。门市部同时开业。开业时仅有10名职工，李和春任分店第一任经理。建店初期，为满足读者对革命图书的需求，分店自行翻印《中国革命与中国共产党》《社会发展史》《政协文件》《论共产党员的修养》等书籍和年画，同时多次派人到内地新华书店组织货源。此后不久，银川分店改为西北新华书店宁夏总分店。

10月20日 党组织委派香港新民主出版社经理吴仲为广州军管会文教会新闻出版组组长，三联书店吴超为副组长，带领10余名工作人员，到广州接管国民党正中书局、中国文化服务社、怀远书局和青年印刷厂等出版机构。

10月26日 中宣部决定发出《关于全国新华书店出版工作会议的通报》，规定自1950年起，新华书店统一由出版总署（1949年11月1日正式成立）及其下设的编审局和出版局集中领导。各地新华书店的工作人员同时拨归出版总署统一调度。《通报》的主要内容：一、统一全国公营出版事业的决议，共分8项：1. 方针；2. 领导和组织；3. 统一集中的步骤；4. 编审出版工作的统一办法；5. 印刷工作的统一办法；6. 发行工作的统一办法；7. 企业化管理的统一办法；8. 关于统一店招和证章，现作最后修正，呈中央批准，经批准后再行由适当的政府机关发表。二、新华书店以前是党直接领导下的出版发行部门，现中央人民政府已经成立，决定自1950年起，把新华书店改为国营。

《通报》的发布，为出版总署于 1950 年 3 月 25 日发布的《关于统一全国新华书店的决定》奠定了基础，加快了全国新华书店走向统一集中的步伐。

10 月　根据全国新华书店出版工作会议精神，山东新华书店总店改制为新华书店山东总分店。经理张榕，副经理陈静之、张治、李克公。下设编辑部、出版部、发行部、审计室、调研室、秘书室等部室。至此，全省有 7 个分店、2 个直属支店、124 个支店，职工 2 046 名。

同月　根据全国新华书店出版工作会议精神，华北新华书店总店改制为新华书店华北总分店。经理李长彬。办公地址在和平门外延寿寺街刘家大门 1 号。

同月　新华书店北平分店正式更名为新华书店北京分店。有职工 65 人。

11 月 1 日　中央人民政府出版总署成立。出版总署是新中国成立初期中央人民政府负责指导和管理全国出版事业的总机关。

10 月 19 日，中央人民政府委员会第三次会议任命胡愈之为出版总署署长，叶圣陶、周建人、陈克寒、萨空了为副署长。

胡愈之在出版总署成立会上说：虽然我们今天才正式开始办公，但出版总署的工作，却在这以前已经有三部分在工作，一是教科书编审委员会，一是中共中央领导下的出版委员会，一是新华书店编辑部，今天这三个部分组成了出版总署。出版总署建制为一厅（办公厅）、三局（出版局、编审局、翻译局）。

11 月 5 日　中宣部出版委员会就在西南区建立新华书店及干部问题，复电中国人民解放军第二野战军前委：一、由于人力、物力等条件，西南区先在渝（重庆市）、蓉（成都市）、昆（昆明市）、筑（贵阳市）等大城市建立新华书店，俟条件加强，可为增设中等城市新华书店。二、宁（南京市）、沪（上海市）早已调集书店干部及店员 100 余人，交由你处工作团随军出发，其中能胜任分店经理者，有四五人，请你处按各人材料酌定。三、原晋绥新华书店的吉喆、宋萍、白真三同志，已决定随军入川，吉等此次到京出席出版会议，一切情况均已了然，并已由出版委员会告知将来西南工作，如何布置此事，将可由你处酌定，由吉等建立重庆或成都新华书店。四、云南新华书店，可由出版委员会抽调随军南下的王人林等人中确定一人负责建立。五、贵州新华书店，可由你处速电湖南省委调用三联书店前济南书店经理宁起枫、周萍二同志，随军返黔建立。宁、周现在长沙三联书店。六、需型样书，先后已嘱出版委员会分交袁勃、常芝青等同志，一并进入新解放城市，盼即翻印供应。

同日 新华书店华北总分店分配在北京新招人员张文桂、张振铎、陈学齐、李振宗、孙明智等到归绥分店支援新区开发。

11月7日 广州新华书店在汉民北路（现北京路）265号正中书局原址成立，门市部同时开业，经理吴仲。当时，广州新华书店的名称尚未最后确定，对出版总署和中共中央华南分局用新华书店华南总分店名义，对新华书店华中区管理处及后来的新华书店中南总分店用新华书店广东省分店名义。书店工作受中共中央华南分局宣传部和新华书店华中区管理处双重领导。

11月8日 中国国际书店（今中国国际图书贸易总公司）在北京成立，朱希任第一副经理。1950年4月，国际书店改属新华书店总管理处领导。1951年1月，新华书店总店副总经理史育才兼任经理。1952年5月，划归出版总署直接管理。

11月9日 中宣部、中央军委总政治部联合发出《关于建立随军书店的通知》。

11月上旬 中共中央华中局宣传部决定，华中局宣传部新闻出版广播处处长郭敬兼任新华书店华中区管理处副经理。

11月26日 根据毛泽东主席的批示，中央文化部部长沈雁冰署名发出《文化部关于开展新年画工作的指示》。

同日 中宣部通知中共中央西南局宣传部：西南区各地新华书店创建时期的业务及人事工作，由西南局党委宣传部直接领导和管理。

11月底 编入西南服务团的首批入川建店人员到达重庆市，12月下旬全部人员到齐，开始筹建新华书店西南总分店。12月底，到达成都市，随即着手组建新华书店川西分店。

12月1日 中共中央宣传部出版委员会改制为出版总署出版局，12月1日开始办公。同月19日，政务院第11次政务会议任命黄洛峰为出版总署出版局局长，祝志澄、华应申为副局长，中宣部出版委员会的工作移交给出版总署出版局。出版局既是行政管理机构，又是从事出版、印刷、发行的具体业务部门。出版重要著作用解放社名义，出版一般著作用新华书店名义。

同日 新华书店华中区管理处经理室发布《加强组织领导开展工作初步方案》，提出："内外兼顾，目前以整理内部、调整组织为主，希望在1950年开始后，一切工作走向正规、巩固、提高，并建立坚定的文化出版事业的信念。"同时，方案还明确了管理处各部门的职责和要求。

12月5日 中共中央发出《关于中央政府成立后党的宣传部门工作问题的指示》，指出："现在，中央政府已经成立，在出版总署下成立了出版局，原本部门（中共中央宣传部）所属之出版委员会及地方组织，应即取消，新华书店改为国家书店，受出版总署的领导。"

12月17日 出版总署出版局成立发行处，开始办理收书、发书业务。

12月26日 中宣部向全国发出《关于新区建立新华书店的通知》。

12月 新华书店华北总分店恢复石家庄分店的建制。华北区新华书店统一后，华北总分店下设北京、天津、保定、石家庄、唐山、新乡、太原、张家口、归绥9个分店、70个支店。

同年 新华书店华东总分店管辖上海、南京、苏南、苏北、皖南、皖北、山东、安徽、浙江、福建等10个分店及所属的400多个支店，并在第三野战军设立30多处随军书店。

1950 年

1 月 10 日 出版总署第四次署务会议决定，将总署出版局的业务部门划出，另建立新华书店总管理处，下设出版、印刷、发行三个专业单元。

1 月 18 日 新华书店华北总分店经理史育才任出版总署出版局发行处第一副处长。

2 月 2 日 出版总署出版局举行第六次局务扩大会议。会议内容：各部门汇报自出版总署成立起至本年 1 月底的工作总结。黄洛峰主持会议，华应申、祝志澄、史育才、王钊、卜明、陈正为、程浩飞分别汇报了出版、印刷、发行、人事、会计、秘书等部门的工作和存在的问题。

出版处设五科一室，共 69 人，出版书籍 148 种，教科书 50 种，杂志 8 种。根据工作需要和改制关系，先后拟订和建立稿酬办法、排印格式办法、版本说明统一办法、重订基本定价办法，并印发定期的出版情况通报，建立排校印装进度登记制度等。

厂务处有 12 人，北京新华印刷厂 632 人，天津新华印刷厂 183 人，新华油墨厂 17 人，新华材料行 11 人，新华制版厂 12 人。厂务处中心工作为筹设新厂房，在原址对面征得了一块地皮。

发行处截至 1949 年 12 月底，包括国际书店共有 94 人，设 6 个科。发行处发货范围主要还是在华北。国际书店在苏州胡同租了一处房子。

2 月 14 日 出版总署出版局向各大区新华书店总分店发出由局发行处制定的《与各总分店、分店发货往来暂行办法》，各总分店又将《办法》转发所属各分店执行。

2 月 18 日 出版总署发出《为统一接受世界书局总局及各地分支机构的

指示》，各地城市店按指示精神先后接管了当地的世界书局。

2月 马克思、恩格斯、列宁、斯大林、毛泽东、朱德领袖像出版发行，全国新华书店各分支店相继发售。

3月2日 出版总署出版局第九次局务会议通过《新华书店总管理处暂行组织条例》，规定新华书店总管理处在出版总署出版局的领导之下，为国营企业，统一领导全国新华书店。总管理处直接经营之业务：一、编审局、翻译局、出版部编辑室及中央机关负责审定之书刊稿件的出版工作。二、领导及管理直属的有关印刷业务的厂行。三、负责各种出版物的国内外发行工作，办理政府机关、公营及公私合营出版物及外国书刊总经销事宜。

3月7日 经出版总署批准，新华书店总管理处（4月1日正式成立）刊行《内部通报》。3月24日出版第1期。32开，书本式，刊期、页数均无限定。12月31日随总管理处改组停刊。共出版20期，约36万字。《通报》宗旨是使全国新华书店迅速走向统一集中，加强和提高人民的出版事业。主要内容：传达党和政府有关出版工作的决定和政策性的文件，出版总署、出版局和总管理处的决定和指示、计划、总结、通知，各新华书店的重要事件。发行范围仅限于上层领导和出版局、总管理处、总分店股级以上干部。《内部通报》创刊标志着新华书店店刊的创办。

3月25日 出版总署正式公布《关于统一全国新华书店的决定》。《决定》强调全国新华书店必须迅速走向统一集中，加强专业化、企业化，以担任国家的出版任务，发展人民的出版事业。出版内容应着重：一、各级学校教科用书；二、关于马克思列宁主义、毛泽东思想的各种译著；三、为国家经济建设、文化建设所需的著作；四、工农通俗读物。发行工作以城市为重点，继续深入农村。在北京建立新华书店总管理处，隶属于出版总署。全国各地新华书店的业务均归新华书店总管理处领导。

3月31日 出版总署署长胡愈之批示，新华书店总管理处于4月1日正式宣布成立。出版总署出版局局长黄洛峰兼任总管理处总经理，副局长祝志澄、华应申兼任副总经理。

4月1日 经中央人民政府政务院文化教育委员会批准，出版总署将图书编、印、发业务部门从出版局分离出来，在北京正式成立新华书店总管理处。根据《新华书店总管理处暂行组织条例》规定，新华书店总管理处是在出版总署出版局领导下，统一领导全国新华书店的经营书刊出版、印刷、发行（包括进出口）三方面业务的国营企业，下设秘书处和出版部、厂务部、发行部三个独立核算的经营部门。《组织条例》还规定，华北、华东、东北、西北、中南、华南、西南等七大行政区设新华书店总分店，由各大行政区的中共中央局（或分局）宣传部领导，业务、财务上受新华书店总管理处领导。总分店下设分店，原则上一省只设一个分店，由省委宣传部领导，业务上受总分店领导。分店以下设支店，设于省属市、县和重要集镇，由市、县委宣传部领导、业务、财务由分店领导。总分店在各野战军及军区设随军书店。

同日 新华书店总管理处成立大会在北京东总布胡同10号礼堂召开。总管理处全体工作人员、在京直属单位科以上干部以及三联书店、华北联合出版社等单位代表共300余人参加。出版总署署长胡愈之、副署长叶圣陶、办公厅主任胡绳等出席并讲话，黄洛峰、华应申也在会上讲话，祝志澄主持会议，秘书室主任程浩飞报告了总管理处筹备成立经过，人事室主任卜明报告了总管理处各部科以上负责人名单。

新华书店总管理处各级负责人名单：

总经理		黄洛峰（兼）			
副总经理		祝志澄（兼）		华应申（兼）	
秘书处	主任	程浩飞		副主任	倪子明
人事室	主任	卜　明			
审计室	主任	陈正为			
出版部	主任	华应申（兼）		副主任	徐　律
秘书室	主任	王仿子			
出版室	主任	赵晓恩		副主任	范　用
编辑室	副主任	梁涛然			

| 美术室 | 主任 | 邹　雅 | 副主任 | 老宪洪 |

办公地址：东总布胡同 10 号

厂务部	主任	祝志澄（兼）	副主任	周永生
	秘书室	主任	陈平舟		
	业务处	主任	糜文溶	副主任	王震欧

办公地址：阜成门外北礼士路

发行部	主任	史育才	副主任	薛迪畅
	秘书室	副主任	贾德贞		
	业务处	主任	薛迪畅（兼）	副主任	李德元
	国际书店	经理	史育才（兼）	副经理	朱　希　刘辽逸

办公地址：东总布胡同 10 号。8 月 1 日迁至延寿寺街刘家大门（国际
书店地址：崇内大街苏州胡同）

同日　新华书店总管理处在《光明日报》刊登启事：奉中央人民政府出版总署指示，于 1950 年 4 月 1 日在首都成立新华书店总管理处。办公地址：北京东总布胡同 10 号，电话 5—1613，电报挂号 3652。

4 月 17 日　新华书店总管理处向各总分店发出通知：《毛泽东选集》现正校勘中，未出版前，毛主席著作的单行本（全国政协成立以来所发表的文章除外）各地暂缓重印。

4 月 25 日　出版总署召开扩大署务会，中共中央副秘书长胡乔木到会并发表重要讲话。在谈到发行工作时，他说："发行工作是一种很重要的群众性的组织工作。正和普罗米修斯送真理到人类中去一样，我们做发行工作的，也对人民负有同样的责任。"他指出，做好书刊发行工作，不能单纯依靠书店的门市和批发，要把圈子打开，采用各种各样的办法。例如人民解放军，是一支巨大的读者队伍；全国的政府机关，是一个有非常大的学习力量的地方。必须和他们建立很好的联系。大规模地组织发行工作，到部队去，到机关去，到学校去，到工厂去，到每一个有读者的地方去。

4 月　出版总署决定：各大行政区新华书店改组为新华书店××总分店，设

编辑部、出版部、厂务部、发行部、秘书处等部门,在新华书店总分店下设分店,分店以下设支店。各级新华书店应定期向上级机构做各种业务的及综合的工作报告。各总分店在编辑工作、出版印刷发行任务及有关物质条件上应接受新华书店总管理处之统　规定和调剂。各总分店经理、副经理见下表:

大行政区	经理	副经理
华北总分店	李长彬	
东北总分店	李　文	周保昌　毛　星　王大任
华东总分店	王　益	卢鸣谷
中南总分店	华青禾	彭　展　郭　敬
西南总分店	宋　萍	周　布
山东总分店	张　治	陈静之　李克公
西北总分店	常紫钟	雷达大　王乃夫
新疆总分店	陈林彬	哈斯木　李庆宏

出版总署出版局于 1950 年 5 月 16 日,致函中南军政委员会新闻出版局:"新华书店总管理处为便于领导华南及香港业务起见,特决定在广州成立新华书店华南总分店,并由吴仲担任经理。"华南总分店于 8 月 28 日向总管理处报告:建立总分店筹备工作就绪,于 1950 年 8 月 1 日正式成立。

5 月 5 日　新华书店总管理处在北京召廾华北总分店第三次会议。胡愈之、叶圣陶、黄洛峰、徐伯昕等到会讲话,强调将完成新华书店统一集中的工作作为今年一切任务中的首要任务,指出要利用书亭、流动队和送书上门的发行方式加强发行工作。

5 月 8 日　新华书店总管理处在北京举行茶话会,邀请三联书店经理会议代表和华北总分店第三次会议代表参加。同时邀请苏联国际图书公司副总经理塞米金、苏联国际图书公司驻华代表郭尔捷耶夫出席。出版总署署长胡愈之,副署长叶圣陶、周建人,办公厅主任胡绳、副主任徐伯昕等,以及总管理处科级以上工作人员 130 余人参加。总经理黄洛峰主持茶话会。塞米金先生报告了苏联的书刊发行情况,并对苏联出版的书刊在中国的发行工作提出建议。

5 月 10 日 出版总署署长胡愈之在华北区新华书店分店经理会上，以《出版发行工作的新方向》为题发表重要讲话，强调出版发行分工专业化，必须有一个全国性的统一发行机构，有伸展到全国农村、城市、工厂、学校、机关、公共场所，乃至穷乡僻壤每个角落的、统一的发行网。

5 月 中共中央政治局决定成立中共中央毛泽东选集委员会（后改名"毛泽东选集出版委员会"），委员会由刘少奇任主任，主要成员有胡乔木、陈伯达和田家英，由人民出版社出版、新华书店发行。新华书店总管理处在总分店和分店成立"《毛泽东选集》发行小组"，由各店经理任小组长，亲自领导发行工作。《毛泽东选集》的发行办法：对有组织的读者进行登记，第 1 卷售给后，以后照此数售给，不能增加和减少；门市零售，每人限购一部，售给第 1 卷时，发给第 2—4 卷的购书证，以后凭购书证购买。《毛泽东选集》第 1—4 卷于 1951—1960 年出版发行，1951—1976 年总印量达 25 260 万部（包括 26 种文字）。

6 月 12 日 出版总署出版局发出通知，指出：统计工作具有了解情况、掌握情况并据以改进工作等作用，意义至为重要。要求各处各部门及各总分店必须设置专做统计工作的人员，对上级发下的调查报表，必须当作紧急任务，认真处理。

6 月 20 日 出版总署出版局在北京召开京津发行工作会议。胡愈之署长在会上作了《出版工作的一般方针和目前发行工作的几个问题》的报告。

7 月 5 日 教育部和出版总署联合发出《关于 1950 年秋季教科书减低并划一售价及供应办法的决定》。《决定》规定：中小学教科书用书减低并划一售价，改基本定价为人民币定价，教科书邮费及包扎费，由新华书店总分店或联合出版社负担；本季各地存书损失，应不超过总销数的 5%。这是新中国成立后统一教科书发行的首次决定。

7 月 10 日 出版总署出版局在北京召开京津出版工作会议。胡愈之署长在会上作了《出版事业中公私关系和分工合作问题》的报告。

7 月 21 日 出版总署出版局局长兼新华书店总管理处总经理黄洛峰出国

考察文化事业。其所任各职，由出版总署办公厅副主任徐伯昕兼代。

7月 《中华人民共和国土地改革法》正式出版，并陆续在全国新华书店各分支店发行。

8月1日 新华书店总管理处第十次处务会议遵照胡愈之署长指示，决定将华北总分店并入总管理处发行部。京、津两分店自8月1日起改为直属总管理处管理。8月9日，总管理处发行部举行合并大会，总管理处代总经理徐伯昕，副总经理祝志澄、华应申，发行部主任史育才，副主任李长彬、薛迪畅以及两处全体人员共180余人出席。徐伯昕讲话，薛迪畅宣布发行部新的组织机构及干部名单：

秘书室	主任	贾德贞	副主任	司贺峰
研究室	主任	李宝光	副主任	柳永生　徐大明
主计室			副主任	杜锡贤
图书发行处	主任	韩志平	副主任	卢芷芬
杂志发行处	主任	李德元	副主任	贺尚华

史育才作总结讲话，提出合并后的中心工作：继续做好全国新华书店出版会议的准备工作；贯彻统筹统支精神；负起全国发行任务，接受全国杂志订户。

8月29日—9月10日 全国新华书店第二届工作会议在北京举行。中央统战部部长李维汉、中宣部副部长胡乔木、出版总署署长胡愈之到会讲话，会议讨论统一分工和调整公私营关系等问题。

胡愈之在会上强调出版发行工作专业化的必要性，指出专业化的目的，就是要克服我国出版事业残存的落后性，消灭盲目性和无政府状态。他指出，新华书店不统一的弊病很多：一、不统一，各干各的，都是"独立王国"，不利于出版方针政策的贯彻；二、不统一，造成的此存彼缺、重复浪费大；三、不统一，书价难统一；四、不统一，不利于垂直发运；五、不统一，无法照顾经济、文化落后地区，这些地区运费大、市场小，经营亏损无法补贴；六、不统一，助长单纯盈利观点，大家争销热门书，对于有价值的但不那么畅销的书就推出去不卖；七、不统一，容易各自为政，占用或挪用书款去做别的生意，造成书款结算困难。在讲到新华书店统一的好处时胡愈之说，新华书店统一了：一、全国新华书店可以增强整体观念；二、基层书店可以及时得到上级书店的帮助，信息灵通；三、可以加速资金周转和回笼；四、统一起来可以保证完成一定的发行任务。

中央人民政府政务院副总理、文化教育委员会（简称"政务院文委"）主任郭沫若为全国新华书店第二届工作会议题词："书店是精神银行，书籍便是我们所发行的纸币，必须使它有作用，有保障，流通顺畅，价值稳定，才能切实尽到为人民服务的责任。这需要有严密的组织和管理。希望全国新华书店能够像人身上的神经系统一样严密统一起来。"

胡愈之也为会议题词："完成全国新华书店的统一管理与统一领导，调整公私关系，实行公私营出版印刷发行事业的分工合作。同志们：再向前进，按照毛主席的指示，认真作好出版工作。"

署办公厅副主任徐伯昕在会议闭幕式上作会议总结报告。这次会议决定：从 1951 年起，新华书店改组为专营发行的企业机构，将新华书店总管理处改组为新华书店总店。

8 月　根据财政部 1950 年 3 月发出的《关于草拟统一会计制度的通知》，新华书店总管理处拟订《新华书店暂行会计规程（草案）》。《规程》内容包括 12 章，即总则、预算、会计科目、凭证、账簿组织、会计报告、月报和结算、记账规则、现金制度、交代制度、内部往来及收发货、附则。并附有两个附件：一、出版部之会计科目；二、总处审计室关于统筹统支下账务处理的几点意见。这是新中国成立后新华书店首次建立的统一会计制度，虽未核准实施，但其若干业务核算办法，为以后制定的《新华书店统一会计制度》奠定了基础。

9 月 15—25 日　第一届全国出版会议在北京举行，国家副主席朱德，政务院文委主任郭沫若、副主任沈雁冰应邀莅会并讲话。出版总署署长胡愈之作题为《论人民出版事业及其发展方向》的报告。会议作出关于实行出版、印刷、发行专业化的决定，并通过关于改进和发展全国出版事业的五项决议：《关于发展人民出版事业的基本方针的决议》《关于改进和发展出版工作的决议》《关于改进和发展书刊发行工作的决议》《关于改进期刊工作的决议》《关于改进书刊印刷业的决议》。

其中《关于改进和发展书刊发行工作的决议》的要点是：必须发扬高度的负责精神和服务精神，反对单纯营利观点；凡于人民有利的、为人民需要的书刊均应销售；重视书刊的宣传、推荐工作；必须团结一切公营、公私合营的发行工作者，在全国组织广大完密的发行网；在减轻读者负担及保持合理利润的原则下，本着平等互利的精神，协议进货、批发条件及优待办法，统一规定重要纪念日廉价办法；改善企业经营，减少费用，使书刊的售价逐渐降低，争取逐步划—全国书刊的售价，以减轻偏远地区读者的负担；举办各种讲习班或学习会，以提高职工及一切从业人员的政治文化业务水平。

根据会议精神，出版总署决定将新华书店总管理处改组为新华书店总店、人民出版社和新华印刷厂管理处3个独立专业单位，实行出版、印刷、发行企业的分工专业化，向着出版、印刷、发行的专业化迈出关键性的一步。

9月30日 根据新华书店总管理处发行部固定资产明细账记载，由华北总分店转入刘家大门房地产价值8.1亿元（旧人民币）。经查原房契抄件，此房产系新华书店华北总分店于1950年3月向居民刘文崇、刘文嵩、刘文遴以五福布2 750疋买入，房间共有124.5间，地基5.1亩。

10月6日 根据全国新华书店第二届工作会议和第一届全国出版会议的会议精神，新华书店总管理处成立总店筹备组，由徐伯昕、史育才、薛迪畅、程浩飞、陈正为、卜明、储安平7人负责，由徐伯昕主持。

10月28日 周恩来总理签发《中央人民政府政务院关于改进和发展全国出版事业的指示》，指出出版总署应当按时提出全国出版事业的总方针，以利于各公私营书刊出版、发行、印刷机构在统一的方针下分工合作；书籍杂志的出版、发行、印刷是三种性质不同的工作，原则上应当逐步实现科学分工；国营的新华书店应从速完成其全国分支店的统一经营；书刊的发行工作应当充分改善，以改变目前广大人民得不到读物的现象；为了利用邮局、火车和合作社来推广书刊发行工作，邮电部、铁道部和中央合作事业管理局应当作出专门的决定，并与出版总署订立专门的合同。

同日 出版总署发布了第一届全国出版会议通过的五项决议和全国新华书店第二届工作会议通过的《关于国营书刊印刷发行企业分工专业化与调整公私关系的决定》。《决定》规定："国营出版印刷发行企业应当首先实行分工与专业化。全国各级新华书店再兼营出版印刷业务者，从目前起应即着手分划为三个独立的企业单位。""新华书店为直属出版总署的国营书刊发行企业，除新疆总分店外，全国各级新华书店不再兼营编辑、出版及印刷业务。全国新华书店包含国际书店在内，应统一经营与统一管理，并应减少层次，以总店、分店、支店三级为限。但在目前总店尚不能直接管理全国所有分店，得采取过渡办法，保留总分店"。"新华书店的业务应以批发为主，零售为辅。除经上级批准者外，各级书店一般不得经营文具业务"。"出版、发行、印刷三个企业单位，要相互尊重对方的企业独立性，如造货数量由出版社决定，印刷工价由印刷厂决定，订货数量由书店决定。"《决定》还规定：现有的新华书店总管理处改组为新华书店总店，大行政区设立总分店，省、直辖市设立分店，地、县设立支店。全国各级新华书店的资金、业务、统计、会计的确立，书刊调拨和经营业务均归新华书店总店统一管理。新华书店总店为直属出版总署的国营书刊发行企业，应建立管理委员会，为全国最高管理机构。各地分支店应逐步建立民主管理制度，亦得设立管理委员会。

《决定》的发布标志着我国的出版事业开始走向出版、印刷、发行企业的分工专业化的道路。

11月21日 出版总署扩大署务会决定，任命徐伯昕为新华书店总店总经理。

11月下旬 《读书运动丛书》出版发行。这是新华书店总管理处为在全国开展群众读书运动而专门组织编印的一套丛书，包括政治、文化、文学艺术类通俗读物300种左右，以半价供应全国农村、工厂图书室和部队文化室。总管理处采取分配形式，将 7.7 万册《毛泽东选集》和 600 万册通俗读物分配到七大区新华书店总分店。

11 月 22 日—12 月 2 日　新华书店总管理处在北京召开新华书店第一届会计工作会议。出版总署财务处、总管理处审计室及出版、厂务、发行三部，东北、华东、山东、中南、华南、西北、西南各总分店（新疆总分店因道远未参加），国际书店、人民教育出版社、三联书店及青年出版社等单位的会计负责人共 68 人参会。出版总署署长胡愈之，新华书店总管理处代总经理徐伯昕、副总经理华应申到会并讲话。总管理处审计室主任陈正为作总结报告。

会议通过四项决议：一、关于统一会计制度草案的决议；二、关于执行预算制度的决议；三、修订新华书店会计组织和会计主管人员职权的统一规定草案；四、关于 1950 年度下期结算编制办法的决议。

会议讨论通过《新华书店统一会计制度》，确立图书流转核算采用"码价核算制"，还制定预决算制度和统筹统支的实施办法，方向是统一财务管理，贯彻经济核算制。

11 月 24 日　新华书店总管理处颁发《书稿报酬暂行办法草案》，并规定 1950 年 4 月 1 日新华书店总管理处成立后，初次以新华书店或解放社名义出版之书稿均按本《办法草案》计酬。

12 月 1 日　出版总署任命王益、储安平、史育才为新华书店总店副总经理，并决定由徐伯昕、华应申（人民出版社副社长兼总经理）、王益、储安平、史育才、薛迪畅、李文（东北总分店经理）、卢鸣谷（华东总分店经理）、华青禾（中南总分店经理）、宋萍（西南总分店经理）、常紫钟（西北总分店经理）组成新华书店全国管理委员会（简称"新华书店全国管委会"）。

同日　新华书店总管理处正式改组为新华书店总店、人民出版社、新华印刷厂管理处三个独立单位。人民出版社在北京挂牌办公。同月，新华书店总管理处发出通知：按照出版总署改制方案，从本年 12 月 1 日起，人民出版社、人民教育出版社、新华印刷厂管理处、新华书店总店即分别建立，并开始独立处理各自的业务。为照顾到决算方便以及传统联系一时不易割断起见，新华书店总管理处的机构及名义，保留至本年底止。

12月2日 财政部税务总局、新华书店总管理处联合发出《关于纳税问题的通知》，规定：一、新华书店内部书刊之调拨，不论本版外版，一律免征营业税。上项内部调拨，应书立"内部发货票"，并应依照税务机关规定手续调拨，在账簿上另须专立会计科目处理，总店用"发货"科目，以示别于"销货"，分店用"收货"，以示别于"进货"。二、各地新华书店就其销货额应课之营业税，一律依税法规定就地交纳。三、各地新华书店属于所得额计算部分，应按公营企业提取利润办法办理，不再课所得税。

12月8日 新华书店总店召开第一次店务会议，总经理徐伯昕主持，副总经理储安平、史育才和国际书店经理薛迪畅出席，总店各部、处、室负责人参加。会议研究总店组织机构，确定科级干部名单，讨论第一届全国管理委员会会议议题等问题，并作出相应的决议。

同日 新华书店总管理处为消灭贪污现象给各总分店发出指示，指出："一年多来，在所属各地机构中，曾经发生过一些贪污事件。""全国新华书店的统一工作，正在逐步进行，统一以后，必须严格执行企业管理与经济核算，而要贯彻企业管理与经济核算，必须要求全体工作人员具有廉洁朴实，勤劳节约的工作作风，坚决消灭各机构内部的浪费现象以及可能发生的贪污现象。"

12月15日 新华书店总店召开第二次店务会议，科以上干部出席，总经理徐伯昕主持。会上，传达出版总署署务会关于事业行政部门与业务部门关系的文件和出版总署1951年的业务计划，并听取国际书店分店会议情况的报告。

12月18—24日 新华书店全国管委会在北京召开第一次会议。会议由管委会主任委员徐伯昕主持，副主任委员王益、储安平、史育才，委员华应申、李文、卢鸣谷、华青禾、宋萍、常紫钟等出席，总店各部、处、室负责人列席，出版总署署长胡愈之到会并讲话。会议讨论制定《新华书店试行组织条例（草案）》《新华书店1951年工作计划大纲（草案）》和《1951年度营业概算》，并修正批准第一届会计工作会议决议及所附《新华书店统一会计制度》。

《新华书店试行组织条例》第一章总则规定，新华书店在管理上采取民主集中的经理负责制。应逐步建立民主管理制度，设立全国的、地方的管理委员会。各级店应举行各种定期的行政会议；每年并应分别举行全国范围的及地方范围的工作会议。第二章第九条列出了须由总经理提交全国管委会通过后，呈请出版总署批准的事项。

管委会决定，将山东总分店自1951年起划归总店直接领导，华南总分店改由中南总分店领导，新疆总分店改由西北总分店领导。

管委会还决定，新华书店各级店均应独立计算盈亏，内部发货必须计算折扣，图书杂志一律75折计算实价，课本一律80折计算实价。

12月21日，中央人民政府政务院总理周恩来应邀为一位出版工作者题词："为努力于人民出版事业，望百尺竿头，更进一步"。

12月25日 教育部、出版总署联合发出《关于1951年春季教科书的售价及生产供应办法的决定》，要点如下：一、人民教育出版社出版之中小学校教科书，全部由各地新华书店负责供应；二、教科书售价全国划一，各地售与学生及学校课本，不得根据任何理由，加成或加价出售；三、教科书之邮运包扎费用由各地区总分店汇总结算，如超过或少于书的定价5%时，由人民教育出版社精密审核，补贴或收还之。

12月28日 出版总署发出《取消图书基本定价改为货币定价制的决定》：自1951年1月1日起，出版的图书一律改标货币定价。

12月31日 新华书店总管理处将给《文教年鉴》提供的《新华书店发展简史和工作概况》专稿，发表在第20期《内部通报》上。指出："1950年1月至10月，新华书店总管理处及七个总分店出版书刊1610种，5658万册。……在同期内，新华书店供应了大量的'干部必读'……工农通俗读物。""新华书店总管理处出版了全国性的期刊12种，计有《新华月报》《争取持久和平争取人民民主》《中苏友好》《新中国妇女》《人民文学》《文艺报》《新观察》《人民教育》《人民美术》《说说唱唱》《人民音乐》《时事手册》等。各种期刊每期平均发行量约为3万册，其中《时事手册》最近发行量每期超过100万册。各地总分店亦均有地方性的期刊出版，约20余种。"

12月 各地读者、同业和分支店反映，《时事手册》半月刊自1950年10月15日创刊以来，在出版发行上还未能充分供应和满足需要，为此，新华书店总管理处发出通知要求各级新华书店把推销《时事手册》当作一项重要任务，主动想出各种推广方法，送到工厂、作坊、机关、学校、农村、商店及各住宅区去，争取在全国行销100万份。

同月 在中国人民志愿军入朝参加抗美援朝战争之后的一个多月，即1950年12月，新华书店东北总分店与中国人民志愿军政治部联系，从大连新华书店抽调10名干部组成新华书店东北总分店随军书店赴朝，向志愿军战士供应图书。到达前线后，改为赠送并组织阅览图书，名称也改为新华书店战地文化服务队。

同年 新华书店总管理处发行部为解决京版领袖像及宣传画在天津印造后就地包装发运问题，决定在天津设驻津发货站，先是借用纺织厂仓库，后因课本发行任务增加又购置了1 000余平方米的仓库和宿舍。1954年初，驻津发货站结束，房产移交给天津分店。

同年 "干部必读"连续重印，先后发行123万套。这套书是新中国成立初期的头号畅销书。

同年 截至1950年11月底，全国新华书店共有总分支店1 143个（包括国际书店），职工1.2万余人。全年销售书刊2亿册，5 000万元。

1951 年

1月1日　根据出版总署《关于国营书刊出版印刷发行企业分工专业化与调整公私关系的决定》，"新华书店解除了出版和印刷的业务之后，应成为全国统一经营与统一管理的书刊发行机关。现有的新华书店总管理处改组为新华书店总店。"新华书店总店于 1951 年 1 月 1 日在北京正式成立，挂牌办公。办公地址：北京和平门外延寿寺街刘家大门 1 号。

总店主要负责人及各部门负责人名单：

总经理	徐伯昕		
副总经理	王　益　储安平　史育才		
办公室	主任　倪子明	副主任	刘　麐　司贺峰
人事处		副主任	吕　纪
财务处	主任　陈正为	副主任	劳祖德　杜锡贤
计划处	主任　储安平（兼）	副主任	柳永生　徐大明
图书发行处	主任　仲秋元	副主任	韩志平
课本发行部	主任　于　强		
期刊发行部	主任　李德元	副主任	贺尚华
国际书店	经理　薛迪畅	副经理	朱　希

在总店成立之前，新华书店东北（沈阳）、华东（上海）、山东（济南）、中南（武汉）、华南（广州）、西北（西安）、西南（重庆）、新疆（乌鲁木齐）总分店已成立。华北总分店由总店直接领导。

各总分店经理、副经理名单如下：

大行政区	经理	副经理
东北总分店	周保昌	王 璟
华东总分店	卢鸣谷	刘子章　周天泽
山东总分店	张 治	李克公
中南总分店	华青禾	陈树穗　王 矛　浦一之
华南总分店	吴 仲	龚稼华
西北总分店	常紫钟	雷达天　王乃夫　程刚枫
西南总分店	宋 萍	周 布
新疆总分店	陈林彬	哈斯木　李庆宏

同日　三联书店、中华书局、商务印书馆、开明书店和联营书店 5 个单位的发行机构，在北京联合成立中国图书发行公司总管理处（简称中图总处）。总经理邵公文（三联）、副总经理史久芸（商务）、郭农山（中华）、章锡琛（开明）、万国钧（联营）。中图总处下辖 32 个分公司，是一个公私合营性质的专业发行机构。办公地址：北京和平门内绒线胡同 66 号。

1 月 9 日　出版总署批准《新华书店组织条例》。《条例》共 10 章 52 条，规定新华书店为直属中央人民政府出版总署的国营书刊发行企业，设全国管理委员会，为全店民主管理的最高会议；总店的总经理、副总经理为全国管委会的正、副主任委员。总店统一领导、管理全国各地新华书店及国际书店。

同日　总店为执行教育部、出版总署《关于 1951 年春季中、小学教科用书两个决定》，发文给各总分店、分店，提出四点贯彻意见：一、关于组织同业供应问题，大中城市批给同业供应的课本，不应超过该市总销数的 50%；一般县城及乡村可视同业的多少，采取分区分工配售；在新区则应广泛组织同业巡回供应。二、各店应主动与教育部门研究，确定本区新需课本数字，以便有计划供应。三、对同业批发由 80 折改为 85 折，对学校机关供应取消折扣。四、包扎邮运费以总分店为汇总单位，其运费如超过定价的 5%，或未到此比数，均应申报人民教育出版社补贴或退还。

1 月 17 日　出版总署发出《关于我署所属企业单位新华书店总管理处改组及成立人民出版社、新华印刷厂管理处、新华书店总店等三企业单位的通报》，指出："根据国营出版事业统一分工与专业化的方针，我署于1950年11月核定将我署直属企业单位新华书店总管理处进行改组。把新华书店的出版、印刷、发行一揽子的经营方式分成三个独立的专业单位。""将新华书店总管理处发行部及其他部门改组为新华书店总店，统一管理全国新华书店专营书刊的发行工作。"

1月19日　出版总署批准《新华书店总店1951年工作计划大纲》。计划大纲是以政务院《关于改进和发展全国出版事业的指示》、出版总署《关于第一届全国出版会议的五项决议》《关于国营书刊出版印刷发行企业分工专业化与调整公私关系的决定》等三个文件为全店1951年进行工作的主要依据。计划大纲要求：1951年全店应以整顿与巩固为主，重点发展为辅，彻底实现全国新华书店的统一领导；4月1日起，全店实行新定的统一会计制度；全店全年计划销货总额为6175亿元（旧人民币），3.48亿册，毛利不少于1005.35亿元（旧人民币）。

1月23日　中宣部部长陆定一向周恩来并中央写报告，汇报新华书店全国统一的情况，指出目前存在的问题及其主要原因，提出解决问题的意见，请求政务院和中央指示。

2月2日　出版总署函告总店，根据政务院《关于改进和发展全国出版事业的指示》精神，团结与组织私营书店做好书刊发行工作及流动供应工作，应为新华书店的主要任务之一。要求总店通知各省市店积极执行。

2月15日　由总店编印，被确定为全店范围内最高指导性刊物《新华通报》创刊。《新华通报》为总店业务刊物，主要刊发上级政府有关出版发行工作的决定和指示，领导同志报告和专文，新华书店内部的公告和重要通知，以及新华书店系统内部一些重要的规章制度和业务流程。发行对象为新华书店全体工作人员。

总店于6月27日成立《新华通报》编委会，由徐伯昕、王益、储安平、史育才、倪子明、吕纪、王矛、仲秋元、贺尚华、于强、陈正为11人组成编委会，徐伯昕为主任委员。

《新华通报》于 1952 年 12 月 30 日停刊。10 个月里，共出版 26 期，刊登文稿 147 篇，约 85 万字。

2 月 19 日 总店向各分支店发出《总店图书发行部暂行发货办法》，发给各总分店、分店、支店执行。《办法》主要内容：人民出版社出版的图书由总店统一供应，垂直寄发给华北区、山东区、华南区、西南区及中南区之河南等地新华书店的分支店。其他区、省店的图书供应，由出版社寄发纸型，就地造货。为充分了解各地书店对图书的实际需要，克服发行盲目性，提高计划供应程度，总店在图书出版前印发新书预告单和预订单，要求各分支店根据新书的内容、对象、估价以及当地读者实际需要等情况，在 2 日内确定 3 个月的需要数量，填报"人民版新书需要基数表"，回告总店图书发行部，作为造货与发货的依据。在新书造货前，总店发行部制发"新书出版预告单"给各分支店。这个《办法》是新中国成立后总店制定的第一个暂行发货办法，也是我国出版流通领域的第一项业务制度。

2 月 23 日 总店成立大会在北京国会街（现宣武门西大街）新华社大礼堂举行，中宣部、出版总署、各出版发行单位领导及总店全体职工出席。

中宣部部长陆定一在成立大会讲话中指出："新华书店的地位是很重要的，你们已经是一万人的大队伍，你们的任务很重大。有些同志说，你们的工作是做生意……你们做的是思想生意。"

出版总署署长胡愈之在讲话中指出："新华书店是专营书刊发行的国营出版事业机构。……发行是很重要的工作，在整个出版事业中，是起决定作用和关键作用的。"

总店副总经理王益在讲话时表示："我们特别感到光荣的是，《毛泽东选集》将在年内出版并决定由本店担负发行工作，我们必须充分做好准备工作，使这册辉煌巨著，完满送到望眼欲穿的每一个读者手中。"

2 月 总店调派绥远分店经理文野到新疆总分店担任第二副经理。

3 月 7 日 总店向各总分店、分店经理发出《关于执行新华书店工作报告制度》的通告。该制度将文字报告和数字报告（即每月统计表）结合在一起，规定凡未附统计表者，所寄工作报告作为不完整论，并要求限期补报，从而提高了统计报表的上报率，从制度上为统计工作的发展提供了保证。以加强各级书店之间的上下级领导关系，并初步建立全店范围的统计制度，这是新中国成立后总店首次制定的全国新华书店统一的报告制度和统计制度。

3月10日　总店与人民出版社签订《图书产销合同》，出版总署办公厅作为合同监证单位，派人参加合同签字仪式。

《图书产销合同》是总店与出版社签订的第一个店社业务往来合同。《合同》共20条，明确规定图书产销双方业务往来的职责和经济关系。主要内容包括：一、出版社出版的图书全部交由新华书店发行，在版权页上注明"发行者：新华书店"字样，出版社不得再委托其他方面发行。二、店社往来方式，分为订货和寄销两种，以订货为主。三、出版社在新书发排的同时，要将书名、著译者、内容简介、开本、定（估）价、读者对象、交货时间等项内容通知新华书店，以凭布置订货。四、订货应在约定期限内全部交齐。五、有时间性的出版物，超过约定交货期一周的，一般图书超过约定期15天的，书店可要求将订货数的一部分改作寄售。六、书店对出版社的货款结算，一律按图书定价的65折付款，在收书第二个月起分四个月付清。七、寄售书按月实销实结。八、对于因图书内容错误造成的经济损失，由出版社承担。

不久，各大区总分店与当地人民出版社参照这份合同签订区域图书产销合同。

此后，从3月至7月，总店还与中图签订《相互往来合约》，与邮电部邮政总局签订《期刊互销合约》。

1951年7月1日，由于实行货款划拨清算制度及有关情况变化，总店又与人民出版社签订《书刊产销合同》，已签订的《图书产销合同》即行撤销。10月对《期刊互销合约》进行修订。

3月15日　经总店批准，西南总分店组建随军书店，并派钱朴等携带首批图书，随18军开赴西藏。翌年6月，在随军书店基础上建立了西藏工委宣传部书店，并为筹建西藏新华书店作准备。

同日　总店任命王化成为陕西分店副经理。

3月20日　总店为提高在职干部文化水平，经与北京师范大学商谈，双方签订《共同办理新华书店总店职工业余学校合约》，双方推派王益、丁浩川等7人组成校务委员会。4月，新华书店总店职工文化学习业校在北京师范大学成立。总店副总经理王益出席成立大会并讲话。共举办了两期，总店近2/3的职工参加了学习。

3月26日—4月3日　总店和人民教育出版社在京联合召开第一次全国教科书出版工作和课本发行会议。会议确定有关部门之间要分清职责，订立合同，加强对课本发行的调查统计工作，以保证课前及时供应课本；决定分区印制中小学课本。会议还确定了"先远后近、先山区后平原"的课本发行原则。这次会议为教科书的出版从过去各自为政逐步走向全国统一奠定了基础。

3月　月初，中国人民志愿军政治部主任甘泗淇回沈阳，同新华书店总分店联系，希望增派战地文化服务队人员，多向志愿军供应鼓舞士气的图书画册。东北总分店专门召开店务会议研究，决定立即派总分店图书发行部主任郑士德赴京，向总店汇报，并建议扩大战地文化服务队人数和增加书源；由总店在全国书店系统范围内统一组织领导，办理赴朝和运送图书的具体工作，由东北总分店承担。郑士德到总店后，先向总经理徐伯昕汇报东北总分店的意见和建议，徐伯昕立即表示同意。第二天下午，副总经理史育才将总店研究后的部署告知郑士德。总店完全同意志愿军政治部的要求，表示要以最快速度，从全国选派战地文化服务队人员，以更多更好的图书支援志愿军。因此，东北总分店将总店的安排部署向志愿军政治部作了汇报。同时，东北总分店的图书发行部增设了部队发行科，加强了与志愿军的联系和服务工作。3月中旬，总店增派的第一批战地文化服务队12人先到达东北总分店，然后入朝与最早到达的战地文化服务队员会合。5月份，东北总分店随时接受从全国各地募集来的图书，经过精选和整理，陆续通过军车运送到战地文化服务队。分批赴朝的战地文化服务队，总人数59人（其中新华书店系统50人），人员来自新华书店华北、东北、西北、华东、中南、西南等总分店和山东总分店，以及中国图书发行公司和国际书店。

4月1日 总店制定《新华书店进货工作要则》《新华书店批发工作要则》《新华书店同业批发简章》，并下发各总分店、分店贯彻执行。

4月17日—11月20日 出版总署于4月17日给人民出版社、新华印刷厂总管理处和新华书店总店发出《认真做好〈毛泽东选集〉的出版印刷发行工作的指示》。《指示》指出：《毛泽东选集》的出版，是我国及国际文化生活中的一件非常重大的事情，是出版部门在1951年的首要工作。指定总店负责全国发行工作，要求总店制订周密计划，激发全体同志的积极性与创造性，保证如期完成任务。

出版总署决定，由黄洛峰、祝志澄、华应申、王益等13人组成《毛泽东选集》出版印刷发行工作委员会，黄洛峰任上任委员，祝志澄、华应申、王益任副主任委员。

总店于9月19日向全国各总分店、分店发出经《毛泽东选集》出版印刷发行工作委员会批准的《〈毛泽东选集〉发行计划》，要求各级新华书店必须以高度的责任心、周密的布置，保证计划的完成。

《毛泽东选集》第一卷于10月12日在全国各大城市店同时发行，第一卷全国总印数100万册。当天清晨，各地读者满怀喜悦来到新华书店门前排起长队，争相购买，盛况空前。各地党政领导同志来到新华书店主持首发仪式，并参加售书活动。北京、上海、天津、重庆等地的第一批书，当天上午全部售完。

《毛泽东选集》第一卷出版庆祝会于10月由出版总署在北京召开，参与《毛泽东选集》第一卷出版、印刷、发行的有关人员约200人参加。胡愈之署长在会上讲话。他说："毛泽东著作的出版是马克思列宁主义的重要事件，不但影响全中国，也不能不影响全世界。……今天完成这个光荣任务，首先应归功于毛泽东选集出版委员会。但是出版总署各有关部门，特别是人民出版社、印刷厂、新华书店全体同志们在出版、印刷、发行方面，也作了很大努力。"毛主席秘书、毛泽东选集出版委员会主要成员田家英代表毛泽东选集出版委员会出席会议并讲话，介绍了《毛泽东选集》的编辑过程。

总店又在 11 月 20 日发出《关于修订〈毛泽东选集〉发行计划》的通告，对发行数字等项进行了修订。

4 月 17—20 日　新华书店全国管理委员会第二次会议在北京召开，王益、储安平、史育才、华应申、周保昌、华青禾、卢鸣谷、常紫钟、宋萍、薛迪畅等委员会成员出席，徐伯昕因病缺席，王益主持会议。会议邀请山东、华南、新疆三个总分店经理，以及出席全国书刊发行会议的各总分店业务部主任、图书期刊发行部主任吴仲、张全吾、殷劲、张治、王璟、郑士德、潘建萍、陈林彬、程刚枫、仲秋元、倪子明、劳祖德、陈正为、朱晓光、王矛、徐大明、于强、柳永生、李德元、沈静芷、杜锡贤、胡序介等列席。

会议议决：加强对抗美援朝书刊发行，1951 年计划发行 1 亿册；实施货币管理；培养和训练干部；加强与当地人民出版社之间的联系；全店内部的业务刊物命名统一；等等。出版总署署长胡愈之应邀出席并讲话。

4 月 23—28 日　总店受出版总署委托，在北京召开全国书刊发行会议。总店副总经理、各总分店经理和业务部主任、图书期刊发行部主任共 40 余人参加。会议总结新中国成立以来的图书进发货工作情况，在讨论《总店图书发行部暂行发货办法》执行情况的基础上，集中研究并制定《新华书店进货发货试行条例》。

4 月 26 日　出版总署函告财政部："根据出版专业分工单位划分后，新华书店总店实有政府资金小米 2 038 万斤，合人民币 90.6 亿元（旧人民币）"。

4 月 27 日　总店发出《关于认真执行课本发行会议决议的通知》，并附发《课本发行会议关于几个问题的决议》，具体规定了课本发行办法。

4 月　随着新中国成立后国内形势的变化和发展，总店决定，撤销新华书店随军分（支）店建制。

4—12 月　总店先后两次在全国新华书店开展慰劳中国人民志愿军的募书活动。

到 6 月底，华东总分店共募集各种书刊 233.6 万册，福建分店募捐 64 万册，天津分店募集 15.5 万册，山西分店募集 40.7 万册，西安市支店募集 1.3 万册，山东总分店募集 80 多万册，河北分店募集 20 多万册，北京分店募集 36.35 万册，西南总分店的川东、川南、川西、川北、西康 5 个分店募集近 10 万册。

9 月，总店组织全国新华书店开展第二次为中国人民志愿军战士募书活动。到 12 月，黑龙江分店募集书刊 20 多万册、中南总分店募集 76.9 万册。

据不完全统计，截至年底全国新华书店两次大规模的群众募书活动，共募集书刊近 1 000 万册，全部集中到东北总分店。经过精心整理、筛选，分批运送到朝鲜前线，供志愿军战士阅读。

5 月 14 日 教育部、出版总署联合发出《关于教科书在华北区试行预订制的通知》，并附《新华书店课本预订办法》，从此开始了课本通过预订实行计划发行的办法，后扩大到全国。

同日 出版总署通知总店，原则上同意新华书店从私营出版社进货，统一委托中国图书发行公司办理。

5 月 15 日 总店制定《新华书店人事管理制度（草案）》和《新华书店总店保安条例》。

5 月 22 日 出版总署发出《加强抗美援朝书刊发行工作的指示》，同意总店关于发行抗美援朝书刊 1 亿册的计划。

同年，在总店统一组织下，全国新华书店积极宣传推销抗美援朝书刊，全年发行此类书刊 1 亿册，有力地配合了抗美援朝、保家卫国的伟大斗争。

5 月 24 日 总店第 11 次店务会议决定，成立"新华书店总店业务训练班"。班主任由总店人事处副主任吕纪兼任，副主任徐大明。8—10 月办了第一期，华北地区部分新华书店的会计 40 余人参加学习；11 月办了第二期，华北地区部分新华书店支店经理参加学习。

5 月 30 日 总店经出版总署和房委会批准，购置北京前门外廊房头条 10 号，原天宝金店房屋 135 间（自然间），全部价款为五福布 6 500 疋。总店行政管理部门于 7 月 16 日迁此办公。业务部门仍在和平门外延寿寺街原址办公。

5月 总店统一部署对全国各级新华书店垂直发货。

6月1日 总店呈经出版总署批准，成立华北工作组，以利于及时指导、处理华北区直属分店的各种工作及有关事务。李德元为华北工作组主任，徐大明为副主任。总店于6月18日发出《关于成立华北工作组的通告》。华北工作组的任务是，协助总经理通盘筹划改进与提高华北区的发行工作。

6月8日 上午8时35分，来自山东总分店的战地文化服务队队员高照杰在朝鲜阳德为美帝敌机杀害，光荣牺牲。高照杰殉职后，中国人民志愿军政治部追恤他为烈士，其家属按烈属抚恤。

6月28日，总店总经理徐伯昕，副总经理王益、储安平、史育才联名向全国新华书店发出讣告。在总店的店务会议上，全体起立为高照杰默哀3分钟。在总店举行的追悼大会上，徐伯昕、王益、储安平、史育才送了挽联。

6月底—7月中旬，东北、山东、华东、中南等总分店以及各地分店，纷纷举行追悼会，缅怀高照杰的革命精神。

8月中旬，高照杰烈士的父亲高云川写信给总店总经理和副总经理，表示要继承高照杰的未尽之志，化悲痛为力量，努力生产增产，积极支持中朝人民军队，为牺牲的烈士报仇。总店总经理室于1951年8月22日给高云川回信表示慰问，同时寄去10份全国新华书店悼念高照杰的刊物、文章和照片。

6月10日 总店为了加强书店内部管理，提高工作效率，便利业务、财务上的收发登记工作，编定全店店号，发出《关于公布我店店名、店号的通告》。通知全国各分支店，自7月1日起统一使用。

6月13日 总店积极响应中国人民抗美援朝总会发出的"捐献飞机、大炮支援前线，巩固国防"的号召，向各总分店、华北区各分店发出通知，号召全店职工捐献"新华书店职工号"飞机一架。同时附发《总店全体职工为捐献新华书店职工号飞机致全国新华书店职工同志的信》。按照抗美援朝总会的规定，捐献一架战斗机为人民币15亿元（旧人民币）。全国新华书店职工热烈响应号召，共捐献人民币22.8亿元（旧人民币），为人民志愿军捐献飞机1架和高射炮1门，超额完成任务。

6月14日 出版总署根据总店的报告，决定将国际书店进口苏联出版中文书刊的业务，自7月1日起，全部移交新华书店发行。

6月15日 出版总署、中国人民银行总行发出《颁发划拨清算办法的联合指示》，并附发《出版总署所属企业单位划拨清算办法》，决定从7月1日起实行。

6月 出版总署批准总店下列人事调动：倪子明改任计划处主任，宁起枑任副主任；王矛任办公室主任；李德元任华北工作组主任，徐大明任副主任；朱晓光任期刊发行部副主任；免去储安平计划处主任兼职。

同月 总店与中国人民银行北京分行签订《划拨清算合同》，合同的主要条款是加强现金管理，实行划拨清算，取消商业信用。

7月1日 新华书店总店、中国图书发行公司总管理处与中华全国供销合作社联合总社共同签订《关于书刊发行工作的协议》，共七条。主要内容：一、供销社县联社发行图书与当地新华书店发生业务往来。二、书店交货后县联社于一个月内陆续付清货款，按8折结算，不得拖欠。三、县联社批进的图书如销不完，每三个月可退换新书一次，退换数量不得超过三个月批进图书总金额的10%。这是书店与供销社签订经销代销图书的第一个协议。

《协议》签订后，全国基层供销社普遍开展了书刊代销业务，在各地新华书店和供销社的共同努力下，全国范围的农村图书发行双轨制逐步形成。

7月23—28日 总店召开全国书刊发行会议，讨论并制定《新华书店进货发货试行条例》，共8章60条。即日起公布试行。主要内容：一、规定了进货原则。二、规定了店社的职责和经济关系，明确店社业务往来必须签订《图书产销合同》；并规定"交由本店发行之出版物，均应给予一定之退货额，根据双方商定的退货率，适当调整书店的进货折扣"。三、规定了发货方式、顺序和折扣，发货方式有三种：一是征求订货，二是接受添货，三是主动发货。主要采取前两种方式发货，尽量少用后一种方式发货。发货顺序为先远后近、先分店后支店，发货折扣一般为75折。四、规定了销货店要制订季度和年度进货计划、预算，每季度向发货店填报新书需要的基数表。五、规定了解决此存彼缺、开展存书调剂工作的要求。《条例》进一步明确了进货原则、店社关系、发货方式、进发货折扣、订货审核、存书调剂等进发货方面的业务问题。此条例较2月制定的《总店图书发行部暂行发货办法》有了很大的改进，成为一段时期内，全国新华书店进发货工作统一执行的一个重要业务制度。

9月1日　总店召开店务会议，对1950年9月—1951年8月的全店工作进行总结。总结了如下问题：一、从思想战斗任务来考察；二、从企业经营任务来考察；三、从国营企业的领导任务来考察；四、今后努力的方向。

9月5—12日　新华书店全国管理委员会第三次会议在北京召开，王益、华应申、储安平、史育才、周保昌、卢鸣谷、华青禾、宋萍、常紫钟、薛迪畅等管委会成员出席，徐伯昕因病缺席，王益主持会议。仲秋元、倪子明、邵公文、劳祖德、吴仲、张治、朱晓光、王矛、宁起枷、陈林彬等列席。出版总署署长胡愈之到会并讲话。

会议讨论通过的主要文件：一、《关于纠正忽视政治倾向的决议》。二、《〈毛泽东选集〉发行计划》。三、《关于统一资金的决定》。四、《关于清理资产核定资金的决定》。五、《关于清理滞销存书的决定》。

9月17日　总店与华北军区政治部文化部签订《关于部队图书馆代售书刊合约》，共有8条。主要内容：书店批给部队图书，均按照定价8折计算，书款半月结付一次，一月结清。部队未售出的图书，可按原批进书价总额向书店退换新书10%，期刊退货不超过5%。

9月20日　总店向出版总署写报告提出：建议国际书店直接归总署领导，解除总店对国际书店的领导责任。出版总署于1952年5月5日决定，国际书店改由出版总署直接领导。

9月29日　总店为贯彻第三次全国管理委员会《关于纠正忽视政治倾向的决议》，决定在总店内部开展自上而下的检查忽视政治倾向的学习运动。

10月8日　总店为促进期刊发行工作的计划性实施，避免发行的盲目性，降低发行费用，决定实行期刊定期收订办法。

10月18日　文化部、出版总署联合发出《关于加强年画工作的指示》。

《指示》指出：年画只有经过良好的发行才能到达广大人民手中，要求做到家家户户都能买到新年画。

10月29日　总店第19次店务会议，议决调王矛同志改任图书发行部副主任。

11月5日　政务院财政经济委员会以主任委员陈云名义，发给总店经营执照。执照内容："新华书店总店设立于北京市，经营图书课本期刊发行业务，经本会核准登记，特发给执照以资凭证。"执照编号为公字第35号。

11月9日　根据出版总署指示，总店成立增产节约检查委员会。委员会由总经理、副总经理和各部处室主任、副主任、党支部书记、团支部书记、工会主席组成，领导总店进行增产节约的监督检查工作。

11月22日　出版总署《书刊审读简报》第5号，分析1951年以来全国出版物的思想情况，指出：一、马克思列宁主义、毛泽东思想成为全国出版界的主导思想；二、配合了全国政治运动和思想改造工作，及时出版了很多读物；三、在通俗读物方面出版发行数量激增，基本上代替了旧的通俗读物；四、自然科学和应用技术方面，出版了不少学术论著，开始能够配合生产建设；五、少数民族地区，出版了蒙、回、维、藏文读物。

11月26日　出版总署发布《关于查禁书刊的规定》，规定凡禁售书刊须经出版总署批准。但对于政治上反动及有严重错误的书刊，在未经出版总署禁售前，各地可先行封存。

11月27日　出版总署发出《关于中国图书发行公司的方针、任务以及和新华书店分工问题的指示》，规定中图应以自然科学、应用技术两大类的出版物为其专业发行方向。其余出版物，概由新华书店集中发行。

11月28日　总店通知各总分店转所属分支店，要求对毛主席题写的"新华书店"标准字，除在招牌、证章上仍保留外，各种印刷品及印章均改为普通字体。

12月1日　总店向各总分店发出《关于认真做好清理资产核定资金工作的指示》。总店已于10月12日成立清理资产核定资金委员会，在出版总署领导下，领导全店进行清产核资工作。

此后，全国新华书店全面开展了清理资产、核定资金（包括清理外欠）工作。这次清产核资，摸清了全国新华书店的资产、资金家底。到 1952 年 8 月，全国新华书店自有资金为 2 175 万元，其中固定资产 619 万元，国有流动资金 1 565 万元。

12 月 8 日　中共中央发出《关于反贪污斗争必须大张旗鼓地去进行的指示》，总店按照出版总署的部署，开展了反浪费、反贪污、反官僚主义的"三反"运动。

12 月 13 日　总店向出版总署汇报关于开展纠正忽视政治倾向的学习情况，汇报列举如下问题：一、单纯任务观点的思想指导下所产生的摊派现象；二、单纯经济观点；三、不能密切和及时地配合国家政治任务；四、为工农服务的观点不明确；五、不重视团结同业，政策观念薄弱。同时，提出了纠正上述倾向的措施。

12 月 19—22 日　新华书店全国管理委员会第四次会议在北京召开，王益、华应申、史育才、薛迪畅、华青禾、卢鸣谷、周保昌、常紫钟、宋萍 9 位管委会成员出席，徐伯昕因病、储安平因参加土改缺席，王益主持会议。中图总经理邵公文，山东、华南总分店负责人及总店各部、处、室负责人等列席。会议讨论并通过《1952 年工作计划大纲（草案)》《增产节约计划》，并就"彻底消灭存书积压""试行定额管理""1952 年如何进行基本建设"等问题交换了意见。

出版总署署长胡愈之到会并讲话，他指出，增产节约对新华书店来说最重要的一件事，就是要在工作中逐渐走上计划化。新华书店有无浪费，可以从资金周转上来考察，而存货积压又是检查资金周转的主要指标，计划发行则是解决进销脱节问题的有效办法。

12 月 21 日　政务院第 116 次政务会议通过《管理书刊出版业印刷业发行业暂行条例》和《期刊登记暂行办法》。同时，批准《国外印刷品进口暂行办法》，并于 1952 年 8 月 16 日正式公布施行。

同日　政务院发出《关于建立全国报纸书刊发行网的决定》，要求邮电部、文化部、出版总署、供销合作总社、新华书店等部门和单位"认真动员与组织国家的与社会的各种发行力量，有计划有步骤地在工厂、矿山、农村、部队、机关、团体、学校建立书店、发行站和专业的发行员，经常发卖报纸书刊。迅速建立全国的广大规模的报纸书刊发行网，广泛深入地发行有利于人民的报纸书刊。"并决定自1952年起，各大行政区逐步成立各级发行委员会。

　　出版总署于1953年12月24日转发政务院《关于撤销各级发行委员会的通知》，要求已设立的发行委员会，即行撤销。

　　12月26日—1952年7月11日　总店于1951年12月26日向出版总署、教育部、华北事务部提出报告：目前华北区共有我店支店90个、县办书店240个，成为我店的有力助手。出版总署与华北事务部曾发布联合指示，明确规定各县办书店的任务，并确定了双重领导关系，还规定"业务方面由当地新华书店领导"，但是由于经营管理上不是一个系统，有许多问题仍然得不到解决。为此，提出应有步骤地统一县办书店，将其改组为新华书店的支店，并提出了进行统一的步骤和办法。

　　总店于1952年3月29日又向出版总署提出报告称：根据政务院于3月12日发布之《关于统一处理机关生产的决定》，属于机关生产性质的县办书店，因按此决定精神归我店接管，作为中央的并属于出版总署的国营企业的一部分。提出了《接管华北区县办书店方案》。总店又于6月11日，向出版总署报送修改后的《关于华北区县办书店接管方案》和《接管华北区县办书店在财务方面的处理办法》。

　　出版总署经征得华北行政委员会同意，批准总店提出的方案和办法。华北地区在七八月间完成了接管县办书店的任务。

　　12月　总店发给各总分店、各分店的《关于修订每月统计报表的通告》指出，认真执行统计报表制度获得了很大成绩，为减少工作中的盲目性和加强计划性打下了初步基础。该通告决定从1952年1月起，实行修订后的每月统计报表制度，要求统计数字应与财务上各项数字尽量取得一致，统计工作应与财务工作密切配合，并认真按照规定时间填报。

修订后的每月统计报表内容包括：一、增加存货统计，使收、进、发、销、存数字完整无缺；二、增加销货和进货的折扣、实洋统计，便于进一步分析实际经营情况；三、取消收货的区域分析；四、书刊分类增加"其他"一类，对画、像、纪念章、石膏、唱片等归类更适当；五、增加收、进、发、销、存报表一种；六、增加开支总额的统计。

同月 总店召开新华书店第一届人事工作会议，讨论本店人事工作方针，职责范围，人员的吸收、教育和培养；修订《新华书店人事管理制度》；制定《人事工作报告制度》和《人事统计工作制度》。

同月 胡乔木著《中国共产党三十年》出版发行。这本书经毛泽东审阅，成为广大中共党员和各级、各类干部的学习读本，也成为其后编写中共党史的范本。

同年 总店在证章厂定做一批新华书店店徽，发给总分店、分店登记名册，给每个职工佩戴。

同年 总店及在京直属单位固定资产（原值）37万元，商品资金106万元。销售总额14 474万册，3 037万元，利润119万元，利润率3.9%。年末职工616人。

1952 年

1月1日　正当新华书店抗美援朝战地文化服务队在战场上与最可爱的人——人民志愿军共同欢度新年的时候，每一名战地文化服务队员都收到一封用照相复制的、由出版总署署长胡愈之亲手写的慰问信，使文化服务队全体队员受到很大的鼓舞。

3月5日　总店向全国新华书店发出《关于〈毛泽东选集〉第二卷发行工作的指示》。《指示》指出：《毛泽东选集》第二卷全国总印数为150万册，将在3月初出版，4月10日在全国同时发行。发行《毛泽东选集》第二卷是重要的任务，要保持高度的严肃性，使每个同志都具有"只许做好，不许做坏"的认识，并提出了具体的发行办法。

3月26日　中国新民主主义青年团中央出版委员会决定，由于青年出版社准备与开明书店合并，将青年出版社的发行业务，分别移转新华书店和中国图书发行公司办理。

经出版总署同意，总店、中图总处、青年出版社总处3家，商定《关于青年出版社发行移转新华书店及中国图书发行公司主要问题协议》，决定各项转移工作于4月1日起办理，4月15日前全部办理完毕。

4月1日　出版总署内部机构调整，增设发行管理局。局长徐伯昕（仍兼新华书店总店总经理），副局长华应申（由原人民出版社副社长调任）、王益（仍兼新华书店总店副总经理）、储安平（由原新华书店总店副总经理调任）。发行管理局内设三个科，第一科科长刘麘（处长级），第二科科长仲秋元（处长级），第三科科长宁起枷（处长级）。

4月22日　根据出版总署指示，总店发出通知，明确规定各地新华书店负责进口书刊的国内发行工作，书刊进出口业务移转中国国际书店。

4月29日　总店发出通知：为了使我店的组织系统更为健全合理，新华书店全国管理委员会第四次会议议决，并经出版总署批准，自5月1日起，山东总分店改组为山东分店，划归华东总分店领导，任命李克公为分店经理、王英洲为副经理。同时，济南、青岛、徐州三个分店改为支店，隶属山东分店。

5月6日　总店发出通知，经新华书店全国管理委员会第四次会议议决，并经出版总署批准，华南总分店自6月1日起改组为广东分店，由龚稼华暂代经理，归中南总分店领导。

5月9日　总店发出通知：经新华书店全国管理委员会第四次会议决定，并经出版总署批准，自6月1日起，新疆总分店改组为新疆分店，由西北总分店领导，文野任分店代经理。

6月13日　总店发出通知：为了加强对华北区分支店的领导，并使总店真正面向全国，加强对全国工作的领导，业经呈请出版总署批准，于6月10日恢复成立华北总分店。出版总署任命总店副总经理史育才兼任华北总分店经理，倪子明、于强担任副经理。华北区各分支店即改归华北总分店领导。总店原有的图书发行部、期刊发行部、课本发行部和全国性发货业务，即移交华北总分店。华北总分店的行政部门在廊房头条10号，业务部门在北京和平门外延寿寺街刘家大门1号。

总店解除了直接领导华北区分支店和经办进、发货业务后，撤销了原有的3个业务部门，在总经理室下，设立办公室、人事处、财务处及计划处4个部门。办公室主任刘磨，人事处主任吕纪，财务处主任劳祖德，计划处主任仲秋元，副主任贺尚华。工作人员共33人。总店办公迁到东总布胡同10号出版总署，与发行管理局合署办公。

从此之后，总店专事全国新华书店的业务权、财务权管理工作，全国新华书店系统形成完整的总店、总分店、分店、支店四级管理体制。

6月16日　总店呈报出版总署批准，任命张志刚为西南总分店第二副经理。

7月18日 总店发出重编店号的通知。规定：各级新华书店店号一律用五位阿拉伯数字重新编制，第一位数字表示总店及总分店一级；第二位数字表示分店一级；第三位到第五位数字表示支店一级。由总店确定各总分店店号；总分店确定所属分店店号；各分店确定所属支店店号。

8月7日 总店颁发《关于各级新华书店工资标准的通知》。总店根据政务院颁布的《各级人民政府工资制工作人员工资标准》及中央规定的《国营出版社工作人员工资标准》，制定《各级新华书店工资标准》，经出版总署核准后下发，要求各总分店参照此标准拟定本区工资标准，报经各大行政区人民政府出版行政机关核准后，进行评级评薪工作。

《各级新华书店工资标准》共分 25 个工资级别，每级规定了相应的工资分。最高为 1 级，工资分 740 分；最低为 25 级，工资分 85 分（薪金以"分"为计量单位，1 分含 1 市斤小米、1 市斤面粉、1 市尺五福布，按当天银行折实价计算）。

8月25日 出版总署发出通知，对执行《期刊登记暂行办法》《管理书刊出版业印刷业发行业暂行条例》《国外印刷品进口暂行办法》的具体办法作出规定。9 月 9 日、25 日，出版总署又发出核准营业及登记工作的补充指示和注意事项。

9月8日 出版总署发行管理局发出《关于开展书刊推销运动的指示》，要求新华书店、国际书店及中国图书发行公司三个发行系统自 10 月 15 日起，在全国各地同时展开"书刊推销运动"，为期一个月，希望多年积压的滞销书能够通过这次运动，得到一次彻底的解决。

总店于 9 月 9 日向各总分店发出《转发出版总署关于开展"书刊推销运动"的指示》，要求各总分店按照指示切实进行，进行情况随时报告总店。

同日 总店函复西南总分店，同意撤销川东工作组和川西、川南、川北分店，成立四川分店，任命白真为经理，梁乙亭、徐传德为副经理。

9月13日 出版总署通知总店，经财政部审核，同意总店 1951 年度利润 118.9 亿元（旧人民币），转作政府资金。

9 月 22 日 总店制定《全国书刊发行网的基本情况及今后扩充和调整发行网的办法》，提出"有计划有步骤地在全国布置一个完整的发行网"的初步意见。这个发行网包括新华书店积极扩充分支机构，加强与国际书店、中国图书发行公司和邮局的合作分工，发展合作社（消费合作社和供销合作社）代销，普遍设立书亭、售书处，发挥私营书店的作用，组织专业和业余发行员，等等。

据 1949 年 10 月份统计，全国共有新华书店分支店 735 家。1950 年 10 月份统计，发展为 1 039 家，截至 1952 年 6 月底，全国共有新华书店 1 086 家。这些店分布在全国各大中小城市，约占全国县市总数的 48%。《办法》要求在 1953 年达到 1 800 家，争取在 1954 年前达到每一个县都普遍设立支店，到 1957 年全国分支店应达到 2 400 家。

10 月 3 日 总店发出通知，经出版总署批准，任命张治为西南总分店经理，原经理宋萍改任副经理，原由宋萍担任的全国管理委员会委员一职，改由张治担任。

10 月 17 日 总店发出通知，为了适应客观情况的变动和需要，自 11 月 1 日起将原华北区绥远分店改称为蒙绥分店，原东北区内蒙分店改称为内蒙东部分店。

10 月 22 日 总店颁发《新华书店各级店印章格式统一方案》，要求各级店制作印章时，均按本方案规定办理。《方案》规定了总分店、分店店章的三种形式：方章、条戳、圆章的文字和尺寸大小；支店店章的两种形式：条戳、圆章的文字、形式和尺寸大小，并规定了各种店章的使用范围。此外，对各总分店暨所属分支店内部机构用章的格式和使用范围也作了规定。

10 月 25—31 日 出版总署在北京召开第二届全国出版行政会议，胡愈之署长在会上作了《为进一步地实现出版工作的计划而奋斗》的报告，发行局副局长华应申代表发行局作了以《进一步地实行计划发行》为题的中心发言。会议总的精神是制订《1953 年出版事业建设计划》，进一步实现和加强出版工作的计划性，在发行方面要进一步实现发行工作的计划化。新华书店方面有总店、各总分店的经理以及部分分支店经理共 30 人参加。这次会议确定了计划出版和计划发行的制度。

11 月 2—6 日 新华书店全国管理委员会第五次会议在北京召开。徐伯昕因病请假，其余委员 10 人全部出席。出版总署发行管理局、新华书店总店和总分店、分店一部分负责人以及中图总处邵公文等 30 人参加。王益主持会议。会议主要任务是，讨论贯彻出版总署第二届全国出版行政会议的方针和精神，制订新华书店 1953 年工作计划和进一步实行计划发行等工作安排。出版总署署长胡愈之、副署长陈克寒到会并做报告。

会议讨论七个专门问题，认为新华书店的组织体制有更进一步统一集中的必要，目前的四级建制（总店—总分店—分店—支店）应有计划、有步骤地向三级建制（总店—分店—支店）过渡，适当减少总分店一级的工作，以充实和加强总店、分店两级机构。

11 月 28 日 邮电部邮政总局、新华书店总店、中国图书发行公司总管理处联合发出《关于图书、期刊发行分工及转移期刊发行工作的联合通知》。《通知》指出：根据中央关于局、店分工的精神，邮电部邮政总局、总店、中图总处已就北京出版的图书、期刊，签订了《发行分工及转移期刊发行工作协议》。明确图书由书店发行，期刊由邮电局发行，从 1953 年 1 月 1 日起，期刊发行工作改由邮电局负责。

12 月 2 日 出版总署发行管理局、新华书店总店为实行图书的计划发行，由王益、储安平和北京、天津、上海、沈阳、西安、武汉、成都、重庆等分支店有关人员组成试点工作组，先后在北京分店进行试点。经过调查研究，制定进货工作、门市改革、计划发行等五个改革方案，并开始试点工作。门市改革试点在王府井门市部进行，1953 年 3 月 23 日结束。

12 月 15 日 总店发出《关于认真执行新的统计制度的指示》，公布了新的《新华书店统计制度》。这一新的统计制度是在 1951 年 3 月建立的统计制度基础上修订补充而成的，并报经出版总署转中央文化教育委员会批准，要求全店于 1953 年 1 月 1 日起实行。

《制度》所制定的报表为全店统一使用的报表，分为月报、季报、年报3种，共15个表。不仅规定了购、调、销、存、发行网点报表，而且规定了经营水平报表。书刊分类为书籍、课本、画册、杂志、进口中文书刊、进口外文书刊。《制度》还就业务、会计、统计工作的密切配合和业务上各种原始记录的统一等方面作出了规定。

同日　总店为贯彻出版总署12月8日发出的关于如何配合明春宣传贯彻婚姻法运动的指示，发出《关于配合宣传贯彻婚姻法运动的指示》。要求各总分店与当地党委宣传部、新闻出版行政机关及负责宣传贯彻婚姻法的机关取得联系，向他们请示如何配合这一运动的意见。据此制订发行计划，并列为1953年第一季度的中心工作。《指示》提出在发行过程中绝对禁止强迫摊派等问题。

12月28日　邮电部、出版总署联合发布《关于改进出版物发行工作的联合决定》，进一步推行出版物的计划定额发行制度，明确邮政局和新华书店的发行分工合作关系。《决定》规定：定期出版物（包括报纸及杂志）的总发行由邮政局负责，报社、杂志社与邮政部门分别订立合同；不定期出版物（包括课本、一般图书和图片）的总发行由书店（包括国营的、公私合营的和私营的）负责，出版社可与承办总发行的书店分别订立合同。《决定》同时规定，县级以上的书店可以向邮局批入定期出版物，经营零售业务；邮局可以向书店批入不定期出版物，经营零售业务。为降低发行费用，规定统一的发行费率，不定期出版物的发行费，包括邮运包装费在内，为定价的30%，即较1952年平均发行费占定价的35%左右降低5个百分点。

《决定》下发后，新华书店各总分店及分支店的期刊发行业务及部分工作人员、设备陆续移交给当地同级邮政局。

12月30日，《人民日报》为此发表了题为《进一步实行报刊图书的计划发行和预订制度》的社论。

12月　浙江分店经理钟虹、副经理鲁明调总店，邵松林继任浙江分店经理，朱悦山任副经理。

同月　新华书店总店、国际书店总店联合发布《关于调整与加强新华书店外文部的决定》。《决定》明确国际书店为办理书刊进出口业务的专门机构，外文书刊的国内发行工作，统一交由新华书店办理。为此，对国际书店原有武汉、重庆、哈尔滨、大连四店如何移变为新华书店外文部，新华书店如何调整和发展外文部，以及加强国际书店和新华书店外文部的联系等问题，作出了具体规定。

同年　为迎接国家第一个五年计划经济建设，总店在《进一步地实行计划发行》的文件中提出：在大城市应根据人口数量的多少增设综合门市部，新华书店的各个门市在一个城市要分布均匀；要围绕中心门市部分类设立各种专业门市部，如儿童期刊门市部、读物门市部、旧书门市部、外文门市部等；在今后两年内基本上要做到每县有一个新华书店，1万人以上的工矿区，也要普遍设立新华书店；在设门市部条件不足的人口聚集场所，要普遍设立书亭。

同年　总店及在京直属单位固定资产（原值）27万元，商品资金157万元。销售总额19 446万册，3 751万元，利润239万元，利润率6.4%。年末职工766人，其中总店33人。

1953 年

1月1日　总店发出通知，图书进货由 65 折改为 70 折，内部发货由 75 折改为 78 折，批发由 80 折改为 82 折。发货装运费概由发货店负担。

1月3日　出版总署向全国发行单位发出《关于坚决纠正书刊发行工作中强迫摊派错误的指示》。《指示》要求：一、出版发行全体工作人员，要在思想上认识强迫摊派产生的根源及其对国家和出版事业的危害性；二、新华书店应在全店范围内组织一次检查工作，检查前领导应首先进行深刻的自我批评，必须使全店同志澄清各种模糊观念；三、国际书店总店及中图总处应根据指示精神，检查所属店有无强迫摊派行为，各地地方国营书店在书刊发行工作中有无类似错误，希加以检查纠正。

同日　总店向各总分店、分店发出《关于执行出版总署指示，坚决纠正强迫摊派错误的决定》。之后，各级新华书店据此认真进行了检查，并提出了改正措施。

1月10日—5月7日　出版总署为深入了解发行工作中存在的问题，并为进一步实行计划发行积累经验，责成发行局组成工作组，对北京分店进行重点试验。工作组由总店和华北总分店主要干部参加。总店副总经理王益担任组长，副总经理储安平、华北总分店副经理兼北京分店经理于强任副组长。

工作组深入北京分店各支店和社会用书单位，广泛开展调查研究，了解情况和征求意见，发现不少问题，陆续编成 5 期《试点通报》上报出版总署。同时，制定 5 个改进工作的方案和办法，编印《关于改进门市工作，改进进货工作和进一步实行计划发行的几个方案和办法》的小册子，分发各地新华书店研究参考。

2月5日　由总店主办，《发行通报》编委会编印的《发行通报》创刊。《发行通报》的发行对象为新华书店、国际书店、中国图书发行公司科以上干部和支店经理。总店、国际书店分别编印的《新华通报》和《业务学习》不再刊发。《发行通报》为内部刊物，刊期不定。排版为横排，设置了《发行通报书评》《各店工作报告选辑》《简讯》《读者来信》等栏目。至1954年底停刊，共出版40期，刊发文章400篇，约86万字。

2月11日　公私合营新儿童书店结束发行业务，其武汉、广州、北京分店陆续将全部发行业务分别移交给武汉、广州分店和总店。双方分别签订了协议书。

2月23日　总店向出版总署呈报《初步检查强迫摊派书刊情况的报告》，并提出了拟向全国总分店、分店提出的四点意见：一、各店进行检查时，必须主动请求当地党委、政府的领导和监督，并在时间、步骤、处理方针和方法上完全服从当地党政的统一布置；二、书店应把错误的责任担当下来，决不要推在区村干部身上，在书店内部讲，错误的造成，主要是上级店的责任，首先是总店的责任；三、如果因为反对强迫摊派，今后就束手束脚，不敢积极发行，使人民群众得不到需要的书刊，是同样会脱离群众的；四、纠正强迫摊派的检查在一个地区内全部完成或大部分完成时，各总分店和分店应进行总结。

2月24日　总店向各总分店发文通知：总店人事处主任吕纪已调到出版总署印刷管理局工作。任命刘同井为总店人事处副主任，并兼任总店办公室主任职务。

3月4日　为加强对部队指战员的图书供应，有效地开展发行工作，总店与中央军委总政治部文化部发出《关于执行〈关于开展部队图书发行工作的协议〉的联合指示》。《指示》要求各大军区、各总分店、分店应研究选择一两个团与书店先行试点，取得经验再全面推广。

同日　为加强农村图书发行工作，有效地满足广大农民对于图书的需要，新华书店总店、中国图书发行公司总管理处和中华全国供销合作社联合总社共同发出《关于执行〈关于图书发行工作的协议〉给所属各级社、店的联合指示》。要求各省联合总社、省分店收到本指示后应立即取得联系，认真研究，并结合当地具体情况商讨具体的业务往来合同，指导下级社、店切实执行。

3月5日　出版总署向政务院文化教育委员会呈报《关于初步检查强迫摊派书刊的报告》，并附总店的检查报告。同日，出版总署发出《关于进一步检查强迫摊派书刊问题的通报》并附发总店的《初步检查报告》。《通报》指出：总店检查报告中提出的四点意见是很重要的，希望各地新闻出版行政机关加强对各地新华书店检查强迫摊派书刊工作的领导。

3月6日　出版总署发出《关于新华书店中南总分店及所属分支店收换旧书当作废纸出售的错误事件》的通报。中南总分店及所属分支店，从1951年11月起在农村大批收换旧书，至1952年止先后收换旧书达10余万斤，并将所收得的旧书大部分当作废纸卖给纸商或国营纸厂做纸浆，损失了不少文物古籍，严重违反国家文化政策。通报指出："中南总分店对这一错误做法，不但没有及时地加以批判和纠正，反而在店刊上登载消息，并加按语加以推广，因而许多支店仿行。"通报进一步深刻批评道："这是用粗暴态度对待文化遗产的严重错误"。通报要求各地出版行政机关认真贯彻执行国家文化保护政策。通报发出不久，中南总分店按照总署要求作出了《关于收换旧书的检讨》。

3月7日　总店发出《关于〈毛泽东选集〉第三卷发行工作的指示》，并附发《毛泽东选集》第三卷发行办法。要求各总分店、分店主动向当地党委请示，争取领导支持，经理要亲自负责督促，必须按照《发行办法》的规定，有条不紊地开展工作，更好地完成这一光荣的政治任务。4月10日，《毛泽东选集》第三卷在全国发行，发行总数150万册。

3月　由于总店干部配备不断充实，机构设置需要扩大，原办公用房已不敷应用，总店迁至出版总署东院平房办公，总店组织机构设置改为在总经理室下设二室14个科，即：办公室、监察室，人事科、文书科、总务科、财务科、计划科、统计科、基本建设科、组织科、技术科、业务科、科技图书科、课本发行科、外文图书科、审读宣传科。在干部配备上大部分科的科长由处级干部担任。

4月10日　出版总署任命华应申、周保昌为总店副总经理。

4月25日　出版总署发出《关于国营和公私合营的发行企业停止节日减价办法的决定》。《决定》指出，商业部已决定停止国营商业节日减价办法，国营的和公私合营的发行企业亦应一律停止，不得例外。每遇重要节日或纪念日，仍应充分做好有关书刊的供应工作和宣传工作。

4—7月　为摸清农村经济、文化状况，了解农村读者的需要和搞好农村发行工作，出版总署发行管理局副局长兼总店副总经理华应申，与华北总分店副经理倪子明、计划室主任李德元等人组成两个调查组，分别到河北任丘支店和山西平定支店进行调查。倪子明任任丘支店调查组组长，李德元任平定支店调查组组长，华应申亲自到任丘调查组蹲点。任丘调查历时3个月，编印简报44期，整理《任丘调查报告》15万宁，供有关人员参考。

5月2日　《资本论》第一卷（中文版）在全国各大城市陆续发行。总店发出通知，要求各地新华书店广泛宣传，认真做好发行工作。

5月5—12日　总店在北京召开图书调拨供应会议，讨论进货条例中的几个主要问题、区与区之间的调拨计划、财务与业务的联系问题、发行记录问题等。出版总署副署长陈克寒到会做重要报告，总店副总经理王益主持会议。

会议讨论通过了《内部调拨订货发货暂行办法（初稿）》，会后又广泛征求各方意见，并进行修改，定名为《新华书店内部订货暂行办法》，于1954年3月19日发布，自5月1日起在全系统实行。

6月6日　为推动门市工作的改革，总店通知上海、天津、沈阳、武汉、西安、广州等分店，各选派一两位业务熟练的门市工作人员来京参加北京分店的门市改革工作，以便通过参加改革和实地学习，推动本地区及本店的门市改革工作。

6月22日—7月6日　新华书店全国管理委员会第六次（扩大）会议在北京召开，除管委会委员外，会议还邀请各总分店选派部室主任和省分店经理二人列席。会议检查几年来的工作，明确今后一两年内以"整顿巩固，注意提高发行工作的质量和效果，稳步地实行计划发行，逐步求得供需平衡"为工作方针。会议讨论修订 1953 年工作计划，并交换 1954 年工作的意见。会上，还印发《从北京分店看书店工作中的供需问题》和《任丘调查组关于第一阶段工作给总店的报告》两份参考材料。

6月　出版总署分配给新华书店、中国图书发行公司、国际书店各一名留苏学习名额，总店选送上海分店汪轶千参加。经全国留苏人员考试录取，汪轶千于 1954 年 8 月底赴苏联公费留学，进入莫斯科普列哈诺夫国民经济学院贸易经济系图书贸易专业学习，学制 4 年。1958 年 6 月，汪轶千学成回国，分配在总店工作。

7月7日　北京分店王府井门市部实行专柜负责制，将图书分为七大部类，实行分部管理，书店售书由敞开变为拦柜。总店副总经理华应申、王益、史育才到王府井门市部了解改革情况，《光明日报》《北京日报》刊发专文进行介绍。

7月11日　出版总署颁发《关于课本与人民出版社某些书籍分区造货办法的决定》，规定分区印造课本部分自 1954 年春季用书开始，一般书籍自 1954 年起实行。

7月20日　总店决定，把分散使用的定额贷款及季节性贷款集中于各个总分店，总分店内部的各分店间，采用资金调拨方式进行调剂使用。

7月29日　《人民日报》发表了文化生活简评《做好书籍发行工作》。文章说，书籍发行工作是一项重要的政治工作，总店必须在领导工作上继续贯彻反对主观主义、官僚主义和分散主义，加强政治领导，掌握和钻研业务，提高经营效能。

8月10日　抗美援朝战地文化服务队随志愿军总部回国。由总店组织的战地文化服务队自从 1950 年 12 月入朝以来，发挥了高度的爱国主义和国际主义精神，克服种种困难，胜利完成了祖国人民交给的各项任务。在短短的两年半时间里，他们为志愿军基层连队建起了 7 662 个图书室，先后供应的书刊、画报有 6 955 419 册，对鼓舞部队士气，配合开展爱国主义、国际主义、革命英雄主义教育起了很大作用。程彬、王智高、杨登阁、吕士才、杨嶙、胡志成、李光仁、俞效良 8 位队员荣立三等功，荣获朝鲜民主主义人民共和国军功章。其中，程彬先后两次荣立三等功。1953 年朝鲜停战协议正式签署，中国人民抗美援朝运动胜利结束。战地文化服务队光荣地完成了任务。有 19 名队员要求参军被批准。其他队员在王明武带领下回国。8 月 14 日，中国人民志愿军政治部给总店和中国图书发行公司、国际书店发来了感谢信。9 月 3 日，胜利归来的队员们抵达北京，出版总署发行局副局长华应申等前往车站欢迎。9 月 4 日，出版总署举行欢迎晚会，副署长叶圣陶与队员们亲切见面并讲了话。9 月 13 日《光明日报》发表《朝鲜战地文化服务队完成任务胜利归来》的署名文章，详细介绍了战地文化服务队在朝鲜战场为志愿军指战员服务的感人事迹。战地文化服务队的工作在新华书店的店史上写下了永远闪亮的灿烂光辉的一页。

8 月 24 日　铁道部客运处复函总店，同意将图片（包括绘印的领袖像、宣传画、年画）列入包裹运输范围，自 9 月 1 日起实行。

8 月 28 日　出版总署党组向中宣部、政务院文委呈报新华书店全国管理委员会第六次（大）会的报告。

中宣部于 9 月 3 日批转出版总署的报告，并要求各级党委宣传部加强对新华书店各级店的领导和监督。

9 月 10 日　总店发出《关于"书籍分类流转记录卡"布置工作中缺点的检讨及今后做法的规定的通知》，检讨由于总店没有说明建卡的目的和作用，没有具体规定编制记录卡的办法，造成各店因准备不及而造成混乱的局面。并附发《编制"发行记录卡"的一个办法》和《各店运用"发行记录卡"初步取得的经验和效果》两份材料。

9 月 25 日　出版总署任命郭敬兼任中南总分店经理，任命刘子章为西北总分店经理，任命卢鸣谷为华北总分店经理，任命王璟为东北总分店经理，任命杨新吾为东北总分店副经理。

10 月 25 日　《斯大林全集》第一、第二卷中译本出版发行。总店于 6 月 8 日发出《关于〈斯大林全集〉发行办法的通知》。规定：《斯大林全集》的发行，采取全店公开预订的方式，分卷预订，出一卷订一卷。系统征订与公开预订同时进行，系统预订一律不收预订金；个别来预订的读者一律收预订金1万元（旧人民币），取书时扣除。到1958年，《斯大林全集》（中译本）共13卷全部出版发行，印数达691万册。

11月4日　为划分年画、日历等商品的经营范围，总店与中国百货公司总公司联合发出《关于部分商品经营范围划分的通知》。规定：双方对经营范围内的商品，应负责组织货源，供应批零需要；对不属于自己经营范围的商品，可向对方当地机构进货；对不应经营的商品，存货以售完为止。

12月12日　总店收到出版总署发出《决定中国图书发行公司自一九五四年一月份起并入新华书店希加强对两单位合并工作的领导》的通知，《通知》附发《新华书店、中国图书发行公司合并方案》。合并方案主要内容：自1954年1月1日起，中国图书发行公司即不再成为一个独立的会计单位。中图总处并入总店，中图各地分公司并入当地新华书店分店或支店。为照顾国内外一定的社会影响，决定在北京、天津、上海、武汉、广州、重庆等6地，各保留一个由所在地新华书店的城市分店统一领导而对外用中图名义（包括店招、徽章、图章等）的门市。除上述6个门市外，其他中图分公司门市部均应于1954年1月份内改换为新华书店招牌。

12月22日　出版总署任命周保昌为人民出版社秘书长，免去原任新华书店总店副总经理一职。

12月29日　总店呈报出版总署批准发出《关于成立北京发行所的通知》。《通知》说，为进一步加强和改进北京出版的图书的进发货工作，并使华北总分店解除进发货业务而集中力量加强对华北区分、支店的管理工作，经出版总署决定：在中图公司总管理处并入总店后，将华北总分店的图书、课本两发行部与中图总处合并成立北京发行所。京所是由总店直接领导、专门办理在北京出版的图书的进发货业务机构。自1954年1月1日起，北京出版的图书的全店发货工作（包括过去华北总分店与中图总处经办的）改由京所办理。

12月　总店发出通知：各地新华书店干部的任免、调动改由当地党委审批并报总店备案。

同月 中宣部发出《关于党在过渡时期总路线的学习和宣传提纲》，在全国掀起声势浩大的总路线学习宣传活动。各地出版社和新华书店共出版发行了有关学习宣传总路线的图书276种。为促进各地书店积极开展宣传过渡时期总路线图书的发行工作，12月30日《发行通报》发表《要认真学习我国在过渡时期总路线》的文章。到1954年3月，全国约发行6 000万册。

同年 根据总店副总经理王益提出的全国新华书店发行系统应该设计出易于检索的图书发行档案卡，总店技术科谭子谦在科长姜锡爵指导下通过调研设计出《图书发行记录卡》，经新华书店华北总分店业务部门试用，进一步完善后由总店正式向全国推行。《图书发行记录卡》不仅完整记录图书版本各要素和发行数据，而且制定办法，对每批进发货都有主办人和相应领导批准签字，使以往的随意性纳入较规范的管理。跟随《图卡》（俗称"大卡"）的使用，又衍生出添货使用的"小卡"，以及库房管理的"库卡"和门市管理卡等。整套卡片成为图书发行系统业务的管理制度。

同年 总店委托中南总分店代拟全国新华书店统一的图书中转办法。中南总分店参照本区的原有办法，结合全国新华书店的情况，起草《新华书店自办图书中转运输工作办法》，呈送总店并经修改审定，发各总分店、分店执行。此后，一个统一的、纵横交错的图书中转网络在全国新华书店范围内形成。

同年 总店发出通知，对门市销货发票进行改革，将原来每种书都要开书名、册数、金额，改为只写类别、册数、金额，不开书名。年内，这个办法在全国新华书店普遍试行。

同年 总店向出版总署申报并获批准，在北京北礼士路福禄居村征地36亩（今北礼士路135号院），建设书库，年内已建平房47间，造价6.5亿元（旧人民币）。

同年 总店及在京直属单位固定资产（原值）57万元，商品资金292万元。销售总额16 579万册，4 688万元，利润51万元，利润率1.1%。年末职工723人，其中总店84人。

1954 年

1月1日　新华书店北京发行所正式成立。经理由总店副总经理史育才兼任，副经理万国钧、倪子明。办公地址：北京西绒线胡同 66 号（原中国图书发行公司总管理处的办公地址），栈务、仓库分设在北新华街 1 号、北礼士路 54 号和 135 号新征地筹建中的库区。

同日　京所发函，将发行所的组织机构、办公地点以及联系业务注意事项通知全国各地书店和有关出版社。京所经办 26 家出版社（不含经销的私营出版社）的图书发行。

京所组织机构及领导干部名单如下：

办公室	曹国辉	李连仲	方厚枢（秘书）
文秘科	沈陶荪	郑　新	
宣传科	黄慕先	王雪邨	
行政处	李亦信	许季芸	许季良（秘书）
人事科	王庆云	张义良	田造福
总务科	沈士庭	韩近庸	
保健科	李旭升	李淑洁（1954 年增补）	
计划财务处	卢华唐	吴度均	计宜初（秘书）
计划科	安树椿	江成亮	
统计科	孟昭昆	杨实夫	唐贾敖
财务科	黄璋元	金世泽	
第一发行部	赵国良	施励奋	张顺理（秘书）
第一供应科	孙发达		

第二供应科	杜建华	洪俊涛	
第三供应科	贾占鳌	王鼎吉	
第二发行部	刘起白	张明西	陆联棠（秘书）
第一供应科	吴克己	李统汉	
第二供应科	张子光	唐绍康	
第三发行部	沈 良	黄宝珣（秘书）	
第一供应科	刘广恩	吴 钰	
第二供应科	胡之刚	魏宸甫	
第四发行部	章十斅	虞子敬	钱慰先（秘书）
第一供应科	汤仁新		
第一供应科	崔宗绪	朱海宽	
储运部	张保安	王立成	栗友屏（秘书）
秘书科	王佐璞	崔秋明	
制票科	伏政民		
新书发货科	亓秀俊	王芝祥	
第一栈务科	崔 栋	张子清	
第二栈务科	陈开祥	田大丑	
运输科	刘会光		
党团工会办公室	张琛珉	傅建民	

除储运部办公地址在北京和平门内北新华街甲一号外，其他部门办公地址在北京绒线胡同66号。

同日 京所成立后，华北总分店作为管理店，为了适应新任务的要求，组织机构重新调整。经理卢鸣谷，副经理于强、李德元。办公地址：北京廊房头条10号。

同日 经出版总署批准，中图总处即日起并入总店，京、沪、穗、渝、津、武汉六城市各保留一个由当地新华书店领导而保留中国图书发行公司名义的门市部。

1月16日 新华书店北京发行所成立大会在北京北新华街中央电影院（现北京音乐厅）举行，出版总署发行局副局长、总店副总经理华应申、王益和北京各出版社代表应邀出席，史育才、华应申到会并讲话。

1月20日 经出版总署批准，总店向各地书店发布《关于会计档案保存年限及申请销毁程序的统一规定》。该规定自1953年度决算后在全国新华书店施行。

1月22日 总店函复华东总分店，任命钟达轩为华东总分店业务部第二副主任；任命齐建平为上海分店第一副经理，周家凤为第二副经理。

1月30日 总店颁发《在发行记录卡的基础上建立全店发行记录的办法》，同时发出《关于执行"在发行记录卡的基础上建立全店发行记录的办法"应注意事项的通知》。《通知》要求全店把建立发行记录工作看作书店工作中的一项基本建设，"坚持地、努力不懈地、稳步地去做"。

1月 毛泽东提出，党的过渡时期的总路线和总任务是在10到15年，或者更多一些时间，基本上完成国家的工业化和对农业、手工业和资本主义工商业的社会主义改造。为加快对私营出版业的社会主义改造，年初，出版总署提出：出版事业不同于一般工商业，它是党和国家对人民群众进行社会主义教育的最重要的工作之一，是思想战线上的一个重要的部门，根据党在过渡时期的总路线和总任务，必须积极地、有计划地对私营出版业进行社会主义改造，而且改造的速度比一般工商业要快一些。还提出，对私营出版业社会主义改造的重要方式是公私合营。

同月 京所成立伊始，经理史育才亲手拟定《发行所第一季度工作要点》和《发行所1954年工作计划》。其要点：一、会师团结，在专业化分工的基础上，共同努力把发行工作向前推进一步；二、建立企业内部切实可行的管理制度；三、明确与总店及销货店的关系；四、加强与出版社联系，订立产销合同；五、本着增产节约精神编制全年企业计划；六、积极进行基本建设，做好旧有仓库的加固维修；七、学习党在过渡时期的总路线，提高干部、职工的思想水平。这些工作任务是京所要做的，实际上也是不久将成立的上海等四个发行所面临的任务。

2月27日 总店发文布置《孙中山选集》的预订工作。这本书是从孙中山全部著作中选出最重要的著作68篇编成的，采取预订的方式发行，要求各地新华书店认真做好预订、发售和宣传推广工作。

2月 政务院发出通知决定，撤销从1952年各大行政区逐步成立的各级发行委员会，今后对邮电局、新华书店的报纸、杂志、图书发行工作，应由当地党政领导机关统一领导。

3月3—14日 总店在北京召开第一次总分店经理会议，主要议题如下：一、1953年的工作情况和存在的问题；二、1954年的方针和任务；三、私营发行业的社会主义改造；四、关于输送人员的问题，以及党的统一领导和三级管理店的分工问题。

4月 京所编辑、出版的向各地书店介绍进发货业务的刊物《发行情况》创刊。

4月28日 《新华书店总店关于成立新华书店北京发行所的决定》发出，对发行所的性质、职责范围、机构设置作出明确规定：

（一）性质：发行所是总店直接领导的，负责办理北京地区出版物的进货和向全国分支店发货工作的业务机构，它本身进行经济核算并单独计算盈亏，和各销货店为业务往来关系。

（二）职责范围：1. 根据总店的计划和指示与北京公私营出版社订立产销合同或建立一般经销关系。2. 根据各销货店需要情况或总店的统一布置提出北京出版图书、课本以及国际书店进口中文书（明年起外文书亦将包括在内）的进货数量，并按规定的制度进行分配。3. 根据销货店主动要求和可能的条件，对北京出版物进行销货店之间的调剂工作，亦可根据对各销货店存书情况的了解向总店提出关于内部调剂工作的建议。4. 根据各类书籍的出版意图和发行情况保持出版物的一定储备量，适当满足各销货店的需要。5. 通过并协助销货店进行北京出版图书、课本的宣传工作。6. 协助总店布置发行任务，研究改进进发货业务的组织和技术，并执行总店指定和委托的任务。7. 在华北局宣传部和华北新闻出版处领导下协同华北总分店办理华北一级出版社出版物的进发货工作。

（三）机构设置：发行所设经理 1 人，副经理若干人。在经理室领导下设办公室、计划财务处、行政处和若干发行部，一个储运部。发行部设立的原则是，要逐步按照出版物的性质进行专业分工。

6 月 7—17 日　总店在北京召开全国工矿发行工作会议，各大区总分店、省市分店及部分工矿支店代表出席。会议的重点是强调在工矿区如何建立新华书店发行网点等问题。会议对加强和改进工矿区发行工作提出以下五点意见：一、全店重视并树立为国家社会主义工业化服务的思想。二、面向生产，配合厂矿的中心任务。三、依靠群众，依靠材料，努力钻研业务，掌握工矿发行的供需规律。四、适应工矿区的特点，采取多种供应方式，加强书籍宣传，做到普遍和深入。五、依靠党委，争取行政管理部门和各种社会团体的支持。

6 月 8—12 日　华北总分店召开华北区第六次财务工作会议，布置在全区实行直线电、信划拨结算工作。出席会议的除各分店财务科长外，还有各专、市支店会计、会计互助组组长和总分店有关人员，同时邀请京所、内蒙古新华书店参加。总分店经理卢鸣谷、总店财务处长劳祖德到会并讲话。会后，华北总分店报经总店批准，下发《试行直线电、信划拨结算方案》，从 7 月 1 日起在华北区各店试行。

6 月 21—23 日　总店在北京召开第二次总分店经理会议，讨论总店提出的《关于改制问题的初步意见》和《国际书店三个分店移交新华书店的问题》两个文件，并就试行定额管理和 1953 年企业奖励基金的分配等问题交换了意见。

6 月 28 日—7 月 2 日　总店召开第一次年画发行工作会议，通过《1954 年度年画发行工作改进方案》，经出版总署批准转发各地。改进方案的目的：扩大国营、公私合营版年画的发行阵地，增加发行数量；限制私营版年画发行数量的增长，同时加强对私营画片发行业的领导，并对其进行初步改造。

6 月 30 日　总店向各总分店、分店发出《关于提用 1953 年企业奖励基金的通知》，指出：全国新华书店完成销售、利润及上缴计划者，按工资总额5%提取企业奖励基金，并按计划完成情况分为甲、乙级分配给各总分店、分店。各分店再按照销售、利润、利润上缴三项计划完成情况，分别评发给所属支店。

7月9日　出版总署发出《关于将国际书店沈阳、上海、广州三分店并入当地新华书店分店的指示》，规定：自1954年8月1日起，国际书店沈阳、上海、广州三分店成为当地新华书店的外文书刊门市部，但对外营业仍沿用国际书店名义。

同日　总店向各总分店及上海、沈阳、武汉、广州、重庆分店发出《关于在大城市门市部进行门市改革的通知》。《通知》提出：1954年门市改革暂推行到上海、沈阳、武汉、广州、重庆5个大城市已经具备了条件的门市部，其他店则暂不实行。

7月13日　新华书店总店与中国百货公司总公司发出《关于相互配合加强年画日历经销工作的联合通知》。《通知》主要内容：一、双方分支机构应按照分工，分别组织货源，掌握市场，并相互协助推销。年画（包括挂历）由书店统一经营，日历由百货公司统一经营。双方对不属于自己统一经营的商品，不能直接向出版社、制造商、私商进货或加工订货。二、百货公司与书店推销的商品均应以国营企业出版、印制的为主。三、双方分支机构相互批销，均在当地往来，以零售为原则。四、双方密切联系，经常交换存货情况，相互及时协助调剂。发生特殊问题时，双方协商处理或请当地领导机关解决。

7月17日　新华书店总店与中华全国供销合作社联合总社供应局共同发出《关于1955年春节年画、历书发行工作的联合通知》，主要内容：一、已担负发行工作的基层社要继续积极发行，尚未担负而有经营能力的，应在1955年春节前后承担起来。各地书店要帮助供销社完成年画、历书的发行任务。二、供销社发行年画、历书，应以国营版为主，一律向当地新华书店进货。三、原则上供销社负责向农村发行，书店负责城区和基层社未发行的地区。四、对经销图书的小商贩，由书店负责联系供应。

7 月 29 日 根据出版总署《关于撤销大区出版行政机关和交接大区出版事业的计划和办法》的有关规定，总店制定《新华书店撤销总分店机构做好交接工作的计划和办法》，经出版总署批准，下发各大区总分店遵照执行。交接工作计划的主要内容为：一、总分店机构全部撤销。二、各总分店撤销后，全国省、直辖市分店均由总店直接领导，并受当地党政领导机关的领导；内蒙古、新疆两个自治区新华书店及其市县（旗）支店由地方领导管理，总店负责业务指导。三、原总分店进发货工作，分别成立发行所或由当地分店接办。四、省市分店随省市建制的改变作相应的调整，即辽东、辽西分店合并为辽宁分店；松江、黑龙江分店合并为黑龙江分店；甘肃、宁夏分店合并为甘肃分店；旅大分店改为支店，属辽宁分店领导；沈阳、武汉、广州、西安、重庆分店分别归属辽宁、湖北、广东、陕西、四川分店领导。

7 月 31 日 根据中共中央华北局指示，华北总分店机构随着大区行政机构的撤销而撤销。有关华北区各店工作，直接与总店联系。

7—10 月上旬 京所派第一发行部第三供应科副科长王鼎吉去内蒙古区店，参加由该店经理包维新率领的调查组，调查蒙文书报刊在牧区发行的情况。

8 月 1 日 新华书店沈阳发行所成立。经理杨新吾，副经理孟昭波、王锡成、高声符（1956 年增补）。原东北总分店经办的辽宁人民出版社、辽宁画报社、东北医药出版社等地方出版社和中央一级出版社在沈阳印制的图书、课本进发货业务，改由沈阳发行所办理。该所设办公室、图书发行科、课本发行科、宣传科、计划财务科、第一储运科和第二储运科、总务科等机构。办公地址：沈阳市马路湾。1955 年 8 月，发行所迁到沈阳市民族街二段五里 6 号。9月，根据国际书店国内发行业务移交给新华书店的决定，国际书店沈阳办事处业务与工作人员并入沈阳发行所。1956 年 6 月，沈阳发行所大连发运组成立；12 月，原属沈阳发行所的长春第二储运科，移交给吉林分店。

8 月 3 日 新华书店上海发行所成立。经理周天泽，副经理孙立功。原由华东总分店经办的在上海出版的图书的进发货工作，改由沪所办理。沪所经理部的地址：上海市南京西路 1 号。

8 月 4 日　总店向各总分店、分店发出《新华书店对私营发行业图书批发简章》《关于新华书店批发往来中欠款问题的内部规定》，强调指出：加强批发工作，是新华书店通过业务往来对私营发行业进行改造的主要方式之一，各销货店应积极加强批发业务。

8 月 9 日　总店办公地址由东总布胡同迁至廊房头条 10 号（原华北总分店办公地址）。

8 月 20 日　总店收到邮电部、出版总署共同发出的《对〈关于改进出版物发行工作的联合决定〉及〈关于改进发行工作具体办法的联合决定〉的修正补充指示》。该指示自 1954 年 10 月 1 日起实行。

9 月 1 日　新华书店武汉发行所成立。经理倪德甫，副经理李守株、左永大。承担中南各省市中小学课本、大中专教材及中央版图书在武汉印造发货以及湖北版图书向全国的发货工作。原由中南总分店经办的在武汉出版的图书的进发货工作，改由武汉发行所办理。办公地址：汉口黄兴路 25 号。

9 月 3 日　总店收到出版总署发出《关于限制私营发行业任意抬高图书售价的通知》。《通知》要求：一、各地出版行政机关应对私营出版业重申，凡公开发售的书籍、画册、图片均须载明定价，并不得附印"邮运费另外"字样。二、由各地发行机关和新华书店通过同业公会召集会议，采用私营发行业自行议价的方式，议定合理定价，并相互监督，防止加价出售。

9 月 4 日　总店在北京召开年画发行工作汇报会议，东北、华东、中南、西北总分店及北京等分店参加。会议强调，在年画发行季节即将到来之际，各地书店要迅速行动起来，充分做好准备工作，为完成今年的年画发行任务而奋斗。

9 月 8 日　新华书店重庆发行所成立。经理任善才，副经理刘颂青。承担原西南总分店经办的重庆人民出版社出版物的总发行，以及对西南地区供应中小学课本和中央级出版社分区印制图书的进发货任务。办公地址：重庆市李子坝正街 220 号。

9月10日　出版总署发出《对于私营图书发行业进行社会主义改造的方针、步骤、办法和1954年工作要点》。

据1953年的不完全统计，全国私营图书发行业共5 000多户，从业人员1万余人，第一手批发商的批销额约占全国出版物总价的12%，零售商的营业额约占全国图书零售额的17%。《工作要点》指出：改造私营图书发行业，首先是国营书店的责任，国营书店必须积极改进业务，提高工作质量，加强企业的领导地位和扩大自己的发行力量。其次，必须遵守国家对整个私营商业社会主义改造的"统一筹划，分工负责，一面前进，一面安排"的方针。

9月17日　总店总经理王益赴重庆分店检查工作并开展调查研究。之后，重庆分店制定《内部改革方案》，开始划区供应，并在全国推广。

9月30日　为积极贯彻出版总署发布的《改造私营图书发行业的方案》，总店向各省、大城市分店发出《关于执行〈改造私营图书发行业方案〉和〈加强批发业务发展经销关系〉的通知》。

9月　出版总署任命王璟为总店副总经理，兼任北京发行所经理。免去史育才兼任新华书店北京发行所经理的职务。

同月　中华书局、商务印书馆广州办事处成立，负责向三联书店香港分店供货，并与京所建立订、添货关系。

10月5日　出版总署发行管理局发出《取消读者集体购书优待折扣的通知》。《通知》自1955年1月1日起实行，要求各分支店充分向读者解释，努力提高服务水平。

10月12日　为统一全国新华书店的企业计划编制工作，总店向各发行所、分店发出《关于国营书店企业计划编制暂行办法》。主要内容：一、编制计划的单位及计划内容；二、编制计划的根据和程序；三、计划批准后的措施及执行；四、计划表格。

10月18日　出版总署通知，新华书店北京发行所副经理倪子明调入出版总署出版局任办公室主任。

10月　出版总署发行管理局副局长、总店副总经理华应申到上海分店检查工作，参加分店干部会，并出席上海分店召开的争取超额完成全年计划誓师大会。

11 月 27 日　总店向各发行所、分店颁发《1955 年修正统一会计制度方案》，要求各地遵照执行。

11 月 30 日　出版总署发出《关于出版总署 11 月 30 日正式结束的报告》："遵照国务院通知的规定，我署已将原有工作移交给文化部，由文化部设置出版事业管理局，办理出版行政业务。"

12 月 1 日　文化部出版事业管理局正式成立。

总店直属文化部领导，由文化部出版局归口管理。

原出版总署发行管理局局长兼总店总经理徐伯昕、副局长兼总店副总经理华应中，分别调文化部电影局、社会文化局任副局长。

12 月 3 日　文化部任命王益为总店总经理，史育才、王璟、刘子章、张治、周天泽为总店副总经理。

12 月 24 日　总店向各发行所、分店颁发经文化部批准的《1955 年新华书店定期统计报表制度》，自 1955 年 1 月 1 日起执行。

12 月　新华书店各总分店撤销后，部分人员陆续调总店工作。计有原华北总分店李德元等 47 人；原东北总分店王璟等 21 人；原华东总分店周天泽等 19 人（周天泽因任沪所经理，至 1956 年 11 月到职）；原中南总分店浦一之、陈树穗等 17 人；原西南总分店张治等 4 人；原西北总分店刘子章等 7 人。至 1954 年末，总店的职工人数由 8 月初的 70 余人增至 170 余人。

此时，新华书店总店组织机构及负责人如下：

总经理　　　王　益

副总经理　　史育才　王　璟（兼京所经理）

　　　　　　刘子章　张　治（兼北京分店经理）　周天泽

办公室　　　主任　刘子章（兼）　　副主任　钟　虹

行政处　　　主任　刘同井

编刊室　　　主任　浦一之

业务处	主任 陈树穗	副主任	贺尚华	曾霞初
计划财务处	主任 李德元	副主任	李 珍	陈伯阳
组织技术处	主任 史修德	副主任	姜锡爵	李志国

办公室设调研员、文书科、监察室；行政处设人事科、总务科；业务处设综合科、农村发行科、课本发行科、少儿发行科、宣传科；计划财务处设计划科、统计科、财务科、基本建设科；组织技术处设组织科、技术科。

冬季 沪所提出"走出办公室，深入销货店"的口号，并立即组织了四个访问组分赴北京、广州等城市了解情况，沟通意见，帮助销货店组织货源，受到分支店的欢迎，初步克服了工作中的被动应付状况。

同年 开始对私营图书发行业的改造，采取下列步骤进行：一、首先掌握和了解私营出版社的出版物。总店根据私营出版社的各自情况，对其私营出版物分别订立总经营销售合同或建立一般的经销关系，掌握和控制其全部或一部分出版物的货源。二、进一步改造私营图书批发商。三、积极地引导、利用和改造私营图书零售商，使他们围绕国营书店以经营代销业务为主，逐渐成为国家图书发行网的一部分。

年底，新华书店几乎全部掌握了图书产地和销地的批发环节，割断了私营出版社与私营发行业的批销联系网络。全年新华书店的进货总额已占全国公营、私营出版社出版总额的98%。

同年 京所制定各项规章制度：《行政会议试行简章》《文书管理制度》《请假规则》《考勤规则》《奖惩条例》《固定资产、低值及易耗品管理办法》《出版社寄售书管理办法》《贯彻执行"直线电信划拨结算方案"的实施细则》《各出版社与书店产销合同摘要汇编》等。

同年 新华书店北京发行所在北礼士路135号院修建一号库1963平方米，二号库945平方米，四号库945平方米。

同年 总店及在京直属单位固定资产（原值）83万元，商品资金476万元。销售总额16 579万册，4 688万元，利润4万元，利润率0.1%。年末职工843人，其中总店170人。

1955 年

1月1日　总店编辑、出版的《图书发行》报创刊。作为全店性的业务指导刊物，暂定每周出版一期，其主要任务：一、贯彻方针任务，交代政策，进行思想领导与业务指导；二、正确传播经验，反映全店动态，开展批评和自我批评；三、借此起到推进工作、培养干部、沟通上下、团结全店同志完成图书发行任务的作用。以新华书店全体员工为发行对象。从创刊至1965年底共出刊485期，约1 250万字。1966年8月"文化大革命"开始不久，《图书发行》报停刊。

1月17日　总店发出《撤销各省新华书店管理委员会组织的通知》：经请示文化部出版局同意，全国各省店管理委员会组织即日起予以撤销，今后有关重要工作的商讨，改用各级经理会议的形式解决。

1月　新华书店各大区总分店撤销后，总店直接领导、管理的省级分店（包括内蒙古、新疆、延边3个地方国营书店）的主要负责人和所属店数如下：

分店名称	主要负责人	店数	分店名称	主要负责人	店数
北京分店	张治（兼）	30	福建分店	魏采鲁	52
天津分店	郭建章	13	河南分店	亓爱众	112
上海分店	丁　裕	23	湖北分店	任　泽	74
河北分店	苏　光	153	湖南分店	张瑞同	86
山西分店	李震云	99	江西分店	王汝泉	68
辽宁分店	刘建华	44	广东分店	叶青华	88
吉林分店	李　俊	46	广西分店	于子猷	70
黑龙江分店	纪树德	63	四川分店	白　真	113
热河分店	高万枝	22	西康分店	李景琰	11

分店名称	主要负责人	店数	分店名称	主要负责人	店数
陕西分店	马 腾	57	贵州分店	杜 方	46
甘肃分店	马照岐	52	云南分店	张锡文	86
青海分店	乔生发	13	西藏分店	盛旦如	4
山东分店	李克公	124	内蒙古新华书店	郭纯德	47
江苏分店	卢 政	66	新疆新华书店	李庆宏	22
安徽分店	甄海澄	74	延边新华书店	赵庆衡	7
浙江分店	顾墨卿	61	共计		1826

2月4日 文化部批准,任命蔡学昌为新华书店北京发行所第二副经理。

2月7日 总店公布修订后的《新华书店内部订货办法》,对于订货目录、订货单、汇总分户订货单、调剂单等均作详细规定,自4月份开始实行。

2月17日 为弥补有些地区的书店由于发行网点不足和备货品种有限的缺陷,总店提出城市书店要开展并加强邮购代办工作,通过邮寄方式为各地读者供应在当地买不到的图书。为此总店公布《关于公布邮购代办简章、要则的通知》,该通知公布了《新华书店邮购简章》《新华书店邮购工作要则》《新华书店代办简章》《新华书店代办工作要则》四个业务文件,自1955年4月1日起在全国城市店试行,并要求有条件的城市书店开展邮购代办工作。此后,各大中城市的书店先后设立了邮购机构。

2月 总店办公室编印《当前工作》,发给各发行所、分店经理。主要内容是传达国家有关发行工作的方针政策,交流领导工作的经验。共编了6期。

同月 京所主办的新书出版传媒《图书联合广告》创刊,每半月一期,随《人民日报》附发。于1956年停刊。1964年1月,《图书联合广告》改为在《人民日报》上刊发,刊头改为《北京新书汇报》。

3月10—19日 总店在北京召开第一次全国省级分店经理会议,着重讨论1955年的方针任务和加强对私营图书发行业的安排和改造问题,提出"统筹兼顾,全面安排全国图书发行市场,加强思想政治读物和各种通俗读物的发行;深入工矿、农村、部队,更好地为工农兵服务及其他干部服务,更好地为社会主义建设和社会主义改造事业服务"的方针任务和要求。

3月17日 新华书店总店、中华全国供销合作总社供应局发出《关于今后加强农村书刊供应工作的联合通知》，指出：随着农村的生产发展，为了满足广大农村人民的文化生活需要，新华书店和供销合作社应重视和认真做好农村书刊供应工作。该通知提出了加强农村书刊供应的几项措施。

3月23日 总店向各分店、发行所发出《关于停售书通知办法的规定》，指出：有关图书停售，除特殊情况外，均由发货店负责直接通知销货店。

3月 中国新民主主义青年团中央宣传部和新华书店总店联合发出《关于积极帮助城市青年给农村青年赠送通俗读物的通知》。各地城市店配合所在地的团组织，积极投入这一活动。

同月 根据总店召开的第一次分店经理会议讨论的情况，总店向文化部报送《新华书店安排和改造私营图书发行业的方针和办法》，要求纠正"只挤不管"的缺点，加强批发业务，给私营书店以足够维持生活的营业额，做到"不让一家歇业，不让一人失业"。为了帮助私营书店扩大销售，总店实行了"三让政策"：一、让批发折扣。从85折改为80折批发（各地新华书店78折进货，80折批发，还要交税，实际上是亏本的）；二、让经营品种。适合私营书店销售的热销品种，如字典、地图、唱本、歌本、部分小说、连环画册等，让给私营书店销售；三、让营业时间。新华书店每周休业一天或平日减少一两小时营业，让读者到附近的私营书店购书。经过上述安排，私营书店的经营情况显著好转。1955年，新华书店对私营书店的批发额比1954年增长1.8倍。

4月1日 总店向各省级分店发出经修订的《新华书店对私营发行业图书批发简章》。

4月11日 文化部向各地文化行政机关发出《关于加强对新华书店领导的通知》，指出：新华书店应负责安排全国图书发行市场，掌握整个社会的图书流转计划，改造所有私营发行业。同时批转了文化部出版局制定的《新华书店安排和改造私营图书发行业的方针和办法》。

4月30日 文化部任命王璟、刘子章、张治、周天泽为总店副总经理。

4月　为防止私营书店因无法维持而歇业、失业，根据出版总署的指示，总店抽调副总经理王璟、张治、周天泽和处级干部李德元、刘子章、浦一之、史修德、姜锡爵、干青、郑士德等20人，分赴北京等十大城市，花3个月时间，督促和协助城市分店安排私营书店改造。安排的主要形式是实行经销、代销，并让他们挂出新华书店代销店的牌子。

5月5日　沪所编辑出版的《上海发行所通讯》第1期问世，《通讯》为32开，每周1期，发至全国各级新华书店，传递上海图书出版消息。

5月15日　天津分店店刊《天津发行简报》创刊，总店副总经理史育才应邀题写刊名。

5月16日　经文化部批准，总店调整组织机构。总经理室下设办公室、第二办公室（负责对私营发行业改造工作）、编刊室、监察室、业务处、计划财务处、组织技术处和行政处。新设的第二办公室主任史修德、副主任李志国，监察室副主任朱启新。

5月20日　总店向各分店、发行所发出《关于〈新华书店古籍发行方案〉的通知》，指出：古籍的发行，既要满足需要古籍的读者和单位，又必须对发行的数量加以适当的控制。各店在发行时应十分重视古籍发行的效果，必须加强调查研究工作，掌握读者的需求规律。

6月10日　文化部发出《关于调整一部分图书批零售价的通知》。《通知》指出：为了对私营图书发行业实行全面的安排和改造，特规定新华书店对连环画、年画、宣传画、肖像画、画片、历书，地图出版社出版的全部挂图，宝文堂和通俗文艺出版社出版的小说、戏曲、唱本及其他一切图书，对私营图书发行业扩大批零差价，上述各类图书、图片的批发折扣一律从80折改为75折，出版社对新华书店的发货折扣改为65折。

6月22日　总店向各分店、发行所发出《1955—1956年度年画发行的方针任务》，要求积极扩大政治质量和艺术水平较高的年画的发行，并应满足群众对有益无害而为群众喜爱的年画的需要。

7月8日　根据上级指示，国际书店总店及其沈阳、上海两办事处经办的国内发行业务，自7月1日起全部移转新华书店办理。京所于6月成立第五发行部，主任沈良，下设发行科、栈务科。专门负责办理外文图书的进发货工作，并负责对各地新华书店外文书店、外文部进行业务辅导。

7月11日　总店向各分店、发行所颁发经中华人民共和国劳动部批准的《新华书店内部劳动规则》，要求各店遵照执行。

同日　新华书店总店与中国百货公司、中国文化用品公司联合发出《关于相互经销年画、日历问题的通知》。规定：日历货源统由各地文化用品公司组织，年画货源统由新华书店组织。各地公司经销年画，书店经销日历，由各地协商决定。

7月30日　国务院公布《管理书刊租赁业暂行办法》。

同日　总店根据中共中央、国务院5月和7月的两次指示精神，向各分店、发行所发出《关于切实贯彻〈国务院处理反动的、淫秽的、荒诞的书刊图画的指示〉的通知》。《通知》指出：为保护人民群众，尤其是青少年和儿童的身心健康，巩固社会秩序，保障社会主义的经济建设和文化建设，必须坚决地处理涉及反动、淫秽、荒诞的书刊图画，要把这项工作作为当前的一项重要政治任务来抓。各地新华书店的主要任务是：根据政府规定，做好换书工作，配合政府有关部门对租书铺、书摊进行社会主义改造。

8月17日　总店发出《关于重视中文书出口供应工作的通知》。《通知》指出：为进一步满足国外读者对中文书的需求，更好地扩大中文书的出口，以达到介绍我国各方面伟大成就和增进对外文化交流的目的，要求各发行所、省分店和大城市书店必须大力配合和支持国际书店总店认真做好中文书的出口供应工作。

8月　中共中央书记处第一办公室编印的《情况简报》第334号刊载，共青团中央书记处8月2号给中央的工作简报《儿童读物奇缺，有关部门重视不够》。《简报》中谈到：各地不重视儿童出版物的出版；一般作家不愿意给儿童写作；全国多数新华书店不卖儿童读物，有的虽推销，也不积极，只停留在少数门市部；书价过高。8月4日，毛泽东主席对此简报做了专门批注："书少、无人编、太贵"，批示如下："林枫同志，此事请你注意，邀些有关的同志谈一下，设法解决。"林枫时任中共中央副秘书长、国务院第二办公室主任，立即开始解决此问题。8 月 6 号，中央宣传部出版处起草了《关于改进少年儿童读物出版、创作、发行等工作的意见》。8 月 27 日，中共中央批转青年团中央书记处《关于当前少年儿童读物奇缺问题向中央的报告》，要求中宣部、各省和相关部门重视并认真加以解决。

同月　根据总店规定：从 8 月起，京所对全国各地书店的发货结算，统一实行定额（100 元为起点）定期相结合的"托收承付"结算方式。

9 月 14 日　总店发出《布置〈列宁全集〉第一卷的预订工作的通知》。《通知》要求全国新华书店参照《斯大林全集》的发行办法，分卷预订，分卷发行，积极做好《列宁全集》的征订发行工作。

9 月 17 日　总店发出《关于认真配合全国农业合作化运动大发展指示》。《指示》指出：农村发行工作的中心任务是为农业社会主义改造服务。要求各省分店结合当地实际情况，制订加强农村图书发行工作的具体做法和步骤。

9 月 24 日　总店向各分店、发行所发出《关于加强少年儿童读物发行工作的指示》，要求大中城市儿童读物门市部应尽量增加少儿读物品种，一切综合门市部必须设立少儿读物专柜、专台。小城市和县书店在门市部书架上必须设有少儿读物一类，尽可能设立专柜、专台，加强少儿读物的宣传推广工作。

9 月 29 日　总店向各分店、发行所发出《关于争取超额完成 1955 年国家计划和认真贯彻节约方针》的指示，要求发动全店职工力争超额完成全年销售计划，改善流动资金管理，降低商品流转费用等。

9 月　为贯彻毛泽东主席在团中央《关于少年儿童读物奇缺的报告》上批示的"大量地创作、出版、发行少年儿童读物"的精神，教育部和共青团中央联合发出少年儿童读物推荐书目。当年，仅推荐书目所列读物，全国发行 4 600 万册。

同月　湖北宜宾支店农村发行员周素珍、浙江平阳支店柯位康、上海分店夏耀庭等 3 位优秀青年职工光荣出席在北京举行的全国青年社会主义建设积极分子大会，并荣获青年社会主义建设积极分子奖章。会后，总店邀请他们到总店做客并介绍经验，总店副总经理刘子章和总店全体团员、青年热情地接待了他们。

同月 根据国际书店国内发行业务移交给新华书店的决定，国际书店沈阳办事处业务与工作人员并入沈阳发行所。

10月1日 根据四川省委决定，四川、西康两个省分店正式合并为四川省分店，办公地址为成都。

10月20日 毛泽东《关于农业合作化问题》出版发行。

总店于11月18日发出《关于动员全店做好宣传农业合作化书籍发行工作计划》，要求各店广泛、深入地发行好《关于农业合作化问题》等书。到1956年，各地新华书店职工深入乡村、农户，送书上门，共发行《关于农业合作化问题》《中共中央关于农业合作化问题的决议》《农业生产合作社示范章程（草案)》3种书共4 000多万册，几乎发遍了全国所有村庄。

11月7—13日 朝鲜民主主义人民共和国文化宣传省图书管理局副局长白义镇、秘书长安宗喆来我国访问，先后访问了北京、上海市店及其他出版发行单位。

11月25日 文化部发出经国务院常务会议批准的《关于文化行政部门所属文化事业领导关系的规定》。《规定》提出自1956年1月起，新华书店各省、市分店及所属的支店、门市部交由地方文化行政机关领导和管理。所有购销业务、计划财务、基本建设、发行网点的扩充和调整、私营图书发行业的安排和改造，以及书店内部的政治工作和日常行政，都由地方文化行政机关领导和管理。并指出，新华书店总店对全国新华书店的工作，仍负有领导和监督的责任；同时，承担直接管理所属北京、上海、沈阳、武汉、重庆5个发行所的任务。

12月3日 文化部任命王益为总店总经理，史育才、王璟、刘子章、张治、周天泽为总店副总经理。

12月28日 由中共中央马恩列斯著作编译局翻译的《列宁全集》中译

本第1卷出版。由京所发行。至1959年共出版了38卷。1963年2月，《列宁全集》中文第一版第39卷出版，并在全国新华书店发行。至此，《列宁全集》中文第一版1—39卷全部出齐。《列宁全集》中文版1—39卷在全国共发行430万册。

12月　京所根据总店指示，《发行情况》出版至38期止，以后改为《北京发行所通讯》（周刊）继续出版。

同月　京所制定《计划管理暂行办法》。

同月　为接待越南出版发行代表团的到访，京所编写一套介绍本所业务工作情况的材料，后印装成册。

同月　全国新华书店的"政府资金余额表"记载，全店的政府资金总额为5 744万元。除总店及所属5个发行所的1 260万元之外，新华书店各省、自治区、直辖市分店的4 484万元政府资金，从1956年1月起交由各地文化行政机关管理。

同年　沪所先后派出20个工作组，到70多个销货店的地区作深入读者需要情况的调研，包括深入代销图书的供销社、农村图书室进行调研。有计划地组织250种通俗读物、分批印造3 000万册，基本上及时供应了农村图书室的需要。

同年　由总店1955年投资30万元，沈阳发行所新建库房和办公楼，共3 200平方米。

同年　总店及在京直属单位固定资产（原值）122万元，商品资金589万元。销售总额20 177万册，6 424万元，利润30万元，利润率0.5%。年末职工906人，其中总店170人。

1956 年

1月1日　总店发出《关于热河省建制撤销后有关业务工作交接的几项规定》，指出：随着热河省建制的撤销，我店热河分店于 1956 年 1 月 1 日撤销。其所属的 22 个县支店分别划归河北、辽宁分店和内蒙古新华书店。原热河分店经理高万枝调总店任业务研究班副主任。

同日　为响应党中央提出的向科学进军的号召，总店决定增设业务研究班来加强对干部和职工的教育工作。由浦一之兼任主任，副主任高万枝、王泽（原广东分店副经理，1 月 5 日调入总店）。

研究班以各省级和基层书店的经理和各种专业骨干人员为主要培训对象，每期的培训时间一般在 3—6 个月。自 1956 年 5 月开始到 1958 年 3 月，两年时间共举办了 5 期，培训学员 270 余名。

同日　根据总店要求，中国人民银行总行发出《关于新华书店内部办理托收承付结算填写合同运单号码及缴验运单问题的通知》。《通知》指出：新华书店单位繁多，发行所与分支店间、分店与支店间都有交易发生，如果一一分别签订交易合同确有困难，同时内部已规定对托收款不准拒付，因此办理托收时，可免填合同号码。通过铁路发货者由 1956 年第 2 季度开始在托收凭证上填写运单号码。

1月9—20日　总店在北京召开第二次省级分店经理会议，各省、自治区、直辖市分店经理，各发行所经理和特邀的 15 个支店经理以及总店处室以上的负责人，延边朝鲜人民书店、上海图书发行公司、辽宁文化局、中华全国供销合作总社等单位领导共 72 人参加。会议一致认为，中央制定的"积极发展、提高质量、全面规划、加强领导"的文化工作方针完全适用于书店工作。

全国新华书店必须完成三大任务：一、积极扩大农村发行网，满足农民对通俗读物的需要；二、做好科技书籍的发行工作；三、进一步改造私营发行业。

1月23日 文化部发出《关于加强农民通俗读物出版发行工作向中央的请示报告》指出，发行方面应教育全体发行工作人员，把大力开展农村发行工作作为当前最主要的政治任务。

1月30日 文化部、中华全国供销合作总社向各省、自治区、直辖市文化局、新华书店总店和供销合作社发出《关于加强农村图书发行工作的联合指示》，并附发《关于供销合作总社担负农村图书发行工作的实施办法》。《指示》指出：新华书店必须依靠供销社做好农村发行工作，要求农村的所有基层供销社都要增加图书发行业务，各地新华书店要积极协助供销社训练图书发行员，新华书店的县市支店按80折向基层供销社批发图书。

由总店代为起草的《联合指示》和《实施办法》下发后，各地书店充分依靠基层供销社点多面广的优势，积极开展农村发行工作。1956年这一年里，全国就有22 784个基层供销社开展图书销售业务。

1月 渝所编辑出版的《重庆发行所通讯》创刊，介绍川、渝版图书的出版发行情况。

2月5日 文化部发出紧急通知，要求各地立即采取措施克服目前图书供应工作中的紧张状况。主要问题是：有关农业合作化和农业增产的图书不能及时充分供应，扫盲课本和农村通俗读物普遍不能满足需要，中小学课本脱销，一部分大中学校课本也印不出来。通知要求要重新适当调整出版计划，分区、分省印制，及时把已经出版的适合广大群众需要的质量好的图书送到读者手中去。

2月16日 文化部出版局发出《1956年4月1日起出版的图书一律加印统一编号》的通知。规定出版物统一使用中国人民大学图书馆分类法，按知识门类分为17大类，并确定了全国图书统一编号方案。为了便于区分，又在下列类别图书的类号前加拉丁字母：K—中小学课本、扫盲课本、工农业校课本，M—少数民族文字图书，W—外国文字图书，T—通俗读物，R—少年儿童读物。统一编号的排列顺序为：类号、社号、本类书的顺序号。

2月17日　共青团中央宣传部、新华书店总店发出《关于加强农村图书发行工作的联合通知》，指出：新华书店应经常主动地和共青团领导机关取得联系，对于共青团重点推荐的书应及时做好备货工作。在委托义务发行员代销书籍时，应该反复交代自愿购买的原则。新华书店计划1956年在农村发行各种图书8亿册，较1955年约增加一倍。

2月18日　文化部颁发《全国杂志、书籍定价标准的通知》，统一全国刊物和图书的定价标准，分列定价类别11类，又在大类下设分类项目26项。如中小学课本每印张为0.046元，社科书每印张为0.075元，科技书每印张为0.09元。据新华社1956年3月5日消息，文化部最近修订了书籍定价标准，一般儿童读物的定价降低25%，青年修养书籍的定价降低20%。

2月20日　中宣部向中央并毛主席报送《关于加强农民读物出版和发行工作的报告》。报告经中央批示同意，中宣部于4月19日印发全国宣传部门，并请文化部继续采取措施，加强检查和督促。

同日　文化部转发《新华书店总店关于1956年方针任务的请示报告》。《报告》提出：1956年，全国新华书店要把农村发行工作放在各项工作的第一位。为了加强农村发行的力量，除依靠供销社外，新华书店在年内必须用新建、改建（县书店）、扩建（地区门市部）的办法，增加支店300多处，使全国每一个县都有一个支店。要攻破科技书籍发行工作的堡垒，为赶上世界科技先进水平服务。城市中的2400家私营书店和古旧书店在上半年内全部实行公私合营。

2月21日　新华书店总店与中华全国总工会联合发出《关于加强工矿图书发行工作的联合通知》。《通知》指出：新华书店虽然已经在工矿区和工人集中区建立285个门市部和书亭，但和客观形势比较起来，发行力量还是很薄弱的。今后要大力发展工矿发行网。《通知》要求工会基层组织根据各地的实际情况，在各厂矿工地、企业中组成义务发行小组；同时根据工矿地区和工人集中区的人口数量来增设门市或书亭，基本上做到在1.5万人以上的工矿区设置综合门市部，在 5 000 人以上的厂矿设书亭，2 000 人以上的设流动书亭。

2 月 23 日　新华书店总店、中国人民银行联合发出《关于新华书店贷款改按商业放款办法办理的通知》。《通知》规定：凡向银行办理借款的书店，应具有一定额度的自有流动资金参加商品周转，此项额度确定为年度商品资金定额（包括在库、在途、发出三项）的 30%，其余由银行贷款。其他非商品定额资产，均由书店自有资金解决，银行不予贷款。遇特殊情况，按超计划商品储备放款办法办理。纠正了新华书店按财务收支差额借款造成的银行贷款失去监督、有借必贷的偏向。

2 月 24 日　总店的《图书发行》报报道：《中国农村的社会主义高潮》和《1956 年—1967 年全国农业发展纲要（草案）》，已在全国各地大量发行，据不完全统计，两书印数达 1 700 万册。

3 月 10—14 日　总店在北京召开外文部工作汇报会。北京、上海、天津、广州、西安、哈尔滨、鞍山等 16 个城市分支店的外文部和北京、上海、沈阳三个发行所的代表出席会议。会议认为，1955 年以来外文书刊发行是有成绩的，发行了包括 33 个国家 25 种文字的 204 万册图书。要求今后各地外文部必须积极扩大发行量，尽可能充分地满足科学研究和经济建设的需要。

3 月 13 日　文化部发出《关于新华书店销售和代办经文书籍的规定》。《规定》指出：对于一般教徒所需要的政治上无害的经文书籍（例如《可兰经》等），可由新疆、内蒙古等区店及各省级分店开列书名，报请当地党、政领导机关审核批准后，通知有关销售店或门市部销售。宗教团体和宗教界上层人士所需参考性经文书籍，由新华书店代为订购。

3 月 16 日　年初，中国人民志愿军总部函请中央文化部，帮助解决设立售书处问题，文化部随即责成总店提出实施方案。文化部于 3 月 16 日向辽宁省文化局批转了总店提出的《关于加强对志愿军图书供应工作的报告》和《在志愿军内部设立书店的办法》，并请该局通知辽宁分店执行。

4 月 1 日　总店根据中央有关文件的指示精神，向各省、自治区、直辖市新华书店提出进行全面的工资改革的意见。指出，总店执行国家机关工作人员工资标准，其余各级店一律参照商业部颁发的国营商业企业工作人员工资标准执行。北京、上海两发行所，按商业企业的中央站的工资标准执行。

4月4日　总店应中国人民志愿军驻朝部队的要求，委托辽宁分店组建的随军书店奔赴朝鲜，在志愿军驻地设立7个供应站，1958年9月10日完成任务，随中国人民志愿军撤离朝鲜载誉回国。两年零五个月，共发行图书240余万册。

4月9日　总店发文布置全国65个大中城市店填报对私营图书发行业改造情况调查表。据各店报回的材料统计，全国65个大中城市中共有私营图书发行业1 694户，占全国归口新华书店改造的私营图书发行业总户数2 388户的71%。

4月13日　中华全国供销合作总社和新华书店总店组成四个调查组，于3月底4月初，分赴辽宁、陕西、安徽、山东、湖北等地检查《关于加强工矿图书发行工作的联合通知》贯彻执行情况，广泛接触农村基层社、农业社、农村图书室义务发行员、流动书贩，调查了解农村书籍需要和供应情况，总结先进经验。

4月13—15日　总店在北京召开1956—1957年年画出版发行座谈会，人民美术出版社、上海人民美术出版社、上海画片出版社、天津美术出版社、湖北人民出版社等出版社和辽宁画报社，北京、上海、沈阳、武汉发行所和天津、河北分店的代表参加了会议。会议讨论了发行计划、定价、折扣以及年画缩样发出日期等问题。

4月18—28日　总店在北京召开科学技术书籍发行工作会议，北京、上海、沈阳发行所，北京、上海等8个城市分店和鞍山、南京、包头等39个工业城市支店的经理、科技门市部负责人以及部分省级分店代表共82人参加，中央一级科技出版社的33位代表列席，文化部出版局派员出席。会议听取和讨论总店副总经理刘子章关于全国工矿发行工作会议后科技书发行情况和今后科技书发行工作规划报告，交流工作经验，对部分店过多的存货进行了调剂。会议代表还听取出版社介绍科技书出版情况。

4月23—27日 文化部在北京召开全国文化先进工作者会议。会议期间，毛泽东、刘少奇、周恩来、朱德、彭真、邓小平等中央领导同志接见会议代表。京所张志文等18位新华书店系统代表光荣出席会议。

　　4月30日—5月10日，18位新华书店系统代表又参加国务院委托全国总工会主持召开的全国先进生产者代表会议，并荣获全国先进生产者称号。

　　4月 上旬，总店编印的《全国总书目（1949—1954年)》出版，由京所发往全国新华书店销货店发售。该书目收集新中国成立以来，全国国营、公私合营、私营出版社以及机关、学校、团体和个人出版（包括初版和重版）的、由新华书店发行或经销的图书共计21 809种。

　　5月8—12日 总店在北京召开少年儿童读物发行工作汇报会。参加会议的有6个省分店、3个发行所、8个城市分店和2个农村店共20名代表，北京和上海两家少年儿童出版社和人民美术出版社也派人出席。会议交流城乡少儿读物的发行经验，讨论1956年少年儿童读物发行工作计划。会上还研究中等以上城市应设立少年儿童读物专业门市部的问题。

　　5月14日 总店在北京举办的第一期业务研究班开班，学员67人，来自全国各省、自治区、直辖市分店及部分支店，有3位少数民族干部，学习时间为3个月。研究班邀请有关出版社的资深编辑授课，主要内容是研究图书进发货业务，共分三个单元：第一单元，国内贸易经济；第二单元，目前政治形势和出版事业的愿景规划；第三单元，进发货业务的学习和研究。研究班于8月21日结业。

　　5月23日 文化部、中国人民解放军总政治部发布《关于加强部队图书发行工作的联合指示》。《指示》规定：由新华书店委托部队中的俱乐部（图书馆）或军人服务社代销图书；总店定期编印向部队供应图书的参考书目；书店应协助部队俱乐部或军人服务社熟悉图书代销业务；对书店和部队双方在代销业务往来上的一些具体问题，如取、退书手续、结账办法、代销折扣等，也作了规定。

　　5月28日—6月2日 总店在北京召开对私营图书发行业进行社会主义

改造工作汇报会。北京、天津、上海、沈阳、武汉、广州、西安等大中城市店分店，山东、江苏、四川等省级分店，以及杭州、长沙、福州、太原等支店的代表出席并汇报自实行全行业公私合营以来的工作情况和经验，着重讨论如何充分发挥公私合营新华书店的力量问题，研究新书业中的小商店、摊贩的改造问题，分析私营古书业的情况。

5月 总店在北京举办古旧书籍发行人员学习班，各省、直辖市分店的古旧书店业务人员参加，特邀吴晗、齐燕铭、郑振铎、贺昌群等古籍专家讲课。

6月2日 文化部出版局任命曹国辉为新华书店北京发行所办公室主任，李亦信为行政处主任，沈士庭、王庆云为行政处副主任，孟昭昆为计划财务处副主任；刘起白为第二发行部主任，吴克己为第二发行部副主任；刘广恩为第三发行部副主任，亓秀俊、崔栋为储运部副主任。

6月4日—7月2日 文化部出版局副局长兼总店总经理王益率代表团赴朝鲜民主主义人民共和国访问，与朝鲜文化宣传省图书管理局签订了中朝图书贸易合同。

6月5日 总店在北京召开发行所工作会议，总结发行所成立以来的工作，讨论如何改进今后发行所的工作。北京、上海、重庆、武汉、沈阳等5家发行所经理，陕西、山东、江苏、河南、四川5个省级分店和河南淮阳、辽宁法库、四川邛崃、陕西岐山、河北武安5个支店的代表参加会议。

6月19日 原西北总分店副经理程刚枫调总店，任业务处主任。

6月29日 日本出版交流代表团抵达北京，对我国进行访问。这是新中国成立后第一个来华访问的资本主义国家出版代表团。国际书店总经理邵公文、文化部出版局副局长兼总店总经理王益以中国国际书店名义出面接待。

7月 文化部召开青年社会主义建设积极分子代表大会，京所选派张志文、方厚枢等26人出席大会。

8月10—20日 总店在北京召开农村发行工作会议。各省、自治区、直辖市新华书店经理（副经理），文化部、文化部出版局和江苏、吉林省文化局的有关领导，以及中华全国供销合作总社、15个省社、5个基层社的代表，共

84 人出席会议。

会议交流了各地供销社开展图书发行工作经验。会议指出，文化部和中华全国供销合作总社的《关于加强农村图书发行工作的联合指示》下发后的 5 个月时间里，全国基层供销社已建立 22 784 个销售点卖书，有 15 158 个营业员担任专职图书发行工作，使农村群众买书得到很大方便。1956 年上半年农村图书销货额比去年同期增长 20%—50%，取得了可喜的成绩。会议最后一天，全国供销总社秘书长姜君辰、文化部出版局副局长兼总店总经理王益到会讲话。总店副总经理史育才作了总结报告。

会后，文化部和中华全国供销合作总社于 10 月 22 日发出《关于巩固供销社农村图书发行业务的联合指示》。

8 月　总店整理、编辑、印制《新华书店统计资料汇编》（1950—1955 年）精装本 500 册，分送中央有关领导机关和省店。该统计资料包括分年的书刊购、销、存以及网点、人员、工资、费用等统计资料。

9 月 3—9 日　新华书店总店、中国国际书店总店在北京联合召开全国图书发行先进工作者代表会议。出席会议的有新华书店系统代表 200 人，国际书店代表 6 人，公私合营书店代表 24 人，随军书店代表 1 人，特邀代表 4 人。文化部部长沈雁冰、副部长张致祥、中华全国总工会书记处书记栗再温，文化部部长助理黄洛峰、出版局副局长祝志澄等领导出席大会开幕式。参加开幕式的还有中央一级出版社和供销合作总社、邮电部报刊发行局的同志，新华书店总店、国际书店总店、京所、北京分店的负责同志。大会由总店总经理王益主持，国际书店总经理邵公文致开幕词，沈雁冰、栗再温讲话，总店副总经理史育才作大会主题报告。

陈毅副总理在 9 月 8 日上午接见了出席全国图书发行先进工作者代表会议的全体代表并讲话，勉励代表们在今后工作中继续发挥积极作用，保持先进工作者的光荣称号。

9 月 8 日下午，中宣部副部长周扬到会并讲话。9 月 9 日上午大会闭幕，张致祥讲话，黄洛峰向先进工作者和先进集体的代表授奖。王益致闭幕词。

总店及直属的五大发行所共有 18 人荣获先进工作者的光荣称号。总店：郝鸿顺；京所：方厚枢、张素华、吴织锦、王学源、张志文、张友兰；沪所：孟通如、刘君毅、孙宝禄、沈忠立、黄念恩；沈所：林福致、吕运禄；汉所：曾政清、刘源清；渝所：曾司孔、张忠柏。他们从事的业务工作有进货发货、图书宣传、配书包装、仓储管理、运输司机、外语翻译、人事干部等，反映了发行所业务各工种的先进工作方法和模范事迹。

9 月 30 日—11 月 16 日 总店副总经理史育才、周天泽参加文化部组织的中国出版界参观团，到苏联参观访问。全团分出版、印刷、发行、外文出版四个组。四组同时访问了莫斯科、列宁格勒两地，发行组还单独访问了伏罗湟什州。史育才、周天泽在莫斯科参访发行单位时，还邀在苏联学习图书贸易专业的汪轶千利用谍余时间全程陪同，以熟悉苏联发行工作的实际情况。参观团回国后，史育才、周天泽根据访问的所见、所闻整理编辑成《苏联的出版事业》小册子，发至各省分店。同时，还在《图书发行》报第 108 期上发表了题为《学习苏联图书发行工作的先进经验》的访苏随感。

9 月 周天泽调北京任总店副总经理后，沪所由副经理孙立功主持工作。

10 月 18—26 日 总店在北京召开计划财务工作座谈会，各发行所，各省、直辖市分店，以及内蒙古、新疆、延边新华书店的计划财务科（处、室）负责人参加，会议讨论了总店提出的会计、统计制度修订草案和 1957 年企业、财务计划表格，并对新华书店的计划管理体制问题交换了意见。

10 月 22 日 总店接待来访的越南民主共和国文化部印刷发行管理局副总经理阮文海率领的代表团一行 14 人。越南代表团先后在总店、京所、北京分店、山东分店以及沪所进行了为期 3 个月的考察和实习，于 1957 年 1 月 23 日回国。京所为接待好代表团，组织编印一套介绍本所业务流程及工作情况的小册子，分送代表团全体成员。

11 月 10 日 文化部出版局免去刘子章总店办公室主任兼职；任命钟虹为总店办公室主任，免去其副主任职务；任命干青为办公室副主任；任命徐炽汉、王仁为编刊室副主任；任命鲁明为业务处副主任；任命蔡尔颖为计划财务处副主任；任命王泽为业务研究班副主任；任命姜锡爵为业务处副主任，免去其组织技术处副主任职务。

11 月 12 日　《孙中山选集》于孙中山先生诞辰 90 周年纪念日在北京及全国各大城市店开始发行。

11 月 30 日　总店向全国省、市级分店发出《中转运输工作试行办法》，内容包括：一、中转人员、设备及办公费用开支；二、中转工作手续及各级书店应注意事项；三、中转运输查询及差错事故损失处理；四、中转运费垫付及报销规定；五、中转运输计划编制；六、中转交通情况的调查与通知。此外，还附录了中转单、提转登记簿、中转运费分摊单格式。

12 月 1 日　总店举办的第二期业务研究班开学。培训以地市县书店经理为主，学员来自新疆、内蒙古、吉林、辽宁、江苏、云南等 18 个省区，共 71 人，为期 4 个月。

12 月　由中共中央马恩列斯著作编译局翻译的《马克思恩格斯全集》中文版第一卷出版发行。《马克思恩格斯全集》于 1985 年全部出齐，共计 50 卷，3 200 万字，累计印数 604 万册。

同月　上海图书发行公司将图书进发货业务移交给沪所。

同月　京所与中国人民解放军总政宣传部俱乐部工作处合编《部队图书介绍》（月刊），向全军指战员报道新书出版消息，推荐优秀读物和指导阅读。1958 年 2 月停刊。

同年　新华书店北京发行所在北礼士路 135 号院修建三、五、八号库房，建筑面积 3 100 平方米。

同年　京所编印《1957 年周历》，内容包括书店性质、任务、服务项目以及本所经营出版社情况介绍。印数为 3.5 万本。

同年　总店及在京直属单位固定资产（原值）138 万元，商品资金 861 万元。销售总额 31 304 万册，9 662 万元。利润 167 万元，利润率 1.7%。年末职工 1 199 人，其中总店 173 人。

1957 年

1 月 17 日　文化部、中华全国供销合作总社发出《关于供销社今后仍可继续经营图书业务的联合通知》。由于国务院《关于调整若干商业部门经营分工和组织机构的规定（草稿）》下达以后，有的省供销社也要将图书业务交给国营公司（如百货公司）或者交还给新华书店，因而有的省店要自行到农村下设零售机构，或者大批增加流动人员。《联合通知》指出："从供销社的整个系统来说，它的收购任务是重了，但由基层供销社经营图书业务还是可能的、适宜的。"为此，《联合通知》认为："目前社店双方还应以继续贯彻部社1956 年 1 月 30 日和 10 月 22 日的两次联合指示为宜。"

1 月 28 日　文化部发出《关于新华书店今后不再办理内部发行的通知》，规定凡有机密性和公开发行对国际关系有妨碍者，改由出版部门或有关部门自行发行。6 月 1 日，文化部又发出补充规定，指出某些有特殊情况的书籍，仍须采取内部发行，仍由新华书店负责。

2 月 12 日　经文化部出版局同意，总店决定将原有的第二办公室和监察室两机构撤销。有关私营发行业改造工作的全国情况汇总、向上汇报以及监察室处理读者来信等具体工作，交办公室处理。

2 月 20 日—3 月 2 日　总店在北京召开第三次分店经理会议，各省、自治区、直辖市分店和各发行所经理和业务科长共 64 人参加。会议遵循全国的工作方针，确定"整顿巩固，提高质量"为 1957 年的全店工作方针。在新的一年里将着重做好改进供销业务、加强合理分配、调整和巩固农村发行网点、改善企业经营管理、克服商品管理的混乱现象等方面工作。

3 月 1 日　文化部颁发《国营书店统一会计制度》，在全国新华书店执行。

内容包括：总则、会计决算报告、账户、会计凭证、会计簿籍五部分。这项制度是继 1951 年、1956 年后发布的比较完整的书店发行会计制度，第一次规定了商品的明细账户，要按照商品管理责任制的要求设置，要求各个单位必须遵守执行总则、会计决算报告和账户部分的规定。

3 月 2 日　文化部向各省、自治区、直辖市文化局及上海出版事业管理处转发总店《关于书店投资关系下放问题的报告》的通知，要求新华书店投资关系已经下放的省，要进行一次检查，对不合理现象应加以纠正。投资关系尚未下放的省，今年以暂不下放为宜。

3 月 5 日　文化部出版局通知，为支援少数民族地区的图书发行工作，规定总店所属北京、上海、沈阳、武汉、重庆发行所给新疆、内蒙古、西藏新华书店的发货折扣自 1957 年 1 月 1 日起由 78 折改为 75 折。以上规定在具体执行中发生了一些变化，根据 3 个区店的要求，由各发行所将 3 个折扣按季统一划付给区店，用以发展该区的书店建设事业。

3—4 月　为响应党的八届二中全会提出的在全国范围内发起一个增产节约运动的号召，总店在 3 月成立了增产节约委员会，4 月订出了增产节约计划，重点是精简机构和编制，提高工作质量，严格开支制度，节约行政费用。

4 月 20 日　文化部发出《对禁售、停售书籍的处理办法》，对历年来通知禁售、停售的书籍，根据不同的情况，提出 4 条处理原则。要求总店按照上述原则，编出处理书目报文化部审批后印发各地执行。

4 月 21—27 日　总店在北京召开外文图书发行工作会议，由副总经理周天泽主持。会议总结了 1956 年的外文图书发行工作，着重研究了当前外文图书的供需状况。明确当前的基本任务：一、改进进口外文图书的订货工作；二、巩固健全发行网；三、进一步推行计划发行，提高工作质量；四、切实加强领导，紧密配合国家的科学研究和经济建设事业的需要；五、贯彻"百花齐放，百家争鸣"的方针。

5 月 10 日　经总店同意，上海市人民委员会出版事业管理处任命黄巨清、钟达轩为新华书店上海发行所副经理。

5月18日　全国人大代表、政协委员曾昭抡（高教部副部长）、钱伟长（清华大学副校长）到总店视察工作，并就当前新华书店工作中存在的若干问题与总店领导交换了意见。

5月　根据中央国家机关党委的统一部署，总店开展了反官僚主义、反宗派主义、反主观主义的整风运动，掀起鸣放高潮。6—8月，又开展了反对资产阶级右派的斗争，斗争中错划右派5人。1978年9月，中共中央决定对划为右派分子的人进行复查。据此，新华书店系统被错划为"右派分子"的同志恢复了政治名誉。

同月　沪所编辑出版《作家与作品》第一辑（中国现代作家），收有60位现代作家的小传及其作品，对主要作品进行简要介绍，第一版印行3.6万册。

同月　总店开办第三期业务研究班，主要培养科技书籍发行人才，学员是来自省店的业务科长、科员，大城市店的业务骨干，约40人。学习内容有机械、电力、地质、测绘、煤炭、交通、人民卫士等课程。

6月22日　毛泽东《关于正确处理人民内部矛盾的问题》单行本出版发行。这本著作是毛泽东于1957年2月27日在最高国务会议第11次扩大会议上的讲话。

6月　总店发布《新华书店支店商品管理责任制试行办法》，共4章16条。《试行办法》对图书商品的收发保管和内部转移手续、商品管理各个环节的分工和专人负责、建立商品分户核算和考核等责任制度作出规定。

同月　经文化部批准，总店在通州新华街购地50亩，动工修建图书发行干部学校教学楼、宿舍楼、食堂等。1958年7月竣工，建筑面积4 000平方米，总投资43万元。

夏季　第六届世界青年联欢节在莫斯科举行。中国派出以中国共产主义青年团中央第一书记胡耀邦为团长的有400人参加的庞大代表团。汪轶千经莫斯科国民经济学院的中国学生推选参加在西亚非洲组的联欢活动。一次火炬晚会上，汪轶千与一位欧洲青年、一位非洲青年三人代表三种不同肤色的青年手持火炬站在湖中的木筏上荡漾。这一动人的场景被苏联记者拍摄成照片后印成明信片，很快在联欢节期间作为纪念品在莫斯科书店和报摊上公开发行。

7月12日 财政部、文化部、人民银行总行联合发出《关于出版社与发行所、发行所与销货店间取消年画、课本期销办法的修改通知》。当年4月，财政部和人民银行总行联合发文，取消课本及年画的期销办法，其后各地反映原则规定不够明确，执行有困难。为此，特作如下修改：一、出版社与发行所之间，双方可按合同规定日期结算货款，出版社提前交货暂不结算；二、发行所与销货店之间按合同规定日期结算，发行所提前发货则作为委托代管，货款暂不结算。

7月25—30日 总店在上海召开新华书店全国运输中转工作会议。总店所属各发行所，各省、自治区、直辖市分店和部分中转店代表共48人与会，总店副总经理周天泽主持会议。会议讨论总店提出的《新华书店自办图书运输中转工作的总结和今后任务的报告》，通过经过试行后修改的《新华书店运输中转工作办法》。会议肯定总店自行办理书籍运输中转工作的成绩，确定今后运输中转工作的主要任务。

7月27日 文化部发出《为迎接建国十周年加强书籍宣传和书籍陈列工作的通知》，要求：书籍宣传在内容上应注意反映祖国经济建设及文化建设的面貌，在形式上力求生动活泼、朴素美观、通俗易懂，在格调布局上要注意为美化城市服务。书籍陈列应突出配合国庆节的重点书。8月13日，文化部又发出补充通知，要求进一步做好备货工作，认真严格检查停售书和不适合在门市陈列销售的书。

8月13日 文化部发出《关于一般书籍的印数应该由出版社决定和改进社店经销关系的通知》，并附有《关于改进出版社与书店订货、经销关系的三个方案》。

《通知》的主要内容：书籍印数的确定，读者的需要是一个重要因素，书籍的内容质量和出版意图更是一个重要因素。出版社比较了解书籍的内容质量和出版意图，书店比较了解读者的需要。因此，在社店协商的基础上，由出版社决定书籍印数，书店决定订数；印数大于订数的部分，可委托发行所入库代管，作为在发行所寄销。凡实行书店包销的图书，出版社在版本记录页上都必须标明"新华书店××发行所发行"字样。

《三个方案》的主要内容：甲方案：基本包销，书籍印出后，多印部分作为出版社备货，供书店添配，或试销、自销。乙方案：不包销，由出版社直接向各地书店征订或主动发货，主动发货部分卖不掉的可以退货。丙方案：半包销，新华书店发行所包销60%，其余部分按实销数分期结算。出版社可采用其中任何一个方案。

8月 从今年起，华北区各省、市及陕西省的中、小学课本由各省、市发行，京所不再兼办。

9月6日 总店发出《关于〈马克思恩格斯全集〉漆布面精装本第二卷的征订工作》的通知。《通知》指出：为保证买到漆布精装本第一卷的读者能买到第二卷，特进行预订，除预收1元订金，至发书时结清外，其他办法请各店根据具体情况自行研究决定。

9月9—15日 总店在沈阳召开新华书店第一次门市改革工作汇报会，交流和总结自1953年6月推行北京分店门市改革工作以来的经验；研究和讨论总店修订的《门市工作改革方案》和在全国新华书店全面推行的意见。北京、上海分店和14个大中城市支店的代表共20人出席会议，总店副总经理周天泽作会议总结发言。

9月27日 文化部发布的《关于编制1958年课本出版计划和印造地区的规定》指出："1957年起，教育事业计划、出版事业计划和用纸计划均已先后下放各省、自治区、直辖市自行统筹安排"，"从1958年秋季课本开始，各省、自治区、直辖市所需课本……一律由本地区自行编制，纳入本地区出版事业计划"。

11月15日，鉴于全国印刷生产能力很不平衡，文化部又发出《关于编制1958年课本出版计划和印造地区规定的补充通知》指出，为防止因办法改变而发生错乱，影响开学用书，决定先采取委托代印关系过渡。在云南、贵州、四川无力承担本省课本印造任务时，委托重庆代印一年，由新华书店重庆发行所代订、代发。

9月 总店举办的第四期业务研究班开班，各省店选送的外文门市部业务骨干共70余人参加。为了提高学习者的外语能力，研究班专门开设俄语、英语两个班。此期业务研究班学习6个月，于1958年2月结业。

同月 重庆发行所成立时，原西南总分店地址李子坝，因后靠危岩有滑坡危险，立即向总店申请搬迁。总店经审核同意，并投资50万元，李子坝旧房转让作价20万元，共有资金70万元。重庆市规划局批准在九龙坡区滩子口征地200亩，分期基建。基建工程于1956年6月动工，1957年9月竣工。建成库房5幢，面积3 849平方米；办公楼1幢，面积1 703平方米；宿舍3幢，面积2 868平方米，其中有560平方米办托儿所用。不久，重庆发行所由李子坝迁至新址。

10月4日 文化部、商业部、中华全国供销合作总社发出《关于妥善安排农村图书供应的联合指示》。指出：自1957年1月以来，许多地区由于农村商业机构的变动，使图书发行工作受到很大影响，有的供销社已经收缩或准备收缩原有的图书业务，有些地区的新华书店放松了对供销社的批发工作。为此规定，农村图书供应工作原则上应由国营商业部门担任，供销社仍应积极负责供应图书；新华书店在集镇设立销售点要经过协商和批准。国营商业部门与新华书店批销图书的往来办法，原则上仍按照全国供销合作总社与新华书店总店联合发出的《关于供销社担负农村图书发行工作的实施办法》执行。

10月21—30日 总店在北京举行第二次发行所工作会议，北京、上海、武汉、沈阳、重庆5家发行所经理参加。会议重点讨论了实行文化部《关于一般书籍的印数应该由出版社决定和改进社店经销关系的通知》中甲方案提出来的7个主要问题：一、发行所的备货问题；二、配合政治运动来不及征订的书主动分配，经济责任及有关问题；三、出版社自销问题；四、印数低于订数的有关问题；五、试销、寄销问题；六、订货目录的编发费用，拟由发行所和出版社各半负担，对销货店按一定份数分发；七、图书再版由社或店谁提出的问题。讨论拟订了社店产销合同、图书保管代发合同、图书储存合同的文本格式，图书试销、寄销办法，以及修改书店内部订货办法等。总结检查各发行所 1957 年的工作，讨论安排各发行所今后的工作任务；会议由总店副总经理周天泽主持，总经理王益在会上就正确对待读者需要、1958 年中央出版物分区造货、租型造货以及发行所体制 3 个问题发表了意见。

11 月 5 日—12 月 5 日　北京图书馆、中央革命博物馆筹备处、新华书店总店为庆祝十月革命 40 周年，在北京联合举办中文书刊和俄文书刊展览会。

11 月初　在苏联庆祝十月革命 40 周年前夕，文化部出版局局长、总店总经理王益参加由文化部代理部长钱俊瑞率领的中国文化代表团访苏，期间，专门抽出时间会见在苏联学习的汪轶千等人，并由汪轶千陪同访问莫斯科国民经济学院教发行业务的教师、莫斯科市发行局局长兼书店经理的伯力瓦诺人斯基，看望在莫斯科印刷学院学习印刷业务的中国留学生。

11 月 17 日　毛泽东主席率中国党政代表团访问苏联期间，在莫斯科大学大礼堂会见中国留学生，中国党政代表团成员邓小平、彭德怀、陆定一、刘晓等领导也参加会见。毛主席亲切慰问留苏学生，发表讲话：世界是你们的，也是我们的，但是归根结底是你们的。你们青年人朝气蓬勃，正在兴旺时期，好像早上八九点钟的太阳，希望寄托在你们身上。世界是属于你们的，中国的前途是属于你们的。担任莫斯科国民经济学院中国学生中共支部书记的汪轶千站在第三排激动地聆听。

12 月 4 日　文化部整风领导小组发出《关于精简机构下放干部问题的通知》。此后，总店及各省、自治区、直辖市分店陆续进行精简下放，一批干部下放农村劳动锻炼。

12 月　总店征得文化部出版局同意，决定自 1958 年 1 月 1 日起将图书统计改为按照知识门类十一大类分类。具体分类如下：一、社会科学；二、文化教育；三、文学艺术；四、少年儿童读物；五、自然科学；六、工业技术；七、农业技术；八、课本；九、图片；十、进口图书；十一、其他。

按知识门类统计与过去实行的"三门"（即一般图书、课本、其他）、"三类"（即通俗读物、少年儿童读物、科学技术）分类统计相比更为科学、合理。改变统计分类的目的，是为了更好地适应图书发行事业发展的需要。

同月 总店业务研究班将第三期研究班用的机械、电力、地质、测绘、煤炭、交通、卫生等 7 个门类的讲稿编印成《科技书发行业务学习材料》，发往全国城市店，供各店组织主管科技书发行的营业员、发行员和业务员学习参考。

同年 京所编印《1958 年图书台历》，篇幅近 400 页，内容包括我国出版事业发展概况、书的知识、出版社介绍、作家与作品、名人语录等。印数为 8.7 万份。

同年 新华书店北京发行所在北礼士路 135 号院修建六号库房及办公楼，建筑面积 3 100 平方米。

同年 总店及在京直属单位固定资产（原值）176 万元，商品资金 1 064 万元。销售总额 21 731 万册，8 335 万元，利润 112 万元，利润率 1.3%。年末职工 994 人，其中总店 142 人。

1958 年

1月1日　新华书店重庆发行所由总店划归四川省文化局领导。

1月6日　文化部发出《关于处理反动、淫秽、荒诞书刊图画问题的通知》，要求各地对处理不当的图书应分别加以研究，根据国务院所规定的标准和界限，报经省、市人民委员会批准后予以改变。

1月　总店精简机构，第一批下放33名十部，十月初出发赴河北丰润、江苏高邮两县的农业社参加农业生产。这批参加劳动锻炼的干部中，有处级3人，科级7人；党员占36.4%，团员占27.2%。

2月10—13日　总店在北京召开外文图书发行工作汇报会，北京、上海、辽宁、黑龙江、武汉、南京等分支店，以及京所、沪所代表出席，总店副总经理周天泽、国际书店总经理邵公文在会上讲话。与会代表们就今后外文图书发行工作进行广泛讨论。

3月10—15日　总店在上海召开第四次分店经理（扩大）会议，各省、自治区、直辖市分店经理参加，此次会议与全国出版工作跃进会议结合召开。主要内容是研究如何促进图书发行工作的"大跃进"，会议以打擂台的形式，不适当地提倡高指标，导致了在一段时间内全国新华书店盲目地追求发行数量。

会议期间，各分店还与出席出版会议的各出版社就协作问题进行座谈，形成进销关系"三方案"。

3月20日　总店举办的第五期业务研究班开班。参加学习的是由中国书店、上海书店，以及部分大中城市店古旧书门市部选送的业务骨干共20余人。研究班聘请齐燕铭、郑振铎、吴晗、贺昌群、容肇祖、吴晓玲、赵万里等专家讲课。本期研究班学时 5 个月，于 8 月结业。

4 月 26 日　总店发出《转发〈文化部关于撤销部分图书扩大批零差价的规定〉的通知》。《通知》称，1955 年 6 月，文化部为了安排私营图书发行业，曾发出通知对一部分出版社发给新华书店的折扣从 70 折改为 65 折，新华书店对向供销社、其他国营和私营发行业批发折扣从 80 折改为 75 折。现由于私营图书发行业情况好转，故通知撤销原规定。撤销扩大批零差价的规定后，发行所向出版社的进货折扣和新华书店内部调拨折扣，除年画、历书及上画版画片外，其他各书可与一般图书的进货、调拨价折扣相同，即进货折扣 70 折，调拨折扣 78 折。

5 月 14 日　总店发出《关于创办〈出版消息〉报有关事项的通知》。《通知》指出：京所于 1955 年主办随《人民日报》附发的《图书联合广告》自 1956 年停刊以后，曾不断接到各方面读者提出的意见，期望书店继续出版一份及时报道全国出版情况的刊物。总店研究了这些情况并报经文化部批准，决定仍由京所另行创办一份《出版消息》报。《出版消息》报于 6 月 15 日创刊，旬刊，每期 4 开 4 版。全国人大常委会副委员长郭沫若应邀题写了报名。

《出版消息》自第 15 期起改为周刊，交邮局发行，至 1959 年 7 月停刊，共出版 53 期，最高一期印数达 14 万份。

6 月 26 日　文化部发布《关于改变新华书店体制的通知》。《通知》规定："新华书店各省、自治区、直辖市分店，彻底下放，由地方文化、出版行政机关全权管理。分店名义取消，改称××省（自治区、直辖市）新华书店。""各省、自治区、直辖市新华书店的机构和体制，以及它们同下一级新华书店的关系，由各地文化、出版行政部门自行决定。""新华书店总店今后成为文化部在北京的图书发行方面的几个直属单位的领导管理机构和文化部指导全国图书发行工作的职能机构（相当于文化部出版局的图书发行管理处）。从 1958 年 7 月 1 日起，它对各地新华书店不再发布指示和决定，但仍应负责交流图书发行工作经验和帮助训练干部。""新华书店设在上海、沈阳、武汉、重庆的四个发行所，分别划归上海出版局及辽宁、湖北、四川文化局领导。"

同日　总店根据文化部出版局指示，发出《布置扩大发行反映现实的优秀文学作品的普及本》的通知，附发《扩大发行反映现实的优秀文学作品普及本的办法》，要求各省、自治区、直辖市新华书店和发行所迅速布置各地新华书店办理订货。京所按此通知和办法征订发行《青春之歌》《红旗谱》《林海雪原》《红日》《保卫延安》《六十年变迁》《铁道游击队》《吕梁英雄传》《上海的早晨》《山乡巨变》《苦菜花》《野火春风斗古城》等反映现实的优秀作品普及本。这次征订的普及本比原书定价降低一半左右，措施是：缩小开本；书店降低收入，发行所75折进，83折发；出版社等有关单位降低纸张供应价，改变稿酬定额和减少出版收入。至当年10月，发行量已达300万册。

6月26—29日　总店和浙江省店在宁波召开商品管理现场会，浙江省22个市县店，辽宁、陕西、河南、江西、湖北、湖南、山东、江苏、安徽、福建、广西、上海12个省、自治区、直辖市店及部分城市店的代表共57人出席。会议总结和交流了宁波市店商品管理工作"面向业务、服务业务、明确责任、简化手续"的先进经验。

7月5日　文化部发出《降低书籍和课本定价的标准的通知》。《通知》指出：根据文化部计算，按照目前全国出版工作跃进的成绩，书价平均有可能降低15%左右。通知要求各出版单位根据以上精神，具体研究本单位出版物的定价降低方案，立即执行。

7月19日　《图书发行》报第190期报道：新中国成立以来，书价已几度降低。按物价指数折算，1957年书籍定价平均只合1936年定价的44%左右。

7月31日　京所向全国各地新华书店、外文书店门市部、北京各出版社发出《新华书店北京发行所改制公告》，并附《关于各个发行所、储运公司的组织机构、业务范围及地址》。《公告》说：为使图书进发货工作，适应我国社会主义建设"大跃进"形势要求，奉上级指示：将原新华书店北京发行所的体制加以改变，分为：新华书店北京发行所、新华书店科技发行所、新华书店外文发行所、新华书店储运公司四个直属总店领导的单独核算盈亏的企业单位，分负北京地区出版图书、进口外文图书的进发货和储运工作。四单位自8

月 1 日起正式分开办公。

各个发行所、储运公司的组织机构及地址：

新华书店北京发行所下设秘书科、计划财务科、业务科、制票科及第一至第四供应科。地址：北京和平门内绒线胡同 66 号。

新华书店科技发行所下设办公室、计划财务科、业务科、制票科及第一至第三供应科。地址：北京和平门内绒线胡同 66 号。

新华书店外文发行所下设办公室、栈务科、供应科、业务科。地址：北京前门廊房头条 10 号。外文发行所栈务科地址：北京阜成门外北礼士路 19 号。

新华书店储运公司下设办公室、人事保卫科、收书分配科、栈务科、包装材料科、运输科、第一包装科、第二包装科。地址：北京阜成门外北礼士路 135 号。

7 月 文化部举办"大跃进"展览，直属各单位都提供了展品并提出了"大跃进"的目标。总店提出"要在五年内成为世界上第一流的书店"。

同月 沈阳发行所同辽宁省店合并，不保留发行所名义。

7—12 月 根据文化部《关于改变新华书店体制的通知》精神，总店进行人员精简。总店原有 170 人，调到文化部图书发行干校 40 多人，调往在京出版发行单位和支援河北、广西、江苏、青海、宁夏等省、自治区、直辖市店近 100 人，再加上此前第一批下放 33 人，精简后的总店仅 40 余人。办公地址从廊房头条迁至文化部大楼，与文化部出版局合署办公。

8 月 14 日 文化部发出通知，任命总店直属单位领导干部：

新华书店北京发行所经理李德元，副经理赵国良、卢华唐；

新华书店科技发行所经理钟虹，副经理刘起白；

新华书店外文发行所经理万国钧，副经理沈良；

新华书店储运公司经理程刚枫，副经理张保安、李亦信；

图书发行干部学校校长浦一之，副校长刘同井、陈伯阳。

同日 总店编印的《图书发行简报》创刊。这份不定期简报是为供各级文化（出版）界领导参考而编印的，1959 年 8 月 17 日出版至第 38 期结束。

8月20日　文化部出版局任命宁起枷为总店总经理室秘书,鲁明、蔡尔颖为总店研究室副主任,徐炽汉、郑士德为总店编刊室副主任。

8月　武汉发行所同湖北省店合并,不保留发行所名义。

9月1日　总店邀请辽宁、河北、上海、江苏、湖南、广西、甘肃、陕西和天津、西安等省市店的负责同志,在陕西西安召开了学习长安县店大搞图书发行工作的经验交流座谈会,敦促各地迎头赶上。

同日　新华书店上海发行所同上海分店合并成立上海新华书店,实行一套班子、两块牌子的管理体制。

9月20日　由总店在文化部的领导下建立的正规的图书发行干部学校正式开学。首届学员来自各省、自治区、直辖市新华书店的业务科长、专区和市、县店经理,共156人。文化部部长助理黄洛峰、总店总经理王益、副总经理王璟、周天泽等出席开学典礼。

首届学员后来随着图书发行干部学校并入文化学院,归入文化学院图书发行系进修班,作为学院第一期学员,学时1年,于1959年8月结业。

9月　京所在北京北新华街开办书店门市部。1959年9月停办,人员及存货调给西城区店。

同月　由京所编辑、出版的《京所通讯》创刊,为4开4版,半月一期,每期主要分发至县以上2 700多家新华书店和100多家出版社。1959年文化部部长沈雁冰为《京所通讯》题写了刊名。

同月　京所在华北总分店1953年已征地的36亩院(北礼士路135号)内建成书库、包装发运场地8幢,共计12 535.5平方米,造价94.6万元,办公楼1幢,1 366.5平方米,造价14.8万元。此外,还在北礼士路54号新建简易库房3幢,计1 500平方米。

同月　文化部党委、团委给青年社会主义建设积极分子颁奖,京所傅砚文等获奖。

10月10日　文化部发出通知,任命史育才为总店总经理,王璟、周天泽为副总经理。免去王益总店总经理,刘子章、张治副总经理职务。

10 月 22 日　文化部出版局发出《加强图书中转工作的领导》的通知。《通知》指出：图书由出版地发到销售地，有 70% 左右的地点不能直接运达，需要经过中转。为此，总店曾于 1957 年召开会议制定了《新华书店自办图书运输中转工作办法》，此办法在执行中绝大部分书店是积极重视的，但也有些店认为是额外负担。通知要求各地文化、出版行政机关对新华书店的运输中转工作加强领导，进行督促检查。

11 月 5 日　总店为贯彻文化部于 10 月 28 日发出的《抓紧时机动员一切力量为钢铁服务》的通知，召集新华书店北京、科技、外文三个发行所和储运公司经理讨论贯彻措施，为各地积极提供书源。在很短的时间里，总店 3 个发行所就向各地新华书店征订发行了一大批有关钢铁生产技术的图书和小册子。在不到一年的时间里，各地新华书店陆续发行土法钢铁生产技术图书、小册子 4 000 多万册。

同日　文化部发出通知，要求全国出版发行部门检查出书质量和发行质量。根据通知要求，各地新华书店认真开展了图书发行工作业务思想和发行质量大检查，并在《图书发行》报上展开了发行工作与数量、质量关系的大讨论，对盲目追求发行数量的表现、危害及其产生根源进行了深刻分析。

11 月 10 日　《毛泽东同志论帝国主义和一切反动派都是纸老虎》一书由人民出版社出版，在全国新华书店发行。11 月 20 日出版的《图书发行》报第 215 期发表了题为《发行毛主席论纸老虎的重要文献是我们当前极其光荣的政治任务》的评论。据不完全统计，截至 11 月 21 日，全国各地发行了 381 万册。

12 月 8 日　根据文化部决定，图书发行干部学校并入文化部在翠微路新建的文化学院，成为该院的图书发行系，开设本科和进修班、研究班，研究班负责培训图书发行干部。原图书发行干部学校校长浦一之，副校长刘同井、陈伯阳、姜锡爵等 40 人调去文化学院工作。

12 月 12—20 日　文化部在北京召开图书进发货工作会议，各省、自治区、直辖市文化（出版）局的局（处）长，北京、上海部分出版社代表，各

省、自治区、直辖市新华书店经理，部分市、县店经理以及总店、发行所、储运公司的经理参加。会议主要议题是讨论和制定新的《图书进发货章程》。新的《图书进发货章程》是根据图书进发货工作必须"服务出版、促进出版，服务销售、调节供需"的精神，以"贯彻上下结合、加强合理分配、实行分层负责、分散图书储备、做法灵活多样、缩短进发货时间"为原则，在原有基础上根据新情况制定的。

文化部副部长刘芝明、部长助理徐光霄到会并讲话，文化部出版局副局长王益作《关于改革图书进发货制度》的报告，总店总经理史育才作会议总结。

会议期间，出版社和新华书店代表还就 1957 年文化部制定并颁发的《关于一般书籍的印数应该由出版社决定和改进社店经销关系的通知》及其附件《关于改进出版社与书店订货、经销关系的三个方案》的执行情况及存在问题进行了讨论。

同年　京所、沪所开始研制供发货用的"木制捆扎机""钢结构脚踏捆扎机""纸带捆扎机"。

同年　沪所编辑出版《作家与作品》第二辑（中国古代作家），收集了我国 23 位古代作家和他们的作品，附录中介绍了中国文学史、论丛、研究资料等。

同年　总店同志参加建设人民大会堂的劳动。他们和小组同志共同用汗水夺得流动红旗。

同年　上海发行所在沪太路征地 21 亩，建造砖木结构仓库 3 幢，计 5 200 平方米，作为上海版年画储存发运基地。

同年　总店及在京直属单位固定资产（原值）232 万元，商品资金 616 万元。销售总额 34 621 万册，10 748 万元，利润 223 万元，利润率 2%。年末职工 974 人，其中总店 42 人。

1959 年

1月9日—2月6日　科所派出两个调查组，分赴中南、华东地区省、市销货店，了解读者需求情况，介绍科所货源，并带上存货样本 100 种，供各店看样添货。回所后在全所业务人员会议上汇报，并给《图书发行》供稿进行报道。

2月7日　文化部出版局给人民美术出版社等 32 家出版社、总店、京所发文，转告《上海市关于年画、宣传画定价的决定》供研究参考。上海从 1 月份起印刷的年画，每一对开张的定价，由原来 0.13 元，降为 0.12 元。4 开和 4 条屏均照比例折算。宣传画的定价，由原来 0.13 元，降为 0.11 元。书店向出版社购进年画的折扣，由原来 56 折，改为 58 折。发货折扣由 67 折改为 68 折。宣传画的进发折扣照旧。

2月12日　文化部任命张明西为新华书店科技发行所副经理。

2月　京所开办托儿所（1962 年停办）。

3月2日　文化部召开出版工作汇报会，总店汇报了发行工作情况。

3月30日　中共中央发出《关于报刊书籍出版发行工作几个问题的通知》。《通知》指出，出版物的发展必须根据国家和人民群众的真正需要，不能盲目发展；必须首先注意质量，考虑它的实际效果。《通知》对发行工作提出的要求是："应当采取积极的措施。确切地了解各类读者的不同需要，把出版物有效地准确地发到群众中去"。"销售出版物，必须严格遵守群众自愿的原则，决不许强迫摊派"。《通知》发出后，对于纠正各地图书发行工作中的冒进现象起到了一定的作用。

同日　中共中央和国务院联合发布《关于中小学和师范学校课本供应工

作的通知》。要求新华书店在各地教育部门的协助下，加强调查研究工作，及时地提出课本的需要数字。课本的供应，应当主要采取计划发行的方式。门市部也应当有一定数量的备货供应零售。

同日 文化部发出《关于出版社自销一部分出版物的意见》。《意见》指出：中央一级出版社在北京自设销售机构，必须事前与当地新华书店和发行所协商，报请北京市出版局审批。出版社在自设门市和自办邮购以后，应与书店密切协作，所采取的措施应和当地书店取得一致或征得书店的同意，尽量防止发生力量相互抵消和业务重复混乱的现象。

3月31日 文化部发出《关于内部发行书籍的通知》。《通知》规定，今后除国务院和中共中央各部门指定必须由北京市店通过邮购方式统一向全国办理内部发行者外，其他中央有关单位出版的如需要通过各地书店办理内部发行的书籍，均由京所和科所统一向出版单位进货，并向各地办理内部发行的新华书店发货，由各地办理内部发行的新华书店直接供应当地读者和机关单位。京所和科所按此规定，制定内部发行办法，成立了内部发行组。

4月1日 新华书店重庆发行所改名为四川省店重庆发行所，受四川省店领导，实行统一盈亏、分别核算。发行所承担重庆地方版图书的总发行和中央分地印制图书的进发货任务。

4月 为扩大优秀文学作品的宣传推广工作，总店批准京所编印的不定期刊物《多读好书，多读反映现实的作品》出刊，全国人大常委会副委员长郭沫若题写刊名，文化部部长、全国文联主席茅盾专为该刊第1期撰写了《推荐好书还须好文章》。1959年6月26日，中共中央副主席、全国人大常委会委员长朱德为该刊第2期题写"认真读书"条幅。该刊第2期后改名为《多读好书》，又出版了两期，第1期印行4万份、第2期印行15万份。该刊前后共编印4期，组织初重版文学作品和青年思想修养读物47万余册。

5月18日 文化部颁发《图书进发货试行章程》的通知。《通知》指出："新章程的制定，是图书进发货工作的一次比较全面的改革。它要求在进发货工作中，贯彻上下结合，实行分层负责，充分发挥省级书店的作用，认真做好货源组织、图书分配、订货审核、销货指导等工作，以减少盲目性，加强计划性。这一章程的实行，对改进图书进发货工作，提高发行工作质量，将会发生重要的作用。"

总店为贯彻《图书进发货试行章程》，于6月10—15日、6月25日—7月1日分别在北京、上海召开了发行所、自办发货的出版社和省、自治区、直辖市新华书店主管经理参加的图书进发货工作协作会议，讨论并确定了在全系统全面贯彻《图书进发货试行章程》的要求和步骤。8月，文化部转发《新华书店总店关于召开图书进发货工作协作会议的报告》。

8月 《毛泽东选集》哈萨克文版第一卷出版，并在北京、乌鲁木齐和伊宁发行。

9月3日 总店发出《关于省店备货折扣问题的通知》规定，省级店备货，发货店一律按72折发货；省店统一订货转发销货店的，发货店一律按74折发货。

9月19日 文化部部长沈雁冰为新华书店题词："图书发行工作也要政治挂帅，才能很好地为生产服务，为工农兵服务。十年来的图书发行工作是有成绩的，希望今后在总路线照耀之下，作出更大的成绩。"

9月 《毛泽东选集》藏文版第一卷出版，并在北京、拉萨和内蒙古等地发行。

10月9日 文化部发出《关于图书调拨货款结算补充规定的通知》，对新华书店系统内部商品调拨货款的结算关系、结算方式、结算起点、交验运单、承转结算的做法等问题，作了补充规定和说明。

10月26日—11月8日 全国工业、交通运输、基本建设、财贸方面社会主义建设先进集体和先进工作者代表大会在北京人民大会堂召开。新华书店北京发行所、新华书店储运公司作为全国新华书店系统的"全国先进集体"出席，并荣获全国群英会奖旗。奖旗题词是："为把我国建成一个具有现代工业、现代农业和现代科学文化的伟大的社会主义国家而奋斗！"

10月 总店收到苏联图书发行公司经理巴拉切司可夫发来的贺电，向中国图书发行工作者衷心地祝贺中华人民共和国建国 10 周年。

11 月 25 日　总店向直属单位发出《关于会计档案销毁批准程序和保管期限的规定》。

12 月 2 日　总店向各省、自治区、直辖市新华书店和北京市、上海市外文书店发出《关于资本主义国家过期刊物代办业务移交问题的通知》。《通知》规定：资本主义国家过期刊物的业务，当地外文书店如有条件办理，可以接办此项业务。如果限于力量和条件，还不能接办的，则仍由北京外文书店继续代办。此项业务的联系工作，由国际书店负责。

同年　总店及在京直属单位固定资产（原值）219 万元，商品资金 816 万元。销售总额 27 817 万册，9 328 万元，利润 237 万元，利润率 2.4%。年末职工 1 013 人，其中总店 39 人。

1960 年

1月6日 文化部向各地出版行政机关发出通知，并转发《新华书店自办图书中转工作办法》。指出，总店对原《新华书店自办图书运输中转工作办法》作了必要的修订，我部认为修改的办法是适当的必要的，请督促所属新华书店贯彻执行。

2月5日 文化部召开了部直属机关跃进动员大会。钱俊瑞副部长在会上作动员报告，并代表国务院和文化部党组、党委向5个全国先进基层单位和6个文化部的先进基层单位授予奖旗。新华书店储运公司和新华书店北京发行所荣获全国群英会红旗奖，新华书店外文发行所被评为文化部先进基层单位。

2月10日 文化部向各地发出《为配合国际妇女节五十周年庆祝活动发去〈有关妇女问题和妇女生活的推荐书目〉希加强宣传推荐》的通知。《通知》要求各出版社和书店对有关图书，均应根据需要，积极准备货源，及时供应，书店应在"三八"妇女节前后，在门市部设立有关书籍专台和布置橱窗，并做好主动供应工作。

2月13日 文化部发出《关于配合列宁诞辰90周年纪念活动供应有关图书的通知》。《通知》指出：出版发行部门应密切配合中央举行的纪念活动。要求：一、所有为配合纪念活动而出版或重印的图书，各大城市店届时应做到有书供应。二、京所和各省店应与有关出版社密切联系，迅速组织上述图书货源。三、举行纪念活动的城市店，各门市部届时均应布置专题橱窗和设立专台，宣传和陈列有关图书；在举办展览的所在地可设立临时书亭或售书处供应图书。

2月28日 中共中央转发文化部党组于2月24日提出的《关于〈毛泽东

选集〉和毛泽东著作单行本增加出版问题的报告》，决定人民出版社在上半年再版《毛泽东选集》1—3卷100万套。

3月8日 为庆祝"三八"国际劳动妇女节50周年，全国妇联嘉奖1万名妇女先进人物和集体。京所制票员王莉、科所制票员张友兰荣获全国"三八"红旗手称号。

3月14日 财政部、文化部颁发《关于新华书店、电影院、剧场、电影放映队及艺术表演团体财务管理的原则规定》。主要内容：一、新华书店等文化企业应在保证完成政治任务的前提下，力求增加收入，节约支出；二、除某些特殊情况外（如边远、少数民族地区等），都应实行企业管理，编制企业财务收支计划，经文化管理部门审核汇总报同级财政部门核定纳入各级预算；三、新华书店等文化企业，都应实行利润留成办法；四、中等以下城市的新华书店，设备条件比较简陋，改善的资金来源，除较大的基本建设应纳入当地计划外，一般的由当地文化、财政部门洽商解决；五、中央和各省、自治区、直辖市主管行政机构应积极协助地方单位改进财务工作。

同日 文化部、财政部向各地文化（出版）局、财政厅（局）联合发出《关于处理各地新华书店滞销存书的通知》。《通知》决定在1960年度内对各地书店的滞销存书彻底清理一次，指出：一、处理滞销存书必须防止把不应处理的图书也作为滞销书处理；二、对处理滞销存书的经费来源提出了解决办法；三、为促使书店改善经营管理，对1960年以后新发生的滞销书应该采用提存处理存书基金的办法加以解决；四、各级书店应总结经验，吸取教训，加强进销货工作的目的性和计划性。

3月28日 总店公布1959年全国图书发行最高纪录。

以省、自治区、直辖市为单位：

年人均工作量——北京市店：1.65万元；

年商品周转次数——江西省店：2.38次；

费用率——河北省店：16.6%；

利润率——江苏省店：5.3%。

以店为单位：

年人均工作量——北京市店王府井门市部：2.8 万元；

年商品周转次数——湖南省店浏阳县店：7 次；

费用率——山东省店莱阳县店：5.2%：

利润率——北京市店王府井门市部：12%；

资金周转次数——吉林省店梨树县店：6.55 次；

商品盘亏率——湖南省店浏阳县店：1.3‰。

4 月 22 日 为纪念列宁诞辰 90 周年，《列宁选集》（1—4 卷）由人民出版社出版，京所发行。

4 月 23 日 文化部召开文化部暨直属单位先进单位和先进工作者代表大会。总店和北京、科技、外文发行所、储运公司出席大会的先进工作者 52 人；先进单位（京所和储运公司）代表 2 人；先进小组（科所制票科、第三供应科、外文发行所供应科）代表 3 人。书店系统在大会发言的有：京所代表赵国良，储运公司代表张保安，京所先进工作者王大贞，科所先进工作者周国民，外文发行所先进工作者徐根水，储运公司先进工作者李凌云。他们分别介绍单位和个人的先进事迹，交流先进经验，表示继续跃进的决心。

总店、京所、科所、外文所、新华书店储运公司荣获先进工作者光荣称号的有：总店：汪轶千、宋培真；京所：王大贞、方厚枢、潘国彦；科所：吴克己、陈永明、李俊杰、周国民；外文所：徐根水；储运公司：马福义、傅文亮、王玉田、宋瑞图、杨久义、王瑞增、高志纯、张金淼、李凌云、潘同海。

5 月 28 日 文化部发出《关于〈毛泽东选集〉第四卷发行工作的通知》指出，《毛泽东选集》第四卷可望在 7 月 1 日前出版发行，这是我国政治生活中的一件大事，各地书店必须立即着手对需要数量进行调查登记工作。对于持有各种预订凭证的读者，必须保证供应；对于以前没有预订过的读者的需要，各地应根据需要合理分配；在各地发行时，书店应进行橱窗布置，开展宣传活动。

根据文化部的通知精神，总店于 5 月 30 日向各省、自治区、直辖市新华书店发出《关于〈毛泽东选集〉第四卷发行工作的补充通知》，就各地有关需要数量的调查和分配、预订读者的取书手续以及发行日期等问题，提出具体意见。

10月1日，《毛泽东选集》第四卷出版，并在全国城乡陆续发行，分批供应。至此，《毛泽东选集》第一版1—4卷全部出齐。从1951年至1959年，全国新华书店共发行《毛泽东选集》1—3卷436万套，今年发行第四卷500万册。

10月15日，文化部发出《关于发行〈毛泽东选集〉第四卷服务态度的通知》指出，《毛泽东选集》第四卷在全国省会等城市发行以来，群情欢腾，争先购买，需要量与供应量之间有很大距离，增加了发行工作的困难。为此，各地出版行政机关必须加强对书店工作人员的思想教育工作，要对服务态度进行一次专门的检查；对暂时不能供应的读者，要热情接待，耐心解释，说明由于印刷量大，只能分批供应，逐步满足。要尽可能在门市的书台上陈列样本，供读者翻阅。书店收到书后，应随到随卖，迅速发到读者手里，除样本和必要的储备外，不要有积压。

6月1—11日　全国教育和文化、卫生、体育、新闻方面社会主义建设先进单位和先进工作者代表大会在北京人民大会堂隆重召开。在6 000多名出席大会的代表中，有新华书店系统先进单位代表30人、先进工作者代表30人，其中女代表8人，少数民族代表3人。新华书店北京发行所、储运公司被评为先进单位，京所副经理赵国良、储运公司副经理张保安和先进工作者王大贞出席了大会。

6月10日　文化部发出《关于进一步加强对城市租书铺、摊整顿改造的意见》，要求各地文化行政部门加强对租书铺、摊的领导，清理他们现有的图书，大量补充新书；责成新华书店对他们进行业务辅导，并有计划、有目的地主动供给适合于工农读者和青少年、儿童阅读的图书。《意见》下达后，各省、自治区、直辖市新华书店立即向所属市、县（区）店传达、布置，要求遵照执行，并主动请示当地党政主管部门，协同做好租书铺、摊的整顿改造工作。

7月15日 文化部发出《关于出版工作支援农业的通知》。《通知》指出：为贯彻中共中央关于推广注音识字的指示，各地新华书店应进一步加强农村发行工作，首先注意农民夜校课本、扫盲读物、通俗政治思想读物和生产技术图书的发行。由于纸张限制，出版数量不足而内容适合农村的通俗读物，应优先供应农村。在清理存书中，把不适合农村发行的图书坚决从农村调到城市去。在农村发行员、流供员中提倡边劳动、边宣传、边了解、边发行的工作方法，全心全意为农民群众服务。

11月16日 文化部发出《关于改进书店门市部书籍陈列和宣传工作的通知》，要求各地新华书店：一、书架上书籍的排列应有一定的章法和鲜明的政治思想性；二、书柜、书台的书籍陈列应密切配合当前的政治形势、思想斗争和中心工作；三、应该明确党的中心工作就是书籍宣传的重点，大中城市店对配合运动、纪念节日的宣传，应制订计划报请批准；四、总店、发行所和省、自治区、直辖市新华书店要加强业务指导，文化行政部门也要加强领导，经常关心和帮助新华书店改进工作。

11月23日 文化部发出《关于纠正目前图书发行工作中某些非政治倾向的通知》。《通知》指出，非政治倾向主要表现在：对内部发行、停售、报废图书控制不严、处理极不严肃；盲目追逐营业指标，经营毫无意义甚至有害的商品等问题。为此，《通知》要求：一、各地对图书发行人员应加强教育，尤其是组织性、纪律性的教育；二、对图书报废工作进行一次检查，追究原因和责任，今后必须严格执行请示报告制度；三、严肃对待上级机关和出版单位关于书籍停售或改作内部发行的通知；四、各地书店对海外、国外读者邮购图书、报刊业务，可转北京国际书店统一办理。

12月19日 文化部任命王璟为总店总经理，免去史育才的总经理职务。

同年 京所20多名同志随文化部工作队去陕西凤县参加干部下放工作队。

同年 总店及在京直属单位固定资产（原值）278万元，商品资金511万元。销售总额19 647万册，7 097万元，利润102万元，利润率1.3%。年末职工968人，其中总店35人。

1961 年

1月5日　文化部于 1960 年 11 月 30 日发出《关于新华书店经销荣宝斋木版水印画的通知》。总店于 1961 年 1 月 5 日转发京所制定的《荣宝斋木版水印画进发货办法》。《办法》规定：木版水印画的国内进发货工作，要贯彻"外销为主，适当扩大内销"的原则。木版水印画的发货，应根据出版物的特点和不同品种的要求，妥为包装，避免途中损污。

年初　为总结提炼近几年来训练班的经验，总店组织陈伯阳、陈雨、梁天俊和京所方厚枢、陆联棠、张子光，以及沪所宋玉麟等同志，共同编写《图书发行概论》《图书发行简史》《书籍学》等教材。这套培训教材开始由总店副总经理主持，周天泽调走后，改由总店研究室主任鲁明主持。两三年后，三本教材初稿完成，后由于"文革"的冲击，书稿失散。

2月23日　总店副总经理周天泽在北京接待来访的古巴书店代表团，向他们介绍了我国图书发行的情况。

3月1日　文化部、商业部发出《关于教育留声片移交新华书店发行的联合通知》。《通知》规定：凡是原由商业部所属上海百货站包销的各类教育留声片，统一交由新华书店经营。教育留声片由上海留声唱片厂制造，发货由沪所办理，发货折扣暂按 85 折计算，各地书店按统一的定价出售。

5月26日，总店向各省店转发沪所制定的《教育留声片进发货办法》。5月 27 日，总店与中国唱片社签订《关于教育留声片发行工作的协议》。从此，全国新华书店陆续开展经销教育留声片的业务。

同日　教育部、文化部联合发出《关于利用旧课本以解决课本供应不足的问题的通知》，提出：今后普通中小学课本将逐步稳定下来，这是利用旧课本的有利条件。《通知》还附发广东省教育厅和文化局制定的《中小学和师范学校收售旧课本办法》，供各地教育部门和新华书店参考。

6月7日，两部又联合发出《请及早部署回收中小学课本工作的通知》。

3月18日 总店对内部机构、任务分工和负责人分别进行调整：一、编刊室不变，负责《图书发行》报的组稿、编辑和出版，由徐炽汉负责；二、研究室负责对全国图书发行工作的调查研究、总结经验、业务指导和拟定统一的制度办法，编写教材，由鲁明、郑士德负责；三、成立办公室，负责对直属单位的业务管理和行政管理，协调出版社与发行所、发货部门与销货部门之间的关系，处理总店内部的行政事务，由蔡尔颖负责；四、原行政科撤销。

3月 京所经理李德元调离，副经理赵国良主持工作。

4月3日 新华书店总店、中国盲人聋哑人协会联合发出《关于盲文书刊交由新华书店发行的联合通知》。《通知》指出：盲文书刊的发行采取"预订为主、零售为辅"的原则，有目的地满足盲人的需要。为了照顾盲人读者，出版发行部门降低书刊售价和发行费用。发行所向盲文印刷所的进货折扣为图书码洋的20%，发行所发给销货店的发货折扣为图书码洋的15%，储运公司向发行所划收的包装运费为图书码洋的3%。

4月8日 文化部发布由总店代为起草的《加强计划发行缓和当前图书供应工作中紧张状况的通知》。《通知》提出了六项措施：一、大力改进图书在新华书店内部的分配工作；二、进一步全面细致地加强计划发行；三、清理各级新华书店仓库里的存书（包括积压在转运站、中转站和发行所的存书）；四、大力开展旧书回收业务；五、进一步改造和利用租书摊、书铺，对他们加强领导和管理；六、要教育新华书店工作人员努力改善服务态度。

4月29日 文化部发出《关于发行〈毛泽东选集〉（英文版）第四卷的通知》。《通知》指出：外文出版社出版的英文版《毛泽东选集》，将从今年4月下旬开始出书，先出版第四卷，再陆续出版第一、第二、第三卷，计划在1962年出齐。外文版《毛泽东选集》的出版，是国际工人运动的一个重大事件。英文版《毛泽东选集》主要向国外发行，但考虑到访华外宾、外国驻华人员、外国留学生、外侨和外语院校的需要，拨出一小部分在国内发行。

5月1日　民族出版社的自办发行业务即日起移交京所接办。年内，人民出版社（包括三联、通俗、法律出版社）、世界知识出版社、人民文学出版社等社，分别于8月18日、6月1日和9月1日将自办的图书发行业务移交给京所接办。

6月5日　商业部、文化部发出《关于加强旧书回收工作的联合通知》。《通知》指出：目前各地新华书店已普遍开展旧书回收业务，对提高旧书的利用率，满足广大人民文化生活需要，起了积极的作用。《通知》对今后的旧书回收工作提出如下意见：一、凡读者自愿出售的图书、课本、期刊，不论出版年代、破旧程度、内容如何，均应组织回收，区别处理；二、各地新华书店为回收旧书刊的主要单位；三、回收价格贯彻以质论价的原则；四、回收的旧书刊，必须经过认真挑选和鉴别后，再组织销售。

7—8月　总店和广西区店组成联合工作组，深入桂平县店进行清理图书库存调剂余缺的试点。工作组调查总结了该县书店在"大跃进"期间因盲目追求发行数量，造成发行质量不高和严重积压的教训，并向文化部报送《桂平县新华书店清理存书试点工作报告》。1962年2月22日，文化部向全国转发联合工作组的这个报告。

9月　文化学院奉命撤销，原在文化学院工作的姜锡爵、陈伯阳、汪轶千等调回总店。

10月1日　为使图书进发货工作适应形势的需要，奉上级指示，新华书店北京发行所、科技发行所合并。合并后的新机构为"新华书店北京发行所"，钟虹任经理，地址在北京市西城区西绒线胡同66号。同年11月，钟虹调离，副经理赵国良主持京所工作。新机构在经理室下设有：党委办公室、业务办公室、第一至第四供应科、计划财务科、制票科、行政科。

11月6日　文化部任命陈伯阳为总店研究室副主任。

11月23日　文化部发出《关于加强书籍转运工作的通知》，就解决书籍的包装质量、转运时间方面存在的问题提出如下意见：一、请各省（区）新华书店检查本省（区）贯彻《中转办法》（即文化部1960年1月转发的《新华书店自办图书中转工作办法》）的情况，发现问题切实解决。二、各发货部门要努力改善书籍的包装质量，发、转、收各环节应加强与运输部门的联系和协调。

11月　总店副总经理周天泽调文化部计财司任副司长。

12月11日　文化部发出《关于切实加强计划发行合理分配图书的通知》。《通知》指出：加强计划发行的中心关键，在于调查研究，了解各区、各类读者需要，更加细致、更加合理地分配图书。为改进目前图书分配的盲目性，特提出如下意见：一、严格区分城乡、地区之间的不同需要；二、按对象计划分配和门市自由选购要统筹兼顾、合理安排；三、加强邮购业务；四、加强调查研究和改进同各方面的联系协作。《通知》要求各省、市、自治区文化（出版）行政部门研究后按照当地情况布置所属单位执行；总店和中央级出版社，应参照这些意见，结合自己的经验认真改进工作。

12月19—23日　总店召集北京、上海、湖北、四川、陕西、辽宁等6省、市店经理或副经理和新华书店北京、外文发行所、储运公司的负责人开座谈会，研究1962年图书发行工作计划。文化部副部长胡愈之、文化部出版局副局长王仿子到会并讲话，总店总经理王璟作总结发言。

12月28日　文化部出版局发出《请转知所属新华书店做好支援农业的连环画发行工作的通知》，要求从京所起，各地新华书店必须采取适当的方式，将人民美术出版社出版的一批优秀连环画，至少80%以上的数量真正发到农村去。但对农村读者应让其自由选购，不要采取分配的办法，以免引起不好的效果。

同年　全国新华书店认真贯彻落实《加强计划发行缓和当前图书供应工作中紧张状况的通知》精神，各级书店经过清理存书、调剂余缺，约增加图书销售8 000万册，回收旧书3 500万册（其中80%已售出）。

总店为缓和图书供应紧张状况，根据各大城市店的意见，采取"点菜出版"的办法，重印了260余种紧缺书，其中包括一大批古今中外文学名著和工具书。

同年 中央书记处明确指示：供应学生的教材必须做到"课前到书，人手一册"。

同年 总店及在京直属单位固定资产（原值）278万元，商品资金648万元。销售总额5 421万册，3 876万元，利润68万元，利润率1.5%。年末职工895人，其中总店33人。

1962 年

1 月 11 日　总店发出《关于做好 1962 年春季高等学校和中等专业学校教材供应工作的通知》，要求各省、自治区、直辖市新华书店及所属各级书店，力争将今春教材的供应工作做得好于去年秋季。

2 月 22 日　文化部同意并向全国转发《新华书店总店对于 1962 年图书发行工作的意见》，强调指出：1962 年图书发行工作应继续贯彻调整、巩固、充实、提高的方针，大力抓好两件事，一是继续调整事业的规模和布局，改进管理体制；二是在出版物印数减少的情况下，力求做好书籍分配工作，进一步缓和供需矛盾。

3 月 13 日　中宣部副部长周扬由文化部出版局副局长陈原、总店办公室副主任孔岐陪同，到新华书店外文发行所视察。在视察过程中，周扬指出：英文是世界上的主要文字之一，我国懂英文的人多，但我们发行的英文书太少。还指出：外文书发行，既要看到和社会主义国家的文化交流，也要看到和资本主义国家的文化交流，为了学术建设，一定要了解外国、学习外国。

3 月　国务院任命王璟为总店总经理。

4 月 16 日—5 月 3 日　文化部在北京召开全国图书发行工作会议，各省、自治区、直辖市文化（出版）行政部门的局、处长及各省店经理，总店总经理、副总经理及各部处室负责人共 70 人出席。文化部副部长胡愈之在会上作国际国内形势报告，着重指出，这次会议主要是交流经验，也要解决一些应该而且可以解决的问题，如图书分配问题。还指出：供需紧张状况不是短期可能消除的，我们要有耐心，做细致的工作。新华书店在全国有这么多店，虽是分级管理，但总的说来还是个整体，还要有集中统一的领导。文化部副部长齐燕铭也到会并讲话，他指出：必须按照以调整为中心的"八字"方针安排工作，一方面克服困难，一方面进行新的建设。会议由文化部出版局局长王益主持，副局长陈原、王仿子参加会议，并分别就出版工作和出版用纸问题发了言。

会议以"加强计划发行、缓和供需矛盾"为中心议题，在交流经验的基础上，讨论了加强计划发行、缓和供需矛盾的具体措施和办法。总店总经理王璜在总结报告中对组织货源、制订图书分配办法、清仓核资、回收旧书、开展租书、新华书店体制和人员精简等问题，进行了归纳和阐述。

会后，《图书发行》陆续刊发总店对全系统开展清理存书、租书业务、收售旧书等项工作意见的文章。

5月14日 总店制订《清仓核资工作计划》，并下发各省、自治区、直辖市新华书店参照执行，要求全系统进行一次全面彻底的清仓核资工作。经过清仓，做到物物有账、账物相符、明确责任、改进管理。

之后，总店及直属单位和各省、自治区、直辖市新华书店相继成立了清仓核资领导小组及专门机构，全面开展了清仓核资工作。清查过程中，总店就清仓的进度与问题向文化部作了专题汇报。全面清仓结束后，又向文化部作了书面总结。

全国新华书店通过这次清仓核资，摸清了家底，确定了合理库存，落实和核定了资金，并建立、健全了物资管理制度，为今后充分发挥物资潜力，进一步加强资金和物资管理奠定了基础。年底前后，各省、自治区、直辖市文化（出版）行政部门对各省级店清仓核资工作进行了检查评定并颁发合格证。

同日 文化部发出《关于试行〈新华书店北京、上海发行所图书分配办法〉的通知》。《办法》规定：根据图书的不同内容和城乡地区间的不同需要，划分图书发行范围。京沪版图书按五大类划分发行范围：第一大类，不分地区，城乡兼顾；第二大类，主要发城市，酌发和不发县城，不发农村；第三大类，主要发省会以上城市，酌发其他较大的省辖市；第四大类，主要发农村和县城，酌发城市；第五大类，只发有关地区。在货源不足的情况下，对各类不能充分供应的图书制订了分配比例，京沪版图书制订了8个分配比例。《办法》旨在缓和图书供需紧张状况，合理分配图书，对各类图书按不同的发货范围，实行相应的发货比例。

5月15日　总店总经理王璟接待来访的奥地利共产党环球书店代表团，并向他们介绍了我国图书发行情况。

5月25日　总店发出《关于进一步清理存书的意见》，提出五点意见：一、要加强领导，统一思想；二、存书一定要彻底清查，分类排队，划清储备、外调、报废的界限；三、清查出的外调书要区分城乡，认真外调；四、存书报废要慎重进行；五、总结经验教训。

6月1日　总店发出《关于开展租书业务的意见》，提出五点意见：一、首先要充分运用现有租书摊、铺的力量；二、对于有营业执照的租书摊、铺，要有计划地供给出租用书；三、对社会租书力量应进行必要的业务辅导；四、新华书店也可开办租书业务；五、国营书店的出租办法应方便读者，简单易行。

同日　总店发出《关于做好旧书收售工作的意见》，提出五点意见：一、凡是读者自愿出售的图书、课本、期刊，不论出版时间、破旧程度、内容如何，应全部回收；二、关于旧书收售价格，应按质论价，在同一城市内，最好大体上一致；三、不能收来就卖，必须认真鉴别，区别处理；四、旧书要在门市陈列，让读者自由选购；五、要不断总结旧书收售工作经验。

6月5日　中央清仓核资领导小组第12号通报转发《文化部关于国营书店系统清仓核资工作中若干问题的处理原则》。《处理原则》共七条：一、清查中不仅是核实存书数量，更重要的是对存书销售价值进行鉴别，防止任意销毁图书。二、国营书店库存中的滞销书，要积极推销，慎重处理。三、对已撤销的公社书店存书要清理收退，认真处理。四、各级新华书店库存分布不合理现象，要调剂解决。五、机关、学校、企业等单位清仓清理出来的多余图书，书店应收购。六、国营书店系统的资金，必须重新核定。七、各地文化行政部门对书店清仓工作要加强领导，调配力量，保证按时完成。

6月16日　文化部转发《新华书店总店关于图书商品清仓核资的几点补充意见》，对存书核价、核定流动资金的方法作出具体补充规定。

7月13日　总店向各省、直辖市、自治区新华书店发出《关于组织重印供应城市和农村的图书的情况和注意事项的通知》。《通知》说：在全国图书发行工作会议期间，文化部决定增拨 7 000 吨纸张，重印一批当前读者急迫需要的图书，以安排图书市场。会后，文化部出版局和总店即着手组织重印工作。决定重印的有：供应城市重印书目 148 种，供应农村重印书目 102 种。共印制各种图书 1 618 万册，约计用纸 2 300 吨。《通知》明确指出：指定供应农村的图书应全部投放到县级以下书店和农村基层供销社，并设法发到农村去，不要都在县城里卖掉。这在一定程度上缓解了图书供应的紧张状况。

7月31日　文化部、财政部、教育部、中国人民银行总行联合发出《关于办理高等学校及中等专业学校教材、中小学课本、年画的季节性贷款的通知》，对大中专教材、课本、年画的货款结算和资金贷放问题作如下规定：一、高等学校及中等专业学校教材，发行所（或省级发货店）在院校开学前一个月向各地书店结算，各地高等学校及中等专业学校最迟应在开学后 10 天内向当地书店交清开学前已发到学校的教材书款。二、中小学课本，发行所在学校开学前一个半月向各地书店结算。三、年画，发行所在春节前向各地书店结算。四、发行所向各书店结算前所需资金，由发行所和出版社分别向银行贷款（各负担多少双方协商决定）。五、各地书店在销售前向发行所支付货款所需资金，由各地书店向银行贷款。

8月28日　国务院同意并批转《文化部关于调整和充实新华书店业务骨干问题的请示报告》。国务院在批转通知中指出：新华书店所负担的图书和课本供应工作，是极细致复杂的文化工作，也是严肃的思想政治工作。但是，由于近年来有的书店经理、会计等业务骨干被抽调得过多，有的长期没有得到补充，有的则安置了一些文化水平低、工作能力弱、政治质量差的人员，致使各地书店的经营管理水平下降，制度混乱，造成很大损失。为改变目前的状况，要求各省、自治区、直辖市人民委员会对新华书店的工作和人员进行一次切实的整顿。

8月29日　总店向全国新华书店发出《关于发给〈全国新书目〉供门市

部公开陈列之用的通知》。《通知》指出：经呈请文化部批准，出版局版本图书馆编印的《全国新书目》（月刊）自 17 期开始，每期增印 2 300 份，供全国各地书店的一些主要门市部公开陈列之用。并注意保持完整，以便读者经常查阅。书目只供门市部陈列，不得出售。增印的《全国新书目》，暂由京所按照售价主动供应、收款。

9 月 1 日　经总店批准，京所自 1962 年 6 月份起，按月编印《新书目录》，每月一期。前五个月的新书目录将补编一册，发往全国销货店供添货使用。这个目录是按照京、沪两所制定的图书分配办法，按五大类划分发行范围编排的，五大类代号为 A、B、C、D、E，并分初版、重版。目录还收集高等院校、中专学校、十年制中小学和聋哑学校教学用书。有的重点书还有内容介绍。

9 月 3 日　刘少奇《论共产党员的修养》（修订本）由人民出版社出版发行。

9 月 18 日　根据 1962 年 7 月全国文化局长会议关于调整新华书店管理体制的意见，根据国务院 8 月的批示精神，文化部发出《关于调整新华书店省以下各级机构管理体制的通知》。《通知》检讨了 1958 年权力下放以后存在的主要问题，一、图书发行的业务方针不能全面地贯彻，图书资源难于统一调度，许多地方不能很好地执行统一的业务规章；二、企业的经营管理削弱，原来的一套管理制度大多被搁置，许多书店的财务管理、图书管理混乱；三、干部队伍削弱，受过专业训练的、业务比较熟练的专县书店经理和会计等业务骨干调出很多，安插了不少体弱多病或水平过低、不适宜做书店工作的人员到书店工作，以致形成业务水平和工作要求严重不相适应的状态。针对这些情况，《通知》要求，调整省以下新华书店的各级机构管理体制，"将原已下放的专县书店，改由省书店和专县的文化行政部门双重领导，在业务上以省书店的领导为主，在干部的教育与管理上，以专、县文化行政机关为主，财务由省书店统一管理"。"目前尚未调整的地区，可以在本年内做好准备工作，于 1963 年 1 月起妥善地进行交接"。"各省、自治区、直辖市新华书店同总店的关系，目前不作变动，仍按 1958 年 6 月文化部《关于改变新华书店体制的通知》办理"。

9 月 20 日　文化部、教育部发出《关于改进高等学校和中等专业学校教材供应工作的联合通知》，要求出版社、书店、学校三方面加强协作：一、出版社和新华书店应改进教材的出版和发行工作，使教材及时出版，及时发到学校；二、改进教材预订工作；三、学校选定的各门课程的教材，学校应关心学生购置；四、学校预订的教材，开学后如果发现有不足或多余现象，新华书店和学校共同设法妥善解决；五、学校预订教材在发给学生过程中，如费用负担或差错损失，学校承担经费有困难，新华书店应帮助解决；六、教材发运要抓紧，避免积压；七、社会函授、夜校所需的教材，新华书店要设法调剂解决。

9 月　总店根据中央"文艺八条"精神（"文艺八条"包括：一、进一步贯彻执行"百花齐放、百家争鸣"的方针；二、努力提高创作质量；三、批判地继承民族文化遗产和吸收外国文化；四、正确开展各种文艺批评；五、保证创作时间，注意劳逸结合；六、培养优秀人才，奖励优秀人才；七、加强团结，继续改造；八、改进领导方法与领导作风），提出城乡重印书目，安排图书市场。

10 月 5 日　文化部、财政部、中国人民银行总行发出《关于地方国营书店清仓核资中有关资金问题的几项规定》。《规定》明确：自有资金来源，除将企业 1959 年实行全额信贷时转给银行做信贷基金的企业自有资金，由各地银行直接退还企业外，不足部分由省、自治区、直辖市财政厅（局）在 1962 年总的定额资金指标内调剂解决。

同年　总店及在京直属单位固定资产（原值）286 万元，商品资金 724 万元。销售总额 10 236 万册，6 204 万元，利润 149 万元，利润率 2.2%。年末职工 740 人，其中总店 32 人。

1963 年

2 月 27 日　文化部转发总店《对 1963 年图书发行工作的意见》。《意见》提出 1963 年全国图书发行工作的主要任务：一、加强农村发行，充实农村发行力量；二、加强计划发行，积极组织货源，全面安排图书市场；三、大力整顿基层书店，恢复业务秩序，改善经营管理；四、培养和提高干部，提高工作质量，改善服务态度。

同日　财政部、中国人民银行总行通知文化部，关于新华书店总店、新华书店北京发行所、新华书店外文发行所等单位的流动资金供应办法，过去都是实行全额信贷的。为了加强企业的经济核算，在完成清查财产、核定资金的工作以后，自有资金和借入资金的比例，准备比照商业部门的流动资金供应办法办理。

3 月 12 日　文化部发出《关于认真做好提倡计划生育宣传工作的通知》，要求各地新华书店配合民政、卫生、共青团、妇联、工会等部门，做好有关适龄结婚、节制生育和计划生育图书、图片的发行工作。

4 月 26 日　文化部、中华全国供销合作总社发出《为支援农业进一步加强供销社兼营图书工作的联合通知》。《通知》指出，为了更好地开展农村图书发行工作，为了对以前所定各项办法作适当修订，特再通知如下：一、农村图书发行工作应以新华书店为主，供销社力量为辅，建立起长期的合作关系。新华书店在相当长时期内，还不宜在县以下地区设点过多，所以必须依靠供销社力量做好农村图书发行工作；二、供销社的售书点（主要采取设图书专柜形式）应当根据读者的需要和货源的可能，有重点地建立；供销社的图书销售业务，以门市守点经营为主，也可结合其他商品开展流动供应；三、新华书店与供销社的业务往来关系可以因时、因地、因书制宜地采取经销或代销等方式。

《通知》由总店研究室主任鲁明和研究室人员起草。

5月17日 总店向文化部计划财务司报送《全国新华书店清仓损失情况》。根据23个省、自治区、直辖市新华书店的清仓核资工作报告，新华书店系统共计损失7 561万元，其中滞销核价损失4 975万元，报废损失1 625万元，盘亏损失621万元，运输在途损失340万元。造成图书大量滞销、报废的原因：一、各地书店对读者需要情况了解和掌握得不够；二、存书摆布不合理；三、基层书店这几年有很大削弱，工作制度混乱，进销业务脱节；四、学制改变后，积存了大量课本、教学参考书；五、不少地区多年来没有及时处理滞销书。

5月22日—6月11日 总店邀请参加国家科委和文化部5月20日联合召开全国科技出版工作会议的各省、直辖市、自治区新华书店经理，先后召开了七次农村图书发行座谈会。会议的中心议题是对总店提出的《加强农村发行工作的意见》和《关于整顿新华书店基层单位的意见》进行讨论。同时听取了与会同志对《新华书店县店工作条例（试行草案草稿）》《北京、上海发行所图书分配办法（修改稿）》《北京、上海发行所对图书分配比例》的意见。

文化部出版局局长王益在座谈会结束时，就继续提高对支援农业的认识，以及省级书店如何面向农村等问题讲了话。总店总经理王璟主持会议。

7月3日 文化部向各地发出《关于新华书店滞销存书审查和处理问题的通知》。主要内容如下：一、各省、市、自治区新华书店应将所属书店滞销存书，按出版社分开抄列清单，寄给发货店转请原出版社审查；二、出版社对书店提出的书单应该负责审查，逐书批注意见，尽可能迅速作出答复；三、省级店根据出版社的审查意见，进行分别处理；四、滞销图书报废的经济损失，由存书的书店负担。报废后的图书，应尽可能卖给纸厂做原料。

7月8日 文化部发出《请注意加强古旧书店门市的管理》的通知说："有些大城市的新华书店或古旧书店设立内部门市，专供领导机关和学术机关采集研究参考资料，用意是好的。但是近年来不断发生一些不良影响，亟待改进。"为此，文化部要求各地文化（出版）局（厅）研究办理。

7月25日　文化部颁发《新华书店邮购试行简章》，并在北京的各大报刊上广为宣传。《简章》明确规定，各大城市和省会城市店必须办理邮购业务，邮购图书的平寄邮费和普通包装费由书店负担。文化部在随《简章》发出的通知中指出，办好邮购是城市书店更好地为读者服务，特别是更好地为农村和边远地区读者服务的一项很重要的工作。直辖市及各省会城市店都应加强服务观点，做好邮购工作。《简章》由总店研究室主任鲁明主持制定。

8月3日　根据全国科学技术出版工作会议关于改进科技图书发行工作的意见，经文化部和中宣部批准，由京所编辑出版的《科技新书目》报试刊，以加强科技图书出版前的宣传和预约登记工作。《科技新书目》集中刊发北京、上海、天津、重庆四地出版的科学技术类新书宣传征订目录，定期向基层书店和读者传递科技新书的出版发行信息。

《科技新书目》试刊6期后，于10月正式发刊。由邮局公开办理预订，面向全国发行，每期印发10多万份。《科技新书目》报自创刊至1967年底暂停出版，共出版117期。

8月8日　文化部、国家科委发出《关于改进科学技术书籍发行工作的联合通知》，提出以下改进意见：一、新华书店要加强书籍出版前的宣传工作和登记预约工作，使读者及时了解出版状况，使书店确切了解读者的需要；京所、沪所可创办《科技新书目》；改进备货，恢复和加强缺书登记、邮购代办、流动供应等服务项目，做好零售工作。二、加强出版社同新华书店协作，共同重视调整读者需要，定期编印书目，有条件的出版社可以自设门市部或邮购机构，以补书店之不足。三、加强领导，充实各地新华书店的机构和人员。各大中城市店可改建、扩建或增设科技书籍专业门市部；各出版社要协助总店编写培训教材，省级店应有计划地培养科技书籍发行人员。《联合通知》下发后，总店召开了科技图书发行的专题会议，传达贯彻全国科学技术出版工作会议精神，研究并提出了改进和加强科技书发行工作的意见。

8 月 17 日　中宣部转发《文化部党组关于整顿新华书店基层单位的请示报告》。《报告》指出：由于管理体制改变，业务骨干抽调太多，新华书店基层单位出现许多严重问题。主要是管理混乱，财务制度不健全，部分人员违法乱纪的案件时有发生。这些情况说明，基层书店的状况和它所担负的任务极不相适应。为了解决这些问题，文化部提出如下意见：一、新华书店人员必须树立明确的面向农村、为农业服务思想，同时要注意质量和效果，决不要片面追求数字，追逐市场需要；二、调整和充实干部，是整顿工作的中心环节，编制定额以内的人员，必须配齐，新华书店的财务、库房应专人负责，门市和流供工作应该充实力量；三、必须查明账款、账货是否相符，必须彻底清理存书；四、图书的停售、报废不得擅自决定，不许任意改变书价，自行编印图书；五、整顿过程中，尽可能不影响正常业务，并要保证学校课本、干部学习材料和其他重要图书的供应；六、各省、自治区、直辖市文化（出版）局（厅），应负责训练基层新华书店干部，提高业务水平；总店应对全国新华书店的工作加强业务指导，督促各地做好进货指导和图书分配工作。

9 月 12 日　文化部发出《颁发〈新华书店县店工作条例〉（试行草案）的通知》。《通知》强调：《新华书店县店工作条例》的制定，是新华书店工作上的一项重要的基本建设。它对于加强省级书店对基层书店的领导和管理，推动基层书店特别是县书店积极改进工作，加强图书发行工作的政治性、思想性，大力提高发行工作质量，将会发生重要的作用。但考虑到制定全面的书店工作条例尚属初次尝试，《条例》的内容尚待不断完善，因此决定先以草案形式公布试行。

《新华书店县店工作条例》总结了新中国成立以来特别是"大跃进"以来发行工作的经验和教训。明确了新华书店的性质、任务和指导思想，规定了发行质量要求和发行纪律，还用条文的形式总结概括了图书发行工作中的进、销、调、存、管和计划财务等方面的基本经验。

《新华书店县店工作条例》由总店研究室主任鲁明主持制定。

9 月 23 日　文化部任命鲁明为总店研究室主任，徐炽汉为编刊室主任，姜锡爵为图书发行干部训练班主任,孔岐为办公室副主任。免去鲁明总店研究室副主任、徐炽汉编刊室副主任职务。

同日 文化部任命赵国良为新华书店北京发行所经理,王庆云为副经理,免去赵国良新华书店北京发行所副经理职务。

9月 根据总店的指示,为了贯彻人民银行总行颁发的结算制度,京所实行调拨单上填注图书发运日期及运单号码后办托收结算的办法。

11月1—11日 总店在北京召开全国图书转运工作会议,京所、沪所,各省店以及部分中转店代表参加。总店总经理王璟主持,文化部副部长徐光霄、出版局副局长史育才到会并讲话。会议讨论总店提出的《关于图书转运工作的基本总结和改进意见》《图书转运工作评比奖励试行办法》《图书包装规格试行标准》3个文件。

11月 京所经理赵国良一行6人到沪所学习访问。回所后写出《访问沪所工作汇报》一册,包括综合汇报及12个专题汇报,全面学习了沪所的进发业务、管理工作的经验。

12月4日 文化部发出《关于在书店系统实行综合奖励制度问题的通知》,决定在新华书店系统实行综合奖励制度。《通知》认为,实行综合奖励制度,对于调动书店职工的积极性,不断提高发行质量,推动各项政治宣传任务的完成,改善企业经营管理,将起一定的促进作用。但必须根据图书发行工作的特点,贯彻文化工作为工农兵服务、为社会主义革命和社会主义建设服务的方针,保证不断提高发行工作的质量和服务水平,防止助长片面追求数字指标而忽视政治效果。同时要贯彻按劳分配、多劳多得、鼓励先进的原则,防止平均分配。

按《通知》规定,文化部核定京所奖金率是按执行综合奖的职工标准工资的6%掌握(从1966年第二季度开始按每人每月3.8元平均发放)。

12月17日 文化部向各省、自治区、直辖市文化(出版)局(厅)发出《关于进一步改进图书转运工作的通知》,并转发《新华书店总店关于图书转运工作的基本总结和改进意见》《图书转运工作评比试行办法》《图书包装规格试行标准》等 3 个业务文件。要求各地主管部门教育所属新华书店有关人员认识图书转运工作的意义，认真做好图书的转运工作。

据统计，全国当时有 320 个新华书店中转店，担负着 1 515 个县级店的图书转运任务。由于中转运输的改进，加快了图书运输速度，降低了运输费用。当年从京沪两所发货的平均运输费用率为图书定价的 1.5%，比 1957 年前减少了 50%。

12 月 23 日 文化部向各省、自治区、直辖市文化（出版）局（厅）发出《关于加强新华书店总店对各地新华书店业务指导的通知》指出，1958 年将各省、自治区、直辖市新华书店彻底下放，由地方文化、出版行政机关全权管理的决定是正确的、必要的。但几年来的经验也说明，同时加强总店对各地书店的业务指导，也是十分必要的。为进一步明确总店与各省、自治区、直辖市新华书店的关系，以利于进一步做好图书发行工作，特作如下规定：一、总店对各地新华书店有指导关系。二、为贯彻党的方针政策和文化部的指示，总店可以召集各地新华书店开会、讨论问题，还可以向各地新华书店发指示、通知，各地新华书店应该遵照执行。三、各省店按期向总店报送工作计划和报告。

同年 总店及在京直属单位固定资产（原值）290 万元，商品资金 777 万元。销售总额 18 293 万册，8 793 万元，利润 268 万元，利润率 2.9%。年末职工 716 人，其中总店 31 人。

1964 年

1月1日 《毛主席诗词》（共 37 首）出版发行。全国共发行 9 600 万册。

1月10日 教育部、文化部、共青团中央发出《切实解决农村少年儿童读物供应问题的联合通知》。

1月13日 财政部税务总局发出的《关于新华书店系统内部中转、代办手续费应否征税问题的通知》指出，"如果你省新华书店该项中转、代办业务，确系为新华书店系统内部服务性质，所得的手续费，可暂不征工商统一税。"

此前，总店将贵州省店有关"系统内部中转，代办手续费是否要征税"一事的来函，转请财政部税务总局答复，该局据此发出了如上通知。该通知在致贵州省财政厅税务局同时，抄送各省、自治区、直辖市财政厅税务局。

1月 京所与人民出版社一起，派人到天津、唐山、秦皇岛等地调查《毛泽东选集》发行情况。

2月11日 文化部向各省、自治区、直辖市文化（出版）局（厅）批转《新华书店总店对 1964 年图书发行工作的意见》，要求结合具体情况，布置各地新华书店贯彻执行。

2月18日 新华通讯社、总店发出《关于新闻展览照片发行办法的联合通知》，决定新闻展览照片由新华社自办发货业务，各地新华书店经销。规定了新华书店进货、销售和货款结算等具体办法，要求各省店转发所属书店遵照办理。

2月26日 文化部发出《关于 1964 年重印〈毛泽东选集〉工作的通知》，决定上半年重印《毛泽东选集》普及本 250 万部，下半年视情况再重印一两百万部。

3 月 10 日　文化部向各省、自治区、直辖市文化（出版）局（厅）发出《关于改善新华书店流动供应人员工作条件的通知》指出，全国县一级新华书店有 5 000 名左右流动供应人员经常上山下乡，工作中有许多实际困难没有得到解决，要求各地研究解决流供人员必需的劳动保护用品、御寒防雨设备并配备适当的流动工具、车辆和外勤期间的差旅费等具体问题。

3 月 14 日　文化部发出《关于〈毛泽东选集〉发行工作的通知》，明确《毛泽东选集》普及本 250 万部的分配原则。总店据此制定限额预订供应的具体办法。《通知》指出：今年印数虽然很大（约相当于过去 13 年印数的 1/2），但是仍然难于满足需求。要求各地文化（出版）行政管理部门，根据分配原则和限额换订供应办法，切实加强对发行工作的领导，妥善安排。

4 月 6 日—8 月 6 日　总店在北京举办为期 4 个月的干部训练班，6 个省店副经理，各省、自治区、直辖市新华书店科长和部分市、县、区店经理共 41 人参加。学习内容包括国际国内形势、文化出版工作方针政策、人民解放军政治思想工作经验和《新华书店县店工作条例（试行草案）》等。

4 月 18 日　文化部任命华青禾为总店副总经理。

4 月 22 日—11 月 17 日　中共中央决定出版《毛泽东著作选读》甲、乙种本。为做好《毛泽东著作选读》甲、乙种本的出版发行工作，文化部于 1964 年 4 月 22 日发出《关于出版〈毛泽东著作选读〉甲乙种本请依限编报租型计划》通知明确：人民出版社出版甲种本，以一般干部为读者对象；由中国青年出版社出版乙种本，以工农群众为读者对象。还有分别在 21 个省、市、自治区租型印造的安排和要求。

5 月 11—13 日，文化部在郑州召开了出版印刷工作会议，全国各省店提出的需要量共计 2 122 万部（其中甲种本 879 万部、乙种本 1 243 万部）。由于纸张和印制力量所限，会议决定年内全国印制甲种本 420 万部、乙种本 630 万部。

6 月 5 日，文化部发出《关于〈毛泽东著作选读〉甲、乙种本的租型印制和发行工作的通知》。23 日，教育部、文化部联合发出《关于采用〈毛泽东著作选读〉乙种本作为高中政治课代用教材的通知》。29 日，文化部又发出《关于〈毛泽东著作选读〉发行工作的通知》。

7 月 10 日，《毛泽东著作选读》甲、乙种本即日起在全国各地新华书店发行。21 日，总店发出《关于〈毛泽东著作选读〉发行工作的补充通知》，就《毛泽东著作选读》发行以来，由于供需矛盾较大，提出了如何向读者做好解释工作的意见。

11 月 17 日，文化部发出《布置 1965 年度〈毛泽东选集〉和〈毛泽东著作选读〉的印制工作的通知》，决定 1965 年内全国印制《毛泽东选集》100 万部。1965 年继续按照 1964 年的印制办法和供应区域印制供应《毛泽东著作选读》。

4 月 30 日 总店发文向各省、自治区、直辖市新华书店推荐四川省店工作组通过调查研究、总结经验，采取"现款批销，存书包退"的办法，帮助遂宁县店疏通供销社售书渠道的经验。

5 月 20 日—6 月 8 日 文化部在北京召开全国农村发行工作会议，各省、自治区、直辖市文化（出版）局、处长，省店经理以及每省一个县店经理或农村流供员，总店和中华全国供销合作社总社等单位负责人共 100 人参加。文化部部长助理黄洛峰主持会议。中宣部部长、国务院副总理陆定一接见全体代表，并作重要指示。文化部副部长夏衍、胡愈之、李琦，农业部副部长程照轩，外文出版发行局局长罗俊和国家科委局长赵石英等出席并讲话，要求新华书店坚决把工作重点放到农村图书发行上。会议制定了一系列加强农村图书发行的措施。

7 月 27 日 北京市店在东长安街体育场举行业务基本功汇报表演，来自各区县店发行一线的业务技术能手共 44 人参加了表演。竞赛表演项目有配书、计算书价、开票、包扎、问答书籍定价和作家与作品介绍等 13 个项目。北京市文化局、总店有关领导和全市新华书店系统 500 多人出席观看了竞赛表演，这是市店首次举办的大型业务基本功竞赛活动，受到了广泛重视。

10 月 15 日　由总店向文化部申报并经教育部批准，总店和京所创办的图书发行职业学校开学。入学新生 46 名，学制 2 年。校长由京所副经理卢华唐兼任，副校长李树仁。10 月 17 日举行开学典礼，总店副总经理华青禾到会讲话。1966 年，学员结业，分配到京所各部门工作，图书发行职业学校结束。

10 月　总店和京所、外文发行所、储运公司一批干部由总店总经理王璟带队，去黑龙江省宁安县参加社会主义教育运动（于 1965 年 6 月初返京）。

同年　全国农村发行工作会议之后，总店组成了 3 个调查组，由总店领导带队分别到北京市怀柔县店、江苏省沙州县店和辽宁省开原县店，调查农村图书发行情况。调查组与县书店流供员一起上山下乡流动售书，帮助流供员总结为农村读者服务的做法和经验。特别是宣传推广了怀柔县店不怕苦和累全心全意为山区读者服务的"背篓精神"，对推动全国农村发行工作有很大影响。

同年　文化部向新华书店系统发出《关于降低年画进发货、批发折扣的通知》。

同年　总店及在京直属单位固定资产（原值）343 万元，商品资金 890 万元。销售总额 24 539 万册，9 559 万元，利润 330 万元，利润率 3.3%。年末职工 729 人，其中总店 35 人。

1965 年

1 月 14 日　教育部、文化部联合发出《关于半工（农）半读学校的教材供应问题的通知》指出，各地半工（农）半读学校正在蓬勃发展，这是我国的一种新的教育制度，出版和发行部门应积极设法供应所需教材。

1 月 26 日　总店为方便销货店统一订购年画，致函沪所，提出北京、上海、河北、辽宁四地出版的年画，今年起由沪所统一布置征订。并建议，其他各地出版并向全国征订的年画，今后也可争取参加统一布置征订。

1 月　文化部召开印制《毛泽东著作选读》工作会议，布置大量印制选读本。

3 月 4 日　文化部发出《关于做好〈毛泽东著作选读〉出版工作的通知》，要求把毛泽东著作的出版、印刷和发行当作出版工作的重要任务，争取逐步做到满足供应。要求《毛泽东著作选读》的发行工作，应以农村为重点，同时照顾城市、工矿、部队和边远地区，各地新华书店县店经理要带头下乡流动供应。

10 月 9 日，新华社发表题为《全国掀起文化下乡热潮》一文。提到出版部门 1965 年以来，向农村供应《毛泽东著作选读》5 700 多万册，加上毛主席著作的各种单行本，总数达 1 亿册左右。

3 月 20 日　总店向各省店和京所、沪所发出《关于读者认为某些书籍不该发售和当地党政机关通知封存问题的处理意见》。《意见》指出：读者对书籍内容提出意见，可将读者意见反映给发货店转告出版社，并抄报上级书店，各地书店不得自行决定停售或封存。如果当地党政领导机关通知暂时封存某些图书，应遵照办理。同时将封存图书告知有关发货店转告出版社，并抄报上级书店。

同日 总店发出《关于停售图书退寄封面版权页的运费负担问题》的答复，指出：书籍停售后，只退回封面、版权页凭以结算书款，可以不再向出版社划收邮寄费。

4月5日 总店发出《关于内部教材可否供应学校中外籍师生问题的答复》，指出：书店对内部教材只供应学校，能否发给外籍师生由学校掌握。

4月 为适应图书发行面向农村的需要，选定河北新城县店（后改为山西洪洞县店）作为常年蹲点基地，京所职工分批到基地去边劳动、卖书，边调研。

5月25日 文化部向各省、自治区、直辖市文化（出版）局（厅）转发总店《对1965年农村图书发行工作的意见》。

5月初—7月初 江苏省店副经理赵锦伦等陪同总店编刊室主任徐炽汉在沙洲县进行为期3个月的蹲点调研，深入了解农村发行网点试行"专、兼、群"三结合和农村发行方式试行"卖、租、借"三结合的具体做法及工作经验。

6月7日 总店向各省店，京所、沪所发出《关于当前高等学校及中等专业学校教材供应工作的通知》。《通知》要求：供应学校教材，以预订为主，但是对学校由于特殊原因没有预订和临时需要的教材，新华书店有责任供应，而且必须尽力供应好。对学校预订多余或不用的教材，要更好地主动帮助调剂。学校存书不论调往何处，新华书店一律按图书定价收退，不收任何费用。

7月1日 京所、沪所联合发出《关于适当扩大主动分配的范围和加强初版试销工作的意见》，对配合运动的图书、供需差距大的图书、控制发行的图书适当扩大主动分配。

7月10日 总店就群众代销图书的奖励问题作出说明，认为群众代销图书一般地说应当是义务性质的，并且要通过一定的组织，由该组织指定人员办理。如果有必要发给一些物质奖励，也要交由组织去分配。物质奖励不宜过多，大体应掌握在销售额的5%左右。

7月22日 高等教育部、文化部联合发出《关于进一步改进高等学校及中等专业学校理工农医各科通用教材供应工作的几点意见》，提出：为更好地落实中央关于高校教材要实现"从无到有，课前到手，人手一册，印刷清楚"的要求，在发行方面要逐步推行大中专教材"合理储备，常年印制"的制度。要大力改进教材预订工作和出版供应情况通报工作。

同日 文化部发出《关于进一步加强〈毛泽东著作选读〉和毛主席著作单篇本出版工作的通知》，通报有关出版情况：《毛泽东著作选读》甲、乙两种版本，去年全国共出版1 500余万部（册），今年计划出版5 000万部（册），合计总数6 500万部（册）。毛主席著作单篇本，上年全国出版1.6亿册，今年上半年各地出版了4 400万册。《通知》要求各地争取早一点把书印出来，并要求各地对《毛泽东著作选读》的确实需要，再作进一步调研，确定在今年年底以前需要的数量。

7月 总店由文化部大楼迁至北京汉花园12号（现五四大街）办公。

8月23日 总店接待来访的朝鲜民主主义人民共和国出版总局出版局副局长金翼龙等一行4人。总店总经理王璟向他们介绍了新华书店的性质、历史、体制和当前的经营情况。

8月 总店和京所、外文发行所、储运公司一批干部由总店副总经理华青禾带队，去河南省安阳县参加社会主义教育运动（于1966年6月初返京）。

9月1日 《毛泽东选集》藏文版第三卷在拉萨发行。

9月6日 总店向各省店和京所、沪所发出《关于注意收集读者对出版物意见的通知》。《通知》指出：收集读者对出版物的意见，不仅是为了促进出版，也是提高书店工作的业务水平，贯彻发行工作群众路线的重要措施之一。

9月15日 总店向各省、自治区、直辖市新华书店，北京中国书店，上海古旧书店发出《关于人民教育出版社的全部课本不供应外宾的通知》。

9月 京所将建所以来收存的图书样本9.2万册，造清单移交给文化部出版局版本图书馆。

10月13日 文化部发出的《对于农村图书发行工作"卖、租、借"三结合的意见》指出，在书店工作中提"卖、租、借三结合"是不确切的，容易被误解为书店也要出借图书。今后请不要再沿用这种提法。

11月4日 文化部指定农村读物出版社会同有关出版社，每年从全国出版的受农村欢迎的图书中，选择几批切合农村读者需要的优秀读物，印成"农村版"，通过新华书店发行到全国农村俱乐部和文化室。

为了落实文化部的指示，做好"农村版"图书发行工作，总店向各省店、各发行所发出《关于农村版图书发行工作的通知》。《通知》指出："农村版"图书专门供应农村，不发城市，县城的发行量一般不得超过该县每种书发行量的 10%。发行对象以农村文化室（俱乐部）为主，优先满足他们的需要。

第一批"农村版"图书共 15 种，总定价 4.17 元，全国共印行 1 200 万册。

11月10日 姚文元写的《评新编历史剧〈海瑞罢官〉》在上海《文汇报》发表，随即印成小册子在全国发行，揭开了"文化大革命"的序幕。

11月19日 由文化部出版局康昌其、人民出版社白以坦和京所李俊杰组成的联合调查组，到湖北武汉市和孝感地区等地调查《毛泽东选集》的发行和需求情况。

11月25日 文化部、中华全国供销合作总社发出《关于进一步加强农村年画发行工作的联合通知》。《通知》指出：新年画是广大农村读者喜闻乐见的文化年货，各地书店和供销社必须重视这一工作，扩大零售网点，加强宣传工作，方便群众购买。

12月3日 总店编刊室主任徐炽汉，在河南省林县参加社会主义教育运动中不幸去世，享年 43 岁。

12月21日 总店向文化部申报，并经文化部报教育部批准，新华书店外文发行所创办的半工半读外文发行专科学校开学，学制 2 年。30 名新生是来自北京的应届高中毕业生，校长由外文发行所副经理沈良兼任。1967 年，专科学校学员结业，被分配到外文发行所各部门工作，学校工作结束。

12月 经文化部党委批准，京所恢复党委会。

同月 文化部召开文化部及直属单位学习毛主席著作经验交流大会，京所选派张永年、王振乾、王宝熙等三同志出席。

年内 《毛泽东选集》《毛泽东著作选读》的蒙古、藏、维吾尔、朝鲜和哈萨克5种民族文字版由民族出版社出齐。

同年 文化部出版局及直属出版社、总店等单位抽调一批干部，由王益带队，分别到河南安阳、林县参加农村社会主义教育运动，至1966年6月返京。

同年 总店研究室副主任郑士德参加中宣部四清工作队，到杨村孔官屯参加"四清"工作。

同年 总店及在京直属单位固定资产（原值）330万元，商品资金851万元。销售总额36 636万册，11 368万元，利润299万元，利润率2.6%。年末职工733人，其中总店35人。

1966 年

1 月 解放军总政治部编纂的《毛主席语录》由新华书店在全国公开发行。

同月 由著名出版家、文化部副部长胡愈之亲自主持并参与编辑的《东方红》一书出版。由于该书内容十分贴近农民生活,很受农村读者欢迎,发行量高达 100 万册。早在 1963 年,胡愈之就说,我这一生最后几年还想办一件事,就是为 5 亿农民编好一本书,取名《东方红》,每年春节前发行。

2 月 10 日 文化部党委在向中宣部提出的《关于 1966 年〈毛泽东选集〉印制、发行工作的请示报告》中指出:过去 15 年间,《毛泽东选集》1—4 卷累计印数,约为 1 000 万部。65 种单行本,共印行 6.1 亿册。1964 年出版的甲、乙两种《毛泽东著作选读》的总印数,已达 7 500 万部。根据估算,当前至少还要 1 100 万部以上的《毛泽东选集》才能基本满足需要。因此决定 1966 年全年再重印前四卷 500 万部,要求有关各方妥善做好出版和发行工作。

3 月 3 日 文化部发出《关于〈毛泽东选集〉发行工作的通知》。《通知》指出:今年的 500 万部《毛泽东选集》(1—4 卷)合订本和普及本,都基本通过机关、团体单位分配,有计划、有重点地供应读者需要,省会城市应在门市部酌量零售一部分。各地新华书店要对本地区各方面读者的需要情况,普遍进行一次调查,摸清确实需要情况和数量。26 日,文化部又发出《安排下半年重印〈毛泽东选集〉普及本工作》的通知。

3 月 5 日 总店发出《关于 1966 年印制的〈毛泽东选集〉发行工作的补充通知》。对发货工作中的一些问题提出了具体要求,并附发《1966 年第一批印制的〈毛泽东选集〉分配数调拨表》。

3月11日 文化部党委向中宣部并中央提出《关于〈毛主席语录〉印制发行的请示报告》。《报告》指出：自军委总政治部编辑的《毛主席语录》纸型经中央同意分发各地方后，全国已印制《毛主席语录》2 800多万册，但各地、中央各部门来要纸张的仍然源源不断。现第一轻工业部已拨出专印《毛主席语录》的纸张5 100吨，可印制《毛主席语录》5 100万册。这个数字与各地的要求相比，差距仍很大。但从纸张供应和印刷能力来衡量，布置再多也印不出来。鉴于《毛主席语录》的发行有相当一部分重复，费用一般是用机关或党、团、工会经费支付，免费分发，容易产生重复供应造成浪费。为此，报告提出了一系列的具体建议。

到1967年5月，《毛主席语录》已出版14种外文版本。另有7种外文版本也将陆续出版。

4月12—26日 经文化部批准，总店在北京召开全国图书发行工作经验交流会，总店总经理王璟主持，文化部副部长石西民、出版局局长陈翰伯到会并讲话。会议交流了发行工作为人民服务、为社会主义服务的经验和突出政治、活学活用毛主席著作，推动图书发行工作革命化的经验。各省店、京所、沪所经理及部分基层书店的先进集体和先进个人代表近100人参加会议。

4月 《毛泽东选集》第三卷盲文版由中国盲人聋哑人协会盲人月刊社翻译出版。至此，《毛泽东选集》盲文版1—4卷已全部出齐。

5月16日—8月12日 中共中央政治局扩大会议5月16日通过了《中国共产党中央委员会通知》（简称《五一六通知》）。

8月1—12日，中共中央八届十一中全会通过了《中国共产党中央委员会关于无产阶级文化大革命的决定》（简称《十六条》）。

上述两个文件的问世，标志着"文化大革命"全面发动。从此，在整整10年里，出版事业遭受严重摧残。总店除毛主席著作发行外，其他业务活动基本停顿。

5月 总店在北京召开全国新华书店经理会议，讨论加强农村发行等问题。

6月—8月15日　《毛泽东选集》1—4卷简体字横排本经北京、上海有关出版、印刷和制型单位两个月的工作，完成了排校制版任务。80余副纸型陆续发往全国，各地开始大量印制横排本《毛泽东选集》。

8月1日　总店发出《今年原安排印制的〈毛泽东选集〉第二批印数的分配和第一批中的小合订本减发的通知》。《通知》指出：第二批安排的205万部普及本尚未分配，最近文化部召开的毛主席著作印制工作会议研究决定，为了使新排的简体字横排本能提前印刷，增加普及本的印数，对第一批安排中的合订本从90万部改为55万部，第二批安排的普及本从205万部减为170万部。并附发《1966年原安排印制的第二批〈毛泽东选集〉（普及本）各地发行数量分配表》。

8月15日　总店发出《分配1966年下半年中央和上海加印的〈毛泽东选集〉的通知》，并附分配表。中央加印数落实为300万部（其中竖排本55万部），上海加印235万部（上海自留70万部，调供各地165万部），共535万部。

8月19日　文化部发出《关于〈毛主席著作印制计划〉的通知》。《通知》指出：这个计划是根据党中央指示的精神，经过毛主席著作印制工作会议的讨论，吸收了与会代表的意见修订的。《毛主席著作印制计划（1966—1967）》中明确两年的印制任务如下：

书名	1966年印制出书	1967年印制出书
《毛泽东选集》	1 000万部	2 500万部
《毛泽东著作选读》（甲种本）	2 000万部	2 000万部
《毛泽东著作选读》（乙种本）	4 000万部	3 000万部
《毛主席语录》	10 000万册	10 000万册

总店于9月5日发出《关于毛主席著作发行情况汇报的规定》。《规定》指出：文化部已发出《关于〈毛主席著作印制计划〉的通知》，为便于领导掌握毛主席著作和毛主席像的供应情况，指导各地出版、印刷、发行部门更好地满足广大读者的需要，经国家统计局同意，对毛主席著作和毛主席像发行情况

的汇报工作作出了具体规定。

8月30日　总店向各省店和京所、沪所转发国家经委《关于优先、免费运送毛主席著作的通知》。《通知》规定：全国交通运输部门对毛主席著作的发运，要切实做到优先拨车，优先装运，不得积压，不得损坏。自1966年9月1日起，对持新华书店介绍信向铁道部、交通部、邮电部和民航总局所属的运输单位托运或邮寄毛主席著作的运费、装卸费、邮递费一律免收。

8月31日　财政部发出《对出版毛主席著作减免税规定的通知》。《通知》规定：对于毛主席著作、毛主席像和中央其他领导人像的出版发行，税务部门不征收工业环节和零售环节的工商统一税，印刷厂承印所得的收入也不征税。

8月　中国人民银行总行发出《关于出版、发行毛主席著作的资金供应可予免计利息的通知》。

同月　为贯彻落实中共中央作出的大量出版毛泽东著作的决定，文化部召开全国毛泽东著作印制发行工作会议。号召全国出版、印刷、发行部门把出版和发行毛泽东著作作为压倒一切的任务。并制订了1966—1967年印制《毛泽东选集》3 500万部的计划。这年底，中共中央又决定1967年印制《毛泽东选集》8 000万部。

同月　《炮打司令部》的大字报发表。红卫兵运动兴起，批判"资产阶级反动路线"的狂风席卷而来，全国城乡新华书店不可避免地、普遍地卷入了"文化大革命"。各地新华书店群众组织纷纷成立，"扫四旧""大串连"和"揪斗当权派"此起彼伏。

到了10月，全系统掀起了"造党支部反"的浪潮，各级新华书店负责人普遍受到批斗，正常工作秩序被打乱，《毛泽东选集》、毛主席像、张贴语录、"两报一刊"社论等政治书、画以外的其他图书发行业务受到严重影响。

同月　京所成立毛主席著作发行办公室。

10月27日　总店发出《转去京沪发行所关于毛主席像供应安排的报告》，决定在京所、沪所1—9月累计供应毛主席像6 500万张的基础上，计划第四季度至 1967 年春节前，再供应 7 500 万张。

11 月 4 日　京所、沪所发出联合通知称，6、7 月间征订的初版年画，不适应无产阶级"文化大革命"的形势要求，大部分不能出版。决定另出版以领袖活动为主题的新年画，京沪版共 15 种左右，总印数 4 000 万张，主动分配给各省、自治区、直辖市新华书店。

11 月 15 日　总店发出《中央和上海印制的〈毛泽东选集〉普及本，1967 年第一批分配数和有关发行工作的通知》，并附发《中央和上海印制的〈毛泽东选集〉普及本 1967 年第一批分配表》。分配总数为 855 万部，分别由京所、沪所发货供应。

12 月 15 日　文化部决定改变毛主席著作和领袖像的发行折扣。指出以各种形式出版的汉文、少数民族文字版和外文版毛主席著作、毛主席像和其他领袖像，出版社发给书店的发货折扣，一律改为 80 折。发货店发给各地书店，一律改为 85 折。

同年　京所组织机构调整，在经理室下设二室八科一校，即党委办公室、业务办公室、秘书科、计划财务科、制票科、行政科、第一至第四发行科、职业学校。

京所党委、经理室及各部门负责人名单如下：

经理	赵国良
副经理	卢华唐　张明西
党委办公室	孟昭昆　邓用忠
业务办公室	吴克己　陆联棠　王雪邨
秘书科	黄慕先
计划财务科	黄璋元　郭俊卿　计宜初
制票科	李旭升　伏政民　宋金熹
行政科	张琛珉　张履兰
第一发行科	孙发达　王鼎吉
第二发行科	贺尚华　杜建华

第三发行科　　　汤仁新　裘树城

第四发行科　　　张子光　崔福海　崔宗绪

职业学校　　　　李树仁　钱慰先

同年　文化部、财政部三次发出联合通知，决定毛主席著作和标准像降价。第一次是《毛泽东选集》普及本由 3.25 元降为 2 元。第二次是《毛泽东著作选读》甲种本 4 号字本由 1.10 元降为 0.70 元，5 号字本由 0.75 元降为 0.50 元；乙种本 4 号字本由 0.50 元降为 0.35 元，5 号字本由 0.35 元降为 0.25 元；《毛主席语录》由 0.60 元降为 0.45 元（学生用 32 开本降为 0.20 元，64 开本降为 0.25 元）。第三次是毛主席各种开张的标准像降价，约降50%。以上存货的降价损失，除《毛泽东选集》普及本由国家财政负担外，其余均由存货书店负责。

同年　总店及在京直属单位（京所、储运公司）核定固定资产（原值）208 万元，商品资金 414 万元。销售总额 40 754 万册，8 077 万元。利润 188 万元，利润率 2.2%。年末职工 710 人，其中总店 33 人。

1967 年

1 月 4 日　周恩来总理在北京工人体育场接见首都新闻、出版、文艺战线职工和 10 万名外地来京的红卫兵，提出在 1967 年内再印制《毛泽东选集》1—4 卷 8 000 万部的任务。

3 月，为落实 8 000 万部的分配计划，总店和京所派汪轶千、朱文华、李俊杰、徐通国四位同志，组成两个调研组，分赴山西、山东两省调研，了解《毛泽东选集》在城乡发行的分配比例情况。6 月 22 日，由京所向各省店发出《关于 1967 年〈毛泽东选集〉普及本分配数量的通知》。

1 月 15 日　全国交通运输部门免收毛主席著作包件运费，毛主席著作的定价标准随之降低，发货店向出版社的进货折扣及发货店向销货店的发货折扣亦相应调整。

1 月 19 日　文化部被"造反派"夺权。出版局的工作陷于瘫痪。

1 月　在"一月风暴"中，总店的群众组织夺权，原来的总店领导干部被排挤出领导班子。除毛主席著作和少量图书如"革命样板戏"继续发行外，其他业务基本停顿，全国新华书店处于半瘫痪状态。

4 月 14 日　总店向全国省店发出《关于毛主席像供应工作的意见》，向全国省店安排毛主席像供应。《意见》指出：去年，全国共印制发行了毛主席标准像 2 亿张、彩印生活像 1 亿张，远远没有满足需要。今年各地初步安排毛主席标准像约 2.5 亿对开张（自然张可达 5 亿张以上）。

5 月 11 日　"中共中央文化革命小组"成立毛主席著作出版办公室，承担组织全国出版部门大量出版有关毛泽东著作的职责，并暂代行原文化部出版局的领导职权。

6月5—10日　5月底，中央"文革"宣传组召开毛主席著作印制情况交流会后，总店和京所、沪所对毛主席著作和毛主席像发行工作进行座谈。中央"文革"宣传组毛主席著作出版办公室和人民美术出版社派人参加座谈。会前，总店和京所、沪所曾到一些省、区，会同省级书店到一些县城、农村，对毛主席著作和毛主席像的发行情况进行了调查研究。

6—7月　为调查 8 000 万部《毛泽东选集》及《毛主席语录》、毛主席像印制任务的落实情况，确保印制任务按质按量完成，并了解明年各地的需要情况，中央"文革"宣传组召开毛主席著作印制情况交流会后，毛主席著作出版办公室同中央一级出版、印刷、发行单位，组成"毛主席著作印制、发行联合调查小组"，分赴华东、中南、东北、华北、西南、西北等地区进行调查。京所派人参加了调查小组。各调查小组于6月下旬分头出发，时间一个月左右。

7月　毛主席著作出版办公室通知，由于全国交通运输部门免收毛主席著作包件的运费，决定降低毛主席著作的定价标准。同时决定，新华书店发货店向出版社的进发货折扣从 70 折改为 80 折，发货店发给销货店的折扣从 78 折改为 85 折。马列著作的邮运费照收，但发行部门的进发货折扣也被强制照此办理。

8月1日　总店和中华全国供销合作总社联合向各省、自治区、直辖市供销社、新华书店发出《关于进一步深入农村做好毛主席著作发行工作的通知》。

8月21—28日　为了加强协作，做好毛主席像的印制发行工作，北京、上海、天津、河北、辽宁五地美术出版社，总店，京所、沪所和天津市店，河北、辽宁省店，在上海进行了座谈。座谈由总店主持。毛主席著作出版办公室、上海市革命委员会毛主席著作印制发行办公室、上海市出版局、上海出版印刷公司都派人出席了座谈。今年下半年原计划印供全国各地的毛主席生活像为 1 亿对开张，而全国报订数为 2.2 亿张（8 开以上），经座谈落实印数为 1.17 亿对开张，并商议了发行分配等办法。

9 月 10 日　邮电部向全国发出"免费运送毛泽东著作"的电报。

9 月 13 日　毛主席著作出版办公室向全国出版、印刷和发行部门发出《关于确保今年 8 000 万部〈毛泽东选集〉出版任务胜利完成的意见》。

9 月 28 日　总店向毛主席著作出版办公室汇报毛主席著作发行情况：1966 年 6 月—1967 年 8 月，全国共发行《毛泽东选集》5 700 万部，《毛泽东著作选读》5 000 多万册。

12 月 25 日—1968 年 1 月 8 日　毛泽东著作出版计划会议在北京召开。12 月 31 日，毛泽东接见出席会议的人员和其他方面的代表，周恩来总理陪同接见。总店孔岐和京所钱慰先、顾华瑛作为出席会议的代表参加了这次接见活动。

同年　总店及在京直属单位固定资产（原值）200 万元，商品资金 676 万元。销售总额 39 860 万册，5 492 万元，利润 62 万元，利润率 1%。年末职工 701 人，其中总店 33 人。

1968 年

2 月 15 日　毛主席著作出版办公室发出《1967 年毛主席著作出版计划完成情况简报》。《简报》称：1967 年共出版汉文、少数民族文、盲文和外文版《毛泽东选集》1—4 卷普及本 9 151 多万部，精装四卷合订本 59.9 万册；《毛主席语录》36 990 多万册；《毛泽东著作选读》和毛主席著作专集、汇编本、单篇本以及《毛主席诗词》等 91 200 多万册；毛主席像 121 400 多万张；张贴用毛主席语录和语录画 44 990 多万张。

4 月 24 日　总店向各省、自治区、直辖市新华书店和发行所发出通知，《红旗》杂志从 1968 年第 1 期起由邮局移交新华书店发行。

8 月　"首都工人、解放军毛泽东思想宣传队"进驻毛主席著作出版办公室。此后，"工人、解放军毛泽东思想宣传队"或"工人阶级宣传队"开始进驻中央一级和省、自治区、直辖市一级出版、发行单位，掌握了进驻单位的领导权，开展"文化大革命"的"斗批改"运动。

9 月　《毛泽东选集》1—4 卷 64 开精装合订本出版发行。全国除西藏由北京代印外，28 个省、自治区、直辖市安排印制 800 余万册。

10 月 15 日　毛主席著作出版办公室发出《关于印发国家计划委员会"关于优先、免费运送毛主席著作的补充通知"的通知》。《补充通知》指出：对国家经济委员会 1966 年 8 月 23 日《关于优先、免费运送毛主席著作的通知》中，优先、免费运送范围扩大为：凡是中央和省、自治区、直辖市出版单位出版、新华书店发行的各种毛主席著作、毛主席像，以及毛主席单张语录、毛主席语录画、毛主席诗词手稿等，一律实行优先、免费运送。

11 月　文化部在湖北襄樊市修建的六〇三印刷厂正式投产出书，京所与储运公司一起，派李俊杰、徐宝英、陈仁刚等 6 名同志去办理发行及包装、发运工作（储运公司调 10 余名职工到六〇三厂组建发行科）。

12 月　首都工人、中国人民解放军毛泽东思想宣传队进驻总店。

同年　总店及在京直属单位固定资产（原值）192 万元，商品资金 549 万元。销售总额 38 858 万册，5 162 万元，利润 53 万元，利润率 1%。年末职工 738 人，其中总店 33 人。

1969 年

4 月 10 日　总店按照"首都工人、中国人民解放军驻文化部毛泽东思想宣传队"指挥部的决定，全店 33 人，除 2 名留守人员外，其余全部下放湖北省咸宁县文化部"五七"干校 11 连劳动，总店的机构实际上被撤销，工作完全停顿。某些长期保存下来的珍贵档案、资料被销毁。

总店原办公室副主任蔡尔颖于 5 月在"五七"干校不幸去世，享年41 岁。

5 月 1 日　邮电部通知各地邮局，邮递毛主席著作恢复收费。

6 月 10 日　毛主席著作出版办公室发出《关于 1969 年毛主席著作、毛主席像出版计划以及其他图书、课本、报刊用纸分配暂时安排的通知》。《通知》指出：《毛泽东选集》1—4 卷普及本全国城乡已普及，不再作统一安排。《毛主席语录》按人口计算，已超过人手一册，不要再印。1969 年，《毛泽东选集》1—4 卷 64 开精装合订本计划出版 2 000 万册；《毛主席语录》、毛主席的5 篇著作、《毛主席诗词》128 开合订本计划出版 1.5 亿册；《毛主席像》计划出版 7.5 亿对开张；毛主席单张语录计划出版 5 亿对开张。

同年　总店及在京直属单位固定资产（原值）187 万元，商品资金 855 万元。销售总额 28 102 万册，5 785 万元，利润 63 万元，利润率 1.1%。年末职工 719 人，其中总店 33 人。

1970 年

5月　为逐步恢复正常的出版工作，国务院批准成立"出版口三人领导小组"，领导文化部直属的出版、印刷、发行单位。下设办事组、政工组、业务组。

5月25日　首都工人、中国人民解放军驻文化部毛泽东思想宣传队指挥部和出版口领导小组，召开总店、京所和新华书店储运公司三单位留京人员大会，出版口领导小组负责人杜润生宣布：新华书店总店、新华书店北京发行所、新华书店储运公司三单位合并，单位名称用新华书店北京发行所。全部人员集中到北礼士路135号（储运公司地址）办公，由崔秋明主持工作。机构合并时，三单位留京人数为：总店2人，京所80人，储运公司170人，共计252人。

6月1日　铁道部军管会生产组通话记录通知：经中央同意，铁路、航空等交通运输部门从1970年6月1日起，对发运毛主席著作，一律恢复收费。

6月22日　"工军宣传队"指挥部发出通知："根据周总理的指示，经指挥部研究决定：新华书店总店、新华书店北京发行所、新华书店储运公司三单位正式合并，有关三单位在银行的账户，均并入新华书店北京发行所。""工军宣传队"指挥部同时还决定，原由总店领导的新华书店外文发行所并入中国外文书店（后改为中国图书进出口公司）。新华书店外文发行所留京47人及全部财产（包括房产、商品）划归国家科委，并入中国外文书店。1971年6月23日，中国外文书店发出《关于中国外文书店和新华书店外文发行所合并后启用新印章等问题的通知》。

8月8日　京所向全国新华书店发出《关于改变马、恩、列、斯像发行折扣的通知》。《通知》指出："马克思、恩格斯、列宁、斯大林像今年5月份起，由上海移转北京出版，其发行折扣，经请示上级同意，从1970年8月起，马、恩、列、斯像80折进，85折发"。

10月 周恩来总理作出决定，将毛主席著作出版办公室与出版口三人领导小组合并，成立"出版口五人小组"，直属国务院值班室领导。

12月31日 《新华字典》在"文革"后不久，在全国掀起的规模空前的"破四旧"运动中被批判为"大毒草"而停止印制出售。学生上学无字典可用，全国读者反映强烈。在周恩来总理的亲自过问下，国务院科教组决定，商务印书馆与北京大学共同对1965年出版的《新华字典》进行修改，即将再版重印，字典装帧设计不变，64开本，平装，估计定价0.70元。为此京所向全国新华书店发出《征求〈新华字典〉计划需要数的通知》。

年底 毛泽东提出全党干部要"认真看书学习，弄通马克思主义"，人民出版社重印了4种马恩著作和两种列宁著作。

为配合九届二中全会的学习，年内京所向全国征订于10月陆续出版发行的马、恩、列、斯著作29种以及普列汉诺夫早期著作3种。

同年 总店及在京直属单位固定资产（原值）147万元，商品资金636万元。销售总额18 417万册，6 028万元，利润163万元，利润率2.7%。年末职工280人。

1971 年

1 月 原总店总经理王璟由文化部湖北咸宁"五七"干校调回北京，任京所革委会核心组成员，主持工作。

2 月 11 日 周恩来接见出版口领导小组成员，对出版工作作了重要指示。他说，青少年没有书看，有的学校没有字典，没有地图。新书要出，旧书也可以选一点好的出版嘛！1971 年再不出书就不像话了。

3 月 15 日—7 月 22 日 按国务院指示，出版口在北京召开全国出版工作座谈会，各省、自治区、直辖市出版部门，解放军战士出版社和国务院一些部委所属出版社的领导干部、工作人员，以及工农兵和革命知识分子代表，中央有关部门人员共 126 人出席。会议要求各省、自治区、直辖市和国务院有关部委大力抓新书的出版工作，并提出今后两三年的图书选题和出版计划。周恩来总理两次接见会议领导小组成员并作重要指示，还在会议结束后接见了全体代表。会议根据周总理的指示，起草了国务院给党中央的《关于全国出版工作座谈会的报告》。

4 月 12 日凌晨，会议领导小组在向周总理汇报工作时，周总理指名要总店负责人到会汇报发行工作。会议领导小组当天深夜 12 时找到了原总店总经理王璟，用车接他到会参加汇报。周总理在听取了全国新华书店出现严重书荒的汇报后，神情沉重地指出，新华书店不能再乱报废图书了，不能再把"文革"前出版的图书封存、下架、送造纸厂了，应该把它们从库房里拿出来，公开陈列出售。

3 月 京所全面检查"文化大革命"以来的封存书情况，并向国务院出版口作了汇报。截至 1970 年底，该所库存中央一级出版社出版的图书 1.2 万余种，3 380 余万册，大部分是"文革"前出版的。其中封存和不允许发行的有7 870 余种，占全部品种的65.58%；存量800 余万册，占库存册数的23.67%。

5 月 14 日 全国出版工作座谈会期间，中共中央办公厅将毛主席批示同意的国务院出版口领导小组《关于整理出版〈二十四史〉及〈清史稿〉的请示报告》批复下达。报告中说：《二十四史》的校点工作是从1958 年开始的，到1965 年已出版的有四部：《史记》《汉书》《后汉书》《三国志》。争取在两三年内将未出版的二十史及《清史稿》出齐。据京所统计，截至1977 年底，《二十四史》点校本及《清史稿》由中华书局全部出齐，并由京所向全国发行。

5 月 国务院出版口领导小组编印的《全国出版基本情况资料》称："文化大革命"开始后全国封存的图书，据17 个省（区、市）的不完全统计，约8 000 种，33 804 万册。

8 月 13 日 中共中央批转了国务院《关于全国出版工作座谈会的报告》。从10 月起至年底，各省、自治区、直辖市相继制订出贯彻落实中央批转的国务院关于出版工作座谈会报告的措施，开始了抓图书创作，做好图书清理陈列和发行等项工作。

但由于"四人帮"在《报告》中塞进了两个所谓的"估计"（即"文革"前17 年的出版工作是"反革命专政"，"出版队伍基本上是资产阶级的"），致使许多出版、发行工作者继续遭受迫害。

8 月 国务院发出《关于收集、翻译、出版世界各国历史书籍情况的报告》。世界各国历史书于1971 年冬至1973 年陆续出版发行。

11 月 11 日 国务院出版口发出《关于修改国营书店定期统计报表的意见》，根据全国出版会议精神和征求一些书店的意见，并经国家统计部门同意，对国营书店定期统计报表作如下修订：一、将原有的"电讯月报""图书发行季报"改为"图书发行流转半年报"。二、图书发行统计分类，改为马恩列斯著作、毛主席著作、马恩列斯像、毛主席像、中小学课本、图片、书籍、其他等八类。三、由京所代作审核、汇总工作。以上改变，从1972 年1 月起试行。

同年 总店以及京所、储运公司的 14 名下放湖北咸宁"五七"干校劳动的干部被分批抽调回京，回原单位工作。

同年 根据国务院召开的出版工作座谈会的精神，北京、上海及各地出版社对在"文化大革命"前出版的停售、封存图书陆续进行了审查，并分别作出如下处理：一、可以公开发行的；二、作必要处理（包括技术处理和夹附说明条等）后公开发行的；三、改作国内发行，或进行技术处理后改国内发行的；四、改为凭证发行的；五、不能发行，全部或部分留作批判或查考资料的；六、报废或作自然淘汰的。

各地新华书店根据各个出版社的上述处理方法，对各版的封存图书进行了认真细致的清查、处理工作。当年，一批"义革"前的出版物开始陆续上架陈列，恢复销售。

同年 总店及在京直属单位固定资产（原值）142 万元，商品资金 568 万元。销售总额 20 906 万册，7 651 万元，利润 177 万元，利润率 2.3%。年末职工 322 人。

1972 年

1月 《新华字典》修订重排本出版发行。

同月 国务院出版口领导小组考虑到美国总统尼克松即将访华,为扩大政治影响,向外国记者展示图书市场的"繁荣",决定向市场投放《红楼梦》等四部古典文学名著。但由于"四人帮"推行文化专制主义,书店能够公开出售的图书品种极为有限,书荒严重。人民文学出版社、京所连同北京市店总共仅存有"四部古典"3 800多部。出版口领导小组通知京所,将"四部古典"重点发给尼克松将要访问的北京(1 000部)、上海(700部)、杭州(300部),其他15个开放城市各发20—50部。同时规定:"只卖给外国人,不供应国内读者。"结果,引起读者对书店的不满。

2月16日 周恩来总理对发行四部古典小说的方法提出批评。他说,把几部古典小说在王府井新华书店摆出来,不卖给中国人,光卖给外国人,这何必呢?有书,中国人也要卖,外国人也要卖,没有书你就别摆出来。他明确指示,要想办法缩短时间,尽快地再版,先印《三国演义》《红楼梦》《水浒》《西游记》,同时也要组织出版一些新书。2月20日,出版口领导小组向国务院呈报《关于几种古典文学书籍只卖外国人不供应国内读者错误的检查报告》,并指出拟采取措施,抓紧对四部古典文学著作的重印工作,同时组织新书出版。

2月 原京所经理赵国良由文化部湖北咸宁"五七"干校调回北京,任领导小组成员。

同月 国务院出版口领导小组批准京所领导小组由王璟、赵国良、崔秋明、程刚枫、高起成5人组成,王璟任组长。

4月中旬 出版口领导小组布置重印的 20 万部《红楼梦》等四部古典小说，在全国大中城市店公开发行。

5月 《马克思恩格斯选集》（四卷本）和《列宁选集》（四卷修订本）出版、发行。

6月4日 财政部发文，向各地布置有关处理存书资金的控制指标，全国新华书店系统总控制指标为 2.3 亿元。

据总店于 1973 年 7 月 4 日发文，向各省、市、自治区新华书店了解处理存书资金使用情况统计，北京等 25 个省店（包括京所），截至 1973 年 6 月末，财政部下达指标为 17 404 万元，书店自报已处理数为 14 222 万元，预计还要处理数为 4 583 万元，资金不足 1 401 万元。

1974 年 8 月 5 日，总店再次发出《关于抓紧图书清理工作的通知》。《通知》指出：财政部发文规定，图书处理资金的拨款指标，到 1974 年末就自行注销，不再延期。

9月4日 财政部和国务院出版口领导小组联合发出通知指出，凡在"文化大革命"期间封存的图书和涉及林彪集团的图书，应按中央提出的处理原则，采取严肃的态度进行审查。属于毒草或其他政治原因，不能继续发行的图书，要作报废处理，从国家历年财政结余中核拨图书处理资金。

11 月 18 日，财政部又发出补充通知，对报废图书的核批手续作出补充规定，并要求各地抓紧处理，如年前未完成，指标可结转下年，但最迟不能超过1973 年底。

11月1日 京所根据国务院出版口领导小组指示，结合国营书店系统的具体情况，经国家计委统计组同意，发出《关于修改国营书店定期统计报表的意见》。对现行国营书店定期统计报表作如下修订：一、增设"图书发行电讯月报"；二、统计指标名称中，凡带有"收进""发出"字样的，均改为"购进""销售"。

12月 总店、京所、储运公司的 115 名下放湖北咸宁"五七"干校劳动的干部被分批抽调回京，回原单位工作。

同年　总店及在京直属单位固定资产（原值）141 万元，商品资金 541 万元。销售总额 27 628 万册，9 404 万元，利润 255 万元，利润率 2.7%。年末职工 352 人。

1973 年

1月18日　国务院出版口领导小组转知，从本年1月起试行《中华人民共和国工商税条例（草案）》。财政部在对有关问题的解释时称：1966年执行的毛主席著作、毛主席像及中央其他领导人像的出版、印刷和发行不征税的规定，改为今后只对出版单位和印刷厂承印毛主席著作和马、恩、列、斯著作的收入免税。

2月　为了解图书供需情况和为召开发行工作会议作准备，以王璟为首组成的京所调查组，先后到河北、河南、山东三地的省、市、县店进行调研。

3月7日　国务院出版口领导小组决定，总店恢复工作，与京所合署办公。任命王璟为经理，赵国良、程刚枫、高起成、张保安、汪轶千为副经理。经理室下设总店办公室，对外使用新华书店总店名义。另设两处、两部，下设12个科。发行所设部（处）、科三级制。

总店及京所组织机构及领导干部名单：

总店办公室	姜锡爵
政治处	崔秋明
行政处	郭俊卿　王玉田
总务科	温金山　李双业　霍泉海
计财科	黄璋元　张玉祥
发行部	张保安（兼）　孙发达　冯振洲
第一发行科	王宝熙　杜建华　赵红兵
第二发行科	宋金熹　李雪云
第三发行科	邓用忠　裘树城

文印科	黄慕先	马志彬	于　红	
制票科	赵得喜	李　争		
栈务科	张永年	金乃运		
发运部	李增华	王兵山	于志明	
第一包装科	孟祥平	李长林	朱杏尊	王瑞增
第二包装科	张子清	郑瑞增	兰世元	
包装材料科	邓寿堂	高朝达		
运输科	马福义	司　祥	尚玉锁	

5 月 15 日　正式启用"新华书店总店"的公章。

6 月 23 日　京所与北京市西城区城建局双方协商签订了房地产互换协议书。协议确定：一、新华书店北京发行所将坐落在西城区绒线胡同 66 号西半部的房屋 135 间，建筑面积 1 981 平方米，占地 6 亩，以及水、电设备，全部移交给西城区城建局。二、西城区城建局将在新华书店北京发行所坐落在北礼士路 135 号院西侧空地一块（注：12 亩）移交给新华书店北京发行所，以解决基建库房用地。据新华书店北京发行所固定资产账记载：1973 年 6 月 30 日将西绒线胡同 66 号西半部房地产，调给西城区城建局（账面房屋原值 53 669元）。

6 月 26 日　根据国务院出版口领导小组对总店"要加强对全国图书发行工作的业务指导"的要求，总店经请示出版口领导小组同意后，自 1973 年 7月起，编印一份以反映情况、交流经验为主要内容的《图书发行简报》，发给各省、自治区、直辖市新华书店，抄送各省自治区、直辖市出版（文化）局、商业局（省供销社）等单位。1973 年 7 月—1978 年 2 月，《图书发行简报》共出版 110 期，约 52 万字。

7 月　总店发出《关于改进中转运杂费结算方法》的通知，决定中转运杂费采用固定运价的方法，按重量或包件计收。

同月　京所制定图书仓库收发保管办法，在栈务科设管理小组，分版建立码价控制账，巡回核对库卡，做到书、卡、账三相符。

9月21日 国务院出版口领导小组在北京召开会议，传达国务院对总店机构的指示，决定自即日起恢复总店机构，属司局级建制。会议讨论了总店体制及职责范围，明确了以下问题：

一、总店是国家出版局直属企业单位，同时也是在出版局领导下对全国图书发行工作进行管理的机构。

二、总店和京所应为两级机构，京所受总店的领导。总店和京所合署办公，总店的行政事务、财务开支和京所合在一起。

三、总店职责范围暂定如下：1. 根据党的路线方针政策，深入实际，深入基层，进行调查研究，掌握全国图书发行工作的动态。2. 经常研究图书发行工作中的倾向性问题，对全国图书发行工作进行业务指导。3. 编印《图书发行简报》《图书发行工作情况反映》及其他必要的业务经验材料。4. 领导京所的工作。5. 根据出版局的安排，负责组织筹备全国性的图书发行工作会议。6. 负责起草有关全国图书发行工作的报告、指示、决定、计划以及必须全国统一的规章制度，并检查督促其执行。7. 与中央有关部门和单位联系协调有关图书发行工作业务问题。8. 布置和掌握重点图书的发行工作。9. 接待群众来访，处理群众来信。

9月26日 经国务院批准，国务院出版口改为国家出版事业管理局（简称国家出版局），直属国务院领导。

9月 人民文学出版社重印《红楼梦》《三国演义》《水浒》《西游记》四部古典小说，并由总店向全国分配供应，引起了城乡读者的踊跃购书热潮。

10月9日—1974年1月 总店组织了3个调查组，分别到云南、广东、吉林3省进行调查。调查内容：一、党的"十大"文件发行情况；二、上山下乡知识青年分布情况、组织形式以及对图书的具体需要情况（长远的、目前的）；三、目前工作情况，包括领导重视程度、图书供应程度、网点建设、供应方式等；四、存在的问题（包括总店、京所工作中存在的问题）及解决办法。调查时间为3个月左右。

3个调查组分别到广东海南岛临高县生产建设兵团、云南西双版纳自治州景洪县生产建设兵团、吉林的盘石、桦甸、东丰、科左中四个县（旗），了解插队青年对图书的需求等情况。通过访问兵团各级领导机关、各级上山下乡知青办公室，召开座谈会，征求、听取意见后，3个调查组分别写出调查材料，整理成《对上山下乡知识青年图书供应情况的调查汇报》。

10月15日　国家出版局向国务院各部、委和各省、自治区、直辖市出版局（出版办公室）、中央一级出版社及国家出版局的直属单位发出通知："经国务院批准，将国务院出版口改为国家出版事业管理局（简称国家出版局），同时启用印章。毛主席著作出版办公室的对外名称予以撤销。"总店直接由国家出版局领导。

10月31日　总店发出通知，要求各省店和京所、沪所，从1974年起，将向当地领导机关提供的会计报表和分析说明（或计划执行情况）等有关统计材料同时抄送总店。

11月20日　国家出版局、商业部联合发出《关于进一步加强农村图书发行工作的意见》，要求各地新华书店、供销社：一、对适合农村需要的图书，应优先分配给农村，特别要加强对农村知识青年的图书供应；二、应加强图书的计划发行，区别不同情况，供应各类图书，省级书店要加强进书审核，组织好存书调剂；三、制定各项计划管理指标，建立合理的规章制度，加速图书周转，减少发行费用；四、各级新华书店要健全领导核心，对业务骨干力量要保持相对稳定；供销社要教育图书发行人员，努力搞好图书发行工作。

11月24日　总店函告各省店及京所、沪所：总店电报挂号（2500），从1973年12月份起恢复使用。

12月7日　国家出版局领导小组决定总店与京所机构分开。总店领导小组由王璟、赵国良、汪轶千、罗敏君（女）、关家骏等5人组成，王璟为组长。免去王璟兼任京所经理，免去赵国良、汪轶千京所副经理职务。

同时，任命赵国良为京所经理。

同年　总店、京所、外文发行所、储运公司的16名下放湖北咸宁"五七"干校劳动的干部被分批抽调回京工作。

同年　根据国务院出版口领导小组负责人徐光霄的指示，总店派汪轶千、郑士德、王栋石 3 人去新疆，调查边境知青对图书的需求情况。调查报告直送徐光霄。

　　同年　总店及在京直属单位固定资产（原值）149 万元，商品资金 452 万元。销售总额 31 862 万册，11 436 万元，利润 362 万元，利润率 3.2%。年末职工 485 人。

1974 年

1月4—22日 年初，铁路运输十分紧张，北京、上海、武汉、济南等许多地方新出版的教科书、年画发运不出去。经总店多次与有关领导机关联系，交通部铁路运输局1月4日用电报向各铁路局发出命令："各省、自治区、直辖市新华书店发运的书刊、图画和教学课本，各站要及时受理，组织优先装运，不得积压，不受停装、限装命令的限制。"

1月22日，总店向京所、沪所和各省店发出通知，转达电报命令，并要求各店如有积压待运问题，应积极主动与铁路部门联系，争取尽快解决。

2月22日 总店发出《关于加强盲文图书发行工作的意见》。《意见》指出：盲文图书自1961年改由新华书店发行以来，取得了一定的成绩，但部分书店对盲文图书的发行还不够重视。《意见》要求各地新华书店进行深入的调查，切实掌握盲文读者的分布情况和对盲文图书的需要情况，对盲人团体要保持固定联系，对盲文读者要热情接待，认真做好征订供应工作。

3月5—9日 经国家出版局同意，总店在北京召开1975年年画发行工作座谈会，总结1974年年画发行的经验和问题，交流1975年的年画选题计划，讨论和研究租型印造年画工作的经验和问题，协商确定《关于统一年画进发工作的几项意见》，并决定从今年起在全国试行。

1974年，全国发行年画500多种，共计2.3亿张，达到了历史的最高水平。

4月15日 国家出版局领导小组批复总店中层干部的任命：同意姜锡爵为总店办公室主任，干青为副主任，鲁明（女）为研究室主任，关家骏为副主任，免去关家骏新华书店北京发行所发运部副主任职务。

5 月　京所与六〇三印刷厂签订《关于中央一级出版社在六〇三印制图书代发问题的协议》。

6 月　在短短的两个月内，全国新华书店共发行"四人帮"炮制的《批林批孔文章汇编》（一）（二）、《五四以来反动派地主资产阶级尊孔复古言论辑录》《鲁迅批判孔孟之道言论摘录》等"批林批孔""评法批儒"的图书 2.6 亿册。

7 月 16 日　总店发出《请做好"农村版"图书的宣传发行工作的通知》。《通知》指出："去年 8 月，人民出版社等有关部门组成'农村版'图书编选小组。从全国近期出版的图书中，选拔了一些适合农村需要的普及读物，经过编辑加工，作为'农村版'图书（书籍封底印有'农村版'图书标记），降低定价，向全国农村推荐广泛发行。"《通知》要求各地新华书店按照"农村版"图书只发农村、不发城市的规定，与当地供销社密切协作，把"农村版"图书及时地送到农村，特别是偏远地区去。"农村版"图书第一批为 25 种，第二批为 35 种，两批共 60 个品种。"农村版"图书以其选题适合农村、内容贴近农民、价格低于城市的特点，受到全国各地农村知识青年的喜爱，成为各地供销社代销点的常销书和农村社队图书室的必备书。

总店对两批"农村版"图书均采用计划分配的形式，将书分给各省、自治区、直辖市新华书店。但由于分配数太少，各地农村市场的供需矛盾十分紧张。各省级店纷纷致电、致函京所和沪所，要求增加供应。

7 月 19 日　总店向国家出版局报送《全国图书发行事业十年规划（1976—1985）》。

9 月　京所与山西省店签订《关于中央一级出版社在长治五四三厂印制图书代发问题的协议》。

10 月 29 日　总店经国家出版局审查批准，并征得国家计委统计局、商业部综合局同意，向各省、自治区、直辖市新华书店发出新的《图书发行统计报表制度》，从 1975 年 1 月起实行。《1974 年国营书店统计报表格式及填表说明》即行废止。

《图书发行统计报表制度》的制定，目的在于突出反映马列著作和毛主席著作的发行情况，"主要图书购进、库存半年报"中所列的项目为：马恩全集、马恩选集、列宁全集、列宁选集、斯大林全集、毛泽东选集（1—4卷）、毛泽东选集合订本、毛主席语录本、4开以上毛主席标准像等9项；"图书分类"为：马恩列斯著作、毛主席著作、马恩列斯像、毛主席像、课本、图片、书籍、其他8类。

11月28日 国家出版局批准总店10月26日提出的《关于〈科技新书目〉复刊问题的请示》，同意《科技新书目》从1975年1月起复刊，每期印数10万份，国内发行。

11月 国家出版局决定总店对外称"新华书店总店"，对内称"国家出版局发行部"。

同月 京所原副经理万国钧病逝，享年68岁。

12月 北京发行所北礼士路135号院10号库房落成，建筑面积为5 200平方米。

同月 文化部湖北咸宁"五七"干校结束。总店、京所、储运公司87名职工调回。

同年 日商在天津展销多种型号的"自动捆扎机"。展销结束后，经国家出版局批准，京所买下日本日鲁公司的联动捆扎机，经京所技改组的努力，配上传送带形成包捆流水线，于1975年初投入使用。这是书店历史上第一次使用进口联动捆扎机，也是中国当时进口的唯一的一台自动化塑料带联动捆扎机，一台机器每天可捆扎4 000余个包件，其速度和效率是手工所无法比拟的。

同年 总店及在京直属单位固定资产（原值）219万元，商品资金535万元。销售总额39 608万册，11 531万元，利润339万元，利润率2.9%。年末职工503人。

1975 年

1 月　京所与邮电部邮政科研所合作，由邮政科研所的工程技术人员和京所派出的陈德英、伏政民、王大贞、陈志义、王莉 5 人，以及中国印刷技术研究所派去的工程技术人员组成研制组。经过一年奋斗，研制组完成了两种样机的设计，并加工出 2 台塑料带自动捆扎机和 2 台线绳邮包捆扎样机。新试制的样机命名为 SK—1 型塑料带自动捆扎机和结扣捆扎机。两种样机两个单位各分一台。伏政民负责针对样机使用中发现的问题，借鉴资料改进样机，经多次试验，获得成功，新样机命名为 SK—2。经一段时间的实际应用，由技术科自行加工生产出 12 台。经过一年多加工，1977 年 10 月组装完成，正式投入使用。至此，初步实现了图书捆扎的机械化。为了向全国新华书系统推广捆扎机械化，国家出版局安排浙江温州印刷机械厂定点生产。这种机器在国内处于领先水平，荣获 1978 年全国科学大会奖。这是图书发行系统技术革新成果获得的第一个国家级科技奖。

2 月 8 日　京所"革委会"成立大会召开，国家出版局领导徐光霄、赵承丰、陈翰伯、龙潜参加，总店王璟及全体同志参加。赵国良任京所"革委会"主任，程刚枫、高起成、王栋石任副主任。

2 月 21 日　总店向各省店和京所、沪所发出《关于认真做好有关学习理论问题的马列著作、毛主席著作供应的意见》，要求各地新华书店根据各地党委对学习的安排和部署，深入调查研究，积极组织好书源和调剂工作。

3 月 14 日　国家出版局领导小组批准总店成立"革命委员会"。由王璟、汪轶千、关家骏、鲁明、罗敏君等 5 人组成。王璟为主任，汪轶千、关家骏为副主任。

5月 根据国家出版局指示，为了加强农村和边疆地区的图书发行，由京所经理赵国良带队组成调查组，到云南边疆德宏、畹町、瑞丽、陇川、盈江、梁河、芒市等地调查图书发行情况；返回途中到四川、陕西、山西三个省店进行访问。此次调研后，增加了农村店和边疆地区的图书供应比例。

8月14日 总店向各省店发出《关于〈马克思恩格斯选集〉〈列宁选集〉供需情况的调查》指出，为了有计划地做好两部《选集》的发行工作，总店建议各省级店对这两部《选集》的供需情况进行调查研究，安排好今后两三年内的供应工作。

8月18日 国家出版局发出《关于图书清理工作的通知》。《通知》指出："1971年9月13日以前出版的党和政府的文件，在中央没有正式通知以前，不能处理，账面资金也不作销账处理。""中央拨给的清理图书专款，使用至今年年底截止，余款全部上交财政部。以后凡1971年9月13日前出版的图书，经出版社审查作报废处理的，其存书损失由各地存书店列入呆滞书准备金项目开支。"

10月5日 总店向各省店发出《关于修改〈图书发行统计报表制度〉的意见》称，修改后的《图书发行统计报表制度》，业经国家出版局批准，并征得国家计委统计局同意，自1976年1月起实行。

10月 总店转发京所《关于加强边境和某些沿海地区图书供应工作的报告》。

11月15日 农林部、国家出版局发出联合通知，要求把印制发行《为普及大寨县而奋斗》一书当作重大的政治任务抓紧抓好。

同年 总店及在京直属单位固定资产（原值）223万元，商品资金567万元。销售总额40 382万册，13 637万元，利润335万元，利润率2.6%。年末职工人数584人。

1976 年

1 月 8 日　周恩来总理在北京病逝。京所为密切配合全国各地的悼念活动，及时印发了周恩来总理像。

7 月 6 日　朱德委员长在北京逝世。京所为密切配合全国各地的悼念活动，及时印发了朱德委员长像。

7 月　唐山发生强烈地震并波及北京后，京所立即组织了抢险队，抢修职工宿舍 78 间，公用房屋 6 处，职工的工作、生活几天之后就恢复了正常秩序。与出版社联系及时印发有关宣传地震知识的图书，并赠送唐山灾区一批图书。

8 月 1 日　河北省唐山、丰南一带于 7 月 28 日发生强烈地震。国家出版局副局长常萍、总店革委会主任王璟去唐山向文化局、新华书店的同志们亲切慰问。王璟回京后决定总店和京所派出 5 位同志，于 8 月 14 日前往唐山等地震灾区新华书店赠送毛主席像和有关地震知识方面的图书。

9 月 9 日　毛泽东主席逝世。全国新华书店职工夜以继日，发行各种开张的毛主席像。京所及时做好有关悼念活动的图书发行。

10 月 6 日　中共中央对王洪文、张春桥、江青、姚文元实行隔离审查，江青反党集团被粉碎。"文化大革命"至此结束。

同月，京所及时做好全国掀起揭批"四人帮"的图书发行工作。

10 月 8 日　中共中央决定：尽快出版《毛泽东选集》第五卷，并陆续出版后续各卷。同时决定在出版选集的同时，筹备出版《毛泽东全集》。

12 月 14 日　国家出版局发出《关于周恩来像和朱德像的定价及发行折扣的通知》：经研究决定，周恩来同志像和朱德同志像的定价和发行折扣，可按毛主席像的出版发行办法办理。

12 月　总店负责整理编辑的《图书发行统计资料汇编》（1956—1975）出版，分送领导机关和各省店。

　　同年　总店及在京直属单位固定资产（原值）366 万元，商品资金 659 万元。销售总额 34 949 万册，12 832 万元。利润 236 万元，利润率 1.8%。年末职工 586 人。

1977 年

2 月 11 日—7 月 22 日 《毛泽东选集》第五卷的精装、平装、普及本三种版本即将在全国发行。国家出版局、铁道部、邮电部、交通部、民航总局于 2 月 11 日发出《关于认真做好〈毛泽东选集〉第五卷发运工作的联合通知》。

2 月 15 日，国家出版局和全国供销合作总社发出《关于向广大农村发行〈毛泽东选集〉第五卷的联合通知》，要求各地新华书店和基层供销社在进行发行时要力求做到深入、普遍、及时、合理，有计划、有步骤地满足广大人民群众的学习需要。

3 月 5 日，国家出版局发出《关于认真做好〈毛泽东选集〉第五卷发行工作的意见》，对发行工作提出了基本要求和分配原则，并就发运和储备、宣传陈列、服务态度、统计报表等项工作提出具体意见。

4 月 15 日，《毛泽东选集》第五卷在全国各地同时发行。

6 月 16 日，国家出版局发出《关于做好少数民族文版〈毛泽东选集〉第五卷发行工作的意见和要求》。

7 月 22 日，国家出版局发出《关于认真做好〈毛泽东选集〉第五卷外文版国内发行工作的通知》。《通知》说：《毛泽东选集》第五卷英、日、法、俄、西（班牙）五种文版，将在年内由外文出版社陆续出版，主要供应国外，国内发行的部分，由中国图书进口公司按照统筹兼顾、适当安排的原则，合理分配。首先供应对外开放的城市和港口，兼顾其他有外国人的城市和地区。书店可在门市部酌量陈列、出售，同时注意保留一定数量，供应外国人。

据统计，《毛泽东选集》第五卷的总印行量约为 2.2 亿册。

7 月 京所第一栋宿舍楼在北礼士路 54 号院建成，建筑面积 3 144 平方米。

9月7日　财政部、国家出版局发出《关于核定涉及"四人帮"图书报废专项资金的通知》。《通知》指出：由于这批报废图书涉及面较广，经济损失较大，经报请国务院批准，由国家财政拨给图书报废专项资金解决。该通知还对专项资金的使用提出具体要求。

9月16日　总店发出《关于改进图书停售等处理工作的意见》，对撕寄版本记录页结算停售报废损失、停售报废损失结算期限以及图书处理通知的形式、通知编号及份数等问题提出具体改进意见。

10月5—15日　经国务院批准，国家出版局在武汉召开全国图书发行工作座谈会，各省、自治区、直辖市出版（文化）局（厅）和新华书店负责人共70人参加。会议学习党的十一大文件，总结交流《毛泽东选集》第五卷发行工作经验，研究讨论整顿和加强图书发行工作等问题。国家出版局负责人王子野在会议开幕时作了《高举毛主席的伟大旗帜，切实整顿和加强图书发行工作》的报告，会议结束时总店革委会主任王璟作会议小结。总店为这次大会的成功召开做了大量的筹备工作。

12月5日，国家出版局发出《全国图书发行工作座谈会纪要》，提出1978年新华书店系统要"三抓六整顿"。"三抓"的主要内容是：一抓纲，深入揭批"四人帮"；二抓整顿，切实把新华书店整顿好；三抓服务，使发行工作更好地为阶级斗争、生产斗争和科学实验三大革命运动服务。"六整顿"的主要内容：整顿各级新华书店的领导班子，整顿发行队伍，整顿业务秩序，整顿发行网点，整顿服务工作，整顿经营管理。"六整顿"的工作重点是整顿服务工作。

10月22日　总店发出《关于进一步做好技术标准图书发行工作的意见》，要求各级新华书店高度重视技术标准图书的发行工作，加强调查研究，切实了解需要，认真做好预订和供应工作。

12月3—17日　经中共中央和国务院批准，在中宣部领导下，国家出版局在北京召开全国出版工作座谈会。这是粉碎"四人帮"后第一次召开的全国性出版会议。会议着重批判了林彪、"四人帮"炮制的"黑线专政论"，针对"四人帮"全盘否定"文革"前出版工作和出版队伍的"两个估计"，明确肯定新中国成立以来毛主席的革命路线在出版战线始终占主导地位，出版工作的成绩是主要的，出版队伍绝大多数同志是好的和比较好的。会议提出了今后 3 年的出书计划和 8 年出书规划。

12 月 20—28 日　教育部、国家出版局在河北涿县召开全国教材出版发行工作会议，各省、自治区、直辖市教育局、出版局负责人，国务院有关部委和出版发行部门代表共 174 人参加。总店革委会副主任汪轶千、京所革委会副主任高起成参加了会议。会议要求加快教材建设的步伐，环环扣紧，全力以赴，保证做到"课前到书，人手一册"。

1978 年 4 月 3 日，国务院同意并向全国转发《关于全国教材出版发行工作会议的报告》。

12 月 30 日　国家出版局函复总店："关于你店经费开支问题，经与财政部共同研究，同意从 1978 年起作为我局管理全国图书发行工作的事业单位，纳入出版事业经费预算。请即按照行政、事业单位的标准、制度，编列详细预算报局审批拨款。""体制改变以后，你店即不再享受企业劳保福利待遇。"据此，总店于 1978 年 2 月单独开户建账，全年经费 9.5 万元，均由出版事业经费预算拨入。按事业单位执行一年后，总店又改回企业单位，所需经费开支，按直属单位上缴的利润退库办法解决。

12 月　中共中央委员、全国人大常委会副委员长、全国政协委员会副主席、中国科学院院长、中国文联主席郭沫若为《图书发行》报题写了报名。

年底　1977 年底中央决定恢复高考，文化部出版局和教育部通知 1978 年春季招收第一批学生，要求配合供应教材。为做好当季教材供应工作，京所与人民教育出版社、高等教育出版社协商确立相关办法，签订《教材出版发行工作协议》。《协议》主要条款由教育部、国家出版局联合发出的《关于高等学校、中等专业学校教材供应工作的通知》予以确定为制度准则。

同年　总店及在京直属单位固定资产（原值）415 万元，商品资金 652 万元。销售总额 31 418 万册，14 176 万元，利润 269 万元，利润率 1.9%。年末职工 590 人。

1978 年

1月17日 教育部、国家出版局联合发出《关于高等学校、中等专业学校教材供应工作的通知》。《通知》指出：大学、中专教材种类多、数量大，编写、出版单位分散，印制点比较集中，时间性强，供应面广，出版发行需要做大量细致的预订、预印和发行工作，必须加强领导，统一安排。教学、编写、出版、发行等各项工作都要加强计划性和各环节之间的协作。各地新华书店要与学校加强联系，提高预订和发书工作的质量和效率；省店要加强订数审核，提高预订的准确性，及时、足量地供应学校的需要。

2月1日 国家出版局、教育部、铁道部、邮电部、交通部联合发出《关于认真做好大、中、小学教材运输工作的联合通知》，要求各地新华书店与运输部门加强联系，密切协作，安排好教材、课本的发运工作，确保开学时有书可用。

2月23日 北京市店在全市各主要门市部同时投放《家》《一千零一夜》《希腊神话和传说》《哈姆雷特》等四种中外文学著作，立即引起轰动，受到广大读者的热烈欢迎。这四种书在其他大城市发行时也引起抢购。总店将各地读者争购中外文学名著，强烈要求增加印数的呼声，迅速向国家出版局做了汇报。

2月 总店与京所的财务账分开，单独管理，其经费改为事业费在京所上缴财政利润时抵扣。

3月2—7日 国家出版局在北京召开部分省、市年画出版发行座谈会，总店和北京、上海、天津、辽宁、河北等省店（发行所）、美术出版社的代表共19人参加。座谈会总结交流经验，研究选题计划和印数，讨论修订《新华书店总店关于统一年画进发工作的几项意见》。会后，该意见由国家出版局批转各省、自治区、直辖市出版（文化）局（厅）参照执行。

3月初　据不完全统计，"文化大革命"期间因政治原因被打成"封资修毒草"而报废的图书，总码洋达2.8亿元。为缓解十年动乱造成的史无前例的书荒，国家出版局决定重印35种中外文学名著。为此，出版局拨出纸张7 000吨，计划每种印四五十万册，按计划统一分配发行。

3月11日　经国家出版局党组研究批准，京所实行党委领导下的经理分工负责制，赵国良任经理，程刚枫、高起成、王栋石、张保安、李亦信任副经埋。

3月17日　总店根据国家出版局的指示精神，向各省店和京所、沪所发出《关于重印一批中外文学著作的发行意见》。《意见》指出：重印35种中外文学名著，主要发给省会以上城市，重点照顾北京、上海、广州三市，酌情分配给开放地区和地、市店，有些品种可酌发部分县级新华书店。

35种文学名著共印行1 500万册，由13个省、市出版部门及部分中央一级出版社组织出版印制，5月1日集中投放市场。

3月21日—4月25日　总店委托京所培训省级店发货人员，前后共办了两期培训班，培训了省级店66个发货人员。捆扎机就此在全国书店系统得到逐步推广。

3月　总店编印的《图书发行简报》改为《图书发行》报。特请全国人大常务委员会副委员长郭沫若题写报头。

同月　京所制定《大学、中专教材供应工作试行办法》。

4月6日　国家出版局发出通知，决定"将新华书店北京发行所按'文化大革命'前体制，改为新华书店北京发行所和新华书店储运公司，由新华书店总店管理"。

4月30日—5月1日　《人民日报》报道35种中外文学名著的发行消息。首都各大新闻单位和各省、自治区、直辖市的新闻媒体也纷纷发表消息和评论。

北京的王府井书店、西四门市部、花市门市部、海淀门市部，上海的南京东路门市部、淮海路门市部、南京西路门市部等中心门市，从4月30日晚起就有读者排队等候，人数最多的超过1万人。5月1日清晨，全国29个省会、首府新华书店门市部前就已人山人海，排起了购书长龙。书店刚一开门，读者们满怀欣喜的心情，涌向久违了的中外文学名著。在上海，5月1日一天，50多个门市部就销售了15.5万册；1—5日，与读者见面的29种名著共销售40多万册（部）。5月4日，正在上海访问的美国新闻代表团专程来到南京东路门市部，对踊跃排队购书的读者进行了长达2小时的摄像和采访。

7月3—10日　总店在北京召开全国新华书店统计、财务工作会议。这是自1958年总店按文化部的指示，将分支店彻底下放，交由地方管理，又经"文革"10年，20年间，第一次召开的全国新华书店省级书店统计、财会科长会议。各省店，京所、沪所和中国图书进口公司等单位的统计、财务部门负责人35人参加，国家统计局、财政部文教司、国家出版局的有关人员应邀到会。会议讨论修订了《图书发行统计报表制度》，恢复制定《全国书店系统会计制度》，并在思想上澄清"文革"的影响，拨乱反正。

会议还讨论了如下五个主要问题：一、"文革"中有的省把书店财权下放到县，削弱了图书发行工作，有的店连年亏损；二、财会制度不统一、不健全；三、门市、仓库房屋破旧，大部分是50年代初接收或租赁的旧房，现已成危房；四、自有流动资金短缺，大大低于银行规定应有的比例；五、售书点减少，1961年时5 776个，1976年只有4 702个。总店负责人王璟主持了会议。会后，总店根据各地代表反映的情况，综合写出《关于各地新华书店迫切需要解决的问题和意见》的报告，提出各地新华书店作为文化企业，适用财政部《关于加强财政工作若干问题》的文件，实行利润留成。国家出版局将总店报告转送财政部。

总店于9月22日向各省店印发了《图书发行统计报表制度》。于11月25日向各省店发布经财政部、国家出版局审查批准的《国营书店会计制度》，该制度确定了"增减记账法"，规定了销售、调拨的资金与利润分开核算，增加会计核算的若干规定。两项制度均从 1979 年 1 月起执行。

7 月 10 日　国家科委、国家出版局向国务院呈送《关于加强外文书刊资料发行工作的请示报告》，建议各省、自治区、直辖市在现有外文书刊发行的基础上，调整充实力量，建立省级外文书店，担负起当地机关单位，包括外国驻华人员所需外文书刊资料的收订和发行工作，并统一管理全省的外文书刊资料发行网点。建议省外文书店归省出版局领导，如条件不具备，可暂由省店代管，具体业务由中国图书进口公司安排。《报告》指出，为使省级外文书店能迅速建立起来，一般可将省会所在地外文书店（或外文门市部）改制为省外文书店。

7 月 18 日　国务院向各省、市、自治区革委会，中央各部委、各直属机构批转国家出版局《关于加强和改进出版工作的报告》。《报告》指出：当前出版工作远远不能适应形势发展的要求，各省、自治区、直辖市和国务院各部委都应重视出版工作，切实加强对出版工作的领导。《报告》在谈到整顿和加强图书发运工作时强调：各店要健全机构，充实人员；城乡发行网要合理分布，畅通渠道；当前特别要抓好科技书和边远地区的发行工作；要加强发行工作的计划性，合理分配图书，降低不合理的库存；要开展技术革命和技术革新，逐步实现图书包装发运的机械化。

8 月 11—18 日　经中宣部批准，国家出版局在石家庄召开全国科技书发行工作会议，部分科技出版社，总店，京所、沪所，各省店，各城市工矿区新华书店及部分县店代表共 131 人参加。会议总结交流近一两年科技书发行工作为科研、教学和工农业生产服务的经验，讨论制定《关于加强科技书发行工作的意见》。会议通过广泛交流和深入讨论，围绕提高认识，充实力量，健全网点，加强科技书进发业务，加强调研，培养科技书发行专业人才，恢复和加强科技书门市部工作，恢复开架售书，增加服务项目等工作提出了具体要求。

国家出版局于 9 月 18 日向各地出版（文化）局（厅）和中央一级出版发行单位下发了《关于加强科技书发行工作的意见》。

8 月 17 日　总店向各地新华书店发出《关于迅速恢复和大力加强旧书收

售业务的通知》，要求各地新华书店迅速恢复和大力加强旧书刊的收售业务，要主动与当地废品回收部门联系和协作，对收到的旧书刊，要认真加以鉴别，区别处理。

8月28日　中华全国供销合作总社、国家出版局联合发出《关于供销社报送存书统计数字问题的规定》，要求各地供销社售书点在6月和12月的月终后5日内，把6月末和12月末的存书金额分别统计报送县（市）新华书店和县（市）供销社，由县（市）新华书店逐级汇总上报。

9月16日　总店向各省、自治区、直辖市新华书店发出《关于加强旅游图书供应工作的通知》，要求在开放地区安排好图书供应网点，组织好货源，改善服务态度，提高服务质量，进一步做好旅游图书的供应工作。

9月25日　为做好地质类科技图书的发行工作，总店向各省店发出《关于做好地质系统专业图书发行工作的意见》，要求各地遵照执行。

9月30日　国家出版局党组负责人陈翰伯、王子野、王敏、王益，局政治部冯黎云出席总店及京所全体职工大会。局党组副书记王子野宣布：将京所按照"文化大革命"前的体制，改为新华书店北京发行所和新华书店储运公司。任命赵国良为京所经理，高起成、郭俊卿、邓用忠为副经理。程刚枫为储运公司经理，李增华、李亦信、王栋石为副经理。两单位分开后，由总店领导管理。

9月　京所由经理赵国良带队，各科负责同志共14人到沪所访问学习。

10月6日　卫生部、国家出版局联合发出《关于中等卫生学校试用教材编审出版发行工作的通知》，并附发《全国中等卫生学校试用教材编审出版发行计划》，要求切实抓好中等卫生学校的教材建设工作，使1980年前编写出版的中等卫生学校10个专业的全部教材，保证做到"课前到书，人手一册"。

10月20日　铁道部教育局、新华书店总店、人民铁道出版社发出《关于建立科技图书宣传发行网的联合通知》。《通知》指出：建立图书宣传发行网，对于推动职工学习业务、技术，满足各单位和铁路职工学习所需的科技图书，是个有效的办法，要求在铁路系统推广这个办法。

11月6日　国家出版局向各省、市、自治区出版（文化）局、中央一级出版社、北京出版社、局属各单位发出《关于调整新华书店北京发行所机构，将原北京发行所改为新华书店北京发行所和新华书店储运公司的通知》。《通知》明确：京所负责北京地区出版社图书的总发行，办理有关图书的进发计划、征订、分配、书款结算、书籍宣传和出口供应等工作。新华书店储运公司负责北京地区出版社图书的收发、储运包装及运输等工作。两单位办公地点仍为北京市阜外北礼士路135号。

11月8日　总店发出《关于做好专业工作者所需专业书籍供应工作的意见》，要求各地新华书店有针对性地向专业工作者做好宣传介绍工作，尤其要贯彻计划发行、合理分配的原则。具体供应办法可因地制宜，但措施要落实，要讲求实效。

11月10日　国家出版局批转总店《关于大力加强少年儿童读物发行工作的意见》，要求各大、中城市店积极准备条件，恢复和建立少儿读物专柜、专架。要大力改进服务态度，运用多种形式加强图书宣传，介绍推荐优秀读物，并积极开展受少年儿童欢迎的读书辅导活动。

11月15—20日　经国家出版局批准，总店在北京召开由北京、天津、上海、广州、南京、武汉、成都、西安、沈阳、哈尔滨、南宁等城市店经理参加的大城市店开架售书座谈会。各城市店在会上交流开架售书的情况和经验，研究讨论开架中存在的问题和解决办法。总店负责人王璟主持并作小结，国家出版局陈翰伯、王子野、王益等领导到会并就开架售书问题讲了话。

11月21—28日　经国家出版局批准，总店在北京召开各地新华书店开展"双学"（学大庆、学大寨）运动情况的汇报会。各省店，京所、沪所，储运公司，中国书店、上海书店以及北京、上海两地外文书店代表共40人参加。各地书店汇报了开展"双学"运动情况和各省、自治区、直辖市已经表彰或将要表彰的先进典型材料，研究了定于明年召开的全国图书发行学大庆、学大寨会议的筹备工作。

11月23日　国家出版局颁发《新华书店滞销书处理的试行规定》，进一步明确了滞销书范围，适当下放审批权限，强调加强滞销书处理的财务管理和监督要求。

11 月 25 日 国家出版局颁发《新华书店图书发运工作办法》。《通知》说："各地在贯彻这个办法时，对图书发运各环节的工作要切实加以整顿。对图书转运、收书网点布局不合理的，新华书店总店应组织新华书店储运公司和上海发行所进行调查研究，与有关省、自治区、直辖市新华书店研究调整。"

此前，经国家出版局批准，总店在北京召开了全国新华书店储运工作会议。会议根据"文革"后出版发行事业的发展和图书发运工作的变化，对原《新华书店自办图书中转工作办法》作较大修改，制定这个新办法。新办法规定，新华书店储运公司和沪所分别负责东北、华北、西北"北三区"（包括山东、河南）和华东、中南、西南"南三区"新华书店系统图书发运工作的业务辅导，编印《全国新华书店图书运输手册》《收货网点及运输路线变更通报》等项工作。

12 月 4 日 国家出版局发出《关于调整领袖像定价问题》的通知称，按照保本薄利的图书定价政策，决定从 1979 年 1 月 1 日起，全开像定价每张调整为 0.38 元，对开像每张调整为 0.16 元。在调整定价的同时，发行折扣恢复为 70 折。

12 月 6 日 财政部、国家出版局发出《关于恢复县（市）新华书店财务由省、自治区、直辖市书店统一管理的联合通知》。《通知》指出：县（市）书店的财务，由省（市）书店统一管理，可以综合平衡，统一规划，以盈补亏，有利于图书发行事业的发展。为此，从 1979 年起，应该恢复"文化大革命"以前的做法，即县（市）书店的财务，仍应由省（自治区、直辖市）书店统一管理，县（市）书店的利润，均应上交省（自治区、直辖市）书店，县（市）书店的亏损，亦由省（自治区、直辖市）书店弥补。

12 月 11 日 国家出版局发出《关于新华书店总店、中国印刷公司、中国印刷物资公司及其所属企业单位财务管理问题的通知》。《通知》规定：一、总店、中国印刷公司从 1979 年起改为企业单位，两单位所需经费开支，经请示财政部同意按利润退库办法办理。二、总店和两公司所属企业单位的利润仍直接交库。三、总店和两公司所属单位的财务收支计划和会计报表，请各自分别布置、审核、汇总后报局，经上报财政部审批后，由总店和两公司分别下达到企业单位。四、国营企业从今年决算中开始试行提取企业基金制度。五、所属企业单位的 1979 年各项经济技术指标，以及考核和提取企业基金的办法，由总店和两公司分别制订实施。

12 月 29 日　京所和储运公司联合向全国新华书店和有关业务单位发文：两单位的业务和财务从 1979 年 1 月 1 日起分别办理。

京所机构设置：经理室、政治处、业务办公室、第一发行科、第二发行科、第三发行科、计划财务科、制票科、秘书科、行政科。

储运公司机构设置：经理室、政治处、业务科、第一包装科、第二包装科、运输科、栈务科、包装材料科、技术科、计划财务科、行政科。

12 月　京所与储运公司签订《图书收发保管协议》和《图书收、发凭证流转办法》，均从 1979 年 1 月 1 日起实行。

同月　京所开始按年编印《图书发行工作文件汇编》，1954—1978 年度本，于 1979 年 1 月出版。

同年　1977 年恢复高考后，教材需求非常惊人，电大需求群体庞大，保障"课前到书，人手一册"局面严峻，出现教材集中在北京印刷难以承担，教材预印量过大，使库房存量、资金及预印有一定盲目性而带来的一系列问题难以解决，教材用纸缺口较大等三大矛盾。为此，国家出版局副局长王益邀请教育部学生司、人民教育出版社等出版社、新华印刷厂、总店和京所组成教材供应调研组。调研组分赴全国调研时发现，学校在暑假前就已确定使用的教材，因而可以提前一个多月进行教材征订，这就大大减少教材预印的盲目性，并为印刷、库房、发运等留出较多空间。调研中还商定天津、沈阳、重庆、西安等地可代印代发一部分教材；教材用纸也由印数的准确性，采取保教学、酌供社会等措施及由文化部、教育部出面商请加大进口量得到解决。

同年　总店及在京直属单位固定资产（原值）438 万元，商品资金 546 万元。销售总额 38 385 万册，19 727 万元，利润 649 万元，利润率 3.3%。年末职工 596 人。

1979 年

1月5—10日 总店在北京召开古旧书收售业务座谈会。北京、上海、天津、武汉、西安、沈阳等 22 个城市的古旧书店代表参加。会议着重讨论了《关于认真做好古旧书收购和发行工作的意见》。《意见》主要内容：一、明确任务，充分发挥古旧书店的专业作用；二、充实力量，加强协作，大力开展古旧书收购业务；三、适当调整收售价格，促进古旧书刊流通；四、根据古旧书的内容，区别对象，做好供应工作；五、改善企业管理，提高服务质量。

4月23日，国家出版局向各省、直辖市、自治区出版（文化）局（厅）批转了这个文件。

2月12日 中宣部发出通知，林彪为捞取政治资本而搞的《毛主席语录》，断章取义，割裂毛泽东思想，危害很大，流毒甚广，决定自即日起停止发行。同时决定印有"万岁""万寿无疆"等失时题字和风黄污损的毛主席像也停止发行，作化浆处理。4月9日，财政部和国家出版局联合通知，上述处理损失，由各省店在 1978 年以前结余的"呆滞图书损失准备金"项下核销。

2月22日 总店发出《关于京沪版书在外地印制的进发折扣问题》的通知，规定：北京、上海出版的图书，如在外地印制，由印制地发行所、省店负责进发的，其进发折扣同省版书，即 70 折进，78 折发。

3月8日 总店批复京所《同意你所关于职责范围的请示报告》，并附《新华书店北京发行所职责范围》。职责范围包括：一、与中央一级及北京各出版社订立图书产销协议或合同，统一办理图书、高等及中专教材的进货工作。二、根据图书内容、读者对象及各地书店需要情况，向全国新华书店布置征订和合理分配图书。向国际书店、中华·商务广州办事处供应出口图书货源。三、根据各地书店存书情况，办理本所经办版别图书的调剂工作。四、对重点图书、重点的科技书、卷帙浩繁的以及各地分印有困难的部分图书进行适当储备，以供特需。五、负责经办版别的图书宣传和销货店指导工作。根据需要，可以编印内部业务刊物和宣传品。六、开展业务调查研究工作，向上级单位和出版社反映读者需要情况，及时提供有关改进出版、发行工作的意见和建议。七、执行总店指定和委托的其他任务。

3 月 31 日　国家出版局、教育部、铁道部、邮电部、交通部发出《关于进一步加强大、中、小学教材运输工作的联合通知》。《通知》要求对大、中、小学教材的运输工作必须进一步加强。"各地铁路、邮电、交通部门要十分重视，加强运输力量的安排调度，优先受理，加速发运。"

4 月 13—21 日　国家出版局在北京召开全国图书发行工作会议，总店、各省店，京所、沪所，储运公司，以及京、沪古旧书店和外文书店经理共 79 人出席。会议讨论了图书发行工作如何适应全党工作重点的转移，如何适应四个现代化建设的要求。并评选出全国新华书店系统 10 个红旗单位、41 个先进单位、13 个先进集体、40 位先进工作者。京所陆宝云、王振乾被评选为"全国书店系统先进工作者"。

国家出版局党组成员王益在会上作《提高发行质量，更好地为社会主义现代化建设服务》的报告，明确指出图书发行部门着重点的转移应以提高发行质量为中心，并提出了发行工作的三项基本任务和八项质量要求。会议对今后工作提出如下意见：一、继续搞好整顿，大力提高发行质量。二、掌握图书供需规律，缓和供需紧张状况。三、利用经济规律，提高企业的管理水平。四、培养发行队伍，加强思想政治工作。

6 月 16 日，国家出版局向各省、自治区、直辖市出版（文化）局（厅）、总店以及参加会议的新华书店下发了《全国图书发行工作会议纪要》。

年内，总店编辑出版《全国新华书店先进事迹选编》，发往全国省级店。

5 月 19 日　总店向各省、自治区、直辖市新华书店发出《关于配合"六一"国际儿童节举办少儿读物宣传周的通知》，要求全国新华书店配合"六一"，积极开展少儿读物宣传周活动。

5 月 29 日　总店发出《关于贯彻执行〈新华书店图书发运工作办法〉一些问题的意见》。《意见》主要内容：一、关于调整收书网点；二、关于调整转运网点；三、关于转运费用结算办法。

6 月 16 日　国家出版局发出《关于公开发行的书刊都可组织出口的通知》。《通知》规定："凡在书店公开发售的图书，都允许外国人购买和带出国外，也都可以由国际书店等有关单位和出版社组织出口。"

6 月 17 日—7 月 1 日　总店副经理汪轶千参加国家出版局组织的中国出版代表团，到英国考察出版发行工作。

汪轶千撰写的访问记《英国的书店》于 7 月在《图书发行》报第 4 期发表。

7 月 28 日　中组部批复国家出版局党组，同意总店经理、副经理的任职：王璟任经理，汪轶千任副经理，赵国良任副经理兼新华书店北京发行所经理，程刚枫任副经理兼新华书店储运公司经理，鲁明任副经理。

8 月 7 日　总店向各省店、京所、沪所发出《新华书店存书调剂试行办法》，对存书调剂的组织方式、职责、程序、折扣和运费，以及有关工作的处理等作出具体规定，要求全系统遵照执行。

8 月 30 日　总店向各省、自治区、直辖市新华书店发出《关于改进中外文工具书发行工作的通知》。《通知》指出：由于工具书供应紧张，满足不了读者的需要，要求发行工作按照计划发行、合理分配的原则，优先供应专业人员的需要。

9 月 1 日　总店转发《教育部关于中小学课本公开发行问题的批复》。《批复》称："我部原则同意新华书店所提意见。1979 年秋季开始供应的中小学教材，除教学大纲和配合课本的中小学各种教学参考书只供应国内教师，不供应外宾外，凡未印'内部发行''限国内发行'字样者，均可由各地书店公开陈列出售，并可供应外宾。"

同日　经文化部批准，总店编辑出版的《图书发行》报正式复刊。

9月3—15日　总店在南京召开新华书店系统邮购工作座谈会，北京、上海、天津、辽宁、广东、湖南、湖北、江苏、山东、浙江、四川、陕西和内蒙古13个省店及部分省会城市店，京所、沪所代表共43人参加，总店副经理鲁明主持并作会议小结。会上交流总结各地书店近几年的邮购工作经验，讨论总店起草的《关于加强邮购工作的意见》（讨论稿）和《新华书店邮购简章》。

11月1日，国家出版局向各省、自治区、直辖市出版（文化）局（厅）批转会议讨论通过的《关于加强邮购工作的意见》和《新华书店邮购简章》，要求各地新华书店执行。

9月7日　国家出版局、财政部根据总店的报告向各省、自治区、直辖市财政局、出版局和总店发出《关于各地新华书店试行利润留成的通知》。《通知》指出，为了适应新形势的需要，促进图书发行事业的发展，从1979年7月起，各地新华书店在财务管理体制集中到省店的基础上，试行利润留成50%。实行利润留成制度，扩大了企业的财权，也加强了企业的责任。《通知》要求各地新华书店必须对企业的经营成果负责，对利润留成的合理使用负责。

《通知》附发由总店起草，并经国家出版局同意的《新华书店系统利润留成试行办法》。为解决全国各地书店图书售价统一，而东西部地区和各省市之间发行费用存在较大差距的情况，在《办法》中，对边远和少数民族地区新华书店的补助作了规定：集中京、津、沪3个直辖市店利润的10%（1982年改为7%），京所、储运公司、沪所利润的25%汇交总店，作为对西藏、新疆、内蒙古、青海、宁夏、云南6个边远及条件差、利润低的地区，进行适当补助的基金。各地新华书店提取的利润留成，按照不同用途，建立生产发展基金、集体福利基金和职工奖励基金3个账户，并对3项基金的提取办法及使用范围作了规定。

1979年7月—1982年的三年半时间，总店收到3个直辖市店及京所、沪所和储运公司汇交留利2 689万元，分别补助内蒙古721万元、新疆733万元、西藏100万元、云南569万元、宁夏241万元、青海325万元。

1983 年财政部对企业实行利改税后，上述补助办法停止执行。

全国新华书店实现利润留成，增加了企业自我改造和自我发展的能力，推进了新华书店系统的发展和壮大。据总店不完全统计，在这期间，书店系统增加建筑面积 126.7 万平方米，其中门市 42.6 万平方米，库房 34.2 万平方米，宿舍 42.6 万平方米。固定资产总值 1978 年为 1.6 亿元，1982 年 3.4 亿元，增加了一倍多，超过了 30 年来国家给书店投资（固定资产）的总和，新华书店的发行事业得到了较快的发展。

9 月 10 日　国家出版局任命张保安为总店办公室主任，干青为总店业务处主任，郑士德为总店编刊室主任，宋培真为编刊室副主任。

9—10 月　总店委托新华书店储运公司和沪所于 9—10 月，分别在河南新乡和江苏苏州召开南北两片图书发运工作座谈会，各省、自治区、直辖市新华书店及有关中转店在南北两片会上交流了贯彻执行《新华书店图书发运工作办法》和整顿发运工作的经验，调整不合理的收书、转运网点，交换进一步改进图书发运工作的意见，并研究图书的二级分发问题。总店派代表参加了会议。

12 月 4 日，总店向各省店，京所、沪所和储运公司转发会议通过的《关于进一步改进图书发运工作的意见》，要求各地新华书店参照执行。

9 月　总店、京所、储运公司三家签订《关于财产分配协议》，北礼士路 54 号院土地、房屋全部分给京所。

10 月 16 日　总店向各省店，京所、沪所和储运公司发出《1980 年统计分类的修改意见》。修改后的图书统计分为八大类，排列次序是：革命领袖著作、革命领袖像、课本、大专教材、图片、科学技术图书、一般图书、其他。

10 月 30 日　总店为落实国家出版局专项拨纸重印 25 种书春节期间在全国发行问题，发通知给京所、沪所和印刷地的省级店，要求加强与有关部门联系，力争早出书，在春节前发到各地书店供应读者。

10 月　受总店委托，京所在京召开全国省店业务科长座谈会，商谈图书供需情况，修订京版图书的分配比例。

11 月 12 日，由总店批准并向各省店，京所、沪所和储运公司转发《关于试行新华书店北京发行所图书分配比例的通知》。

11 月 13—22 日　总店在北京召开有 29 个省店计划财务科长参加的全国新华书店计划财务工作会议，讨论总店提出的关于国营书店统计、会计制度的修改意见，研究了新华书店系统清产核资和贯彻执行利润留成制度等情况，交流了计划财务工作经验。

11 月 30 日　总店向各省店，京所、沪所和储运公司发出《关于修订图书发行统计报表制度和布置 1979 年统计年报的通知》。《通知》指出：根据国家统计局要求和图书发行工作中出现的新情况以及现行报表中存在的问题，本着"基本不动、个别调整"的精神，对现行统计报表制度进行部分修订和补充。

12 月 19 日　总店向各省店，京所、沪所和储运公司发出《关于〈国营书店会计制度〉部分修订的说明》。修订说明要点：一、改变按销售（调拨）码价提取呆滞损失准备金的办法；二、固定资产的最低单位价值改为 500 元；三、由于实行利润留成试行办法，有关会计科目和核算方法作了修改；四、改变二级发货冲减"调入"和把转发图书所支付的费用冲减"其他业务收入"的做法，并对有关核算方法作了修改；五、根据财政部的要求，各地新华书店的年度会计报表应增报的内容；六、由于以上修改，会计报表应作相应的修改。《说明》推出了"库存图书分年核价"的新措施，代替原来提取呆滞损失准备金的办法，增加了"库存图书盘存账存对比表"，以分年计算图书提成差价。

12 月 20 日　中国出版工作者协会成立大会在长沙召开。总店总经理王璟当选为协会的副主席。

12 月 28 日　中宣部向各省、自治区、直辖市党委及出版局转发国家出版局党组《关于解决马列著作、毛主席著作积压问题的请示报告》。《请示报告》据新华书店总店今年 6 月底统计，全国新华书店共积压马列著作、毛主席著作 4.5 亿册，约占全国新华书店全部存书量 17 亿册的 27%，合码洋 10 300 万元，约占全国新华书店全部存书总金额的 24%，从今年起要向银行付贷款利息约 430 万元，且长期占用库房，许多书出现粘连、脱胶、钉锈和风黄。根据上述实际情况，《报告》提出了解决积压的意见：一、马恩列斯著作的全集、选集和各种单篇本以及《毛泽东选集》合订本、精装本、平装本、线装本，全部保留。二、《毛泽东选集》（1—5卷）普及本和各种单篇本因存量过多，以省为单位保留10%—20%的存书，其余部分，赠送给需要的读者。三、因储存年久风黄污损，不能继续销售的，可以报废化浆。四、按照上述处理原则，初步匡算损失约7 200万元。国家出版局征得财政部同意，从1979年开始，在两三年内从新华书店的超额利润中冲销，先冲损失后，再计提利润留成。

12月31日 总店向各省店，京所、沪所和储运公司发出《关于解决马列著作、毛主席著作积压问题有关账务处理的规定》，要求各地书店遵照执行。

12月 总店编辑出版《书店工作史料》第一辑，印数4万册，发至全国新华书店系统及有关单位。

同月 总店原则上同意，京所从1980年起，不再办理期刊发行。

同年 京所组织机构及中层干部名单如下：

政治处	邓用忠（兼） 史 青
业务办公室	宋金熹 王文安
秘书科	孙发达 马志彬
计财科	郭俊卿（兼） 梁宇居 李俊杰
制票科	冯振洲 赵得喜
行政科	孟昭昆 张永年
第一发行科	吴克己 王鼎吉
第二发行科	裘树城 汤仁新 李雪云
第三发行科	张子光 崔福海
工会	王宝熙

同年 总店及在京直属单位固定资产（原值）466万元，商品资金669万元。销售总额47 532万册，26 294万元，利润1 033万元，利润率3.9%。年末职工809人，其中总店37人。

1980 年

1月15日—2月2日　总店组织编写的图书发行业务教材《农村发行工作》编审会在北京召开，全国各省店经理或调研科长和部分县级店经理共55人参加。会议在总结30年来农村图书发行工作基本经验的基础上，讨论了该教材的初稿。该教材于7月出版。

2月9日　中国出版工作者协会在北京举行迎春茶话会，党和国家领导人胡耀邦、王震、方毅、许德珩等出席并讲话。总店总经理王璟等参加。

2月13日　总店向各省店转发共青团中央和教育部1月18日发出的《关于恢复定期向全国中小学推荐、供应图书的做法的通知》。该通知决定从1980年起，恢复"文化大革命"前向中小学推荐、供应图书的做法，由中国少年儿童出版社和上海少年儿童出版社提出推荐书目，各地新华书店负责向学校征求订数和发书。购书费用可从学校公用经费或勤工俭学收入中开支。

2月26—29日　国家出版局和中宣部出版局在北京召开部分新华书店参加的农村图书发行工作座谈会，分析了当前农村形势和读者需要，提出了加强农村发行工作的措施。《图书发行》报连续发表了8篇中宣部出版局组织撰写的有关农村发行调查文章。

2月　春节（2月16日）前，又一批中外文学名著共25种重印，由京所、沪所及印制地的省级店发往全国各地，并在新春佳节上柜销售。

3月5日　为在新华书店系统顺利实行存书分年核价，总店向各省店、京所、沪所和储运公司发出《关于库存图书按年核价一些问题的综合解答》。

3月22日　中宣部发出通知，要求对"文化大革命"以来诬蔑刘少奇的图书进行严肃认真的处理，涉及彭德怀的图书亦照此办理。

3月　京所编印本所 1954—1979 年《图书发行统计资料汇编》（之后，每年续编）。

同月　京所将 1978 年以来本所制定的有关图书进发业务、计划财务、行政管理等方面的规章制度 72 件编印成册（之后，每年续编）。

4月22日　中宣部转发国家出版局制定的《出版工作暂行条例》。该条例第 22 条指出："出版社应该关心并协助书店做好发行工作"，同时提出："有条件的出版社经与发行部门协商后可以自办邮购业务、自设门市部，作为书店发行工作的补充。"

4月　经国家出版局批准，由京所编辑、出版的征订社科书工具性报纸《社科新书目》正式创刊，国家出版局副局长王子野题写了报名。《社科新书目》为半月刊，4 开 16 版，发布中央一级和北京地区出版社的社会科学、文艺、文教类图书出版发行信息，每期刊登图书征订品种近 300 种。2016 年 6 月 20 日停刊，共出版 1229 期。

同月　总店副总经理兼京所经理赵国良参加中国出版工作者协会访日代表团，应日中文化交流协会的邀请赴日访问。

5月15日　总店发出《关于管好、用好利润留成三项基金的意见》指出，利润留成主要是扩大企业的财权，使书店能掌握一定的财力，为发展图书发行事业服务。集体福利基金必须严格按照国家和当地的有关规定办事。奖金的发放必须贯彻多劳多得的原则，同时也须注意要有一个限度。

5月17日　国家出版局任命李廷真为总店业务处副主任，刘青轩为总店办公室副主任。

5月19日　总店发出《关于配合"六一"国际儿童节举办少儿读物宣传周的通知》。要求各省、自治区、直辖市新华书店 6 月 1—7 日，广泛深入地开展少儿读物宣传周活动，认真做好少儿读物的宣传发行工作。

5月28日　总店向各省店，京所、沪所和储运公司发出《关于统一图书调拨单等 3 种单据格式的通知》，3 种单据是图书调拨单、添单、订货调整单。

6月4日　总店向各省店发出《请组织重印供应农村的图书》的通知，要求从已出版和将要出版的图书中选择一部分内容较好、适合农村需要的品种，通过征订组织重印，供应农村需要。

6月22日 国务院批转国家出版局、文化部、国家工商行政管理总局等8部门联合制定的《关于制止滥编滥印书刊和加强出版管理工作的报告》，就新华书店等发行部门不得接受非出版单位编印和未经批准出版的图书、期刊的征订或零售等9个问题，作出具体的规定。

7月1日 全国新华书店统一实行存书分年核价。

7月3日 总店向各省、市、自治区新华书店发出《请加强对"内部发行"图书的管理，严格按照发行范围、要求陈列供应》的通知，要求各地新华书店加强对内部发行图书的管理，对内部发行图书服务部的工作人员，要进行保密教育；开放城市店，对外国人买书要热情接待，周到服务。

7月12—23日 总店在北京召开全国图书发行工作座谈会，各省店，京所、沪所和储运公司的经理共42人参加。会议主要议程是：一、座谈当前图书发行工作情况和问题，更好地贯彻党的出版工作方针任务。二、研究制订图书发行事业十年规划。三、讨论加强农村图书发行工作。与会代表回顾了三年来图书发行工作取得的显著成绩，要求各地新华书店大力丰富备货品种，继续提高发行质量，重视社会效果。国家出版局、中宣部出版局领导王子野、常萍、王益、牛玉华等到会并讲话。总店副经理汪轶千作中心发言，经理王璟作会议小结。

会议期间，各省店同意共同集资兴建新华书店兴城疗养院，由辽宁省店负责筹建。

7月14日 总店经国家出版局同意，向各省店，京所、沪所和储运公司发出《关于新华书店与外文书店分工问题的暂行规定》。《规定》要求：国内出版社出版的中文图书、外语学习图书由新华书店发行；经中国图书进口公司进口的中外文图书和国内外文图书出版社出版的外文图书，由外文书店发行；新华书店与外文书店相互需要的图书，一律在当地批销，批销折扣为85折。

7月30日 国家出版局、中国人民银行发出《关于新华书店几种贷款加收利息问题的联合通知》。《通知》指出，全国新华书店原则上应当贯彻执行中国人民银行《关于几种贷款加收利息的补充规定》，并根据新华书店的具体情况就逾期贷款的加息、积压物资、有问题商品占用贷款的加息和挤占挪用银行贷款的加息等问题作出具体的补充规定。

8月2日　总店向各省店，京所、沪所和储运公司转发国家出版局、国家物价总局《关于调整年画等定价的通知》。《通知》规定：用单面胶版纸印的年画，每个对开张由 0.11 元调整为 0.13 元；用双面胶版纸印的年画，每个对开张由 0.14 元调整为 0.16 元；用像纸印的年画，每个对开张由 0.16 元调整为 0.18 元。彩色连环画，用像纸、双面胶版纸印的，每个印张由 0.18 元调整为 0.24 元。新定价自 1980 年 8 月 1 日起实行。

8月19日　总店向各省店，京所、沪所和储运公司发出《关于加强旅游图书发行工作的意见》。《意见》要点是：一、提高认识，加强领导；二、合理布局网点；三、积极组织货源，做好供应工作；四、改善服务态度，提高服务质量；五、根据旅游图书的特点，在发行方式上可适当灵活。

8月29日　国家出版局发出《关于试行〈出版社和书店业务关系的若干原则规定〉的通知》，并附发《关于出版社和新华书店业务关系的若干原则规定》。《规定》共 4 项 25 条，分为：甲、总则，出版社出版的图书，原则上由新华书店统一发行；为弥补新华书店发行之不足，出版社可以自办本社部分图书的发行，有条件的出版社也可以自办本社全部图书的发行；凡经新华书店总发行的图书，未经协商同意，出版社不得委托第三方办理批发业务或自办批发业务。乙、图书产销的基本类型，分为包销、寄销、试销。丙、社店双方的经济责任，由新华书店包销和试销的图书入库后 5 天，按规定折扣向出版社划拨货款；寄销图书按新华书店实际销售数每季向出版社结算一次，退货往返费用由出版社负担。丁、出版社自办发行基本办法。

这个规定的贯彻执行，进一步推动了单一征订包销制度的改革，为出版社开展自办发行业务提供了政策和制度保证。此后，北京、上海等地的不少出版社又在自办发行的基础上，开始了部分或全部出版物的自办征订发货业务。

8 月　中国出版工作者协会批准新华书店北京发行所为团体会员。

8—12 月　总店受中国出版工作者协会委托，举办 1—3 期发行干部读书班。

第 1 期于 8 月 26 日—9 月 14 日在大连举办。学员为各省店经理共 36 人。重点学习毛泽东《论十大关系》和薛暮桥《中国社会主义经济问题研究》，并结合发行工作实践，探讨了改革图书发行工作等问题。

第 2 期于 10 月 15 日—11 月 5 日在北京举办。学员为大中城市店经理和门市部主任共 45 人。学习《中国社会主义经济问题研究》，着重讨论总店组织编写的图书发行业务教材《门市工作》初稿，并研究继续搞好开架售书工作。

第 3 期于 12 月 7—27 日在杭州举办。学员为省店业务副经理及科长共 45 人。学习《中国社会主义经济问题研究》，着重讨论了总店组织编写的图书发行业务教材《进货工作》初稿。

9 月 6 日　总店为沟通情况、研究问题，经国家出版局同意，编印供内部参考、不定期的《省、自治区、直辖市新华书店经理通讯》，简称《经理通讯》。当年 10 月 3 日编印出版第 1 期。

9 月 6—18 日　总店副经理赵国良参加中国出版代表团访问日本。《图书发行》（增刊）第 8 期发表了赵国良撰写的访问记《日本书业的店社关系及其他》。

9 月 15 日　国家出版局和中华供销合作总社发出《关于加强图书发行工作，积极为农业现代化服务的联合通知》。《通知》指出：全国现有供销社售书点 6.6 万处，便利了农村读者购书。依靠供销社发行图书，可以发扬点多、面广，方便读者的优点，是搞好农村发行的重要途径。《通知》的主要内容是：一、进一步提高对农村图书发行工作重要性的认识。二、充分发挥供销社售书点的作用。三、新华书店、供销社双方密切协作，共同做好农村图书发行工作。四、加强对农村图书发行工作的领导。

9 月　图书发行业务教材第一种《农村发行工作》出版，各省、自治区、直辖市新华书店以本书为教材，开始分期、分批轮训各县店农村发行员。

同月 京所将 1979 年开始编辑出版的油印刊物《业务参考》改名为《业务简讯》，内容除继续摘编报刊重要文章索引及与发行工作有关的知识小品外，新增栏目：本所重要业务动态、各科工作周报摘录、内部通知、经验介绍、问题讨论、意见与反映。

10 月 7—21 日 总店和北京市店在北京劳动人民文化宫联合举办 1980 年全国书市。在书市上集中供应前一时期出版的图书，请著名作家、科学家、艺术家、经济学家到书市来与读者见面，听取反映和意见。著名作家、作者叶圣陶、冰心、丁玲、臧克家、严文井、卢嘉锡等都到书市来会见读者并参加售书。北京地区的中央一级出版社、全国各地出版社和各省、自治区、直辖市新华书店参加了这次盛会。史称第一届全国书市。

这是新中国成立以来规模最大的一次书市，108 家出版社提供了 1.3 万多种各类新书、重点书参加展销。书市期间共接待读者 76 万人次，图书销售额 400 多万册，370 多万元。

1989 年 10 月在北京举办了第二届全国书市，1990 年 9 月在上海举办了第三届全国书市，1991 年 9 月在广州举办了第四届全国书市，1992 年 10 月在成都举办了第五届全国书市。

以后每年在全国省会（首府）轮流举办新一届全国书市。全国书市自 2007 年在重庆市举办的第 17 届更名为全国图书交易博览会，至今已举办 26 届。

11 月 5 日 总店发出《各省会和大、中城市新华书店主要门市部增加图书品种的建议》。《建议》提出，要有计划地增加各地主要综合门市部和专业门市部的图书品种，使这些门市部真正成为本省（自治区、直辖市）新华书店图书品种最多、各类图书比较齐全的门市部，以适应读者的各方面需要。

同日 根据京所建议，国家出版局发出《关于在科技图书封底上加印〈科技新书目〉征订的期号和序号的通知》。

11 月 25 日 国家出版局任命李连仲为新华书店储运公司副经理。

11 月 30 日 国家出版局为研究解决北京地区图书的发运问题，邀请直属出版社、印刷厂和京所、储运公司等单位的领导开座谈会。会后，出版局于12月7日发出该座谈会的纪要。指出：在目前铁路、储运紧张的情况下，对图书收货发运工作进行适当调整，是必要的。为了使更急需的重点图书能够及时出版供应，京所、储运公司今后应对局直属出版社和印刷厂的成品做到及时收货和发运，对其他在全国有广泛影响的重点图书，也应按照轻重缓急予以合理安排。

11月 根据总店《关于进口中文图书由外文书店发行的暂行规定》，京所完成同中国图书进口公司的交接工作。

12月2日 国家出版局向各省、自治区、直辖市出版局发出《建议有计划有步骤地发展集体所有制和个体所有制的书店、书亭、书摊和书贩》的文件。

12月 京所编印《进货工作手册》，内容包括：中央一级和北京地区出版社介绍、业务知识、名词解释。

同年 粉碎"四人帮"三年多来，全国图书发行工作取得显著成绩。1979年新华书店系统的图书销售额比1965年增长196%，比1978年增长35.7%。1979年、1980年两年，总店组织重印了7批图书共7 500余万册，加上各地新华书店租型重印的一大批读者急需的图书，有效地缓解了持续多年的图书供应紧张状况。

同年 总店及在京直属单位固定资产（原值）533万元，商品资金491万元。总店销售总额53 196万册，29 736万元，利润1 279万元，利润率4.3%。年末职工873人，其中总店40人。

1981 年

1月1日 《周恩来选集》上卷出版发行，全国共发行 700 余万册。下卷于 1984 年 11 月出版发行。

同日 由国家出版局申报，经国家进出口管理委员会批准，中国出版对外贸易总公司成立，从京所调去王文安、丁建毅、萨本洪、邵吾康、张友昌等。

1月9日 国家出版局向各省、自治区、直辖市出版局，中央一级出版社、总店，以及京所、沪所发出通知，提出从严控制旧小说印数的问题。指出《三侠五义》《施公案》《彭公案》《济公传》等旧小说几十万、上百万地印行，有的书如《三侠五义》印数达数百万册之多，大量向读者推销，是不妥当的。"今后对这类书的印数必须加以控制，加强计划和合理供应。"

国家出版局 2 月 18 日又发出《关于从严控制旧小说印数问题的答复》，指出：今后对有关公案、侠义、言情等旧小说不要租型，印数一般不超过三万册。如印数超过三万册，需经省出版局审议批准并报国家出版局备案。

1月15日 总店向各省店，京所、沪所和储运公司发出《关于加强法律方面图书的宣传发行工作的意见》，指出：为了有利于各级政法机关和政府部门更好地执法，依法治国，为了增强广大群众的法制观念，更好地遵纪守法，依法办事，各级新华书店要重视法律、法规方面图书的发行工作，要积极宣传，认真征订，适当备货。

2月 总店组织编写的图书发行业务教材《门市工作》和《科学技术出版社专业介绍》出版，并发至全国基层店，供各级业务人员学习、参考。

3月7日 经京所多次反映，中国人民银行同意照顾新华书店委托银行办理结算业务笔数多、金额小的特点，发出《关于结算业务收费实行优待办法的通知》。总店转发该《通知》称：经与中国人民银行联系，同意对新华书店的结算业务收费实行优待办法。即办理托收承付或委托收款结算业务，每笔手续费减收 0.30 元，按 0.10 元收取，加邮寄费 0.40 元，共支付 0.50 元。

3 月 9 日 总店发出《关于做好鲁迅著作及有关鲁迅图书宣传发行工作的意见》，指出：今年 9 月 25 日是鲁迅诞辰 100 周年，各地新华书店要加强鲁迅著作及有关研究、纪念鲁迅的图书的宣传发行和新出的《鲁迅全集》新注释本的组织供应。

总店又于 8 月 18 日发出《关于纪念鲁迅诞生一百周年图书宣传发行工作》函，提出了对这项工作的检查和总结汇报等要求。

8 月，新版《鲁迅全集》（共 16 卷）由人民文学出版社出齐，并陆续在全国人中城市店面市。

3 月 9—17 日 国家出版局在北京召开全国农村读物出版发行工作会议，各省、自治区、直辖市出版局、出版社，总店，京所、沪所和储运公司负责人以及 6 个基层店代表共 130 人出席。

会议指出，近四年来全国县以下农村（不包括县城）图书销售额翻了一番，去年又比前年增长 31.5%，这是历史上少有的。但是，出版、印刷、发行各方面还存在一些问题，同农村一年比一年好转的形势相比，还是很不协调。为此，会议要求：一、要认真抓好农村读物的编写出版工作。二、分配城乡共需的图书要注意照顾农村。三、挑选好书，分批重印，专发农村。四、采取多种方法把农村图书发行工作搞活。五、开展农村读物出版、发行的竞赛和评奖活动。六、加强对农村读物出版发行工作的领导。

会后，除个别经营困难的省（区）店外，全国各省店纷纷将对农村发货的批发折扣加大了 5%—8%。

4 月 29 日，中宣部向全国转发国家出版局《关于全国农村读物出版发行工作会议纪要》。

3 月 23 日 国家出版局政治部复函，同意陈文清任总店办公室副主任。

3 月 京所编印 1980 年度《图书发行工作文件汇编》，收辑 1980 年制定的规章制度 14 件。

4 月 1—10 日　经国家出版局批准，京所在北京召开全国年画订货工作座谈会，交流工作经验，贯彻总店制定的《关于加强年画发行工作的意见》。这个文件经国家出版局 1981 年 5 月 7 日批转全国执行。这次会议展出京、津、沪以及部分省、自治区有关出版社年画、年历画、挂历大样近 500 个品种。与会代表看样后提出计划订货数 6 亿多张（册）。这次会议也是第一次全国年画看样订货会。

4 月 13 日　为贯彻中共中央书记处提出的"全党、全社会都要重视少年儿童健康成长"的指示精神，总店向全国新华书店发出《关于进一步做好少儿读物发行工作的通知》，提出四点要求：一、进一步加强和恢复少儿读物门市部。二、加强进货工作，增加少儿读物的供应品种。三、每年"六一"国际儿童节，全国城乡新华书店对少儿读物（包括连环画）实行 90 折优待 3 天。四、听取读者意见，改进服务工作。

4 月 16 日　总店发出《重申各地书店不得发行非出版单位的印刷品》的通知，指出："最近仍有非出版单位编印的一些教学参考书、挂历、年历画、歌曲和演员照片，欲通过新华书店来广泛发行，而我们新华书店的有些同志竟然准备为这些非出版单位编印的印刷品征订发行。"通知重申，必须严格贯彻执行国务院批转的国家出版局等八部门联合制定的《关于制止滥编滥印书刊，加强出版管理工作的报告》精神，新华书店不得发行非法出版的印刷品。

4 月 21 日—9 月 26 日　为了解和总结城市店在开架售书、扩大图书品种、增加服务项目、发展售书网点（包括发展集体所有制书店）、加强机关团体供应等方面的经验和存在的问题，并为召开全国城市发行工作会议作准备，总店两次派出调查组，第一次于 4 月 21—29 日赴太原、天津，第二次于 9 月 4—26 日去成都、重庆、武汉、长沙进行城市发行工作的调查研究。

4 月 24 日　总店发出《关于对省级新华书店储备图书折扣问题的通知》，规定对各省店储备图书的发货折扣暂定为 74 折，北京、天津、上海三个直辖市 75 折不变。

同日　总店发出《关于解决经济指标偏高影响发行质量问题的意见和建议》。这些意见和建议是针对目前书店的经济指标过高（如资金周转率指标太高）影响了进货和备货而提出的。

4月28日　总店向各省店、各省会（首府）城市店发去《转发〈长沙市新华书店开架售书情况〉》一函，介绍和推广长沙市店开架售书的成功经验。

5月2日　总店原副总经理华应申病逝，享年70岁。

5月4日　总店在向中央有关部门汇报图书发行工作存在的与形势发展不相适应的问题时指出，全国新华书店系统存在以下问题：一是书店房屋建设不适应，大中城市图书发行网点太少，部分县店房屋破烂不堪，发货仓库和场地严重不足。二是书店队伍不适应，人员调动频繁，业务骨干调走的多，安排照顾对象调来的多。三是图书运输不适应，铁路部门不能及时发运货物，基层店缺乏送书下乡的交通工具。四是图书产销体制不适应，商品由书店包销，卖不掉的出版社不承担经济责任。

5月5日—8月10日　总店受中国出版工作者协会委托，举办4—7期发行干部读书班。

第4期于5月5—24日在合肥举办。学员为省店业务科长和部分大城市店经理、门市部主任共43人。主要学习《陈云文稿选编》，并讨论修改了总店委托安徽省店编写的图书发行业务教材《科技发行工作》。

第5期于5月21日—6月10日在广州举办。学员是省店经理或副经理共40人。主要学习《陈云文稿选编》，选读《周恩来选集》（上卷），并联系实际总结交流改善经营管理的经验。

第6期于6月10日—7月8日在北京举办。学员为省店计划财务科长和部分市、县店会计共46人。主要学习《陈云文稿选编》和《中国社会主义经济问题研究》，并讨论修改了总店委托山东省店和河南省店编写的图书发行教材《计划与统计》《财务与会计》两书的初稿。

第7期于7月21日—8月10在北京举办。学员为省店副经理、储运科长和部分地区店副经理共45人。学习《陈云文稿选编》，总结图书发运业务经验，研究图书发运工作的改革。

5月6日　总店向国家出版局和教育部汇报1981年度春季课本、教材的课前到书情况：全国大专教材的课前到书率为63.1%；中专、技校教材为72.6%；中学课本为93.6%，中学教参为70.5%；小学课本为92.2%，小学教参为74%。

5月7日　国家出版局批转总店《关于加强年画发行工作的意见》，并宣布于1978年3月23日批转的总店《关于统一年画进发工作的几项意见》停止执行。

《关于加强年画发行工作的意见》就年画发行的方针和质量要求、征订和分配、发行力量、宣传推广、预印预发、预发货款结算、定价和进货折扣、市场管理问题等提出具体规定。该意见明确要求：发货店原则上每年征订一次，日期统一为4月1日；年画缩样画面和色彩应力求与成品一致，并一律用80克双面胶版纸印制；出版社最后一批年画交货时间不迟于春节前55天（年历画、挂历应在元旦前两个月交货）。

5月8日　国家出版局发出的《关于改善新华书店进货工作和备货工作的意见》指出：做好进货工作是做好发行工作的基础，新华书店门市部的备货要尽可能丰富多彩；出版社和新华书店发货店对质量好、有长期销售价值的书，应有所储备；出版社对内容质量好、受读者欢迎的书，应及时组织重印。

此前，国家出版局副局长王益和总店业务处主任干青曾到上海、武汉、长沙等地新华书店进行调查，并在《出版工作》上发表了《新华书店进货工作和备货情况的调查》。

5月11日　国家出版局颁发《新华书店滞销图书处理办法》，同时宣布1978年颁发的《新华书店滞销书处理的试行规定》作废。

5月28日　总店转发国家出版局《关于〈刘少奇选集〉上卷的出版工作的通知》。《通知》指出：《刘少奇选集》（上卷）预计在今年第三季度内发稿。上卷印数安排精装本6万册，平装本100万册，由京所计划分配，普及本满足读者需要。另出版《刘少奇选集》的蒙、藏、维、哈、朝5种民族文字版。

总店又于 12 月 16 日发出《关于报告〈刘少奇选集〉上卷的印制数量、发行情况的通知》。《通知》指出：《刘少奇选集》（上卷）将于明年 1 月 10 日出版发行，为了了解各省对《刘少奇选集》（上卷）的出版供应情况，要求各省店及京所、沪所将印制数量、发行情况等于 1 月 15 日简报总店。

中宣部于 11 月 29 日发出《关于〈刘少奇选集〉（上卷）宣传工作的通知》。

6 月 6 日 中宣部任命郑士德为总店副经理。

6 月 17 日 国家出版局向各省、自治区、直辖市出版局，各出版社和各省店发出《关于改善出版社自办发行的意见》，在肯定出版社自办发行的同时，指出了某些需要注意避免的做法，重申继续试行《关于出版社和新华书店业务关系的若干原则规定》（试行草案），要求出版社和新华书店互相支持，亲密合作，共同努力，进一步做好出版发行工作。

6 月 22 日 国家出版局发出《关于检查图书定价的通知》。《通知》指出："两年多来，各地读者纷纷反映，有些出版社出版的新书价格向上浮动的幅度过大，引起强烈不满。……这种不考虑读者利益，大幅度提高书价的做法，不符合国务院《关于严格控制物价、整顿议价的通知》的精神，应该予以纠正。"

6 月 总店整理编集的《图书发行统计资料汇编》（1976—1980）出版，分送中央各领导机关，各省、自治区、直辖市出版局和省店。

同月 京所政治处撤销，改组为党委办公室和人事保卫科；将第一发行科改建为第一、第二两个发行科。

7 月 1 日 国家出版局发出《关于加强年画、年历、挂历印制管理工作的通知》。《通知》指出：国务院关于《制止滥编滥印书刊和加强出版管理工作》的文件发布后，仍有某些机关、团体、企业等单位继续在印制销售年画、年历、卡片和挂历。为此，国家出版局进一步重申："年画必须由承担此项编辑出版业务的出版社出版。"

7月4日　中国共产党中央委员会通过的《关于建国以来党的若干历史问题的决议》由人民出版社出版，并开始在北京市店发行。与此同时，此书已由各地租型印造。据统计，全国印数已达4 167万册。

7月13日　经国务院批准，教育部、国家出版局联合发出《关于高等学校与中等专业学校教材出版发行问题的通知》指出，教材必须切实保证"按时、定量"供应学校，做到"课前到书，人手一册"，并充分供应各种职业教育和尽量满足社会读者的需要。

7月13—27日　总店委托北京市店召开门市收款机设计研讨会，邀请上海、天津、广州、武汉、沈阳5城市店、北京市海淀区店及公主坟门市部的有关人员共同研究售书收款机的性能、作用等技术性问题。

7月27日，总店业务处和国家电子计算机工业总局计划处就试制售书收款机一事签订协议。双方各投资2万元，委托大连无线电厂研究试制书店门市部专用的DJS—022A型电子计价收款机。该收款机于1982年7月15日在大连正式通过国家技术成果鉴定。

7月28日—8月1日　总店委托京所在北京举办全国新华书店图书调剂会，参会的有来自全系统各级书店进销业务人员和在京出版社的代表，共800人，国家出版局副局长王益等领导到会指导工作。图书调剂会展出各地库存外调图书38 103种和存书卡片20 843种，共约5.8万种。这是新中国成立以来新华书店系统规模最大的一次调剂活动，5天共交易各类存书10 706种、624万册、456万元。各店互通有无，"死"书变活，相互调剂了一批读者急需的图书。

7月　总店委托浙江省店组织编写的图书发行业务教材《进货工作》出版。

7—8月　四川省大部分地区遭受两次特大暴雨袭击。省内45个新华书店的38个门市部、37个仓库和10处职工宿舍遭到不同程度毁坏，直接经济损失160多万元。国家出版局、四川省政府、新华书店总店以及重庆发行所、绵阳和达县地区店相继拨款、捐助65万元。

8月5—9日　总店在北京召开江苏、湖北、四川、陕西、黑龙江、北京、上海、天津、南京、武汉、西安、成都、哈尔滨等5省8市新华书店和京所、沪所参加的大中专教材发行工作座谈会，交流大学、中专教材的发行情况，研究存在的问题和改进意见。同时，对教育部、国家出版局1978年1月发出的《关于高等学校、中等专业学校教材供应工作的联合通知》提出修改意见。座谈会还商讨了进一步做好职工教育教材的供应问题。

8月13日　总店向国家出版局报送《关于新华书店系统试行利润留成情况和建议组织调研小组的意见》。《意见》提出：新华书店系统从1979年下半年起，在全行业试行利润留成制度，对发挥企业内部动力，调动广大职工群众的积极性，增收节支，挖掘潜力，推动企业改善经营管理，提高发行质量和服务水平，保证图书发行事业的发展，起到了有力的促进作用。但是不可否认，也暴露了一些问题，需要进一步改进和研究解决。为此，拟请局计财室牵头，邀请财政部文教司参加，组成调查研究小组，经过调研，全面掌握情况，提出改进办法。

9月15日　中共中央总书记胡耀邦在一期反映政治理论书籍发行问题的简报上作了批示。国家出版局党组根据胡耀邦的批示精神于11月17日提出《关于加强政治理论书籍发行工作的报告》。《报告》指出：许多新华书店对于政治理论书籍和思想教育读物的发行重视不够，订数偏低，发行量较少，不能及时满足广大读者的需要。为此，《报告》要求各地党的宣传部门加强对发行工作的领导，进一步明确新华书店是党在思想战线上的一个重要宣传部门；要抓紧对发行队伍进行培训，要恢复和健全发行系统的订货审核制度，要加强书籍宣传工作。

中宣部于11月25日批转了这个报告。全国书店普遍学习胡耀邦的批示，贯彻落实《报告》精神，政治理论书籍发行工作有显著改进。

9月17日　国家出版局转发总店《关于图书发运工作改革试点情况的报告》，要求各省、自治区、直辖市出版局组织各地新华书店研究试行。

总店在报告中提出，由于铁路运输推行集装化、整车化、大件化，图书发运以往采取的直接发货办法（直接发给全国两三千个县市店），运量零星，与之很不适应。为此，图书发运工作必须根据交通运输状况进行改革，试行地区店二级分发的办法。即：发货店对一般县店的发货，集中并包发到地区店，地区店再分发给县店。

总店又于 10 月 4 日发出了《发去〈关于地区店二级分发手续的规定〉请研究试行》的通知。

9 月下旬 教育部召集在京的部分大学和上海、武汉、南京、成都、沈阳等地重点大学教材负责人会议，听取大专教材不能课前到书的情况和对出版、发行工作的意见。总店和在京有关发行单位的负责人参加会议。会后，总店根据各校对发行工作的意见研究制定改进措施，使大中专教材的课前到书进一步得到了保障。

9 月 京所副经理高起成率领调查组到新疆、甘肃、青海、宁夏四个省（区）店及所属几个店调查访问，了解图书供需情况，征询对京所的意见。

同月 京所北礼士路 54 号院食堂及东小楼（2 层）建成，建筑面积 1 318 平方米。经理室及计财科、业务办公室、秘书科、行政科、党委办公室、人事保卫科，从 6 月份起先后迁到北礼士路 54 号院办公。

同月 工人版《谱写共产主义凯歌的人们》一书征订后，有 1 000 多个县店不订货，京所就此问题向上级汇报后，中央书记处研究室的同志来总店和京所了解政治理论图书的发行情况，并写了简报呈报党中央。胡耀邦看了简报后于 9 月 15 日作重要批示。

同月 中国出版对外贸易总公司与京所建立图书批发关系，接受京版图书的订货、添货。

10 月 7 日 总店发出通知，指出：毛主席是中国共产党和中国各族人民的伟大领袖，对毛主席像，新华书店门市部必须经常有售。如已售缺，应积极向发货店和出版社反映，适当组织重印。

10 月 7—16 日 国家出版局主持召开的全国少年儿童读物出版工作会议在山东泰安举行，260 多人出席。会议总结交流了自 1978 年庐山全国少年儿童读物出版工作座谈会以来少儿读物出版、发行的经验，并在新的基础上制定出版规划，以更好地满足3亿少年儿童的需要。

总店，京所、沪所和10个省、市店经理应邀出席，江苏、四川两省店代表在会上介绍了少儿读物的发行经验。

10月8日 国家出版局、教育部联合发出《关于改进高等学校、中等专业学校教材出版供应工作的若干规定》。规定：大学、中专、技校通用教材，统一由新华书店发行，并由京所集中编印教材预订目录发给各地书店。

10月29日，总店发出《关于贯彻执行国家出版局、教育部〈关于改进高等学校、中等专业学校教材出版供应工作的若干规定〉的意见》，强调指出：教材每年办理两次预订，6月上半月预订第二年春季用教材，12月上半月预订第二年秋季用教材；春季用书春节前40天出齐，秋季用书7月15日前出齐。学校按照教材目录成批预订的教材如有多余，可以在本学期开学后20天内，按实际取书总金额的5%退给当地新华书店。

10月27日—11月7日 法国马松出版社维努尔分公司经理菲利普·杜邦应总店邀请来华访问。总店汪轶千、刘力原，京所高起成、储运公司李增华等与之会见，并介绍了全国新华书店、京所、储运公司简况。

10月 全国各地新华书店抓紧培训发行队伍，据不完全统计，在不到一年时间里，全国新华书店系统以总店编辑出版的《门市工作》《农村发行工作》为教材，先后组织了近5 000名农村发行员和门市营业员参加培训学习。

1978年以来，北京、上海、天津、辽宁、浙江、福建、山东、广西、新疆、贵州等省、自治区、直辖市新华书店相继成立了发行学校，学制2年，定向培养图书发行员，在校学生共五六百人。

同月 总店委托安徽省店组织编写的图书发行业务教材《科技书发行工作》出版。这本教材总结了新中国成立以来的科技书发行经验。在全国新华书店发行6万册，并获得省社会科学优秀成果奖。

11月16日 总店通报全国1981年度秋季大中小学课本、教材课前到书情况：因大学、中专教材出版脱期的品种较多，课前到书率下降。全国平均，大学为 52%，中专为 54%；中小学课本由于出书晚和交通运输紧张，课前到书率略差于上年，全国平均为 90%，教学参考书为 68%。

11 月 21 日　为适应大专教材征订工作改革的需要，京所在 1981 年组织了一次教材预订、供应问题的电视宣传。中央电视台记者采访了京所副经理高起成，并在 11 月 21 日中央电视台的《为您服务》节目中以"如何解决大专教材的及时供应"为题头播出。

11 月 24 日　国家出版局任命刘力原为总店业务处副主任。

12 月 30 日　京所召开纪念从事新华书店工作 30 周年大会，经理赵国良作了题为《发扬革命传统，更好地为四化服务》的讲话，出版局领导王益、史育才、冯黎云，总店领导汪轶千应邀出席并讲了话。老中青职工代表先后发言。会上，由王益、赵国良向从事新华书店工作 30 年的 158 位老职工颁发了纪念品。

同日　《科技新书目》改为公开发行，并增加了津版科技书。

同日　为配合中国共产党成立 60 周年纪念、辛亥革命 70 周年纪念和鲁迅诞辰 100 周年纪念，京所发行了一批重要图书、画册。

同年　为了突破"隔山买牛"式的传统图书征订包销形式，国家出版局和总店在新华书店系统总结推广了寄售、经销、初版分配试销、重版征订包销、发样订货、看样订货等多种购销形式，使购销形式灵活多样。对政治理论学习用书、课本等计划性较强的品种仍坚持征订包销制度。

同年　总店及在京直属单位固定资产（原值）585 万元，商品资金 899 万元。销售总额 66 012 万册，34 657 万元，利润 1 535 万元，利润率 4.4%。年末职工 962 人，其中总店 43 人。

1982 年

1月10日 《刘少奇选集》（上卷）出版，精装本、平装本和普及本3种版本即日起在全国新华书店同时发行。据统计，全国发行571万册。

1月 总店发出《关于年度决算报表中必须包括〈库存图书盘存账存对比表〉的通知》。《通知》说，填报此表是为了便于上级店或审计部门与上次分年核算表进行对比检查，了解计提图书提成差价的准确性。

同月 总店、京所、储运公司分别召开会议，向从事新华书店发行工作30年的职工颁发了纪念品。京所还编印了《新华书店工作三十年纪念》。

同月 为了使读者及时了解出版消息，京所和部分出版社联系后，决定从1982年开始，在《人民日报》刊登《图书征订联合广告》。

2月1—11日 总店在北京召开全国城市发行工作会议。中宣部副部长廖井丹、国家出版局副局长干益到会传达2月4日中共中央书记处有关加强出版发行工作的指示精神，并作重要讲话。会议认真学习讨论了中共中央书记处的指示精神，并具体研究了门市部丰富备货品种、推行开架售书、改善服务态度、增加发行网点等问题。会议提出，各地要有计划有步骤地发展集体个体书店、书亭和书摊。会议评选并表彰了10个开架售书先进单位。总店经理王璟在会上讲话，副经理鲁明作城市发行工作报告，副经理汪轶千作会议小结。

3月3日，国家出版局向各省店、京所、沪所、新华书店储运公司转发《全国城市发行工作会议纪要》。

2月4日 上午中央书记处召开会议，讨论《国家出版局党组关于三中全会以来出版工作的汇报提纲》，会议由总书记胡耀邦主持。在谈到书店仓库面积不足问题时，胡乔木说："书店缺少仓库，教科书发不出去，这是个关系到千百万人的大问题（胡耀邦插话说：'这是关系到子孙后代的大问题。'），要投资，要基建。"接着余秋里、习仲勋、万里几位书记相继发言，认为这件事要重视，不解决不对，书要有储备，随储备量的增加，应新建仓库，粮食也是年年增建仓库嘛！会议结束时，胡耀邦总书记说："由中宣部牵头，对出版、印刷、发行作一次指示。"会议指出：要把新华书店办成社会主义思想堡垒。发行工作非常繁重，困难很多，要帮助他们解决。书店职工应长期轮训。发行要实现双轨制，新华书店之外，要多开一些渠道。

2月15日　国务院秘书长杜星垣在国务院召集国家计委、建委、财政部和国家出版局的有关领导开会，具体讨论了新华书店储运公司增建库房问题及出版系统利润留成问题、纸张补贴问题。会上批准为新华书店储运公司建设2.4万平方米的库房。

2月17日　国家出版局发出《关于改变总店及所属单位财务管理体制的问题》的通知。《通知》提出："经研究，为了加强经营管理，同意京所和储运公司两单位的财务由总店集中管理，统一核算。"据此，总店于1982年3月18日，制定《新华书店总店及直属单位财务集中管理试行办法》。《办法》规定：一、为了便于全面加强经营管理，京所和储运公司两单位的财务由总店集中管理，统一核算；二、改变京所向公司拨付代发手续费、栈租费的做法，发货利润由京所账面表现，并按月上交总店，公司的费用，营业外支出减除营业外收入和其他收入的开支净额，由总店按月拨给；三、总店汇总三单位的会计报表（总店费用也并入商品流通费），求得净利润，按规定向国库解交利润；四、总店按规定的留成比例，统一提取利润留成，并建立三项基金；五、本办法从1982年4月1日起试行。

2月27日　为了贯彻中宣部、国家出版局等部门发出的《动员起来，扎扎实实抓好全民文明礼貌月活动的联合通知》，总店向各省店以及中国书店、上海书店，发出《关于在全国书店门市部开展全民文明礼貌月活动的几点意见》。要求各地书店"把深入开展'五讲四美'活动列为改善书店服务态度，加强企业经营管理和开展劳动竞赛的主要内容"。《意见》明确提出："今后每年 3 月，各地书店门市部都应普遍开展'全民文明礼貌月'活动，提高服务质量，从而推动书店的其他各项工作。"

同日 全国供销合作总社给新华书店总店来信，随函寄来《供销合作简报》第 10 期，介绍了湖南省供销社进一步加强农村图书发行工作的措施，义寄来在 1 月 7 日《中国财贸报》上刊登的《认真做好农村图书发行工作》一文，强调"农村图书发行，是党在农村宣传工作的重要组成部分。切实把这项工作抓好，是我们供销社肩负的一项光荣的政治任务，是分内事而不是分外事"。

年初 在团中央会议室有关少儿出版社和总店一起研究红领巾读书活动推荐书目时，团中央书记处书记胡锦涛——接见了代表，并对参会的总店办公室主任罗敏君说："你们新华书店的任务很重，要好好配合供应图书。"

2—12 月 共青团中央少年部、文化部图书馆局、新华书店总店、中国少年报社、中国少年儿童出版社、少年儿童出版社、新蕾出版社、四川少年儿童出版社等 8 单位于 2 月 11 日联合发出《关于举办 1982 年红领巾读书奖章活动的通知》，向全国少年儿童推荐 50 种优秀少儿读物。

12 月 1 日，新华书店总店和共青团中央联合发出《关于认真做好 1983 年全国红领巾读书读报奖章活动货源组织的通知》。

3 月 1 日 新华书店总店与国务院人口普查办公室发出《关于发行人口普查宣传画的联合通知》，要求各地新华书店配合全国人口普查活动，积极开展有关宣传画的发行工作。

3 月 3 日 总店通报全国新华书店门市开架售书情况：1982 年 1 月，全系统共有开架售书门市部 643 处，只占全系统门市、书亭总数的 9.45%。其中，湖南、河南、四川、广西居开架门市数量的前 4 位。

3 月 8 日 总店由北礼士路 135 号迁至海淀区大柳树北村甲 23 号（现大柳树路 9 号）职工宿舍楼内办公。

3 月 19 日—4 月 30 日 为做好 1982 年秋季大专教材和中小学课本的出版供应工作，教育部和国家出版局联合召开教材出版、印刷、发行工作动员会。会上，传达了胡耀邦总书记对教材出版工作的指示："教科书是关系到千百万人的大问题，是关系到子孙后代的大问题，很迫切"，"百废待举、百废待兴，教科书问题应首先解决。"

教育部副部长浦通修、国家出版局副局长王益在会上讲话，强调要做到"课前到书，人手一册"，提高课前到书率，各个环节都要把教材放在第一位等问题。

在此会议召开的同时，教育部和国家出版局于3月27—29日在京召开了全国出版局长会议，传达了中央领导同志对教材出版工作的指示，讨论了教材出版发行工作问题。

在此之前，国家出版局和教育部发出了《关于抓紧做好1982年秋季大学、中专教材出版发行工作的通知》。

总店在《图书发行》第68期上专门配发了题为《把教科书的发行工作放在第一位》的评论。

4月30日，国家出版局、教育部、铁道部、交通部、邮电部联合发出《关于优先运输大中小学教材做到课前到书的联合通知》。

3月19日—5月3日 国家出版局于3月19日和4月3日先后发出《关于坚决控制出版外国惊险推理小说的紧急通知》《关于坚决制止滥印古旧小说的通知》。据此，总店于5月3日发出《关于坚决贯彻国家出版局最近发出的两个"通知"的几点意见》一函，对新华书店发货店、销货店在如何贯彻两个《通知》方面提出了具体要求。

3月22日 总店向全国新华书店颁发《新华书店营业员守则》。此前，该守则曾在全国城市发行工作会议上讨论并作了修改，经国家出版局同意后颁发试行。

3月27日 总店向各省、市、自治区新华书店、中国书店、上海书店、京所、沪所发去《海关总署、国家文物局公告》，要求认真执行。《公告》规定：个人携带或托运、邮运出口的一切古旧书画、图书、文献资料等，均须事先经文物管理部门鉴定，并在携运出口时，由携运人（或代运单位）主动向海关申报。

3月30日　总店发出《关于认真做好毛主席著作发行工作的通告》。《通知》要求各地新华书店门市部一定要认真做好毛主席著作的发行工作，特别要注意做好中共中央委员会《关于建国以来党的若干历史问题的决议》中列举的43篇主要著作的供应，一定要把毛主席著作作为常备品种，并保证经常有书供应。《周恩来选集》《刘少奇选集》也同《毛泽东选集》一样，应该常备，做好陈列供应工作。

4月6—10日　总店委托沪所在上海召开1983年全国年画订货会议，出席的有各省、自治区、直辖市新华书店，有关出版社、美协等单位的代表，共120余人。国家出版局副局长王益、上海市委宣传部副部长马飞海、中国美协副主席华君武、国家出版局出版部主任刘杲、上海市出版局局长宋原放和副局长万启盈、新华书店总店副经理汪轶千等出席并讲话。会议提出年画发行工作要作为移风易俗、建设社会主义精神文明的大事来抓，要多出多发富有教育意义的品种。

1982年，全国共出版年画1 800余种，发行近6亿张。此次订货会展出全国各地29个出版社的年画大样近900幅，与会代表预订京、沪版年画1.8亿张。

4月8日　总店于4月8日向国家出版局党组报送《〈关于加强政治理论书籍发行工作的报告〉贯彻情况的汇报》，汇报了自1981年11月中宣部批转局党组报告以来的5个月里，全国新华书店系统学习胡耀邦批示，贯彻落实报告精神，改进政治理论书籍发行工作的情况。

总店于5月中旬到6月初又派出调查组去山东各地调查了解《报告》精神的贯彻情况。

4月20—27日　总店组织北京、上海、天津、广州、武汉、南京、杭州、成都等大城市店主管门市工作的经理、重点门市部负责人和营业员代表，到重庆市店观摩、学习，现场参观重庆市店民权路门市部的开架售书工作。总店副经理鲁明主持了这项活动，国家出版局陈正为、四川省出版局副局长任善才等参加观摩活动并讲话。

4月21—26日 中宣部出版局于4月21—26日在洛阳召开通俗政治理论读物出版工作座谈会，总店副总经理郑士德参加会议，并汇报了全国新华书店系统为加强政治理论书籍发行工作所采取的一系列的措施。

总店5月上旬召开有京所和储运公司负责同志参加的店务扩大会议，传达了通俗政治理论读物出版座谈会的精神，讨论了进一步加强发行工作的措施。

5月5日 国务院决定，原文化部、国家出版事业管理局等5单位合并，组成新的文化部。国家出版局改为文化部出版局。新华书店总店作为文化部直属单位，归口文化部出版局管理。

5月21—26日 总店委托储运公司在山东泰安召开全国图书二级分发工作座谈会，国家出版局副局长王益，总店副经理汪轶千、赵国良出席并讲话。王益讲话的题目是《赞成二级分发》。自从1981年4月开始二级分发试点以来，发运店集零为整，加大了包装起点，减少了配发手续，加快了内部流转，多数收书店反映发运速度比原来快了。与会领导及书店代表经过深入讨论，一致认为二级分发是可行的，应该稳步、全面地推行。

会上，京所与出席会议的各省级店代表一起，商谈讨论了由京所提出的《关于在外地印造的京版图书由省级店承担进发货的实施办法》。

6月9日 国家出版局批复总店，同意京所引进电子计算机。并指出该项目批准后，要出国考察、配备必要的技术人员，以保证计算机正常发挥作用。10月，经文化部出版局报请国家经委批准，同意京所从日本进口M-240D大型电子计算机成套设备。1983年11月9日，京所正式签订引进日本日立公司M-240D型电子计算机的订货合同，价格93万美元。1984年12月4日，京所组织电子计算机软、硬件技术人员共15人，由计算机筹备组组长伏政民带队赴日本培训了6个月。1985年10月电子计算机系统全部到货。全套设备包括主机1台、磁盘机2台、磁带机3台、软盘输入装置2台、行式打字机1台、激光汉字印字机1台，汉字终端机12台，西文终端4台，脱机数据站16台，脱机汉字输入装置2台，终端汉字打印机10台，并备有远程通信设备。12月

1 日日方来人组装，12 月 31 日硬件系统于新落成的京所营业楼 9 层安装调试完毕。1986 年 5 月 24 日日方软件人员撤离，整个系统交付使用。

6 月 12—18 日　文化部在北京召开全国图书发行体制改革座谈会，文化部部长朱穆之，文化部党组成员、出版局局长边春光，中宣部出版局局长许力以出席并讲话。文化部出版局顾问王益在会上做了报告，并在会议结束时作总结发言。会议讨论了原国家出版局党组向中宣部提出的《关于图书发行体制改革问题的报告》。会议首次提出，在全国将组成一个以国营新华书店为主体的、多种经济成分、多条流通渠道、多种购销形式、少流转环节的图书发行网。会议确定，今后要大力支持出版社自办发行，改革购销形式，积极发展集体书店，适当发展个体书店。会议还讨论修改了 1980 年 8 月发布试行的《关于出版社和新华书店业务关系的若干原则规定》。

6 月 29 日　总店转发《京所与省级店关于京版图书由省级店进发货的实施办法》。

6 月　总店组织编写的图书发行丛书之一《城市发行》出版。

7 月 10 日　文化部向各省、自治区、直辖市出版局，中央一级出版社，总店、京所和储运公司发出《关于图书发行体制改革工作的通知》。《通知》决定：将新华书店独家经营的体制，改变为多种渠道、多种经济形式和多种购销形式的图书发行体制。并批转经中宣部原则同意的原国家出版局制定的《关于图书发行体制改革问题的报告》，要求各地贯彻执行。

同时批转的还有经 6 月全国图书发行体制改革座谈会讨论修改的《关于出版社和新华书店业务关系的若干原则规定》的 1982 年修正本。

7 月 12—18 日　总店在北京召开全国新华书店培训工作会议，各省店主管培训工作的经理、科长以及各地 10 个图书发行学校（或印刷发行学校）负责人参加。文化部出版局顾问王益，总店副经理汪轶千、郑士德到会并讲话。汪轶千传达了中共中央书记处在今年 2 月召开会议讨论出版发行工作时中央领导同志的指示："发行部门的工作人员，特别是新华书店的售书人员，大量是新手，文化水平低，知识面很窄，很不适应工作需要，要经过轮训再继续工作。"指示强调"发行工作是非常繁重而又困难的,店员应长期轮训","书店职工不懂得书,就如同商店售货员不懂得货物一样"。

会议讨论了总店制订的《全国新华书店发行人员轮训规划》,并要求各省店结合本地实际,分别制订切实可行的职工轮训规划。

9月10日,文化部向各省、自治区、直辖市出版(厅)局批转总店制订的《全国新华书店发行人员轮训规划》。

7月20日 总店组织编辑的图书发行业务教材《计划与统计》《财务与会计》出版,各省级店以这两本教材相继举办了会计、统计训练班。

8月11—17日 总店在青海西宁召开全国少数民族文字图书发行工作座谈会,12个省、区店和部分基层店代表,京所、沪所和北京王府井书店民族文字门市部负责人参加,文化部出版局、民族文化司和民族出版社负责人出席。总店副经理汪轶千、鲁明参加,汪轶千在会上讲话。

这是新中国成立以来新华书店系统第一次专门讨论少数民族文字图书发行工作的会议,会议回顾了十一届三中全会以来少数民族文字图书发行工作所取得的成绩,并对今后的工作提出要求:一、提高认识,加强领导;二、扩大宣传,建立少数民族文字图书发行中心;三、疏通图书下乡渠道,增加销售网点;四、加强业务培训,配备民族干部,充实各级骨干力量;五、加强经营管理,改善少数民族地区新华书店的各项设施;六、积极组织货源,满足各族群众对少数民族文字图书的需要。

9月6日,文化部向全国文化厅(局)、有关出版社及省店批转了总店《关于大力加强少数民族文字图书发行工作的报告》。

8月 为扩大音乐版图书在港澳及东南亚地区的发行,经文化部出版局批准,从1982年9月1日起,香港三联书店订的音乐版图书,凡未出版的品种及今后征订的品种,京所不再办理发行,一律交中国出版对外贸易总公司发行。

同月 总店发出《新华书店图书二级分发工作实施细则》。

同月 京所向全国新华书店发出《关于改变退货结算工作的通知》,《通知》规定：从 1982 年 10 月 1 日起，各地新华书店向京所付退倒缺污残图书，一律实行信汇结算方式。

9 月 京所在京召开京版图书在外地印造进发货工作业务座谈会，应邀出席的 17 个省（市）店和渝所的代表共 35 人，会议讨论了总店转发的《关于在外地印造的京版图书由省级店承担进发货的实施办法》。会议由京所副经理高起成主持，总店副经理汪轶千和中国印刷公司生产管理处处长佟庆福到会并讲话。

10 月 6—25 日 总店受中国出版工作者协会委托，在杭州举办第 8 期发行干部读书班。各省店、京所、沪所，储运公司以及中国书店、上海书店的经理、副经理共 27 人参加。读书班学习了邓小平《中国共产党第十二次全国代表大会开幕词》、胡耀邦在十二大上作的报告《全面开创社会主义现代化建设的新局面》和《陈云文稿选编》（1949—1956），并结合新华书店的历史和现状，探讨图书发行工作如何更好地为建设社会主义精神文明服务等问题。

10 月 29 日 日本东贩公司专务取缔役（董事）远藤健一先生、海外课输出第一系长田中海南先生造访京所。总店副总经理赵国良、业务处副主任刘力原会见了来宾，京所、储运公司领导参加了会见。双方介绍了各自的业务发展和机构概况。

11 月 1 日 总店转发铁道部《关于进一步做好书刊运输工作的通知》。该通知是铁道部根据中宣部和国家经委的要求，向东北铁路局办事处和各铁路局发出的。《通知》要求："各铁路局对新华书店托运的书刊，尤其是学生用的课本，要做到优先受理，优先承运，优先装车，不得积压，防止损坏。"

11 月 1—6 日 总店和技术标准出版社在武汉联合召开技术标准图书发行工作座谈会，京所和部分大、中城市店的有关负责人参加。会议总结交流了技术标准图书发行工作的情况和经验，讨论了改进措施。会后，总店于 12 月 30 日向各省、自治区、直辖市新华书店发出《请督促所属新华书店积极改进技术标准图书的发行工作的通知》。

11 月 3 日 20 世纪 50 年代总店总经理王益在参观访问苏联、捷克等国家培养发行人员的学校后，曾在《图书发行》上撰文呼吁，希望在中国高等院校也有培养发行人员的专业。为此，80年代初期，总店领导班子经过反复研究决定向教育部门建议，在高等院校里设立图书发行管理学专业。1982年10月，教育部高教司司长季啸风答复总店，提出总店可与武汉大学联系办发行管理学专业问题。11月3日总店派副处长李廷真前往武汉大学商谈在武汉大学设立图书发行管理学专业、培养图书发行工作人才事宜。李廷真先后与武汉大学校长刘道玉、图书馆学系主任黄宗忠进行商议，校、系双方均表示同意。对此，总店在得到文化部出版局的支持下，由总店起草了以文化部名义给教育部的报告。12月7日，文化部致函教育部《请批准在武汉大学图书馆学系设置图书发行专业》。

11月5日 国务院副总理万里在全国农业书记会议和农村思想政治工作会议上指出："一定要重视科学书籍和各种报刊在农村的发行工作，要看到农民现在既有阅读书报的强烈要求，又有钱购买书报，农村发行工作的落后状况，也是非改变不可了。"

11月8日 总店转发文化部、中国美协《关于加强和改进年画工作的意见》。

11月16—23日 总店在北京召开全国新华书店表彰先进大会的预备会，各省、自治区、直辖市新华书店经理参加，并介绍本地区先进集体、先进个人事迹。文化部出版局局长边春光、出版局顾问王益到会并讲话。

12月5日 第五届全国人民代表大会第五次会议批准的《中华人民共和国国民经济和社会发展第六个五年计划》（1981—1985）指出："改进图书发行工作。全国发行网点，1985年达到13 000处，比1980年增加1.5倍。"

12月11日 总店发出《关于认真做好五届人大五次会议文件发行工作的通知》，要求各地新华书店做好《中华人民共和国宪法》《关于第六个五年计划的报告》《中华人民共和国第五届全国人民代表大会第五次会议文件（汇编）》等各种文件的供应工作。

12月20日 总店总经理王璟离休。

同年　总店要求各省店选择部分市、县店进行经营责任制试点。经过调查，总店向全系统推广了山西代县、辽宁锦州两店的试点经验。

　　同年　总店及在京直属单位固定资产（原值）603万元，商品资金967万元。销售总额70 537万册，36 340万元，利润1 612万元，利润率4.4%。年末职工987人，其中总店51人。

1983 年

1月8日 毛泽东、周恩来、刘少奇、朱德合影像以及他们与邓小平、陈云合影像出版发行。为此，总店发出《关于广泛深入发行好领袖合影像的通知》。《通知》指出："发行好领袖合影像是新华书店的一项政治任务，一定要高度重视，大力发行，充分满足广大人民群众的需要。"全国新华书店共计发行 3 000 多万张，深受全国各族群众欢迎。

同日 总店发出《关于〈社科新书目〉交邮局发行的通知》。《通知》指出："新华书店北京发行所编印的《社科新书目》，决定从 1983 年 4 月起，交河北省邮政局向全国发行。"要求各地书店除订足书店内部业务、宣传需要的份数外，要积极主动地协助当地邮局向读者宣传《社科新书目》。

1月25日 总店与武汉大学正式签订《关于建立图书发行专业培养专业人才的协议》；同时，武汉大学向教育部发出《关于设立图书发行专业事宜》的报告，文后附有武汉大学与新华书店总店签订的协议。

《协议》的主要内容：一、在武汉大学图书馆学系设立图书发行管理学专业，本科自 1983 年秋季开始招收新生，每年招 60 人；专修科自 1984 年秋季开始招收新生，每年也招收 60 人。二、学生来源和分配：本科参加全国统一招生，毕业生的分配，先经总店提出意见，由国家统一分配；专修科学生在书店职工中招收，经考试择优录取，毕业后回原单位。三、由总店与各省书店对武汉大学给予一次性投资 284.4 万元。自 1983 年起，3 年内付清，以支持武汉大学增设专业所需经费。

4 月 1 日，教育部正式批复武汉大学，同意设立图书发行管理学专业。4 月 5 日，新华社发表消息，我国第一个图书发行管理学专业在武汉大学成立，

《光明日报》和各地报纸同时刊载了这一消息。这一专业的设立开辟了企业与高校联合办学的一个崭新途径。

同日 总店向各省店，京所、沪所和储运公司发出《请督促做好农业技术书的发行工作通知》。《通知》指出：党的十一届三中全会以来，我国农业生产形势很好，农村发生了重大变化。图书发行工作者要满腔热情、积极主动地适应这种新情况，做好农业技术书的发行工作，要解决好货源的供应问题，县店门市部应经常陈列农业技术图书，下乡流动供应要携带农技书，并督促供销社售书点订进和陈列好农业技术书。

2月5日 《图书发行》报刊载总店副经理汪轶千的文章《放手改革图书发行工作》，内容包括：改革购销形式、改革单一的发行渠道、改革国营书店的经营管理、改革销售方式、改革城市发行网点的设置、改革按行政区划分进货和流供范围、改革发运方式、改革人员的管理、改革图书发行事业发展中的苦乐不均现象和改善新华书店的工作与生活条件。全面论述了当前的图书发行改革问题。

2月21日 总店发出《关于切实加强内部发行图书管理工作的通知》，对加强内部发行图书的管理提出了具体要求：发货店征订内部发行图书要单独编目录，发货时要单独包装；销货店对内部发行图书要集中存放，专人管理，不得在门市陈列出售，更不得批发给集（个）体书店、书摊。

2月25日 文化部印发《1981—1990年全国出版事业发展规划纲要（草案）》。《纲要（草案）》对发行工作的要求是："厉行图书发行工作体制改革，努力疏通和增加发行渠道，试行各种购销形式，对新华书店要进行整顿。城市要增加国营书店的网点，同时要大量发展集体所有制书店，适当发展个体经营的书店、书亭和书摊。"

2月 为加强重要著作出版发行的宣传，京所创办《重要著作出版信息》，扩大重点图书出版前的宣传深度和推广范围。1984年2月20日改名为《重要著作和重点图书出版信息》，以适当扩大重点书的出版信息，分发范围扩大至地市级店经理。

3月1日　经两店、两社的友好协商，京所办理总发行的北京出版社、人民卫生出版社的全部图书（包括新入库的储备图书），委托北京市店代发、代管。京所与北京市店为此项业务合作签订了《委托代发协议》，此协议到1986年12月31日终止。

3月10—14日　总店在辽宁锦州召开全国新华书店经营责任制经验交流会，29个省店及部分已试行经营责任制的市、县店代表共70余人参加。会议由总店副经理赵国良主持，总店负责人汪轶千作总结发言。锦州等13家书店代表介绍了推行经营责任制的试点经验。截至1983年3月，全国已有219个市县店（或门市部）实行了经营承包责任制。与会代表认为，实行经营责任制，形式可以多样，但必须要强调发行图书的社会效果。实行经营责任制要经过试点，逐步推广。文化部出版局顾问王益出席并讲话，他着重阐述了新华书店系统如何完整、准确地执行"全面系统地改革，坚决而有秩序地改革"，强调在改革中大话不可讲，雄心壮志不可无。

7月11日，文化部出版局转发总店《关于全国新华书店经营责任制经验交流会情况的报告》。

3月15日　文化部任命赵国良、鲁明、郑士德为总店副总经理。任命高起成为京所经理，裘树城、王鼎吉为副经理。任命李增华为储运公司经理，李连仲、王栋石为副经理。

3月25日—4月4日　全国新华书店表彰先进大会在北京召开。这是新华书店建店46年来规模最大的一次盛会，是贯彻党的十二大精神，落实全国出版工作会议要求，厉行改革，总结经验，开创图书发行工作新局面的动员大会。

这次表彰大会，是经文化部批准，由总店召开的。出席大会的先进工作者共166名，有红旗单位、先进单位、先进集体的代表133人；66%来自农、牧区和边境地区新华书店，34%来自城市店；有门市营业员、农村发行员、会计、业务员、仓库管理员、司机以及基层新华书店经理，女职工占1/3；来自边疆省、自治区13个少数民族的先进代表22人。大会还特别邀请了10位集体和个体书店代表参加。

国家出版委员会主任王子野，中宣部出版局局长许力以，中国出版工作者协会副主席陈原，文化部党组成员、出版局局长边春光等出席开幕式并讲话。

会上，总店负责人汪轶千作了题为《厉行改革，努力开创图书发行工作新局面》的工作报告。代表们分组交流了经验，26 位代表在大会上进行了典型经验介绍。

3 月 30 日，中国出版工作者协会和总店在人民大会堂联合举行茶话会，向出席表彰大会的代表表示慰问和祝贺。中共中央书记处书记、中宣部部长邓力群，文化部部长朱穆之，北京市副市长白介夫，中国出版工作者协会主席陈翰伯等出席并讲话。

4 月 4 日，大会举行闭幕式。文化部、中华全国总工会、中宣部出版局、文化部出版局领导出席并讲话。文化部副部长周巍峙希望新华书店发扬光荣传统，厉行改革。中华全国总工会书记处书记刘实代表全国总工会祝贺大会成功召开。中宣部出版局局长许力以和文化部出版局顾问王益也讲了话。全体代表以热烈的掌声通过了大会致全国新华书店的倡议书。

先进单位（集体）京所第三发行科、储运公司第二包装科第三组的代表，先进工作者京所严大中，储运公司王守忠、李淑芳出席大会。

会后，总店专门编辑出版《全国新华书店表彰先进大会专辑》，印 8 000 册，于 1983 年 9 月出版发到各地。

4 月 1—8 日　总店委托天津市店召开全国年画发行座谈会，各省店，京所、沪所及有关出版社代表应邀参加，总结交流了年画发行工作经验，预测了 1984 年年画市场的供需情况。座谈会决定试行年画成品样订货的改革措施，受到各地书店欢迎。总店副总经理赵国良、中国美协副主席华君武以及文化部出版局、天津市出版局有关负责同志出席并讲话。

4 月 26 日—5 月 13 日　总店副总经理郑士德参加中国出版代表团（共 4 人），赴法国考察出版发行工作。回国后，总店《图书发行》报《增刊》发表了郑士德撰写的《访法国出版发行业》。

5月9日　总店发出《关于总店内部机构调整的通知》。《通知》指出：根据总店业务发展的需要，经上级领导部门批准，自1983年3月2日起，总店内部机构由经理室下设的办公室、业务处、编刊室3个部门，调整为办公室、计划财务处、业务处、研究室、编辑处、教育人事处。文化部出版局任命如下：郭俊卿为办公室主任，陈文清为办公室副主任，刘青轩为计划财务处处长，李廷真为业务处处长，罗敏君为业务处副处长，刘力原为研究室主任，宋金熹、徐文娟为研究室副主任，宋培真为编辑处处长，王旭、钱惠英为教育人事处副处长。

5月23日　经总店向上级申请批准，京所业务大楼在北京西直门外北礼士路54号院破土动工。1985年12月竣工，业务大楼共9层，建筑面积5 674.2平方米，总造价206.7万元。

5月27日　财政部发出《关于地方文教企业实行利改税几个具体问题的处理意见》指出，在实施利改税的工作中，各地对文教企业的利改税提出了一些问题，现对有关征收所得税问题提出以下意见：一、出版局系统的企业减税问题（含出版、印刷、发行、物资等单位），根据中央精神，所得税在1985年底以前，由规定税率55%减按35%征收。二、以实行独立经济核算的企业为纳税单位，新华书店以独立核算或统负盈亏的单位为纳税单位，税后利润全部留给出版系统。

6月6日，总店转发上述文件，并根据"小型微利企业，按八级超额累进税缴纳所得税"的规定，提出：新华书店作为减税单位，请与当地有关领导部门联系，可否明确规定，小型书店凡税率超过35%的，按35%缴纳，凡低于35%的，仍按八级超额累进税率缴纳所得税。

5月27日—6月10日　为改善门市部的经营管理，严密手续制度，减轻劳动强度，提高服务质量，总店拟在一些大城市店推行使用电子收款机。为了掌握和使用好ECR—322型电子收款机，总店委托大连无线电厂举办第一期门市电子收款机培训班，学员共67人。

5月30日　总店向全国新华书店发出《关于认真做好〈邓小平文选〉发

行工作的通知》。《通知》指出：《邓小平文选》将在7月1日出版，开始在全国陆续发行。《邓小平文选》（1975—1982）收入了邓小平这一时期的重要讲话、谈话，共47篇。截至年底，全国新华书店共发行5 485万册。

5月31日　总店向各省店发出《征集图书发行十部教育基金和职工疗养（休养）基地建设资金的通知》。《通知》指出：经总店与武汉大学协议，并经教育部批准，在武汉大学图书馆学系设立图书发行专业。为学校建立专业，解决校舍问题，由总店代表各地书店给予一次性投资284.4万元。职工疗养（休养）基地已经文化部出版局同意，拟在辽宁兴城和浙江杭州修建两个休养所（疗养院），约需投资285万元。以上两项共需资金569.4万元，按各地新华书店1982年利润总额的2.9%计算分担。其中向武汉大学投资284.4万元，后改由文化部出版局集中的留利中拨付，不再向各地新华书店征集。

兴城疗养院原计划总投资为250万元，后因扩大建筑面积以及材料价格上涨，又先后两次向全国新华书店系统追加集资280万元。

6月2日　总店东堂子胡同47号宿舍，由国家投资改建前院宿舍楼。于1986年12月竣工，计建筑面积2 405平方米，总造价72.5万元。

6月5日　总店编辑出版《书店工作史料》第二辑。该辑共25万字，41篇文章，主要内容是回忆抗日战争时期、解放战争时期新华书店和生活·读书·新知三联书店的工作历程。

6月6日　中共中央、国务院发布《关于加强出版工作的决定》。《决定》共分五部分：一、出版战线的形势和任务。二、出版工作的性质和指导方针，指出："必须坚持为人民服务，为社会主义服务的根本方针，宣传马克思列宁主义、毛泽东思想，传播一切有益于经济和社会发展的科学技术和文化知识，丰富人民的精神文化生活。"三、加强出版队伍的建设。四、改变印刷、发行落后现状，指出："改革图书发行体制，增加图书发行能力。要改革新华书店的经营管理体制，同时要发展集体和个体的发行网点，逐步形成以新华书店为骨干的，多种流通渠道、多种经济形式、多种购销形式、减少流通环节的图书发行网。"并强调："北京地区图书发行网点，新华书店北京发行所和储运公司批发储备仓库的扩建，分别由文化部和北京市作出规划，纳入各自的基建计划。"指出："从一九八三年起，全国文化部门出版系统（含中央和地方的出版、印刷、发行、物资等单位）实行利改税的办法，在近几年内税率由百分之五十五减为百分之三十五，纸张支出按购进价格计入成本，财政不再补贴。"五、进一步加强和改善对出版工作的领导。

这是新中国成立以来唯一的由党中央、国务院联合作出的关于出版工作的重要决定，是新时期指导出版工作的纲领性文件。

6月8日 总店下发《全国新华书店业务技能考核规范（试行）》，确定图书发行业务技能的统一考核项目为：累计销货发票、核算盘存表、售书连续作业、打包、点画、收款、熟悉书、熟悉库存、做旬报、编四角号码、简易核算等项。要求各省、自治区、直辖市新华书店组织职工结合日常业务工作，开展经常性业务练兵活动。

6月8日—11月29日 总店受中国出版工作者协会委托，举办9—10期发行干部读书班。

第9期于1983年6月8—28日在杭州举办，参加读书班的有直辖市、全国各省会（首府）和部分开放城市店经理、副经理38人。读书班组织学习了《陈云文稿选编》和中共中央、国务院《关于加强出版工作的决定》，并总结交流城市发行工作情况和经验。学习期间，中宣部出版局局长许力以和总店负责人汪轶千到读书班讲话。

第10期于11月9—29日在杭州举办，参加本期读书班的有全国省级店经理、副经理、调研科长以及部分地、县店经理共60人。读书班学习了《邓小平文选》，中共中央、国务院《关于加强出版工作的决定》以及图书发行业务教材《农村发行工作》，并就进一步改进和加强农村发行工作进行了深入研究和探讨。

6月14日 总店发出《关于书店门市部改进服务方式提高服务质量的几点意见》的通知，对城市店门市改进服务方式、提高服务质量提出以下几点意见：一、改革门市部收款方式，使用多功能电子收款机，使收款、计算、开票、结账一次完成，以便准确快速地为读者服务。二、开展复印业务，为读者提供方便。三、切实改进零售图书的包装质量。四、整顿门市部营业时间。五、文字宣传要讲究用词，杜绝错别字。

6 月 16 日　总店向各省店、京所、沪所、储运公司、中国图书进出口总公司发出《关于加强管理对外发表图书发行统计数字的通知》。

6 月 28 日　总店转发文化部《关于纠正文学类作品重复出版问题的通知》给各省店，京所、沪所、新华书店储运公司，中国书店、上海书店。

同日　总店向各省店发出《关于做好〈朱德选集〉发行工作的通知》。《通知》指出：《朱德选集》将在 8 月 1 日出版，在全国陆续发行。《朱德选集》收入了从第二次国内革命战争时期至新中国成立以后共 65 篇文章。全国新华书店首批发行 250 万册。

7 月 20 日　由总店设计制作的新华书店职工服务证章陆续分发到全国各地新华书店。证章为长方形、白底、金边、红字的铝制品，图形标识是一本打开的蓝字白皮图书，新颖醒目。

7 月 28 日—8 月 4 日　总店在太原召开全国新华书店扶植和发展集体、个体书店经验交流会。据统计，1981 年底，全国共有各种形式的图书销售点 66 206 处，其中集体、个体书店 1 011 处。到 1982 年底共有各种形式网点 82 592 处，其中集体、个体书店达 2 215 处。比上年增加 1.2 倍。此外，个体流动书摊书贩从无到有，短短的一年时间就发展到了 4 204 处。总店负责人汪轶千作会议小结。

8 月 12 日　中宣部主持召开会议，根据胡耀邦 8 月 7 日的批示精神，专门讨论改进和加强政治理论书籍、知识书籍的出版印刷发行问题，并制定六项措施。总店于 11 月 10 日转发中宣部的《全国通俗政治理论读物出版工作座谈会纪要》，并提出要求，请各省、自治区、直辖市新华书店结合实际情况，认真学习、贯彻《纪要》的精神，努力做好通俗政治理论读物的宣传征订和发行工作。各地新华书店积极贯彻此次会议精神，使《中外历史小丛书》等一批通俗政治理论图书的订数显著增长。

8 月 京所与技术标准出版社商定，并征求了部分基层店的意见，从 1983 年 10 月起将技术标准图书的书名改用标准号代替，这项改革提高了工效质量。

同月 总店委托上海市店组织编写的图书发行业务教材《图书宣传》出版。

9 月 1 日—1984 年 1 月 总店在北京文化管理干部学院举办第一期图书发行干部业务训练班，这是"文化大革命"后全国图书发行系统第一个正规的干部训练班。全国 27 个省、自治区、直辖市的 53 名学员（其中省店经理、副经理 4 人，科级干部 16 人，地、市店经理或副经理 14 人）参加了本期学习。文化部部长朱穆之出席开学典礼并作重要讲话。训练班的主要课程有：《邓小平文选》（1975—1982）、《政治经济学》《图书发行学概论》《企业管理》等。1984 年 1 月，第一期干训班结业，文化部副部长周巍峙向学员颁发结业证书。

到 1986 年 7 月，总店一共举办了 6 期图书发行干部业务训练班，培训了全国新华书店系统的省、市、县级店经理、副经理以及业务、财务、储运等部门的科长和骨干，共 327 人。

9 月 10 日 武汉大学举行全校新生秋季开学典礼大会。总店副总经理郑士德应邀出席大会，并在单独举行的首届图书发行管理学专业开学典礼会上，介绍了新华书店的发展史和当前发行工作方针任务。武汉大学副校长、图书馆学系正副主任、本专业教研室全体教师以及本专业 60 名新生到会。

9 月 27 日—1984 年 1 月 武汉大学图书发行管理学专业教师胡典世、吴平、徐春和、练小川在总店的支持、协助下，先后到总店、京所、储运公司等单位进行为期 4 个月的实习，了解图书发行业务，为专业与课程建设作准备。

9 月 根据《中共中央、国务院关于加强出版工作的决定》，由国家拨款（1985 年 1 月改为银行贷款）在北礼士路 135 号院，新建新华书店储运公司的第 11 号仓库，于 9 月破土动工。1986 年 4 月竣工，建筑面积 14 084 平方米，总造价 496.7 万元。

同月 京所贾洪龄荣获中华全国妇女联合会颁发的"五好家庭"荣誉

称号。

同月 总店组织编写的图书发行丛书之二《图书发行方针任务》出版。

10月5—16日 由中国出版协会科技出版工作委员会和北京市店联合举办的、中央和地方78家科技出版社参加的第一届全国科技图书书市在北京举行。京所展示了《科技新书目》广告牌。总店总经理汪轶千、副总经理赵国良、京所经理高起成、副经理王鼎吉等参观了书市。

10月19日 总店发出《关于改变全国年画订货方式的通知》，从下年起，全国性的年画订货会不再召开，改由以省为单位召开年画（订货）会审会。

10月26日—11月1日 文化部出版局在成都召开全国图书发行体制改革经验交流会，各省级出版行政部门、出版社、新华书店和总店，以及部分中央一级出版社负责人共130余人参加。山东黄县、江苏盐城、辽宁锦州、山西太原、四川成都等市（县）店代表应邀出席并汇报发行体制改革的情况。会议指出，一年多来，各地本着"解放思想，厉行改革"的精神，对图书发行体制改革进行了多方面的试验，取得了一定的成绩。逐步建立起一个以新华书店为主体的多种购销形式、多种流通渠道、多种经济成分的图书发行网。

12月5日，文化部向各省、市、自治区出版局、文化厅（局）、出版总社、人民出版社、重庆市文化局、中央一级出版社、总店，省店，京所、沪所、储运公司、锦州、太原、黄县、成都、重庆市店转发了此次会议的纪要。

10月 经文化部出版局批准，京所编辑、出版《标准新书目》创刊，薄一波应邀题写报名。《标目》原为4开8版，后改为4开4版，刊登中央一级出版社出版的各种技术标准、规程、规范以及与此相关的科技参考书，是全国唯一报道标准规范类图书出版发行信息的媒体。自1985年1月第16期起交邮局公开发行，是我国第三种由邮局公开发行的书目报。2001年停刊。

11月6日 中宣部转发文化部党组《关于大力加强农村科技读物出版、发行工作的报告》的通知。通知指出："十一届三中全会后，党制定了一系列发展农业生产的方针、政策，随着这些政策的贯彻，特别是联产承包责任制的推行，广大农民学习科学技术的要求日益迫切。农村掀起了学科学、用科学的热潮。"因此，"要切实加强农村科技读物的出版、发行工作，使之为振兴农村经济和建设社会主义现代化的新农村作出更大贡献"。

11月10日 国务院任命汪轶千为总店总经理。

11月13—21日 中国出版工作者协会在桂林阳朔召开出版研究年会，新华书店系统向年会提交了80篇应征论文。会后，总店从中选出24篇，经过编辑加工，出版图书发行丛书之三《发行事业探求》。

11月14日 总店向各省、自治区、直辖市新华书店发出《整顿财务会计工作的几点意见》。《意见》指出：当前全国新华书店系统财务（包括结算）存在不少问题，为此特提出以下意见：一、提高思想认识，重视经营管理；二、健全以商品管理责任制为主的内部经济责任制；三、切实整顿财务会计各项基础工作；四、整顿财经纪律，开展经常性的审计工作。

12月5日 总店发出《关于进一步推行图书发运实行二级分发工作的通知》。《通知》指出：从1981年4月起，先后在山东泰安、河北邯郸、安徽宣城三个地区店进行图书发运实行二级分发试点。1982年5月，在山东泰安召开了全国二级分发工作座谈会。总结了推广二级分发工作的经验。到1983年8月底，全国已有22个省（自治区）建立了41个二级分发点，分发738个收书店的图书。为了巩固、提高二级分发工作的成果，必须在全国进一步积极推行图书发运二级分发工作。总店决定，委托新华书店储运公司负责全国新华书店实行二级分发的管理和业务辅导工作。

12月6日 总店向各省店、京所、沪所、储运公司、中国书店、上海书店转发文化部《关于专业出版社应严格按专业分工出书的通知》。

12月12日 总店发出《关于加强农村科技读物发行工作的意见》。《意见》要求：充分认识做好农村科技读物发行工作的重要性和迫切性，积极组织好货源，充分满足读者需要，增加备货品种，满足多方面读者的需要，进一步疏通农村发行渠道，方便读者买书。

12月26日 总店向29个省店转发文化部出版局顾问王益对京所《呈报

编印单页宣传品的工作汇报》的批示："发行所编印单页宣传品是一大改进，是工作越做越细的表现，对于解决买书难的问题有重大意义。"并要求"全国基层新华书店要充分利用单页宣传品做好征订工作，这是提高新华书店征订工作质量的一项重要措施"。

同日 为纪念毛泽东诞生 90 周年编辑出版的《毛泽东书信集》《毛泽东书信手迹选》《毛泽东新闻工作文选》，即日起在北京、天津、上海和全国各省会、自治区首府新华书店发行。

12 月 30 日 《光明日报》报道，总店从全国新华书店发行的图书中，选出 1983 年发行量大、受读者欢迎的 10 种书：《邓小平文选》《党章讲话纲要》《闪光的道路》《本色、传统、使命》《从鸦片战争到五四运动》《高山下的花环》《英汉技术辞典》《家庭密集养鸡》《大地的儿子——周恩来的故事》《故事大王》。

同年 《中国国家标准汇编》一套 18 册，总价 200 元，1982 年由中国标准出版社自办发行时只发了 7 000 多套。1983 年由京所发行时，京所通过编印单页宣传品 10 万份，订数达 2.4 万套，远超出版社 1 万套的预期目标。

同年 京所组织机构及中层干部名单如下：

党委办公室	陈永明
人保科	史 青　李雪云
业务办公室	潘国彦　孟乃青
秘书科	马志彬　于梦翠
计划财务科	李俊杰　陈 青
结算科	杨祚荣
制票科	冯振洲　赵得喜
行政科	张永年　贾洪龄
第一发行科	高名贵　张素华　乌光启
第二发行科	王道伟　石玉岐
第三发行科	徐家祥　谭子谦

第四发行科　　　　王宝熙　崔福海

工会　　　　　　　吕士才

同年　总店及在京直属单位固定资产（原值）687 万元，商品资金 1 023 万元。销售总额 70 572 万册，41 062 万元，利润 1 733 万元，利润率 4.2%。年末职工 1 046 人，其中总店 56 人。

1984 年

1 月 7 日　文化部出版局批转总店《关于加强年画发行工作的意见》。批转通知指出：总店对 1981 年《关于加强年画发行工作的意见》进行了修改，现将修改后的《意见》转发给你们。《意见》对年画包括的内容，作了新的规定，即包括中堂画、门画、对联、年历画、挂历等。为进一步做好年画发行工作，提出以下要求：一、年画的发行，要坚持为人民服务、为社会主义服务的方针。二、根据出版社提供的年画选题计划和缩样，布置征订。三、省店要开好年画订货会，坚持择优选订。四、组织好发行力量。五、统一定价。六、预印、预发以保证元旦、春节前上市供应。七、预发货款的结算，年画应在春节前两个半月，年历画、挂历为元旦前两个半月，向各地新华书店结算。八、各地新华书店不得发行非发货店征订和非出版单位印制的年历、挂历，对年画市场上出现的问题，要及时向当地文化（出版）领导机关和工商行政管理部门反映。

1 月 12 日　京所在全国政协礼堂举行建所 30 周年茶话会。京所成立于 1954 年 1 月，负责中央一级和北京地区出版社的图书总发行业务，30 年来共发行图书 27.7 万种，100 亿册，共计 39.6 亿元。

全国人大常委会副委员长、出版界老前辈胡愈之，文化部部长朱穆之，文化部出版局局长边春光、副局长宋木文、顾问王益，中宣部出版局局长许力以、副局长伍杰、袁良，中共中央党史资料征集委员会副主任谢筱迺，中国出版工作者协会主席陈翰伯、副主席王璟、王仿子，国家出版委员会主任王子野，国家标准局副局长魏峰，北京市文化局局长鲁刚、副局长王宪铨，总店总经理汪轶千、副总经理鲁明、郑士德，曾担任过京所经理的老领导史育才、李德元等，以及中华全国总工会宣传部、团中央宣传部、教育部、商业部的有关部门，中央一级和北京地区100多家出版社的领导，北京印刷、发行系统各单位领导和有关同志，共500人到会祝贺。茶话会由京所副经理王鼎吉主持，经理高起成以《为开创发行工作新局面谱写新篇章》发表主题讲话，回顾了建所30年来的历程。胡愈之、边春光、许力以、史育才、汪轶千在会上发表讲话。

13日，《人民日报》对茶话会作了报道：首都出版发行界举行茶话会，祝贺我国最大的中文图书进发业务机构——新华书店北京发行所成立30周年。

1月14日 京所召开全所职工庆祝京所成立30周年大会，由副经理裴树城主持，经理高起成讲话。总店历任总经理王益、史育才、王璟、汪轶千，总店副总经理鲁明、业务处副处长罗敏君，储运公司党委书记王印德、副经理王栋石出席会议。王益、史育才、王璟、汪轶千、王印德先后讲话。老职工代表严大中、新职工代表张娟在大会上发言。

庆祝大会后，京所成立30周年纪念筹备组编辑出版《京所三十年》书画照片集，刊登了领导人题词——胡愈之题词："要使发行所成为读者之家，知识的宝库，精神文明的集市。"朱穆之题词："为开展读书运动服务。"陈翰伯题词："胸中常有群众千千万万。"王子野题词："为人民服务最光荣。"本书画集还包括京所简史、工作、学习、生活图片、大事纪要等内容。封面题字"京所三十年"由人民美术出版社沈鹏题写。

1月17日 京所和人民出版社签订《关于部分图书实行征订寄销协议》。

1月30日 总店向各省、自治区、直辖市新华书店发出《关于认真做好〈陈云文选（1926—1949年）〉发行工作的通知》。《通知》指出：日前中宣部、中共中央文献研究室召集各新闻出版单位开会，布置《陈云文选》（1926—1949年）一书的学习和宣传。中宣部将发通知要求结合整党组织党员学习。为此，请各地新华书店做好宣传征订和发行工作。2月15日，《陈云文选》（1926—1949年）在全国各地新华书店发行。7月15日，《陈云文选》（1949—1956年）出版发行。1986年6月15日，《陈云文选》（1956—1985年）

出版发行，全国新华书店共发行153万册。

2月14日　总店副总经理鲁明和教育人事处副处长王旭代表总店到武汉大学看望师生，和校领导商谈图书发行干部专修科办班招生事宜。

2月17—28日　为了贯彻落实中共中央、国务院《关于加强出版工作的决定》，了解图书发行体制改革后的农村发行情况，总店组织调查组对山东黄县新华书店开展多渠道发行工作的情况进行调研和总结推广。黄县新华书店多渠道发行的主要经验是：认真贯彻以新华书店为主体，多种经济成分、多种流通渠道的建网方针，积极组织供销社代销和个体书店（摊）零售，逐步形成了分布合理的销售服务网络，并有一套切实可行的管理办法。

2月20日　《新华书店总店关于1986—1990年图书发行事业计划（草稿）》出台。《计划（草稿）》回顾了"六五"（1981—1985年）计划期间取得的成绩，确定了"七五"计划发展目标：1990年计划图书发行总额为33.6亿元，较1985年增加9.6亿元，平均递增7%；国营书店售书点1.4万处，较1985年增加4 000处，平均7.9万人1个售书点；国营书店库存为13亿元，图书周转速度2.58次；国营书店经营水平（利润率）保持在9%—10%左右，利润为2.7亿元，利润率9.1%；固定资产总值达到3 556万元，5年增加基建投资1 800万元。最后提出了工作要求。

3月3日　总店与农牧渔业部宣传司、林业部宣传司、商业部供销合作指导司、中国科学技术协会普及工作部联合发出《关于做好〈农村书目〉宣传征订工作的通知》，规定每年4月和10月为农技书宣传征订发行月，并由总店编印《农村书目》，要求各地积极主动地开展对口宣传和征订。

3月5日　京所召开党政工团联席会议，高起成主持会议，布置在全所开展全民文明礼貌月活动的工作安排，传达胡耀邦给韩素音的信，和胡乔木谈加强理论书籍发行问题等内容。

3月6—14日　总店在北京召开全国新华书店储运工作会议，各省店及部分中转店、二级分发店、收货店代表90余人参加。会议总结交流十一届三中全会以来的图书发运工作经验，对存在的问题进行了研究、讨论，修改、制定图书发运工作的规章制度。中宣部出版局局长许力以、文化部出版局顾问王益、中国出版工作者协会副主席王璟和铁道部、交通部代表到会并讲话。总店总经理汪轶千主持会议。

文化部5月16日发出《批转新华书店总店〈关于全国新华书店储运工作会议的报告〉的通知》。《通知》指出：我部原则上同意总店《关于全国新华书店储运工作会议的报告》，以及会议修订和制定的《新华书店图书发运工作办法》《新华书店图书运输包装规格标准》《关于评选"全国最佳发运店"的办法》，并随文颁发。其中《新华书店图书发运工作办法》进一步明确规定：新华书店储运公司和上海发行所分别负责对北三区、南三区运输路线的调查研究，对各省、市、自治区图书发运、中转工作的业务辅导等工作。

3月21—23日　总店和武汉大学在武汉召开图书发行管理学专业首届干部专修科招生工作座谈会，各省店经理、教育科长共43人出席，总店总经理汪轶千主持，总店副总经理鲁明、文化部出版局科教处处长金国萱、总店教育人事处副处长王旭、钱慧英等参加。会议认为，招收以新华书店在职青年职工为对象的两年制干部专修科的开设，对于促进我国图书发行事业的发展，提高和改善新华书店系统在职干部的素质将起重要作用。

3月22日　经文化部出版局批准，总店与广东省店珠海市店签订合作经营《拱北中国图书贸易公司协议书》。合营条件：珠海市店负责申请公司大楼建设用地3 712平方米，建筑高22层、建筑面积15 400平方米的大厦一幢，计划在1984年6月动工，1985年年底竣工并正式开业。总店投资150万元（按公司章程规定投资人民币每10万元为1股），享受该公司15股的权利。

《协议》规定：总店投资150万元，要在1984年内全部汇入珠海市店账户。

3月23日　文化部出版局批转总店《关于发行录音录像制品的意见》，要求各地新华书店积极创造条件，主动介入，逐步开展音像制品销售业务。

3月27日　总店第一任总经理徐伯昕在北京病逝，享年80岁。

3月28日　总店向各省、市、自治区出版（文化）局，出版总社，新华书店北京、上海、天津发行所，新华书店储运公司，中国书店、上海书店发出《关于各地书店不得发行非正式出版物的通知》。《通知》指出："非正式出版单位的出版物，各级新华书店，都不得接受发行事宜。"

4月14—17日 对深圳特区图书贸易中心的投资，由总店拨款，以京所名义投资20万元，以储运公司名义投资50万元。储运公司党委书记王印德任该中心董事会副董事长。

4月27日 京所召开全体党员大会，投票改选党委和纪委委员，高起成、邓用中、裘树城、王宝熙、吕士才、马志彬、孟昭昆、李雪云、陈永明9人当选党委委员，邓用中、赵得喜、崔福海3人当选纪委委员。

4月28日 京所党委会讨论决定：高起成任书记，邓用中、裘树城任副书记。邓用中兼纪委书记。后经文化部出版局党委审查批准。

5月10日 为统一对添单、调整单等各种业务单据的处理答复用语，京所制订《关于使用〈业务术语章〉的暂行规定》。

5月13日—6月19日 京所经理高起成参加中国国际图书贸易总公司展团，赴波兰华沙和保加利亚索非亚参观国际书展。

5月25日—6月14日 总店受中国出版工作者协会委托，在杭州举办第11期发行干部读书班。参加读书班的有各省、自治区、直辖市新华书店储运科长34人，组织学习了《邓小平文选》，中共中央、国务院《关于加强出版工作的决定》和全国储运工作会议文件。

6月6日 京所、储运公司联合召开盒式录音磁带出版发行座谈会，约请有录音磁带出版权的13家出版社座谈。京所、储运公司双方负责人在会上提出了开展录音带发行任务的意愿，各出版社表示愿意合作。这是京所、储运公司决定办理录音带发行召开的首次会议。

6月11日 文化部、中国人民银行联合颁发《关于新华书店系统调拨货款结算的统一规定》。《规定》的主要内容是：一、关于结算方式：符合异地托收承付结算办法的，采用托收承付结算方式；符合委托收款结算办法的，采用委托收款结算方式；倒装缺页污损图书的退货款，一般由收退方核查后，采用汇总结算方式。二、关于结算关系：采用汇总结算方式的，一律直接结算；采用托收承付和委托收款结算方式的，分为直接结算和承转结算两种。三、关于经济合同：县、市店及省店根据发货店的征订目录提出的"订货单""汇总订货单""添货单"，即视为经济合同。此外，该规定还对交验运单、经济赔偿、委托收款退单等问题作出具体要求。

6月14日　经文化部批准，总店与文化管理干部学院签订《关于培训图书发行干部有关问题的协议》。《协议》的主要内容是：一、总店在文化管理干部学院开办图书发行管理干部专修科（大专），招收新华书店在职职工，经全国成人教育考试合格，学习两年毕业后回原单位工作，从1985年秋季起，每年招生50人。二、学员住宿用房所需的修建费15万元，由总店一次拨给文化管理干部学院。三、马列主义基础课、文化知识课，由文化管理干部学院负责教学；专业课由总店负责教学。四、班主任由文化管理干部学院配备。1985—1992年，该院大专班在全国新华书店系统共招生和培养291人。

6月18—27日　总店在南京召开全国新华书店工作会议，各省、自治区、直辖市新华书店经理、调研科长，新华书店北京、天津、上海、重庆发行所和储运公司经理等共80余人出席，中宣部出版局派代表参加，中国出版工作者协会副主席王璟、江苏省出版总社社长高斯到会并讲话，总店总经理汪轶千主持会议并作总结。会议交流贯彻中共中央、国务院《关于加强出版工作的决定》的情况，研究企业整顿和改革问题。

会议提出五项改革措施：一、改革图书流通体制，进一步发展集体、个体售书点，发展城市专业书店和农村集镇门市部。二、改革经营管理体制，推行以承包为主要形式的经营责任制，扩大基层书店资金使用权。三、改革门市售书形式，全面推行开架售书。四、改革人员管理体制，按照中共中央和国务院《决定》的要求，实行企业办企业，企业管企业，人、财、物统一管理，分级扩权给基层书店。五、改革产销体制，扩大经营范围，以发行为主，兼营其他，争取省级店开展租型业务，对于社会上急需的图书，机动灵活地就地重印供应。

10月12日，文化部向各省、自治区、直辖市出版（文化）厅（局）和省店批转了全国新华书店工作会议制定的《关于在全国新华书店进一步开展企业整顿的意见》和《关于进一步改革新华书店经营管理体制的若干意见》两个文件。

6月25日　北京市人民政府批复文化部："同意该部新华书店储运公司因新建包装发货场和储备图书库房，征用丰台区卢沟桥公社马连道魏墙村菜地62亩，给该村163名社员转为非农业户口。"

6月　总店副总经理郑士德主编的图书发行业务教材《图书发行学概论（高等院校试用）》出版。

7月9日　中华全国总工会宣教部和总店联合发出《关于做好全国职工读书活动推荐书目的宣传征订工作的通知》。

7月12日　京所发出《关于做好"全国职工读书活动推荐书目"有关图书征订发行工作的通知》，说明了征订供应事项，并在《人民日报》《工人日报》上刊登征订广告，向全国各店印发15万份单页宣传品（附预订单）。

7月26日　总店店务会决定：任命王俊国为业务处副处长，张国明为教育人事处副处长。

8月27日　总店颁发经过修订的《新华书店营业员守则》，同时发出《修改后的〈新华书店营业员守则〉请遵照执行的通知》。《通知》指出：1982年3月总店颁发的《新华书店营业员守则》，经过两年多的实践，根据各地在试行中提出的意见，重新作了修改补充，现颁发各地书店执行。

9月1日　总店与浙江印刷发行技工学校签订协议，由总店向技工学校杭州干部培训所投资50万元，房屋产权归技工学校，总店享有部分长期使用权。每年春、秋两季优惠安排总店35张床位，供总店职工休养之用。

9月2—9日　总店在安徽芜湖召开全国新华书店计划财务工作座谈会，各省、自治区、直辖市新华书店经理、计财科长，新华书店北京、上海、天津、重庆发行所和储运公司，以及部分市级店、古旧书店、外文书店计财科长共80余人参加，文化部计财司和出版局计财处派员指导。会议由总店总经理汪轶千主持并作小结，交流各地执行"六五"计划、发展国营书店网点情况，研究制定新华书店系统"七五"计划，并修订了国营书店统计、会计制度。

9月7日　京所决定成立老干部科，专职办理有关离退休干部的工作。

9月10日　武汉大学图书发行专业第一期专修科（2年制）开学，学员为来自各地新华书店的青年职工，共65人。1986年6月，首届65名学生学成结业，返回原所在新华书店工作。

9月12日　文化部出版局通知总店，经中共文化部党组批准，刘青轩享受副司局待遇。

9月17日　京所高起成、裘树城、潘国彦在中国国际图书贸易总公司接待苏联国际图书公司驻京代表戈拉多夫，并就发行业务问题进行交谈。

9月22日　北京市文化局批准京所成立京华图书发行服务公司。

10月17日　京所发布《新华书店北京发行所关于有声读物的进发货办法》。

10月22日　总店根据文化部10月12日批转全国新华书店工作会议制定的《关于在全国新华书店进一步开展企业整顿的意见》和《关于进一步改革新华书店经营管理体制的若干意见》两个文件精神，提出《全国地、市、县新华书店企业整顿验收标准的参考意见》，发给各省、自治区、直辖市新华书店，新华书店北京、上海、天津、重庆发行所、储运公司，中国书店、上海书店、天津古籍书店，沈阳、大连、武汉、重庆市店，供制订企业整顿验收标准时参考。

10月29日　总店向全国各省店发出《请按规定解决好武汉大学首届图书发行专业干部专修科学员的生活福利待遇》的通知。

11月1日　总店与中国出版对外贸易总公司就在内地发行香港版图书的问题达成协议。协议决定由出版外贸总公司负责挑选和审查港版中文及中外文对照图书的进货；由京所负责安排内地的总发行。购销形式为征订包销，京所向出版外贸总公司的进货折扣为70折，每年可向出版外贸总公司付退总订货码洋5%的图书。

11月8日　京所在储运公司食堂举办全所职工业务技术比赛大会。大会由京所工会主席吕世才主持。比赛结束，业务技术比赛筹备组组长徐家祥当场宣布一、二、三等奖获得人选并颁奖。总店总经理汪轶千出席并讲话。

11 月 19 日—12 月 4 日　以总店总经理汪轶千为团长、京所副经理王鼎吉等 6 人为成员的中国新华书店考察团，应东京出版贩卖株式会社邀请访问日本。这是新中国成立以来第一个独立组团出国访问考察的新华书店代表团。在日期间，代表团先后参观、考察了东京出版贩卖株式会社、日本出版贩卖株式会社及王子流通中心、八重洲书店、内山书店等 17 家单位。通过实地访问，考察团成员对日本出版发行业的现代化管理，出版、印刷、发行工作的高效率，以及历史悠久的出版物寄销制留下了深刻印象。代表团回国后，编印了一本《中国新华书店考察团访日考察报告》和一本《国外书业剪影》（其中"日本的书店"部分）。

11—12 月　文化部、国家统计局 1984 年 11 月联合颁发新的《图书发行统计报表制度》，文化部又于同年 12 月颁发新的《全国新华书店统一会计制度》，两个《制度》均从 1985 年 1 月 1 日起执行。

新统计报表制度的修订要点是：一、实施范围，包括所有全民所有制的国营书店，出版社发行部门和各种国营、联营、专营的图书发行机构。对规模小、人员少经批准不执行本制度的单位，则由与之建立业务往来关系的供货单位采取以批代零的办法反映其有关统计资料。二、统计分类，共设哲学、社会科学、文化教育、文学艺术、自然科学技术、少儿读物、大中专教材、课本、图片、其他出版物、非图书商品十大类。三、适应改革需要，增加了有关统计指标。文化部、国家统计局授权各级新华书店负责审核、汇总图书发行统计报表。

新会计制度的修订要点是：一、肯定了库存图书分年核价的核算方法，为均衡负担分年核价损失，采取预提提成差价的办法。为简化按规定处理滞销书的手续，损失额全部冲减提成差价。二、规定账外低值易耗品应重新清理入账，并恢复五成摊销法；固定资产一般采取房屋设备和机具设备两类分类折旧率提取折旧。三、为适应利改税、投资联营和多种经营的新情况，该制度规定了相应的核算方法。在记账方法上，还规定各单位应逐步向借贷记账法转变。

12月5日 总店转发文化部《关于调整图书定价的通知》，同时转发《关于马列著作和毛泽东著作发货折扣的答复》。据此，今后马列著作和毛泽东著作的进发货折扣与其他图书一样。

12月19—26日 应中国出版工作者协会邀请，日本出版贩卖株式会社社长杉浦俊介、副社长金子有一行8人访问我国。代表团在京期间，与总店就开展技术合作事宜进行了两次会谈，总店、京所、储运公司的领导和有关人员参加了会谈。

12月 由总店副总经理郑士德主持，在湖北宜昌召开高等院校图书发行专业试用教材《图书发行管理学》编审会。《图书发行管理学》由总店委托广西区店组织编写，由陈国斌（主编）、陆宝琪、陈章远和湖南省店唐俊荣共同编著。

同年 人民卫生出版社出版的《实用内科学》，过去征订一般在4万部上下，1984年征订时，京所印发了单页宣传品，除发给各地书店外，还直寄各医药卫生单位，全国订数达8.4万部，订数翻番。

同年 总店及在京直属单位固定资产（原值）715万元，商品资金1 061万元。销售总额57 483万册，41 855万元，利润1 575万元，利润率3.8%。年末职工1 092人，其中总店57人。

1985 年

1 月 1 日　邓小平《建设有中国特色的社会主义》一书由人民出版社出版，在全国各地新华书店广泛发行。当年的发行量高达 1 073.8 万册。1987 年 3 月，人民出版社又出版了该书增订本，全国发行量为 355 万册。

1 月 16 日　为贯彻文化部出版局分党组关于第二期整党工作的安排，京所党委决定在整党期间成立整党和业务工作两套领导班子。整党领导小组成员有高起成、邓用忠、王宝熙、马志彬、马宝亮，业务领导小组成员有裘树城、王鼎吉、孟昭昆。

1 月 26 日　总店向各省店、发行所、储运公司发出《关于香港三联版图书在内地发行有关事项的通知》。《通知》指出：经有关部门批准，香港三联书店、中华书局、商务印书馆 3 家出版社的出版物，由中国出版对外贸易总公司负责办理购进业务，由京所负责内地总发行。京所的进发折扣与内地一般图书相同，销货店销售不完的图书，可以按收货总码洋的 5% 向发货店退货。

1 月　总店从全国新华书店发行的图书中，按销售量评选出 1984 年 10 种受读者欢迎的书。它们是《中共中央关于经济体制改革的决定》《科学社会主义常识》《青年知识手册》《工业企业管理纲要》《迎接新的技术革命——新技术革命知识讲座》《BASIC 语言》《养鸡 500 天》《花园街五号》《党的一朵小红花——韩余娟》《学日语》。

2 月 4—15 日　总店根据文化部批转的评选最佳发运店的规定，组织评选 1984 年度全国"最佳发运店"。经过全国收货店投票评选，新华书店重庆发行所、新华书店储运公司、新华书店上海发行所等单位被评为 1984 年度"全国最佳发运店"，并分获奖旗和奖金。

2月7日 总店副总经理郑士德，在总店接待团中央少先队工作委员会负责同志和其带领的 10 名少先队员。他们代表全国少先队员来到总店，感谢全国新华书店对红领巾读书读报奖章活动的支持和帮助。郑士德表示：为小读者服务是新华书店义不容辞的责任，书店今后要更多发行孩子们喜闻乐见的少儿读物，更好地满足全国小读者的需要。

2月8日 京所去年 9 月发函征订的《1985 年全国各类成人高等学校招生考试复习大纲》《各类成人高等学校招生考试复习丛书》，在做了大量宣传工作的情况下，截至目前，发行量高达 1 420 万册，平均每种 109 万册。

3月7日 总店向文化部出版局提出《关于调整民族出版社出版的图书进发货折扣的请示报告》。总店经与民族出版社协商，民族社出版的图书自 1988 年 4 月 20 日起，调整进发货折扣。京所 62 折进货，70 折发货。

3月上旬 京所《供应农村图书征订目录》改名后的《农村新书目》第一期出版，由京、津、沪三家发行所联合编印，4 开 8 版，征订京、津、沪三家发行所经办的 17 家出版社出版的各类农技书和家庭生活用书 111 种，印 20 万份（不含各省加印数）随专函分发全国各店。原农牧渔业部副部长刘培植为《农村新书目》题写了刊名。《农村新书目》宣传、推荐、征订工作得到了农业部宣传司、商业部供销合作指导司的支持，并联合下发通知，要求各地农业（牧渔）基层供销社等部门加强协作、配合，共同搞好发行工作。也得到了新闻出版署的支持，1990 年 2 月 21 日，新闻出版署办公室向各省、自治区、直辖市和计划单列市新闻出版局转发农业部教育宣传司、商业部供销合作指导司和新华书店总店 1 月 30 日联合发出的《关于做好〈农村新书目〉（第七期）宣传、推荐、征订工作的联合通知》。

《农村新书目》从 1985 年起至 1992 年，共编印 10 期，宣传征订农村需要的科技图书 1 123 种。各地县级店对该书目很重视，采取多种形式开展宣传征订工作，收到了很好的效果。

3月26日—4月2日 总店副总经理鲁明、处长刘力原等 3 人应邀访问日本，与日本出版贩卖株式会社商谈有关发行业务技术和人员交流事项。

4 月 3—12 日　文化部出版局召开的全国出版局（社）长会议在北京举行。京所经理高起成参加会议。7 月 15 日，中宣部转发文化部报送的《关于全国出版局（社）长会议的报告》。该报告在谈到图书发行体制改革时指出：图书发行体制改革的目标是要把图书流通环节真正放开、搞活，不断提高图书供应率，以缓解读者买书难的问题。并明确提出："要放开批发渠道，进一步改革渠道单一的状况。要继续实行国家、集体、个体一起上的方针，充分发挥新华书店的主渠道的积极作用，同时继续放手发展集体、个体书店、书摊等。要改变主要依靠征订包销的状况，积极推行联合寄销、试销、特约经销、自销等多种购销形式。"这是继 1983 年中共中央、国务院《关于加强出版工作的决定》中明确集体、个体书店的生存基础和依据之后，进一步明确了集体、个体书店的社会地位，并为不同所有制形式的书店提供了购销形式指导。同时，明确主张放开批发渠道，为出版社和新华书店发行所、发货店之外的发行单位介入图书批发业提供了政策依据。

4 月 15 日　《董必武选集》在全国各地新华书店发行。

4 月 27—29 日　为贯彻全国出版局（社）长会议精神，研究进一步推进图书发行体制改革，京所邀请上海、天津、重庆、湖北四家发行所及储运公司在北京召开业务座谈会。总店总经理汪轶千、副总经理赵国良应邀出席。王鼎吉主持会议，高起成传达了全国出版局（社）长会议精神。

4 月　总店总经理汪轶千、副总经理赵国良会见来访的苏联国际图书公司总经理列昂诺夫等二人，双方交流了各自国家的书业流通情况。

春夏之交　武汉大学图书发行管理学专业教师彭建炎、梁炎斌、李明先后到总店、京所、储运公司等单位调查实习数月，了解图书发行业务，为课程建设作准备。

5 月 2 日　文化部出版局发出《关于几类文学作品征订发行的通知》。《通知》规定：出版社出版的古旧小说、新武侠小说及据此改编的连环画等类图书交新华书店征订发行时，必须持有出版局的批准文件。这几类图书不得交集体、个体发行单位批发；未经批准，出版社亦不得自办批发。

5月14—15日　总店组织发行单位参加中国美术家协会、文化部在天津联合举办的第三届全国年画评奖活动。京所等8家新华书店获本届年画发行工作奖。会议期间，文化部出版局副局长刘杲听取了书店与会代表有关年画发行情况的汇报。

5月15—20日　中宣部出版局在济南召开全国图书评论工作会议。这是新中国成立以来的第一次书评工作会。参加会议的有部分省、自治区、直辖市党委宣传和出版部门、报刊社等单位的有关负责同志，共70人。中宣部出版局局长许力以、副局长伍杰出席并讲话。京所王鼎吉、孟乃青应邀出席，王鼎吉作了题为"做好新书评介，开展图书征订"的发言，介绍了京所编辑出版的"三目一刊"。

5月23—28日　总店副总经理赵国良、储运公司副经理李连仲等6人（包括设计院2人）赴日本，访问了东京日贩的王子图书流通中心和大阪西日本流通中心，对书库的土建工程和图书进、发货流程等进行了考察。

5月　京所被评为北京市1984年文明单位。

1986年1月，经文化部重新审查验收，京所又获得北京市政府颁发的荣誉证书，继续保留文明单位称号。

6月11日　文化部批复总店："为解决储运公司腾退征用生产队的仓库问题，同意在马连道新征地上建临时书库5 000平方米。所需资金和材料均自筹解决，请北京市规划局协助审批。"

6月25日　针对图书进发业务中不正之风的滋生蔓延，文化部发出《关于禁止图书发行工作中接受"回扣"的通知》。

6月26日　应21家出版社联合组成的首都社科出版单位发行研究会的邀请，京所王鼎吉、石玉歧、王道伟出席会议，共同探讨如何推进图书寄销的问题。王益、王仿子、陆本瑞、赵国良等出席会议。

7月4日　总店向各省店、发行所和储运公司转发铁道部《关于做好教材运输工作的通知》。《通知》要求各发货店积极配合铁路部门，对印装好的教材要及时收货，及时发运，不得积压；各省店要检查督促市、县店对教材的到货包件及时提取、拆包,供应学校,千方百计做到课前到书。

7月5日 由于图书调价幅度较大等原因,各地书店销售下降、库存大幅度上升,资金周转困难,出现向发货店大量减订、退订和拒付书款等情况。京所召开业务会议,经讨论决定采取及时处理调整单,办理好减订、退订和订数作废重新征订工作等多项措施,并向文化部出版局紧急报告各地书店大量减订和拒付货款等问题,以及各地书店大量退订、拒付货款,导致京所资金困难,现已不能按时给出版社付进货货款的情况。还向中央一级和北京地区出版社发去对调价幅度过大、延期过久图书的处理意见。7月23日,京所派人参加文化部出版局组织的调查组,去各地调查当前各地书店退订、减订、拒付书款等问题和了解图书供需情况。8月12日向国家出版局呈报《关于对调价幅度过大、延期过久图书处理情况的汇报》。13日,制定《新华书店北京发行所对出版社出书延期和定价调增过多的图书做寄销处理的结算办法》。8月27日,编发《京所简报》第14期,报送中宣部出版局、国家出版局和总店,再次反映图书征订数锐减、出版发行工作面临困难等情况,要求出版领导部门予以重视,采取积极措施来解决目前图书出版发行工作中出现的新问题。

7月15日 总店和中华全国总工会宣传教育部联合发出《关于做好1985—1986年度全国职工读书、自学活动推荐书目的宣传、征订工作的通知》,《通知》共推荐图书103种,由京所统一编目宣传征订。要求各省店与当地工会组织联系,共同做好推荐图书的宣传征订工作。

7月16日 文化部出版局发出《对当前图书发行工作中存在问题的意见》。《意见》指出:当前存在较突出的有两个问题,一是图书定价变动幅度较大;二是图书出版脱期严重。提出四条意见:一、出版社要按照"保本微利"原则,合理制定定价标准;二、对出版脱期问题,出版社和印刷厂要签订承担经济责任的印制合同,以利互相促进;三、各级新华书店要深入进行征订,积极推销好书;四、关于出书延期和变动定价问题,仍按《关于出版社和新华书店业务关系的若干原则规定》执行。

7月16—24日 总店副总经理郑士德在南宁主持召开《图书发行管理

学》定稿会，听取武汉大学、成都大学、广西商专、广西师范等几位副教授、教员对书稿的意见。

7月17日 文化部发出《关于出版社不要自行办理教材征订的通知》。《通知》规定：大中专教材和中小学课本（包括作教学用的教学参考书），仍由各地新华书店统一征订发行，出版社不要自办征订批销。已办教材征订批销业务的出版社，应将办理的情况通报有关新华书店，协商妥善的解决办法。

同日 京所同意中国出版对外贸易总公司提出的港版图书自办发行的要求，向各省级店及有关店发出《关于港版图书改由中国出版对外贸易总公司负责内地的总发行事》的通知。

7月19日 总店总经理汪轶千、副总经理郑士德，京所经理高起成、储运公司经理李增华等接待英国图书发展委员会英联邦理事会书商培训官员罗伯特·马丁，向他介绍我国图书发行的一般情况，并由有关人员陪同参观京所、储运公司和北京市几家新华书店。

8月7日，总店与罗伯特·马丁商谈1986年来华讲课的安排事宜。

7月25日 国务院批准文化部设立国家版权局，文化部出版局改称国家出版局。国家出版局与国家版权局为一个机构，两块牌子。

同日 文化部出版局发出《请调查研究新华书店经营活动的新情况》通知。通知说："由于最近一个时期来，各地新华书店纷纷反映在经营活动中，遇到不少困难，主要是图书销售有所下降（扣除调价因素），存货大量上升，资金贷款紧张，因此出现不少基层店向发货店调减订数，以致要求退货或拒付货款的现象。"通知要求各省、自治区、直辖市（文化）局（厅）、社加强对书店工作的领导，组织力量进行调查研究，提出解决问题的切实措施。8月25日，总店转发此通知。

同日 总店受国家出版局委托，与联合国教科文组织亚太区域图书发展办事处签署合同，在我国农村进行一次扩大图书销售方法的改革试验。

为此，总店与山东省店商议，选定黄县新华书店为改革试验地点，试验时间为8—10月。黄县新华书店精心组织，扩大宣传，发挥多渠道力量，开展优质服务。3个月共销售图书110多万册，59.9万元。册数比上年同期增长47%，金额增长89.60%；全县的人均购书，比上年同期增长46%。总店业务处处长刘力原撰写了《改革试验报告》，得到联合国教科文组织亚太区域图书发展办事处的好评。

7月31日 国家出版局发出《关于内地出版的香港新武侠小说不要向香港发行的通知》。

7月 为配合普及法律知识的学习，京所于1985年1月向全国布置征订法律版《职工法律常识读本》和《农民法律常识读本》，并做了大量宣传工作，各地新华书店进行广泛深入的征订，全国报订数达1 820万册。

8月5日 文化部发出《关于不得变相出版期刊的通知》。《通知》指出：今后对以丛刊名义变相出版的期刊，各级国营书店，以及集体、个体书店，均不得发行和经销。

8月13日 国家出版局发出《关于控制出版和发行裸体作品挂历的通知》。《通知》要求：控制出版和发行裸体作品挂历，任何单位不要选用裸体作品印制挂历，亦不准在市场上公开销售。

8月16日 由总店牵头，组织各省店、各发行所集资兴建的兴城疗养院举行开院典礼。疗养院占地91亩，设两个疗区，有200张床位。辽宁省店经理赵德祥兼任疗养院院长，杜春林、李文元任副院长。文化部部长朱穆之为疗养院题词："图书发行员之家"。

疗养院于1986年8月26—30日召开第三次董事会，会议对疗养院的管理工作作出决定：实行董事会领导下的院长负责制，行政领导工作委托辽宁省店行使管理职能。建设疗养院实际支出资金612.3万元，各董事店集资额为483.5万元，缺额128.8万元。会议决定不再向各董事店集资，缺额将从对外征集第3期工程中或转让部分床位集资款中加以解决。

8月20日 文化部发出《关于贯彻〈国务院关于严禁淫秽物品的规定〉的通知》。《通知》要求："所有国营、集体、个体书店、书摊及其他各类图书、报刊销售点，严禁出售淫秽书籍、报刊、画册、图片等印刷品。对限制发行的各类出版物，要严格按照规定范围发行，不得任意扩大。"

8月22日 总店为贯彻全国出版局（社）长会议精神，对改革图书购销形式和调整进发货折扣问题，向国家出版局提出书面建议。建议主要内容是：一、大中小学教材、党和国家的政策文件、领导人的著作、马列著作，以及内部发行读物，继续由新华书店实行统一征订包销。二、年画（包括年历画、门画、中堂画、挂历）也继续由新华书店实行统一征订包销，向出版社的进货折扣由 70 折降为 65 折。三、其他一般图书实行寄销，销售一年卖不完的退回出版社或另商处理办法；社店之间应签订产销合同。

8月26日 文化部召开部务会议，通知总店总经理汪轶千、副总经理郑士德参加。在朱穆之部长主持下，讨论撤销总店问题。汪轶千、郑士德表示，如果撤销总店，势将影响中央一级出版物在全国的发行，影响政治读物和农村发行工作的开展。但是部务会议决定：撤销总店。会后，撤销总店的决议报中宣部，中宣部部长朱厚泽未表态。

8月31日 由于储运公司收书和发运力量与当前出书情况不相适应，印装厂待送图书积压较多，京所高起成、王鼎吉、李俊杰去天津发行所，和津所经理谭盛田、关忠厚商定了由津所代收代发部分图书的办法。9月11日，京所和津所签订《新华书店北京发行所委托天津发行所代发图书协议》。

8月 新华书店储运公司拟定的马连道新库总体规划，经呈报总店及国家出版局审批同意，具体设计是兴建一座全国最大的现代化图书流通中心。具体工程项目规划：一、库区布局，分东西两区，东区 2.4 万平方米为储运库区，西区 5 470 平方米为办公生活区。二、储运库区的设计，兴建一幢总面积为 57 219 平方米的储运流通书库。三、书库高度和结构。四、书库内部布局。五、书库安装供冷、热风设施，人工采光照明。六、场地内铺设一条约 400 米长的铁路专用线与广安门火车站连接，场地南、西部设置铁路货台，便于装车。七、办公生活区的规划。

9月2—8日 总店总经理汪轶千接待来访的日本东京出版贩卖株式会社常务董事、副社长远藤健一等 4 人，双方交流了图书发行业务经验。

9月9—11日 总店与大连无线电厂在大连召开电子计价收款机使用经验交流会，全国大、中城市店代表 40 余人参加，讨论了进一步推广、使用电子计价收款机的问题。

9月10日 国家出版局召开会议，讨论《关于推行多种购销形式的初步方案（草案）》，会议由陆本瑞主持，说明此方案的主要精神是要促进推行寄销，京所裘树城、王鼎吉、潘国彦参加了会议。

9月14日 国家出版局为贯彻中宣部《关于认真做好邓小平、陈云同志两本重要著作发行工作的通知》，要求各级新华书店重新布置一次征订，并积极做好两本书的推荐、宣传工作。

9月18日 针对一些出版社争相出版连环画，重复品种增多、印数锐减、书店库存急剧上升的情况，国家出版局发出《关于改进连坏画出版工作的通知》。《通知》规定：不按规定范围出版的连环画，新华书店不予征订发行，出版单位也不得自办发行或通过其他渠道发行。

同日 国家出版局发出《关于职工中、初等文化课本不再统一征订的通知》。《通知》指出：今后职工中、初等文化课本不再统一编印目录征订，这类课本的出版发行工作，由各省、自治区、直辖市自行安排。

9月29日 国家出版局发出《关于加强 1986 年春季教材、课本出版、印刷和发行工作的通知》。《通知》指出：为贯彻落实中央领导同志关于"争取开学都有课本在手"的批示，切实为教育体制改革做些好事，各地、各有关部门都要把课本供应工作放在优先地位抓紧抓好。要求各级新华书店提前在人力、物力等方面做好教材、课本发运的准备工作。同时努力改善服务工作，尽量为学校提供方便。对中小学课本，书店要多设供应点，方便学校就近取书。对学校预订多余的教材、课本，各新华书店要采取积极措施，协助调剂、代售，并按照有关规定予以收退。

9月30日 团中央书记处书记李源潮和中国青年出版社、中国少儿出版社的领导及有关同志，来京所、储运公司考察调研。

9月 武汉大学图书发行管理学专业教师余世英到总店、京所、储运公司等部门熟悉图书发行业务及新华书店财务会计制度、财务管理方法，为课程建设作准备。

10月7日—1986年1月22日　总店在中央文化管理干部学院举办赴日研修人员预备班。学员来自部分省、市店，经过3个月的学习，分两批选送了11名学员赴日，在日本出版贩卖株式会社研修图书批发、储运、门市等发行业务，每批研修期为3个月。京所业务办公室干部郝惠文、新华书店储运公司技术科副科长李祥等第一批5人研修生于1986年7月5日赴日，10月2日回国。中国新华书店赴日研修生第二批6人于10月25日赴日，1987年1月底回国。

10月12日　国家出版局发出《严格控制描写犯罪内容的文学作品出版的通知》。《通知》规定：出版单位经上级主管部门认真审核批准出版的这类图书，应交新华书店发行，自办发行的要和新华书店协商取得同意，集体和个体发行单位可以零售，但不得办理批发业务。

11月4日　总店向国家出版局提出《关于改进"全国最佳发运店"评选方法的请示报告》。《请示报告》提出：由每年评选一次改为每三年评选一次，由全国统一评选改为分发行所、省级发货店、二级分发店三级评选。

国家出版局同意总店提出的改进意见，于11月24日，将报告转发各省、自治区、直辖市出版局（总社），要求在评选工作中，认真考核实绩，注重实效。

11月6日　国家出版局发出《关于当前图书发行工作几个问题的通知》。《通知》指出：经今年8月文化部部务会议讨论决定，对中央一级图书发行机构体制进行改革和调整：一、国家出版局成立发行处，作为政府行政管理机构的职能部门，加强对图书发行全行业的统一管理和指导。二、筹建中国图书发行协会，承担图书发行业务协调、信息沟通、干部培训、对外交流等任务。三、为改变政企不分或以企代政的状况，将总店的工作划归国家出版局发行处和中国图书发行协会，总店的名义暂予保留。四、京所和储运公司两单位合并，成为统一核算、独立经营、自负盈亏的经济实体，加强对中央一级出版社图书的采购批发工作。

此后，由于一些情况的变化，《通知》的第三、第四两项根据国家出版局的安排，停止实行。

11月11日—12月10日 总店总经理汪轶千于1985年11月11日写信给中共中央书记处书记胡启立并转呈中共中央总书记胡耀邦，就当前出版工作情况及存在的问题提出自己的意见。

胡耀邦总书记于11月16日就汪轶千的信作了批示，要求中共中央办公厅主任王兆国将汪轶千的信印成中共中央书记处例会文件，供会议讨论出版工作时一并研究。11月18日，中共中央书记处开会讨论出版工作。中共中央办公厅在12月10日印发的《中办通讯》第五期刊出了《中央书记处会议讨论出版工作问题的意见》（含汪轶千来信），给各省、自治区、直辖市党委，中央和国家机关各部委、军委各总部负责同志参阅，要求有关部门结合实际情况组织落实。

11月21日 总店向国家出版局写报告反映全国新华书店缺少流动资金问题，并抄报中宣部出版局。

国家出版局于11月28日，向中共中央书记处书记胡乔木提出《关于请求增拨银行贷款指标的报告》。胡乔木于翌日就批示："出版发行部门确实面临流动资金严重短缺问题，以致出书进书都发生很大困难，所请增拨银行贷款指标请予酌批。"该报告转至国务院副总理姚依林、国务委员兼中国人民银行行长陈慕华，批示："调剂解决。"

中国工商银行商业信贷部、国家出版局于12月3日联合发出《关于解决新华书店银行贷款的通知》，对新华书店购进大中专教材、中小学课本所需资金，可向当地工商银行申请贷款，经银行审查同意后，在信贷规模内积极给予安排。对经营年画、年历所需季节性贷款，银行可根据信贷资金能力予以支持。

11月25—26日 光明日报社召开出版发行工作座谈会。与会的首都出版发行单位负责人和中央有关部门负责人就如何进一步贯彻党的出版方针，解决当前出版发行工作面临的一系列问题进行了讨论，并提出了重要的建设性意见。总店总经理汪轶千、京所经理高起成、副经理王鼎吉参加了座谈会。

11月26日—12月2日 国家出版局在太原召开全国出版社总编辑会议，京所副经理裘树城出席。会议回顾了近几年出版工作的成绩，分析研究了当前存在的问题，严肃指出一些出版社由于受"一切向钱看"的思想影响，大量翻印武侠小说、古旧小说以及据此改编的连环画等问题。

12月上旬 京所营业楼新楼（西城区北礼士路54号）落成并投入使用。

12月15日 《刘少奇选集》（下卷）开始出版发行，印数为精装本2.8万册，平装本45万册，普及本144.6万册。

12月16—17日 中国民主促进会中央委员会文化出版委员会召开出版发行工作座谈会，京所副经理王鼎吉参加。座谈会就图书发行体制改革和如何协调好出版、发行之间的关系等问题进行了商讨。

12月19日 按照财政部《关于国营商业经营商品批发业务恢复征收营业税的通知》，1985年11月起，新华书店的系统内调拨和系统外批发业务，都要按毛利（进销差价）收入的10%缴纳批发环节营业税，各地书店纷纷反映税负过重，请求免征。总店为此，向文化部和国家出版局提出《关于请求免于征收图书批发环节营业税和增加国拨流动资金的报告》。财政部于1986年4月，批复文化部、广播电视部，同意文教部门所属商业盈利企业，凡需缴纳批发营业税的，缴纳的批发营业税，可以如数抵扣应交所得税，如不够抵扣的，由同级财政从企业收入中退库弥补。

12月24日—1986年1月2日 总店在北京召开高等院校图书发行学专业统编教材《图书进销学》编审会，各省店经理及有关同志参加了会议，分章节讨论了由北京市店编写的《图书进销学（初稿）》，并提出了修改补充意见。中宣部部长朱厚泽出席并讲话，中宣部秘书长李彦、出版局局长许力以，国家出版局局长边春光、副局长宋木文、党组成员陆本瑞等领导到会并听取了代表们不同意撤销总店机构的意见。1993年11月，《图书进销学》由高等教育出版社出版。

  同年 总店及在京直属单位固定资产（原值）1 327 万元，商品资金 1 486 万元。销售总额 62 066 万册，64 111 万元，利润 2 745 万元，利润率 4.3%。年末职工 1 092 人，其中总店 56 人。

1986 年

1月9日 1985 年以来的一个时期，图书市场有关性知识的图书又有抬头、泛滥之势。为此，国家出版局发出通知，重申控制性知识图书的出版。有关性知识的图书，一律由新华书店发行，出版社不得交给集体、个体书店批发、零售。

1月17日 国家教育委员会、国家出版局、国家工商行政管理局联合发出《关于严禁擅自编写、出版、销售学生复习资料的规定》。《规定》指出：一切出版单位、非出版单位（包括教育部门、学校）和个人，一律不准擅自编写、出版、印刷、销售中小学生用的各种名目（包括内部发行或公开发行）的复习资料、辅导材料、习题解答、练习册、习题集、升学考试模拟题等材料。为提高教师教学水平和中小学教育质量，国家教委委托有关教育部门和出版社组织编写的教学参考书、教学参考资料和教学挂图，须报国家教委批准后由指定的出版社出版。

总店根据《规定》要求，通知京所按照《规定》办理。

1月31日 由于受"双超"（即：实际出书定价超过估计定价 50%；实际出书时间超过计划出书时间 3 个月，印制工艺复杂、时间性不强的为 6 个月的）书和零售市场变化的影响，各地基层店向发货店和出版社大批退货，自去年下半年以来经常发生。为此，国家出版局发出《关于立即制止部分书店盲目退货的通知》。

1月 总店从全国新华书店系统发行的图书中，按销售量评选出 1985 年 10 种受读者欢迎的书。它们是《建设有中国特色的社会主义》《职工法律常识读本》《国民经济管理学》《建筑工程质量通病防治手册》《情爱论》《古文选译》《英语水平考试指南》《小学生词语手册》《幼儿识字》《上海棒针编结花样 500 种》。

4 月 25 日—5 月 3 日　国家出版局在北京召开全国图书发行工作会议。总店、各省店、各发行所的经理，以及部分县级店和出版社的代表参加，中心议题是图书发行体制改革。会上，代表们讨论了《关于推行图书多种购销形式的试行方案》《全国新华书店改革试行方案》《关于发展集体、个体书店和加强图书市场管理的暂行规定》等 3 个文件草案，并提出修改意见。国家出版局局长边春光主持并作重要讲话。中宣部部长朱厚泽、副部长李彦，文化部副部长宋木文，中宣部出版局局长许力以以及国家出版局副局长刘杲、顾问王益等领导出席并讲话。京所高起成、王鼎吉参加会议。

5 月 12—22 日　以中国出版工作者协会副主席许力以为团长，总店副总经理郑士德为副团长的中国新华书店访日代表团一行 6 人，应日本出版贩卖株式会社的邀请，前往日本进行为期 10 天的访问，参观考察日本的出版发行业。访问归来，《图书发行》报出版的《增刊》发表了郑士德撰写的《日本的图书产销关系》《日本的零售书店》。

5 月 19 日　国家出版局局长边春光、顾问王益和陆本瑞、高文龙、王俊国等莅临京所参观电子计算机，观看了电子计算机设备和听取情况介绍后，均表示满意，边春光、王益等要求京所加大力量进一步搞好开发工作。

5 月 22—24 日　总店受国家出版局委托，召开有京、沪、辽、晋、甘等省、市店和京所、储运公司参加的"企业类型划分标准"座谈会。书店企业类型划分标准，是根据文化部转发的国家经委划分企业类型协调小组的要求拟定的。总店综合座谈会的意见，并对类似企业进行了调查研究，向文化部提出了正式方案。

5 月 23 日　中宣部出版局局长伍杰、副局长袁良和赵含坤、张静山等来京所参观电子计算机，对京所引进电子计算机设备应用于图书发行业务表示赞许，并要求京所充分利用和发挥电子计算机的功能。

5 月　总店组织编写的高校试用教材《图书发行管理学》由高等教育出版

社出版。

6月13日　国家出版局、国家教育委员会联合发出《关于学校成批购买教材实行95折优待的实施办法》。《办法》规定：京所统一编印的《高等学校、中等专业学校教学用书预订目录》所列的全部品种，普通高等学校、中等专业学校在当地新华书店集体成批预订或补订的教材，实行95折优待，自1986年供应秋季教材起实行。学校95折购买教材得到的优惠折扣，应全部给予学生，学校不得占用。

6月18日　国家出版局专员陆本瑞向总店总经理汪轶千电话传达出版局党组的意见：考虑到目前正处在改革时期，京所、储运公司两单位的机构暂不变动，维持现状。在此前提下，如何调整领导班子，改进工作，请总店研究。总店仍是中央一级在京发行机构的管理单位，并要求总店将局党组的意见通知两单位。总店当即转告了京所、储运公司的领导。

6月　总店整理编辑的《图书发行统计资料汇编》（1981—1985）出版，分送中央及各省的有关领导机关和各省、自治区、直辖市新华书店。

7月1日　国家出版局发出《关于认真贯彻全国图书发行工作会议精神的通知》。《通知》指出：图书发行体制改革，特别是图书购销形式的改革，涉及各方面经济利益的调整和进发货业务的相应变动等问题，望各地加强领导，帮助解决工作中遇到的困难，并督促出版发行部门大胆地、创造性地进行探索和改革。新华书店要努力改进服务，积极扩大图书销售，提高图书征订覆盖率，把图书发行工作认真做好。《通知》附发《全国新华书店改革试行方案》《关于推行图书多种购销形式的试行方案》。

《全国新华书店改革试行方案》共4章20条。主要内容：一、坚持把社会效益作为发行工作的最高准则，同时也要注意经济效益，做到社会效益和经济效益的统一；二、发展横向联合，理顺发货店和销货店的关系，提高订货覆盖率，扩大图书销售；三、协调图书进销存的比例关系，千方百计采取促销措施，实现图书流转的良性循环；四、进一步扩大各级新华书店的自主权，推行和完善经营责任制，提高经营管理水平，增强企业活力，调动职工的积极性；

五、通过改革，搞好搞活图书发行工作，使新华书店真正起到主导作用。

《关于推行图书多种购销形式的试行方案》的主要内容是：一、征订包销：党和国家领导人著作、重要文献、统一规定学习的政治理论书籍，中小学课本和大中专教材，年画、年历、挂历、台历，内部发行的图书，控制发行数量的图书等五大类，实行包销，由新华书店负责总发行。其他图书经社店双方协议，可实行包销，或实行其他购销形式。实行包销的图书，发货店68折进货，75折发货；实行包销的教材，发货店70折进货，78折发货。二、征订经销：实行经销的图书，由出版社负责总发行，新华书店负责经销。发货店67折进货，75折发货。三、寄销：实行寄销的图书，由出版社负责总发行，新华书店负责寄销。货款结算时间改为2个月，发货店69折进货，77折发货，寄销期为1年，卖不掉的存书，如退回出版社，其退货费用由出版社负担。

国家出版局又于9月5日发出《〈关于推行图书多种购销形式的试行方案〉的补充规定》。

同日 新疆奇台县店营业楼建成开业，营业楼是总店用全国新华书店专项拨款兴建的，共3层，营业面积437平方米。

7月2日 经国家出版局（后改为新闻出版署）批复总店："同意《图书发行》报由1986年7月1日起改为公开发行。"此前，《图书发行》报以免费赠送形式，主发各地新华书店，每期发行近4万份。

7月7日 总店向国家出版局和中宣部出版局报送《关于武汉大学图书发行管理学专业干部专修科招生问题的报告》，希望批准武汉大学干部专修科在新华书店系统广泛招收考试合格的青年职工和优秀营业员，以保证该专修科能长期办下去。

7月10日 国家出版局副局长刘杲和出版处、计财处、外事处处长莅临京所参观电子计算机，刘杲鼓励京所进一步搞好计算机开发工作。

7月16日 总店总经理汪轶千及京所经理高起成会见到总店访问的日本讲谈社社长室部长佐藤，双方相互交流图书发行情况。

7月28日 国家出版局批复总店："同意裴树城任新华书店北京发行所经

理；宋金熹任新华书店储运公司经理。免去李增华新华书店储运公司经理职务。"

7月　武汉大学图书发行管理学专业教师黄凯卿利用暑期到京所、储运公司、总店调查了解新华书店电子计算机应用情况。

8月6日　文化部任命高起成为总店副总经理，免去其新华书店北京发行所经理职务。

8月7日　国家出版局发出《关于认真做好新版〈列宁全集〉征订工作的通知》，要求各级新华书店进一步提高认识，继续深入、广泛地开展宣传征订和补订工作，力争取得较好的效果。

8月7—13日　总店受国家出版局委托，在北京召开全国新华书店业务工作座谈会，部分省店和新华书店各发行所经理，各省店业务科长参加。会议就贯彻《关于推行图书多种购销形式的试行方案》《全国新华书店改革试行方案》，以及扭转订货萎缩等问题进行了深入讨论，并提出贯彻和改进意见。国家出版局副局长刘杲、顾问王益、专员陆本瑞，中宣部出版局副局长伍杰等领导到会讲话，总店总经理汪轶千主持会议。京所王鼎吉、徐家祥参加会议。

8月8日　国家出版局发出《关于清理连环画库存的通知》，对1984年1月1日以后出版的库存连环画进行清理。该通知指出，凡内容和绘印质量好的连环画，库存量较大，短期销不完的，可以降价处理。凡内容格调不高，情节离奇古怪，渲染打斗凶杀，或绘印质量粗劣的，应作报废处理。报废处理的损失，出版社承担60%，新华书店承担40%。报废处理的书目，要求在9月底前核定完毕。

8月13日　总店任命王鼎吉、石玉岐、徐家祥为新华书店北京发行所副经理。

8月14日　总店任命李增华（正处级）、王栋石为新华书店储运公司副经理。

8月16日　国家出版局召开贯彻执行全国图书发行会议精神大会。中央一级和北京地区出版社的代表参加大会。总店汪轶千、赵国良，京所高起成、裘树城、王鼎吉、徐家祥参加大会。高文龙着重具体解释了《关于推行图书多种购销形式的试行方案》，裘树城就京所如何贯彻执行《方案》发言。

8月19日　国家出版局局务会议，原则同意总店、京所、储运公司设总会计师，按干部管理权限报批。

总店任命李俊杰为京所总会计师，任命唐士田为储运公司总会计师（副处级）。

8月22日　国家出版局发出《关于进发货折扣调整时间问题的通知》。《通知》指出：出版局颁发的《关于推行图书多种购销形式的试行方案》中规定："进发货折扣的调整，从1986年10月1日起按新的规定执行。"鉴于进发货工作的过程，北京地区的进发货折扣的调整时间，改自9月1日开始。各地提前多长时间，由当地出版行政管理机关根据实际情况决定。

同日　国家出版局发出《关于颁发从事新华书店工作30年人员荣誉证书的通知》。《通知》规定颁发的范围和人员为截至1986年12月31日从事新华书店工作累计满30年者。荣誉证书由总店统一印制，由各省、自治区、直辖市出版（文化）行政机关负责颁发。

8月30日　国家出版局批复总店："同意你们实行经理负责制试点。建立总店管理委员会，其成员由正副总经理和党委书记（或副书记）组成。管理委员会由总经理主持。贯彻民主集中制原则。""同意在新华书店北京发行所、储运公司试行经理负责制。同时建立管理委员会，其成员由正副经理、总会计师和党委书记（或副书记）组成。由总经理主持管理委员会。管理委员会实行民主集中制原则。两单位要建立和健全职工代表会，发挥其监督作用。"总店于9月3日将国家出版局批复的意见通知了京所和储运公司，要求两单位按批复意见贯彻执行。

9月3日　国家出版局批复总店："同意北京发行所设副牌新华书店电子技术开发公司。"总店任命裘树城兼任新华书店电子技术开发公司经理，刘景海任副经理，伏政民任调研员。

9月8日　总店对内部机构和干部任职进行了调整：教育人事处分为人事

处、教育处；业务处、研究室合并为业务处；设立经理助理。干部任免为：郭俊卿任经理助理，免去其办公室主任职务；任命徐文娟为教育处处长，免去其研究室副主任职务；任命王旭为教育处副处长，免去其教育人事处副处长职务；任命王丽为计财处副处长，任命梁英为编辑处副处长；任命赵新民为办公室副主任。

同日　国家出版局发出《关于新华书店系统增加第三产业增加值和固定资产原值统计指标的通知》，决定在《图书发行流转半年（年）报》中增加补充第三产业增加值和固定资产原值资料收集、填报、上报的具体内容，要求各级新华书店认真贯彻执行。

9月9日　国家出版局发出《关于发展集体、个体书店和加强管理的原则规定》。《规定》指出：在当前和今后一个时期内，在积极发展国营图书发行网点的同时，要大力发展集体、个体书店，组成以新华书店为主体、多种所有制形式为补充的，星罗棋布的图书发行网。《规定》要求国营出版发行部门积极向集体、个体发行网点批发公开发行的书，但不得批发"内部发行""限国内发行"的图书。

9月15日—10月15日　应中国出版工作者协会聘请，英国出版商协会图书发展委员会书商培训官员罗伯特·马丁来华，由总店主持在北京、上海向我国新华书店和图书进出口单位业务人员讲授英国及西方其他国家的图书销售知识和图书进口信息等课题。

9月17日　总店对京所批复："同意你所管理委员会由裴树城、王鼎吉、石玉岐、徐家祥、邓用忠、李俊杰六位同志组成，由裴树城同志主持管委会工作。"

同日　总店对储运公司批复："同意你公司管理委员会由宋金熹、李增华、王栋石、唐士田、李连仲五位同志组成，由宋金熹同志主持管委会工作。"

9月　国家出版局发文批准总店关于庆祝新华书店成立50周年的计划。

10月4日　国家出版局发出《关于处理"双超"图书的原则规定》。《规定》要求：出版社、发货店要本着为基层新华书店排忧解难的精神，重点对1985 年以来的"双超"图书进行一次清理，主动承担各自应负的责任。从现在开始，凡确属"双超"的图书，发货店在未与出版社研究合理的解决办法前，不要向基层店发货，原则上应重新征订或商议其他办法处理。

10 月 6 日 国务院发出《关于恢复国家出版局为国务院直属局建制的通知》，决定将文化部所属的国家出版局恢复为国务院直属机构。总店直属国家出版局领导。

10 月 10 日 国家出版局发出《对当前图书发行改革中出现的一些错误倾向的通报》。《通报》指出：近来，部分新华书店未经上级主管部门同意，擅自对全国统一的规章、办法作了修改，并联合或单独向各地新华书店行文强求执行。《通报》要求：图书发行体制的改革必须在全国统一部署下，有领导、有组织地进行。在上级领导部门未作出新规定前，应严格按照规定执行，而不应以任何借口拒不执行或擅自改变。《通报》指出，各省出版行政领导部门要加强对所属出版发行部门的领导，采取妥当的方式挽回不良影响。

10 月 11 日 国家出版局召开会议，商谈如何解决当前订货萎缩问题，总店、京所和北京市店负责人参加了会议。京所在会上汇报了当前订货萎缩的具体情况及所采取的各项措施。

10 月 14 日 京所和宣武区教育局所属第三产业建立代发货关系，定名为新华书店北京发行所代发部。

11 月 6 日 总店就在新华书店系统推行图书征订经销合同的问题，邀请人民、文学、中青、人民大学、中国建工等 12 家在京主要出版社负责人座谈，对京所提出的《出版社、北京发行所图书征订经销合同（初稿）》进行了讨论。与会出版社希望京所和储运公司在图书的征订、宣传、收发货、信息反馈等方面为推行图书经销制创造必要的条件。会上，京所和储运公司经理介绍改进宣传征订及发运工作的打算。国家出版局发行处处长高文龙、副处长王俊国、京所和储运公司负责人出席会议。会议由总店总经理汪轶千主持。

11 月 12 日 国家教育委员会、国家出版局联合发出《关于高等学校出版社出版的教材发行工作的补充通知》。《通知》规定：出版有关部委教材规划中的教材，均应刊登新华书店教材统一征订目录，由新华书店负责总发行，实行征订包销。出版各校自编教材，出版社认为宜于在新华书店教材统一征订目录上征订的，经国家教委或出版社上级主管部门批准后，可刊登新华书店教材统一征订目录，由新华书店征订包销。出版其他自编教材，由出版社联合编印或自编征订目录向各校征订发行。

11月14日 总店副总经理高起成会见以巴巴拉·希尔为团长的世界银行东亚太平洋地区教材开发考察团，并向他们介绍我国发行业组织机构、运营流程及教材征订发行情况。

11月24日 总店原副总经理程刚枫在北京病逝，享年67岁。

11月26日 经国家出版局分党组和文化部直属机关党委批准，中共新华书店总店临时委员会由汪轶千、王印德、郑士德、邓用忠、李增华等5位同志组成，汪轶千任书记（兼职），王印德任专职副书记。

经文化部党组11月8日会议研究，决定王印德的职级由正处级提升为副局级。

11月26—28日 总店在北京召开全国新华书店电子计算机应用经验交流会。各省店、各发行所、储运公司代表参加，中宣部出版局、国家出版局、武汉大学图书情报学院有关领导应邀出席。会议交流各地新华书店使用电子计算机的情况和经验，讨论发行所与省店以及省级店之间利用软盘传送数据的统一技术要求，研究在新华书店系统推广应用电子计算机的长远规划。

12月10日 经总店批准，由新华书店储运公司负责筹建的新华书店图书流通中心奠基。国家出版委员会主任王子野、中宣部出版局局长许力以、总店总经理汪轶千和日本出版贩卖株式会社董事会会长杉浦俊介等参加图书流通中心奠基仪式。图书流通中心在筹建过程中，"日贩"在技术设计和人员培训等方面给予了帮助。图书流通中心位于北京广安门外马连道，主体工程为一座总面积5.7万多平方米的现代化建筑，第一期工程计划1988年底竣工。

12月13—18日 经国家出版局批准，总店在北京召开第二届全国图书发行教育工作会议，各省店（发行所）、储运公司及武汉大学、文化部文化管理干部学院代表参加。会议交流企业办学经验，讨论"七五"教育工作规划及中等专业教学计划和教学大纲。

会前，总店于 9 月 24 日，在济南召集部分省、市店代表讨论为会议提供的《图书发行中等专业教学计划和教学大纲》初稿。

12 月 26 日 国家出版局同意总店管理委员会由汪轶千、郑士德、高起成、王印德、郭俊卿、李廷真、刘青轩等 7 人组成。

同日 总店邀请光明日报社、中国青年报社、中央人民广播电台、京所、北京市店及博览群书杂志社等 7 家单位，共同评选 1986 年全国优秀畅销书，并在国家出版局礼堂召开在京新闻单位和有关出版社参加的新闻发布会。国家出版委员会主任、中国出版工作者协会主席王子野向入选图书的出版社颁发证书。

被评为社会科学优秀畅销书的是《周恩来传》《干部法律知识读本》《前方来信》《宽容》《当代干部小百科》《管理心理学》《性格组合论》《唐山大地震》《婴幼儿小百科》《学围棋》等 10 种。

被评为科学技术优秀畅销书的是《现代工程师手册》《机械工人切削手册》《简明施工手册》《BASIC 语言》《新编药物学》《盒式录音机检修 200 例》《现代家具图集》《上海毛衣新款式》《家常菜 300 款》《农村家庭科学养兔》等 10 种。

同年 总店副总经理郑士德两次走访新华书店最早的负责人涂国林，反复查阅《解放》（周刊）和《新中华报》等历史文献，通过多方面的人证、物证，确定新华书店成立于 1937 年 4 月 24 日。以总店名义写出报告，经国家出版局局长边春光报中宣部批准，总店开始筹备新华书店成立 50 周年纪念活动。

同年 总店及在京直属单位固定资产（原值）达 1 765 万元，商品资金 1 589 万元。销售总额 44 016 万册，62 534 万元，利润 1 517 万元，利润率 2.4%。年末职工 1 146 人，其中总店 56 人。

1987 年

1月3日　总店管委会学习《国务院关于深化企业改革，增强企业活力的若干规定》，根据"要停止行政性公司管理企业的职能，促进其尽快转为经营型或服务型的经济实体"的精神，主动写报告，总店由管理型向经营型转变，将总店及直属单位京所、储运公司三个单位合并成为一个经济实体，仍沿用总店名义。总店是1937年在延安由中共中央党报委员会成立的，希望保留这个历史形成的名称。于1月15日正式向新闻出版署呈送《关于总店、京所、公司三个单位合并为一个经济实体的请示报告》。

1月5—9日　中宣部在北京召开全国图书发行体制改革座谈会。中心议题是进一步明确图书发行体制改革的指导思想，交流改革经验和改革设想，加强对发行体制改革的领导。会议提出，当前改革发行体制主要是搞好两头：一、给基层新华书店以自主权，实行各种形式的经营责任制，包括承包、租赁，调动经营者和职工的积极性。二、搞活批发渠道，既在新华书店系统进行改革，使之适应新形势，更好地发挥主渠道作用，又要在大城市逐步形成几个批发中心，形成开放的批发渠道。国家出版局负责人，各省、自治区、直辖市宣传部长，12个省、自治区、直辖市出版局（总社）长，人民出版社、总店负责人以及北京、四川、安徽、南京等省、市店经理参加了会议。总店由总经理汪轶千参加。

1月12日　总店向各地新华书店发出《关于做好教材、挂历的包装发运工作的通知》。《通知》要求：一、严格执行图书运输包装规格标准。二、提高装运挂历货箱的质量。三、按规定时间发运，超过规定时间要作快件发运，以保证教材课前到书，挂历适时销售。

1月15日　《社科新书目》自172期起改版，将"新书预告""订购单"，以及内部使用的"订单"中的征订图书，全部按图书知识门类编号排列，改变了长期来以出版社为次序的排列方式，以便于书店和读者按知识门类选择订货。为便于图书发行工作实行计算机管理，《社科新书目》《科技新书目》《标准新书目》上征订图书前面的"期序号"统一改为"图书征订代码"。

1月17日　京所受总店委托召开京所开发应用电子计算机记者招待会，介绍京所开发应用计算机的情况。京所的这套计算机设备，1985年由日本引进，主机为M-240D，运算速度为每秒150万次，软件操作系统为VOS3，带有满足图书进发业务处理要求的各种支持软件及多种高级语言。京所经理王鼎吉会上作了题为"开发应用电子计算机，实现图书发行管理现代化"的情况汇报。国家出版委员会主任王子野、中宣部出版局局长许力以应邀到会并讲话，总店总经理汪轶千、副总经理高起成出席会议。在京各大报、中新社、中央电视台、中国国际广播电台、北京电视台、中央和北京的人民广播电台均派记者参加，在当晚和次日的电视节目中播出。《人民日报》《光明日报》《中国日报（英文版)》《经济日报》《北京时报》和《北京晚报》均在显著位置予以刊登。香港《大公报》和该报海外版、香港《信报》《虎报》《经济导报》、新加坡《星岛日报》《菲华日报》、泰国《联合报》、加拿大《大汉公报》、日本《读卖新闻》、美国《纽约日报》、法国《欧洲日报》均予转载，一时天下皆知。这一系统的应用被《电子报》评为1989年中国9个"电子计算机之最"之一。联合国教科文组织、国际ISBN组织均派人来考察过。日本多家同行，朝鲜等国也多次来人参观。京所电子计算机的应用，很快推动了各省、市店电子计算机的购置和使用。

1月20日　经总店管委会研究，同意任命李祥为新华书店储运公司副经理。

1月21日　中华人民共和国新闻出版署成立，为国务院直属机构，负责全国新闻、出版事业的管理工作。原国家出版局撤销，国家版权局保留。总店为新闻出版署的直属单位。

1月23日 总店向有关省店发出《关于武汉大学图书发行管理学专业1983级毕业实习、社会调查的有关事宜》的通知，指示："武汉大学这个专业1983级（即今年暑期首届本科毕业生）的毕业实习、社会调查，春节后即将在北京、上海、南京、长沙等地进行，现将武汉大学制定的毕业实习、社会调查计划转发给你们，请你们考虑由领导同志（经理或副经理）1人、工作人员2人（指导教师）和学校领导教师及学生代表各1人组成实习调查领导小组，负责组织实行调查，同时还要安排好他们的食宿等生活事宜。"

2月9日 新闻出版署发出《关于加强和改进毛泽东等老一辈革命家著作发行工作的通知》，要求各级新华书店高度重视毛泽东等老一辈革命家著作的发行工作，认真做好预订、发行和门市宣传供应，把这类著作列入新华书店的常备书目。

2月26日 新闻出版署向中央一级有关出版社，各省、自治区、直辖市新闻出版局和总店发出通知，要求认真做好《建设有中国特色的社会主义》（增订本）和《坚持四项基本原则，反对资产阶级自由化》两本重要文献的出版发行工作。

3月14日和8月18日，新闻出版署又分别发出通知，要求新华书店对两本书采取分配办法供应各地，并作为常备书，做到常年有书陈列。截至7月30日，全国共印发《建设有中国特色的社会主义》（增订本）1 429.9万册，《坚持四项基本原则，反对资产阶级自由化》1 236.6万册。

3月5日 总店向新闻出版署、国家统计局报送1986年全国图书发行统计年报。1986年全国图书销售共计572 824万册、388 337万元；与上年同期相比，册数下降6.3%，金额增长15.9%。在图书销售总额中，新华书店系统销售327 692万元，较上年销售增长了11.2%；出版社自销和其他渠道销售的图书60 645万元，较上年增长了50.15%。新华书店系统销售图书占全行业销售的比重，从1985年的87.9%降到1986年的84.4%。

从销售分类看，各类图书销售册数除图片类较上年增长3%外，其他类较上年均呈下降趋势。少儿读物类和文化教育类的册数降幅最大，分别比上年同期下降 27.5% 和 25.3%，码洋减少了 9.4% 和 1.6%。

3 月 15 日—4 月 29 日　总店委托武汉大学图书情报学院为新华书店系统举办计算机培训班，全国 28 个省、自治区、直辖市新华书店的 55 名学员参加了为期一个半月的强化培训。

3 月 26—29 日　京所与中央一级、北京地区 160 家出版社在秦皇岛联合创办全国第一届图书看样订货会，共展出图书、音像制品 8 200 多种，全国各省店和许多市、县店的进销人员共 1 500 多人参加看样订货。4 天时间，仅图书一项（音像、年画等未计算在内）成交订货码洋 1 600 万余元。

3 月 26 日举行开幕式，由京所经理裘树城主持，中宣部出版局局长伍杰、秦皇岛市副市长张玉书、人民文学出版社副社长江秉祥、中国建筑工业出版社社长周谊和总店总经理汪轶千为会议剪彩。京所副经理徐家祥致开幕词，伍杰等领导讲话。

订货会期间，召开各省店经理、业务科长座谈会，就京所即将实行的订单直报等问题进行商议，汪轶千出席并讲话。

新华社、《人民日报》、《光明日报》、中国新闻社、《北京日报》、《北京晚报》、中央电视台、中国国际广播电台的新闻工作者莅临采访。

中央电视台经济部同志 4 月 27 日来京所放映题为《繁荣出版事业，活跃图书市场》的、以秦皇岛图书看样订货会为中心内容的专题电视报道。中宣部出版局副局长袁良、出版处处长张静山、新闻出版署发行管理局副局长高文龙、总店总经理汪轶千、副总经理高起成、京所经理室和有关部门、部分出版社等各方面的同志，观看电视报道，并对其编排内容进行讨论。

4 月 18 日　京所试行图书征订单由基层新华书店直报，这是减少中间环节、缩短征订周期、加快图书流转的一项改革措施。为此，总店转发《新华书店北京发行所〈关于实行图书征订单由基层店直报的试行办法〉的通知》，请各省店做好宣传和指导工作，同时要求其他发货店也参照这项办法，试行订单直报。

4 月 24 日　总店在全国政协礼堂隆重举行新华书店成立 50 周年纪念大

会。中共中央书记处书记邓力群、全国人大常委会副委员长严济慈、全国政协副主席赵朴初等党和国家领导人以及首都出版、印刷、发行界老前辈、老同志，全国新华书店代表共 500 人出席，总店副总经理郑士德主持会议，总经理汪轶千以《新华书店 50 年发展历程》做主题报告。中宣部副部长李彦、新闻出版署副署长宋木文、中国出版工作者协会名誉主席陈翰伯先后讲话。1937 年在延安创建新华书店的负责人涂国林和 50 年代任总店总经理的王益分别讲了话。到会的有在延安等解放区从事过新华书店工作的领导同志李文、周保昌、常紫钟等。大会还向全国 1.1 万多名从事新华书店工作 30 年以上的在职和离退休的职工代表，授予由新闻出版署颁发的荣誉证书。

为纪念新华书店创建 50 周年，党和国家领导人邓小平、胡耀邦、李先念、陈云、胡乔木、邓力群、王任重、黄华、谷牧，首都文化艺术界名人以及有关部门负责人题写了诗、词。邓小平、胡耀邦分别为总店编辑出版的《新华书店五十春秋》（店史集）和有 1 200 多幅照片的《新华书店五十年》（图片集）两本书题写书名。

邮电部同日发行"新华书店成立 50 周年邮资纪念封"。

4 月 24 日—5 月 3 日 总店在北京中国美术馆举办"全国新华书店职工书法、绘画、摄影作品展览"。此前，总店共征集各地书画、摄影作品 5 000 余件。经总店于 2 月 20 日在昆明召开的"全国新华书店职工书法美术摄影作品评审会"上专家们反复评审、逐级筛选，最终选出 215 件参展作品与首都观众见面。4 月 24 日上午，全国人大常委会副委员长周谷城、国家出版委员会主任王子野、新闻出版署副署长宋木文等领导出席开幕式并为画展剪彩。著名书法家赵朴初、舒同、启功、魏传统、费新我、李铎等为展览题字，著名书法家沈鹏为展览题写展名。展期 10 天，共接待观众 4 万人次，受到首都出版界、发行界、美术界及社会各界的重视和好评。

在隆重纪念新华书店创建 50 周年之际，党和国家领导人、中央有关部门负责同志和著名书法家为纪念活动题写书名、祝词，内容分列如下：

中共中央政治局常委、中央顾问委员会主任、中央军委主席邓小平为总店编辑出版的店史集题写书名："新华书店五十春秋"。

中共中央总书记胡耀邦为总店编辑出版的全国新华书店图片集题写书名："新华书店五十年"。

中华人民共和国主席李先念题词："做好图书发行工作，为两个文明建设服务。"

中央纪律检查委员会第一书记陈云题词："全心全意为读者服务。"

中共中央政治局委员胡乔木题词："新华书店的五十年，是光荣的五十年。在社会主义精神文明的园地上辛勤劳动，努力学习，力求进步的园丁，永远值得人们感谢！"

中共中央书记处书记邓力群题词："知识就是力量。感谢新华书店全体同志为传播知识付出艰辛劳动。"

全国人大常委会副委员长王任重题词："为我国社会主义精神文明建设作出更大的贡献。"

全国人大常委会副委员长黄华题词："书香世家，时代前驱。"

全国政协副主席、中国书法家协会名誉理事赵朴初题诗："数不尽半世纪的功勋，拔三山建四化都有你的份。新华书店啊！感谢你的辛勤。在那民族存亡的关头，在那迷雾漫天的光景，你的诞生，你的事业，你的披荆斩棘的图书发行，把那振聋发聩的雷音，送到了亿万人民耳中心里，激起了五湖四海波翻浪腾，值得千百遍回头啊。那清凉山上的参天塔影，如今一幅庄严伟大的新蓝图，照临着每一个炎黄子孙。高度的物质文明，高度的精神文明，祖国的统一，世界的和平，这无比光荣的任务，正策勉着我们，正激励着你们。新华书店同志们啊，祝你们不断前进日新又新。祝你们书店长留天地，丹青照耀古今。"

国务委员谷牧题词："努力为人民提供更多更好的精神食粮。"

文化部部长王蒙题词："办好图书发行，促进精神文明。"

中宣部副部长李彦题词："适应我国社会主义现代化建设的需要，发扬图书发行工作的优良传统，积极改革图书发行体制，开创图书发行工作的新局面。"

中国出版工作者协会主席、国家出版委员会主任王子野题词:"解放思想,开拓前进。"

国家出版局局长边春光题词:"发扬传统,开拓前进,竭诚为读者服务。"

中宣部出版局原局长许力以题词:"精神文明传播基地。"

国家出版局顾问王益题词:"不断改革,不断创新,为开辟中国式的社会主义的图书发行工作新道路而努力奋斗。"

总店原总经理王璟题词:"在战火中诞生,在战斗中成长,在建设中发展壮大,在改革中开拓前进。"

中国书法家协会名誉主席舒同题词:"继往开来。"

中国书法家协会主席启功题诗:"创建五十年,业大功劳大。印刷有数量,发行有规划。读者要啥书,不用多说话。新华书店中,全是新文化。"

中国书法家协会理事费新我题词:"图薮书山,百城富有,星罗棋布,四海盈开。"

中国书法家协会理事李铎题词:"书是照亮人们心灵的阳光,书是打开知识宝库的钥匙。"

中国书法家协会理事魏传统题诗:"十万职工传智力,难忘创业清凉山,献身何惧辛劳苦,奋发还须百尺竿。"

同日 京所向全国新华书店发出《为了实施计算机管理的需要,试用统一"订数调整单"、"添单"的通知》。

5月6日 总店于1986年年底召开的全国图书发行教育工作会议上修订的《中等学校图书发行专业四年制教学计划》和《成人中等学校图书发行专业两年制教学计划》,经新闻出版署签发给各省、自治区、直辖市新闻出版局,要求在各有关中专学校中试行。

6月28日,上述教学计划中的《图书发行学基础》《图书发行企业管理》和《图书进销业务》等10门主要专业课程的教学大纲由新闻出版署签发给各地,要求与教学计划配套试行。

5月7日　新闻出版署副署长王强华、副秘书长兼研究室主任梁衡、局级调研员顾永高等领导莅临京所参观电子计算机。

5月26—30日　北京、上海、天津、重庆4家发行所在重庆联合召开《科技新书目》宣传使用经验交流会。四个发行所经理（副经理）王鼎吉（京所）、汪天盛（沪所）、谭盛天（津所）、吴茂许、邓小华（渝所）共同主持会议。出席会议的有除西藏外的各省、自治区、直辖市和省会、自治区首府所在地的新华书店，以及部分市（地）、县店的经理（副经理）或业务负责人，此外，还有京、津、沪、渝19家科技书出版社的负责人、部分读者单位代表共130人。

新闻出版署特邀顾问、总店原总经理王益出席并作长篇专题报告。中宣部出版局副局级调研员赵含坤、四川省委宣传部新闻出版处长陈沸兴、重庆市委宣传部常务副部长王先高、重庆市出版总社副社长夏诚莅会并讲话。总店业务处副处长罗敏君参加会议。

6月25日　新闻出版署职称改革工作领导小组批复，同意总店会计、统计人员职称评审委员会由以下同志组成：主任委员汪轶千，委员（按姓氏笔画序）：马静之、刘青轩、李俊杰、唐士田、徐明琛、陶德。该评审委员会可评审初级职称。

7月16日　新闻出版署署务会议决定：新华书店总店、北京发行所、储运公司3个单位合并。有关问题决议如下：一、合并后机构名称为新华书店总店，其性质为中央一级图书发行企业，仍属司局级建制，直属新闻出版署领导。原国家出版局委托总店承担的几项任务，暂不变动。二、同意总店内设办公室、研究室、第一发行部、第二发行部、储运部、电子技术开发公司、人事保卫处、计划财务处、行政处。可用新华书店总店北京发行所、新华书店总店科技发行所、新华书店总店储运公司的名义对外开展业务。三、新组建的新华书店总店要坚定地走企业化道路，实行"三保一挂"的承包经营责任制。四、筹备小组仍可保留。五、三个单位的合并工作，由汪轶千负责，郑士德、高起成协助。

总店汪轶千、郑士德、高起成、刘青轩四位同志可列席署务会议。

7月23日 京所向中央一级和北京地区出版社发函《请进一步确定实行何种购销形式》，要求各出版社明确今后出版的图书，交京所征订发行，可实行征订包销、征订经销抑或实行其他购销形式。

7月30日 新闻出版署、广播电影电视部、文化部、公安部、司法部、国家工商行政管理局、轻工业部、铁道部、交通部、邮电部、中国民用航空局、财政部联合发出《关于贯彻落实国务院〈关于严厉打击非法出版活动的通知〉的通知》，提出了11条措施。

7月 我国首届图书发行专业大学本科毕业生经过4年学习，在武汉大学毕业。60名毕业生中4人留校，3人考上研究生，2人分配到新闻出版署；其余51人分配到总店，新华书店北京、天津、重庆发行所和北京、四川、广东、湖北、陕西、甘肃、江西、福建、山西等17个省、市店工作。

8月11日 京所和中国环境科学出版社联合举办《英汉科技词天》出版发行座谈会。全国政协副主席雷洁琼、民进中央副主席叶至善，人民大学教授顾康乐、许孟雄，新闻出版署发行局副局长高文龙及《词天》主编王同亿等出席并讲话，总店总经理汪轶千、副总经理高起成，京所经理裘树城、副经理王鼎吉、徐家祥，北京市店经理王健生等出席会议。徐家祥、王健生分别介绍针对《词天》一书的扩大宣传征订所采取的措施。

8月12日 新闻出版署向各省、自治区、直辖市新闻出版局、中央一级出版社发出《请向新华书店总店提供图书发行统计报表》的通知。《通知》说："我署成立后，全国图书发行统计工作仍授权新华书店总店承担。要求各省、自治区、直辖市新闻出版局督促所属有关单位及时、准确地向新华书店总店提供图书发行统计报表"。

8月13日 新闻出版署决定，新华书店总店、北京发行所、储运公司3个单位合并后，汪轶千任总店总经理，郑士德、高起成任副总经理。

8月28日 新闻出版署决定，刘青轩任总店总会计师（副局级）。

9月8日 新闻出版署职称改革工作领导小组批复，同意总店出版专业人员职务评审委员会由以下同志组成：主任委员汪轶千，委员：方厚枢、陆本瑞、邵益文、宋培真、郑士德、茹让。该评审委员会可评审中级以下（含中级）职务。

10月1日　新华书店总店与北京发行所、储运公司正式合并，成为中央一级图书发行企业，名称为新华书店总店，仍属司局级建制，实行总经理负责制，直属新闻出版署领导。总店内设办公室、研究室、第一发行部（对外名称为新华书店总店北京发行所）、第二发行部（对外名称为新华书店总店科技发行所）、储运部（对外名称为新华书店总店储运公司）、电子技术开发公司（1988年改称电算部）、人事保卫处、计划财务处、行政处等9个部门，共有职工1 100人。办公地址：除储运部、研究室在北礼士路135号外，总经理室及其他部门都在北礼士路54号。

总店总经理聘任的各部、处、室负责人：总经理助理（正处级）李廷真、裘树城、王栋石；办公室主任罗敏君，副主任姜雨生、马乃香；研究室主任宋金熹，副主任徐文娟（正处级）、梁英；第一发行部经理王鼎吉，副经理石玉岐、吴道乾、刘艳春；第二发行部经理徐家祥，副经理谭子谦、崔福海；储运公司经理王栋石（兼），副经理李祥、李长林、司祥；电子技术开发公司经理裘树城（兼），副经理伏政民（正处级）、刘景海；人事保卫处处长邓用忠，副处长李会堂、李雪云；计划财务处处长郭俊卿，副处长李俊杰、王丽；行政处副处长张永年、赵新民、尚玉锁。《图书发行》报总编辑郑士德（兼），副总编辑梁英（兼）。书目报编辑部（《社目》《科目》《标目》）总编辑孟乃青（副处级）。根据工作需要，聘请李增华、宋培真、刘力原为正处级调研员，王旭、王道伟、温金山、马静之、李连仲、王兵山、王玉田为副处级调研员。

总店与所属单位合并为一个经济实体后，继续承担原国家出版局委托的任务如下：培训干部、编写教材；编辑出版《图书发行》报、交流信息；调查研究、反映情况、提出建议；制定规章制度、协调图书进发货业务；负责图书发行全行业的统计工作；对外进行友好交往和业务交流，以及国家出版局委托的其他事项。

10月5日 总店由大柳树宿舍楼迁至北礼士路54号办公。

10月7日 总店总经理汪轶千、副总经理高起成等会见来访的日本出版贩卖株式会社社长杉浦俊介等3人。

10月12日 为适应图书发行改革的需要，研究图书储运工作面临的问题，新华书店第一届南片储运协作会在四川省峨眉县召开。南片各省级店、发行所，总店储运公司及北片部分省级店的代表出席了会议。

10月20—30日 第五届全国科技出版社社长、总编年会在重庆召开。总店科所（总店第二发行部）经理徐家祥参加会议。

10月24日 总店总经理汪轶千、副总经理高起成接待来访的日本户田书店出版发行业考察旅游团部分成员，参加座谈会的还有赵国良、刘力原、王栋石、李祥、伏政民。

10月29日 新闻出版署向人民出版社、总店、北京市店发出《对〈沿着有中国特色的社会主义道路前进〉等五种图书进发货问题的原则意见》，要求三单位从大局出发，密切合作，互相支持，各尽其责，认真做好对北京地区读者的供应工作。为兼顾三单位的经济利益，5种图书由北京市店向总店进货，订添货折扣为70折；总店向人民出版社按包销进货，折扣不变。人民出版社不另供应北京市店的添货。

同日 新闻出版署署长杜导正、副署长卢玉忆莅临总店调研，并视察了储运部库房建设。总店总经理汪轶千、副总经理郑士德、高起成、总会计师刘青轩、总经理助理裘树城陪同。

10月31日 根据新闻出版署署务会议纪要，保留中国图书发行协会筹备组的意见，新华书店总店决定聘请总店原副总经理赵国良为总店特约顾问（副局级）、中国图书发行协会筹备组组长；聘任刘力原为协会筹备组副组长（正处级）。后经新闻出版署领导同意，总店的协会筹备组于1988年5月撤销。

10月 根据新闻出版署决定，京所编印的《京所通讯》于10月20日出版第165期后与总店编辑出版的《图书发行》报合并。合并后的《图书发行》

经新闻出版署批准重新登记注册，继续公开发行。《图书发行》报自 1987 年 11 月 15 日第 223 期起的任务是：坚持党在社会主义初级阶段的基本路线，宣传贯彻有关出版发行工作的方针政策，促进图书发行改革，沟通出版发行信息，总结交流新华书店发行工作经验，扩大中央一级（含北京地区）出版物在全国的影响。

同月 从 1954 年京所成立到 1987 年新华书店总店、京所、储运公司三单位合并，34 年间，京所发行图书 121.08 亿册，62.41 亿元，京所经办发行的出版社 1954 年有 30 家，1987 年增加到 142 家。

11 月 1 日 新闻出版署任命秦宝来（原在中共中央书记处任组长）为总店副总经理。

11 月 1—15 日 总店京所，新华书店沪所、津所，四川省店、湖北省店和中国少儿、上海少儿、天津新蕾、四川少儿、湖北少儿等出版社联合举办的少儿读物首届全国看样订货会，先后在天津、无锡、长春、武汉、峨眉五地分片分批举行。总店京所经理王鼎吉在长春主持了东北地区的看样订货会。以后每年举办一届，分片分批，到 1993 年连续举办七届。总店京所每届都参加。各届订货会情况如下表：

届次	时间	参加社店	地点	代表人数	样书品种	订货册数（万册）	订货码洋（万元）
第一届	1987 年 11 月 1—15 日	5 社 5 店	天津、无锡、长春、武汉、峨眉	1 356	567		769
第二届	1988 年 10 月 10—23 日	9 社 9 店	北京、沈阳、苏州、长沙、西安	1 170	767	620.50	1 010.90
第三届	1989 年 10 月 21—23 日	8 社 8 店	天津、武汉、峨眉		790	377.60	936.40
第四届	1990 年 9 月中下旬	10 社 9 店	太原、衡阳、西安、上海、沈阳、昆明	1 170	1 089	2 700	

届次	时间	参加社店	地点	代表人数	样书品种	订货册数（万册）	订货码洋（万元）
第五届	1991年9月20—30日	13社12店	成都、沈阳、北京、兰州、上海、南宁	1 937	1 676	1 079.17	3 222.07
第六届	1992年9月8—21日	15社14店	唐山、沈阳、武汉、上海、昆明、西安	2 125	1 622	678.11	2 262.80
第七届	1993年9月	12社11店	六地分片	1 500	1 800		1 700

11月3日 新闻出版署职称改革工作领导小组批复，同意总店重新组成的会计、统计、经济人员职称评审委员会由以下9位同志组成：主任委员：刘青轩，委员：马静之、邓用忠、王栋石、李俊杰、唐士田、徐明琛、陶德、裘树城。该评审委员会可评审初级职称。

同日 新华书店总店工程技术人员评审委员会，经新闻出版署职称改革工作领导小组批复同意成立，主任委员：伏政民，副主任委员：刘景海、李祥，委员：刘琴惠、陈云、李雪云、郁红、贾运渔。该工程技术人员评审委会可评审初级职务。

11月7日 经文化部经济类高级专业职务评审委员会评审，确认徐明琛具备晋升高级统计师的条件，陶德具备晋升高级会计师的条件。

11月7日—12月5日 为配合第六届全国运动会的召开，中华全国体育总会宣传部、人民体育出版社、总店京所和北京、上海、天津、广州、成都、南京、武汉、沈阳、西安、济南、石家庄等11个城市店联合举办的第六届全运会体育图书展销，在上述11个城市和广东省梅县、佛山、肇庆、深圳等12个市、县同时举办，为期20天。展销会展销体育图书400多种，其中当年出版的新书占50%以上。展销期间共销售体育图书350万元。

11月7日，总店京所、中华全国体育总会和人民体育出版社三家主办单位联合在北京举行新闻发布会，国家体委副主任徐寅生等体育界领导、新闻出版署副署长杨正彦和人民体育出版社社长刘秀政等出席并讲话，总店京所经理王鼎吉主持会议。

11月8—12日 总店科所和人民教育出版社在广西桂林联合召开人教版中小学教材发行会议，总店科所经理徐家祥、二部一科部分人员及各省、自治区、直辖市新华书店代表共144人出席，人教社负责人和总店总经理助理裘树城到会并讲话。

11月17—21日 总店储运公司在北京召开全国新华书店图书二级分发工作经验交流会，23个省、自治区新华书店，88个二级分发店及各发行所的118人参加。会议总结交流二级分发工作的经验，针对存在的问题，着重讨论改进业务流程、提高发运效率的具体措施。总店总经理助理兼储运公司经理王栋石主持会议，新闻出版署副署长杨正彦，总店总经理汪轶千、副总经理高起成到会并讲话。

11月20日 总店总经理汪轶千、副总经理郑士德接待来访的日本出版友好访华团团长杉浦俊介、副团长南条正男等一行5人。

11月 总店编辑出版《书店工作史料》第三辑。

12月2日 新闻出版署发出《关于成立新闻出版署会计、统计、经济人员高级职称评审委员会的通知》，总店陶德、徐明琛为评审委员会委员。

12月4日 新华书店总店管理委员会经新闻出版署批复同意成立。管委会由汪轶千、郑士德、高起成、秦宝来、王印德、刘青轩、李廷真、裘树城、王栋石组成。汪轶千任主任，郑士德、高起成任副主任。1988年1月，总店建立了工会基层委员会后，总店管理委员会增补工会主席李连仲为委员。

12月9日 总店总经理汪轶千在北京饭店会见英国出版代表团李德等人，双方就开展两国发行业务交流等问题进行了商谈。

12月15日 新闻出版署批准图书发行中专教材编审委员会成立，编委会由汪轶千（总店总经理）、郑士德（总店副总经理）、金国萱（新闻出版署人教司教育处调研员）、陈国斌（广西区店副经理）、薛钟英（四川省店经理）、高信成（上海市店职工中专学校副校长）、林岳生（福建省图书发行学校副校长）、徐文娟（总店研究室副主任）、宋培真（总店研究室调研员）9人组成。

汪轶千任编委会主任，郑士德任副主任。新华书店总店研究室承担编委会办公室工作。

新闻出版署人教司 1988 年 3 月 4 日批复同意总店上报《图书发行中专教材编审委员会工作的初步设想》，并由署拨给工作经费 2 万元，专款专用。图书发行中专教材编审委员会于 1988 年 4 月 17 日—1992 年 5 月 10 日期间先后开过 5 次工作会议。共完成组织编写图书发行中等专业统编教材 18 种，包括《图书发行企业管理》《图书发行统计基础》《门市发行》《中外文学基础知识》《科技基础知识》《社会科学基础知识》《图书发行学基础知识》《图书发行应用文写作》《古旧书发行基础知识》《图书分类》《图书进销学基础知识》《图书储运》等。由中国书店出版，公开发行。

12 月 25 日　新闻出版署计财司转发财政部《关于批复新华书店总店申请计算机执行分类折旧的报告》。财政部的批复如下："经研究同意新华书店总店按照国务院有关加速计算机折旧的规定办理，即：该单位引进日本日立公司电子计算机（总值 330 万元）可执行分类折旧，折旧期限为 9 年。原核定的基数利润及各项基金提取比例均不变。"

12 月 30 日　中共新华书店总店第一次党员代表大会召开，经差额选举产生党委、纪委委员。党委委员 11 名：王印德、刘建、高起成、邓用忠、郭俊卿、宋金熹、罗敏君、杨建英、杜九春、杨光、马福义。纪委委员 5 名：高起成、傅文亮、吴道乾、杨祚荣、李会堂。

同年　总店办公室书目报编辑部提出原由总店开支免费提供出版社刊登《社科新书目》《科技新书目》《标准新书目》的新书目，因出版社自办发行，改由向出版社收费的建议，经总经理室研究同意，并报新闻出版署发行司司长吴克明批准，自即日起改为收费征订。开始每条书目 30 元，1990 年改为每条书目 100 元。此项工作每年可为总店增加收入。

同年　为帮助遭受大兴安岭特大森林火灾的漠河县等三个新华书店尽快恢复发行业务，新闻出版署拨专款 15 万余元，由大兴安岭地区店统筹安排使用。总店京所无偿调拨 3 万册图书支援三个受灾的县店。

同年　总店及在京直属单位固定资产（原值）达 2 536 万元，商品资金 2 020 万元。销售总额 39 620 万册，58 658 万元，利润 1 410 万元，利润率 2.4%。年末职工 1 120 人，其中总店 57 人。

1988 年

1 月 1 日　全国图书发行系统开始实施中国标准书号。总店自 2 月 10 日开始实行并使用中国标准书号。

1 月 8—10 日　中宣部出版局、总店在北京联合召开《发行家列传》编写工作座谈会，各省店和发行所的代表参加，中宣部出版局局长伍杰、副局长袁亮，总店总经理汪轶千、副总经理郑士德出席并讲话。会议确定了《发行家列传》入选名单，明确了编写要求，具体落实了编写任务。该书由中宣部出版局编辑，辽宁人民出版社出版。

同年 12 月，《发行家列传》第 1 卷出版。第 2 卷、第 3 卷分别于 1989 年 8 月和 11 月出版，第 4 卷于 1993 年 11 月出版。4 卷共收入全国图书发行业界 343 位发行家的传略。

中宣部出版局、总店于 1994 年 4 月 13 日在京为《发行家列传》全套出齐召开座谈会，中宣部出版局副局长宋镇铃、新闻出版署发行管理司副司长王俊国，总店总经理邓耘、副总经理罗敏君、特约顾问汪轶千等出席。

1 月 12 日　中共新闻出版署机关委员会批复，同意王印德任总店党委书记（副局级），刘建任副书记（副处级），高起成任总店纪委书记（副局级）。

1 月 15 日　新闻出版署发出《关于认真做好〈邓小平〉画册发行和宣传工作的紧急通知》，要求各地新闻出版局督促所属图书发行单位广泛深入地开展预订，在书店门市突出宣传陈列，认真做好发行工作。

总店京所已于 1987 年 12 月 1 日向全国新华书店发出《关于征订中央文献版〈邓小平〉画册、〈周恩来书信选集〉两书事》的专函，开展征订。

2 月 26 日，《邓小平》画册首发式在北京人民大会堂举行。

1月26日　新闻出版署职称改革领导小组批复同意，总店技师考评委员会由以下同志组成：主任委员高起成，副主任委员秦宝来；委员（按姓氏笔画为序）：马静之、王金凤、陈永明、张永年、杨建英、张玉玲、贾运渔。

2月5—6日　为增进店社了解，促进产供双方的合作，总店邀请人民文学出版社、人民美术出版社、机械工业出版社、中国建筑工业出版社等20家中央一级出版社领导座谈。会上，京所、科所经理介绍新的一年工作打算；各社领导对两个发行所的工作提出了改进意见，总店总经理汪轶千对各社领导的宝贵意见表示欢迎。

2月7—11日　受新闻出版署委托，总店在北京召开全国新华书店1987年图书发行统计年报会审汇编会议，各省店和向总店直报统计报表的中国图书进出口总公司、中国国际图书贸易总公司的财务负责人参加，国家统计局和新闻出版署有关方面负责人应邀到会。与会人员会审汇编统计年报，交流统计工作经验，并讨论对现行统计报表制度和1988年图书发行统计报表的改革意见。总店总经理汪轶千在会上强调做好统计工作的重要性。

2月8日　总店党支部书记联席会议讨论《新华书店总店党委工作细则（试行）》，并改为《条例》。3月3日，总店党委向新闻出版署机关党委报送《总店党委工作条例》（草稿）。

2月10日　新闻出版署通知总店，同意徐明琛评为高级统计师，陶德评为高级会计师。

2月16日　总店向新闻出版署、国家统计局报送1987年全国图书发行统计年报。

2月27日　总店党委任命张国明为党委办公室副主任（副处级）。

2月29日—3月5日　联合国教科文组织与新闻出版署合作，在北京举办亚洲太平洋地区图书推广、销售、发行培训班。总店以及部分省级店、城市店派人参加了学习。3月2日，参加培训班的全体师生，参观了总店电子计算机系统。

3月11日　总店函告各地新华书店、古旧书店：从1988年起，新华书店兴城疗养院由新闻出版署接管主办。有关事项如下：一、新华书店兴城疗养院由署接办后，已委托辽宁省新闻出版局管理，增挂辽宁省新闻出版局兴城疗养院、中华人民共和国新闻出版署发行干部培训中心两块牌子，保留新华书店兴城疗养院牌子。二、隶属关系改变后，疗养院将为全国新闻出版系统服务，继续承担全国新华书店系统职工的休养、疗养任务。三、新华书店系统不再承担该院的床位补贴和经营亏损，各省、自治区、直辖市新华书店应交的1987年折旧费，由总店支付。

3月15—19日　全国新闻出版局长会议在北京召开，各省、自治区、直辖市新闻出版局长和部分在京出版发行单位代表81人参加。发行体制改革是这次会议的主要议题，会议认为，图书发行改革的基本目标是建立和发展开放式的、效率高的、充满活力的图书发行体制。当前，要继续完善和发展以国有书店为主体的，多种流通渠道、多种经济成分、多种购销形式、少流通环节的新格局，推进"三放一联"。改革的关键是搞好承包，改革的步骤要因地制宜，不搞"一刀切"，不搞一个模式。总店总经理汪轶千、副总经理郑士德参加会议。

3月19日　经文化部图书资料专业人员高级职务评审委员会第4次会议评审、表决，通过认定梁天俊副研究馆员任职资格。

3月24日　总店副总经理高起成等接待来访的以山口勘藏为团长的日本讲谈社代表团一行4人。

4月2日　以朝鲜出版总局副总局长金胜准为团长的朝鲜出版代表团一行5人，在新闻出版署蔡歧青等陪同下，到总店访问，并参观总店电子计算机系统和储运公司。总店总经理汪轶千简要地介绍了新华书店的历史与现状，着重介绍目前的业务情况，副总经理高起成、秦宝来会谈时在座。

同日　新闻出版署批复同意新华书店总店电子技术开发公司对外使用"新华书店总店电算部"名称。总店向国家工商行政管理部门办理了登记注册手续。1990年5月9日，根据新闻出版署清理整顿公司领导小组发出《关于同意在北京市登记注册的公司撤并的批复》，总店电算部撤销对外名义，并向国家工商行政管理部门办理了注销手续。

4月8—13日 全国省店业务交流会在南宁召开，29个省店以及北京、科技、首都、上海、天津、重庆、湖北发行所的经理和业务科长78人参加，总店总经理汪轶千出席并讲话。会议提出要加快体制改革，大力发展横向经济联合，并讨论通过了《关于加强省级店、发行所有关业务往来关系问题的意见》等三个文件。

4月15日 总店副总经理郑士德会见来访的日本出版贩卖株式会社平井靖一行，就书店派人到"日贩"勤工俭学等有关事宜进行商谈。

4月20日 总店办公室主任罗敏君等接待了日本讲谈社代表佐藤洋、石原尚先生，商谈讲谈社图书在中国出总店代办销售业务等事宜。

4月21日 新闻出版署发行司在重庆召开图书发行体制改革研讨会。18个市县店的代表参加了会议。与会代表交流承包、租赁经营的情况和经验，并就如何进一步推进和完善多种形式的经营责任制等问题进行探讨。研讨会由署发行司司长吴克明主持，总店研究室副主任梁英参加会议。

同日 总店副总经理郑士德会见来访的丹麦新时代出版公司劳拉女士。

4月25日 总店电算部和电子工业部六所共同研制的"计算机图书发行管理系统"获新闻出版署1987年度科技进步二等奖，奖金2000元。总店电算部研制的"QP型切票机"获四等奖，奖金500元。

4月27日 总店副总经理郑士德等会见丹麦驻华使馆文化参赞安德森，就出版发行的有关问题进行商谈。

5月5—10日 总店京所、科所在北京召开大专教材发行业务研讨会，山东、江苏、广东、湖北、四川、陕西等18个省店（发行所）和上海、天津、广州、沈阳等12个大城市店的代表参加，交流大专教材征订发行工作经验，探讨如何适应改革开放新形势，更好地为教学服务等问题。新闻出版署副署长杨正彦、署发行司司长吴克明到会并讲话。会议期间，总店副总经理郑士德、高起成、秦宝来等听取基层店对京所、科所教材工作的意见和建议。会议研究决定，今年起每年8月下旬—9月上旬，在全国大中城市店举办大中专教材联合展销。

5月6日　中宣部、新闻出版署联合发出《关于印发出版社改革图书发行体制改革的意见的通知》。并附发《关于当前出版社改革的若干意见》和《关于当前图书发行体制改革的若干意见》。

《关于当前图书发行体制改革的若干意见》指出，改革的基本目标是建立和发展开放式的、效率高的、充满活力的图书发行体制，继续完善和发展以国营书店为主体的、多种流通渠道、多种经济成分、多种购销形式、少流通环节的新格局，推行"三放一联"：放权承包，搞活国营书店；放开批发渠道，搞活图书市场；放开购销形式和发行折扣，搞活购销机制；推行横向经济联合，发展各种出版发行企业群体和企业集团。其中，就"放开批发渠道，搞活图书市场"明确指出："各发行所和省级书店要努力办成全方位开放的经营服务型批发企业，充分发挥它在图书流通中的枢纽作用。批发对象不分国营、集体、个体；批发范围不分省内省外；批发形式可以多种多样。"该意见既提出了新华书店发行所、发货店的市场定位、服务对象、业务工作范围，并强调进一步放开购销形式和发行折扣，为新华书店主渠道在市场竞争中提供了法律保障，又在一定意义上为民营书店与新华书店的平等竞争提供了法律基础。

"三放一联"的发行体制改革，是新闻出版署署长宋木文抽调总店副总经理郑士德到新闻出版署工作两个月，根据当年的发行实际情况起草的，经新闻出版署党组讨论通过和中宣部领导认可，最后由中宣部出版局主持工作的副局长袁亮与郑士德共同起草《关于当前图书发行体制改革的若干意见》，以中宣部、新闻出版署名义联合发出。

5月16—20日　中国标准出版社和总店科所在南京召开全国标准图书发行工作研讨会，总店总经理助理裘树城、中国标准出版社社长王化、副社长陆长暄，国家标准计量局发行处处长张健全，以及各地47家标准图书专业书店（或专柜）代表80人参加。会议由科所副经理谭子谦主持。研讨会主要交流标准图书的发行经验，并参观了南京市店标准书店。会议决定，在10月4日世界标准化日由社、所和与会各地新华书店联合举办为期1周的标准图书联展活动。

5月17日　新华书店第一届北片储运协作会在河北省北戴河召开。北片各省店、发行所、总店储运公司和南片部分省级店、上海发行所的代表共50人出席。会议代表交流了经验，探讨了图书储运工作在改革中遇到的问题和今后的设想。

5月26日—6月1日　总店第一届第一次职工代表大会召开。全体职工代表81名出席，新闻出版署领导到会讲话。副总经理郑士德作工作报告，总会计师刘青轩作企业经营管理情况报告。职代会由总店工会主席李连仲主持。各代表组对副总经理和总会计师的报告进行讨论、审议，提出了意见与建议。各代表组还对《职工宿舍分配办法》和《实行效益浮动工资办法》进行讨论、审议，并提出意见。会议讨论通过《新华书店总店职工代表大会条例》。

5月30日　新闻出版署通知总店，同意增补高起成为新闻出版署会计、统计、经济人员中级职务评审委员会委员。

5月　人民体育出版社、总店京所和上海、天津、广州等10多个大城市店共同组成的体育图书出版发行企业联合集团在北京成立，集团的目标是通过横向联合，把体育图书的出版、发货、销售结合在一起，沟通体育图书的出版发行信息，发挥各方优势，扩大体育图书销售，搞活图书市场，方便读者购书。

6月28日　新闻出版署发出《关于出版社不得向学校发行站（代办站）批销教材的紧急通知》，指出，统编大专教材的征订发行工作，由于计划性强、时间要求严、涉及面广，历来由新华书店统一征订发行。多渠道发行大专教材，对实现中央提出的"课前到书，人手一册"的要求十分不利，而且难于对校外自学者供书。因此，各有关出版社应继续认真执行"大、中专教材和中、小学课本仍由新华书店统一征订发行"的规定。

7月20日　经新闻出版署经济类高级专业职务评审委员会评审，确认刘青轩已具备高级会计师的任职资格，同意聘任刘青轩为高级会计师。

8月11日　新闻出版署工程技术类高级专业职务评审委员会同意聘任郁

红为高级工程师。

8月18日 由宋木文署长主持的新闻出版署出版专业人员高级职务评审委员会第6次会议评审、表决,确认郑士德具备编审任职资格,宋培真具备副编审任职资格。

9月1日 日本讲谈社一行4人访问总店,总经理汪轶千与讲谈社社长野间佐和子草签为讲谈社代销、宣传该社图书的意向书。

9月13日 经新闻出版署同意,总店实行"三包一挂"承包经营责任制。总店承包经营责任制的主要内容:包上缴所得税,包技术改造任务和固定资产增值,包社会效益,上缴税利与工资额挂钩。其中,上缴所得税基数为206万元,一定3年不变,当年超过基数上缴部分,返还给企业50%;承包期内,完成马连道书库、搬迁宿舍、西二环宿舍等工程总投资1 821万元(包括"拨改贷"328万元);核定上缴税利基数为671.5万元,工资总额基数为166.49万元(其中奖金55.78万元),挂钩浮动比例为1:0.75。承包期限:1988年1月—1990年12月。总店如期完成承包指标,由新闻出版署给予承包经营者奖励。

10月20日 经新闻出版署经济类高级专业职务评审委员会第2次会议评审、表决,确认汪轶千已具备高级经济师的任职资格。

10月25—29日 总店受新闻出版署委托,在北京召开全国新华书店系统调拨货款结算工作会议,各省店,上海、天津、重庆发行所,以及10个计划单列市店和部分县店共45人出席。会议研讨了中国人民银行废止"托收承付"结算方式后,认为新华书店系统网点多、分布广,图书调拨批次繁、金额小,目前只能以主要采取"委托收款"方式为宜。与会代表对文化部、中国人民银行于1984年颁发的《关于新华书店系统调拨货款结算的统一规定》提出了修订、补充意见。

会后,由总店代拟《关于新华书店系统调拨货款结算的若干规定》,经新闻出版署、中国工商银行联合签署,于1989年2月15日颁发全国执行。

10月26日 新闻出版署工程技术类高级专业职务评审委员会同意聘陈云

为高级工程师。

10 月 29 日 新闻出版署批复总店，同意委托武汉大学图书情报学院在全国新华书店系统内举办图书发行大专层次《专业证书》教学班，学制为 1 年。经总店考核和资格审查，武大校内班录取 59 名，广东省店录取 41 名，深圳市店录取 27 名，并报经新闻出版署人教司审核批准。

11 月 6 日 云南省西南部澜沧、耿马一带发生强烈地震，总店给云南省店和澜沧、耿马两县店发去慰问电，对遭受地震灾害的书店职工和家属表示深切慰问。

12 月 19 日，总店向全国新华书店、发行所呼吁支援云南受灾新华书店抗震救灾，并率先捐款 10 万元。新闻出版署也向各省新闻出版局发出《支援云南灾区新华书店的倡议》。至 1989 年初，云南省店共收到全国 55 家出版、发行单位的捐书、捐款共 81 万元，省店将各地捐献全部送到灾区书店。

11 月 16—19 日 总店和武汉大学为开办图书发行管理学专业 3 年制大专函授和《专业证书》教育，联合在长沙召开新华书店系统成人教育工作会议，北京、上海等 15 个省店主管教育经理或教育科长共 28 人参加。总店总经理汪轶千和武汉大学图书情报学院院长彭斐章、副院长傅敬生主持会议并讲话。会议重点研究图书发行函授教育的招生办法、教学计划和建立函授辅导站等事宜，计划从 1989 年起试办。

此后至 90 年代中期，全国新华书店系统每年召开一次成人教育工作会议。

12 月 27 日 总店邀请曾在新华书店、三联书店担任过领导职务的部分老同志举行新年座谈会，辞旧迎新，畅谈改革，为图书发行事业的发展出谋划策。出席座谈会的有仲秋元、王益、王仿子、邵公文、卢鸣谷、周保昌、王璟、刘子章、周天泽、李德元、鲁明等。

同年 总店及在京直属单位固定资产（原值）2 544 万元，商品资金 1 832 万元。销售总额 37 221 万册，68 144 万元，利润 1 823 万元，利润率 2.7%。年末职工 1 070 人。

1989 年

1月6—7日　新华书店北京、上海、天津、重庆、湖北、首都 6 个发行所第 5 次业务联席会在天津举行，中心议题是交流年画发行情况，沟通市场信息，并针对年画（主要是挂历）市场的混乱问题联名向新闻出版署提出了加强市场管理的建议。

1月7日　新闻出版署工程技术类高级专业职务评审委员会同意聘刘琴惠为高级工程师。

1月11日　总店总经理室研究决定：总经理助理王栋石不再兼任储运公司经理，储运公司由副经理李祥主持工作，另聘任孙宗魁为储运公司副经理。撤销储运部质量管理科、收书科，增设第三包装科。

1月16日　新闻出版署向总店发文批准在武汉大学设立图书发行管理学专业证书班。4月，新闻出版署同意总店在武汉大学设立图书发行管理学 3 年制函授教育班，分别在北京、上海、河北、江苏、浙江、江西、山东、河南、湖北、湖南、广西等几个省市自治区的书店设立函授站。

1月19日　总店办公室主任罗敏君随中国出版对外贸易总公司代表团赴香港三联书店进行为期 10 天的业务交流和洽谈。

1月20日　总店向北京市店发出《关于总店新建办公用房产权转移的通知》，即将西绒线胡同甲 7 号属总店的全部办公用房的永久使用权及产权，有偿转让给中国出版发行科学研究所。

1月　为进一步增加新华书店系统的凝聚力，为密切发货店和销货店的关系，加强横向联合，总店京所、科所与沈阳、广州两市店本着互利互惠原则，签订了 1989 年京版图书订货基数承包协议。7月，京所、科所又与南京市店签订了京版图书订货基数承包协议。

1991年6月25日，《图书发行》报第347期报道，总店京所、科所继1989年与广州、南京市店实行订货基数承包取得成功之后，1990年又与杭州、长沙、西安、兰州、长春、沈阳、石家庄、唐山、呼和浩特、烟台、乌鲁木齐等11家城市店建立了订货承包关系。据统计，1990年京所、科所对13个城市店的实际发货总码洋为9 013万元，比承包指标超额528万元，显示了承包的效果。

2月11日　新闻出版署发出《关于加强挂历、年画、年历画管理的紧急通知》，针对挂历、年画、年历画出版、发行中存在的问题，制定并重申了有关规定。

2月15日　《李先念文选》出版发行。

2月20—24日　总店受新闻出版署委托，在济南召开全国新华书店统计年报会审汇编会议，各省店（除西藏）的统计人员参加，集中会审汇编了1988年全国图书发行统计年报，并交流了统计分析工作经验。会议由总店计财处副处长李俊杰主持。

2月23日　总店副总经理高起成等会见来访的日本东京书籍株式会社理事增田诚男。

2月27日—3月1日　新闻出版署在北京召开全国新闻出版局局长会议，强调图书发行体制改革要继续执行去年中宣部、新闻出版署《关于当前图书发行体制改革的若干意见》。会议指出，在相当长的一个时期内，图书发行主要依靠新华书店主渠道的格局不能改变，要把图书发行体制改革的重点放在新华书店，要在完善经营承包上有新的进展，着眼点放在调动基层书店门市部进货、销货的积极性上。要对如何开发农村图书市场进行调查研究，提出改革农村图书发行工作的意见。总店总经理汪轶千、副总经理郑士德参加会议。

2月28日　新闻出版署针对有些单位和部门违反国家关于大中小学教材发行的规定，进行多渠道征订、发行包销类的教材，造成工作混乱的问题，发出《关于重申大中小学教材发行工作有关规定的通知》，强调指出："大中小学教材继续实行包销，是根据我国实际情况和教材供应自身特点规定的，在这个事关全局性的问题上，必须集中统一，决不能各行其是。发行教材的折扣，也须按规定执行。否则将难以实现党中央、国务院提出的'课前到书，人手一册'的要求。为此，各有关单位和部门必须严格遵守大中小学教材的出版发行规定，不得以任何理由和借口扰乱教材的出版发行工作。"

2月 国家税务总局发出《关于图书、报刊等征订凭证免征印花税问题的通知》。《通知》规定：各类发行单位之间，以及发行单位与订阅单位或个人之间书立的征订凭证免征印花税。按此规定，新华书店发货店只是向出版社订货的订单贴印花税（按订单定价0.3‰贴花）；发货店向销货店征订的订单免贴印花税，销售店向发货店进货及向读者售货的征订单，均免贴印花税。这项优惠政策，不仅减少了发行环节的税负，而且减少了大量繁琐的贴花手续。

3月8—11日 总店受新闻出版署委托，在北京召开全国新华书店储运工作会议，就加强中转店的管理、调整中转运杂费等问题进行专题研究，要求各地中转店发扬新华书店的优良传统，坚持双服务方向，保证图书运输畅通无阻。总店副总经理高起成、总经理助理王栋石出席会议。

3月28日，新闻出版署转发会议讨论通过的《关于调整中转运杂费结算标准暂行办法》。转发该办法的《通知》重申："我署继续委托新华书店总店储运公司和新华书店上海发行所分片负责全国新华书店系统储运方面的管理和协调工作。各省店也须继续做好本地区图书中转运输方面的组织管理、业务辅导和协调工作。"

3月22日 新闻出版署任命郭俊卿为总店总会计师，免去刘青轩的总会计师职务。

4月1日 新闻出版署出版专业人员高级职务评审委员会第7次会议评审、表决，确认彭体泽、黄文兴、孟乃青具备副编审任职资格。

4月5日 新闻出版署经济类高级专业职务评审委员会第6次会议评审、表决，确认高起成、李廷真、王鼎吉已具备高级经济师的任职资格。

4月18日 新闻出版署向各省、市、自治区新闻出版局发文，委托总店筹备中国书刊发行业协会，委派郑士德为筹备处主任。

4月29日 新闻出版署出版专业人员高级职务评审委员会同意严大中评为副编审。

4月 总店与北京、广州、长春三市店签订在二店开设日本讲谈社出版物展销专柜的协议。同月，总店总经理汪轶千陪同来访的日本讲谈社代表团参观北京王府井新华书店专柜。参观后，总店、北京市店和日本讲谈社三方进行会谈。

5月22日 国家教委办公厅发出通知，强调：全国中小学使用的人教版通用教材，仍维持现行的征订、发行体制。《通知》规定：各级教育部门和其他任何单位、个人，不准向学校征订、发行未经国家教委、省级中小学教材审查委员会审定或审查的各种教学参考资料，更不准与课本搭配。

5月31日 总店总经理室对店内部分干部进行调整和增补：聘任杨庆民为办公室副主任；陈云为电算部经理，刘琴惠、郝惠文为副经理；李俊杰为计财处处长，杨祚荣为调研员（副处级）；刘青轩（副局级）、唐士田（副处级）为专职审计员；张永年为行政处处长；李增华为服务公司经理（正处级退休干部），陈文清为副经理。返聘王鼎吉为总经理室顾问，李廷真、徐文娟为研究室顾问，孟乃青为办公室"三目"报顾问，伏政民为电算部顾问，马静之为人事保卫处顾问。

7月11—20日 新闻出版署发出《关于检查、整顿书刊市场的紧急通知》。《通知》指出：目前一些违背四项基本原则、宣扬资产阶级自由化思想的书刊广为流传，描写淫秽色情、低级庸俗和宣扬封建迷信、凶杀暴力的出版物充斥市场，非法出版活动依然猖獗，严重危害社会主义精神文明建设，妨碍社会安定。因此，《通知》要求各省、自治区、直辖市新闻出版局必须对上述书刊和非法出版物进行严肃的查处、收缴。

7月20日，中共中央政治局常委李瑞环在全国宣传部长会议上提出：要彻底扫除反动的、黄色的出版物和音像制品。他说，对"扫黄"问题，要下决心，下力量，抓出成效，决不手软。

7月28日　上午，武汉大学图书情报学院副院长傅敬生电话告知总店教育人事处副处长王旭："国家教委决定图书发行管理学专业今年停招本科生，请总店马上派人来校详谈。"下午，总店经请示新闻出版署人教司司长朱益增后，向武汉大学校长齐民友发出加急电报："新闻出版署人教司和新华书店总店请贵校图书发行专业今年继续招生或适当少招，不能停招，否则对全国图书发行事业影响太大，请研究后回告。"8月3日，总店以《请武汉大学图书发行管理学专业今年继续招生》致函武汉大学校长齐民友、副校长李进才。8月18日，王旭等在傅敬生陪同下，受到武汉大学副校长李进才的接见。李进才说明了图书发行管理学专业停招的情况，表示办这个专业很有必要，今后若无重大原因，还是要继续招生的。9月12日，总店向武汉大学和全国新华书店系统提出《共同努力办好武汉大学图书发行管理学专业的建议》："我们今后要配合武汉大学来巩固和完善这个专业，使它越办越好，对书店工作发挥出更大的作用。"9月，武汉大学图书发行管理学专业暂时停招本科生，招收干部专修科学员39名。11月，总店派郑士德和王旭到武汉大学图书情报学院和院领导彭斐章、傅敬生商量本科停招以及干部专修科和函授招生等有关问题，并受到李进才副校长和教务处长的接见。

7月　新闻出版署制定《全国新闻出版系统干部工人教育培训规划(1989—1991年)》，明确提出到1991年底发行队伍中具有高中以上文化程度人员的比例，要由目前的44.3%提高到70%；具有大专以上文化程度人员的比例，要由3.9%提高到8.1%。

8月16日　中国少年儿童出版社和总店京所在北戴河联合召开中少版图书发行经验交流会，各地36家新华书店代表参加，交流了中少版少儿读物发行经验。

8月20日　《邓小平文选》(1938—1965年)出版发行。

8月22—25日　全国首届省店教材科长会议在长春召开，通过了《全国首届省级新华书店教材科长会议纪要》和向新闻出版署呈报的《关于当前全国教材发行情况及整治建议的报告》。总店科所派员参加。此后，全国省店教材科长会议每年召开一次。这是由各省店、发行所共同商定的一项业务协调活动，由6个大区各出1人为联络员。

8月24日　中共中央、国务院召开全国整顿清理书报刊及音像市场电话会议，部署对书报刊和音像市场的全面清理整顿。9月16日，中共中央办公厅、国务院办公厅发出《关于整顿、清理书报刊和音像市场，严厉打击犯罪活动的通知》。随即，一场文明战胜腐朽、正义战胜邪恶的"扫黄""打非"活动在全国范围展开。截至1989年底，全国共收缴违禁书刊3 000多万册，录音录像带150多万盒。取缔制黄贩黄窝点2 500多处，并依法查处了一批犯罪分子，全国"扫黄"初见成效。

8月25日—9月17日　为满足全国大中专学校和社会自学者对教材的需要，总店京所、科所、沪所，会同北京、上海、天津、沈阳、南京、武汉、广州、成都、西安等九城市店，分别在9个城市举办1989年大中专教材联合展销。展销共24天，共计销售了128万册，219.7万元。

9月1日　总店致函四川南充地区店，向遭受水灾的四川华蓥市店职工和家属表示亲切慰问，并赠款1万元。

9月2日　总店乒乓球队与尼加拉瓜、日本、英国乒乓球队进行友谊赛，总店副总经理高起成会见了三国球队的领队和全体队员。

9月29日　中央文化管理干部学院建院10周年。10年来，该院与总店通力合作，为全国新华书店培养了600多名业务骨干。

9月30日　由总店京所、科所和沪所组成的"教材总目"编委会编辑的《全国高等学校教学用书总目》（第一辑上下册）（1978—1989年）和《全国中专技校教学用书总目》（第一辑）（1978—1989年）出版发行。《教目》在全国征订1990年秋大中专教材时开始使用。

10月1日　今天是中华人民共和国成立40周年。40年来，全国新华书店在党和人民政府正确领导下，图书发行事业取得了突飞猛进的发展。40年来，全行业销售图书累计1 196亿册，459亿元；其中新华书店系统为1 182亿册，421亿元；册数占全行业的98.83%，码洋占全行业的91.72%。全国新华书店职工总数 10.4 万人，比 1950 年增长 7.7 倍；各类发行网点 9 500 处，比 1950 年增长 11.8 倍；固定资产 9.6 亿元，比 1950 年增长 297 倍。

10月10—22日　为庆祝新中国成立 40 周年，展示 10 年来出版发行改革成就和新华书店的主渠道作用，由总店、北京市店主办，全国 29 个省店和 7 个发行所协办的第二届全国书市在北京市劳动人民文化宫举行。反映新华书店系统 10 年改革面貌的《新华书店在改革中前进》图片同时展出。中共中央政治局委员、国务院副总理邹家华为书市开幕式剪彩，中共中央政治局委员胡乔木、中央顾问委员会常委肖克、王首道等中央及北京市领导参观了书市。书市举办了多姿多彩的促销活动，部队文艺工作者克里木、郁钧剑等为解放军战士签名留念；著名电影导演凌子风、著名电影演员陈强、古月、林芳兵、申军谊等应邀参加书市并为读者签名售书。本届书市共接待读者 60 余万人次，销售图书 210 万册，274 万元。为了办好第二届全国书市，总店于 3 月 7 日在北京召开预备会，各省店、发行所的业务科长出席了会议，共同商讨了有关事宜。

10月31日　总店总经理汪轶千会见来访的以小关道贤副社长为首的日本出版贩卖株式会社代表团。

11月11日　总店总经理汪轶千会见来访的苏联全苏图书公司副总经理凯泽洛夫和全苏图书公司书库副经理莱恩斯基，双方就人员往来等事宜进行了磋商。

11月13日　总店向遭受台风灾害的海南省店的职工和家属发去慰问信，并支援省店 1 万元。

11月23日　总店京所在有关出版社支持下，分批征订重版的一批 20 世纪五六十年代的优秀政治、文艺读物，以满足广大读者特别是青少年的读书求知需要。此项活动适应市场需求，对繁荣和活跃图书市场，巩固"扫黄"成果起到了积极作用。新闻出版署对总店的做法给予充分肯定，发出通知要求各地仿效总店的做法，抓好优秀图书的重印、发行工作，以繁荣图书市场。自 1989 年 1 月开始，总店先后选择 171 种优秀图书，分 11 批集中布置征订。至 1990 年 4 月，全国报订总数 350 万册，码洋 1 400 万元。

11 月 30 日　总店总经理室宣布本店职称评定结果，聘任出版、经济、统计、会计、工程、卫生等系列职称的人员共 211 人。其中，高级职称 18 人，中级职称 66 人，初级职称 127 人。聘任时间从 1989 年 1 月 1 日起生效。

12 月 4 日　新闻出版署召开《列宁全集》中文第二版（60 卷）出版、印制工作会议，中共中央马恩列斯著作编译局、人民出版社、中国印刷公司、北京新华印刷厂、新华书店总店等有关单位负责人出席。会议研究商定 1990 年出齐 60 卷的出版、印刷、发行的具体工作。

12 月 21 日　经新闻出版署批准，图书发行大专教材编审委员会成立。总店总经理汪轶千任编审委员会主任，副总经理郑土德任编审委员会副主任，委员有尤广罴、宋培真、徐明琛、乔好勤、徐召勋、薛钟英、谢振伟，办公机构设在总店。编审委员会办公室主任宋金熹，副主任徐义娟。

12 月 25 日　总店决定：聘任李薇薇为计财处副处长。

同年　总店及在京直属单位固定资产（原值）2 618 万元，商品资金 2 324 万元。销售总额 27 557 万册，73 600 万元，利润 2 064 万元，利润率 2.8%。年末职工 1 042 人。

1990 年

1 月 3 日 新闻出版署发出《关于认真做好〈列宁全集〉中文第二版征订发行工作的通知》，要求各省、自治区、直辖市、计划单列市新闻出版局必须高度重视《列宁全集》中文第二版的征订发行工作，督促和帮助所属各级新华书店认真开展宣传征订和供应工作。

自 1982 年 5 月中共中央批准出版《列宁全集》中文第二版的计划后，新版《列宁全集》60 卷中的 1—4 卷首批于 1984 年出版发行，至今已出版发行了 41 卷。

为了做好《列宁全集》中文第二版的全套供应和配套补订，总店京所于《社科新书目》第 246 期上，全部征订《列宁全集》中文第二版 60 卷。到 1990 年底，已出齐《列宁全集》中文第二版 60 卷，共发行 132 万册。

2 月 7—11 日、20—24 日 徐家祥、张友兰代表总店科所与中国建筑工业出版社先后在沈阳（2 月 7—11 日）、武汉（2 月 20—24 日）联合召开北三区、南三区部分书店发行座谈会，并举办建工版图书看样订货会，东北和中南地区几十家城市基层店的进货员和营业员 200 多人参加，订货码洋 300 万元。

2 月 13—17 日 总店受新闻出版署委托，在湖北宜昌市组织召开 1989 年全国图书发行统计年报会审汇编会议。会议讨论制定《新华书店系统图书发行统计考核评比办法》。总店李俊杰等 3 人参加会议。《新华书店系统图书发行统计考核评比办法》于 3 月 9 日由总店负责向全国各省店印发。

2 月 15 日 新闻出版署党组批复，同意高起成任总店党委书记。

3 月 1 日 由于总店多次向上级机关反映，在中央政治局委员、国务委员兼国家教育委员会主任李铁映的关心和中宣部、新闻出版署的支持下，国家物价局发出〔1990〕价重字第104号文，明确将一般图书与教科书同等对待，执行优惠运价。但对报纸、杂志、人像、字画、地图等印刷品，不再执行优惠运价。

3月2—5日　全国新闻出版局长会议在北京召开，总店总经理汪轶千、副总经理郑士德参加。会议在谈到发行工作时强调，坚持以公有制为主的方针，发挥主渠道的作用，新华书店的主渠道地位必须保证。

3月5—10日　由新闻出版署主持，总店牵头在北京成立图书发行大专教材编审委员会，汪轶千任主任，郑士德、尤广冀（新闻出版署教育司副司长）任副主任。

3月8—10日　总店京所、河北省店在石家庄联合举办1991年度年画（挂历）展样订货会，全国各地新华书店300余人参加订货活动。

3月14日　新闻出版署转发总店制订的《全国新华书店1990—1991年职工教育培训规划》。《规划》明确要求：到1991年全国新华书店职工队伍中45岁以下具有高中以上文化程度的职工比例要提高到70%左右，具有大专以上文化程度的职工比例要提高到8%—10%。

3月20日　总店储运公司恢复编印《图书储运》刊物，作为内部材料印发，第5期于当日出版。储运公司曾于1987年编印4期《图书储运》，后因机构调整暂停编印。

3月22日　新闻出版署以明传电报发出通知，要求各地新华书店认真做好人民出版社1986年版《毛泽东著作选读》（上、下册）的宣传供应工作。

3月22—24日　新闻出版署在北京召开图书发行体制改革座谈会，强调要完善政策法规，巩固主渠道地位。会议讨论修改了《关于加强农村发行工作的意见》《关于国营书店开展多种经营的暂行规定》《关于严格制止党政机关、教育行政部门及社会团体经营书刊的通知》和《出版社自办发行管理暂行办法》4个文件。总店总经理汪轶千参加会议。

3月27日—4月5日　总店总经理助理王栋石与中国出版对外贸易总公司的代表一行4人，到香港进行为期10天的业务访问。

3 月 29 日　新闻出版署机关党委信继奎、信希华、宋英亮来总店验收党员个人总结阶段的工作。

3 月　总店组织编写的《书店工作史料》第四辑出版。

4 月 1 日　中国人民银行决定恢复异地托收承付结算方式，全国新华书店系统按照这一规定，逐步恢复异地托收承付结算。此项措施的恢复，有利于各地新华书店加强资金管理，严肃结算纪律，尽快解决相互拖欠货款的问题。

4 月 1 日—9 月上旬　总店团委于 4 月 1 日向全国新华书店团员、青年和广大职工发出倡议，尽自己微薄之力，自愿捐款资助亚运会，为办好第 11 届亚运会作出贡献。截至 9 月上旬，全国新华书店系统团员、青年共为亚运会捐款 33.7 万元。

4 月 16—20 日　总店科所和人民教育出版社在昆明联合主持、分别召开全国省店教材科长会议和部分市店看样订货会，28 个省店的 44 名代表出席，会议总结、交流几年来"人教版"教材和图书的征订、发行经验，研究了加强社店合作等问题。科所经理徐家祥参加会议。

4 月 17—19 日　总店京所和商务印书馆在北京联合召开商务印书馆图书发行座谈会，各地 20 多家大、中城市店代表参加，交流加强社店联系、相互沟通信息等问题。总店总经理汪轶千、商务印书馆总经理林尔蔚出席并讲话。会议期间举办的商务版图书看样订货会共订货 500 多万元。

4 月 19 日　新闻出版署以明传电报发出《对目前出版发行的新武侠小说的处理通知》，要求各地出版发行部门采取措施，迅速遏止新武侠小说出版发行的混乱状况。

4 月 24 日　新闻出版署发出《关于认真做好〈毛泽东选集〉重印、供应工作的通知》，要求出版、印刷、发行部门高度重视、密切配合、保质保量、快速及时地做好《毛泽东选集》1—4 卷的重印供应工作。

4—11 月　总店受新闻出版署委托，于 4 月 21—26 日在北京召开部分省店参加的《全国新华书店统一会计制度》修订座谈会。总店郭俊卿、李俊杰、李薇薇参加会议。

会后，新闻出版署又责成总店和江苏、辽宁、广西等省（区）店按照会计制度的总要求，并结合座谈会提出的意见，对《全国新华书店统一会计制度》进行修订。

8 月 22—27 日，总店受新闻出版署委托，在山东烟台召开全国新华书店省级计财科长会议，讨论《全国新华书店统一会计制度》和《图书发行统计报表制度》的修订稿。会议由总店总会计师郭俊卿主持，新闻出版署计划财务司副司长吴江江到会并讲话。

10 月 15 日，新闻出版署和国家统计局颁发《图书发行统计报表制度》（1990 年 8 月修订本）。

11 月 22 日，财政部函复新闻出版署，同意印发经修订的《新华书店统一会计制度》，在独立核算的新华书店实行。

5 月 3 日　总店人保处为总店离退休老同志编辑的《健康与长寿》小报正式出版。

5 月 8—12 日　总店在江西九江召开全国新华书店第三次教育工作会议，贯彻落实新闻出版署《全国新闻出版系统干部工人教育培训规划（1989—1991）》和总店制订并经署批准的《全国新华书店职工教育培训规划（1990—1991）》。汪轶千以"新华书店系统职工教育的基本情况和今明两年的基本设想"为题做了报告。郑士德、王旭参加会议。会后，为支持图书发行专业教材建设，各省店集资 25.8 万元。

5 月 9 日　中宣部、新闻出版署联合转发总店通知，要求各地新华书店积极宣传、推荐为纪念鸦片战争 150 周年而出版和重印的 32 种优秀图书。总店在通知中要求全国新华书店认真开展宣传征订，并希望各省会、首府和计划单列市店的主要门市部，要做好这批图书的专架宣传陈列工作。

5 月 19 日　新闻出版署任命王栋石、罗敏君、裴树城为总店副总经理，免去秦宝来的副总经理职务。

5 月 24—28 日　总店科所与中国环境科学、清华大学、中国科技大学 3 家出版社在安徽合肥联合召开三社的重点图书宣传推荐座谈会暨看样订货会。

科所经理徐家祥出席会议，华东地区部分城市店代表60多人参加会议。

5月　由总店和东方出版社共同垫付资金合作出版的《中国分省交通图》，3—5月已向全国发行12万册，总店发行10万册，出版社发行2万册。

6月3日　总店京所辛邵廉荣获新闻出版署优秀共产党员称号，受到中央国家机关党工委的表彰，其事迹刊登在《新闻出版报》上，题为《丁是丁卯是卯的"辛交办"——辛邵廉》。

6月6日　汪轶千当选为国际儿童读物联盟中国分会执行委员。

6月25日　总店聘任如下同志担任部门的领导：吴道乾为第一发行部经理，史黎殷为第一发行部副经理，张友兰为第二发行部副经理，李祥为储运部经理，傅文亮、郑瑞增为储运部副经理，司祥、王玉田为储运部调研员（副处级），李雪云为人事保卫处处长，雷庆余、冯振洲为人事保卫处副处长。返聘王印德为总店特约顾问，李连仲为党委办公室顾问，姜雨生为办公室顾问，邓用忠为人事保卫处顾问。

6月30日　总店副总经理罗敏君会见以小学馆社长理事、日本杂志协会理事长相贺彻夫为团长的日本出版印刷代表团，并陪同客人参观北京王府井新华书店。

7月1日　根据总店《关于调整部分机构试行方案》规定，从即日起储运部增设人事劳资科、技安保卫科、财务科、总务科；行政处设总务科、基建科、房管科，增设马连道流通中心筹备组（科级）挂靠行政处；人保处设人事劳资科、保卫科、老干部科。

7月3日　新闻出版署发出《关于聘任署科技进步奖评审委员的征求意见函》，聘请高起成担任新闻出版署科学技术进步奖评审委员会第二届评审委员。

7月5—9日　总店京所与人民、中青、法律、中国社会、中央党校、学苑、安徽教育等出版社，在安徽屯溪联合举办繁荣图书市场重点图书发行研讨会，就繁荣图书市场、充分依靠主渠道、依靠和发挥省店的优势和作用，发行好重点图书等问题进行了研讨。总店总经理汪轶千出席并讲话。

7月9日 新闻出版署批准总店第二届管理委员会成员为：汪轶千、郑士德、高起成、王栋石、罗敏君、裘树城、郭俊卿、刘建、杜九春。汪轶千任主任，郑士德、高起成任副主任。

同日 新闻出版署直属机关党委召开先进基层党组织、优秀共产党员及党务工作者表彰大会，总店包装科党支部被授予先进党支部称号，辛绍廉、王玉田、王凤岐、张其瑞、王印德、蔺远征等6位同志被授予优秀共产党员光荣称号。

7月12日 新闻出版署发出《〈关于重申加强挂历、年历画、年画出版管理的通知〉的补充说明》，重申挂历、年画必须由新华书店批发的有关管理规定。

7月26日 总店致函湖北省店，对鄂西州新华书店遭受特大洪水灾害表示慰问，并捐助救灾款3万元。

7月29日 国务院总理李鹏签署第63号国务院令，发布《法规汇编编辑出版管理规定》。该规定第12条指出："法规汇编的发行，由新华书店负责，各地新华书店应当认真做好征订工作。有条件的出版社也可代办部分征订工作。"

8月1—3日 总店京所、中国少年儿童出版社在山东烟台联合召开1990年度中少版图书发行联谊会，全国70余家发行"中少版"图书数量最多的基层新华书店代表参加，中国少年儿童出版社社长杨永源、总店副总经理裘树城出席并讲话，对这些书店所做出的成绩进行了表彰。会议由京所经理吴道乾主持。会议期间，举办了"中少版"图书看样订货会，共订货近100万元。

8月24—30日 新华书店北三区（东北、华北、西北各省区）储运工作协作会在乌鲁木齐召开，新疆维吾尔自治区新闻出版局副局长陶世义出席并讲话。总店储运部经理李祥主持会议。

8月25日 新闻出版署批准，同意《社科新书目》《科技新书目》《标准新书目》主办单位由新华书店北京发行所变更为新华书店总店北京、科技发行所。

8月30日—9月12日　由上海市新闻出版局、总店、上海市店主办的"第三届全国书市"在上海展览中心举办，全国400余家出版社的4万余种图书参加展销，共接待读者22万人次，售书144万册，520多万元。总店总经理汪轶千出席开幕式。

9月15—20日　全国省店第二届教材科长会议在广州召开，总店徐家祥和29个省店代表共53人出席，总结交流教材发行经验，研究教材发行工作中碰到的新情况、新问题以及教材发行人员的培训、培训教材的编写等问题。

9月20—24日　新闻出版署在沈阳召开全国新闻出版系统职工教育培训工作会议，总店等19家新华书店受表彰，被授予新闻出版系统职工教育培训先进单位称号。总店汪轶千、王旭参加会议。

9月24日　民政部正式批准成立中国书刊发行业协会。

同日　新闻出版署发出《关于改变书刊印刷和图书发行统计报表报送渠道的通知》，决定从1991年1月起，将原来由中国印刷公司和新华书店总店分别承担的全国书刊印刷统计工作和全国图书发行统计工作归口由署计财司统一管理。

9月25日　总店编辑的《海外书林》（第二辑）由中国书店出版。

9月下旬　总店储运公司在南昌召开座谈会，交流图书铁路大集转和原箱转运工作经验。座谈会由储运公司副经理郑瑞增主持，江西省新闻出版局副局长熊向东、江西省店经理张绍昌出席并讲话，鹰潭火车站运输服务所等8个集转点和南昌铁路分局有关人员参加。

9月　总店马连道流通中心书库第一期工程竣工，建筑面积12 172平方米，总造价798万元。

9—10月　第11届亚运会组委会新闻部、中华全国体育总会宣传部、人民体育出版社和总店在北京、上海、广州、成都、西安、沈阳等49个大、中城市店联合举办规模空前的亚运会体育图书展销，展销活动覆盖26个省、自治区、直辖市，展销体育图书400多种，其中首次发行的新书有200种，销售额达900万元。

10 月 4 日　国家税务局发出《关于县和县以下新华书店及农村供销社销售图书减半征收营业税的通知》。决定从 1990 年 9 月 1 日起至 1991 年底，减半征收图书发行零售环节的营业税。

1992 年 3 月 20 日，新闻出版署转发国家税务局通知，减征县（市）新华书店营业税延续 2 年，至 1993 年底。

10 月 8 日　总店决定支援新疆石河子市店 5 万元筹建营业楼。给青海省发文，函告 15 万元借款改作无偿支援。

10 月 10—29 日　为提高新华书店系统统计人员的基础理论水平和统计分析工作能力，总店委托中国商业统计学会在杭州商学院举办统计分析及计算机基础知识培训班，全国 30 个省店及部分地、市店的统计人员共 60 人参加。

10 月 11—16 日　总店京所与民族、中国藏学、西藏人民、四川民族、青海民族、云南民族等出版社，以及西藏、四川、青海、云南、甘肃等省店在成都联合举办首届藏文图书看样订货会。参展图书 764 种，参加订货会的销售店代表 73 人，订货成交码洋 105 万元。总店副总经理裘树城到会并讲话。

10 月 26 日　总店总经理汪轶千致函国家教委副主任朱开轩，建议将武汉大学图书发行管理学专业由"试办"转为"正式设置"的"专业"或"系"，为图书发行系统培养更多专业人才，以适应改革开放和广大读者对图书日益迫切的需要。1992 年 7 月，该专业转为正式设置的专业。

11 月 14—18 日　新闻出版署发行司在四川自贡市召开全国新华书店储运会议。总店、各省级店、发行所、总店储运公司、自贡运输公司和部分中转店、二级分发店、收货店的代表共 80 余人出席了会议。新闻出版署发行司副司长王俊国、四川省新闻出版局副局长周继尧和铁道部、交通部、邮电部的代表出席并讲话。会议讨论修改了《新华书店图书发运工作办法》《评选全国图书储运"最佳店"的办法》等 5 个文件草案。

1991 年 2 月 26 日，新闻出版署批转了《新华书店图书发运工作办法》等 5 个文件，明确规定：新闻出版署对全国新华书店储运工作进行宏观领导，总店储运公司和沪所分片负责新华书店发运网的管理和领导，各省（区）新闻出版局和省级店对本省（区）图书储运工作有领导和管理职能。

11月20—24日 新闻出版署在重庆召开全国图书发行工作会议，强调要坚持治理整顿，促进出版繁荣，积极稳步地推行发行体制改革。会议讨论修订《关于加强农村图书发行工作的意见》《关于严禁党政机关、社会团体及其他单位无照经营图书的通知》等5个文件的征求意见稿。新闻出版署署长宋木文出席会议并讲话，他指出，各省店的管理体制今后由各地根据具体情况自行决定。会议期间，中国书刊发行业协会筹备处主任郑士德，向各省、自治区、直辖市新闻出版局局长就协会理事人选征求意见。

11月21日 中宣部、新闻出版署发出通知，要求各地新华书店认真做好《毛泽东选集》1—4卷第二版的预订发行工作。11月30日，总店京所向各地新华书店紧急征订《毛泽东选集》1—4卷第二版。总店同时向各省店发出通知，希望各级新华书店高度重视、认真做好《毛泽东选集》1—4卷第二版的宣传征订工作。

12月5—18日 总店在北京举办全国图书发行经理研讨班，部分省店及计划单列市店和津所、渝所、中国书店的经理、副经理27人参加，学习讨论了《关于社会主义若干问题学习纲要》，听取了中宣部、新闻出版署和总店领导的报告。结业时，新闻出版署颁发了结业证书。

12月14日 中共新闻出版署机关党委批复同意高起成任中共新华书店总店第二届党委书记（副局级），刘建、张国明任党委副书记（副处级），刘建兼任第二届纪委书记。

12月15日 总店与中国出版对外贸易总公司、三联书店（香港）有限公司联合签订《关于内地出版的中文图书对香港进发货业务的协议》。

12月28日 总店邀请部分曾在新华书店担任领导工作的老同志举行新年座谈会。总店总经理汪轶千向老领导汇报总店1990年的工作情况，大家畅所欲言，就在新形势下新华书店如何满足读者需要发表建设性意见。

12月 总店马连道宿舍4号楼竣工，建筑面积7 428平方米，总造价454万元。

同年　总店及在京直属单位固定资产（原值）4 706 万元，商品资金 2 037 万元。销售总额 27 026 万册，77 809 万元，利润 2 223 万元，利润率 2.9%。年末职工 1 089 人。

1991 年

1月1日　全国图书发行统计工作即日起由新闻出版署统一归口管理。

1月8日　新闻出版署、国家计委、建设部三部委联合发出《关于图书发行网点建设若干问题的通知》。《通知》说，中共中央、国务院《关于加强出版工作的规定》指出："全国城镇增加图书发行网点和仓库的问题，应纳入城镇建设规划，由各地计划、城建部门和新华书店、外文书店共同研究落实。"按照这一决定，各地在图书发行网点建设方面做了大量工作。但是，也有一些地区对图书发行网点建设重视不够，为此，希望各省、自治区、直辖市和计划单列城市新闻出版局应对书店发行网点建设加强领导；各级城建部门要将图书发行网点建设纳入城镇建设规划；各级计划部门要将图书发行网点建设的改造和新建列入本地区固定资产投资计划，在资金和建材安排方面适当给予照顾；各省（区）新闻出版局应集中适当的资金用于图书发行网点建设，各级书店的生产发展基金，除合理补充流动资金外，应主要用于经营场所的扩建、改建和新建。

新闻出版署 1990 年 11 月颁发的《新华书店统一会计制度》中特增设了"网点发展基金"科目，核算为巩固和发展新华书店网点而筹集、使用基金的收支情况。

国务院 1991 年发布的《固定资产投资方向调节税暂行条例》中规定：图书发行网点，是税率为 0% 的投资项目，也体现对图书发行网点建设的支持。

同日　为纪念新华书店总管理处发行部及有关部门改组成立新华书店总店40 周年，总店召开科以上干部会议，邀请曾任总店总经理的新闻出版署特邀顾问王益做报告。报告的中心内容是呼吁大家继承和发扬新华书店艰苦奋斗、全心全意为人民服务的优良传统。他希望新华书店在图书发行工作中起到表率、示范、主导、骨干作用，发行所在出版社和销货店之间发挥纽带作用。

1月8—10日　总店京所和人民、党史、学苑3家出版社在北京联合召开纪念中国共产党建党70周年重点图书发行工作会议，向到会的全国29个省店集中推荐介绍40余种党建重点图书，并研究部署了征订发行工作。为配合70周年纪念学习活动，总店京所已布置征订40余种有关图书，计有《光辉的七十年》（上下卷）、《中国共产党简史》《中国共产党大事记》《中国共产党党史人物介绍》《中国共产党的七十年》等书。

1月9日　总店副总经理高起成在北京人民大会堂参加中国书籍出版社出版的《世界名著鉴赏大辞典》首发式。该书京所发行精装本6 000部，平装本9 000部。

1月26—28日　总店京所与人美、电影、戏剧、旅游、摄影、连环画、北京摄影、民族摄影、文物、人民体育、工人、农村读物、蓝天等13家出版社在北京联合召开1992年度京版年画看样订货会，由上述出版发行单位组成的北京地区年画出版发行联合体同时宣告成立。

1月30日　总店总经理室聘任田辉为第二发行部副经理，解聘崔福海第二发行部副经理职务。

2月2—5日　全国新闻出版局长会议在北京召开，总店总经理汪轶千参加。会议在涉及发行工作时强调指出，要抓发行，理顺关系，疏通渠道，把更多更好的出版物送到读者手中。

2月24日　总店原副总经理赵国良，因病医治无效在北京去世，享年68岁。

2月26日—3月2日　总店受新闻出版署委托，在广州召开1990年图书发行统计年报会审汇编会议，除西藏以外的各省店和中国图书进出口总公司、中国国际图书贸易总公司等单位的代表38人参加。新闻出版署计财司统计处负责人到会指导。会上会审汇编了全国图书发行行业及新华书店系统1990年图书发行统计年报，对省店1990年统计工作进行考评，向被评选为1990年图书发行统计工作先进单位的黑龙江、湖南、福建、河北、甘肃、江苏、北京、浙江等 8 个省、市店颁发了荣誉证书和奖金。

3 月 1 日　中宣部常务副部长徐惟诚主持召开会议，布置《中华大家唱（卡拉 OK）曲库》出版发行事宜。确定由中国音乐家协会副主席赵沨任《曲库》编委会主任，分别以录像带、录音带、激光视盘、歌本的形式出版，交总店京所总发行。新闻出版署副署长王强华、总店副总经理罗敏君参加会议。

3 月 6 日　中国书刊发行业协会成立大会在北京举行，大会选举产生了由 156 名理事组成的中国书刊发行业协会第一届理事会，总店总经理汪轶千、副总经理郑士德当选为副会长。经协会常务理事会第一次会议研究决定，郑士德为协会常务副会长兼秘书长。

3 月 11 日　新闻出版署副署长刘杲，发行司司长吴克明到总店听取意见，总经理室班子全体成员参加汇报会。

3 月 11—15 日　为加强店所合作，促进市场繁荣，总店京所、科所在北京召开省店业务座谈会，总店总经理汪轶千、副总经理裘树城以及全国 29 个省店的经理和业务科长共 60 余人参加会议。新闻出版署副署长王强华，发行管理司司长吴克明、副司长王俊国，音像司副司长周轩进到会并讲话。

会上，总店京所、科所共同推出了 7 种拟请省店配合宣传推荐的重点图书。会议要求严把进货关，努力丰富图书品种。要把《毛泽东选集》（第二版）的发行作为一件大事抓紧抓好；要下大力气发行配合建党 70 周年、辛亥革命 80 周年、太平天国 140 周年纪念的重点图书。

3 月 14 日　总店聘任赵新民为行政处处长，淳于友生为行政处副处长，张锦云为计财处副处长兼结算科科长。

3 月 15 日　为逐步使全国新华书店系统岗位培训规范化、标准化，总店和上海、湖北、四川、福建、浙江、广西、辽宁等省店共同组织拟定了《新华书店系统岗位培训教学大纲》。本大纲由基层店经理、进货人员、财会人员、门市工作人员、农村发行人员、库管人员、新职工等 7 个专题组成。总店已将其铅印成册，发往各地新华书店，供举办培训班时参考。

3月21日　武汉大学校长办公会议决定，聘请总店总经理汪轶千为武汉大学兼职教授。

3月28日　新闻出版署批复，同意总店成立音像发行所（简称"音所"），负责经办音像制品的全国进发货业务。该所对内称总店第三发行部。

4月2日　新闻出版署发出《关于常备图书出版、印刷、发行管理的暂行规定》及《常备图书目录》（第一批50种）。《规定》指出：第一批书目由人民出版社及有关出版社、中国印刷公司、新华书店总店切实做好出版、印刷和征订发行工作。希望各有关单位共同努力，争取尽快出书陈列，供应读者。

《第一批常备图书目录》包括四大类图书，其中马克思列宁主义、毛泽东思想经典著作14种，中国共产党和国家主要领导人著作12种，中国共产党和国家重要文献8种，中国语文工具书及其他工具书16种。

4月6日　总店与全国总工会宣教部联合发出通知，要求各省、自治区、直辖市及计划单列市总工会、新华书店认真做好《中华大家唱（卡拉OK）曲库》的宣传征订和发行工作。《曲库》共收歌曲1 000首。6月1日前先推出350首，年底前全部出齐。由总店音所发行。

4月9—13日　总店召开第二届职工代表大会第一次会议。总经理汪轶千报告总店第一轮承包经营情况，职代会代表审议通过《浮动升级办法》《职工宿舍调配办法》《职工医疗费用改革试行办法》。

4月24—28日　国家教委和新闻出版署在武汉召开全国高等教材工作暨第三次高等学校出版社工作会议，这是继1977年、1979年之后，专门研究和改进大中专教材出版、发行工作的会议。各省、自治区、直辖市教委、新闻出版局、新华书店以及部分出版社、高等院校等单位的代表320多人出席。国家教委副主任朱开轩、新闻出版署副署长刘杲分别主持会议并作重要讲话，总店副总经理裘树城就新华书店教材发行工作情况发言。会议决定，在整个"八五"期间，大中专教材仍应继续坚持以新华书店为主渠道的发行体制。

4月27—29日　总店根据中宣部、新闻出版署的指示精神，在北京召开全国新华书店《中华大家唱（卡拉OK）曲库》发行会议，部署《中华大家唱

（卡拉 OK）曲库》前 500 首的发行工作，各省店和部分地、市店共 200 多人参加。中宣部常务副部长、《中华大家唱（卡拉 OK）曲库》工作小组组长徐惟诚，新闻出版署副署长王强华，总店总经理汪轶千、副总经理罗敏君到会并讲话。徐惟诚在讲话中指出：《曲库》由总店音所总发行，这是经营工作的突破，希望各地新华书店做好宣传征订工作，改进发行方法，采取措施，不断满足供应。

5 月 8 日　新闻出版署署长宋木文、技术发展司司长高永清在总店总经理汪轶千陪同下，到总店储运公司检查《毛泽东选集》1—4 卷第二版的收书、包装、发运工作情况。

5 月 11 日　新闻出版署、国家工商行政管理局联合颁发《图书总发行管理的暂行规定》。《规定》指出：图书总发行（即总批发、总经销），是指图书印制完成后统一归某一个出版单位或发行单位承担发行的总责，组织一级批发的发行事宜；新华书店省级（含省级）以上发货店（发行所）可办理国内出版的图书的总发行；计划单列城市店可办理本市出版社出版的图书的总发行；出版社可办理本社出版的图书的总发行。

5 月 15 日　中宣部、新闻出版署、广播电影电视部、文化部、国家教委、中华全国总工会、共青团中央和中国音乐家协会联合发出《关于做好〈中华大家唱（卡拉 OK）曲库〉宣传、发行工作和组织好演唱〈曲库〉歌曲活动的通知》，明确《曲库》由新华书店统一发行，各地新华书店要以社会效益为最高准则，以最快的速度，认真组织好《曲库》的宣传发行工作。

5 月 20 日　新闻出版署、国家工商行政管理局联合发出《关于加强国营书店多种经营管理的暂行规定》。《规定》指出：开展多种经营，原则上应以丰富和提高人民群众的文化生活以及与图书发行业相关的经营项目和服务项目为主；经济上实行内部独立核算、自负盈亏，不得挤占新华书店经营图书的流动资金，对新华书店的固定资产要有偿使用，定期归还。多种经营的营利部分，应提取一定比例投入图书发行主业中。

5 月 23 日　新闻出版署通知：新华书店总店、中国印刷物资公司及新闻出版署共同投资在马连道新建的搬迁用宿舍 7 400 平方米，分配给中国印刷物资公司 684 平方米，分配给盲文书社 716 平方米。有关宿舍的管理问题，三单位商量解决。

据总店固定资产明细账记载，马连道 4 号宿舍于 1990 年 12 月入账，全部为总店的产权。

5 月 27—31 日　总店科所与中国环境科学出版社在北京市大兴县召开重点图书宣传推荐、评优经验交流座谈会。会上推荐的《标准化训练和能力培养》一套书当年发行 540 万册，1 690 万元。总店总经理汪轶千、副总经理裘树城出席并向先进单位授奖，科所经理徐家祥主持会议。

5 月 28 日　《中华大家唱（卡拉 OK）曲库》首发式在北京人民大会堂隆重举行，中共中央政治局常委李瑞环出席并发表重要讲话。中宣部副部长李彦、文化部副部长刘德有等 8 部委领导出席，中宣部常务副部长徐惟诚主持。总店总经理汪轶千在会上表示，《曲库》交给全国新华书店发行，是对新华书店工作的信任和支持，全系统要利用新华书店网点比较普及的优势，深入、普遍地发好这套《曲库》。总店副总经理罗敏君参加会议。

5 月 29 日　在纪念西藏和平解放 40 周年之际，总店邀请在中央文化干部管理学院学习的 8 位藏族学员到总店座谈，介绍图书发行改革情况，共叙民族团结之情。参加座谈的学员大部分是主管地、县店的文化、宣传部门领导，他们对发行工作非常关心，对新华书店的困难表示理解。发言中，他们对奋战在雪域高原的广大发行人员的辛勤劳动给予高度赞扬，并表示今后要更多地关心和过问当地新华书店工作，多为当地新华书店解决实际困难。总店总经理汪轶千，副总经理高起成、王栋石、罗敏君，总会计师郭俊卿等参加座谈。

6 月 5—12 日　全国新华书店图书集运分发工作座谈会在长沙召开，着重研究并解决零星图书发运困难的问题。会议期间，各省店协商签订邮包集运分发业务往来合同。总店副总经理王栋石出席会议。

6 月 11—14 日　总店京所与北京出版社在杭州联合召开北京出版社图书发行业务交流会，北京出版社副社长陶信成、总店副总经理裘树城到会并讲话。会议邀请全国各地 70 家销售北京版图书较多的新华书店交流经验，并参加北京版图书订货，成交订货码洋 50 多万元。

6 月 17 日　新闻出版署发文，批准新华书店总店成立第三发行部（对外称新华书店总店音像发行所）。总经理室聘任谭子谦为音像发行所经理，王秋慧为副经理。办公地址：北礼士路 54 号。

6 月 17—21 日　总店在兰州召开新华书店系统直辖市、省会市和计划单列市计算机应用经验交流会，讨论并修改了总店提出的《关于全国城市店系统推广使用电子计算机并建立初级网络的设想》。总店汪轶千、陈云、梁英、伏政民参加会议。新闻出版署于 1991 年 8 月 13 日向各省、自治区、直辖市、计划单列市新闻出版局转发这个文件。

6 月 19 日　新闻出版署决定：免去郑士德总店副总经理职务。

6 月 20 日　新闻出版署发出《关于新华书店总店延续实行"三包一挂"承包经营责任制的批复》。《批复》指出：原"三包一挂"承包经营责任制的基本内容不变，即：包上缴所得税、包固定资产增值、包社会效益，工资总额与上缴税利挂钩。延续承包的期限为 2 年。

同日　总店被劳动部、国务院生产委员会、国家教委、人事部、全国总工会、中国职工教育和职业培训协会、中国成人教育协会联合授予"全国职工教育先进单位"称号。国务委员李铁映代表李鹏总理向受表彰的单位表示祝贺，并强调我国需要造就一支高素质的职工队伍。总店副总经理罗敏君出席在人民大会堂召开的表彰大会。

6 月 22—24 日　全国民族地区图书发行研讨会在西宁召开，22 个省店代表参加，总店总经理汪轶千到会讲话并为青海省店库房楼竣工揭幕。这座书库楼的兴建，得到了总店及 29 个省级店、发行所的大力支持。总店原总经理王璟为这座书库楼题名"聚珍库"。

6 月 26 日　新闻出版署在北京召开《列宁全集》（中文第二版）60 卷出版发行工作表彰大会，总店、人民出版社、中国印刷公司、中国印刷物资公司以及这些单位所属的 40 个先进集体、207 名先进个人受到了表彰。国务院副秘书长徐志坚、中宣部副部长李彦、新闻出版署署长宋木文、中国出版工作者协会主席王子野等出席表彰会，并向受表彰的单位、集体颁奖。总店京所、储运公司、计划财务处、京所第一发行科，储运公司第一、第二、第三包装科和运输科等获奖。总店高起成、罗敏君、刘艳琴、史黎殷、赵新民等参加会议。

同日 总店决定购置北大方正电子书报排版成套设备，并对技术人员进行培训，建立电脑排版系统。在办公室成立电脑排版科，请中科院文献情报中心的科技人员协助，通过对《社科新书目》第 281 期的排版试验，已正式运行。

6 月 26—29 日 总店京所与中国少年儿童出版社在厦门举办"1991 年度中少版图书发行经验交流和看样订货会"。中国少年儿童山版社社长杨永源、总店副总经理裘树城到会并讲话。会议邀请全国各地近百家订"中少版"图书较多的新华书店交流经验，并参加"中少版"图书看样订货，订货码洋 70 多万元。

6 月 新闻出版署机关党委为纪念中国共产党成立 70 周年，组织署直单位职工歌咏比赛，由海军战士军乐队伴奏，总店职工百人合唱团演唱的《我的祖国》荣获一等奖。

7 月 1 日 《毛泽东选集》1—4 卷第二版在全国各地新华书店发行。

7 月 8 日 总店根据新闻出版署决定，函告全国新华书店，新华书店兴城疗养院移交中共辽宁省委宣传部管理。事前，新闻出版署办公室、总店曾就兴城疗养院今后的管理提出三种方案，征求各地书店意见。兴城疗养院占地 85 亩，建筑面积 1.16 万平方米，投资总额 673 万元。

7 月 20 日 总店向战斗在抗洪救灾第一线的 18 个省店职工发出慰问信，鼓励灾区的书店职工齐心协力战胜自然灾害。

7 月 26 日 新闻出版署在北京召开《毛泽东选集》1—4 卷第二版出版发行表彰会。中共中央文献研究室主任逢先知、国务院副秘书长徐志坚、中宣部副部长李彦、新闻出版署副署长刘杲、于永湛、中宣部出版局局长刘国雄等出席，并向在出版发行《毛泽东选集》1—4 卷第二版工作中作出突出贡献的新华书店总店、人民出版社、中国印刷公司、中国印刷物资公司等 18 个单位颁发了锦旗。总店裘树城、石玉歧、李祥、刘艳春等参加会议，并代表总店、京所和储运部领奖。至 7 月份，全国新华书店《毛泽东选集》1—4 卷第二版的订货量超过 750 万套。至 1992 年 6 月，发行量又增至 1 194 万套。

7—9 月　中宣部出版局组织 3 个调查小组，分赴浙江、江苏、广东等地调查农村图书发行情况。总店派员参加调查。

8 月 7—16 日　总店受新闻出版署委托，在北京召开《图书发行行业工人技术等级标准》编审会。河南、四川、湖南、北京、上海、沈阳等省、市店以及总店储运公司的有关人员和标准编写人员参加了会议。会议由总店副总经理王栋石主持，罗敏君、宋金熹、李雪云、李祥等参加会议。

8 月 12 日　新闻出版署、国家工商行政管理局联合颁发《关于出版社自办发行图书的暂行规定》。《规定》指出：出版社自办发行图书主要是扩大本版图书的发行，特别是要重视专业性强、读者面窄、学术价值高的图书的发行；由新华书店包销的图书，出版社可以办理零售和邮购，但不得从事征订和批发业务；出版社总发行的图书，要努力满足读者需要，并优先保证各级新华书店的订货、添货，要努力做到及时、足量供应。

8 月 13 日　新闻出版署转发《新华书店总店关于全国城市新华书店系统推广使用电子计算机并建立初级网络的初步设想》。

8 月 15 日　新闻出版署发出《关于重申制止滥编滥印中小学复习资料的规定的通知》。《通知》指出：正式出版的中、小学复习资料等图书，统一由新华书店负责征订、发行。其他单位和个人均不得进行征订和批发。各地新华书店不得向学校摊派或强行搭配图书。

8 月 16 日　新闻出版署发出《关于图书发行浮动折扣的试行办法》。《办法》规定：国家规定的包销类以外的图书，出版社、发货店可以在规定的幅度内浮动折扣；实行浮动折扣的图书购销活动，有关出版社、发货店应签订书面的图书购销合同。

8 月 19 日　中宣部、国家民委、新闻出版署联合发出通知，要求各级新华书店认真做好少数民族文字版《毛泽东选集》1—4 卷第二版的征订发行工

作。9 月 6 日，总店京所发出通知，布置少数民族文字版《毛泽东选集》1—4
卷第二版的征订工作。

8 月中旬 应香港联合出版（集团）有限公司的邀请，总店总经理汪轶千
随中国出版代表团赴香港、澳门进行为期 10 天的考察访问。

8 月 30 日 新闻出版署、国家工商行政管理局发出《关于新华书店经营
音像制品业务有关问题的通知》，批准总店经营录音、录像制品，包括相关的
音响设备、视频产品（不含电视机）的批发业务。并原则上同意各级新华书
店经营录音、录像制品的批发、零售、租赁和有关的音响设备、视频产品
（不含电视机）的批发、零售业务。

8 月 31 日—9 月 11 日 由广东省广州市新闻出版局、广东省店、广州市
店、中国书刊发行业协会以及总店共同举办，全国各省店协办的第四届全国书
市在广州举行，全国近 500 家出版社参加，28 个省店和香港联合出版（集团）
有限公司直接进场销售，书市汇集近两年大陆和港台出版的新书和音像制品共
5 万余种。中共中央政治局委员、广东省委书记谢非，中宣部出版局局长刘国
雄，新闻出版署领导以及总店总经理汪轶千等参加书市开幕式。书市 12 天共
接待读者 60 万人次，零售额超过 1 100 万元，看样订货码洋 2 300 万元。全国
书市期间，开展了评选十佳畅销书、10 个最受欢迎的展位等活动。

9 月 12 日 新闻出版署计财司发出《关于〈图书发行统计报表制度〉的
补充规定》。《补充规定》内容是：一、以全民所有制书店各个系统划分系统
内外，改为以新华书店系统划分系统内外；二、《图书发行电讯月报》在"补
充资料"中增加第 5 项统计指标"新华书店系统内销售"。

9 月 23—29 日 第四届国际音乐音像制品展销会在北京展览馆举行，来
自世界各国及我国的 48 家音像公司展出 1 万余种音像精品。总店音所在展馆
内分设《曲库》展销台，6 天销售《曲库》1 万余元。同时与参展的外国和港
台音像公司进行接触。通过这次展销活动向国外宣告，新华书店系统不只发行
图书，也发行音像制品。

9 月 23—29 日 京所与渝所、京渝两地 26 家出版社在四川万县联合召开

了"京渝版社科类新书首届看样订货会"，共展出样书 1 200 多种，参加会议的有来自全国各地近 60 多个店的 100 多名代表。

9 月 安徽省城乡遭遇特大水灾，总店派汽车将职工捐献的衣被 4 502 件直送安徽省凤台县。

10 月 8—23 日 总店受新闻出版署委托，在武汉大学图书情报学院举办全国新华书店教育科长培训班，新闻出版署人教司领导及有关职教专家作专题讲课，总店总经理汪轶千在结业典礼上作总结发言。全体学员撰写了结业论文，并获得新闻出版署和武汉大学颁发的结业证书。

10 月 11—15 日 总店音所在杭州召开音像发行工作研讨会，上海、南京、杭州、哈尔滨等市店、音像书店经理参加，中宣部出版局局长刘国雄、新闻出版署音像司副司长任裕湛、总店副总经理罗敏君出席并讲话。音所经理谭子谦参加会议。会议议题主要是对音像制品的性质、特点、市场现状以及新华书店在音像发行中的地位和作用等问题进行了研讨。

10 月 15 日—12 月 14 日 总店与北京印刷学院在北京联合举办新华书店系统首届微机基础短训班，16 个省、区的 33 家店计算机操作人员共 45 人参加为期两个月的培训班学习。

10 月 16 日 新华书店北片第四届储运工作协作会议在济南召开，会议交流各省贯彻《图书发运办法》情况，讨论修改《图书储运工人技术等级标准》等。总店副总经理王栋石、储运部经理李祥、副经理孙宗魁参加会议。

10 月 17 日 新闻出版署转发中国人民银行《关于民族贸易贷款实行优惠利率的通知》。《通知》明确，对国家确定的 421 个民族贸易县贸易贷款实行优惠利率（2.8%），即贸易贷款年利率为 5.76%，贷款行向企业按年利率 8.64%收息，对多收的利差 2.8%，按季返还企业。其中包括新华书店的流动资金贷款。

10 月 23—29 日 总店在上海召开《科技新书目》编务会，科技、上海、天津、重庆 4 个发行所派人参加，研究提高办报质量，加强宣传征订以及各发行所刊登稿件数量分配等问题。总店杨庆民参加会议。

10 月 25—29 日　总店在北京召开全国省店《曲库》发行工作会议。会议就新华书店全面经营音像出版物进行充分研究，讨论《曲库》进发货管理办法，部署《曲库》后 500 首的发行工作。会议指出，新华书店将音像发行作为主业之一，是以发行《中华大家唱（卡拉 OK）曲库》为开端的，自 1991 年 6 月以来，全国新华书店已发行《曲库》音像带及歌曲集共计 232 万盒（册）。中宣部常务副部长徐惟诚、新闻出版署副署长刘杲到会并讲话，肯定了新华书店发行《曲库》的成绩，同时也指出成绩还不够大，应该主动送货上门，努力扩大发行面。总店总经理汪轶千作会议小结，副总经理罗敏君，音所经理谭子谦、副经理王秋慧等参加会议。

10 月 26 日　新闻出版署、中宣部、商业部、财政部、国家税务局联合印发《关于加强农村图书发行工作的意见》的通知。《意见》的主要内容是：一、要适应农村发展的需要，根据实际情况采取有力措施，加强农村图书发行工作；二、切实做好农村图书的货源组织和供应工作；三、要改善经营管理，提高服务质量；四、要发展和巩固农村图书发行网点；五、要加强农村图书发行队伍建设；六、要对农村发行实行优惠的经济政策；七、要加强对农村图书发行工作的领导。

11 月 13 日　新闻出版署聘请总店总经理汪轶千为署发行经济高级职务评审委员会委员。

11 月 15—18 日　总店科所与北京师范学院出版社等有关出版社在贵阳召开《爱我中华 爱我家乡》丛书宣传推荐会，部分省店业务科长出席。在全国新华书店的积极宣传推荐下，该套丛书全国发行 580 万册，计 2 000 万元。

11 月 16—18 日　新闻出版署主办，新闻出版署计财司、中国出版会计学会和总店承办的全国新华书店首届财会知识竞赛，经过半年来的第一赛程答题、省级选拔赛后，全国 31 个代表队的 93 名选手聚集北京，参加第二赛程预、决赛。11 月 16 日，举行第二赛程预赛，前 40 名选手获个人优秀奖，吉林省店胡向阳名列榜首，总店选手闫秀梅名列第 21 名，吴群名列第 37 名。11 月 18 日，第二赛程预赛总得分前 6 名的省级代表队在北京图书馆进行决赛。

结果，吉林代表队荣获第一名，山东、安徽、浙江、江苏、福建代表队分获第二至第六名。新闻出版署署长宋木文、国家计委副主任王春正、中国会计学会常务副会长杨纪琬、总店总经理汪轶千等领导观看决赛，并向前 6 名优胜队、前 40 名优秀选手和团体总分前 6 名颁奖。

11 月 20 日　总店副总经理罗敏君接待来访的巴基斯坦出版代表团，介绍了中国书业情况。

11 月 20—24 日　中宣部出版局、中国书刊发行业协会等单位联合在贵阳召开全国农村图书发行工作研讨会，总店及各省店负责人参加，沟通情况、交流经验，并就省店如何抓好农村发行工作等问题进行了深入探讨。

11 月 24 日　总店成立精神文明建设协调领导小组，组长王栋石，副组长刘建、付文亮、冯振洲、淳于友生。同时成立总店社会治安综合治理领导小组，组长王栋石，副组长刘建、付文亮、雷庆余、淳于友生。

11 月 28 日—12 月 1 日　总店在大连举办全国新华书店门市工作规范化管理研讨会，推广大连市天津街新华书店规范化管理经验，并就进一步搞好门市工作进行了讨论。各省、省会城市、计划单列市店经理、副经理，以及各大中城市店主要门市部主任共 120 人参加会议。中共大连市委副书记林庆民等到会并讲话，总店总经理汪轶千主持会议并作总结。总店宋金熹、陈云等参加会议。

12 月 6 日　总店总经理汪轶千、副总经理罗敏君会见来访的香港电视广播国际有限公司高级市场业务经理陈泰武和市场业务主任欧阳建昌，就内地的音像制品发行交换了意见。

12 月 9 日　北京国际儿童图书博览会组织委员会成立，并召开第一次会议。总店副总经理罗敏君任组委会副主任。

12 月 12 日　新闻出版署、财政部联合发出《关于调整少数民族省（区）图书发行折扣的若干规定》指出：全国出版社和新华书店省级店、发行所发往内蒙古、新疆、西藏、宁夏、广西、青海、云南、贵州等 8 省（区）的一般图书，出版社一律以 65 折向新华书店发货店供货，发货店一律以 70 折向少数民族省（区）销货店发货。出版社自办发行部门直接向少数民族省（区）新华书店供应的，一律以70折发货。

总店接文件后，于12月28日向新闻出版署提出《关于对八个少数民族省（区）调整进、发货折扣难以执行的紧急报告》，要求将全国各发货店调整进、发货折扣的开始时间，改为1992年7月1日；将向8个省（区）让5个折扣点的负担比例，改为出版社负担3个点，发货店负担2个点。

新闻出版署采纳总店关于改变调整进、发货折扣开始时间的意见，并于1992年1月27日发出《补充规定》。总店于4月9日制定《关于调整少数民族省（区）图书发行进、发货折扣的实施办法》。

同日　总店"计算机图书发行管理系统"获国家级科技进步三等奖，总店代表在人民大会堂接受了国家科委的颁奖。该系统从1986年正式投入运行后，承担直报汇总、发货制票、财务统计、货款结算等主要业务数据处理工作，并随时提供业务需要的信息数据，为总店创造了良好的社会效益和经济效益。

12月21日　新闻出版署、财政部联合发出《新闻出版署直属企业发展专项资金管理试行办法》。《办法》规定：专项资金来源是财政部每年按新闻出版署直属企业上年上交所得税净额的10%由预算列支，新闻出版署每年按直属企业上年税后留利净额的10%转入，在银行开立专户。专项资金的使用由新闻出版署专项资金管理办公室提出计划，经领导小组审查同意，报财政部批准后方可动用。

12月24日　首届全国图书出版科研优秀论文奖评选揭晓，在100篇获奖论文中，图书发行类为28篇。总店汪轶千、郑士德等人的论文被评为优秀论文奖。

12月　总店储运公司食堂竣工，建筑面积1 603平方米，总造价237万元。

同年　由中宣部牵头组织出版的《中华大家唱（卡拉OK）曲库》大型音像制品，指定由总店总发行，全国新华书店独家销售。为开拓渠道，加大对书店和社会的宣传力度，在宣传发行《中华大家唱（卡拉 OK）曲库》音像制品时，在中宣部、新闻出版署的领导支持下，总店与中央电视台联合承办了以新华书店职工为主体，以《曲库》为范围的全国新华书店职工"中华大家唱卡拉 OK 比赛"，经各地初选推荐，在中央电视台进行决赛，并现场播出。这项活动在书店和社会都得到良好反响。

同年 总店及在京直属单位固定资产（原值）5 116 万元，商品资金 3 974 万元。销售总额 29 286 万册，96 597 万元，利润 2 902 万元，利润率 3.0%。年末职工 1 108 人。

1992 年

1月6日 总店决定，聘任许起盈为办公室副主任。

1月30日 总店被新闻出版署评为1991年度精神文明单位。

同日 总店向全国各省店发出《关于向总店报送图书发行统计报表的通知》。《通知》称：为便于及时了解新华书店系统图书发行动态，总店拟从1992年1月起，负责汇总全国新华书店系统的图书发行统计报表，并将汇总后的统计资料及时反馈给各省店。

同日 曾在1953年任总店副总经理的周保昌去世，享年71岁。

2月13日 新闻出版署人教司批复同意，中共新华书店总店委员会书记、新华书店总店副总经理高起成因病提前办理退休手续。

2月17日 总店向省店及各发行所发文，通告总店传真机号码并请各店积极筹备电传机，以便新华书店系统传真机联网。

2月25日 中宣部、新闻出版署、国家工商行政管理局、监察部、财政部、国家税务总局联合发出《严禁非图书经营单位发行图书的通知》。《通知》指出：图书只能由经工商行政管理机关登记注册的有图书经营权的单位和个人发行。未经批准，任何非图书经营单位和个人一律不得从事图书发行活动。

2月25日—3月4日 总店在北京召开1993年度年画、挂历看样订货会，共有83个大中城市店参加订货活动。总店副总经理裘树城到会并讲话。

2月29日 总店受新闻出版署委托，在北京举办全国新华书店系统储运干部培训班，参加培训的50名学员来自29个省、自治区、直辖市店和发行所、储运公司。培训期4个半月，学习内容有《图书发行学概论》《运输学》《物流系统论》等11门课程。新闻出版署发行管理司副司长王俊国，总店总经理汪轶千、副总经理王栋石出席开班典礼并讲话。培训班由北京商学院储运系承办。

3月10日　总店音所创办《音像新片目》，不定期编印，每期发行1万份。

3月14日　新闻出版署计财司发出《关于各级新华书店报送18项财会指标的通知》。《通知》指出：根据国家统计局要求，自1992年1季度起定期向国家统计局报送（经新闻出版署汇总）18项财会指标，包括：商品销售总额、毛利、费用、税金、利润总额、企业留利、职工平均人数等。

3月15—28日　总店和各省店（发行所）联合主办，中国书刊发行业协会协办，河北省店（华北地区）、甘肃省店（西北地区）、江西省店（华东地区）、辽宁省店（东北地区）、四川省店（西南地区）、湖南省店（中南地区）承办的1992年春季全国新华书店图书看样订货会，于3月15—18日、3月25—28日分两批六片在张家口、兰州、南昌、沈阳、成都和长沙举行。全国482家出版社的1.9万余种图书参加现场展示，全国800多个城市店、1 810多个县级店的7 000多名一线进销业务人员就近参加现场订货，订货总码洋突破2亿元。

看样订货会前，总店于1月21—23日在北京召开各省店（发行所）经理、业务科长参加的业务座谈会，讨论并通过了《首届全国新华书店图书看样订货会实施办法》。总店总经理汪轶千主持会议。

看样订货会后，沪所受总店委托于5月24—27日在嘉定召开订货会总结会，全国省店（发行所）经理和业务科长参加。会上，讨论制订了《1993年全国新华书店看样订货会实施办法》。

3月19日　总店总经理汪轶千、副总经理罗敏君等接待了到访总店访问的越南文化部副部长武克联为团长的越南出版代表团一行5人。双方相互介绍了图书发行体制、网点建设、发行业务情况，并表示将加强联系，增进友谊。代表团还参观了总店的电子计算机管理系统。

3月20日　新闻出版署聘请总店总经理室顾问王鼎吉为署发行经济高级

职务评审委员会委员。

3月22日 总店决定,聘任陈仁刚为第三发行部副经理,陈斌为研究室副主任兼《图书发行》报编辑部主任,李增炎为行政处副处长。

3月31日—4月4日 经新闻出版署技术发展司同意,由总店主办的全国新华书店系统"长江杯"计算机操作技能邀请赛在重庆举行。

3月 总店编辑的《图书发行统计资料汇编》(1986—1990年)出版,精装1 000册,分送中央、地方的各主管单位和省店。

4月4日 新闻出版署发出《关于成立全国新华书店图书储运最佳店评选委员会及评委会办公室的通知》和《关于印发〈全国新华书店图书储运最佳店评选细则〉的通知》。图书储运最佳店分为:最佳发运店、最佳中转店、最佳二级分发店、最佳收货店。

4月5日 在新华书店成立55周年前夕,中共中央总书记、国家主席江泽民为新华书店题词:"继承和发扬新华书店光荣的革命传统"。为此,总店总经理汪轶千和原副总经理郑士德在《图书发行》报上分别发表题为《亲切的关怀,巨大的动力》《论新华书店优良传统》的文章,对建店以来党和国家对新华书店的关怀扶植表示感谢,对新华书店55年征程中形成的独具特色的"新华精神"进行歌颂。

4月8日 总店成立出版专业人员初级职务评审委员会,主任委员汪轶千,成立会计、统计、经济专业人员初级职务评审委员会,主任委员王栋石。这两个评审委员会还负责推荐本专业中、高级专业职务的工作。

5月4—5日 为学习、贯彻邓小平南方讲话精神,研究新华书店系统如何适应形势发展,进一步解放思想,加快步伐,搞活流通,总店在北京举办部分省店经理研讨会。江西、辽宁、湖南、陕西、四川、山东、内蒙古等省(区)店、上海市店经理参加,中国书刊发行行业协会常务副会长郑士德应邀与会,总店总经理汪轶千主持会议,总经理室及部门的部分领导也出席了会议。

5月10日 总店科所受全国省店教材科长会议委托,组织编写的《教材发行业务培训教材》正式出版。该书由总店科所经理徐家祥主编,总店总经理汪轶千作序，人民教育出版社出版，全系统发行2万册。

5月10—30日　总店党委组织科长以上干部（包括党、团、工会干部），分3批学习《中国共产党的七十年》，每期学习6天。

5月14日　新闻出版署向直属企业单位发出《关于深化企业劳动人事、工资分配、保险制度改革的几点意见》。《意见》包括五部分：一、深化企业劳动人事制度，促进劳动力的合理配置；二、完善"工效挂钩"办法，搞好企业内部工资分配；三、加强考核培训，提供队伍素质；四、关于职工养老保险制度的改革；五、几点要求。

总店按照上述文件精神，于1992年6月22日成立三项制度改革领导小组，配备专人设立三项制度办公室，并于1992年9月提出《总店机构改革和实行二级核算的总体方案》，还拟定《总店各处、室岗位目录》《干部聘任、聘用制实施细则》《职工上岗合同制实施办法》《职工考核上岗办法》《关于下岗人员安置办法》等草稿。

5月　中国物流技术经济委员会首届年会暨全国物流研讨会在江苏省常州市召开。新华书店首次派代表参加了会议。

6月3日　总店总经理汪轶千、副总经理罗敏君接待朝鲜出版代表团，双方就图书发行工作进行交流。代表团还参观了总店的电子计算机管理系统。

6月8日　根据新闻出版署、国家工商行政管理局有关规定进行的全国首批图书总发行单位登记工作结束。新华书店总店等514家图书总发行单位首批获得登记。

6月10日　总店向各省店发出《全国新华书店职工教育培训工作总结（1989—1991）》，总结1989年以来全国新华书店认真落实新闻出版署制订的3年教育培训规划和总店制订的2年职工教育培训规划取得的成绩。

6月21—23日　总店在北京召开全国省店音像发行工作会议。讨论1992年订货会实施方案及开展音像制品租赁业务办法。总店总经理汪轶千、副总经理罗敏君出席并讲话。

6月27日　中宣部出版局、新闻出版署发行管理司、农业部办公厅联合发出《关于做好首批〈农村版〉图书宣传推荐工作的通知》。为此，总店京所、科所编印农村版图书专刊《农村新书目》（第10期），精选农业、农科、科普、金盾、农读、中青、中原7家出版社近年出版的100种农业科技类和实用生活类图书。总店向全国各省级店发出《关于切实抓好首批〈农村版〉图书征订工作的通知》，要求努力扩大订货覆盖面。

6月 新闻出版署核准新华书店总店音像发行所为全国音像制品一级批发单位。

7月7—9日 全国新华书店省会（首府）城市店、计划单列市店联合体第七届年会在宁波召开。会议学习邓小平南方讲话精神，研讨深化城市发行体制改革、搞活图书市场、发展专业书店等问题。总店总经理汪轶千、浙江省新闻出版局副局长刘同元应邀到会并讲话。

7月10日 为研讨图书物流理论，促进图书储运业务发展，全国新华书店物流研究会在北京成立。各省店主管储运经理和储运科长共60多人参加成立大会。大会通过研究会章程，选举产生64位理事，9位常务理事。第一次常务理事会推选总店副总经理王栋石为研究会会长，沪所副经理殷树屏为副会长，总店储运公司经理李祥为副会长兼秘书长，并成立研究会办公室负责日常工作。新闻出版署发行管理司和中国物资流通学会派代表到会祝贺。

同日 总店向有关出版社和省级店发出《请提供〈常备图书目录〉所列图书征订目录稿统一编目、集中征订事》的通知。根据新闻出版署的意见，为了做好《常备图书目录》所列图书的供应工作，从1992年起采用统一编目、集中征订、分头发货的办法，组织工作由总店负责。

同日 新闻出版署职改办通知：经新闻出版署会计专业高级职务评审委员会1992年6月17日的会议评审，确认李俊杰具有高级会计师任职资格。

7月17—18日 新闻出版署在北京怀柔召开高等学校图书发行管理学专业建设座谈会。会议由署人教司副司长尤广巽主持，新闻出版署副署长卢玉忆出席并讲话。到会的有武汉大学彭裴章院长，付敬生、孙冰炎教授，总店总经理汪轶千、副总经理罗敏君，中国书刊发行业协会常务副会长郑士德及安徽大学、成都大学图书发行管理学有关教授。国家教委高教司、社科司有关负责同志也参加会议。会后，会议纪要由新闻出版署转发全国。《会议纪要》指出，1983年总店和武汉大学协议并经原教育部批准，在武汉大学图书馆学系创办了我国第一个图书发行管理学专业。安徽大学、成都大学、中山大学、中央文化管理干部学院等9所院校也和所在地省店联合，相继建立这一专业，开辟了企业与学校联合办学的路子。新华书店系统为此总投资379万元，解决了学校办学初期校舍、教学设备和经费不足的困难。图书发行管理学专业创办10年来，开设了《图书发行管理学》等十几门专业课程。经国家教委同意，由新闻出版署组织的图书发行管理学专业高等教材编审委员会编写的14种专业教材正陆续出版，具有一定规模和教学水平的教师队伍已经形成。

会后，国家教委批准将图书发行管理学专业由试办专业改为列入高等院校专业目录的正式专业。

7月23—30日 第五届全国省店经理、业务科长联席会议在太原召开，主要研究进一步发挥省店的整体优势、推进省店全方位改革等问题，新闻出版署发行管理司副司长王俊国、总店总经理汪轶千应邀出席并讲话。会议通过《关于重点图书协作征订发行的原则意见》等文件。

7月30日 中国书刊发行业协会、《出版发行研究》《图书发行》编辑部联合在北京召开深化发行改革研讨会，三单位及新华书店系统省级店（发行所）负责人、中央一级出版社发行机构负责人应邀参加。

8月8—14日 总店科所与人民教育出版社在兰州联合召开省店教材发行科科长会议，研究推广人教版九年义务教育教材的发行问题。

8月21日 新闻出版署职改办通知：经新闻出版署经济专业高级职务评审委员会1992年8月8日的会议评审表决，王栋石、罗敏君、宋金熹、徐家祥、谭子谦5人具有高级经济师任职资格。

8月28日 北京印刷学院董事会通知：增补总店总经理汪轶千为北京印刷学院董事会副董事长。

8月29—31日 总店主办的1992全国新华书店音像出版物订货会在北京

举行。中宣部常务副部长徐惟诚、新闻出版署副署长桂晓风出席订货会开幕式并讲话。总店总经理汪轶千、副总经理罗敏君参加了订货会。

订货会展出来自全国几十家音像出版单位的音像精品 1 万多种。全国 600 家新华书店参加订货，共成交各类录音带、录像带和其他音像制品 386 万盒，计 2 000 万元。

9 月 4 日 中宣部、新闻出版署召开《中华大家唱（卡拉 OK）曲库》表彰大会，表彰《曲库》出版发行的有功单位和人员。总店音所，湖南、福建、云南、辽宁、北京等省、市店受到表彰。总店罗敏君、谭子谦、马乃香、姜雨生、王雁获荣誉证书。中宣部常务副部长徐惟诚、新闻出版署副署长桂晓风为获奖单位颁奖。

9 月 14 日 总店决定聘任张如为第一发行部副经理，孙晓钧、马学军为第二发行部副经理，林红为总经理室副处级秘书。

9 月 18 日 新闻出版署同意总店成立北京新达公司。该公司为集体所有制性质，实行自主经营、独立核算、自负盈亏。总店聘任张国明为新达公司经理（保留其正处级待遇）。10 月 15 日，新达公司改为北京新盛商贸公司。

9 月 19—23 日 经新闻出版署批准，总店在昆明召开全国新华书店第四次教育工作会议。全国各省店，津所、沪所、渝所，中国书店、天津古籍书店、上海图书发行公司等单位的 60 位代表出席。新闻出版署人教司和中国书刊发行业协会负责人到会并讲话。会议讨论修改了《全国新华书店职工教育培训规划草案（1992—1995)》，交流两年来各地新华书店开展教育工作的经验。总店副总经理罗敏君在开幕式上作《总结经验，开创新华书店系统教育培训工作新局面》的报告，总店总经理汪轶千作大会总结。

9 月 26 日 总店在储运部召开图书运输工作座谈会。邀请铁道部、北京铁路分局、市内各火车站、邮局、大件运输公司等单位的 60 多位代表参加。总店储运部经理李祥介绍总店在铁路、邮政部门密切协作下完成发货任务的情况及存在的问题；总店总经理汪轶千代表总店向运输部门的全体职工表示衷心的感谢。

9月29日　总店向中央顾问委员会发去唁函，代表全国新华书店沉痛悼念我党思想理论文化宣传战线的卓越领导人、中顾委常委胡乔木逝世。10月31日，胡乔木夫人谷羽致函总店，对总店的哀悼和慰问表示感谢。

10月11—22日　四川省新闻出版局、总店、中国书刊发行业协会、四川省店等单位共同主办，四川省店承办的第五届全国书市在成都举行。书市展销图书5万多种，音像制品7 000多种，共接待读者110万人次，零售额1 980万元；看样订货成交1.4亿元。四川省副省长、书市组委会主任韩邦彦出席书市开幕式并致开幕词，新闻出版署副署长桂晓风等为书市剪彩，中宣部出版局局长刘国雄、总店总经理汪轶千等出席开幕式并参加有关活动。

10月24日　新闻出版署调山西省新闻出版局副局长邓耘任总店副总经理。

同月　总店组建北京新盛商贸公司（集体所有制），注册资金30万元。

11月6日　新闻出版署任命邓耘为总店管理委员会副主任。

11月15日　总店被国务院发展研究中心《管理世界》中国企业评价中心与国务院11个部委联合进行的"1991年中国500家最大的服务企业及行业评价"，评选为最大的500家服务企业之一。在商业批发、零售业系列90家中居第16位，书店系统共有10个单位入选。

11月16日　总店决定在电算部下设北京市新普电子技术咨询公司，经济性质为集体所有制，公司经理由电算部经理陈云兼任。该公司于1993年1月5日领取营业执照，注册资金25万元。

11月21日　总店被商业部授予"中华老字号"称号。

11月25日　新闻出版署机关暨直属单位先进集体、先进工作者表彰大会在北京召开，总店电算部获先进集体称号，总店京所副科长孙晓婕、电算部工程师章丕蕾、医务室医师张淑敏、储运部工人王正纲获先进工作者称号。

11月　总店在南宁召开全国新华书店编刊工作研讨会，27个省、店（发行所）经理及主管编刊负责人40余人出席，总店副总经理罗敏君主持并讲话。会议总结交流党的十一届三中全会以来，特别是近几年来各省店编刊工作的情况和经验。除总店办有《图书发行》报外，全国还有 25 个省级店、发行所，经上级批准主办了店刊，发行总数共约 17 万份。

12 月 1 日　新闻出版署发出《关于转发〈全国新华书店职工教育培训规划（1992—1995 年）〉的通知》。《通知》对规划原则上同意，要求各地参照《规划》制定本省（自治区、直辖市及计划单列城市）新华书店职工教育培训计划并贯彻实施。

12 月 15 日　新闻出版署同意总店成立新华书业开发公司。总店已按规定向北京市新闻出版局和工商行政管理局办理审批及注册登记手续，于 1993 年 6 月 24 日正式开业。办公地址：北礼士路 135 号，注册资金 30 万元，经理许起盈，副经理张雅山。

12 月 19 日　中宣部、新闻出版署联合举行全国白县农村图书发行先进单位表彰颁奖大会，这是新中国成立 40 年以来第一次对县级农村发行工作进行表彰。中宣部副部长翟泰丰，新闻出版署署长宋木文、副署长刘杲向受表彰单位颁发奖牌和锦旗。总店总经理汪轶千、中国书刊发行业协会常务副会长郑士德等应邀出席。1991 年 5 月，两部委发出开展表彰活动通知后，各地出版（文化）管理部门自下而上广泛严格地展开了推荐评选活动。经过表彰活动办公室深入评审和领导部门审定，共评选出 103 个受表彰单位，其中县委、县政府 33 个，县级供销社 23 个，县级新华书店 47 个。

12 月 21 日　中国少先队全国工作委员会、总店等 6 单位联合举办的全国未成年人保护法读书竞赛活动颁奖大会在人民大会堂召开。吉林德惠县店等 11 家新华书店获团体优胜奖，接受了全国人大常务委员会副委员长、全国妇联主席陈慕华等中央领导人颁发的锦旗。总店总经理汪轶千出席颁奖大会。

12 月 22 日　国家教委、共青团中央、文化部、新闻出版署联合召开纪念全国红领巾读书读报奖章活动 10 周年暨表彰先进大会。总店、总店京华图书发行服务公司等 8 家图书发行单位荣获"全国红领巾读书读报奖章活动先进单位"称号和纪念章。全国人大常委会副委员长雷洁琼等领导应邀出席，4 个主办单位、在京图书出版发行单位及各地受表彰单位领导参加，新闻出版署副署长刘杲主持会议。总店副总经理邓耘、罗敏君参加会议。

12月24—26日 总店在北京召开全国新华书店、外文书店系统发行《中华大家唱（卡拉OK）曲库》表彰会，各地新华书店的70名代表参加。总店副总经理邓耘主持，副总经理罗敏君作发行《曲库》的工作报告。《曲库》自1991年5月面世后，8个月内出齐1000首歌曲，总店音所经办的《曲库》86个版号，发行录像带38.6万盒、录音带286万盒、歌本64万册，发行覆盖面遍布全国30个省、自治区、直辖市。

会上，总店音所、新储服务公司及北京、湖南、辽宁等14家省店，张家口市店等50家地、市、县店和外文书店受到表彰。中宣部常务副部长徐惟诚、新闻出版署副署长刘杲、总店总经理汪轶千出席并讲话、颁奖。

同年 在尝试文艺录音带发行中，总店音所第一次买断《戏说乾隆》录音带的总发行权。当《戏说乾隆》在中央电视台和各地电视台播出时，"新华书店总店音像发行所总发行"的广告随之播放，提高了音所的知名度，拓宽了销售渠道。

同年 在海军战士军乐队辅导下，总店工会组织的职工小乐队成立。

同年 自1988—1992年的5年间，京所、科所共发行图书15.22亿册，43.20亿元，经办发行的出版社1988年有183家，到1992年时已达367家。

同年 在北京市规划局、建委以及丰台区、宣武区各部门的支持、配合下，经过北京市第二建筑工程公司和空军建筑一总队的精心施工，至1992年年末，新华书店储运公司图书流通中心已陆续竣工的工程项目有：书库第一期工程12 172平方米，造价990万元；续建第一期工程，7 000平方米，造价1 270万元；临时书库工程，5 000平方米，造价141万元；配套工程（配电室、锅炉房），1 209平方米，造价329.2万元；食堂、浴室，2 464平方米，造价414万元。

同年 按照《新华书店总店史（1951—1992）》附录记载的全国新华书店经营资料，以1978年的数字为基数，即党的十一届三中全会以前（亦即书店实行利润留成以前），与1992年各项主要经济指标对比情况如下：

年份	售书点（个）	固定资产原值（亿元）	所有者权益（亿元）	销售（亿元）	利润（亿元）
1978	4 887	1.7	2.6	8.8	0.8
1992	9 873	16.8	29.3	85	5

网点增长 1 倍，固定资产原值增长 9 倍，所有者权益增长 10 倍，销售增长 8.7 倍，利润增长 5.3 倍。14 年实现利润 40.3 亿元，按留利 50% 和 65% 分别测算，共约留利 25 亿元。14 年间，全国新华书店的各项经济指标逐年递增，形成良性循环，这在新华书店历史上，可以说是最好的一个时期。

同年　总店及在京直属单位固定资产（原值）5 522 万元，商品资金 2 601 万元。销售总额 31 167 万册，115 802 万元，利润 2 873 万元，利润率 2.5%。年末职工 1 119 人。

1993 年

1月3日 总店对发行业务机构进行调整，将第一、第二发行部合并，成立书刊发行部，对外名称仍为新华书店总店北京、科技发行所。下设（8 个）发行科及业务办公室等 12 个科室。

1月15日，聘任徐家祥为总店北京、科技发行所经理。

1月8日 总店在政协礼堂举办首都出版发行界新春联谊会。中央和北京地区出版界数百人参加。联谊会由总店副总经理裴树城主持。新闻出版署副署长于永湛，中宣部出版局局长刘国雄，中国版协科技出版委员会主任、发行界老前辈卢鸣谷，中国书刊发行业协会常务副会长郑士德等莅会并讲话。

1月20日 人事部、新闻出版署向署直系统第二批获政府特殊津贴的 130 名专家颁发证书。总店原总经理王璟、总经理汪轶千，原副总经理、中国书刊发行业协会常务副会长郑士德和总店电算部经理陈云分获新闻出版、工程技术领域政府特殊津贴。

同日 总店、海直警卫营三连共同投资兴办的军民共建售书点举行开业典礼。该售书点有文学、综合等类图书 400 余种。总店副总经理王栋石、海司管理局政委蒋洪运为开业剪彩。

2月5日 总店音所与中国音像制品评价制作中心在北京联合举行《卡拉OK 大家跳》1—5 集录像带新闻发布会，这是音所提出选题并首次与出版社合作制作出版的音像制品。11 月 18 日，举行了该带 6—12 集新闻发布会，新闻出版署音像司司长谢明清、总店副总经理罗敏君出席并讲话。

2月18日 新闻出版署批复总店，同意建设图书批发贸易中心，建设地址在北礼士路 54 号，建设规模 1.5 万平方米，其中主楼 1 万平方米，附属用房 5 000 平方米，总投资 2 500 万元，全部自筹。

2 月 18—20 日　总店在北京召开全国新华书店教育工作座谈会，传达国家教委成人教育工作会议精神，商议武汉大学图书发行管理学专业成人大专脱产班和函授班的招生事宜，新闻出版署人教司副司长尤广巽、总店副总经理邓耘出席并讲话，总店副总经理罗敏君主持会议。全国 27 个省级店的代表参加会议。

2 月 27 日　总店副总经理邓耘、罗敏君接待日本东京出版贩卖株式会社海外事业部部长田中海南和阿久津，双方就书业文化交流交换了意见，并议定中国新华书店代表团年内访日。

2 月　总店成立店志组，负责编写《新华书店总店史》（1951—1992 年）。编辑委员会名誉主任王璟，主任汪轶千，副主任：邓耘、郑士德、王鼎吉，编委：邓耘、王鼎吉、王璟、李廷真、李俊杰、李增华、汪轶千、宋培真、郑士德、罗敏君、徐文娟、高起成、鲁明。编写组组长王鼎吉，成员：李廷真、李俊杰、徐文娟（本书于 1996 年 1 月由人民出版社出版）。

3 月 9 日　总店副总经理罗敏君参加由中宣部常务副部长徐惟诚主持和主编的"三热爱"教育读物座谈会，会议介绍了《没有共产党就没有新中国》图集。

3 月 10 日　新闻出版署经济系列高评会增补总店副总经理邓耘、王栋石、罗敏君为高评委委员。

同日　经新闻出版署经济专业高级职务评审委员会评审，确认总店许起盈、吴道乾具有高级经济师任职资格。

3 月 11 日　总店副总经理邓耘到山东德州地区店考察，对德州地区店大胆改革、勇于探索和"三块牌子、一套人马"的体制模式表示赞赏。

3 月 12—18 日　由总店和各省店联合主办的，以适应社会主义市场经济体制改革，发展统一完备的图书大市场体系为宗旨的 1993 年全国新华书店图书看样订货会，分太原（华北片）、长春（东北片）、西安（西北片）、济南（华东片）、南宁（中南片）、贵阳（西南片）六片举行。来自全国近 3 000 家城乡基层店的 7 000 多名代表就近参加，订货总额达 1.91 亿元。

3 月 24—26 日　全国新华书店图书储运最佳店命名暨工作研讨会在北京召开，各省店和最佳店代表 100 余人参加，总店储运公司等 28 家新华书店受到新闻出版署表彰。新闻出版署副署长刘杲，发行管理司司长吴克明、副司长王俊国，总店总经理汪轶千、副总经理王栋石等讲话，并为最佳店颁发了锦旗和证书。与会代表交流了储运工作经验并就图书储运工作如何适应我国铁路运输的新形势进行了研讨。全体代表向全国新华书店储运战线职工发出倡议书。

3 月 25—31 日　总店副总经理罗敏君参加新闻出版署在海口召开的外事工作会议，会议交流了新闻出版系统外事工作经验，研究了如何进一步加强和改善外事工作，使其更好地为深化出版改革和加强出版对外交流服务。

3 月　总店被新闻出版署精神文明建设协调领导小组评为 1992 年度新闻出版文明单位。

4 月 1 日　总店负责起草的《图书征订代码》行业标准由新闻出版署批准发布，于 1994 年 1 月 1 日起实施。

4 月 7—8 日　总店总经理汪轶千出席中宣部出版局在北京召开的《中国图书发行工作者传》编撰会议。中宣部出版局局长刘国雄到会。

4 月 13 日　中宣部出版局局长刘国雄到总店作报告，强调指出，新华书店要继承和发扬光荣的革命传统，加强阵地意识，把好“关口”，为净化图书市场做出贡献。报告会由总店总经理汪轶千主持，总店处级以上干部及京所、音所全体职工参加报告会。

同日　经总店总经理办公会议研究，并征得总店党委同意，总店对内部机构和干部聘任做出安排：聘任徐家祥、李祥、刘建为总经理助理（正处级）；聘任林红为总经理室秘书（副处级）。管理部门设：办公室，副主任杨庆民（主持工作）；人事保卫处，处长李雪云；计划财务处，处长李薇薇；教育处，处长梁英；老龄工作处，副处长冯振洲；行政处，副处长李增炎（主持工作）。经营部门设：书刊部，经理徐家祥（兼）；音像部，经理谭子谦；储运部，经理付文亮；电算部，经理陈云。解聘李祥储运部经理职务。

同日　经新闻出版署会计专业高级职务评审委员会评审，确认郭俊卿具有高级会计师任职资格。

4月14日　总店副总经理邓耘专程到北京文化管理干部学院看望新疆昌吉州新华书店班的全体学员，并进行座谈。5月15日，总店副总经理罗敏君参加昌吉班结业典礼。

4月16—21日　总店受新闻出版署计财司委托，在北京召开新华书店转换会计制度研讨会，各省店和计划单列市店近60名代表就会计制度转换中的一系列问题取得共识。会上，新闻出版署、财政部有关部门领导就"两则"（即：《企业财务通则》和《企业会计准则》）和新财会制度的执行问题讲了话。

会后，署计财司与总店计财处共同制定《图书发行企业新旧会计制度衔接有关问题的处理办法》，并经财政部批准下发全国新华书店执行。此后，各省店普遍对财会人员进行新财会制度的业务培训，顺利完成新旧财会制度转换。

4月21日　总店向各省店、发行所发出《关于积极主动维护课本教材发行秩序，新华书店之间不要跨地区发行的通知》，希望各地新华书店坚持划区供应原则，顾全大局，不跨区征订、供应，努力维护课本教材发行工作的正常秩序。

4月29日　总店在国谊宾馆礼堂召开全体职工大会，举行1993年承包签字仪式。总店总经理汪轶千分别与京所、科所经理徐家祥和储运公司经理付文亮在《承包经营责任书》上签字。《承包经营责任书》的签订，标志着总店改革、实行店内二级核算落到了实处。根据《承包经营责任书》，京所享有灵活选择组织进货，自行确定经营方针、购销方式和批发折扣，签订购销及委托外地进发、代发合同，决定图书储备、报废和贷款坏账损失报销的权利；储运公司在保证完成承包总店发货、储运任务的前提下，有权向社会开展代理包装、发运、仓储等经营活动，实行多种形式的工资分配办法。新闻出版署发行司副司长王俊国参加了大会，对总店实行内部承包表示祝贺。总店副总经理邓耘在会上讲话。5月8日，总经理汪轶千与音所谭子谦在《1993年承包经营责任书》上签字。

5月1日　总店自筹资金新建的马连道16号宿舍楼共105套住房竣工交付使用。

5月13日—12月22日　新闻出版署5月13日发出《关于举办首届配书出版音像制品评奖的通知》，此项评奖活动由《新闻出版报》和总店联合主办。

评奖组委会6月18日成立，总店总经理汪轶千任组委会主任，新闻出版署音像司司长谢明清、图书司副司长迟乃义、《新闻出版报》副总编辑潘国彦任副主任，总店副总经理罗敏君任秘书长，评委会主任为郑潜（北京出版社原社长）。

9月16—19日，评委会全体委员在北京对选送的43家出版社的66个入围品种进行复评，并以无记名投票方式评选出特别奖1名、一等奖10名、二等奖18名、优秀奖38名，获奖品种送新闻出版署审定。

12月22日，组委会在北京召开颁奖大会。新闻出版署副署长桂晓风、谢宏，中宣部出版局局长高明光以及组委会、评委会成员为获奖单位颁奖。

5月15日　总店总经理汪轶千陪同新闻出版署副署长桂晓风到重庆市店视察工作。

5月21—25日　总店副总经理邓耘参加新闻出版署组织的中法"出版经营管理高级培训班"。

5月26日—6月10日　以总店总经理汪轶千为团长的中国新华书店代表团一行12人，应美国常青图书有限公司和美国书商协会ABA图书展销会邀请，赴美国进行为期15天的访问考察。在美期间，代表团参加了迈阿密ABA图书展销会开幕式，会见了美国书商协会主席伯尔尼·拉斯，并在纽约、华盛顿、费城、旧金山等地考察了图书批发机构和零售书店。赴美途经日本东京时，代表团还参观了东京书店街。总店副总经理裘树城、总店总经理助理兼京所经理徐家祥作为代表团成员参加访问考察。

5月下旬　总店京所、科所在北京召开委托代发工作会议，研究制定有关规定。会议讨论通过"新华书店总店北京科技发行所与省级代发店办理图书教材进发工作协议"及"新华书店总店北京科技发行所与代发店办理图书教材代发工作协议"。总店副总经理邓耘出席并讲话。

6月1日　总店音所成立储运科，音像发行、储运、财务工作实现"一条龙"管理。

6月4日　总店与新普电子技术咨询公司签订总店储运公司计算机系统管理工程开发设计第一阶段承办合同书。第一阶段设计开始实施。全部工程预计一年半至两年内完成。储运公司将从收书、包装、运输、栈务直至查询等全部业务实行计算机网络管理。

6月21日　新闻出版署、劳动部联合颁发图书发行行业《工人技术等级标准》，内容包括图书发行员、音像发行员、图书仓储员、图书发货员、图书运输员等5个工种的技术等级标准。该标准是对发行人员进行培训、考核、使用以及给予待遇的重要依据。

6月24日　新闻出版署批准总店增加音像制作、复录业务。

6月26—28日　总店主办的1993新华书店系统多种经营研讨暨文化用品展订会在北京召开，全国新华书店的300多位代表及内地、台湾、香港的30家客商到会。新闻出版署人教司副司长袁良喜、发行司副司长王俊国，总店总经理汪轶千，副总经理邓耘、王栋石出席并讲话。展订会订货额近200万元。

7月1日　新闻出版署署长于友先到总店调查研究、了解情况，总店总经理室成员汇报了总店的工作和当前图书发行工作中存在的主要问题以及对策。于友先强调，新华书店系统要振奋精神，抓住机遇，发挥自身优势，把图书发行工作做得更好。新闻出版署副署长桂晓风、发行司副司长王俊国陪同调研。桂晓风说，新华书店要用先进技术发展自己，同出版社携起手来共同发展。

同日　新闻出版署任命邓耘为总店总经理。汪轶千不再担任总店总经理职务。郭俊卿不再担任总店总会计师职务。7月17日，新闻出版署副署长卢玉忆参加总店处级以上干部会，对总店领导班子建设作了重要指示。署人教司司长朱益增宣读了新闻出版署关于总店领导的任免通知。

7月5日 总店自筹资金新建的西二环宿舍楼共90套住房竣工交付使用。

7月15日 中共新闻出版署党组任命邓耘为总店党委书记。

同日 总店与中国图书进出口总公司签订协议商定：总店在北礼士路54号院内有平房1 547.42平方米，长期租给中图公司使用，中图公司在院内自建平房243.6平方米。根据总店业务发行需要，拟在54号院内进行建设。中图公司同意自己解决搬迁问题，总店同意给中图公司适当补偿。总店向中元房屋拆迁经营服务公司以224.8万元购11套两居室宿舍楼，交给中图公司永久使用。中图公司同意本协议签字后两个月内把54号院内平房腾空交给总店。

7月16日 新闻出版署向各省、自治区、直辖市新闻出版局，新华书店和有关出版社发出《关于中小学教材出版应严格按照专业分工安排的通知》（抄送新华书店总店），重申"为了保证中小学教材出版的质量和维护出版工作的正常秩序，必须严格按照出版专业分工的要求，安排有教材出版任务的出版社承担教材的出版任务"。"凡列入国家教委下达的用书目录中的教材，一律按照规定由新华书店统一征订发行"。

7月19—29日 总店京所、科所副经理石玉岐随中国出版代表团参加1993年香港书展。京所、科所参展的图书有78种近200册（套）。

7月22日 总店决定组建经营发展部（对外称新华实业发展总公司），作为总店领导下的多种经营管理机构，同时撤销京华劳动服务公司。总店副总经理王栋石兼任经营发展部总经理。总经理邓耘在7月23日的店务会上宣布此决定。同时决定，经营发展部下属各独立核算单位，按建立年限的先后，年内必须分期实现与总店工资关系、资产、资金完全脱钩。

7月25日—8月7日 总店计划财务处处长李薇薇随中国出版财会交流团一行23人，到日本进行交流访问。先后与讲谈社、东贩、凸版印刷公司、八重洲书籍中心、国际交流基金会进行业务座谈，并邀请日方举办专题讲座。

7月28日 新闻出版署发出《关于委托新华书店总店编写〈图书、音像发行行业工人技术培训教材〉的通知》，要求总店尽快提出教材编审委员会名单及编写计划。

7月30日　美国《出版家周刊》记者萨丽·泰勒采访总店原总经理汪轶千，着重了解总店及中国新华书店系统概况，并希望总店在周刊上登广告。

同日　总店与海军直属警卫营三连举行"八一"联欢会，总店总经理邓耘、原总经理汪轶千代表全店职工向三连官兵赠送图书150余册。

8月1日　总店目标管理考核办法全面试行。考核内容分为全面计划目标管理、经济核算目标管理、劳动纪律目标管理、安全保卫目标管理、精神文明目标管理等5项。考核领导小组由罗敏君、刘建、杨庆民、李雪云、李薇薇组成。

8月2日　总店成立"三项制度改革领导小组"。组长邓耘，副组长王栋石，成员有：罗敏君、裘树城、郭俊卿、徐家祥、李祥、刘建、杜儿春、付文亮、李雪云、李薇薇。领导小组下设办公室，主任王栋石，副主任刘建、李雪云。

8月5日　总店主办的《科技新书目》报创刊30周年。1963年以来，《科目》共出版615期，宣传征订各类科技图书16万余种，总计发行8000多万份。

8月9—10日　总店分南、北厂召开三项制度改革全体职工动员大会。总经理邓耘讲话，号召全店职工行动起来，积极推进和落实三项制度改革。新闻出版署人教司副司长袁良喜作为总店"三改"顾问出席并讲话。

8月10—18日　总店原总经理汪轶千赴西藏考察图书发行工作，这是新中国成立以来总店首次派人进藏调研。同行的有上海市店党委书记浦士泉、四川省店副经理陈力、《图书发行》报记者陈斌等。汪轶千一行先后考察了西藏区店、拉萨市店、日喀则地区店、山南地区店、琼结县店和贡嘎县店。

8月11—13日　总店受新闻出版署委托，在北京召开全国省店人事科长会议，讨论贯彻执行图书发行行业工人技术等级标准以及《图书发行行业和音像复制行业评聘技师的实施意见》，交流各地书店劳动人事、工资分配、保险制度改革的经验。新闻出版署人教司副司长袁良喜、总店总经理邓耘出席并讲话。

8月14日　总店受新闻出版署委托，在北京召开《图书发行行业岗位培训大纲》编写会，总店副总经理罗敏君主持，新闻出版署人教司副司长尤广巽出席并讲话。

8月18—22日　全国新华书店首届物流研讨会在吉林省吉林市召开，出席会议的有40余名代表。新华书店物流研究会会长、总店副总经理王栋石主持会议并讲话。会议共收到论文25篇，其中12篇在大会上作了交流，会议评选出《论发运店的物流管理与经济效益》等3篇为优秀论文，并向作者颁发了奖金。吉林省新闻出版局副局长杨占忠、吉林市副市长徐祚祥出席并讲话。

8月21日　新闻出版署批复总店："同意你们委托武汉大学举办一期（总店管理人员参加的）图书发行管理学《专业证书》教学班的意见及办班计划。"

9月20日，《专业证书》班正式开学。总店总经理邓耘、副总经理罗敏君参加开学典礼，对学员们提出希望和要求。武汉大学图书情报学院图书发行系主任、副教授罗紫初代表学校讲话。总店40名科以上干部和业务骨干参加学习。

此班学制一年半，半脱产，分别于1993年9月和1994年3月、7月进行三次面授，共讲授13门课程。1995年3月结业。

8月底　中宣部、新闻出版署、国家教委等有关部门和总店联合部署"爱我中华 爱我家乡"读书教育活动。活动用书由总店京所、科所发行。

为深入做好《爱我中华 爱我家乡》及《爱我森林 爱我树木》两套青少年读书活动用书和一批重点书的宣传发行工作，总店京所在北戴河召开重点书推荐暨畅销书看样订货会。新闻出版署发行司副司长王俊国、总店总经理邓耘到会并讲话。

8月　总店京所根据新闻出版署的安排，布置征订《毛泽东文集》（第一卷）。《毛泽东文集》收集了《毛泽东选集》1—4卷以外的大量重要著作。

9月2—11日　以总店总经理邓耘为团长的中国新华书店访日代表团一行

7人，对日本进行为期 10 天的考察访问。同行的有总店副总经理罗敏君、音所经理谭子谦。代表团重点考察了日本的图书批发机构及其购销形式、零售机构及其营销技术、日本市场对中文图书的需求情况。

9月8日　新闻出版署批复总店，同意将"图书发行大专教材编审委员会"的名称改为"图书发行高等教材编审委员会"，同意增补罗敏君为编委会副主任，沙必时、宋金熹为编委会委员，梁英为编委会办公室主任。图书发行大专（高等）教材编审委员会于 1990 年 3 月 6 日—1993 年 7 月 24 日期间先后组织召开 4 次工作会议。共组织完成编写高等院校图书发行专业统编教材12 种，包括：《图书分类学》《图书进销学》《图书发行会计学》《对外图书贸易学概论》《图书发行学概论》《中国图书发行史》《图书宣传》《图书发行统计学》《图书发行心理学》《比较发行学》《图书发行自动化基础》《图书发行储运学》。陆续由高等教育出版社出版，公开发行。

9月9—11日　新闻出版署、全国妇联、全国关心下一代委员会等单位在北京联合召开《热爱祖国、热爱家乡》图书征订宣传发行会议，有关方面领导曾志、梅益、关涛、戴舟、桂晓风、王俊国、汪轶千等出席，各省店代表参加。

9月10日　总店举行"庆祝教师节赠书仪式"，向北京市 26 所中学赠送各类图书 1 300 余册。

9月22日　总店总经理邓耘、副总经理罗敏君、原总经理汪轶千接待新加坡全国书籍发展理事会访华团一行 8 人来访。

9月24—25日　总店召开第二届职工代表大会第三次会议，讨论并原则通过《新华书店总店三项制度改革总体方案》《干部聘用制实施细则》《工人上岗合同制实施办法》《职工上岗考核办法》《关于下岗人员安置办法》《病伤职工管理办法》6 个改革方案。

9月25日—10月4日　首届北京音像博览会在北京民族文化宫举行，总店音所精选千种音像制品参加博览会，销售 8.6 万元。

9月27日　美国出版商和书商代表团一行 8 人对总店进行礼节性拜访。

总店总经理邓耘，副总经理王栋石、罗敏君、裘树城，原总经理汪轶千会见美国客人。

9月28日　日本丸善书店两名董事来总店进行礼节性拜访。总店总经理邓耘、副总经理罗敏君、原总经理汪轶千会见日本客人。

9月　总经理邓耘主持召开了总店全员参加的"改革与发展研讨会"，发动职工分析形势，探讨对策，调整思路，转变观念，希望从中发现和培养一批企业改革的骨干。

10月7日　总店与北京市海淀区永丰乡永丰屯农工商总公司联营新丰金属结构加工厂举行签字仪式。总店与海淀区永丰乡永丰屯纸箱厂设立新丰金属结构加工厂。

10月8日　总店首次以公开方式招聘总店华威图书精品店经理。

10月9日　总店总经理助理李祥、行政处副处长李增炎以风险抵押经营承包责任制的形式受聘到新丰金属结构加工厂任职。

10月12日　武汉大学图书情报学院庆祝图书发行管理学专业创办10周年。新闻出版署人教司副司长尤广巽、总店总经理邓耘、原总经理汪轶千应邀赴武汉大学参加庆祝会，并分别讲话表示祝贺。

10月15—18日　总店科所和沪所、津所、渝所联合举办的全国重点科技图书展订会在重庆举行。京所、科所销售额达1 000万元。

10月18日　总店北京新华书业开发公司与辽宁锦州市店联营的锦州新华文具礼品公司正式开业。该公司营业面积600平方米，展销品种3 000种。

10月19日　总店召开职工代表组长会，讨论通过总店《岗位技能工资制试行办法》和《岗位技能工资管理暂行办法》。

10月20日　总店马连道高层宿舍楼开工。该栋宿舍楼高18层，建筑面积1.03万平方米，共有宿舍144套。

10月中旬　全国省店经理会议（第六届省店经理、业务科长年会）在长沙召开。31个省级店的经理和业务科长出席。湖南省副省长郑培民到会，中共湖南省委宣传部副部长、省新闻出版局局长陈满之和总店总经理邓耘、原总经理汪轶千出席并讲话。与会代表就新华书店练好内功、转换机制、迎接挑战、加速发展等议题达成共识。

10 月 22 日 新闻出版署批复总店："同意你店报来的'工人技能培训教材编审委员会名单'。请你们按编写计划，抓紧组织开展教材的编写工作。"此编委会是由总店牵头组织的。主任为总店总经理邓耘，副主任为总店副总经理王栋石、罗敏君。编委会委员有新闻出版署人教司处级调研员梁子杰、总店储运公司经理付文亮、教育处副编审宋培真、高级经济师宋金熹等 10 人。编委会办公室设在总店教育处，由处长梁英任主任。

10 月 总店出台"三项制度改革总体方案"，初步实现企业劳动用工合同制管理，做到人员能进能出；干部人事实行聘用制办法，做到能上能下，动态管理，择优上岗；工资分配将等级工资制改为岗位技能工资制，打破大锅饭，使个人收入与劳动效益、责任大小挂钩。

同月 《标准新书目》创刊 10 周年。10 年共出刊 240 期，刊发各类标准、规程、规范等出版发行信息 1 万多条。

11 月 2 日 《邓小平文选》（第三卷）在全国新华书店发行。北京地区印制的精装本 15 万册、平装本 30 万册、普及本 400 万册均由总店北京发行所发行。总店储运公司打破常规，紧急发运，首批 9 万册如期发出。

11 月 5—16 日 总店储运公司经理付文亮随出版外贸考察团出访香港。在港期间，参观三联书店各门市部，并举行小型业务座谈会。

11 月 7—21 日 应英国文化委员会邀请，以总店副总经理王栋石为团长的中国出版发行代表团一行 5 人赴英国访问。代表团成员有津所经理乔鸿书、总店京所经理吴道乾、新闻出版署外事司刘杰、金盾出版社社长谢德元。

11 月 8 日 总店与北京华威大厦有限公司合作经营的华威图书精品店开业。全国人大常委、民盟中央副主席冯之浚为华威图书精品店开业揭幕。新闻出版署发行司司长吴克明参加典礼并讲话祝贺。总店总经理室成员同各部门负责人参加典礼。华威图书精品店经营面积 278 平方米，是国内第一家开进商场的零售书店。中央电视台及全国近百家媒体争相报道，全国 17 家省店组团学习参观，书店前后台全部电脑管理，所有立式书架中安置柔和的灯光照明，实行开放式售书，开创国内图书零售市场先河。首批上架图书约 3.1 万种，补充货源后可达 5.7 万种左右，同时兼营音像制品、激光唱片、书画及高档文化用品。图书精品店环境布置高雅、明亮，具有浓厚的文化气息。前台配有电脑供读者查询，休息区有座椅供读者使用并供应饮料。

11 月 13 日 新闻出版署外事司司长杨德炎、副司长林国夫到总店参观储运部、电算部，并和总店总经理邓耘、副总经理罗敏君交谈外事工作。

11 月 18 日 德国贝塔斯曼公司东亚项目负责人艾科在新闻出版署外事司司长杨德炎陪同下到总店考察访问，总店总经理邓耘、副总经理裘树城会见艾科先生，并进行友好交谈。

11 月 22—26 日 由联合国教科文组织和新闻出版署联合主办、总店承办的图书销售培训班在北京举行。联合国教科文组织图书销售委员会主席麦克尔·泽弗卡克在培训班上系统讲授德国、英国、澳大利亚等国的图书发行行业管理经验和图书推销技巧。全国 24 个省店的 34 位经理及业务骨干参加培训并获结业证书。新闻出版署副署长谢宏、中国书刊发行业协会会长刘杲、全国人大教科文卫委员会副秘书长张冲礼、总店总经理邓耘分别参加开班典礼和结业式。

12 月 4 日 国务院发展研究中心《管理世界》中国企业评价中心和国务院研究室财金组、工交组，中国人民银行总行，新闻出版署等 10 部委联合评出"1993 年度中国 500 家最大服务企业及行业"。在全国 90 家商业批发、零售业系列中，新华书店系统有 9 家企业入选，总店以营业收入 87 113 万元列商业企业第 22 位。

12 月 10 日 总店总经理室根据三项制度改革方案有关聘任程序的规定聘任：杨庆民为办公室主任；李雪云为人事保卫处处长；李薇薇为计划财务处处长；梁英为教育处处长；淳于友生为行政处处长；李治中为老龄工作处（副处级建制）处长；陈云为技术发展处处长；郝惠文为信息部经理；田辉为书刊发行部经理；谭子谦为音所经理；刘建为储运部经理（保留总经理助理职

务）；孙立俭为运输部（二级部建制）经理；张国明为储运二部（对外称新华书店总店储运代理公司）副经理（主持工作）；杨光为批销中心（二级部建制）经理。

同日 经新闻出版署编辑专业高级职务评审委员会评审，确认新华书店总店梁英、陈斌、王嘉瑛具有副编审任职资格。

12月16日 根据新闻出版署下达的出国培训进修计划，总店杨文胜赴英国伍尔沃汉普顿大学攻读企业管理专业硕士学位。于1995年5月29日回国。

12月17日 总店召开全体职工大会，总经理邓耘在总结报告中回顾一年来的改革情况。总店承包部门——书刊发行部、音像发行部和储运部的负责人分别汇报了完成任务的情况。新闻出版署副署长谢宏到会并讲话，发行司司长吴克明、人教司司长李敉力等出席大会。

12月25日 总店召开曾在新华书店工作的老同志座谈会。曾在总店工作过的仲秋元、王益、周天泽、王璟、刘子章、鲁明、郑士德、秦宝来、高起成等十几位老同志出席。与会老前辈怀着对新华书店深厚的感情，重温毛泽东同志对新华书店的亲切关怀，回顾新华书店的光荣历史，为总店的改革献计献策，对总店的发展充满了希望。以此，纪念毛泽东诞辰100周年。总店总经理邓耘，副总经理王栋石、罗敏君、裴树城，原总经理汪轶千等参加了座谈会。

同日 《毛泽东文集》第一卷、第二卷由人民出版社出版，在全国新华书店发行。

1993年9月9日，《毛泽东文集》第三至五卷出版发行。1999年6月30日，《毛泽东文集》第六至八卷出版发行。

同年 总店被首都精神文明建设领导小组授予1992年度"首都文明单位"荣誉称号。

同年 为纪念毛泽东同志诞辰100周年，总店陆续征订发行有关毛泽东重点图书40余种，包括著作类、专题研究类、生平、风范、回忆录类、工具书类、艺术类等。

同年 广东、江西、湖北、北京等地相继出现新华书店系统以外的集体、民营书店公开打"新华书店"店招开展经营的情况，引起新闻出版署及总店的关注。年底，署发行管理司正式委托总店联系商标注册事宜，寻求法律保护新华书店的商标权。

同年 总店暨在京直属单位销售总额 26 945 万册，115 931 万元，利润 2 002 万元，上缴所得税 701 万元，净利润 1 301 万元，所有者权益 10 070 万元。年末在职职工 1 110 人，离退休职工 337 人。

1994 年

1 月 3 日　总店聘请原总经理汪轶千、原总会计师郭俊卿为总店特约顾问。

1 月 9 日　总店原总会计师刘青轩在京病逝，享年 69 岁。

1 月 15 日　新闻出版署召开《邓小平文选》（第三卷）出版工作总结表彰会，总店等 13 家出版、印刷、发行单位受到表彰。中宣部常务副部长郑必坚，中央文献研究室主任逄先知，新闻出版署署长于友先、副署长于永湛，中宣部出版局局长刘国雄和总店总经理邓耘、副总经理裴树城参加了会议。

1 月 19—20 日　受新闻出版署委托，总店在京召开《图书发行行业工人技术等级标准培训教材》第一次编审会。会议确定了教材编写原则及选题，落实了编写任务，商定了编写进度。新闻出版署人教司副司长袁良喜到会并讲话。编委会主任邓耘、副主任王栋石、罗敏君以及编委会委员、作者共 15 人参加会议。湖南省店文惠安、沪所杨存光、总店储运公司李荫春分别编写有关图书储运的 3 本教材。

1 月 20 日　新闻出版署批复同意总店与香港电视广播国际有限公司合资建立新华音像租赁有限公司。

1 月 21 日　新闻出版署向署系统享受政府特殊津贴人员颁发证书。总店总经理邓耘、副总经理王栋石、罗敏君，原副总经理鲁明获此殊荣。

1 月 25 日　全国新闻出版局长会议在北京召开。新闻出版署署长于友先在会上强调，出版业的许多矛盾集中反映在发行环节上，发行体制的改革是深化出版改革的关键。当前最重要的是进一步搞活流通，创造公平竞争的市场环境，形成全国统一的、开放的、有序竞争的图书大市场。发行体制改革的重点是搞活新华书店的改革，新华书店的改革要从三个方面展开：一、试行发行代理制改革，扩大试点，拓宽图书批发渠道；二、推进购销形式的改革，加快图书流转；三、推进产权制度改革，搞活内部经营机制。总店总经理邓耘参加会议。新闻出版局长会议作为全国宣传思想工作会议的套会之一，与会代表受到了江泽民总书记的接见，并合影留念。

1月30日—2月1日　新闻出版署在北京密云召开直属单位工作会议。总店总经理邓耘、副总经理裘树城参加会议。

1月　总店的内部业务部门第一发行部（京所）、第二发行部（科所）、储运部等实行二级核算承包经营责任制。为便于同出版社和全国各级新华书店进行货款结算，第一、第二部合并为一个承包经营单位，用一个银行结算账户，对外仍称北京发行所。

1—2月　总店制定并实施三项制度改革方案，对干部实行聘任制，应聘干部签约上岗；对职工实行上岗合同制，全体正式工、合同制工签约上岗；工资分配改为岗位技能工资制，使个人收入与劳动、效益、责任大小挂钩。

2月5日　新闻出版署批复总店，同意总店增设批销中心、图书信息中心、储运代理公司、运输部4个经营部门。

2月14日　经新闻出版署同意，《图书发行》报由新华书店总店主办改为总店和中国书刊发行业协会共同主办。社长：总店总经理邓耘；总编辑：中国书刊发行业协会常务副会长郑士德。

3月1日　由总店党委、工会主办的企业内部刊物——《总店之声》创刊。

3月9日　总店被评为新闻出版署系统1993年"献血先进单位"。

3月12—20日　总店与中国出版对外贸易总公司合作，同马来西亚南岗科技有限公司在马来西亚新山市联合举办马来西亚柔佛中国图书大展，10家省店携各店精品书参加，共展出中国图书2万多种，销售图书15万多册，50万元。

3月18日　为合理使用专业技术干部，充分发挥其作用，总店制定《专业技术职务聘任及有关待遇的决定》。

3月　总店成立货款结算改革攻关小组，抓紧解决货款结算遇到的难题。由总经理邓耘牵头，技术发展处和财务、储运负责人参加。

4月5日　总店党委决定成立党群办公室，负责党委、工会、共青团、计划生育等日常工作。聘任李长林为党群办公室主任（正处级）。

4月8日　总店团委召开全体团员大会，选举产生共青团总店第四届委员会。总店总经理邓耘、副总经理王栋石，新闻出版署团委副书记李晓东参加了大会。

4月24—29日　总店受新闻出版署委托，与安徽省店共同承办的全国新华书店财务工作会议在黄山召开，各省店派员参加。会议就图书发行工作的改革与发展、图书发行企业效益核算的评价等议题和总店草拟的《关于新华书店系统货款结算中的若干规定》进行讨论，并交流财务管理和企业转机建制的有关经验。新闻出版署计财司司长吴江江出席并讲话。总店总经理邓耘作了题为《关于图书发行体制深化改革的几点认识》的报告，重点阐述推行图书发行代理制的目的、意义。

此次会议的预备会3月14—18日在北京召开，专题研讨新华书店系统货款结算办法。新闻出版署计财司司长吴江江出席。总店及部分省级店财务负责人参加预备会。

4月25日　总店在北礼士路135号院新建的过街楼2 000平方米竣工投入使用。

4月28日　总店批销中心开业（利用总店储运部第七、第九号原包装库房5 000余平方米）。新闻出版署副署长谢宏等出席开业仪式并剪彩。总店副总经理王栋石、罗敏君、裘树城及处级以上干部参加开业典礼。此举打破总店只对新华书店系统内调拨图书的传统经营方式。

同日　中国音像协会成立，总店音所当选协会常务理事单位。

4月30日　总店总经理邓耘接待来访的日本丸善书店金子哲夫。客人提出把日本制造书架的生产线及技术移到中国的初步意向。座谈后外宾参观了批销中心。

5月1—2日　特大暴风雨袭击福建三明地区，清流、宁化、三明、永安等市、县店的图书商品及营业设施受损严重，直接损失百万元。总店致电慰问受灾书店。

5月2—12日　应中国出版工作者协会和总店邀请，日本东京出版贩卖株式会社社长上泷博正为团长的访华代表团一行4人，先后到北京、上海、重庆、武汉等地新华书店参观访问。总店总经理邓耘陪同前往。在总店期间，总经理邓耘、副总经理王栋石、罗敏君、裘树城等与代表团进行了友好会谈。代表团成员池田先生还为总店业务部门科以上干部举行了专题讲座。

5月5日　鉴于铁路运输紧张的状况，总店致函铁道部运输局，恳请对教科书的运输工作给予协助，优先安排。

5月17日，铁道部运输局向全国各铁路局发出传真电报，要求务必做好1994年秋季大、中专教材的运输工作。

5月上旬　总店举办第一期"电子邮件信息网络"培训班。第一批入网的15家单位派员参加。

5月16—19日　总店受新闻出版署委托，在上海嘉定召开全国新华书店城市发行工作研讨会，专题研究中央领导同志倡导的"书架工程"实施方案和全国新华书店系统建立信息通信网络等问题。新闻出版署署长于友先应邀出席并作重要讲话，强调指出，图书总批发权必须牢牢掌握在图书批发企业手中。副署长谢宏、计财司司长吴江江、发行管理司副司长王俊国，总店总经理邓耘、副总经理罗敏君、特约顾问汪轶千，上海市新闻出版局局长徐福生等出席并讲话。各省店和省会城市店、计划单列市店经理以及特邀门市部代表100余人参加会议。

6月6日　根据工作需要，总店对精神文明建设协调领导小组及相应的7个机构进行了调整。总店精神文明建设协调领导小组以及计划生育委员会、安全委员会、红十字会、爱国卫生委员会、社会治安综合治理领导小组、"双拥"工作小组、劳动纪律管理领导小组，组长均由副总经理王栋石担任。

6月8日 铁道部运输局副局长刘国夫到总店现场办公，部署教材运输工作。他强调指出，安排好大、中专教材运输是保持社会稳定的重要因素，是一项重要的政治任务，各级领导务必予以重视，保证教材全部、及时运出。总店总经理邓耘、副总经理裘树城就教材的发运事宜同刘国夫副局长进行座谈。

6月14日 团结出版社《中国小百科全书》出版发行座谈会在北京人民大会堂举行，首都新闻、出版界知名人士出席，总店总经理邓耘主持会议。总店京所负责本书的发行总代理。

6月19日 为长期做好"向希望工程献爱心"工作，总店决定同河北省安新县王家寨乡赵庄子小学建立"手拉手"关系，帮助赵庄子小学的文化教育建设，将帮助赵庄子小学建立一个图书室，配齐教师和学生所需图书、书架及办公桌等设施。

6月28日 中国音像协会发行工作委员会成立。总店音所经理谭子谦任该委员会副主任委员。

7月1日 总店李雪云、祖铁成、赖英、张志文、叶宝燕、张金华、刘亚群等7人被新闻出版署评为优秀共产党员。

7月14—16日 总店召开第三届职工代表大会第一次会议，职工代表75人参加会议。总经理邓耘在会上就总店上半年工作及下半年的任务做报告。各部门负责人汇报上半年的工作。会议讨论通过《总店职工宿舍分配办法》和《总店职工医疗办法》。

7月15日 国务院发展研究中心《管理世界》中国企业评价中心与中国人民银行总行、对外贸易经济合作部、国内贸易部、新闻出版署等10部委联合评选1994年中国500家最大服务企业，首次将物资供销业和商业批发零售业合并为流通业。全国有5家新华书店入选，总店以销售额87 947万元列流通企业第146位。

7月18—28日 总店派人事保卫处处长李雪云、京所副经理蔡小为、储运公司副经理孙宗魁等随中国出版代表团赴香港参加第五届图书博览会。

7月22日 总店召开店务会，传达新闻出版署召开的出版、发行《邓小平文选》第一、第二卷的会议精神，要求各部门领导高度重视，认真组织职工以饱满的政治热情积极做好这项重要的发行工作。会议决定成立发行《邓小平文选》第一、第二卷工作领导小组，组长：邓耘，副组长：裘树城、徐家祥。在全店职工的努力下，圆满完成发行任务。截至年底，共发精装本 3.5 万套，平装本 9.35 万套，普及本 1 000 套。

7 月 总店向遭受洪水灾害严重的广东、广西、湖南、福建、江西、浙江等 6 省（区）店发出慰问电，向战斗在抗灾第一线的广大职工表示慰问和敬意。

同月 武汉大学出版发行学系教师张美娟到总店、储运公司学习与调研，了解有关大型书业中盘的储运业务与管理实践，为开设"图书储运学"专业课作准备。

8 月 10 日 "爱我中华 爱我家乡"青少年读书教育活动颁奖大会暨夏令营开营活动在北京举行，国家副主席荣毅仁对这次活动取得成功表示祝贺。全国人大常委会副委员长雷洁琼、中宣部常务副部长徐惟诚、新闻出版署副署长谢宏和总店总经理邓耘等领导参加开营式，并向受表彰的单位代表颁发奖杯、锦旗。全国 1 500 多万青少年参加了此次读书活动，总店京所发行的活动用书全国总销售 1 000 多万册。会后，这次读书活动的延续——"热爱祖国，做四有新人"读书活动随即在全国展开。

8 月 10—14 日 总店受新闻出版署委托，在北京召开图书发行行业工人技术等级培训教材第二次编审委员会，审定《图书发行员技能》等 5 本教材书稿，明确了有关编辑、出版事宜。新闻出版署人教司副司长尤广巽、袁良喜出席并讲话。编委会主任邓耘、副主任王栋石、罗敏君，编委会委员及作者等共 22 人参加会议。同年 10 月，总店组编的图书发行行业工人技术等级培训统编教材《图书发行员技能》《图书仓储员技能》《图书发货员技能》《图书运输员技能》《音像制品发行员技能》由人民教育出版社出版。

8 月 19 日 新闻出版署发布《图书发行企业效益指标评价办法》。从1994 年起由新闻出版署计财司负责组织对全国图书发行企业上一年度的社会效益和经济效益进行评价，并公布评价结果。

8月29—30日　新闻出版署组织的全国新闻出版局长座谈会在北京举行，于友先署长主持。中共中央政治局委员、书记处书记丁关根到会并讲话，强调出版工作要一手抓繁荣，一手抓管理。实现出版事业的繁荣，要有目标、有措施。要努力抓好精神文明建设、"五个一工程"，力争每年出版一批优秀文艺图书。要继续抓好城市"书架工程"和"送书下乡"工作，满足城乡人民精神文化需要。

9月6日　总店、新闻出版署信息中心和北京国联科技实业有限公司三方在北京签订合作组建全国出版物电子连销网协议书。

9月10日　为响应新闻出版署《关于向西藏自治区图书馆、驻藏部队捐赠图书的通知》的号召，总店和各省店共同精选了近1 000种共20万余册、价值100万元的适合西藏群众和驻藏部队官兵阅读的图书，联合捐赠给西藏图书馆及驻藏部队。

同日　总店总经理邓耘到北京印刷学院，代表总店向该校教师祝贺第10个教师节，共赠书1 000多册，价值1万余元。

9月16日　经新闻出版署经济专业高级职务评审委员会评审，确认裘树城具有高级经济师任职资格。

9月20日　李鹏总理主持召开国务院第25次常务会议，讨论并原则通过《中华人民共和国出版法（草案）》，会议确定《出版法（草案）》经进一步修改后将按程序提请全国人大常委会审议。

9月22日　新闻出版署同意总店组建出版、政工专业技术职务评审委员会。出版专业人员初级职务评审委员会，主任邓耘，副主任罗敏君、梁英；政工专业人员初级职务评审委员会，主任王栋石，副主任张玉玲、刘建。

9月30日　中宣部、新闻出版署、农业部、国内贸易部联合发出《关于开展全国"送书下乡"活动的通知》，决定从今年底至明年上半年开展全国性的送书下乡活动。要求组织全国出版社、新华书店、供销社精选300余种面向农村的优秀图书，送书下乡。活动办公室设在总店京所。京所10月上旬开始发书目征订。

10 月 1 日 国务院发布第 165 号令，《音像制品管理条例》自 1994 年 10 月 1 日起施行。

10 月 6 日 总店副总经理罗敏君接待日本丸善书店寺村谦一、金子哲夫先生，双方进行友好会谈。

10 月 8—17 日 中共湖北省委宣传部、省新闻出版局、中国出版工作者协会、中国书刊发行业协会和总店共同主办，湖北省店和武汉市店承办的第六届全国书市在武汉举行。中共湖北省委书记关广富、省长贾志杰，新闻出版署署长于友先、副署长谢宏，中国出版工作者协会主席宋木文，中国书刊发行业协会会长刘杲，总店总经理邓耘等参加书市开幕式。全国 500 余家出版单位、2 500 余家发行单位、2 000 余家团体购书单位和海外 50 余家出版单位参加了书市活动。本届书市图书订货 2.2 亿多元，现场销售 2 000 余万元。总店订货额达 3 100 万元。

10 月 13 日 新闻出版署副署长于永湛到总店检查《邓小平文选》第一、第二卷的宣传、征订和发行情况。总店副总经理罗敏君和京所副经理石玉岐做汇报。

10 月 13—16 日 北三区（华北、东北、西北地区）新华书店储运工作协作会在北京召开，总店、北三区各省店及沪所，江苏、四川、广东省店的 46 名代表参加。新闻出版署发行管理司副司长王俊国，总店总经理邓耘，副总经理王栋石、裘树城出席。

10 月 17—19 日 新闻出版署技术发展司和中国书刊发行业协会主办、总店及部分省店承办的全国新华书店计算机操作技能长城杯邀请赛在北京举行。吉林省店选手车睿夺得汉字录入第一名和个人全能第一名，大庆市店葛艳惠、范庆斌分别获一、二等奖。山西省店石建萍获个人全能奖和汉字录入单项二等奖，杨晓棠获汉字录入单项二等奖。中国书刊发行业协会会长刘杲、常务副会长郑士德，总店总经理邓耘等为获奖选手颁奖。

10 月 24 日 国家计委复函新闻出版署，同意在总店院内（54 号）建设全国图书批发贸易中心，总建筑面积控制在 1.25 万平方米以内，所需投资由总署和总店自筹。

10 月 25—27 日 新闻出版署在昆明召开全国新闻出版系统第二次职工教育培训工作会议，指出在 1997 年底前，对包括省地（市）县店经理在内的 8 个主要岗位的干部要进行岗位培训；从 1998 年起，这 8 个岗位全部实行持证上岗。总店副总经理罗敏君、特约顾问汪轶千参加会议，并汇报了新华书店系统教育培训规划的制订落实以及岗位培训、学历教育的开展情况。

10 月 27 日 文化部原计财司司长、总店原副总经理兼沪所经理周天泽在上海主持《华东新华书店简史》编写提纲讨论会。王益、宋原放、丁裕、孙立功、黄巨清、张泽民、钟虹、鲁明等原华东新华书店和上海市店的历任领导及部分老同志参加了讨论。

11 月 2 日 《邓小平文选》第一、第二卷（第二版）在全国发行。

11 月 5 日 总店召开参加书店工作 30 年老职工座谈会。老同志们回顾了在新华书店 30 年的风风雨雨，表示在新形势下，要为图书发行事业的发展再立新功，同时对总店的工作提出建设性意见。总店副总经理王栋石到会并讲话。

同日 总店总经理邓耘、副总经理罗敏君接待来访的由老挝文化部出版图书广告司司长坎仙·顺达拉率领的老挝出版代表团。

11 月 8 日 总店华威图书精品店举行开业一周年记者座谈会。新闻出版署副署长桂晓风、谢宏，署直机关党委书记蔡岐青、发行司副司长王俊国，总店总经理邓耘、副总经裘树城等出席。华威图书精品店经理胡金安介绍了精品店开业一年来的情况。

11 月 8—11 日 总店受新闻出版署委托，在北京召开新华书店系统财务工作研讨会，就修改新华书店系统结算办法等问题，财会制度转换、执行新税制和货款结算方面的情况，与国家财政、税务、银行等部门的有关主管人员进行了交流。各省店财务负责人参加会议，新闻出版署计财司司长吴江江出席并讲话。

11月9日　全国人大法律委员会、全国人大教科文卫委员会和全国人大常委会法制工作委员会联合召开征求对《中华人民共和国出版法（草案）》意见座谈会，总店总经理邓耘参加座谈并对《出版法》提出修改意见。

11月29日—12月1日　总店音所在北京召开全国新华书店音像发行工作研讨会，中国音像协会会长刘国雄、新闻出版署音像管理司司长谢明清、总店副总经理罗敏君到会并讲话。与会代表对音所草拟的《新版故事片录像带总代理办法》和《关于在全国新华书店系统发展（建立）音像租赁网点的意见》进行研讨和论证，并达成一定共识。

11月29日—12月4日　总店受新闻出版署委托，在北京召开全国省店经理研讨会，各省店（发行所）经理出席。新闻出版署署长于友先应邀到会并讲话，强调指出图书发行体制改革是当前出版改革的中心环节，新华书店要在转换经营机制、优化组织结构、推进技术进步、改进内部经营管理的改革上有大的动作，取得大的进展。与会代表就推进图书发行改革和新华书店企业的机制转换等有关议题进行了广泛研讨。

为了更好地发挥新华书店的整体优势，增强系统凝聚力，与会代表一致赞同组建全国新华书店经营协调委员会，选举总店总经理邓耘为主任，总店副总经理罗敏君为秘书长。全国新华书店经营协调委员会的主要工作内容是：以加强新华书店系统内部的经营协调、推动发行改革、提高管理水平为宗旨，以制定行规行约、协调业务关系、交流管理经验、组织理论研讨为目的。

中宣部出版局局长高明光、副局长邬书林，新闻出版署副署长谢宏、署计财司司长吴江江，中国书刊发行业协会顾问、总店特约顾问汪轶千、中国书刊发行业协会常务副会长郑士德到会并讲话。新闻出版署发行管理司副司长王俊国、办公室副主任王涛等参加研讨会。

11月　总店原总经理、我国图书发行专家汪轶千撰著的《中国图书发行的昨天与今天》，由中国大百科全书出版社出版。全书选编汪轶千50—90年代发表的文章和讲话共100多篇，分为改革与探索、渠道与效益、市场与管理、回忆与纪念、教育与队伍、境外与国外6部分。

12 月 17 日 总店正式确定"南移方案"。根据现有条件，决定将 135 号院新书发货量的 40% 迁至马连道图书物流中心，储备图书就地发货，人员按编制南迁近 180 人。"方案"对设备、场地的调整交接以及业务分割、工作量、机构、人员等均作了原则性规定。

同年 总店暨在京直属单位销售总额 22 349 万册，117 001 万元，其他业务净收入 760 万元，投资收益 87 万元，利润 2 024 万元，上缴所得税 696 万元，净利润 1 328 万元，所有者权益 11 398 万元。年末在职职工 1053 人，离退休职工 341 人。

1995 年

1 月 2 日　经新闻出版署批准，《图书发行》报改名为《中国图书商报》。《中国图书商报》由新闻出版署主管，总店和中国书刊发行业协会主办，社长邓耘，总编辑郑士德，周报 4 开 8 版，邮局发行。办报宗旨是立足主渠道，面向图书大市场，做书业商字文章。

1 月 12 日　江泽民总书记主持中央政治局常委会会议，听取新闻出版署党组关于进一步加强和改进出版工作的汇报。会议对在社会主义市场经济条件下做好出版工作作了重要指示，指出：出版工作是一项非常重要的事业，事关社会风气、民族素质的提高和下一代的成长，要进一步加强和改进出版工作；出版物是特殊商品，不能完全交给市场去调节；要抵制和扫除黄色、腐败的东西，让优秀的出版物占领市场。会议审议通过新闻出版署党组《关于进一步加强和改进出版工作的报告》。

4 月 12 日，中办、国办转发新闻出版署党组《关于进一步加强和改进出版工作的报告》。"两办"通知指出：这个报告中央已经原则同意。这个报告提出了建设有中国特色社会主义出版事业的基本思路，重申一手抓改革，一手抓管理的工作方针；还对深化出版改革、加强宏观管理、繁荣出版事业、加强队伍建设、加强党的领导等重要问题提出了系统的意见。"两办"转发的这个报告，是继 1983 年党中央、国务院《关于加强出版工作的决定》之后又一个全面指导出版业改革和发展的重要文件。

同日　新闻出版署批复总店，同意梁英任总店人事教育处处长。

1 月 16 日　总店总经理室研究决定，对店内组织机构作如下调整：人事保卫处改设人事教育处，撤销原教育处和老龄工作处，有关工作归并人教处；

设监督保卫处；设经营发展处，原经营发展部经营管理职能及所属经营单位归属经营发展处；组建中国图书商报社，原《图书发行》编辑部人员归其领导和管理；组建连锁中心（副处建制），华威图书精品店和蓝岛书店隶属连锁中心经营管理；撤销运输部，有关工作和人员，分别划归储运部和储运二部；撤销党群办公室，分设党委办公室和工会办公室，其他处级（副处）建制的机构不变。聘任许起盈为办公室副主任（主持工作）；聘任梁英为人事教育处处长；聘任雷庆余为监察保卫处副处长（主持工作）；聘任杨庆民为经营发展处处长；聘任田辉为书刊发行部经理，李雪云为第一副经理（正处级）；聘任王秋慧为音像发行部经理；聘任张国明为储运二部经理；聘任程三国为中国图书商报社副社长，常务副总编，主持工作；聘任胡金安为连锁中心经理（副处级）。其他各部、处、室负责人不变。

1月17—21日　全国新闻出版局长会议在北京召开，主要议题是贯彻落实经中共中央政治局常委会议审议通过的《关于进一步加强和改进出版工作的报告》，提出制订"九五"新闻出版事业发展规划。会议强调指出，发行体制改革是当前出版改革的中心环节，要求国有书店转换经营机制，努力适应市场、开拓市场，更好地承担起主渠道责任；要把推行代理制作为深化发行体制改革的突破口，通过代理竞争，逐步形成若干个辐射全国的代理中心；尽快实现全国省、市级新华书店的计算机信息联网；提倡办专业书店、连锁书店和超级市场售书；进一步推行寄销，把提高一般图书销售量作为县级新华书店改革的阶段性目标，努力开拓农村图书市场，实现"书架工程"。同时，要进一步规范市场行为，创造平等竞争的条件和环境。于友先署长在会上强调，要把发行问题与编辑、选题、市场、政策、体制等问题结合起来统一考虑，要把大家的经验、智慧、精力集中起来，在发行体制改革这个环节上组织一场攻坚战。会议讨论了新闻出版署草拟的《关于深化图书发行体制改革的意见》。总店总经理邓耘参加了会议。

1月18日　总店连锁中心蓝岛书店开业。全国人大常委会副委员长费孝通为开业剪彩。

1月20日 中国人民银行发出《关于执行〈关于加强银行结算工作的规定〉有关问题的通知》，重申：鉴于过去的历史做法和新华书店结算中存在的实际困难，新华书店使用托收承付方式仍维持原金额起点1 000元。根据新华书店经营的特点，订货单、发货单或购销协议等可视为购销合同，凭此办理托收承付结算。

2月9—10日 总店音所顾问、中国音像协会常务理事谭子谦，参加中国音像协会首届常务委员会第二次（扩大）会议。会议由中国音像协会会长刘国雄主持，中宣部常务副部长徐惟诚、新闻出版署音像管理司司长谢明清及文化部文化市场管理局、版权局等领导出席并讲话。会议对为保护知识产权实施统一的正版标识、为组织全国录像租赁采取的措施及为筹办1995北京国际音乐音像博览会所作的安排等进行审议。

2月16日 国家教委、新闻出版署联合颁布《普通中小学教材出版发行管理规定》，强调中小学教材由新华书店统一归口征订和发行。各级新华书店要做好征订工作，严禁跨省发行教材，保证课前到书。

2月17日 总店总经理室召开有关部门参加的联席工作会议，确定储运公司移至马连道库区，编制122人，原运输部"南移"，编制56人。21日、22日完成搬迁工作。

2月25日 新闻出版署公布1994年度科学技术进步奖获奖项目，总店王扬、陈彪、贾秋丽研制的总店计算机图书发行信息处理系统获三等奖；陈云、李南青研制的市级新华书店业务、财务管理系统及数据通信工程获四等奖。

3月1日 总店批销中心经理杨光，随中国出版对外贸易总公司代表团赴马来西亚进行考察访问。

3月10日 为贯彻中宣部等四部委开展送书下乡活动和建立万村书库工程，全国新华书店经营协调委员会决定自5月1日—6月3日，在全国新华书店开展送书下乡竞赛月活动，要求各地书店结合当地实际，积极采取走乡串村、赶集摆摊、举办展销或书市等多种促销形式，主动为农村读者服务，为各经销、代销点送书上门；同时以集体和职工个人捐书、赠书等形式，向贫困乡村捐赠图书，帮助建立图书室。

3月13日　总店召开全体职工大会。总经理邓耘做工作报告，总结1994年的工作，部署1995年各项任务。邓耘向新聘任的14个部门的负责人颁发聘书，并分别与5个承包部门负责人在承包责任书上签字。新闻出版署副署长于永湛、署直党委书记蔡岐青、发行管理司副司长王俊国应邀出席。与会领导为总店1994年度目标管理考核先进单位及1994年度先进集体和个人颁奖。

3月20日—6月20日　由新闻出版署主办、总店承办的图书发行工作技术等级培训及考核工作完成。来自北京37家出版社的153名学员分别参加了初、中、高级工的培训、考核。

3月22—25日　全国出版物电子连销网（暂定名）省店研讨会在北京召开，各省店、发行所负责人参加。该网络拟采用计算机查询订购系统，在全国新华书店业务网络上整体布局，成为联系出版社、出版物购销单位及个人读者的信息公路。中宣部出版局原局长刘国雄、新闻出版署发行管理司副司长王俊国、总店总经理邓耘等出席并讲话。

3月　总店总经理汪轶千正式退休。

4月12日　新闻出版署召开中国卡通读物出版研讨会。会上浙江少年儿童出版社介绍了该社出版卡通读物的情况，于友先署长、中宣部出版局高明光局长出席并讲话。总店副总经理罗敏君参加会议。

4月13日　中宣部出版局副局长宋镇铃、新闻出版署发行管理司副司长王俊国来总店就年内开展发行体制改革，调研活动的内容、步骤、方法等问题，与邓耘、罗敏君、裘树城、许起盈、田辉等进行了座谈。

4月19—21日　中国书刊发行业协会第二届会员代表大会在北京举行，选举了新一届理事会，刘杲连任会长。总店总经理邓耘被推举为副会长。

4月22—23日　全国新华书店经营协调委员会在北京召开，除西藏外的32位委员（委员代表）出席。主任委员、总店总经理邓耘传达新闻出版署有关会议精神，秘书长、总店副总经理罗敏君汇报经协会近期工作情况和下半年工作安排。与会委员讨论并修改《全国新华书店系统往来业务关系规约》《关于新华书店60周年店庆纪念活动的意见》等文件草案。会议决定，继续举办全国新华书店订货会，并确定今年订货会10月分两批，由新华书店天津发行所、黑龙江、河南、江苏、陕西、四川省店等6店承办。

4月23—25日　总店京所与人民教育出版社联合召开大中城市店承包发行京版图书表彰会，对1994年度发行京版图书作出贡献的40多个书店60多个个人进行表彰，颁发友谊协作杯，并续签1995年承包协议，会议由京所经理田辉主持，总店总经理邓耘、新闻出版署发行管理司司长王俊国到会讲话并颁奖。

4月　总店办公室文秘科被评为中央国家机关"优秀工会小组"，储运公司郭志光被评为国家机关"优秀工会积极分子"。

5月5日—6月13日　新闻出版署在北京举办第一期全国出版社社长、总编辑和全国省店经理岗位培训班，标志着出版行业实行岗位培训和持证上岗制度拉开了序幕。来自全国的30位省店经理参加了学习，全体学员通过考核获得了上岗合格证书。培训班期间，中宣部常务副部长徐惟诚、国务院副秘书长刘奇葆、新闻出版署署长于友先看望了学员。6月13日，中共中央政治局委员、中宣部部长丁关根接见全体学员并合影。中宣部副部长龚心瀚出席结业典礼并讲话。总店副总经理罗敏君、特约顾问汪轶千出席开学、结业典礼。

5月9—12日　新闻出版署在云南召开全国新华书店结算工作会议，对贯彻《新华书店货款结算暂行规定》作出部署，与会人员经过充分讨论，就执行《规定》的具体方法达成共识。总店及各省店（发行所）的财务负责人参加会议。

5月10—19日　以上海市店经理张金福为团长，总店总经理助理兼储运公司经理刘建为副团长的中国新华书店访日代表团一行7人，赴日进行考察访问。总店经营发展处处长杨庆民、京所经理田辉随团出访。代表团着重了解了日本图书发行的现状和发展趋势，出版社、批发商和销售店之间的关系；详细察看东贩西台营业所、专业中心、名古屋中部书库、电子管理系统等。

5月18日　美国沃尔特—迪斯尼公司诉北京出版社、北京少年儿童出版社、总店京所侵犯《斑比》《邓波》等9种图书版权纠纷一案，历时9个多月，由北京市第一中级人民法院审理终结。一审判决书判定，总店京所未实际执行国家有关部门规定，对其发行侵权图书的行为应当承担侵权责任。京所的侵权赔偿责任由负连带侵权责任的北京出版社一并承担，但不能免除其停止侵权的责任，因侵权所获不法利益也应予以收缴。根据《中华人民共和国著作权法》有关条款规定，判决北京出版社和总店京所于本判决生效之日起立即停止出版、发行《迪斯尼的品德故事丛书》。《民事制裁决定书》裁定收缴总店京所非法所得5 999.04元。此案是《中美知识产权备忘录》生效后我国首例涉外知识产权纠纷案。

6月2—16日 总店储运二部经理张国明随中国出版代表团赴罗马尼亚、斯洛文尼亚两国访问，并参加布加勒斯特1995国际书展。

6月11—30日 总店总经理邓耘、办公室副主任林红，随大陆出版发行代表团赴台湾考察。代表团先后拜会海基会、台湾出版事业协会，参加由台北出版商业公会举行的两岸出版发行界聚会，访问时报文化出版社、人类文化出版公司、金石堂书局、阁林图书公司等20多个同业单位。双方就两岸举办书展问题达成初步意向。

6月13日 《陈云文选》（1—3卷）出版，并在全国新华书店发行。

6月24日—7月1日 应加拿大禾林图书公司邀请，以新闻出版署图书司司长杨牧之为团长的中国出版发行考察团赴加访问，总店副总经理罗敏君随团出访。

6月 中共中央政治局常委、国务院总理李鹏为《新华书店总店史》一书题词："发扬新华书店光荣传统，为社会主义精神文明建设做出更大的贡献。"

7月2日 太原市店承办的全国省会（首府）、计划单列城市店联合体第十届年会在太原召开，全国36个省会（首府）、计划单列城市店的经理、业务及财务科长，中国书刊发行业协会、总店、59家出版社及《中国图书商报》等单位的代表参加。会议以"抓住机遇、深化改革、加强团结、共创繁荣"为指导思想，围绕发行体制改革和进一步发挥城市店作用，进一步加强店社合作等议题进行了研讨。

7月10日　全国新华书店经营协调委员会在沈阳召开省店发行体制改革研讨会。会议结合北方图书城的成功做法，探讨发货店在发行体制改革中加快自身发展和促进横向联合等问题。会议讨论并原则通过《全国新华书店系统往来业务规约》（修改二稿）和《中国书刊发行业协会新华书店工作委员会条例》。

7月15—17日　总店音所、人民教育出版社、中国计算机学会等6单位联合召开的《中小学生学电脑》出版发行会议在北京召开，国家教委电化教育委员会副主任宗成栋、总店副总经理罗敏君、新闻出版署综合处处长郭中华及总店音所经理王秋慧、副经理李英等出席，会议邀请全国省店音像（教材）科长及部分省教委代表共60人参加。

7月16日　《新闻出版署发行管理司"三定"方案》明确规定：新华书店系统图书储运的业务管理，交总店办理。

7月20—23日　总店总经理邓耘、顾问汪轶千参加由总店、中国大百科全书出版社、中国妇女出版社联合组成的"全国青少年热爱祖国做四有新人"读书教育活动组委会在北京人民大会堂召开表彰大会，1000多人参加。陈慕华、雷洁琼、王光美等中央领导出席，中宣部常务副部长徐惟诚在会上讲话。河南省店、福建省店等被组委会评为宣传发行先进单位，并授予奖牌和奖旗。

7月20—24日　1995香港国际书展在香港会议展览中心举行。总店音所副经理孙晓钧和总店行政处处长淳于友生，随中国音像协会组团参加音像展区的活动。这是音所首次参加国际展销活动。

7月　为迎接新华书店成立60周年，总店暨全国新华书店经营协调委员会向全国新华书店职工发出《公开信》，号召为修复新华书店发祥地旧址和兴建新华书店延安希望小学捐款。

8月7—12日　总店副总经理裴树城、特约顾问汪轶千赴深圳参加全国青少年热爱祖国做四有新人读书活动新华书店系统表彰大会，此项活动用书全国总发行2032万册。

8月10日　新闻出版署党组任命周昌喜为中共新华书店总店委员会书记（正局级），免去邓耘党委书记职务，改任党委副书记。

8月16日　新闻出版署颁布《常备书目（1995）》。这批常备书目在第一批四类50种的基础上，调整扩展到8类182种图书，1996年1月1日起在全国实施。新闻出版署同时发出《关于常备图书出版、印刷、发行管理的暂行规定》指出，常备书目原则上每3年调整一次；列入常备书目的图书要保证出书质量，及时供应，保证常备常销。

8月16—25日　总店副总经理罗敏君以中宣部调研组名义带队赴上海、浙江两地进行图书发行体制改革调研。

8月17日　新闻出版署及署党组任命王四海为总店副总经理、党委副书记。

9月6日　为适应市场经济发展和发行体制改革的需要，促进企业内部资源重新配置和组织结构调整，加快落实储运"南移"和物流集中的总体规划，总店总经理室研究决定：储运部和储运二部合并，保留两块牌子，对外称新华书店总店储运公司、新华书店总店储运代理公司，对内称储运部。聘任张国明为储运部经理。总经理助理刘建不再兼任储运部经理职务。

9月8—17日　总店连锁中心经理胡金安参加出版外贸组织的5个省级店参加的澳大利亚墨尔本国际图书节。

9月23—25日　全国新华书店经营协调委员会成员单位办公室主任（联络员）暨《中国图书商报》第一届通联工作会议在北京召开。与会代表认真讨论了《新华书店60周年纪念活动筹备工作计划书》及"新华书店系统老职工代表游北京""修复新华书店发祥地旧址和助教兴学，兴建新华书店延安希望小学""全国新华书店知识技能比赛""全国新华书店'创三优'百日推销活动"4个店庆活动项目的实施方案并达成一致意见。总店总经理、经协会主任委员邓耘主持会议，新闻出版署副署长梁衡、发行管理司司长王俊国、人教司副司长袁良喜等应邀出席并讲话。参会代表共46人。

9月24—29日　由新闻出版署、广电部、文化部、北京市政府、国家科委联合主办的1995北京国际音乐音像博览会在北京展览馆举行，总店音所参加了博览会展销活动。在博览会期间，总店总经理邓耘视察了音所的展台。

10月8—9、15—16日　由新华书店发货店联合举办的，以"分片举办、就近订货、城乡兼顾、基层为主、覆盖面广"为特色的1995年全国新华书店图书订货会，分两批在哈尔滨（东北片）、西安（西北片）、南京（华东片）、天津（华北片）、郑州（中南片）、成都（西南片）举行。来自全国2 700个城乡基层书店的近8 000名代表就近参加订货会，总成交额3.42亿元。其中总店京所订货总额为2 956万元。总店总经理邓耘、副总经理罗敏君、裘树城分别参加了陕西、天津、江苏、四川片订货会。

10月10日　《中国图书商报》今日头版发表消息：《中国图书商报》召开第一届通联工作会议，通报新闻出版署同意中国图书商报在各地建立记者站的意见批复，公布第一批31个记者站站长名单。

10月13—27日　经新闻出版署批准，由全国新华书店经营协调委员会组织，以总店副总经理王栋石为团长、湖南省店总经理唐俊荣为副团长的中国新华书店考察团一行12人对美国书业进行考察访问。考察团从我国新华书店改革的实际需要出发，重点考察美国书业计算机联网运作、代理制、连锁店的运作机制及其区别于日本书业的特点，先后访问纳什维尔的英格拉姆公司、沃尔登公司，纽约的兰登书屋、全美书商协会等10个单位。

10月24日　新闻出版署副署长于永湛出席总店召开的中层干部会，并对新的领导班子和总店工作发表讲话。署人教司司长李敉力宣布了新闻出版署党组对周昌喜、邓耘、王四海的任免，同时宣布免去裘树城、罗敏君总店副总经理职务，并从1995年11月起退休。

10月25日　总店总经理室研究决定：中国图书商报社和"三目"报社合并，对内称报业部，对外报纸名称不变，仍为《中国图书商报》《社科新书目》《科技新书目》《标准新书目》。聘任程三国为报业部经理，兼常务副总编辑、副社长。

10月　受全国政协主席李瑞环的委托，由著名京剧表演艺术家张君秋任艺术总顾问，天津市中华民族文化促进会录制的《中国京剧音配像精粹》100盒系列录像带，由天津北洋音像出版社出版，总店音所国内总发行。为做好该套录像带的出版发行工作，李瑞环主席于10月2日在天津接见了总店总经理邓耘及总店音所经理王秋慧等有关出版发行单位的负责人，在听取各单位的汇报后，就有关工作作了指示。

10月31日，《中国京剧音配像精粹》出版发行座谈会在北京举行，中共中央政治局常委、全国政协主席李瑞环应邀出席并发表重要讲话。总店总经理邓耘及总店音所经理王秋慧参加座谈会。

同月 中共中央马恩列斯著作编译局编译的新版《马克思恩格斯全集》中文第二版首批第1卷、11卷、30卷，《马克思恩格斯选集》中文第二版1—4卷和《列宁选集》中文第三版1—4卷，由人民出版社出版，各地新华书店陆续发行。

11月7日 全国新华书店经营协调委员会全体委员会议在西安召开，总结1995全国新华书店图书订货会工作，研究新华书店60周年店庆活动，同时作出了修复延安清凉山新华书店旧址及兴建新华书店延安希望小学的决定。各省店总经理参加了会议。

同日 聘请原副总经理罗敏君、裘树城为总店总经理室顾问。

11月29日—12月5日 以总店音所经理王秋慧为团长、南京市店经理周祝山为副团长，北京、天津、合肥等19个大城市店经理组成的访问团，应香港勤+缘出版社社长梁凤仪之邀赴港访问，出席勤+缘出版社5周年社庆会，参观了三联书店门市和库房，并与香港同行进行了广泛接触。期间，香港联合出版集团总裁李祖泽会见代表团，并介绍了香港的图书音像出版发行状况。

11月 越南出版代表团访华，到总店参观访问并与总店党委书记兼副总经理周昌喜、总经理室顾问罗敏君进行座谈。

12月1日 为更好地适应改革与发展的需要，总店总经理室研究决定，对组织机构及干部配备进行调整。设置保卫处（武装部），为一个机构，两块牌子，撤销原监察保卫处，有关监察工作划归党委办公室；设置老龄工作处，撤销原人教处老龄工作科；图书信息部与技术发展处合并，内部名称为图书信息部，新普电子技术咨询公司挂靠图书信息部；批销中心和连锁中心由原二级处建制改为一级处建制。聘任许起盈为办公室主任；聘任雷庆余为保卫处副处长（主持工作）；聘任张玉玲为老龄工作处处长；聘任宋毅为书刊部副经理；聘任杨光为批销中心经理，马学军为副经理；聘任胡金安为连锁中心经理，林红为副经理；聘任陈云为图书信息部主任工程师（正处级）。

12月8日 "新闻出版署条码扫描中心试点店"的铜匾在总店北京华威图书精品店揭牌。

12月13日 中国出版工作者协会在北京举行王益从事出版工作60年座谈会。

12月18日 总店召开实行劳动合同制度签约鉴证大会。总店科以上干部参加会议。会上，总店法人代表、总经理邓耘与15个部门的第一把手签订了劳动合同书，并向各部门委托代理人颁发委托代理签约的委托书。新闻出版署人教司司长李牧力、北京市西城区劳动局副局长张渊到会并讲话。西城区劳动局鉴证委员会也派员参加。

12月21日 总店根据江西省新闻出版局和江西省店的反映，就江西上饶地区两家书店公开挂起"新华书店"店招开业的问题，向新闻出版署和国家工商行政管理局呈送报告。吁请维护新华书店的企业商标权。

12月21—22日 新闻出版署在北京召开全国音像出版工作会议，中宣部常务副部长徐惟诚出席并讲话。总店总经理邓耘作为唯一的发行单位代表参加并作《抓住机遇，加快发展，为培育和建设有中国特色的音像电子出版物市场而努力》的发言。

12月25日 新闻出版署、中央宣传部、国家教委、人事部联合发布的《关于在出版行业开展岗位培训实施持证上岗制度的规定》指出，从1997年开始，凡新任出版社社长、总编辑、编辑室主任、期刊主编，书刊定点印刷企业厂长，新华书店省、地（市）、县店经理，应先经培训并取得相应"岗位培训合格证书"，而后上岗工作。从1999年起，凡未经培训或培训后未取得相应合格证书的人员，不得在上述 8 个岗位上工作。

同年 在总店储运公司办公场地实现"南移"后，储运公司原办公小楼被改造为"北礼士宾馆"，职工食堂改造为对内对外经营的餐厅。1998 年统一改制为职工入股及总店控股的书香园宾馆。

同年 总店暨在京直属单位销售总额 19 582 万册，115 803 万元，其他业务净收入 794 万元，投资收益 43 万元，利润 2 404 万元，上缴所得税 1 062 万元，净利润 1 342 万元，所有者权益 14 060 万元。年末在职职工 1 056 人，离退休职工 348 人。

1996 年

1月1日　总店发布《总店实行全员劳动合同制度的实施细则》，附件有10个方面的制度、办法，即日起执行。

1月10日　经新闻出版行业机关批准，《图书储运》报自第45期开始，由沪所和总店储运公司联合主办，并成立编委会。《图书储运》报于1992年5月10日创刊，1—44期由沪所主办。

1月18日　总店与北京晓通电子总公司签订联合设计、开发"全国新华书店系统出版物发行信息网络"合同书。

1月26日　总店与北京市海淀区永丰乡签订物业租赁协议，承租加工厂厂址的地上建筑物及附属土地使用权。该土地性质为集体土地，承租年限约定为40年。以减少总店1993年与北京市海淀区永丰乡永丰屯农工商总公司联营的新丰金属结构加工厂停建的投资损失。

1月31日—2月3日　《全国新华书店出版物发行信息网络系统（简称全国网）总体设计方案》论证会及网络管理讨论会在北京召开，集中讨论了全国网运行管理，中心与分中心的责、权、利，非分中心省店及省内用户的入网组织工作等问题，并对全国网的总体设计方案进行了技术、业务论证。会议决定成立全国新华书店系统出版物发行信息网络管理委员会，管理委员会由总店、辽宁省店、沪所、江苏省店、浙江省店、湖北省店、广东省店、四川省店、陕西省店组成。

1月　经新闻出版署经济专业高级职务评审委员会评审，确认宋涛具有高级经济师任职资格。

2月5—6日　中国音像协会和总店在北京召开国有书店音像发行工作座

谈会。会议提出国有书店要有所作为，真正体现出音像发行主渠道的作用。

3月14日　新闻出版署发布《电子出版物管理暂行规定》。

3月18—24日　全国新闻出版局长会议在南京召开。会议主题是总结"八五"、规划"九五"，并针对出版发行工作面临的问题，提出一系列"治散""治滥"，加强宏观调控的新规定、新办法。中共中央政治局委员李铁映出席并作了题为《关于进一步规范和培育图书市场的若干意见》的书面发言。新闻出版署署长于友先做了主报告。国家体改委秘书长冯并做了题为《推动管理体制改革，实现两个根本转变》的报告。总店总经理邓耘出席了会议。

3月　新闻出版署、劳动部向各省、自治区新闻出版局、劳动（厅）局及省店联合发出《关于开展"全国新华书店知识技能比赛"活动的通知》。

4月2日　新闻出版署副署长杨牧之到总店调研川听取汇报。

4月5日　中国音像协会与总店联合利用总店库区改造开发的场地开办了音像制品的批零业务，并举办了北京音像城招商会。中宣部出版局和29家出版社的代表出席，音像协会会长刘国雄主持会议，介绍了建立音像城的意图，并对繁荣音像市场提出了设想和要求。总店总经理邓耘介绍了总店和音像城的概况。

4月10日　总店组建书业物流中心，面向北京地区出版社提供图书代储、代发、代运的一条龙服务。总店书业物流中心于5月13日正式成立。

4月11—13日　全国新华书店经营协调委员会秘书处在天津市店蓟县培训中心召开新华书店企业标识初审会议。北京、天津、河北、江苏等10多个省店的20多名专职美工人员参加。

年初，《中国图书商报》刊登了新华书店企业标识征集启事，3个月的时间，全国新华书店系统的72名专业、业余作者寄来了标识图案126个。

4月23—25日　总店京所在北京召开销货店承包兑现会。感谢各地销货店对京所工作的支持，并对1995年度完成承包协议的基层新华书店进行兑现。同时，与90多个城市店草签了1996年度京版图书承包协议。会上推出了京所"京版图书特约经销店"试行草案。

4月24—27日　全国新华书店经营协调委员会会议在北京举行，讨论通过了《新华书店60周年纪念活动总体方案》。新闻出版署、中宣部出版局刘杲、杨牧之、宋镇铃、王俊国、袁良喜等领导到会，并指示要把这项对新华书店系统有特殊意义的纪念活动办实办好。

4月26日　华威图书精品店并入总店图书批销中心后重张开业，中国出版工作者协会副主席卢玉忆、中宣部出版局副局长宋镇铃、新闻出版署发行管理司司长王俊国出席并讲话，首都新闻单位记者出席了开业活动。

5月20—25日　全国新华书店知识技能比赛技术指导会议在南宁召开，新闻出版署人教司副司长袁良喜、总店总经理邓耘、广西区店总经理何庆养到会并讲话。31个省店的业务指导人员参加会议。

5月28日　总店党委进行换届选举，周昌喜等11人当选为党委委员，王四海等5人当选为纪委委员。新闻出版署机关党委于6月11日批复同意周昌喜任总店党委书记，邓耘、王四海任副书记，王四海兼任总店纪委书记。

5月30日　由新闻出版署教育培训中心主办、总店承办的全国省店经理岗位培训班举行开学典礼。46位省店、外文书店、古籍书店经理开始接受为期一个月的培训，这是落实中宣部、国家教委、人事部和新闻出版署联合颁发的《关于在出版行业开展岗位培训实施持证上岗制度的规定》的具体措施。新闻出版署副署长杨牧之出席开学典礼并讲话。

6月1日　新闻出版署发布《关于培育和规范图书市场的若干意见》，主要内容：一、发展和完善图书市场网络体系。二、推行多种购销形式，建立新型购销关系。三、建立和完善市场规则，加强市场管理。四、切实转换出版社自办发行的观念与机制，促进多出、多发好书。五、加快转换国有书店的经营机制，进一步发挥主渠道作用。六、加强农村发行，繁荣农村图书市场。七、加快科技进步，提高管理水平。八、加强对图书发行体制改革的领导。《意见》的出台，标志我国图书发行体制的改革将步入整体推进、重点突破、配套进行的轨道。

6月18日　中国音像协会和总店共同筹建的北京音像城开业。文化部部长刘忠德为音像城题名，中宣部副部长龚心瀚为音像城开业专致贺信，中国音像协会顾问徐惟诚、新闻出版署副署长于永湛等为开业剪彩。

7月30日　新闻出版署任命马宝亮为总店副总经理。

8月7日　新闻出版署署长于友先、副署长于永湛、发行管理司司长工俊国等视察北京音像城、总店图书批销中心、北礼士宾馆和总店储运公司。于友先强调总店要发挥自身优势，不断深化改革，推进市场建设和企业发展，在"九五"期间更好地发挥图书发行"国家队"的作用。

8月14日　新闻出版署作出规定，供教学使用的教参书，必须由新华书店统一征订发行；新华书店、出版社不得向集体个体书店批发教参、教辅类图书。

8月　美籍华人鲁波在美国联邦政府专利商标局以毛泽东手写体、汉字楷体以及英文注册了"新华书店集团公司"商标。

9月4—6日　全国新华书店知识技能比赛组委会工作会议在内蒙古呼和浩特召开，组委会主任、新闻出版署副署长桂晓风，副主任、新闻出版署人教司司长李矶力，副主任、总店总经理邓耘，组委会办公室副主任、新闻出版署人教司副司长袁良喜，新闻出版署发行管理司副司长艾立民以及组委会办公室其他工作人员参加，内蒙古新闻出版局局长杭桂林列席。

9月15—20日　由总店承办的新华书店60周年纪念活动之一的"全国新华书店系统老职工游北京"首批活动举行。来自北京、天津、河北、山西、内蒙古、辽宁、吉林、黑龙江等省、自治区、直辖市的60多位在职和离退休老职工游览了天安门、故宫、北海、十三陵、长城、天坛、世界公园等名胜古迹以及首都新景区。游北京活动共组织4批，全国31个省店的260位老职工参加。

9月26日　全国新华书店1993—1995年度图书储运最佳店表彰会暨第六届北片、第十届南片储运协作会在北京召开。来自全国各省店、发行所、储运公司和各类最佳店代表共100余人出席。总店副总经理王栋石主持开幕式。新闻出版署发行管理司司长王俊国做工作报告。总店总经理邓耘等出席并讲话。

新闻出版署对评选出的 48 个储运最佳店进行表彰并授予铜牌和证书。与会代表分组就图书储运工作的改革、中转运杂费的审核办法、收书网点和发运路线等业务问题进行了研讨。

10 月 15 日 各省店代表 60 余人聚会革命圣地延安,举行新华书店发祥地旧址揭碑暨新华书店延安希望小学落成仪式。新闻出版署发行管理司司长王俊国、总店总经理邓耘揭开了新华书店发祥地旧址纪念碑上的红绸,王俊国、邓耘、共青团陕西省委书记蒲长城、中共延安地委副书记白灏辰等为希望小学剪彩。

由全国新华书店捐资 50 万元,延安地、市政府拨款,学校师生、家长集资共同兴建的新华书店延安希望小学,是目前延安地区希望小学中投资最大、教学设施最完善、师资力量最强的一流实验小学。中共中央政治局委员、国务委员李铁映应邀题写校名。在落成仪式上,总店和全国 30 个省店向学校捐赠 4 000 多册(共 15 万元)图书和 5 万元的文化用品。延安市委、市政府向全国新华书店回赠了书有"捐资助学,利在当代,功在千秋"的锦旗。

10 月 18 日 中宣部副部长龚心瀚,新闻出版署署长于友先、副署长杨牧之,中国书刊发行行业协会会长刘杲,在北京接见新华书店 60 周年老职工游北京的第三批代表,对老职工代表并通过他们向全国新华书店的老同志、老职工几十年来在图书发行战线上兢兢业业辛勤工作表示衷心的慰问和感谢。受接见的老职工共 60 余人,来自陕西、甘肃、宁夏、青海、新疆、四川、贵州、云南等 8 个省(区)和 7 个少数民族,他们表示要以搞好本职工作和发挥余热的实际行动,答谢中宣部和新闻出版署领导的关怀。

10 月 23 日—11 月 5 日 总店总经理邓耘应邀对南斯拉夫出版发行业进行考察访问。

10 月 经新闻出版署工程技术类高级专业职务评审委员会评审,确认王扬、章丕蕾具有高级工程师任职资格。

12 月 经新闻出版署经济专业高级职务评审委员会评审,确认马宝亮、郝琳、朱军、田辉具有高级经济师任职资格。

同年 总店暨在京直属单位销售总额 19 432 万册，150 592 万元，其他业务净收入 927 万元，投资收益 258 万元，利润 2 811 万元，上缴所得税 1 162 万元，净利润 1 649 万元，所有者权益 26 268 万元。年末在职职工 1134 人，离退休职工 357 人。

1997 年

1 月 2 日　国务院发布《出版管理条例》，自 1997 年 2 月 1 日起施行。《条例》对出版事业的方向、指导思想、任务，以及对出版单位的设立与管理、出版物的出版、出版物的印刷或复制和发行等方面作出了明确规定，构成了有中国特色社会主义出版管理体制的基本法制框架。这是新中国成立以来第一个比较全面系统的出版管理行政法规。

1 月 3 日　总店按照我国商标法中《商标注册用商品和服务国际分类表》第 35 类"替他人推销"和第 39 类"仓储运输"两个类别的规定，委托中国商标事务所向国家工商行政管理局呈报《新华书店服务商标申请注册书》，申请商标注册。

3 月，全国人大、政协"两会"期间，全国政协委员刘杲等为维护新华书店的商标权益，联名提交了《关于尽快解决新华书店服务商标注册的提案》。

1 月 18—22 日　新闻出版署召开全国新闻出版局长会议，重点研讨了新闻出版业的"治散治滥"工作。总店总经理邓耘参加会议。

2 月 14—16 日　全国新华书店知识技能比赛裁判员、主持人培训班在江苏省店培训中心举行，全系统的知识技能大赛裁判员、主持人 80 人参加。总店副总经理王四海，江苏省新闻出版局副局长、省店总经理张佩清，省劳动厅副厅长袁美芬等到培训班具体指导。

2 月 21 日　2 月 19 日邓小平逝世。全国各地新华书店把及时、足量供应邓小平画像作为对邓小平的最好悼念，以高度的政治责任感和对邓小平同志的深切缅怀之情，投入到邓小平画像的发行工作中。

2 月 22 日　中央电视台到总店北京音像城采访拍摄供应《邓小平》录像

带的营业现场，并于当晚在中央电视台新闻联播中播出。同日，北京电视台《北京您早》节目组也到北京音像城进行采访，于 24 日《北京您早》节目中播出。

2 月 25 日　邓小平追悼大会在北京人民大会堂隆重举行，土益、汪轶千等首都出版界人士参加。

2 月 27 日　新闻出版署命名总店华威图书精品书店等 10 家新华书店为全国新华书店精神文明示范单位，同时颁布《全国新华书店精神文明示范单位守则》。1 月 30 日，《人民日报》刊登了全国新华书店精神文明示范单位名单。6 月 4 日，全国新华书店精神文明示范单位挂牌仪式暨示范单位座谈会在北京举行。新闻出版署副署长杨牧之出席并讲话，署发行司司长王俊国授予总店华威图书精品店"全国新华书店精神文明示范单位"铜匾牌，并在会上交流了经验，总经理邓耘、党委书记周昌喜参加了此次活动。

3 月 10 日　《新闻出版报》发表总店原总经理汪轶千、总店京所原经理王鼎吉共同撰写的悼念文章《永记小平教诲，做好发行工作》。

3 月 18—20 日　全国新华书店知识技能比赛复赛在北京举办。

18 日上午，全国新华书店知识技能比赛复赛开幕式在北京国际会议中心隆重举行。全国人大常委会副委员长布赫，中宣部副部长龚心瀚，全国政协常委、全国文化扶贫委员会主任徐惟诚，新闻出版署署长、全国新华书店知识技能比赛组委会名誉主任于友先，劳动部副部长、全国新华书店知识技能比赛组委会名誉主任林用三，中央国家机关党工委副书记周敬东，中华全国供销合作总社副主任王如珍，以及于永湛、桂晓风、杨牧之、沈仁干、高明光、邬书林、刘杲等领导出席。总店总经理、全国新华书店知识技能比赛组委会副主任邓耘主持开幕式。在欢快的乐曲中，31 个省、自治区、直辖市店的参赛代表队列队依次入场。中国人民解放军军乐队奏国歌，全国人大常委会副委员长布赫宣布全国新华书店知识技能比赛开幕，新闻出版署副署长、全国新华书店知识技能比赛组委会主任桂晓风致词，裁判员代表、运动员代表先后宣誓。在开幕式上，来自内蒙古、湖南、河北和北京的 8 名选手分别进行"15 本图书码洋心算""2 000种主管图书一般知识问答""50本书售书连续操作"和"点画"等图书发行基本功和发行"绝活"表演，受到全场观众的热烈欢迎。中央、国务院各有关部、委、办，首都各大新闻单位，北京地区各出版社以及来自全国各省、自治区、直辖市新闻出版局和新华书店的领导、观摩代表近2 000人出席了开幕式。

19日，复赛在北京天安门宾馆举行。经过两天紧张激烈的角逐，产生"图书知识"决赛的前6支代表队和"发行技能全能""售书连续操作""核算盘存表""做图书分户账""计算机文字录入处理"等5个技能单项的前10名选手，参加4月中下旬的决赛。

新华书店总店王红进入计算机文字录入处理比赛前10名，获得参加全国新华书店知识技能比赛决赛资格。

3月 经新闻出版署政工系列高级专业职务评审委员会评审，确认周昌喜具有高级政工师任职资格。

4月7—19日 总店副总经理王栋石，总店音所经理王秋慧、副经理孙晓钧一行应香港电视广播国际有限公司邀请，到泰国、马来西亚和香港考察音像制品市场。

4月23日 新华书店建店60周年前夕，新闻出版署主办、中国书刊发行业协会承办的中国书刊发行奖及新华书店双优奖颁奖大会在北京举行。100名图书发行工作者获书刊发行奖，310家新华书店获双优奖。出版发行界老前辈王益、新闻出版署副署长杨牧之、中国出版工作者协会主席宋木文、中国编辑学会常务副会长邵益文、中国书刊发行业协会会长刘杲及部分省、自治区、直辖市发行协会会长出席，并向获奖个人和单位颁发金质奖章、荣誉证书、奖金和奖牌。新华书店总店储运公司经理张国明荣获首届中国书刊发行奖。

4月24日 上午，新华书店成立60周年纪念座谈会在北京人民大会堂举行。中共中央政治局委员、国务委员李铁映为新华书店成立60周年专致贺信，全国人大副委员长铁木尔·达瓦买提、全国政协副主席洪学智应邀出席，中宣部副部长龚心瀚在会上讲话，新闻出版署副署长于永湛宣读了李铁映的贺信，新闻出版署副署长桂晓风宣读了新闻出版署署长于友先的书面讲话。总店总经理邓耘代表全国新华书店汇报了新华书店系统 60 年来的发展成就和面临的光荣而艰巨的使命。南振中、袁守芳、李晋有、王晨、宋木文、穆励、王益、杨牧之、刘杲等中央有关方面负责人以及全国新华书店代表共 400 多人出席座谈会。新华书店系统代表中，有新华书店创建时期和新中国成立后各个时期的省级书店老领导、老同志，有荣获省（部）级劳动模范称号的新华书店先进职工代表、少数民族地区新华书店代表以及刚刚获得书刊发行业最高荣誉——中国书刊发行奖的代表和全国新华书店知识技能比赛技能项目的优胜者等。20 世纪 40 年代在延安新华书店工作过的老同志李文、新华书店知识技能比赛技能全能比赛第一名许静杰、人民出版社社长薛德震在会上发言。

下午，中共中央政治局常委、国务院总理李鹏，中共中央政治局委员、国务委员李铁映，中共中央政治局委员、国务委员罗干，全国政协副主席洪学智等中央和国务院领导同志在中南海紫光阁亲切接见来自全国各地的 300 多名新华书店代表，李鹏等领导同志与新华书店代表们热情握手、合影留念，李鹏总理发表了重要讲话。

李鹏说：新华书店是 60 年前在延安的窑洞里成立的，在漫长的岁月里，一代又一代新华书店的职工为新中国的建立，为中国的社会主义革命和建设，为建设有中国特色社会主义作出了重大的贡献。我代表党中央、国务院向同志们，并通过你们向全国新华书店职工和新闻出版系统的同志们表示祝贺和感谢。

李鹏说：建设有中国特色社会主义，要一手抓物质文明建设，一手抓精神文明建设，图书的出版发行工作是社会主义精神文明建设的重要方面，新华书店覆盖全国，面向 12 亿人民，肩负着繁重的任务，要为广大人民群众提供更多、更好的精神食粮。

李鹏强调：要在社会主义市场经济条件下，继承发扬新华书店的光荣传统，把全国新华书店办成一流的图书流通体系，为提高全民族素质，加强社会主义精神文明建设作出更大的贡献。

国务院副秘书长崔占福，中宣部副部长龚心瀚，解放军总政治部副主任袁守芳，文化部副部长艾青春，国家民委副主任李晋有，劳动部副部长刘雅之，交通部副部长洪善祥，国家民航总局副局长王开元，中华全国供销合作总社副主任穆励，中国出版工作者协会主席宋木文，新闻出版署特邀顾问王益，新闻出版署副署长于永湛、桂晓风、杨牧之，中国书刊发行业协会会长刘杲，总店总经理邓耘等参加了接见。

晚上，总店在首都大酒店举行新华书店成立60周年庆祝酒会，参加新华书店60周年纪念座谈会的各省、自治区、直辖市新华书店代表300多人应邀出席，中宣部出版局副局长邬书林、新闻出版署副署长于永湛、总店总经理邓耘致词。酒会上，《黄金地带》小说作者、江苏省店干部张磊将小说全部稿酬捐赠给新华书店延安希望小学。首都文艺工作者在庆祝酒会上表演了精彩的文艺节目。

为纪念新华书店成立60周年，总店还编辑出版《新华书店六十年纪事》《书林尽知音——新华书店六十年书画集》《书香满神州——新华书店六十周年纪念》3种图书。

4月 在总店协助和配合下，中央电视台经济半小时专栏赴北京、陕西、浙江、上海等地拍摄电视专题片《书香门第》；中央电视台读书时间专栏赴陕西、山东、北京等地拍摄电视专题片《风风雨雨六十年》。两片于5—6月在中央电视台播出。

5月5—7日 "署直系统跨世纪人才工程工作会议"在怀柔召开，总店党委书记周昌喜参加会议。

5月8—12日 总店党委分3期组织党员专题学习《中国共产党纪律处分条例》，以增强党员的守法意识，提高廉洁自律的自觉性。

5月9日 新闻出版署工会举办直属系统工会先进集体优秀工会积极分子、优秀工会干部表彰座谈会，总店5个工会小组（分会）被评为署级先进集体，6位同志被评为署级优秀工会积极分子和优秀工会干部。

5月19日 新闻出版署发出《关于表彰〈邓小平同志像〉、〈敬爱的邓小平同志永远活在我们心中〉出版、印刷、发行先进单位和先进个人的决定》，总店京所受到表彰。

5月22日，新闻出版署署长于友先为在《邓小平同志像》和《敬爱的邓小平同志永远活在我们心中》出版、印刷、发行工作中作出突出贡献的人民出版社第一图书编辑室、人民美术出版社发行部、总店京所、人民美术印刷厂胶印车间等12个先进集体和49名先进个人颁奖，并在会上作了重要讲话。总店京所仅用5天时间就及时准确地把100万张《邓小平同志像》发运到全国各地，创下了发运工作佳绩。

同日 应新闻出版署邀请，阿根廷出版代表团政府文化国务秘书处图书局局长阿莉西亚·斯腾格女士一行4人到总店参观访问。

6月2日 总店全体党员学习讨论《中共中央关于进一步加强和改进国有企业党的建设工作的通知》，党委书记周昌喜就《如何当好基层党支部书记》发表了讲话。

6月16—17日 "全国新华书店知识技能比赛"组委会在京举行"全国新华书店知识技能比赛"图书知识比赛决赛、颁奖仪式及总结会。至此，由新闻出版署、劳动部主办、总店承办，历时一年多的"全国新华书店知识技能比赛"落下了帷幕。

16日在北京电视台演播厅举行的知识比赛决赛得到了各级领导和首都出版界的关注，全国政协副主席万国权，中宣部副部长龚心瀚，新闻出版署署长于友先，全国政协常委、全国文化扶贫委员会主任徐惟诚，劳动部副部长林用三，新闻出版署副署长桂晓风，中国版协常务副主席卢玉亿，北京市新闻出版局局长何卓新，老出版家、新闻出版署特邀顾问王益，中宣部出版局副局长邬书林，中国文联副主席沈鹏，著名作家李国文、梁晓声，著名学者李学勤、严陆光，署党组成员刘有志、张伯海，署机关党委书记蔡岐青，署各司室负责人，人民邮电、中国建工、高等教育等首都出版社负责人，新华社、《人民日报》、《光明日报》、中央电视台、《新闻出版报》等首都新闻单位记者，各省、自治区、直辖市组委会、新华书店代表和选手共300人出席了比赛和颁奖活动。

经过激烈的角逐，山东、河南、北京代表队分别获得图书知识比赛决赛第一、二、三名，天津、河北、安徽代表队获得图书知识比赛优秀奖，山东、北京、吉林代表队分别获得全国新华书店知识技能比赛团体总分前三名。

署人教司司长、全国新华书店知识技能比赛组委会副主任李枚力主持了17日的总结表彰会，26个省、自治区、直辖市组委会代表及选手共100多人出席。总店总经理、全国新华书店知识技能比赛组委会副主任邓耘代表组委会作了总结报告，署人教司副司长、组委会办公室副主任袁良喜介绍了组织奖评选过程，署发行司副司长艾立民宣读了获奖名单。新闻出版署、劳动部领导向获得比赛组织奖的85个单位颁发了奖牌和证书。组委会向总店颁发了全国新华书店知识技能比赛组织工作特殊贡献奖。新闻出版署副署长、全国新华书店知识技能比赛组委会主任桂晓风作总结发言。

6月18日　总店京所现货供应部在北礼士路135号院的1 500平方米大厅开业。

6月26日　总店党委、工会举行"喜迎香港回归座谈会"。总经理邓耘、党委书记周昌喜等领导出席。总店离退休干部、民主党派代表、优秀党员代表、1996年十佳先进代表、共青团代表欢聚一堂，共叙百年风雨，畅谈国运昌盛。

6月26日—7月2日　深圳图书贸易中心在深圳召开第十九次董事会暨第十二次股东大会，总店党委书记周昌喜出席，经与会股东代表表决，一致同意委任童自烈为董事长。

6月27日　在新闻出版署多功能会议室举行新闻出版界畅谈香港回归座谈会。总店总经理邓耘在会上介绍新华书店职工在喜迎香港回归的日子里，大力宣传发行有关图书的情况，表达新华书店职工对实现祖国统一的美好愿望。座谈会由新闻出版署副署长于永湛主持。在京的出版界全国政协委员代表，韬奋出版奖获得者代表，民主党派人士代表出席。

6月29日　总店"庆七一迎香港回归"文艺演出在南厂礼堂隆重举行，

新闻出版署党委、工会及总店经理、职工现场观看文艺演出。总店新近被批准入党的党员在演出现场举行入党宣誓仪式。文艺演出后经理室领导等在天安门广场倒计时牌前拍照留念，表达新华人对香港、对祖国美好未来的一片祝福。

7月8日　总店与中新联光盘有限责任公司签订投资协议书，总店投资482.72万元，占公司7.5%的股份。

7月22—30日　以总店总经理邓耘为团长，由27个省店负责人组成的新华书店系统援藏考察团一行30人，满怀着全国13万"新华人"对雪域高原"新华人"的崇敬和对驻守西藏子弟兵的爱戴，携60万元捐款以及数十万元的图书和音像制品，赴藏慰问考察。期间，中共西藏自治区委副书记郭金龙，自治区委副书记、自治区人大常委会主任热地，以及自治区宣传部、文化厅、新闻出版局领导会见全体代表；代表团和白治区新华书店举行座谈，考察、访问拉萨、日喀则、泽当等地的十几家新华书店，参观名胜古迹；还和成都军区空军拉萨指挥部的官兵举行联欢及赠书仪式，参观"拉指"的文化活动中心和海拔近4 000米的干巴拉空军雷达站并慰问子弟兵。

8月7日　《中国美术分类全集》总编辑出版委员会代表全国13家出版社，与总店就出版《中国现代美术全集》（共48卷）共同投资联合发行举行签字仪式。《中国现代美术全集》是"九五"国家重点图书规划的重大工程《中国美术分类全集》的重要组成部分，也是已出版的60卷巨帙《中国美术全集》古代部分的延伸，由人民美术出版社等13家出版社编辑出版。总店总经理邓耘出席签字仪式并讲话。

9月26日　总店举办"学习党的十五大精神报告会"。总经理邓耘、党委书记周昌喜等领导成员以及全体党员、科以上干部260余人参加，报告会邀请中央党校专家就十五大报告关于国有企业的改革、改造、改组等问题做辅导报告，辅导报告联系新华书店的实际，就股份制、股份合作制等公有制实现形式作了初步探讨。

10月14—24日　总店副总经理马宝亮随中国出版代表团赴德国、荷兰考察访问。

10月16日　新闻出版发行司、人教司、总店、北京印刷学院、上海出版印刷高等专科学校负责人综合协调会召开，会上决定120名荣获"全国新华书店知识技能比赛"地、市级以上前6名的选手，将被选送到北京印刷学院、上海出版印刷高等专科学校脱产学习。

10月20—25日　总店储运公司、沪所主办，湖北省店协办的全国省级店中转、代发辅导员研讨班在武汉举办，各省、区店27名中转、代发辅导员参加。研讨班的主要活动：一、学习《发运办法》及有关文件；二、研讨中转、代发及收货工作的管理问题；三、交流中转工作经验；四、考察、学习巴东县店中转工作。

10月25日—11月9日　总店总经理邓耘应邀率中国新华书店代表团赴美国考察访问。

11月13日　新闻出版署副署长于永湛一行在总店副总经理王栋石、王四海、音所经理王秋慧的陪同下参观了总店北京音像城店堂。

11月27日—12月1日　1997全国书刊发行业年会在广西桂林召开，中国发协副会长、总店总经理邓耘主持，副秘书长金耀明在会上作了中国发协工作汇报。各省级发协、部分省会城市发协、中国发协各专业委员会的负责人出席。中国书刊发行业协会顾问、总店原总经理汪轶千作会议总结。

12月23—24日　总店召开"全国出版物发行信息网络"第一次管理委员会。会议由"全国网"筹建牵头单位总店副总经理马宝亮主持。新闻出版署副署长杨牧之专程到会并作重要讲话。会议推举总店总经理邓耘为管委会主任，沪所总经理哈九如、四川省店总经理王庆为管委会副主任。马宝亮、张佩清、卜景春、梅铁怀、童自烈、周立伟、戴群为管委会委员。会议经讨论、协商，签署了《中心与分中心协议书》，通过了《网络章程》和各级《用户合同书》及《网络运营基本方法》等文件。

12月27日　新闻出版署出版会计高级职称评审委员会召开第一次会计高级职称评审会议，副署长于永湛任主任委员，总店高级会计师李俊杰等担任评委。李薇薇被评为高级会计师。

12月28日　经新闻出版署工程技术类高级专业职务评审委员评审，确认田秋然具有高级工程师任职资格。

12月30日　总店书刊部召开全体职工大会。总结1997年工作，布置1998年工作，表彰先进集体和先进个人。总店领导邓耘、周昌喜、马宝亮参加会议，并分别发表了重要讲话。书刊部经理郝惠文总结了1997年的工作，提出将在1998年实行推销员制度及联销、联利计酬等措施。

12月　总店京所决定将对《新华书目报》1998年开始征订的图书供货折扣调降至72折。这一折扣调整决策得到了绝大多数在京及地方出版社的理解和支持。这是京所在努力提高自身服务质量的同时，下决心向基层书店实行利益倾斜的一大举措。

同月　李俊杰被新闻出版署聘为出版会计高级职称评审委员会委员。

同年　国家教委要求压缩专业，新闻出版署在成都召开会议，研究新闻出版系统在高校专业的调整与设置，将发行专业本科名称改为编辑出版专业（包括培养发行人员），但武汉大学仍设立图书发行管理学专业的硕士生点和博士生点，还和深圳市店合作在深圳设立图书发行管理学专业博士后流动站。

同年　总店先后分两次购置新华印刷厂56号院16套住房和新闻出版署统一购买胜古家园21套住房，共解决137户（含补差、调换、二轮分配）干部职工住房问题。

同年　总店暨在京直属单位销售码洋154 849万元，其他业务净收入964万元，投资收益230万元，利润3 042万元，上缴所得税1 378万元，净利润1 664万元，所有者权益27 974万元。年末在职职工966人，离退休职工364人。

1998 年

1月6日 总店原总经理史育才在北京病逝，享年84岁。

1月22日 新闻出版署转发劳动部《关于同意〈新闻出版行业特有工种职业技能鉴定实施办法〉的批复》，把新闻出版业部分工作确定为特有工种，显示了对新闻出版业的重视及对其人员素质的高要求。

同日 总店召开第四届第二次职工代表大会。工会主席王栋石主持大会。总经理邓耘向职代会做工作报告，党办主任李雪云介绍总店领导班子民主生活会的情况，各部门负责人及职工代表以打分的形式对总经理室5位领导进行评议。

1月 在《李宗仁归来》画册出版前夕，总店副总经理马宝亮、书刊部经理郝惠文等人，拜访全国人大常委会副委员长程思远，征求对该书发行的意见。程思远对发行《李宗仁归来》画册工作寄以希望，并为该画册题字——"祝大型画册《李宗仁归来》发行圆满成功"。程思远对总店60年来所取得的成绩给予充分肯定，并亲手挥毫为总店和京所题词。为总店题词为"发扬优良传统，弘扬新华精神"。为京所题词为"书海扬帆，架设金桥"。

同月 总店从1993年开始，历时5年，向国家工商总局申请注册的"新华书店"服务商标统一标识注册成功。自此，新华书店系统的服务商标正式受到法律保护。

1—6月 图书征订大幅下滑，现货批发明显增长。征订数下滑是出版社自办发行以来发货店就碰到的问题，近两年特别是本年显得尤为突出。总店的《社科新书目》和《科技新书目》1997年征订码洋分别比1996年下降35%或17%，1998年上半年则分别比上年同期下降41.2%和18.1%。

2月7日 语文出版社于1998年度北京图书订货会期间，在京丰宾馆举行《现代汉语规范字典》一书首发式。国家教委副主任柳斌及国家语委有关同志参加会议。总店总经理邓耘、副总经理马宝亮到会并讲话。书刊部经理郝惠文、副经理李英及有关人员参加首发式。

2月9日 总店总经理室研究决定：组建基建处。原计财部基建科人员和工作职责划归基建处。聘任李曾炎为基建处副处长（主持工作）。免去李曾炎书业物流中心副经理职务。由于健康原因，蔡小为不再担任书刊部副经理职务。经报出版署人教司同意，李祥不再担任总经理助理职务。

同日 总店总经理室颁布《新华书店总店人员分流暂行规定》。分流范围：一、达不到上岗条件或不适合本岗工作的；二、经双方选择，任何一方不同意签订岗位协议的；三、因部门超编或机构变动需裁减的人员。《规定》中还对分流方式、分流渠道以及分流人员待遇等作了具体的说明。

2月12—14日 总店1998年工作会议召开。总经理邓耘、党委书记周昌喜分别作题为《贯彻十五大精神、深化企业改革、实行重点突破》和《进一步做好党务和人事工作》的报告。邓耘在报告中明确强调1998年总店将重点实施的六大战略，提出"业务重组、流程再造"的工作思路。计财部经理李薇薇就企业1997年度财务决算、经济分析及1998年度经济指标调整情况作了说明；京所、批销、储运等经营部门经理郝惠文、杨光和张国明分别介绍了本部门1997年经营管理经验和存在问题，1998年经营计划和进行结构调整、搏击市场、扩大市场份额等营销运作的构想。会上，邓耘代表总经理室与各经营部门签订"1998经营目标责任书"。

2月18日 南洋集团公司北京中锐产业有限公司副总经理刘建华等二人到访总店，协商与总店合作事宜，初步达成合作意向：由南洋公司出资购买总店与香港公司共同投资建立的新华音像租赁发行有限公司的香港股份。经过一段时间经营后，再研究进一步合作方案。

2月19日 总店书刊部经理郝惠文主持召开由12家出版社参加的"庆祝《社科新书目》创刊500期座谈会"。总经理邓耘、副总经理马宝亮出席并发表讲话。杨文胜汇报书目报的近期情况和改革设想。各出版社在对书目报表示祝贺的同时也提出一些意见和建议。

2月24日　应新闻出版署邀请，以英国英中中心副会长、大英博物馆出版社社长格林先生为团长的英国出版商协会贸易代表团一行22人开始对我国进行为期一周的访问。24日上午，代表团在新闻出版署外事司人员陪同下到总店参观座谈。

3月6日　新闻出版署、劳动部联合发出《关于对图书发行员实行职业资格证书制度的通知》，决定对图书发行的从业人员进行职业技能鉴定，实行就业准入控制和职业资格证书制度。

3月17日　为了寻求总店在体制上和市场上的整体突破，探索与北京市新华外文股份公司实行强强联合，批发零售融合，资产和股权整合，双方进行了多次洽谈。1998年3月17日，两店共同邀请新闻出版署、国家计委、经贸委、财政部、国务院发展中心和国有资产管理局的相关部门领导参加"联合经营研讨会"。总店总经理邓耘和北京市新华外文股份公司总经理郭明分别介绍各自的基本情况，并表达实行资产重组、联合经营的合作意向。与会同志就双方合作的必要性及原则、双方联合的切入点和实施步骤等广泛议题发表意见并达成一致意向。6月10日，总店领导班子集体向新闻出版署党组汇报了两店重组的方案与可行性报告，党组全体成员及有关司室领导明确支持这一改革思路。7月30日，两店又联合召开"方案论证会"，请国家体改委、经贸委、财政部、国资局、国税局、工商局、社科院经贸研究所及新闻出版署有关同志参加。之后两店修改和完善"资产重组，联合经营"的方案。8月13日，在由国务院副秘书长刘奇葆主持的"怀柔会议"上，总店又汇报两店联合方案。9月16日，以两店名义，正式行文上报新闻出版署。但上报后未获批准。

3月31日　张玉玲、马英权参加新闻出版署召开的署系统老干部工作先进集体和先进个人表彰大会。总店被评为新闻出版署系统老干部工作先进集体，获荣誉奖状；马英权被评为先进个人，获荣誉证书和奖金。

4月1—2日　总店离、退休党支部分别召开支部换届大会。李连仲被选为离休支部书记，张素华、付砚文为支部委员。退休支部书记为李增华、副书记为吴道乾，委员姜雨生、裘树城、王莉。两支部分别对上届支部工作进行总结。

4月1—4日　总店音像部经理王秋慧赴郑州参加出新闻出版署召开的"全国电子出版管理工作座谈会"。新闻出版署音像司负责同志到会并讲话。参加这次会议的发行单位只有音所一家。会议主要内容：一、组织实施"九五"国家重点电子出版物出版规划；二、研究贯彻《电子出版物管理规定》；三、通报近期电子出版物领域出现的问题；四、交流电子出版物管理经验。

4月8日　总店召开新华书店集体商标标识审定会，北京、河北、天津市店的负责同志和中国商标事务所、北京工艺美术学院、百川盛业广告公司的专家、教授应邀出席。会议决定，以毛体"新华书店"四字作为新华书店商标标识。标准色、英文字母、汉语拼音的使用及在办公用品、事务用品等方面的使用将在《新华书店企业 CI 战略实施手册》中予以规定。

4月17日　中国图书商报社由北礼士路 135 号迁至西三环北路 19 号外研社大厦 3 层办公。

5月14日　总店总经理室决定，对技术发展处、全国出版物信息网（原新普公司）、《新华书目报》进行合并重组，重组后的名称为新华书店总店信息中心，按经营部门建制，由陈云担任首任经理，自 1998 年 6 月 1 日起正式运作，同时撤销原技术发展处。信息中心的战略定位：出版发行行业的信息产业。任务是沟通图书生产、供应、销售、消费之间的信息，提供用于沟通的技术支持；同时，在投入产出的运作中实现丰厚的利润回报。

5月14—17日　经新闻出版署和新华社澳门分社批准，中国出版对外贸易总公司组织商务印书馆、现代出版社、黑龙江美术出版社、江苏美术出版社及总店、四川省店等 6 家出版发行单位计 17 人的书展代表团，赴澳门参加1998 澳门书展。书展由澳门星光书店主办。中央电视台《读书时间》专题部也派人随团执行采访任务。书刊部副经理李英、第二进货部经理吴小平参加书展。

5月28日 总店储运部汽车快运业务正式投入运营。新华书店总店汽车直送开运典礼在总店储运公司举行。新闻出版署副署长杨牧之、发行司副司长艾立民和总店总经理邓耘为汽车直送开运仪式剪彩。汽车快运业务主要面向北京周边500千米内的河北、山西、山东、河南的部分收货店，并逐步扩大辐射范围。

5月底 总店信息中心书目报编辑部召集京、津、沪、渝四所参加的《科技新书目》四方会，共同讨论《科技新书目》报的发展方向，并对工作中的具体问题进行协调。

6月30日 总店召开"七一"全体党员大会。表彰总店优秀党员、优秀党务工作者和先进党支部，并宣布新闻出版署的表彰决定：先进党支部1个，优秀党员3名，优秀党务工作者1名。会上，5名新党员举行入党宣誓仪式；党委领导作关于与北京市店联合建立股份制集团公司设想的思想动员。

6月 新闻出版署领导蔡歧青、刘义成、袁继中等分别到总店135号院和马连道库区进行检查。

7月3日 总店团委召开第六次团代会，进行换届改选，赖雪梅等5人当选为新一届团委委员。新闻出版署团委书记李晓东出席并讲话。

7月15—17日 总店第四届第三次职工代表大会在市委党校召开。参加会议的有全体职工代表、科以上干部、总店工会委员、分会主席及离退休党支部书记。总经理邓耘作工作报告，提出下半年的五项工作重点。在分析上半年企业经营情况及通报年初确定的重点工作完成情况后，重点还通报两店（与北京市店）联合的思路、原则及工作进度，表明总店对联合重组，一是要积极推进，二是要两手抓（一手抓改革，一手抓内部管理）分步走的态度。会上，代表们还审议并通过了《总店下岗人员管理办法》。

8月10日 总店副总经理王栋石主持召开会议，听取快运推销业务工作汇报和通报《快运手册》编辑进展情况。会上对《快运手册》中的21项内容进行了讨论和补充，决定由办公室于9月10日前制作完毕并交付使用。

8月 在1998年抗洪救灾捐款工作中，总店干部职工先后两次分别捐款

64 828.03 元和 81 885 元，用于灾区学生购买课本。总经理邓耘代表总店通过新闻出版署向受灾地区捐赠课本款 60 万元。

9 月 4 日　日本讲谈社社长野间佐和子及随员刘岳访问《中国图书商报》，并邀请新闻出版署特邀顾问王益出席交流有关情况。

9 月 7 日　根据信息中心的申请，经总店总经理办公会研究同意，成立总店企业网领导小组。组长：邓耘；副组长：王栋石、马宝亮、陈云；成员：杨光、郝惠文、王秋慧、张国明、李薇薇。主要任务：建立企业网综合信息系统工程，实现内部业务管理系统的重组改造以及局域网连接，适应总店经营结构整合，提高商流、物流、信息流及资金流的开发利用及整体效益。

9 月 26 日　中国图书商报社与国林风图书中心联合发起的"维护书业生态环境，规范图书零售市场"的书业环保战略研讨会，在北京海淀图书城吴海楼举行。来自书业界、新闻界以及有关管理部门的人士 30 余人出席。此举主要是为贯彻新闻出版署《关于举办各类图书展销活动应注意的几个问题的通知》，遏制新书打折的不合理竞争。10 月 2 日，在中国图书商报社召开第二次会议，形成有风入松、国林风、万圣书园、五四书店、席殊书屋、今古文化、人大社读者服务部等七家书店签署的《图书零售商公约》。

10 月 4—21 日　中国图书商报社常务副社长程三国赴德国参加法兰克福国际书展，并出访欧洲。在欧洲，先后访问德国书商出版商协会、德国书商学校、德国图书商报、英国 Witaker 公司、Bookseller 杂志、Logos 杂志、英国出版商协会、英国书商协会、英国出版培训中心、牛津布鲁克斯大学出版中心等单位，并建立广泛的合作关系。

10 月 9—14 日　第九届全国书市在西安市举办。总店京所参展品种 6 000 个，订货码洋 2 200 万元。书市期间举行了由总店和吉林人民出版社联合出版发行的《中华传世文选》（共 20 册）一书的新闻发布会。《光明日报》《中华读书报》《中国图书商报》，陕西省电视台、电台，《陕西日报》《西安日报》等新闻界记者到会，并发布消息。

10 月 15—17 日　新闻出版署出版物发行管理司在北京召开新华书店集体

商标研讨会。各省店、总店总经理（副总经理）、办公室主任（副主任），署出版物发行管理司、计财司、书刊发行业协会、国家工商局商标事务所，北京百川盛业广告公司等有关负责同志共计 69 人出席。与会代表对新华书店集体商标注册问题，《新华书店集体商标使用管理规则》《新华书店集体商标使用管理实施细则》《新华书店集体商标全国管理中心暨省级店管理分中心章程》和新华书店视觉识别系统推广等问题进行深入的讨论，并达成广泛共识。会议明确将已由总店注册成功的新华书店服务商标转为集体商标。决定在全国新华书店开展企业 VI 视觉识别系统的推广工作。

11 月 5 日　由全国人大法工委编纂、北大出版社出版、总店书刊部总代理的《中华人民共和国法律、行政法规规章司法解释汇编》一书首发式在人民大会堂举行，全国人大常委会副委员长姜春云出席并做重要讲话，李鹏委员长为该书题词。总店总经理邓耘和书刊部李英等参加首发式。该书全套 53 卷，码洋 2 500 元，在第九届书市报订数近 50 万元。书刊部总代理 4 000 套。该书在全国发行界和公、检、法系统引起强烈反响。

同日　总店总经理邓耘、副总经理王四海、音像部经理王秋慧参加新华音像租赁有限公司董事会。董事会原则同意中锐文化传播公司退出合作，并要求处理好未了事宜。音像部副经理孙晓钧列席。

11 月 10 日　总店总经理室决定对书刊业务进行结构重组和流程再造。将京所和批销中心合并为一个机构，对外保留"北京发行所"和"批销中心"两块牌子，对内统称"书刊部"。新机构领导班子聘任如下：聘任李薇薇为京所、批销中心经理，杨光、郝惠文为副经理。新机构下设 5 个副处级建制的部门，聘任如下：聘任马学军为办公室主任，郝惠文为企划部经理（兼），吴小平为进货部副经理（主持工作），杨光为批销部经理（兼），李英为市场部经理。同日还宣布宋毅在上海东华图书发行代理有限责任公司工作期间保留京所副经理职务、朱国新主持计财部工作的决定。

11 月 20 日　总店企业形象推广中心成立，与办公室同一机构、两块牌子。中心专门负责新华书店系统企业形象的策划、宣传、推广工作，不进行经营性活动。

    同日   总店书刊部副经理胡金安等人参加清华大学出版社举办的《捷进英语》一书座谈会,总店总经理邓耘、国家教委基教司负责人及英语专家陈琳等到会并发表讲话。该书将于 1999 年 3 月在中央电视台英语教学节目中播出,座谈会特邀节目主持人大山和朱华及节目编导人员到会。该书全套共计12 本(课本与学习用书各 6 本),首批印刷 6 万套,书刊部总代理 2 万套,并配有录音、录像带。

    12 月 10 日   书香园宾馆有限公司第一届董事会第一次会议召开。会上选举周昌喜任董事长,聘任张锦云为总经理,产生了 5 名董事:周昌喜、张锦云、李建荣、刘元春和唐继忠。董事会任期 3 年。

    12 月 21 日   总店签订投资书香园宾馆协议书,投资 50 万元,占公司50% 股份。

    12 月 24 日   总店举行纪念十一届三中全会 20 周年暨总店理论学习交流会,中层干部撰写论文 40 余篇,署机关党委刘义成、侯正新向获得优秀论文奖的同志颁发证书。

    同年   总店与原电子工业部计算机总体中心签订合作协议,委托总体中心开发总店管理信息系统软件系统。系统计划 1999 年底投入正常运行,由于技术原因,1999 年 10 月底开始运行,以后分 4 期不断完善调整,到 2002 年底网络运行基本稳定。截至 2003 年 3 月,总店在该项目累计投资 880 万元。

    同年   总店暨在京直属单位销售码洋 120 382 万元,其他业务净收入1 510 万元,投资收益 294 万元,利润 2 294 万元,上缴所得税 1 213 万元,净利润 1 081 万元,所有者权益 29 055 万元。年末在职职工 824 人,离退休职工364 人。

1999 年

1月5日　《中国图书商报》副刊——《书评周刊》创刊号出版，周刊为对开 2 张 8 版。《书评周刊》于 1998 年 6 月 19 日试刊，并随当日出版的第 659 期主报赠送读者。

1月10日　中国图书商报社与北京图书订货会组委会联合举办了 1999 中国书业发展战略研讨会。

1月20日　文化部召开音像座谈会，邀请在京有关管理部门、音像出版发行单位和部分新闻记者，研究当前音像市场形势和主要问题。会议通报了今年音像市场管理工作的思路并征求意见。总店副总经理王四海、音像部经理王秋慧应邀出席。

1月28日　总店聘任戚平为书业物流中心副经理。

1月　总店书刊部重点图书宣传推销取得好成绩，《足音》一书已售出 10 余万册，在广东深圳等地举办了吴小莉签名售书活动。

年初　新闻出版署发行司和总店企业形象推广中心在全国新华书店系统开始推出新华书店店招标识系统，统一设计印发了《新华书店 VI 标识识别手册》，这项工作是新闻出版署发行司 1999 年工作重点之一。截至国庆 50 周年前夕，全国 28 个省、自治区、直辖市的 701 个大中小型书店更换了新店招，更多城市店和县店的新店招安装在年底结束。

2月4—6日　总店 1999 年工作会议召开。总经理室成员及处级干部 48 人出席。会上，总经理邓耘对 1998 年的经营滑坡进行深入分析，代表总经理室对 1999 年总店工作的总体目标、工作重点以及 26 条具体工作要求作了说明。会上，计财部、人教处、书刊部、信息部及储运部负责同志分别就各部门的工作情况及设想作汇报和说明。

总店于4月5日向书刊部、储运部、音像部、计财部、书业物流中心、信息中心、物业部及中国图书商报社等经营部门下达1999年度部门经营指标任务书。

2月9日　上午，总店在政协礼堂召开在京出版社合作恳谈会，副总经理王栋石主持。书刊部经理李薇薇、储运部经理张国明等分别介绍总店经营改革思路和发行机构重组等情况。中国建筑工业出版社、清华大学出版社、华艺出版社代表发言，表达加强店社合作的意愿。

2月10日　春节前新闻出版署副署长杨牧之、署工会负责人信希华、署发行司司长王俊国慰问总店困难职工，党委书记周昌喜、工会副主席杜九春陪同慰问。

2月　总店马连道3.7万平方米书库业务楼工程经国家计委正式批准立项。

3月4日　新闻出版署召开署直系统"巾帼建功"活动标兵座谈会。总店李淑琴、李凤英、章丕蕾出席，署机关妇工委向标兵们颁发了荣誉证书和纪念品。

3月8日　工会副主席杜九春主持召开"巾帼建功"活动标兵座谈会，工会主席王栋石宣读李淑琴、李凤英、章丕蕾被评为署直系统"巾帼建功"活动标兵和16位同志被评为总店"巾帼建功"活动标兵的表彰决定，并向到会标兵致以节日的祝贺。党委书记周昌喜为标兵颁发证书和纪念品。

3月中旬　总店副总经理王栋石与储运公司经理张国明带队赴浙江省店和物流中心、沪所储运中心和批销中心进行考察。

3月24日　总店与上海东方出版中心合资建立的上海东华图书发行代理有限责任公司开业。总店委派总经理邓耘、书刊部经理李薇薇、副经理宋毅进入该公司董事会，参与东华公司董事会工作。委派审计处处长田辉担任监事会监事。董事会任命宋毅为东华公司总经理。

4月2日　总店有1 156人参加向母亲河捐款活动，共计捐款10 735元。

4月8日　总经理室作出决定，聘任陈云同志为信息中心顾问（陈云已办理退休手续）；信息中心工作由副经理杨文胜主持。书刊部副经理杨光任总支书记后，职务由副处级改为正处级。

4月9日　国际书商联盟主席斯坦博格访华期间接受中国图书商报社专访。

4月12—15日　由武汉大学图书情报学院和武汉大学出版社主办，总店信息中心、《中国图书商报》和科学出版社协办的"21世纪出版业发展及人才培养学术研讨会"在武汉举行。总店原总经理汪轶千、中国图书商报社负责人程三国、总店信息中心副经理杨文胜出席。

4月21日　总经理办公会批准发布《新华书店总店组织系统、部门职责和岗位描述》等9种规章制度，要求各部门组织干部、职工认真学习贯彻落实。9种规章制度还包括《新华书店总店重大事项议事规则》《新华书店总店服务规范》《新华书店总店财务收支审批制度》《新华书店总店经济合同管理规定》《新华书店总店重大事项请示汇报制度》《新华书店总店出访活动报批及管理办法》《新华书店总店经营部门业务往来关系的规定》和《新华书店总店店务公开、民主管理实施办法》。

4月　为配合"三讲"教育活动，总店音像部经与有关方面协商，决定从中国教育电视台一次性买断发行《当前党政干部关注的深层次思想理论问题》VCD。此套VCD共10片20集，中央党校10位资深教授主讲，中国教育电视台摄制，北京广播学院音像出版社出版，总店音所总发行。

5月7日　北约集团公然袭击中国驻南斯拉夫大使馆，总店职工义愤填膺，党委办公室连夜组织板报、标语进行宣传，表达全体职工的心声；并连日组织民主党派、党、政、工、团及职工代表参加的座谈会，声讨以美国为首的北约集团的侵略罪行，共青团代表全体青年向新闻出版署机关转送抗议信。

5月10日　经新闻出版署出版会计高级职称评审委员会评审，确认李建荣具备高级会计师任职资格。

5月17日　总店信息中心召开纪念《科技新书目》恢复出版500期座谈

会，听取与会出版社对书目报工作的意见。

5月25日　总经理室决定，改变对总店所属企业的管理办法。一、原由总店经营发展部管理的新盛公司转为挂靠总店物业部管理（自1998年3月起）。1999年初总店对经营发展部管理的北礼士宾馆（后更名为书香园宾馆）进行股份制改造，按股份制企业的章程进行管理；二、自1999年6月起，将原由经营发展部管理的京华书店、书业公司、新科传媒公司转为挂靠书刊部管理；三、经营发展部自1999年7月起撤销。

5月30日　总店重新制定的《店内退休暂行办法》出台。

5月　北礼士路道路改造，总店54号院邻街927平方米房屋拆迁，拆迁费977万元全部纳入总店收入。

6月3日　新闻出版署副署长丬永湛，计财司副司长姜学中到总店调研经营情况。党委书记周昌喜代表总店向署领导汇报。于永湛、姜学中就总店经营管理状况作了重要指示。

6月8日　总店总经理邓耘，书刊部经理李薇薇，副经理杨光、郝惠文等到工人出版社参加总店京所加盟"京版九联"新闻发布会。新闻出版署发行司司长王俊国到会并讲话。

6月10日　新闻出版署报纸司司长刘波率部分人员莅临中国图书商报社视察。听取中国图书商报社常务副社长程三国汇报工作后，刘波充分肯定商报的工作，认为商报版面大气，很独特，信息量大，既有政治思想性又有文化品位。

6月21日　全国新华书店1996—1998年度图书储运最佳店表彰大会暨第九届北片、第十三届南片储运协作会在广州召开。参加大会的有各省店、发行所负责储运工作的经理、储运部门负责人以及"最佳店"代表共100余人。新闻出版署发行司副司长艾立民、总店副总经理王栋石、广东省新闻出版局副局长廖晓勉、江苏省新闻出版局副局长张佩清出席。53家单位荣获1996—1998年度图书储运最佳店称号，受到新闻出版署表彰，出席大会的领导向"最佳店"颁发证书和奖牌。王栋石在表彰大会上做工作报告，艾立民、廖晓勉在大会上讲话。南北片协作会就"新华书店图书储运推行配送制，增加储运功能，适应图书商品流通改革的需要""搭建全国图书公路运输网，开展公路汽车直送，适应运输市场变化""关于储运计算机网络的全面开放"3个议题进行研讨。此次会议由广东省店承办。

6月29日 为庆祝建党78周年，总店党委组织部分党员、支部书记赴全国教育基地圆明园遗址进行爱国主义教育暨新党员宣誓活动。

6月 总店与国家烟草专卖局所属北京通力实业开发公司联合成立新华通力图书信息技术有限公司。公司总投资125万元，其中总店以无形资产和新华书店商标作股30万元，占公司24%的股份；北京通力实业开发公司以现金70万元、软硬件设备25万元作股，占公司76%的股份，双方按股份比例对公司承担责任。公司以因特网和图文电视为经营手段，为行业服务，并建立网上书店，开拓零售市场。

7月1日 中国图书商报社常务副社长程三国应邀参加本年度"亚洲出版研讨会"，在会上作了题为《中国图书出版业现状与未来展望》的专题发言。

7月4日 经北京市旅游事业管理局批准，新闻出版署与总店共同投资110万元（总店出资80万元人民币、总署出资30万元）成立北京中新华旅行社有限责任公司。董事会成员：董事长邓耘，副董事长魏贵安，董事马宝亮、杨庆民、艾宝民。董事会任命杨庆民为公司总经理。7月10日，中新华旅行社第一次董事会在云湖度假村召开。会议讨论决定了公司组建后的若干重大问题。

7月中旬 总店信息中心计划与通力公司合作，成立联合技术小组，共同策划和监督全国网工作的工程实施。由马继辉担任组长，通力方派员任副组长，陈云为顾问。技术小组负责方案评估、技术选型、阶段安排、业务与技术衔接等工作。

7月 根据中央关于取缔"法轮大法"非法组织的决定精神，结合新闻出版署关于收缴有关法轮功出版物的指示，总店音像部对所经营的音像制品进行清查，将现存的100套由吉林教育音像出版社出版的《法轮大法练功音乐》

上缴新闻出版署扫黄办。并立即向有关销货店发出通知，要求将未销售的此种音像制品封存，上缴有关部门。

8月20日　总店召开职工代表组长会，会议通过《总店减员分流实施细则》和《新华书店总店职工医药费管理办法补充规定》。《总店减员分流方案》及《总店减员分流实施细则》于8月28日正式颁发。

9月9日　为了探索与民营企业联合的路子，总店选择音所以剥离改制的方式与武汉诚成文化投资（集团）股份有限公司和北京东方诚成实业有限责任公司合作成立新华音像租赁发行有限公司。通过改制，总店有60人进入新公司，抽回占用总店的资金500万元，总店注入注册资金150万元，并以场地租赁和无形资产的方式占有公司35%的相对控股权。

9月28日　中国图书商报社常务副社长程三国赴上海，采访1999年《财富》论坛年会。采写的长篇报道《贝塔斯曼誓做电子商务盟主》在10月15日出版的第767期《中国图书商报》上发表。

10月9日　全国旅游协作网会议在京召开。新闻出版署所属及新华书店系统30余家旅行社参加。会议宣布成立全国新闻出版系统旅行协作网，并选出包括总店在内的7家理事单位。

10月12日　尼泊尔政府代表团一行8人参观访问中国图书商报社。总店副总经理王四海主持会见，新闻出版署报纸司司长刘波等有关人员参加会见。

10月25日　总店党委号召全体职工再次为内蒙古地区捐献衣被，全体职工积极响应，共捐衣被3 000余件。

10月　北京新盛商贸公司更名为北京勤盛物业管理公司。

11月8日　新闻出版署发布《出版物市场管理暂行规定》。

11月11—13日　总店总经理邓耘、书刊部经理李薇薇、中国图书商报社常务副社长程三国、副总编辑陈斌等人参加中国书刊发行协会第三届会员代表大会暨"中国书刊发行奖""双优单位"颁奖大会。邓耘再次被推选为第三届中国书刊发行业协会副会长，程三国再次被推选为协会理事。

11月13日　全国新华书店系统出版物发行信息网络工作会议在北京亚洲

大酒店召开。总店副总经理马宝亮主持，总店总经理邓耘、广东省店总经理童自烈、湖北省店总经理梅铁怀、陕西省店总经理戴群、上海市店副总经理蒋士唐、总店书刊部副经理郝惠文、信息中心顾问陈云、副经理杨文胜参加。会议就原全国网的建设过程进行回顾，对所取得的成绩和存在的问题作了细致的分析和总结，听取了总店提出的对原全国网各家投资的处置方案，方案获得与会代表的一致通过，同时简要讨论了全国网升级改造的有关问题。

11月23日 《关于总店人员转入总店控股参股企业工作后的劳动管理办法》颁发。

11月26日 总店召开"合理化建议"交流、表彰会，全店职工代表和科以上干部参加。新闻出版署出版物发行管理司王俊国司长和王泉处长出席。会上发放了"合理化建议"活动奖金。

11月底 总店总经理室及职能、经营部门完成南移工作，全部由北礼士路54号院迁入135号院办公。

12月3日 总店总经理邓耘由信息中心杨文胜、田秋然陪同会见了电子部十五所新任李副所长、晏敏副所长以及办公室主任，会谈中就总店企业网面临的情况，尤其是企业网现状对总店业务造成的政治及经济损失作了较全面的说明。

12月10日 《新华书店总店干部管理暂行规定》颁布。本规定实施范围主要是总店中层干部及各部门内设机构干部。

12月16日 由总店副总经理马宝亮主持，邀请新闻出版署科技司李琛、谢俊旗、王强3人到汇杰国际有限公司听取该公司有关全国网建设的设计思路，认为汇杰公司以投资方式参加全国网的建设，技术实力雄厚，对通力公司是有益的补充。

12月17日 总店总经理办公会批准发布第二批规章制度，即：《新华书店总店财务机构职责范围及会计人员岗位责任制细则》《新华书店总店成本核算制度》《新华书店总店稽核制度》《新华书店总店现金、支票管理办法》《新华书店总店发票管理办法》《新华书店总店电话管理办法（试行）》《新华书店总店办公自动化设备管理办法》《新华书店总店计算机归口管理条例（试行）》《新华书店总店集体宿舍管理办法》《新华书店总店业务招待费使用管理办法》《新华书店总店包装材料管理办法》《新华书店总店干部管理暂行规定》等。

12月 《图书储运》报选编本——《书海物流》一书由四川人民出版社出版。《书海物流》共精选了1998年10月10日前发表于《图书储运》报的文章113篇，分"纵谈篇""研究篇""储运百家篇""业务篇""人物篇""文华篇"六大篇目，是新华书店图书储运发展变化的浓缩写照。中国书刊发行业协会顾问、新闻出版署原副署长刘杲为该书作序。

同月 135号院换装根据全国统一标识设计的新店招。

同年 为贯彻落实《国务院关于深化城镇住房制度改革的决定》，总店根据（1999）国家机关房改办字第18号文件和（1998）京房改办字第265号文件精神，于4月30日出台《总店1999年售房办法》，截至12月底共以新价售出房屋205套。

同年 总店暨在京直属单位销售码洋89 956万元，其他业务净收入1 200万元，利润1 124万元，上缴所得税854万元，净利润270万元，所有者权益29 860万元。年末在职职工929人，离退休职工377人。

2000 年

1月5日 总店召开本年度企业财务体制改革论证会,总经理室成员及计财部、主要经营部门负责人出席。会议回顾了近几年来总店财务从"计划管理、统一核算"到"统一领导、二级核算"又到"集中管理、统一核算"的实践。分析了实行二级核算和集中管理两种体制的利弊。对计财部重新定位,基于其职能管理和资金统一调配作用,结合总店的现状,设置为职能管理部门。

同日 国家计委高科司综合处主任杜威在新闻出版署技发司副司长李琛陪同下到总店了解全国网项目情况,信息中心经理杨文胜作了汇报。

1月7日 《中国图书商报》出版百版特刊,包括《精彩回放》《业界反馈》《书业备忘·中国》《书业备忘·世界》《新世纪展望》五大板块。

1月10日 总店总经理室研究决定总店中层干部的聘任,并对总店机构进行局部调整:人教处与老龄处合并,名称为人教处,对外保留老龄处牌子;党委办公室与工会合并,名称为党工办,对外保留党办、工会牌子。干部聘任:办公室主任田辉,副主任张雅山;人教处处长梁英,副处长韩杰;审计处处长李薇薇;保卫处处长雷庆余;基建处副处长李曾炎(主持工作);计财处副处长朱国新(主持工作)、李建荣;书刊部经理杨光,副经理郝惠文、马学军、胡金安、张跃、孙建民、蔡虹(财务负责人);音像部经理王秋慧,副经理孙晓钧;储运部经理张国明,副经理李建民、郝韩宁、高岚;书业物流中心经理李祥,副经理戚平;信息中心经理杨文胜,副经理田秋然、马继辉;物业部经理叶宝燕,副经理淳于友生;中国图书商报社常务副总编辑兼副社长程三国(正处级),副社长林红,副总编辑陈斌、刘兆明。

1月14日　M-240D主机关机仪式在总店54号院计算机主机房举办。杨文胜主持仪式。总店老领导汪轶千、高起成、裴树城、原信息部经理伏政民、郝惠文以及部分技术人员和操作人员代表出席仪式并讲话。副总经理王栋石作了总结发言。最后汪轶千与王栋石共同按下大机器主控按钮——机器关闭。

1月　《中国图书商报》从2000年1月起由对开8版，改为对开16版。

2月1—4日　总店党委、工会慰问赵国清等22名困难职工。

2月2日　党委书记周昌喜、工会常务副主席杜九春陪同中央国家机关党委李振国和新闻出版署党委常务副书记袁良喜慰问总店特困职工吕全明。

2月16日　总店向各部处室下发《关于实施财务二级核算管理体制的通知》，从2000年起，实行"模拟市场、二级核算"的体制并实行财务负责人委派制。具体组织方案：计划财务部改为计划财务处，为职能部门，下设财务科和综合科；书刊部、储运部、信息中心、书业物流中心、中国图书商报社、物业部6个经营部门为二级核算部门（音像部未整体转制前仍为二级核算部门）。财务负责人由计财处委派，委派人员按署新出计〔1999〕1253号通知有关规定执行派驻职责，工资待遇按所在部门同级人员核定。

2月28—29日　总店2000年工作会议召开，总经理室成员、处以上干部及党委委员出席。新闻出版署发行司司长王俊国应邀到会并讲话。大会由党委书记周昌喜主持，总经理邓耘做1999年企业工作总结和2000年工作要点的报告，确定当年的工作目标。会上，邓耘总经理还同书刊部、信息中心、书业物流中心和物业部等所有经营部门负责人签订2000年度经营目标责任书。

3月初　总店总经理邓耘及办公室人员参加新闻出版署召开的"加入WTO后新闻出版行业应对措施研讨会"，并做会务组织工作。

3月6日　京所批销部门市特价厅开业。

3月9日　《新华书店总店财务管理规定》颁发。《规定》对总店财务管理的原则，经营资金、资产的管理，经营收入、支出的管理以及财务人事的管理等作出一系列明确具体的规定。

3月29日　经总店总经理办公会议研究决定，依托东华公司设立总店驻沪办事处，聘任宋毅同志为办事处主任，待遇视同总店部门正职。

3月　总店在妥善解决马连道库区拆迁钉子户的历史遗留问题，并拆除临时书库5 000平方米后，将书库三期工程的建设列入日程，报经新闻出版署批准开工。

4月10日　音所整体转制大会召开，音所全体职工出席。大会由总店副总经理王四海主持，董事会成员名单：董事长邓耘、副董事长刘波，公司总经理刘建华、副总经理王秋慧；董事：王四海、王秋慧（兼）、卢仁龙、李杰、刘建华（兼）。刘建华、邓耘、周昌喜分别发表重要讲话。

4月11日　总店总经理室颁布《新华书店总店目标管理考核办法》。

4月28日　总店总经理室聘任赖雪梅为信息中心副经理。

4月　总店原总经理汪轶千将自20世纪50年代以来，自己在工作岗位上陆续收集到的一些发行专业图书共221册赠送给武汉大学图书发行管理学专业资料室。

5月3日　中共中央政治局常委、国家副主席胡锦涛视察北京市朝阳区和平街街道青年文明社区时，参观了新华音像发行有限公司在该社区开设的第一家"新华驿站"。

5月24日　响应新闻出版署工会"捐赠一本好书、一件文具"的号召，总店工会向贫困地区孩子捐助学习用品1 396件，送往中央国家机关妇工委。同月，总店职工1 014人向"幸福工程"捐款，总金额10 760元。

5月30日—6月26日　中国图书商报社常务副总编程三国应邀赴美访问，参加美国书展期间举办的国际图书市场圆桌会议和中国图书市场研讨会，并就中国入世后跨国集团如何进军中国市场、传统出版业如何向互联网转型等重要问题考察美国书业，约见采访近10位美国书业领袖和专家。所写采访文章陆续在《中国图书商报》发表。

5月　为适应市场变化，改变教材征订时间，总店派出部分业务人员分别到北京、天津、上海、南京走访14家出版教材的出版社、10家新华书店、10所大中专院校、1家民营书店和2家教材代办站。同时，在较大范围内以调查函的方式向全国各地大中专院校及省、市店进行调研，并提出改革大中专教材征订工作的具体意见。6月22日，总店正式向新闻出版署发行司上报《关于改革大中专教材征订办法，规范大中专教材市场的请示》，详细汇报5月份调研组的调研情况，反映日前教材市场存在的问题，提出改革教材征订时间的具体建议，请求修订大中专教材发行管理规定，调整教材征订时间，调整社店利益关系，以真正的市场规则规范教材市场。

6月18—23日　总店总经理邓耘与计财处副处长朱国新、李建荣、贺禹琪赴大连组织召开部分省、市、自治区新华书店财务研讨会。

6月28日　总店职工代表组长会议讨论通过《新华书店总店住房管理的补充规定》。于7月4日正式颁发。

同日　总店党委召开"庆祝中国共产党成立79周年暨表彰大会"。会上表彰22名优秀共产党员和党务工作者以及6个先进基层党支部。

7月4日　总店总经理室主要领导向新闻出版署副署长杨牧之汇报半年工作，杨牧之作了具体指示，并要求领导班子要群策群力，度过难关。

7月27日　新闻出版署发出《关于进一步加强出版物发行管理的通知》，明确实行出版物发行许可证制度、出版物发行员资格证书制度和出版物征订委托书制度，并对出版物的批发、零售、出租和开办网上书店等作出有关规定。同日还发布《出版物批发市场管理暂行办法》。

8月1日　总店党委研究决定，聘任林红同志为党委办公室副主任（对内称党工办副主任）。

8月31日　法兰克福书展主席卢多夫在北京参加国际图书博览会期间，应邀访问中国图书商报社，并接受《中国图书商报》记者专访。

9月3日　中国图书商报社与德国图书商报社联合举办当今世界出版业趋势研讨会，法兰克福书展前主席彼得·魏德哈斯应邀出席。

9月7—9日　总店召开第四届第五次职工代表大会，听取工会副主席杜九春关于职代会闭会期间有关工作的汇报，重点审议总经理邓耘在大会上所作的工作报告及《店务公开、民主管理实施办法》和《劳动合同终止、续订工作的方案》。大会经过民主表决，对《办法》和《方案》取得共识，并一致通过。《新华书店总店店务公开、民主管理实施办法》于 9 月 10 日公布。"公开"事项包括：企业经营管理和改革发展问题、职工切身利益方面的问题、企业内部党风廉政建设方面的问题以及其他需要公开的事项。《新华书店总店劳动合同续订、终止工作方案》于 9 月 26 日公布。

9 月 8 日　《中国图书商报》常务副社长程三国访谈应邀访问中国图书商报社的日本角川书店总裁角川厉彦，事后在《中国图书商报》上发表访谈文章《出版业的扩展模式》。

9 月 17—24 日　应日本东京出版贩卖株式会社社长上泷博正的邀请，以总经理邓耘为团长的总店、诚成文化企业集团赴日考察团一行 6 人对日本东贩进行为期 7 天的访问，专题考察研究东贩大型物流配送（收退）中心的运行情况。考察结束后，形成出访报告。

9 月 20 日　总店总经理室会议研究决定，在对新普公司和新科公司的债权债务处理完毕的基础上办理两公司的注销事宜。京华公司转并到音像租赁公司。

9 月 26 日　总店办公室与北京璞玉儿童文化艺术交流中心洽谈联合举办《2000 年新华杯小明星艺术人才选拔赛》活动并签订合作协议书。2000 年新华杯小明星艺术大赛颁奖大会于 2001 年 2 月 4 日在北京举行。总店总经理邓耘、副总经理马宝亮参加。

9 月 29 日　《中国图书商报》常务副社长程三国专访汤姆森学习出版集团总裁罗伯特·克里斯蒂，事后在《中国图书商报》上发表访谈文章《传统出版的危机无处不在》。

10 月 12—15 日　在江苏南京市举行的第十一届全国书市上，总店统一布置展台形象焕然一新，受到业界好评。书刊部订货总码洋达 700 多万元，在书市开幕前书刊部邀请 48 家书店的 80 名代表召开业务研讨会。10 月 11 日召开图书馆工作会议，订货约 100 万元。14 日，信息部经理杨文胜主持由总店、IBM、中启公司三家共同主办的"电子商务时代的图书发行管理论坛"。会上还对"新华在线"进行宣传、演示，效果较好。

10月25日　总店史青、吕士才两位参加过抗美援朝的老同志出席了在人民大会堂召开的抗美援朝50周年纪念大会。总店党委书记周昌喜等于10月27日看望总店抗美援朝老战士。

同日　新普公司注销登记由工商局核准，同时在技术监督局、统计局有关机构的注销登记手续办理完毕。

10月26—29日　总店在福州召开全国各省（区、市）店财务研讨会，总店计财处副处长朱国新、李建荣，书刊部副经理蔡虹等参加研讨会。

10月下旬　总店张国明、陈仁刚、李曾炎、肖军华一行4人赴云南考察昆明船舶集团，并参观昆船集团为红河卷烟厂设计的物流系统。

10月　总店原副总经理郑士德著《中国图书发行史》，由高等教育出版社出版。

12月2日　由新闻出版署培训中心、总店、中启公司和北京印刷学院联合举办的书店计算机培训班举行开学典礼。杨文胜代表总店做即席发言。24日培训结束，总店副总经理马宝亮、书刊部副经理郝惠文出席毕业典礼。

12月15日　总店同意新华音像租赁发行有限公司增加图书、报刊、电子出版物全国连锁销售、出租、邮购的经营业务，并代该公司向新闻出版署申请相应的经营权限及许可证。根据该公司股东会批准的投资计划，拟在北京市建立100—200家社区连锁店，并争取利用2—3年时间，在全国建立3 000家连锁店，并在当时音像市场中形成"新华驿站"的品牌。

12月20日　根据总店总经理室关于从2001年起对所属经营部门实行"授权经营模拟市场"的管理决定，店务会讨论通过《新华书店总店关于加强对经营部门授权经营的若干管理规定（试行）》。

12月22日　总店总经理室研究决定，2001年对总店中层干部换届聘任如下：办公室副主任张雅山（主持工作）、边尔康；人教处处长梁英，副处长韩杰；计财处副处长朱国新（主持工作）、贺禹琪；审计处副处长李建荣（主持工作）；保卫处处长雷庆余；基建处副处长李曾炎（主持工作）；书刊部经理杨光，副经理马学军、胡金安、张跃、蔡虹；储运部经理张国明，副经理李建民、郝韩宁、高岚、肖军华；物流中心经理李祥，副经理戚平；信息中心经理杨文胜，副经理郝惠文、田秋然、赖雪梅；中国图书商报社总编辑兼常务副社长程三国，常务副总编辑王一方，副总编辑陈斌、刘兆明；物业部经理叶宝燕，副经理淳于友生。

12月26日 总店店务会宣布，郝惠文任信息中心副经理。

同年 总店原副总经理郑士德荣获第六届中国"韬奋出版奖"。

同年 总店暨在京直属单位实现销售码洋 80 058 万元，其他业务净收入 1 132 万元，投资收益 97 万元，利润 525 万元，上缴所得税 492 万元，净利润 33 万元，所有者权益 28 604 万元。年末在职职工 816 人，离退休职工 382 人。

2001 年

1月1日 《中国图书商报》改版为对开 16 版，每周 2 期。

1月16日 总店工会派人参加新闻出版署召开的 2001 年元旦、春节送温暖工作会，接收署党委和工会向总店特困职工发放慰问金 1.64 万元。

1月17日 总店工会派人随党委书记周昌喜陪同新闻出版署副署长杨牧之和署工会负责人信希华看望并慰问总店退休职工杨桂珍。

1月18日 新华音像租赁有限责任公司在北京举行新华驿站启动仪式，宣布新华驿站全国连锁系统全面启动。总店领导及各部门负责人出席。截至 2001 年 1 月，以"新华驿站"命名、统一店号、统一 CI 的社区连锁店在北京地区已经发展到 10 余家，武汉、杭州等地也有其连锁站点。

1月20日 总店召开出版物物流配送中心项目论证会。新闻出版署发行司司长王俊国、技术发展司副司长李琛参加。

2月12日 《新华书店总店"十五"发展规划》颁发。《规划》要点：企业发展以体制创新、大中盘建设为主体框架；企业战略以强化主业、一体化经营、区域市场开拓、连锁批发零售为重点推进；物业资源发挥区位优势，以"退二进三、多元发展"为主攻方向，加快建设成一个具有专业化特点、现代化水平、功能齐全、环节配套、服务优质的出版物流通大型企业。

3月6日 新闻出版署妇工委召开署直单位"五好家庭"颁奖会，总店张智军、张淑琴、张振富 3 位职工家庭被评为"五好家庭"。

3月7—8日 新闻出版署工会召开直属单位工会工作会议，总店工会 2000 年工作成绩优异被评为二等奖。

3月8日 全国出版物发行信息网专家论证会在新华音像会议室召开。会议邀请新闻出版署发行司王俊国、王泉，科技司李琛、谢俊旗、王强，吉林省店陈小波、张昌显，天津发行所陈锡珍，天津市店李忠玉，北京图书大厦吴维月，国家图书馆宋保义，清华大学出版社徐颖，机械工业出版社李会武等人参加。王俊国、李琛发表了讲话，总店总经理邓耘致辞。信息中心经理杨文胜主持会议，中商交在线有限公司图书部负责演示。

3月16日 总经理室成员向职工代表组长、中层干部、党支部书记以上的党务干部述职并展开评议。

3月20日 中商新华公司召开董事会，总店信息中心杨文胜被董事会任命为副总经理。

3月21日 总店储运公司与曼内斯曼德马泰克（上海）公司就实施总店物流配送中心项目签订合作协议。

4月27日 新闻出版总署副署长于永湛、发行司副司长艾立民、计财司副司长姜学忠考察马连道3.7万平方米出版物物流配送中心基建工程施工现场。

同日 总店向全国各级新华书店发出《关于开展"纪念建党八十周年全国图书联展活动"的通知》。

4月 新闻出版署升格为正部级单位，名称为"中华人民共和国新闻出版总署"，仍为国务院直属机构。

5月7—14日 总店副总经理王四海随新闻出版总署政府代表团访问朝鲜。

5月9日 总店下发《关于办公室内设机构及干部聘任的通知》，经总经理室研究决定，将物业部房管科承担的行政管理职能全部划归办公室。聘任淳于友生为办公室副主任，同时免去其原任职务。

5月10日 经新闻出版总署批准，总店出版物物流配送中心基建工程项目破土动工，参加开工典礼仪式的有来自新闻出版总署及书业界和施工方代表共计50余人。开工仪式由总店副总经理王栋石主持，总经理邓耘在仪式上讲话。该项工程施工方为中铁建厂工程局第三工程处。总建筑面积3.7万平方米，预计工期1年左右。

5月26—27日 总店党委组织党支部委员以上党务干部、优秀党员、优秀党务工作者、新党员去河北西柏坡参观学习。

5月31日 总店总经理室审定批准发布《新华书店总店基建工程用款审批程序》。

同日 总店工会召开会员代表大会，按工会章程进行总店工会换届选举。王栋石、杜九春、朱国新、张雅山、马学军、张德生、马德成、杨国梁、郑瑞青当选总店第五届工会委员。李建民、朱国新、淳于友生、王扬、张淑琴当选总店第五届工会经审委员。

6月21日 总店向西部12省、区、直辖市各级新华书店转发新闻出版总署出版物发行管理司2001年5月7日发出的《关于开展西部地区图书大联展活动的通知》，并遵照总署发行司要求组织编印《西部图书大联展书目》。

6月25日 总店离退休职工《庆祝建党80周年书画展》开展。

6—7月 京所总代理部与辽宁人民出版社于6月4—6日在沈阳召开会议，就进一步扩大《课外工程系列丛书》的战果、全面推出《课外工程系列丛书》进行讨论，制定出结对子、手拉手，全方位密切合作的新型的发行方式。《课外工程系列丛书》发行研讨会于7月13—15日在北京召开。41个店、53人参会，订货码洋1 700万元。

7月 总店重新核发企业法人营业执照。

8月2日 总店信息中心举行第1期新书发布会。会议由杨文胜主持。首次发布的新书有北京出版社《21世纪中国油画》、中国友谊出版公司《高手系列丛书》、商务印书馆《牛津中阶英汉双解词典》、人民体育出版社《中国体育百科全书》、人民文学出版社《大清药王》、西苑出版社《文化发掘：老夫子出土》、中国文联出版社《中国打开奥运之门》等。

8月20日 总店总经理室决定成立总店物业开发工作小组。物业规划开发工作小组组长王四海、副组长叶宝燕，工作由总经理室直接领导。

同日 总店总经理室决定成立总店物流配送中心筹备组。物流配送中心筹备组组长王栋石，常务副组长张国明。

8月24日—9月5日　以邓耘为团长的总店物流配送中心项目考察团应德国西门子德马泰克亚太总部（澳）的邀请，赴澳大利亚对几个具有代表性的商业性公司的物流配送现场进行实地考察。

8月30日　总店副总经理马宝亮与信息中心经理杨文胜参加"可供书目可行性研讨会"。会议由新闻出版总署副署长杨牧之主持。参加会议的还有总署王俊国，中国书刊发行业协会徐家祥、谭子谦，中图公司宋晓红、文小凡，当当网李国庆，人教社于彦丽等。马宝亮、杨文胜发言认为总店信息中心基本具备做可供书目的有关条件，可以按目标调整自己的运作，随时准备迎接此项工作。

8月31日　国家经贸委正式下发《关于建立现代物流工作重点企业联系制度的通知》，确定了总店等全国34家大型企业为现代物流工作重点联系企业。

9月5日　《科技新书目》推出新栏目《名社专刊》（第1期）。

9月8—9日　中国图书商报社全体员工培训，并与各省记者站站长举行联欢活动，新闻出版总署发行司司长王俊国，总店总经理邓耘、党委书记周昌喜出席并讲话。

9月11日　中国图书商报副社长程三国在北京国际俱乐部独家采访桦谢菲力柏契出版集团主席兼首席执行官热拉尔·德·罗克莫雷尔。

10月9日　中宣部副部长李从军、新闻出版总署副署长杨牧之等领导莅临总店视察。

10月23日　民政部正式批准总店筹备中国新华书店协会。

11月1日　总店总经理室办公会（扩大）对新闻出版总署提供的《新华书店总店对新丰金属结构加工厂投资及结果的经济鉴证审计报告》进行讨论和检查对照。《报告》确认总店对钢厂投资损失为607万元。

11月2日　总店向新闻出版总署纪检组、监察局作出《关于对〈新华书店总店对新丰金属结构加工厂投资及结果的经济鉴证审计报告〉的讨论意见》

的书面答复。《意见》认为报告对记取教训和进一步查处有重大作用，对今后企业投资行为、严格管理和各项决策将起到十分重要的警示效果。

11月15日 英国出版界学者保罗·理查德走访中国图书商报社，并给中国图书商报社全体员工授课，接受《中国图书商报》采访。

同日 英国牛津出版研究中心主任 Paul Richardson 先生在中国图书商报社会议室做"英国出版业趋势"报告。

12月1日 总店组织编写的《新华书店六十年纪事》由海洋出版社正式出版。

12月13日 总店印发《关于实行社会基本医疗保险的通知》。根据北京市政府有关规定，总店自 2002 年 1 月 1 日起，除离休人员外，其他人员全部参加社会基本医疗保险，医疗费用的报销统一按社会医疗保险管理中心的有关规定执行。

12月20日 《中国图书商报》常务副社长程三国去美国对麦格劳—希尔高等教育及专业和国际出版集团总裁亨利·贺思伯进行专访，回国后在《中国图书商报》上发表专访文章《中国市场与互联网都是我们的机会》。

12月25日 国务院发布《出版管理条例》。此条例是对 1997 年发布的管理条例的完善。

12月30日 《新华书店总店计划生育管理规定》出台。总店原《关于做好计划生育工作的具体规定》自 2002 年 1 月 1 日起停止执行。（《管理规定》于 2004 年 4 月 15 日和 2005 年 9 月 13 日先后颁布修订版。）

同年 总店信息中心自成立 3 年来，构建了"报、刊、盘、网"的经营框架。报：《新华书目报》，形成了《社目》《科目》面向业内，《读者新书目》面向社会的结构体系；刊：《全国大中专教材用书汇编》；盘：《新华可供书目》《全国大中专教材用书指南》；网：新华书店书店企业综合应用系统，全国出版物发行信息网。

同年 总店与中国期刊协会、中国青年出版社以及自然人贺世铭共同出资50 万元（其中总店出资 12 万元）组建北京刊海期刊发行有限公司。2003 年总店与中国青年出版社共同把出资股份计 38 万元一并过户至贺世铭名下，并签订了转让协议。但贺世铭一直未将股本返还总店。2005 年底经朝阳法院判决贺世铭返还股本，但未执行。

同年　总店暨在京直属单位销售码洋 72 682 万元，其他业务净收入 1 130 万元，投资收益 13 万元，利润 600 万元，上缴所得税 594 万元，净利润 6 万元，所有者权益 28 614 万元。年末在职职工 760 人，离退休职工 397 人。

2002 年

1月8日　新华书店省级店经理座谈会暨中国新华书店协会筹备通气会在北京皇家大酒店召开。总店总经理邓耘、党委书记周昌喜、副总经理王栋石、办公室副主任张雅山出席。中宣部出版局副局长周慧琳及民政部民间组织局有关同志到会。

1月15日　《读者新书目·购书指南》第1期正式出版。

2月1日　由国务院修订颁布的《出版管理条例》《音像制品管理条例》《计算机软件保护条例》施行。

3月1日　《新华书目报》标志正式启用。用在《新华书目报》的《社科新书目》《科技新书目》《读者新书目》三个子报报头上。

3月8日　经总店总经理室研究决定，2002年度职能部门中层干部聘任结果公布：办公室副主任张雅山（主持工作），副主任淳于友生、边尔康；人教处处长梁英，副处长韩杰；计财处副处长朱国新（主持工作），副处长贺禹琪；审计处副处长李建荣（主持工作）；保卫处处长雷庆余；基建处副处长李曾炎（主持工作）。

3月17—25日　总店物流配送中心筹备组成员张国明等一行6人赴上海、浙江、江苏3省市店对物流计算机系统进行考察调研。就目前物流业务的发展与计算机系统的开发、运行、联网等多个系统的数据传递、信息共享、网上订货等问题进行交流和探讨。

3月19日　《教材导刊》第1期出版。

3月28日　《新华书目报·社科新书目》第644期出版"庆祝中国出版集团成立九社专刊"。

3月29日　经总经理室研究决定，对《新华书目报》干部调整聘任如下：聘任马宝亮为《新华书目报》社社长（兼），聘任杨文胜为《新华书目报》总编辑（兼），聘任赖雪梅为《新华书目报》常务副总编辑（兼）。

3月31日　据统计，总店在50年的经营发展中，累计发行图书142亿册、110万种、210亿元。累计销售收入151亿元，利润总额4.87亿元。

4月4日　新闻出版总署人教司批复总店，同意周昌喜继续任职，退休年龄延至2002年12月31日。

4月8日　由于在与北京市海淀区永丰乡政府合作投资建设"新丰金属结构加工厂"项目中，投资决策失误，用人失察等问题，总店总经理负有领导责任，造成企业损失，经新闻出版总署纪检组审查、审计，署党组决定，撤销邓耘总店总经理职务，降级为副局级待遇，仍在总店工作。

4月9日　经党中央、国务院批准，中国出版集团成立。总店成为中国出版集团直属企业。

4月18日　由于承办新丰金属结构加工厂的负责人李祥、李曾炎有直接责任，总店内部发文公布《关于给予李祥、李曾炎行政撤职处分并追究经济赔偿责任的决定》。

4月28日　新闻出版总署发文通知总店，由党委书记、副总经理周昌喜代行总店法人代表职权。

4—5月　总店就马连道物流配送中心基建项目面临停工等问题先后多次向中国出版集团和新闻出版总署书面汇报请示。

5月1日　总店总经理室研究决定，撤销书业物流中心机构，原物流中心业务及人员统一归并储运部。永丰乡物业开发租赁由物业部负责。

5月14日　总店原总经理助理李廷真在北京病逝，享年74岁。

5月21日　北京市报刊局有关领导到总店洽谈业务，共同探讨局店业务合作问题。总店副总经理马宝亮主持，市报刊局局长周天勇、局长助理陈研、市场部主任吕雪玲等出席，总店京所经理杨光、副经理张跃，办公室副主任张雅山，信息中心经理杨文胜、副经理赖雪梅参加会谈。双方初步确定优势互补、互利双赢的合作方针，拟在多层面开展合作。

6月18日 由总店和中启公司共同投资成立的北京新华中启信息技术有限公司领取执照。

7月19日 新闻出版总署批复，同意成立中国新华书店协会，同意王俊国兼任协会会长。

同日 总店根据新闻出版总署指示，安排乌鲁木齐市店西北图书大楼经理陈琳到京所挂职锻炼。挂职期间职务为京所经理助理，聘期半年。

7月25日 新闻出版总署发出《关于推进和规范出版物发行连锁经营的若干意见》，从连锁经营网络建设的总体布局和工作重点、重视物流配送中心的规划和建设、加快信息网络建设和人才培养、改进对连锁企业的审批与监管、努力营造发展连锁经营的良好环境等几个方面，对推进和规范出版物连锁经营这一新兴业态作出部署。

同日 新闻出版总署发出《关于新华书店（发行集团）股份制改造的若干意见》和《关于抓紧制定出版物发行网点设置规划的意见》。

8月29日 《中国图书商报》主管主办单位改为中国出版集团。

9月4日 人民文学出版社、商务印书馆、中国图书进出口（集团）总公司就联合为总店马连道物流配送中心提供贷款担保事宜达成会议纪要。担保金额为人民币3 000万元。

9月9日 经中国出版集团党组研究，并报中宣部批准，任命刘国辉为总店总经理。

9月20日 中国出版集团和中宣部领导来店宣布总店领导班子调整决定。党委书记周昌喜主持会议，全店副处以上干部出席。集团党组成员、管委会副主任王俊国宣布：总店总经理、党委副书记刘国辉，党委书记周昌喜，副总经理王栋石，副总经理、党委副书记、纪委书记王四海，副总经理马宝亮。

9月23日 民政部批复中国新华书店协会成立登记。

10月16日 总店信息中心与世纪互联信息电讯股份有限公司签订协议，由该公司为总店开发《新华书店 InfoCD 项目》，信息中心共投资8万元。12

月底,《新华书店 InfoCD》软件开发完成。2003 年 5 月 20 日,《新华书店 Info-CD》光盘开发工作验收通过。《新华书店 InfoCD》于 2007 年被确定为信息中心的正式产品。

10 月 28 日　总店总经理室研究决定,王印德自即日起不再担任总经理室特约顾问。

10 月 28—30 日　按照新闻出版总署批复,由总店组织召开全国新华书店图书储运最佳店、先进店表彰大会,同时召开第十二届北片、第十六届南片储运协作会。大会在杭州文华大酒店举行,总店储运公司作为最佳发运店受到新闻出版总署的表彰。

10 月　根据北京市政府有关市内企业必须对燃煤供暖进行改造的要求,总店 135 号院热力供暖改造工程历时 10 个多月,本月底全部完工。改造费用总计 700 万元,其中煤气管道款 120 万元,工程及设备款 580 万元。

11 月 7 日　经总店总经理室研究决定并报中国出版集团同意,聘任王宏经为总经理助理(正处级),作为班子成员参与总经理室决策,受总经理委托分管有关部门工作。

12 月 3 日　总店公布《新华书店总店内部补充医疗保险管理办法(试行)》。

12 月中旬　总店党工办举办为期两天的党支部书记学习班,重点学习新党章。同期还举办入党发展对象和培养对象学习班。

同年　总店根据财政部《关于中国出版集团财务关系单列等有关问题的通知》划归中国出版集团,并按时完成相关产权划转手续。

同年　总店营业总收入 45 528 万元,主营业务收入 40 053 万元,投资收益 101 万元,利润总额 739 万元,上缴所得税 667 万元,净利润 72 万元,所有者权益 29 049 万元。固定资产原价 23 032 万元。年末在职职工 891 人,离退休职工 413 人。

2003 年

1月6日　经中宣部、新闻出版总署和民政部批准，中国新华书店协会（英文名称：China Xinhua Bookstore Association，简称：中新协，英文缩写：CXBA）在京成立，成立大会在北京国门路大饭店召开。新闻出版总署副署长、中国书刊发行业协会会长杨牧之，新闻出版总署副署长柳斌杰、中国出版工作者协会主席于友先，中宣部出版局、民政部有关司局、国家工商总局有关司局、总店的有关领导以及来自31个省、市、区新闻出版局和新华书店的代表100余人出席。杨牧之宣读中国新华书店协会法人证书。柳斌杰对中国新华书店协会提出四点希望：一、要发扬民主，集思广益，把协会的各项工作做好，把领导机构建设好；二、按照协会的职能，架起党、政府和发行业之间的桥梁，发挥好协会的作用，反映民众的呼声和要求，维护会员权益；三、发挥好政府与行业之间的中介作用，维护新华书店的品牌和声望，更好地团结同业人士为发行业服务，深化改革，在改革中做大做强；四、面对我国加入世贸组织的机遇与挑战，要抓住机遇，通过三项制度改革和新华书店股份制改革，加快发展，壮大自己，协调业内各方面的关系，推动改革，推动发展。

总店当选为协会常务理事单位；总经理刘国辉当选为协会常务副会长、张雅山为协会秘书长、朱国新为协会计财处负责人。协会秘书处设在总店，协会驻地位于北京西城区北礼士路135号（总店院内）。会后秘书处印制协会发行纪念册。

1月7日　经总店总经理室研究决定，对2003年总店部分部门中层干部聘任如下：聘任张雅山为办公室副主任（主持工作），淳于友生、边尔康为办公室副主任；聘任梁英为人教处处长，韩杰为副处长；聘任朱国新为计财处副处长（主持工作），贺禹琪为副处长；聘任雷庆余为保卫处处长；聘任牛文琴为书刊部副经理。

1月9日　总店原副总经理裘树城在北京病逝，享年70岁。

1月10日　总店信息中心与新华中启公司联合在皇家大酒店举办中国书业信息化论坛。新闻出版总署发行司副司长张福海、总署信息化办公室主任李琛、中国出版集团管委会副主任宋晓红出席并讲话。论坛邀请总署李琛和来自科技部、工商大学、IBM公司的三名专家进行演讲。近百名来自出版社、新华书店和民营书店的代表参加论坛。下午，组织论坛交流座谈会，40多家单位出席，会议讨论了目前书业信息化当中面临的各种问题。

1月11日　全国出版传媒记者联席会成立大会在北京召开。在总店总经理刘国辉的努力下，总店为先期的主席单位。总店信息中心杨文胜、赖雪梅等参加会议。

2月14日　总经理室研究决定：自2003年起成立策划部，部门为正处建制。聘任杨静为策划部副主任。

2月18日　总店与中国出版集团签订房屋租赁合同，将总店54号院办公楼（建筑面积5 674.20平方米）出租给出版集团使用，租赁期3年。

2月23—24日　总店2003年度工作会议在昌平工商培训中心召开。全店副处以上干部、部门负责人及党委委员出席。会议对企业2002年度工作进行总结，对2003年工作作布置安排，并签订2003年部门经营目标责任书。

3月1日　总店党委书记周昌喜正式退休。

3月4日　总店原科所经理钟虹在北京病逝，享年82岁。

3月10日　《新华书店总店经营指标挂钩奖罚办法》发布。

3月17日　新闻出版总署、对外贸易经济合作部联合发布《外商投资图书、报纸、期刊分销企业管理办法》，明确从5月1日起我国书报刊分销市场对外开放，规定外商投资书、报、刊批发和零售企业分别应具备的条件和申请、审批手续等。这个文件的颁布标志着我国出版物分销市场的正式对外开放。

4月2日 总店总经理室研究决定，聘任白晓伟为总店副总工程师兼信息中心常务副经理（正处级待遇）。

4月24日 《新华书店总店财务收支审批制度》发布。

4月 总店与北京金典雅风文化发展有限公司签订组建北京新华金典音像发展有限责任公司合资协议。

5月12日 总店与广东佛山东方书城签订合作协议，将其作为总店加盟店在广东开展业务。总店副总经理马宝亮、办公室副主任张雅山出席开业仪式。

5月14日 总店总经理室决定成立总店质量管理监督小组，该小组为科级建制，直接受总经理室领导。

6月6日 总店信息中心完成到中国出版集团、新闻出版总署、北京新闻出版局等单位办理光盘生产批件及复制委托书的工作。可正式投入光盘生产，同时申请全年要出版的4个光盘号，均得到总署批准。

6月10日 总店总经理室颁布《新华书店总店关于加强企业投资控股及参股公司管理的规定》。

6月17日 中国出版集团批复，同意总店通过办合资公司开展全国图书连锁销售业务的申请。

6月18日 中华新闻工作者协会发文，接收《新华书目报》为其会员单位。

9月24日，《新华书目报》正式成为中国报业协会会员单位。

6月30日 总店北京出版物物流配送中心项目招标工作领导小组成立，小组成员：刘国辉、王栋石、王宏经、张国明、朱国新。初步确定委托中国国际招标公司代理项目招标事宜，并邀请中国出版集团和新闻出版总署派人进行指导。

7月7日 总店书刊部副经理牛文琴因患癌症医治无效，在北京去世，享年42岁。

7月18日 根据中国出版集团《关于委派成员单位财务部门负责人的决

定》，朱国新为集团委派的总店财务部门负责人。总店总经理室决定，聘任朱国新为总店计财处副处长（主持工作）。

7月25日　总店完成承担的全国出版物发行信息网络一期工程建设，并通过了新闻出版总署组织的验收。总署有关领导表示满意，并向石宗源署长进行汇报。石署长在年底总署举办的全国出版行业信息化座谈会上对总店提出表扬。

同日　总店与香港美林集团有限公司、台湾乔依泰克昌宏科技（开曼）有限公司签订《中外合资企业经营合同》，本着平等互利的原则共同组建北京新华宏润科技发展有限公司。

7—11月　总店2002年9月30日为北京东方诚成实业有限责任公司提供1 625万元贷款担保，武汉诚成文化投资股份有限公司以所持新华音像租赁发行有限公司股权质押给北京东方诚成实业有限责任公司作为反担保。因北京东方诚成实业有限责任公司到期不能偿还债务，总店因为为北京东方诚成实业有限责任公司向中国建设银行贷款担保一事被建行向北京市一中院起诉，2003年7月7日，总店在工商行北礼士路分理处的3个基本账户被法院查封。7月8日，总店接到北京市一中院《民事裁定书》。该裁定书指认中国建设银行北京市海淀支行诉北京东方诚成实业有限责任公司向该行借款纠纷一案，总店为该公司借款提供担保，法院执行财产保全查封总店账号。11月12日，总店在工商行南礼士路分理处被北京市第一中级人民法院因为总店为北京东方诚成实业有限责任公司向银行贷款1 625万元进行担保而涉案查封的1 625万元，由北京市第一中级人民法院执行庭执行，划归中国建设银行海淀支行，划款总额为1 720万元。

8月14日　总店总经理室研究决定，自2003年8日起在四川省成都市成立新华书店总店成都分公司，聘任谢宾为公司经理。

8月15日　总店工会组织全体工会委员、各分会主席及职工代表组长30人学习《"三个代表"重要思想学习纲要》，总店副总经理王栋石主持，总经理刘国辉参加。

8月　总店成立以总经理室成员挂帅的股份制改造工作领导小组，制订出推进股份制改造的工作日程，开展前期各项准备，积极寻求股份制改造的最佳方案。

9月5日　《新华书目报》子刊《图书馆专刊》创刊。

9月12日　中央确定的全国文化体制改革试点单位之一——新华发行集团总公司在京挂牌成立。新华发行集团总公司是由中国出版集团控股，根据中国出版集团资产管理授权，以新华书店总店、中国出版对外贸易总公司、中国图书进出口（集团）总公司资产评估后全资投入方式和国家邮政局所属中邮物流有限责任公司、中邮邮购有限责任公司以资本投入方式共同组建的跨行业股份制公司，原有单位在发行集团中保留其名称和法人地位。新华发行集团总公司属企业性质，拥有在职职工3 000余人，净资产约15亿元。

9月14日　经华文出版社领导同意，华文出版社社长助理张少龙于2003年9月起到总店挂职锻炼，期限一年。总店总经理室决定，张少龙在此期间的职务为总经理助理。

同日　总店总经理室决定，聘任赵学锋为书刊部副经理，负责分管总店在西南地区设立的总店成都分公司的全面工作。

9月23日　总店总经理室决定，自2003年10月1日起在江西南昌建立新华书店北京发行所南昌特约经销店。聘任吴维月为经销店经理（兼），赵燕南为常务副经理。

10月12—26日　总店与中国图书馆学会在广东省佛山市东方广场东方书城联合举办首届全国图书馆新书展示订货会。

10月26日—11月6日　新闻出版总署组团赴美考察。根据总署安排，李英（当时在署职业技能鉴定中心工作）随团出访。

11月5—16日　总店副总经理王四海随新闻出版总署中国发行考察团赴德国、法国、意大利进行交流考察。

11月6日　总店成立企业清产核资工作领导小组。组长：刘国辉，副组长：王四海，成员：朱国新、淳于友生、候丽萍、杨光、张国明、杨文胜、叶宝燕。

12月2日 总店副总经理王四海陪同中国出版集团副主任王俊国到珠海市委宣传部，协调处理拱图贸易公司与珠海市店的产权纠纷问题。

12月10日 中国出版集团党组莅临总店现场办公。总店重点汇报了135号整体开发思路。

12月20日 总店与江苏鸿国书城投资管理有限公司正式签订合作协议，建立江苏新华鸿国书城连锁管理有限公司。

同年 面对总店马连道物流配送中心工程建设资金短缺，工程施工停工一年多，日赔付误工费4万余元，形成烂尾楼的困境，总经理刘国辉领导班子成员，积极应对并筹措资金，一是对总店物流配送中心项目申请国家物流项目支持，二是通过抵押担保，获得建行北京西单支行的贷款，三是通过资产置换解决资金问题，得以重启工程施工。

同年 总店与阳光文化公司、万佳精典装饰有限公司共同投资成立北京新华求索求知教育书城。

同年 总店营业总收入58 633万元，主营业务收入53 208万元，投资收益103万元，利润总额154万元，上缴所得税675万元，净利润-212万元，所有者权益31 713万元。固定资产原价24 178万元。年末在职职工1 014人，离退休职工424人。

2004 年

1月1日　由总店信息中心承建的"北京图书订货会网站"正式开通。
1月8日在北京图书订货会上投入运行。

1月8日　经中国出版集团党组研究决定，任命王宏经为总店副总经理。

1月16日　总店派出信息中心经理杨文胜参加新闻出版总署举办的全国出版物发行标准化技术委员会秘书处承办单位竞标会，并向竞标评委会作了竞标陈述。同时参加竞标的还有深圳市店，总店最终胜出，成为全国出版物发行标准化技术委员会秘书处承办单位。

1月18日　总店职工大会在财政部礼堂召开，总结2003年工作，布置2004年工作任务。全店500余职工出席大会，副总经理王栋石主持，新华发行集团总公司常务副总经理张胜彬到会并讲话。总经理刘国辉做工作报告，副总经理马宝亮代表总经理室宣读奖励决定。

1月19日　总店总经理室发布《关于总店机构调整及中层干部聘任的决定》，增设技术发展部，将原属信息中心、书刊部、储运部管理的网络技术工作划出，由技术发展部统一管理；改设行政保卫部，将原属办公室管理的行政工作与保卫处合并，机构名称改为行政保卫处；成立连锁中心，对外名称为北京新华求索图书连锁有限公司，负责总店连锁书店的建立与管理；策划部与书刊部合署办公；撤销质检小组，有关工作划入办公室。

中层干部聘任：办公室主任张雅山，副主任边尔康、蔡小为；人教处处长韩杰，副处长张京义；计财处处长朱国新，副处长陈新；技术发展部主任白晓伟，副主任郝惠文，副主任工程师田秋然；行政保卫处处长雷庆余，副处长淳于友生；书刊部经理吴维月，副经理马学军、蔡虹、杨静、赵学锋；策划部副经理杨静（兼）；储运部经理张国明，副经理郝韩宁、高岚、肖军华；信息中心经理杨文胜，副经理赖雪梅；连锁中心经理王宏经（兼），副经理胡金安、李英、贺禹琪；物业部经理叶宝燕。聘期一年。

2月9日　总店总经理室研究决定将"全国出版物发行标准化技术委员会秘书处"挂靠在信息中心。在副总经理王栋石的主持下，机构正式组成，程丽红从书刊部调入作为秘书处的正式工作人员。机构地点设置在总店办公楼信息中心办公区内。

2月25日　总店2003年度店级领导述职评议会召开，出席会议的有总经理室5位成员，以及店内在职党委委员、纪委委员、党支部书记及职工代表组长。

3月5日　总店总经理室决定，自2004年2月起在辽宁省沈阳市成立新华书店总店辽宁分店，聘任马宝亮兼任分店经理。

3月12—13日　总店召开2004年度工作会议。全店处级以上干部、党委委员及总店派往各相关公司的负责人参加会议。中国出版集团管委会副主任、新华发行集团总公司总经理宋晓红、常务副总经理张胜彬应邀到会并讲话。总经理刘国辉作工作报告。计财处处长朱国新、人教处处长韩杰分别就2003年度企业财务状况及企业劳动工资发放水平、2004年度工资总额及部门工资发放标准分别作了分析和说明。会议期间，总经理室与主要经营部门分别签订了2004年度工作目标责任书。

3月22日—4月3日　总店派储运部副经理肖军华和信息中心副总工程师白晓伟参加由中国物流与采购联合会组织的赴德国物流管理考察团。

3月25日　国务院批准中国出版集团转制为中国出版集团公司。

3月31日　根据总店业务工作发展需要，经总经理室研究，决定成立图书馆直供中心，部门为正处级建制。聘任王海明为图书馆直供中心经理。同日，聘任强浩乘为行政保卫处副处长（正处级）。

4月1日　人民医院按计划入驻北礼士路54号院，租赁总店院内小办公楼、食堂、北平房、东小楼3层等房屋。

4月2日　新闻出版总署批准总店承担全国出版物发行标准化技术委员会秘书处工作，并授权组建秘书处，进行委员会筹建工作。

4月13日　经上海东华图书发行代理有限责任公司双方股东及公司董事会商议决定，公司总经理出任方总店总经理室任命吴小平为上海东华图书发行代理有限责任公司新任总经理。免去宋毅同志公司原总经理职务，调回总店另有任用。

4月19日　被原国家经贸委批准列入第八批国债专项资金项目并作为国家重点改造项目的"北京出版物物流配送中心项目"经招标，确定昆明船舶设备集团有限公司为中标单位。

5月10日　总店基本完成对总店、上海东华公司、中新华旅行社和书香园宾馆的清产核资工作。

5月18日　总店总经理室聘任宋毅为连锁中心经理。王宏经不再兼任连锁中心经理。

6月3日　总店总经理室颁布《新华书店总店分公司管理办法》。

6月11日　总店总经理室聘任谢宾为总店成都分公司经理。

6月15日　经新闻出版总署经济专业高级职务评审委员会评审，程丽红具备高级经济师任职资格。

6月18日　新闻出版总署批复，同意成立全国出版物发行标准化技术委员会，同意第一届全国出版物发行标准化技术委员会组成方案。委员会由55名委员和2名顾问组成。柳斌杰任主任委员，孙寿山、段桂鉴、张福海、刘国辉、陈锦涛、周立伟任副主任委员，王栋石任秘书长，刘杲、郑士德任顾问。委员由来自全国出版发行单位、高等院校、研究机构、行业协会及相关单位的专家组成。秘书处设在总店。

6月18日　总店总经理室研究决定，自2004年7月1日起在江西南昌建立北京新华求索图书连锁有限公司江西分公司南昌店，聘任李英为南昌店经理（兼）。

6月30日　总店党委举办庆祝建党83周年座谈会暨新党员宣誓仪式，王四海主持，刘国辉参加。

6月 为支持总店承办发行标委会秘书处，中国出版集团向总店拨付30万元，作为秘书处的开办费。

7月16日 总店账销案存领导小组成立，组长刘国辉，副组长王四海、马宝亮。领导小组下设办公室，主任马宝亮，副主任朱国新。

7月19—20日 全国出版物发行标准化技术委员会成立大会暨第一届委员会第一次工作会议在北京大观园酒店召开。新闻出版总署副署长、本届委员会主任委员柳斌杰出席并讲话。成立大会由发行标委会副主任委员、新闻出版总署办公厅主任孙寿山主持。出席大会的还有：中宣部出版局研究处处长张凡、国家标准化管理委员会国家标准技术审读部主任沈同、新闻出版总署办公厅副主任段桂鉴、出版物发行管理司副司长张福海，中国出版集团总公司管委会副主任兼新华发行集团总公司总经理宋晓红，总店总经理刘国辉、副总经理王栋石、浙江新华书店集团有限公司总经理周立伟、深圳发行集团董事长兼总经理陈锦涛、发行标委会顾问郑士德，以及第一届发行标委会的委员和部分行业专家60余人。段桂鉴宣读新闻出版总署《关于同意成立全国出版物发行标准化技术委员会的批复》和发行标委会的组成人员名单。孙寿山给委员们颁发聘书。王栋石介绍发行标委会的筹备和组建情况。会议审议通过发行标委会章程、秘书处工作细则、通讯成员管理办法、工作报告、第一年度工作计划等。

8月5日 中国出版集团公司宣布集团下属的新华发行集团总公司国内图书连锁经营网络启动。新华发行集团总公司及所属总店经过近两年的探索，已经在国内10余个省、自治区、直辖市建立自营、合资、加盟和关联连锁网络店近100家，可即时利用的连锁卖场资源100余家，初步形成国内连锁网络近200家。

8月18日 中国出版集团批复，同意总店投资组建"新华出版物流通中心有限责任公司"（简称"新公司"）的方案。

8月20日 总店总经理室聘任任颖为图书馆直供中心副经理。

8月31日　总店与中国出版集团直属出版社发行联合体联合召开出版《中国出版集团发行专刊》可行性研讨会。总店总经理刘国辉主持会议，集团直属13家出版社共40位代表出席，信息中心经理杨文胜对实施"集团发行专刊"的实施方案作说明，联合体秘书长廖人健作总结发言。

9月14—16日　总店总经理刘国辉、副总经理王宏经赴香港进行商务考察，并与读者文摘公司洽谈合作事宜。

9月29日　中国出版集团批复，同意总店与加拿大亚洲出版机构有限公司共建新华亚洲（北京）文化发展有限公司。公司注册资金100万元，总店以现金方式投资20万元，占注册资本20%。

10月18—26日　总店信息中心经理杨文胜出席新闻出版总署召开的全国新闻出版（版权）行业人才工作会议，并获得新闻出版总署颁发的首届有突出贡献的中青年专家荣誉称号。

11月8日　总店改制专项工作小组成立，包括改制思想工作领导小组、新公司挂牌庆典仪式筹备小组、新公司及母体业务模式规划小组、新公司与母体财务管理模式规划小组、新公司与母体人事剥离及组织机构规划小组。

11月10日　中国出版集团管委会主任杨牧之约见总店信息中心经理杨文胜，就建设中国可供书目问题征询总店意见。杨文胜代表总店表示一定完成集团交给的任务。参加见面的还有集团管委会秘书长刘伯根、办公室主任包衡。

11月10—15日　总店办公室主任张雅山与信息中心经理杨文胜赴济南参加由新华书店协会秘书处主办的全国新华书店办公室主任及网络管理员会议。

11月11日　《新华书目报·图书馆专刊》顾问委员会成立大会召开。会议推选中国图书馆学会秘书长汤更生为顾问委员会秘书长。会后，总店副总经理王栋石为聘任的委员颁发证书。

12月10日　总店受中国出版集团委托，代理组织全国出版物发行信息网二期工程的验收。共聘请专家7人。中宣部研究馆员陈源蒸、中央财经大学教授赵天寿任组长；中国出版集团办公室主任包衡到会并讲话。总店副总经理王栋石全程陪同。项目顺利通过验收。

12 月 15 日　总店信息中心经理杨文胜等接待美国教育出版商麦格劳希尔公司首席代表姜峰一行，双方洽谈在教材目录上刊登该公司双语大专教材事宜，这是教材目录首次开辟双语教材的征订工作。

12 月 31 日　新华出版物流通有限公司由国家工商行政管理总局外商投资企业注册局核准登记注册。

同年　总店信息中心承建的中国新华书店协会网站、总店网站正式投入运作。

同年　总店信息中心苗建巍获中宣部等多部委主办的"服务三农"先进个人称号，陈光获得中央国家机关精神文明先进个人称号。

同年　总店清产核资，清理资产 15 958 万元，核减所有者权益 15 958 万元。

同年　总店营业总收入 53 534 万元，主营业务收入 48 565 万元，投资收益-14 万元，利润总额-5 144 万元，上缴所得税 170 万元，净利润-5 049 万元，所有者权益 10 858 万元。固定资产原价 23 392 万元。年末在职职工 1 031 人，离退休职工 440 人。

2005 年

1月4日 中国出版集团批复，同意总店与北京大学人民医院合作，有偿转让北礼士路 54 号院房地产。

1月5日 总店与北京大学人民医院签订转让北礼士路 54 号院内地块使用权合同，地块占地面积共计 9 948.3 平方米，房屋建筑面积 13 162.3 平方米，北京大学人民医院支付总店 1.15 亿元作为拆迁安置补偿。

1月13日 总店副总经理王栋石、信息中心经理杨文胜参加由新闻出版总署印刷管理司副司长李琛主持在总店召开的上海交大物流研讨会，上海交大副校长盛焕烨、工程系主任江涛教授、商务印书馆信息部副主任刘成勇出席会议。

1月18日 《新华书目报·新华书店协会专刊》创刊，每月一期，每期 16 版。

1月24—25日 总店总经理刘国辉、办公室主任张雅山、书刊部经理吴维月、信息中心经理杨文胜参加中国书刊发行业协会第四届理事大会。

2月2日 由于总店与诚成公司担保的同时双方签署了《反担保协议》，该协议特别注明双方出现担保事件可由北京市仲裁委员会进行仲裁的解决方式。由此，总店与诚成公司控股的武汉万鸿集团公司进行了长达近两年的反担保与股权质押的诉讼，经审结，审判结果为维持北京市仲裁委员会的仲裁结果，认定总店胜诉，要求武汉万鸿集团公司承担反担保责任，并将其在北京新华音像租赁发行有限公司持有的 63.5% 的股权移交总店。

2月6日 总店人教处主持召开总经理室成员述职会议，中国出版集团领导到会征集职工代表及中层干部对店领导班子工作的意见和建议。

2月18日　总店信息中心经理杨文胜到中国出版集团向总裁杨牧之、副总裁刘伯根等领导汇报有关中国可供书目数据公司的工作设想和计划，并听取集团领导的意见和指示。

2月23日　总店党委召开新华书店总店第四届党员代表大会，选举产生了中共新华书店总店第四届委员会和纪律检查委员会。党委会由刘国辉（任党委书记）、王四海（任党委副书记）、马宝亮、王宏经、杨文胜、张国明、张雅山、吴维月、韩杰9人组成；纪委会由王四海（任纪委书记）、叶宝燕、雷庆余、蔡小为、蔡虹5人组成。

2月28日　总店总经理室下发《关于总店部门设置及中层干部聘任的决定》，鉴于总店与10家国内外国有、民营资本共同投资组建的新华出版物流通有限公司已经完成公司注册及相关法律程序，总店自身业务发生改变，内部机构设置分为管理部门和经营部门。管理部门设置：办公室、人教处、计划财务处和行政保卫处；经营部门设置：物业开发部、信息中心、策划室。中层干部聘任：办公室主任张雅山、副主任蔡小为，人教处处长梁英、副处长张京义，计财处处长朱国新、副处长陈新，行保处处长雷庆余，副处长强浩乘、淳于友生，物业部经理叶宝燕，信息中心经理赖雪梅。

2—6月　总店党委根据中央保持共产党员先进性教育活动的总体要求和中国出版集团《先进性教育活动实施方案》统一部署，在总店全体党员中开展保持共产党员先进性教育活动。

3月16日　总店成立长期投资清理领导小组，组长刘国辉，组员王四海、马宝亮、王宏经、梁英、张雅山、朱国新。

4月10日　新华求索求知（北京）图书有限公司开业。该公司由新华书店总店、北京阳光文华文化发展有限公司和北京万佳精典装饰有限公司三方合资组建，注册资金500万元。

4月11日　总店向中国出版集团报送《新华出版物流通有限公司董事会及公司管理层成员的报告》。公司董事长及总经理由总店总经理刘国辉担任，副董事长由博恒投资有限公司董事长王宪平担任，公司副总经理由王四海、马宝亮、王宏经担任。公司董事会成员：刘国辉、王四海、马宝亮、王宏经、王宪平（博恒公司）、甄建国（博恒公司）、杨洁（博恒公司）、Dreeckluu（派可多公司）、Lilywang（派可多公司）、白泊（地图社）。

4月12日　国务院机关事务管理局复函总店和北京大学人民医院，同意将总店北礼士路54号院房地产调整划拨给北京大学人民医院。

4月24日　上午9:30，在人民大会堂三层小礼堂举行新华出版物流通有限公司成立庆典大会。新闻出版总署副署长邬书林、中国出版集团公司总裁、新华发行集团总公司董事长杨牧之在庆典大会上作重要讲话。中宣部出版局局长张小影，新闻出版总署出版物发行管理司副司长张福海、对外交流合作司副司长陈英明，财政部教科文司副司长王家新，中国出版工作者协会副主席兼秘书长谢明清，中国书刊发行业协会常务副会长兼秘书长刘新明，中国出版集团公司副总裁聂震宁、周洪立、王俊国、刘伯根出席。中国出版集团公司副总裁、新华发行集团总公司总经理宋晓红主持庆典。全国300多家出版社和各省店代表、总店和新公司的科以上干部与部分员工等近500人参加。

新华出版物流通有限公司是由中国出版集团所属新华书店总店及人民出版社、人民文学出版社、商务印书馆、中国大百科全书出版社、生活·读书·新知三联书店、中国地图出版社、接力出版社、北京博恒投资有限公司、北京紫禁城投资管理有限公司、英国派可多投资有限公司等11家国内外知名出版发行单位、投资机构共同投资组建的现代公司制企业，是中央一级图书、音像、电子出版物的大型批发物流企业。

该公司注册资金3亿元人民币，总店出资1.2亿元，在公司中占有40%的股份，处于相对控股地位。北京博恒投资有限公司、英国派可多投资有限公司分别以投资9 100万元、占30%的股份和投资8 100万元、占27%的股份，成为公司的投资主体。其余股份由其他8家股东分别持有。公司全面接手总店几十年来构筑的遍布全国的销售网络、仓储物流运输网络、资金结算网络和信息支持系统。

6月3日　总店工会召开"新华书店总店第六届工会会员代表（暨职工代

表）大会"，选举产生总店第六届工会委员会和经费审查委员会。工会委员会由王四海（任工会主席）、蔡小为（任工会副主席）、马学军、叶宝燕、李一飞、陈新等9人组成；经费审查委员会由蔡虹（任经审主任）、陈新、强浩乘等5人组成。

6月13—14日　《新华书目报》借中国新华书店协会召开理事会之机，组织全国各省、市、自治区新华书店29位代表举办《中国新华书店协会》专刊、网站第一次通联会。

6月15日　总店总经理室聘任强浩乘为行政保卫处处长，同时免除雷庆余行政保卫处处长职务。

7月1日　总店召开纪念中国共产党成立84周年暨总店"双优一先"表彰暨新党员宣誓大会。

7月9日　总店原总经理秦宝来在北京病逝，享年74岁。

7月11日　总店向所属各投资公司颁布《新华书店总店所属投资公司管理暂行办法》，同时发布《新华书店总店对外投资管理暂行办法》。

7月28日　经总店总经理室研究同意并报请中国出版集团批准，聘任杨文胜为总店总经理助理。

8月8—18日　总店总经理助理杨文胜参加中国出版集团赴英国业务考察团，对英国大型出版集团及书店进行为期10天的业务访问。

8月18日　总店向中国出版集团上报《关于申请〈新华书店总店集团出版社物流整合项目工程〉科技专项资金项目和〈总店全国图书发行连锁网点建设项目资金〉拨款的报告》。此报告12月7日得到批复。

8月22日　总店和新华出版物流通有限公司成立企业应收账款和存货专项清理工作领导小组。

同日　总店就关于交通银行3 000万元贷款续贷和续保事宜报告中国出版集团公司，恳请集团就人民文学出版社、商务印书馆、中国图书进出口（集团）总公司3单位继续担保问题尽快协调解决。此报告9月8日得到批复。

8月31日　总店及新华出版物流通有限公司联席店务会上宣布王栋石退

休，由副总经理马宝亮主管信息中心及物流配送领导小组工作。

8月 总店马连道红莲南路30号现代物流配送中心大楼36 992平方米正式落成，造价17 452万元。

9月8日 新闻出版行业标准《图书流通信息交换规则》实施动员会在总店会议室召开，新闻出版总署副署长邬书林出席并讲话。他指出，总署将本着"逢山开路，遇水架桥"的支持态度，狠抓落实，确保实施。发行标委会副主任委员、总署发行管理司副司长张福海主持会议，总店总经理刘国辉、发行标委会秘书长王栋石、标准主要起草人和第一批实施单位相关领导、技术负责人参加了会议。会议的召开标志着标准从"小试"阶段进入"中试"阶段。

9月13日—11月4日 总店团总支根据团中央《关于在全团开展学习实施"三个代表"重要思想为主要内容的增强共青团员意识主题教育活动的意见》和中直团工委、中国出版集团团委的部署，在全体团员中开展增强共青团员意识主题教育活动。

9月23日 新华出版物流通有限公司开始南迁马连道新办公楼。

10月20日 按照集团公司要求，成立总店预算管理委员会。主任：刘国辉；副主任：王宏经、朱国新；委员：梁英、韩杰、蔡虹、陈新。

11月23日 总店总经理办公会研究决定，自2005年12月1日起撤销行政保卫处，该处工作职责及人员分别划归总店有关部门和新华出版物流通有限公司。原处级干部职务即行解除，聘任强浩乘为总店物业部副经理（正处级待遇），淳于友生副处长职级和待遇仍然保留。

11月25日 总店总经理室研究决定，委派李曾炎到勤盛物业管理公司担任经理职务，为法定代表人。叶宝燕不再兼任勤盛物业管理公司经理和企业法定代表人及书香园宾馆董事职务。

11月 总店除物业部以外，其他各部门全部搬迁至马连道红莲南路30号业务大楼，与新华出版物流通有限公司合署办公。

12月5—8日 总店副总经理马宝亮、新华音像租赁发行有限公司总经理宋毅、副总经理王秋慧等3人应邀赴日本进行版权交易谈判及考察，重点考察日本股份公司 APRECIO 的业务及盈利模式、运营规模、公司实力和日本同业的发展趋势等，并就双方股权交易事项进行详细沟通，以便有效推进新华音像公司的股权出让。

同年 总店营业总收入 42 161 万元，主营业务收入 38 059 万元，投资收益-142 万元，利润总额-5 926 万元，上缴所得税 40 万元，净利润-1 743 万元，所有者权益 12 054 万元。固定资产原价 39 290 万元。年末在职职工 1 143人，离退休职工 437 人。

2006 年

1月5日　中国出版集团批复，同意张国明接任总店人事教育处处长，梁英办理总店内部退休。

1月13日　新华出版物流通有限公司获国家工商总局下发注册号为企合国字第001105号企业法人营业执照。

1月15日　新闻出版总署批复，同意王宏经担任发行标委会秘书长职务并主持秘书处工作，发行标委会原秘书长王栋石转聘为该技术委员会顾问。

1月26日　新闻出版总署批准发布新闻出版行业标准CY/T 39—2006《图书流通信息交换规则》，自2006年4月1日起实施。该标准由新闻出版总署出版物发行管理司、浙江省新华书店集团公司、新华书店总店、上海市新华发行集团、电子工业出版社、北京科文书业信息技术有限公司（当当网）等单位共同起草。这是发行标委会成立后制定的第一项行业标准。

1月　总店人教处主持召开总经理室成员述职会议，中国出版集团领导到会征集职工代表及中层干部对店领导班子的意见和建议。

同月　《新华书目报·图书馆专刊》由原来的每月1期调整为2期，分别于每月5日、18日出版，同时配合期刊调整相应增加新的栏目。

2月9日　因李英已办理内部退休，经总店总经理室研究决定，推荐肖军华为发行标委会专职副秘书长。即日起由肖军华接替李英的工作。

3月10日　总店总经理室决定对总店中层干部实行聘任，并对机构作出调整：原物业部更名为物业管理处，原行政保卫处有关科室划归物业管理处，对外保留保卫处名称并行使保卫处职权。聘任张雅山为办公室主任；张国明为人事教育处处长、张京义为副处长；朱国新为计划财务处处长、陈新为副处长；叶宝燕为物业管理处处长、强浩乘为副处长（正处级）兼保卫处处长；赖雪梅为信息中心经理。

3月15日　总店信息中心网站正式上线。

4月18—19日　发行标委会秘书处在北京组织举办《图书流通信息交换规则》行业标准第一期宣贯培训班。新闻出版总署副署长、发行标委会主任委员柳斌杰作题为"加快推进出版行业的标准化"的重要讲话。总署办公厅和发行司的有关领导及来自全国各地的出版单位、发行单位、信息技术公司、文化公司、文化传播公司的96名代表参加了宣贯班。

4月20日　总店总经理办公会研究决定，对总店成都分公司增资，注册资金从50万元增至200万元，并责成成都分公司办理相关工商手续。

5月22日　新闻出版总署批准发布新闻出版行业指导性技术文件 CY/Z 13—2006《出版物发行标准体系表》，即日起实施。由发行标委会秘书处主持编制。《出版物发行标准体系表》是指导出版物发行标准化工作的重要框架性文件。

7月16日　总店发布《关于规范总店固定资产、低值易耗品管理的规定》。

8月1日　总店与北京中鼎天投资管理有限公司签订总店北礼士路135号院10号库（23号楼）整体租赁协议书，将10号库整体租给北京中鼎天投资管理有限公司，年租金380万元（至2010年底）。

8月29日—9月1日　应日本股份公司 APRECIO 邀请，总店总经理刘国辉和新华音像租赁发行有限公司总经理宋毅赴日本进行第二次考察。考察期间，新华书店总店（甲方）、新华音像租赁发行有限公司（乙方）与日本株式会社（丙方）、上海爱浦世傲文化发展有限公司（丁方）四方于8月31日签订《股权转让及业务合作合同书》。丁方收购甲方在乙方公司的股权为乙方全部股权的63.5%，收购价格为1 200.15万元。同年12月8日，丁方首先以人民币756万元的价格收购乙方公司的40%股权，甲方按合同将乙方公司的音像租赁及网络经营二项权利全部移交给丁方。所剩收购甲方在乙方公司的

23.5%的股权（收购价格 444.15 万元人民币）至 2007 年 12 月 31 日尚未到账。

9 月 11 日　经总店总经理室批准同意，总店策划部更名为策划中心。

9 月　《全国人中专教学用书汇编》编委会策划出版《精品教材营销手册》。

同月　经北京市高级专业技术资格评审委员会评审，确认陈新具有高级经济师任职资格。

10 月 16 日　总店总经理刘国辉、副总经理王宏经、总店和新华出版物流通有限公司相关部门负责人一行赴成都四川新华文轩连锁股份有限公司，就双方合作的细节进行沟通商洽，形成《新华书店总店与四川新华文轩连锁股份有限公司合作会议备忘录》。

12 月 4 口　根据中国新华书店协会通知要求，总店店庆领导小组在全店及所属公司全体职工（含离退休职工）中部署关于开展纪念新华书店成立 70 周年征文活动以及摄影书画展的有关事项。

12 月 11 日　中国出版集团人力资源部下发《关于邓耘退休的通知》，同意邓耘按规定退休。

同年　总店营业总收入 32 018 万元，主营业务收入 29 390 万元，投资收益-51 万元，利润总额-6 767 万元，上缴所得税 93 万元，净利润-464 万元，所有者权益 5 403 万元。固定资产原价 39 835 万元。年末在职职工 1 126 人，离退休职工 457 人。

2007 年

1 月 11 日 由总店《新华书目报》组织的图采高峰论坛在北京召开。中国出版集团管委会副主任、副总裁王俊国，总店总经理刘国辉、中国书刊发行业协会常务副会长刘新明、中国出版工作者协会副秘书长黄国荣、中国图书馆学会秘书长汤更生、中国新华书店协会秘书长张雅山等领导到会，论坛演讲嘉宾为北京大学信息管理系教授刘兹恒、首都师范大学图书馆馆长胡越、广西师范大学出版社社长肖启明、江苏新华发行集团副总经理金国华。论坛上还举办了"新华书目报 2006 年度优秀馆配商"颁奖仪式。各界人士 150 余人参加会议。

4 月 27 日 上午，纪念新华书店成立 70 周年暨全国新华书店系统先进集体、劳动模范和先进工作者表彰大会在京召开。中共中央政治局常委李长春会见了与会代表，并代表党中央、国务院向大会致信祝贺。中共中央政治局委员、书记处书记、中宣部部长刘云山出席并发表重要讲话，国务委员陈至立参加会见并出席大会。全国新华书店系统先进集体、劳动模范、先进工作者和老同志及首都出版发行单位代表 700 多人参加大会。新华书店总店被人事部和新闻出版总署授予"全国新华书店系统先进单位"称号。总店新华出版物流通有限公司计财部经理蔡红、技术总监白晓伟被授予"全国新华书店系统先进工作者"称号。

4 月 29 日 根据国家税务总局 2007 年 2 月 16 日发出的《国家税务总局关于修订增值税专用发票使用规定的补充通知》，"对 2006 年开具的专业发票，在 2007 年 4 月 30 日前可按原规定开具红字专用发票"。新公司 2006 年 12 月 30 日由于拒付一直未作退货账务处理并且税票过期未冲红的税票价税合计

19 962.58 万元，除按当年审计提出来未冲税票的退货价税合计 11 441.16 万元外，4 月 29 日做税票差额价税实洋合计 8 521.42 万元的冲红账务处理，相应减少 2007 年度总店主营业实洋收入 8 521.42 万元。

4 月　总店配合中国新华书店协会举行纪念新华书店成立 70 周年系列活动。总店信息中心利用《新华书店协会专刊》对 70 年店庆进行全方位报道。

9 月 10—21 日　新闻出版总署组团赴德国和法国分别访问德国贝塔斯曼集团、法国拉加代尔活力传媒集团，总署指定总店总经理刘国辉担任团长，率团出访。

9 月 26 日　总店、新公司和四川新华文轩的合作通过两年的艰苦谈判，签订《合作协议书》及情况说明。10 月 12 日，港交所上市公司四川新华文轩在香港联合交易所公告上公布合作消息。

10 月 17 日　总店把子公司新华出版物流通有限公司的 45% 股权作价 1.35 亿出售给四川新华文轩连锁股份有限公司。在股权比例上，新华文轩与总店各持 45% 股权，剩下 10% 股权，分流给管理层和小股东。

10 月 26 日　经总店总经理室研究决定，聘任何骏（广西出版总社印刷物质部原主任，于 2006 年 5 月调入总店）为总店策划中心主任，时间从 2006 年起至总店改制工作完成。

11 月 2 日　经中国出版集团公司批复，同意聘朱国新为总店副总会计师。

11 月 22 日　发行标委会秘书处在杭州组织召开《图书流通信息交换规则》实施工作研讨会。新闻出版总署发行司有关领导和已开展实施、正准备实施的 19 家单位的代表以及《中国新闻出版报》、《中国图书商报》的记者共 37 人参加了这次会议。这次会议标志着社店信息对接全面实现，标准实施试点阶段结束，开始转入示范阶段。

12 月 19 日　经中宣部批准，中国出版集团公司党组任命汪季贤为总店总经理兼党委副书记，免去刘国辉总店总经理职务。20 日，总店召开中层干部会，中国出版集团领导宣布刘国辉调离总店，汪季贤接任总经理兼党委副书记。

同年　总店营业总收入 16 306 万元，主营业务收入 14 536 万元，其他业务收入 1 770 万元，投资收益-88 万元，利润总额-7 407 万元，上缴所得税 41 万元，净利润-3 102 万元，所有者权益-1 702.67 万元。固定资产原价 39 566 万元。年末在职职工 1 015 人，离退休职工 487 人。

2008 年

1月7日　针对企业应付账款和库存量过大，总店总经理办公会决定成立库存清退工作领导小组。组长汪季贤，成员为领导班子其他成员。小组下设办公室，主任郝惠文，成员为新公司各部门负责人。经对库存图书全面清理，积极与出版社协商沟通联系退货，截至 2010 年 8 月，根据新公司财务账载统计，2 年零 7 个多月时间共计清退新公司库存出版社图书码洋 7 316.51 万元，实洋 4 127.74 万元。

1月8日　针对企业应收账款量大，货款回笼慢，大部分有形成坏账趋势的情况，总店总经理办公会决定成立企业催款工作小组。组长汪季贤，成员为领导班子成员。小组下设办公室，主任朱国新（兼），副主任蔡红，成员为新公司相关部门负责人。1 月 31 日，总店制定收款与奖励挂钩的考核办法《对以前年度应收（待结）账款的特殊回款奖励办法》〔以前年度：新公司财务账面 2005 年度（含 2005 年度）以前〕。经总店领导班子成员和所管部门人员亲自外出催款，截至 2010 年 8 月，新公司共计收回以前年度书款 3 763.96 万元。

1月21日　为配合企业年度审计，总店总经理办公会议决定：成立以马宝亮为组长的企业清产核资工作小组，对总店家底作一次全面清理，夯实企业资产总量。

1月24日　总店信息中心被评为中直机关青年文明号，并获奖牌。

年初　经总店总经理办公会讨论，通过五项削减费用开支的措施，并有效施行：一、总店及新公司办公用品采购由办公室统一负责，控制办公设备的购置；二、单位车辆集中管理，统一由办公室调度，控制相关费用开支，杜绝不必要的浪费；三、核定限额，严格控制各部门业务招待费用开支；四、根据新公司及新华音像租赁发行有限公司经营业务严重萎缩的状况，压缩新华音像租赁发行有限公司的办公用房，对上述两公司的工资薪酬标准重新核定，降低不切实际的工资开支；企业定岗定编，在职工自愿选择的前提下，实施减员措施，减少闲置人员的工资支出；五、总店机构大规模搬家，全店干部职工自己动手，节省搬家费用。

年初 总店领导班子将实现减亏和维持企业正常运转作为首要大事来抓，积极带头带队外出催收欠款，制定收款与奖励挂钩的奖励办法。在管理上，采取各种手段，节流节支，大幅削减各项管理费用和财务费用，把有限的资金用在最需要的地方，截至 2010 年 8 月，2 年零 7 个多月时间共实现减亏 4 000 万元。

年初 总店合并报表显示，欠出版社款项 5.6 亿元，已向出版社开具税票的应付款有 1.97 亿元，开具几年未能承兑，出版社及出版公司（民营）对此意见极大，且有不少出版社据此将新公司告上法院。其中诉讼标的近 5 000 万元，出版社胜诉并在执行中的达 2 700 余万元。针对此情况，总店总经理室认真研究，根据企业库存和欠款的实际，抓紧清理现有库存中的可退社图书，积极与出版社协商沟通，联系退社。在确认可退图书的基础上，重新核对图书欠款，努力减少应付款余额。同时，对已开票的应付货款提出以应付实洋 40% 的价格分期付款。对出版社改制中需要清理货款的要求，总店提出在双方认真核对清楚后按未开票应付款实洋的 20% 分期承兑。在按上述要求拟定的协议签订后，开始陆续付款。为保证双方付款协议的严肃性和可持续性，总经理室要求在每月开支计划中纳入还款项目，以确保对还款协议的认真履行。截至 2010 年 8 月，成功减少已开票应付款额 2 500 万元，减少应付款 1 000 万元，为企业极大地缓解了还款压力，两项相加为企业增加 1 500 万元的利润。

2 月 2 日 总店总经理室办公会传达 2008 年 1 月 26 日中宣部、新闻出版总署联合召开的全国新闻出版工作会议精神。重点传达柳斌杰署长向大会所作的工作报告。全国新闻出版工作会议要求新闻出版工作要围绕"高举旗帜、围绕大局、为民服务、改革创新"这 16 字原则开展，是谋划行业今后战略发展的重要会议。总店领导班子成员出席会议，总店及公司各业务部门负责人参加。

　　同日　总店总经理室办公会决定：撤销上海东华图书发行代理有限公司和公司资产保全中心。

　　同日　经中国出版集团总裁班子同意，总店和新华出版物流通有限公司进行办公场地置换，办公场所"北上"135号院。腾出马连道3.7万平方米由物业整体出租，争取更多的资金收入，确保企业及职工开支收入。总店专门成立企业办公业务场地置换工作领导小组。组长：汪季贤；副组长：王四海、朱国新；成员：张雅山、雷庆余、郝惠文、白晓伟、叶宝燕、陈新、崔桂花。召开搬迁工作办公会议，确定搬迁工作一切从简、节约，做到有序不乱，快捷、平稳进入135号的原则。

　　2月14日　总店根据新闻出版总署的工作部署，为了发行标委会由行业性标委会升格为国家级标委会，总店作为发行标委会秘书处承办单位，向总署科技司上报《关于申请筹建全国出版物发行标准化技术委员会的请示报告》，提交全国出版物发行标准化技术委员会筹建申请表和拟组建技术委员会的初步方案。

　　2月18日　总店总经理办公会决定：策划中心撤销，统一并入信息中心。成立统一进货部，负责人为孙晓婕。

　　2月　经北京市高级专业技术资格评审委员会评审，确认陈新具有高级会计师资格。

　　4月14日　总店总经理室办公会议研究决定，公司运营总监郝惠文兼任教材中心经理。同时撤销公司质量管理部，免去郝惠文主任职务。

　　4月23日　根据中国出版集团领导指示，总店总经理办公会一致推举总店总经理汪季贤担任新华出版物流通有限公司董事长职务。

　　4月　总店和新公司全部搬出马连道红莲南里办公楼，迁回北礼士路135号院环境相对简陋的11号库内办公，以降低运营费用及办公费用，节约成本开支。

5月4日　总店赖雪梅被评选为中国出版集团直属机关党委和中国出版集团团委表彰的"中国出版集团十佳青年"（2007—2008年）。

5月15—20日　总店总经理汪季贤和新华音像公司总经理宋毅应日本株式会社邀请，访问考察日本音像制品连锁销售及复式网吧发展业务。

5月29日　总店成立企业稳定工作领导小组，由总经理汪季贤作为第一责任人，王四海作为第二责任人，总经理室成员及党办、人事、保卫负责人参加，同奥运期间稳定工作小组机构合并，专项承担企业目前稳定维护工作。

5月　总店向四川受灾店捐款3万元。

同月　中国出版集团决定集中开发总店马连道红莲南里30号院西侧的20亩土地。

6月3日　总店原总经理王璟在北京病逝，享年93岁。

6月12日　新华出版物流通有限公司注册完毕，领取正式营业执照。

6月16日　总店总经理办公会传达中央工作会议的有关精神，传达胡锦涛总书记和温家宝总理的讲话要点。会议要求总店在近期必须贯彻中央领导指示，保证企业稳定和安全，下一步工作重点以保职工工资为第一，同时对总店的全年费用预算也将按上级精神减少开支、节约费用。总店领导班子成员出席会议，总店部门负责人列席会议。

6月19日　总店总经理办公会传达全国宣传部长会议精神，重点传达李长春和刘云山的讲话精神。随后又传达此项会议上中国出版集团总裁聂震宁的主要讲话精神，以及集团战略规划会议精神。总店领导班子成员出席，总店部分部门负责人列席。

6月26日　总店总经理办公会传达中宣部文件《关于认真学习宣传贯彻胡锦涛总书记在人民日报社考察工作时重要讲话精神的通知》，要求将文件全文传达给总店信息中心所有编辑人员，并做好全面的贯彻落实工作。

6月　中新华旅行社组成新的股东会和公司董事会，新闻出版总署、中国出版集团、广西区店和总店为公司股东，并组成由上述股东派出的5名董事的董事会。总店派朱国新出任董事。

7月14日 根据政府部门要求，为统一做好奥运安全值班及街头巡逻工作，总店成立稳定工作小组与奥运安保小组，并派出全脱产人员4人参加社会安保和奥运值班。

7月16日 总店总经理室研究决定，成立总店企业投资管理委员会，全面行使投资主体对投资方向、管理、运营和股东监督、检查、建议的权利，保证国有资产的保值增值和股东权益。对企业派出人员担任投控股公司法人、董事长及董事人选提出推荐意见，对现存投控股公司依据状况提出整改、完善、处理及是否关闭的处理建议交由总经理室决定。企业投资管理委员会主任：张雅山，副主任张国明、蔡红，成员：蔡小为、陈新、李希，办公室主任李希（兼）。委员会下设办公室，办公地点设在总店计财处，办公室主任负责委员会对所属公司的联系、检查及监督管理的具体职责。投资管理委员会的联系人为朱国新。对出任人选和委员会职责作了详细说明。

7月 总店总经理汪季贤参加新华旅游协作网广西会议。

8月14日 《新华书店总店投资公司管理委员会职责》颁布。

8月 总店投资管理委员会成立后，加强对总店旗下所有投资公司进行管理，经报请中国出版集团公司批准，对上海东华公司、南海新华公司和新华亚洲公司等办理清算及破产手续。

9月22日 为满足总店信息中心应对竞争、强化出版信息平台建设的需要，总店总经理室办公会研究决定给予信息中心人力、设备和资金上的支持，同意信息中心扩大招聘信息采集与发布专业人员，完善设备配置，并要求信息中心通过增收来加大业务运营资金投入。

9月 新华音像公司总经理宋毅与到访的日本株式会社马场等4人就合作事宜进行会谈，并签署会谈备忘录。

10月21日 在中国出版集团统一主导下，总店与四川新华文轩公司经过历时半年多的沟通、谈判，双方签订《合作框架协议》，中国出版集团党组书记李朋义出席签约仪式。

10月 作为第一批学习实践科学发展观活动单位，总店党委根据中央的部署和中国出版集团公司的要求，在集团公司的指导下，结合总店的实际，成立学习实践活动领导小组和工作机构，认真制定学习实践活动工作实施方案，分阶段、分层次，认真细致地开展学习实践活动。

12月22日　新闻出版总署批准发布 CY/T 51—2008《图书、音像制品、电子出版物营销分类法》，即日起实施。

同年　总店营业总收入 17 031 万元，其中主营业务收入 15 269.61 万元，其他业务收入 1 773.68 万元，投资收益-555.52 万元，利润总额-4 959.33 万元，上缴所得税 31.37 万元，净利润-4 926.53 万元，所有者权益 3 341.55 万元。固定资产原价 37 032.50 万元。年末在职职工 796 人，离退休职工 503 人。

2009 年

1月6日 中国新华书店协会第二届全国会员代表大会在京举行。会议选举产生中国新华书店协会第二届理事会及新的领导机构。总店总经理汪季贤当选副会长，总店办公室主任张雅山再次当选秘书长。

2月25日 总店原总经理王益在北京病逝，享年92岁。

3月11日 上午，中国出版集团公司党组书记李朋义到总店现场办公，召开总店总经理办公会。李朋义听取汇报后指示：总店要进一步推进与四川的合作，全力抓收款。总店目前的困难是集团内成员单位中最严重的，班子成员也是最辛苦的，但即便这样班子成员还要负起责任，共度难关。他还指出了今后总店主业的工作方向。

3月26日 中国出版集团公司成立马连道红莲南里西侧总店土地开发小组，组长：李朋义，副组长：徐凤君、王朝东、王四海，小组办公室主任：王朝东，副主任：叶宝燕。

4月3日 总店总经理室研究决定：党工办主任蔡小为兼任保卫处处长。物业管理处原副处长（正处级）兼保卫处处长强浩乘，因办理内部退休，原聘任职务自行解除。

4月9日 总店召开开展深入学习实践科学发展观活动总结大会。总经理室成员、学习实践活动领导小组成员和全体中层干部、各支部书记和党员代表共计60人参加。会议由党委副书记王四海主持，总经理、党委副书记汪季贤作总结。

4月27日 总店总经理办公会上，党委副书记王四海介绍了中国出版集团4月8日召开后备干部培养会议情况：会上李朋义书记传达了习近平、李克强的讲话，会议强调了培养年轻干部的重要性和紧迫性，目前年轻干部出问题主要是在德上，要掌握干部成长规律、重点培养。

4月29日 总店总经理室研究决定，委派郑瑞青到勤盛物业管理公司担任经理职务，为企业法定代表人。

4月 为解决二炮拆迁总店租用的北京市海淀区永丰屯40亩土地及建筑事，2008年初，总店总经理室责成办公室和物业部依据法律，与永丰当地村委会、二炮建设指挥部多次协商联系，维护企业利益和国有资产的保值和安全。经过历时一年多时间的艰苦谈判，总店不惜动用法律手段，与永丰屯村进行法律诉讼，最终达成谅解，从最初对方给出的200万元补偿金，争取到580万元的补偿。

6月22日 《社科新书目》《科技新书目》由旬刊改为周刊。

6月30日 总店与中国出版集团公司交接承担发行标委会秘书处仪式在总店会议室举行。新闻出版总署科技与数字出版司助理巡视员谢俊旗、调研员蔡京生，中国出版集团公司副总裁宋晓红、信息技术部主任周清华，总店总经理汪季贤、副总经理王宏经等出席并讲话。上一届秘书处代表王宏经与新一届秘书处代表周清华进行秘书处印鉴的交接；监督方代表谢俊旗、新一届秘书处代表周清华和上一届秘书处代表王宏经在总交接书上签字。中国出版集团公司信息技术部副处唐贾军、中版集团数字传媒有限公司副总经理杨文胜、发行标委会原副秘书长肖军华等参加交接会议。

6月 总店总经理汪季贤、信息中心经理赖雪梅参加中国出版集团公司报刊工作会议，会上赖雪梅代表信息中心作了典型发言，介绍信息中心近年的工作。

同月 中国出版集团总裁办公会研究决定，同意总店中止与四川新华文轩公司股权重组谈判。

7月 总店与北京燕都发超市有限责任公司签订出租9号库1层的合同，年租金83.81万元，租期一年。

9月10日 北京华新中盘传媒广告有限公司成立。

9月22日　下午，中国出版集团公司总裁班子来总店召开现场总裁办公会，专题研究总店问题。

10月　中国出版集团公司支持总店 2 000 万元的专项资金，使总店生存有了相应的转机，使平稳渡过难关有了重要保障，稳定了基本工作局面。

同月　总店及新公司办公场地从 11 库搬迁到同院面积较小的 1 号库和 9 号库。

11月2—6日　总店信息中心与全国古籍出版社联合会合作，在广西南宁举办的中国图书馆学会学术年会上，向广西图书馆学会捐赠了 30 万元码洋的图书。全国古籍出版社联合会会长、中华书局总经理李岩代表联合会捐赠图书并发表讲话。会上，总店信息中心还与中国图书馆学会共同发起捐建希望图书馆活动。

11月20日　经新闻出版总署经济专业高级职务评审委员会评审，确认白晓伟具有高级经济师任职资格。

12月28日　总店与中国医学科学院阜外心血管医院（简称阜外医院）签订出租总店 135 号院 16 号楼（11 库）租赁合同，租期 8 年，年租金 1 000 万元。2010 年 3 月，又与阜外医院签订出租 16 号楼副楼的合同，租期 8 年，年租金 38.62 万元。

同年　总店营业总收入 14 417 万元，其中主营业务收入 12 877.26 万元，其他业务收入 1 539.68 万元，投资收益 783.11 万元，利润总额-4 224.7 万元，上缴所得税 2.43 万元，净利润-4 309.92 万元，所有者权益-1 170.55 万元。固定资产原价 36 982.84 万元。年末在职职工 636 人，离退休职工 515 人。

2010 年

1月1日 《新华书目报》子报《图书馆专刊》更名为《图书馆报》。

同日 总店、新华求索求知（北京）图书有限公司联合成立"部队、机关、团体购书服务中心"，在总店院内（135 号院）挂牌营业，中心由新华求索求知公司直接运营和管理。

1月7日 上午，《图书馆报》发刊仪式在北京举行，中国出版集团公司总裁聂震宁，中国图书馆学会理事长、国家图书馆党委书记兼常务副馆长詹福瑞、北京大学资深教授吴慰慈、中宣部出版局离休研究员陈源蒸、人民出版社社长黄书元、国家图书馆副馆长陈力、北京大学信息管理系主任王余光、首都图书馆馆长倪晓建、中国社科院图书馆馆长杨沛超、中华书局总经理李岩、三联书店总经理樊希安、中国出版工作者协会常务副秘书长黄国荣等出席发刊仪式。总店总经理汪季贤致欢迎辞。《新华书目报》总编辑赖雪梅主持会议。北京及外地出版社、图书馆共计 109 人参会。人民网、新华社等 15 家重要媒体参与报道。

1月10日 由北京图书订货会组委会主办、总店《新华书目报》《图书馆报》承办的北京图书订货会馆社高峰论坛在皇家大饭店举行。中国出版集团公司副总裁王俊国、订货会组委会主任、人文社党委书记刘国辉、印刷发行管理司处长吕晓清、中国新华书店协会秘书长张雅山等出席会议。会议由组委会副主任、中国大百科全书出版社副社长刘晓东主持，参会来宾共 82 人。

1月14日 总店总经理汪季贤参加中国出版集团召开的传达全国宣传部长会议和新闻出版局长会议精神的会议。集团会议着重传达了李长春和刘云山的重要讲话精神。总店总经理办公会 1 月 18 日传达了上述会议精神。

2月3日　中国出版集团党组书记王涛视察总店信息中心，指示要创造良好工作环境，努力做好信息中心工作。

3月10日　总店总经理室研究决定，聘任陈新为总店计划财务处处长。

3月17日　总店信息中心收到中国出版集团关于收集抗震救灾灾后重建出版物的通知后，将《图书馆报》第9期快递到第20届全国图书博览会执委会办公室抗震救灾出版物展示工作组。该报纸在4月24—28日展出，展出结束后出版物捐献给中宣部"万众一心，众志成城"展馆做永久陈列。

3月30—31日　中国书刊发行业协会第五次全国会员代表大会在北京召开。总店总经理汪季贤当选第五届中国书刊发行业协会副会长。

4月14日　按照中国出版集团要求，总店总经理办公会传达了4月9—10日中宣部全国宣传部长会议精神，重点传达了李长春同志和刘云山同志的讲话精神。

4月20日　总店原党委书记王印德在北京病逝，享年81岁。

4月　根据中国出版集团要求，总店向青海玉树地震灾区捐款1万元。

6月7日　总店总经理办公会研究决定，注销永丰物流中心。

6月24—27日　第一届"全国少儿阅读公共论坛"在北京举办。论坛由中国图书馆学会、中国出版工作者协会、少年儿童读物工作委员会、图书馆报联合主办，中图学会旗下的未成年人图书馆服务专业委员会、中小学图书馆委员会、中国少年儿童新闻出版总社等10家单位共同协办。论坛旨在打造一个促进少儿文献资源建设、推动少儿阅读深入开展的平台，成为少儿图书馆配市场的推手。出版界和图书馆界代表151人与会。中国图书商报、中国新闻出版报等14家媒体出席。论坛首次采用网络直播即时报道。论坛每年举办一次。

7月　总店信息中心在中国出版集团的支持下，在吉林长春举行的中国图书馆学会年会上，将组织的30余万码洋的图书捐赠以建设基层图书馆。集团公司副总裁刘伯根出席捐书活动。

8月11日　经中宣部批准，免去汪季贤总店总经理职务。

8月12日　中国出版集团公司发文通知总店，在总店法人代表变更前，由总店副总经理王四海代行总店法人代表职责，并主持总店工作。

8月17日　经中国出版集团公司批准，总店以新华出版物流通有限公司名义与北京立业投资有限公司正式签订租赁协议，出租马连道红莲南里办公楼等面积37 504.39平方米，租期10年，年租金2 000万元。

9月13日　总店总经理办公会研究决定保留京所执照，将法人改为张雅山。

9月16日　2010年全国大中专教材公共论坛在北京举行。论坛由中国出版协会和中国新华书店协会主办，总店信息中心承办。与会专家围绕全国大中专教材的编写、出版、发行以及未来的发展方向等教材建设问题，研究探讨在新形势下教材出版发行工作的新要求和新特点，进一步做好大中专教材的出版和供应工作。论坛发布2006—2010年全国大中专教材出版情况分析报告，公布首届全国教材经销商评选结果并向获奖单位代表颁奖。共有来自全国出版、发行系统的103位代表参会。首次实现信息中心承办会议的网络直播。

10月11日　根据中共中央办公厅、国务院办公厅、中纪委、监察部"小金库"治理工作的通知精神和中国出版集团要求，总店成立"小金库"专项治理工作领导小组，组长由副总经理王四海担任，成员为副总经理马宝亮、王宏经，党办主任蔡小为，计财处处长陈新。办公室设在党工办，主任由蔡小为兼任。

10月21日　中宣部办公厅主任郑宏范、出版局副局长郭义强等人专程到总店135号院进行考察调研。

11月8日　中国出版集团公司聘任赖雪梅为总店副总经理。

11月24日　中国出版集团公司与重庆出版集团联合主办的第五届"香山论坛·重庆峰会"在重庆开幕。来自中宣部、新闻出版总署的相关领导和海内外40多家出版传媒及科研单位的80余位业内专家、学者围绕"科技·资本·创新——出版产业'十二五'展望"的主题，深入探讨全国出版发行业的"十二五"发展大计。总店副总经理王四海参加峰会。

11月29日—12月8日　总店副总经理赖雪梅赴美参加中国出版集团组

织的出版企业国际化培训班。

12 月 1 日 由国家标准化管理委员会批准成立的全国出版物发行标准化技术委员会（SAC/TC 505）成立大会在京召开。总店副总经理王宏经被聘为委员。

12 月 7 日 中国出版集团公司批复同意，聘任张京义为总店人事教育处处长，免去张国明人事教育处处长职务。

12 月 15 日 总店到北京市组织机构代码证管理中心办理新华书店总店《新华书目报》编辑部的"组织机构代码证"，领回组织机构代码证正、副本各一。

12 月 20 日 总店总经理室研究决定，保卫处恢复独立建制，聘任汪春荣为保卫处处长。蔡小为不再担任保卫处处长职务。

12 月 21—24 日 总店入党积极分子培训班在信息中心举行。总店党委副书记、副总经理王四海、副总经理赖雪梅、党委办公室主任蔡小为、团委书记马凌、信息中心党支部书记尹立军参加培训班开学典礼，入党积极分子戴昕等5 人参加学习。

12 月 24 日 总店副总经理王四海参加中新联董事会。

同年 总店副总经理王四海参加在成都举办的中新华旅行社董事会。

同年 总店信息中心试水数据分析项目，全年调研并发表以《书店争霸赛、畅优大比拼——网店与实体店读者倾向性调查》为代表的 10 余个专项调研报告。

同年 总店向中国出版集团公司申请书目立体化建设项目，并获得集团公司批准，双方签订了《书目立体化建设项目合同》，中国出版集团公司向总店拨付 40 万元项目建设专款。

同年 总店对外出租物业已完成 6.7 万平方米，年租金收入达到 3 950 万元。平均租价为 1.6 元/平方米/天。

同年 总店营业总收入 13 304 万元，其中主营业务收入 10 589 万元，其他业务收入 2 716 万元，投资收益 14 万元，利润总额-2 412 万元，上缴所得税 145 万元，净利润-2 557 万元，所有者权益-3 140 万元。固定资产原价 36 711 万元。年末在职职工 563 人，离退休职工 523 人。

2011 年

1 月 7 日　在北京高等教育出版社举办的 2011 书业营销创新论坛、全国新华书店"一网通"开通暨 2010 中国图书榜中榜揭榜盛典上，中国图书商报社与中国新华书店协会联合举行全国新华书店"一网通"开通仪式。新闻出版总署副署长阎晓宏，总署印刷发行管理司副司长谭汶，中国教育出版传媒集团有限公司党委书记、总经理李朋义，中国新华书店协会会长、中国出版集团公司副总裁王俊国，辽宁省店总经理卜景春同时按下"一网通"水晶球启动按钮。阎晓宏发表了题为《"一网通"为产业发展注入新活力》的演讲，对"一网通"的开通给予高度评价。王俊国就"一网通"给书业带来的变化进行了深刻的阐述。辽宁、山东、江西、四川、内蒙古、河南、陕西、河北、江苏等全国近 30 家新华书店集团负责人以及其他业界嘉宾共 300 多人参加会议。

3 月 18 日　总店总经理办公会传达中国出版集团 3 月 16 日召开的传达贯彻"两会"精神的会议内容。集团会议传达了全国人大、政协会议精神，对政府工作报告的主要内容和中央领导在分组审议时的重要讲话精神进行传达学习，对李长春同志在政协联组讨论会上关于加快文化改革发展的重要讲话精神进行传达学习。

3 月 24 日　新华音像租赁发行有限公司股东大会召开，通过清算注销该公司的决议。5 月，中国出版集团批复同意新华音像租赁发行有限公司进行清算注销。2012 年新华音像租赁发行有限公司完成注销法律手续。

3 月　中国出版集团支付总店银行贷款 3 000 多万元，并拨付 810 万元，主要解决职工工资、欠缴社保及公积金。

4 月 28 日　按中国出版集团公司的要求，总店总经理办公会研究决定：

成立总店治理"小金库"工作领导小组，组长：马宝亮，副组长：王宏经、赖雪梅，成员：张雅山、蔡小为、陈新。下设"小金库"工作领导小组办公室，主任：马宝亮，副主任：蔡小为、陈新。

4月 总店副总经理马宝亮赴四川答谢四川新华发行集团贷款支持及协调贷款罚息免除。

5月5日 总店总经理办公会传达了全国文化体制改革会议精神，重点传达了刘云山同志的讲话精神及工作要求：一、组织好建党90周年及"十二五"规划宣传主题；二、组织好推动大繁荣、大发展的调研；三、组织好推动学习型党组织建设；四、抓好宣传战线思想建设、组织建设。另外纪念辛亥革命100周年也是大事，中国出版集团公司党组也提出了具体工作要求。

5—6月 为配合马连道联建工程项目，彻底腾清马连道旧库的库存和为清理新公司资产做好准备，在审计事务所的监督下，总店进行了为期一个月的彻底盘存，盘存结果为马连道的库存及退货9 200万元码洋。根据中国出版集团的批准意见，对上述库存通过专家认定，采取折扣销售、捐赠基金会和化浆处理3种方式。共获取报废、销售收入151万余元。

6月 总店毛艳琴荣获中共中央直属机关党委授予的"中直机关优秀共产党员"称号。

7月4日 总店企业年金管委会成立，成员为：马宝亮、张京义、蔡小为、陈新。

7月11日 总店安全委员会成立，主任：王四海，副主任：汪春荣，成员：蔡小为、张雅山、张京义、陈新、叶宝燕、戴昕。

9月19日 《社科新书目》1 000期出版。总店信息中心于7月7日—8月13日开展"庆祝《社科新书目》1 000期微博有奖转发活动"，有效提升了"新华书目报"微博的影响力。

9月 总店信息中心荣获中国出版集团精神文明建设委员会颁发的中国出版集团文明单位称号。

秋季 《全国大中专教学用书汇编》开始新增"学科分类"字段项，并根据教育部出台的学科设置对"学科分类"进行修改，学科分类共设 13 个门类、110 个一级学科。

12 月 30 日 国家质量监督检验检疫总局、中国国家标准化管理委员会批准发布 GB/T 27936—2011《出版物发行术语》，自 2012 年 3 月 1 日起实施。该标准由商务印书馆、中国出版集团公司、人民出版社、人民教育出版社、高等教育出版社、科学出版社、化学工业出版社、外语教学与研究出版社、中国地图出版社、新华书店总店、上海新华传媒连锁有限公司、江苏凤凰新华书业股份有限公司、江西新华发行集团有限公司、山东新华书店集团有限公司、安徽新华传媒股份有限公司、云南新华书店集团有限公司、武汉大学信息管理学院、北京交通大学等单位共同起草，是我国出版物发行领域的第一项国家标准。

12 月 新华联合发行有限公司召开股东会及董事会。股东会达成决议，由中国出版集团回购 12 家股东全部股权，其中总店所持该公司 1%股权以原股价转让给集团，转让后，总店不再持有该公司股权。

同年 《新华书目报》加强内容建设和选题策划力度，增加月度专题、书评专刊、阅读专刊、产经专刊。同时，对现有栏目进行调整，新增《一线心声》《馆界观察》《悦读时光》《文坛书话》等 10 多个栏目。尤其是《每周声音》和《一线心声》两个栏目的影响不断扩大，成为图书馆界思想交锋的一个重要平台。

同年 总店党委组织党员学习党的十七届六中全会文件精神，结合企业现状，研究总店今后的发展方向。

同年 总店因地制宜地开办老年之家，为企业离退休老职工提供联络、沟通和娱乐场所。

同年 总店对外出租物业已完成 7.09 万平方米，年租金收入达到 4 100 万元。

同年 总店营业总收入 12 971 万元，其中主营业务收入 9 226 万元，其他业务收入 3 745 万元，利润总额 327 万元，上缴所得税 225 万元，净利润 102 万元，所有者权益-3 037 万元。固定资产原价 32 504 万元。年末在职职工 499 人，离退休职工 561 人。

2012 年

1月4日　总店总经理办公会研究决定，聘任马凌为信息中心副经理。

1月9日　下午，2012 年北京图书订货会馆社合作峰会暨 2011 年度全国优秀馆配商颁奖仪式在北京皇家大饭店举行。会上《图书馆报》总编赖雪梅宣读"2011 年度全国优秀馆配商评选"获奖名单，并举行颁奖仪式。

3月5日　总店总经理办公会研究决定，聘任孙向东为总店物业管理处副处长。

3月29—31日　总店副总经理赖雪梅赴杭州，担任全国新华书店系统庆祝建店 75 周年业务技能大赛之图书造型比赛评委工作。《新华书目报》为大赛唯一支持媒体。

4月9日　在中国出版集团成立 10 周年庆祝大会及出版人才工作大会上，总店副总经理兼信息中心经理赖雪梅被集团授予"十佳管理工作者"称号。

4月18日　总店王佳参加全国新华书店业务技能大赛计算机文字数字录入和排版比赛，获得二等奖，赵亮参加 POP 海报组比赛，获得三等奖。二人分别获得总店总经理室奖励的 3 000 元和 2 000 元奖金。

5月15日　新华书店总店·新华求索求知（北京）图书有限公司与全国中小型公共图书馆联合会在北京举行"全国中小型公共图书馆馆配基地"的合作签约仪式。这是首次针对全国中小型公共图书馆馆配工作的战略合作。参加签约仪式的有：新华书店协会秘书长、新华求索求知（北京）图书有限公司法人代表张雅珊，新华求索求知（北京）图书有限公司总经理胡金安，全国中小型公共图书馆联合会会长郭斌、秘书长董海等代表。馆配基地地址在总店院内，占地面积近 1 000 平方米。

5月21日 总店总经理办公会传达审计署到中国出版集团公司进驻会的精神。在之后长达5个月的时间里，总店配合集团公司审计组的工作，为审计工作提供各种便利，使审计组顺利完成任务，赢得审计部门的同情和支持，主动提出向中央反映总店的困难，争取上级支持。

6月26日 下午3点30分，中国出版集团总裁谭跃，副总裁宋晓红、李岩等一行6人到总店信息中心专题调研数字出版工作。谭跃对总店当前工作及未来发展提出希望和要求，指出要抓住集团发展的机遇，寻求总店自身的定位和发展战略，要求总店信息中心的工作注意与集团大佳网、百科社网站等信息化的互补及升华融合。总店副总经理赖雪梅进行汇报。

同日 总店受邀以支持单位身份参与金典公司与中华职教社合作主办的"文化进校园"活动。

6月27日 新华出版物流通有限公司董事会召开，总店派赖雪梅出任董事。

7月23日 根据新华出版物流通有限公司公司股权转让后，公司性质将由中外合资企业变更为内资（有限责任公司），按照公司法及工商有关规定，总店推荐韩杰出任公司监事。

8月16日 由中国新华书店协会与《全国大中专教学用书汇编》编委共同主办，人教社、机工社华章公司协办，以"教育资源数字化"为主题的"2012年全国大中专教材公共论坛"举办。中国新华书店协会秘书长张雅山出席会议。

同日 《新华书目报·科技新书目》1000期纪念特刊出版。

同年 按照中国出版集团领导、总店总经理室安排，总店对回购新华出版物流通有限公司非国有股东股权事宜进行了多轮谈判。在近半年时间里，完成了对博恒、派克多、紫禁城3家股东股权的收购工作，变更工商登记和偿付股东收购款。此项工作于11月底全面结束。总店成为97.75%绝对控股的大股东，股东从以前11家变成现在8家，成为完全的国有资产有限公司。

同年 总店党委经过积极培养，发展4名年轻同志入党。

同年　总店党委组织学习十七届六中全会文件和十八大文件精神，结合企业现状，研究总店的发展方向。

　　同年　总店对外出租物业完成 7.2 万平方米，年租金收入达到 4 200万元。

　　同年　总店营业总收入 11 333 万元，其中主营业务收入 7 633 万元，其他业务收入 3 700 万元，利润总额 668 万元，上缴所得税 154 万元，净利润 514万元，所有者权益-6 228 万元。固定资产原价 32 098 万元。总店共有在册员工 119 人，外聘员工 49 人，内退员工 203 人，新公司在岗人员 199 人，离退休职工 591 人。

2013 年

1月10日 中国图书馆学会媒体与阅读专业委员会与总店《图书馆报》联合在北京举行"2013年全国馆社高层论坛"。论坛邀请图书馆、出版社、馆配商与馆配行业专家，以"锵锵六人行"的形式，就馆配服务、文献采购、信息对称、产业链建设以及行业自律等话题，进行探讨与辩论。论坛由中国社会科学院图书馆杨沛超馆长与《图书馆报》赖雪梅总编辑主持。论坛还举行了"2012年度全国优秀馆配商评选"颁奖仪式。

1月15日 《教育与出版》月刊正式出版。2014年12月终刊，共出版24期。

1月 总店副总经理赖雪梅作为经营管理类人才入选全国新闻出版行业第三批领军人才。

3月14日 国家新闻出版总署和国家广播电影电视总局整合组建国家新闻出版广电总局。

4月11日 总店《图书馆报》微信公共平台正式开通。

4月22日 总店总经理办公会研究决定，同意成立总店辽宁分店清算小组，组长：陈新，清算组成员：张雅山、蔡小为、张秋海。

5月16日 《科技新书目》中的《科技阅读专刊》在全民阅读报刊行活动中获优秀栏目奖。新闻出版总署报刊司颁发证书。

6月13日 按照《在中央第七巡视小组巡视中国出版集团公司期间，对群体上访事件应急方案》的文件精神要求，总店成立应急联络小组，成员为：王四海、张雅山、蔡小为、叶宝燕。

6月 为纪念图书发行管理学专业创办30周年，武汉大学信息管理学院出版科学系主任徐丽芳教授、副主任张美娟教授专程到访总店，与总店副总经理马宝亮、办公室主任张雅山、人教处处长张京义、原教育人事处副处长王旭等进行座谈，并在总店程丽红的陪同下看望了总店原总经理汪轶千。

7月28日—8月1日 由总店信息中心主办、黑龙江省图书馆承办的"出版界图书馆界全民阅读年会（2013）"在黑龙江省哈尔滨举办。来自国内图书馆界和出版界的300多名代表齐聚冰城，就全民阅读推广、馆社合作、数字阅读和数字出版工作进行深入的探讨。该年会被中国新闻出版报评点为2013年重大阅读活动之一。

10月5日 总店原副总经理高起成在北京病逝，享年81岁。

11月8日 在上海浦东召开的中国图书馆学会年会上，《图书馆报》主办以"融合与机遇：数字时代的馆社对话"为主题的馆社论坛，论坛邀请图书馆界和出版界的重量级嘉宾参与演讲，是年会唯一一场跨图书馆界与出版界的高层次、大规模对话与交流的论坛。

11月22日 上午，武汉大学信息管理学院在院办召开出版科学系（原图书发行管理学专业）创办30周年庆祝会议。20世纪80年代初诞生于武大图书馆学系的图书发行管理学专业，已发展成为武汉大学信息管理学院出版科学系，30年中共培养了7 000多名出版专业人才，包含本科生、硕士生和博士生。毕业生很多成为我国出版发行单位的高管和业务骨干。被业界称为出版业的黄埔军校。

11月27日 总店副总经理马宝亮、办公室主任张雅山参加在金融街召开的135号院开发座谈会，商谈总店135号院的开发问题。

12月31日 总店召开干部大会，中国出版集团公司总裁谭跃出席并发表重要讲话，集团公司人力资源部主任周伟到会宣布有关任免决定。经中宣部批准，茅院生（中国出版传媒股份有限公司证券与法律事务部原主任）任总店总经理、党委副书记，柏万良（中国出版集团公司党群工作部原副主任）任总店党委副书记、纪委书记，张雅山任总店副总经理。总店副总经理马宝亮、王四海到龄退休。

茅院生作任职发言。大会由马宝亮主持。王四海、王宏经、赖雪梅，总店处以上干部及所属公司负责人参加大会。

同年 《图书馆报》获第六届中国出版集团优秀报刊奖。

同年 总店信息中心获得中国出版集团颁发的"青年文明号"荣誉称号。员工赵亮获中国出版集团青年岗位能手称号。

同年 总店营业总收入 13 230 万元，其中主营业务收入 8 645 万元，其他业务收入 4 585 万元，投资收益 28 万元，利润总额 -8889 万元，上缴所得税 75 万元，净利润 -8 964 万元，所有者权益 -15 192 万元。固定资产原价 31 989 万元。年末在职职工 393 人，离退休职工 630 人。

2014 年

1月6日　总店总经理办公会研究决定：党委副书记柏万良担任工会主席，原党委副书记兼副总经理王四海不再担任工会主席。

同日　总店总经理办公会研究决定，总经理茅院生担任总店法人代表，并进行变更事宜。

1月9日　总店领导班子成员茅院生、干宏经、柏万良、张雅山带领相关部门负责人到中国印刷集团公司（中印集团）"新华 1949 文化金融创新产业集聚区"参观学习，并与中印集团总经理罗钧及相关人员座谈。

1月12日　总店科以上干部到马连道红莲南里办公区开展除草活动。

1月20日　总店总经理办公会研究成立 135 号院开发工作小组，副总经理张雅山任工作小组组长。

2月18日　中国出版集团公司 135 号院开发领导小组召开第一次会议，研究 135 号院开发事宜。集团副总裁、135 号院开发领导小组组长潘凯雄出席会议并作工作部署。总店总经理茅院生、副总经理王宏经、党委副书记柏万良、副总经理张雅山参加会议。

2月19日　总店原副总经理周天泽在北京病逝，享年 93 岁。

2月20日　在中国出版集团公司 2014 年度工作会议上，总店总经理茅院生在大会交流环节作《盘活存量资产，推进产业转型》的发言，向大会汇报新华书店总店改革发展的基本思路，得到与会领导和代表的高度评价。

3月5日　总店总经理茅院生、副总经理张雅山与到总店考察的上海复兴集团策源地产公司董事长邹泽人等就联合开发事宜进行研讨。

3月6日、11日　总店 135 号院开发工作小组与北京市金融街集团就联合开发 135 号院事宜进行方案论证和合作模式研讨，形成初步开发规划方案和合作意向协议。

3 月 14 日　中国出版集团公司总裁谭跃、副总裁潘凯雄及集团 135 号院开发领导小组听取总店就 135 号院开发工作进展、初步规划、合作意向的汇报。领导小组认为总店工作有成效，总体想法比较贴近实际，要求总店要将 135 号院开发工作抓紧、抓住、抓实、抓出成效，要建立企业化运作机制，要将困难想足、问题想透，要有预案。

3 月 17 日　中国出版集团公司总裁办公会研究 135 号院开发事宜，会议原则同意总店 135 号院整体开发思路，原则同意与金融街集团合作开发，同意签署合作意向书。

3 月 18 日　总店成都公司领导班子调整，杨琳任总经理。

3 月 21 日　总店召开 2014 年度工作会议。中国出版集团公司党组成员、副总裁潘凯雄，总店总经理茅院生、副总经理王宏经、副总经理赖雪梅、党委副书记兼纪委书记柏万良、副总经理张雅山，全体在职员工，总店老领导和离休干部代表，退休党支部书记和委员，内退职工代表等共 300 余人与会。会议分析了产业形势、总店的优势劣势，明确了总店的发展目标、发展思路和主体战略，确定了 2014 年的重点工作。

3 月 31 日　总店召开干部大会，提出"深化人事和分配制度改革、切实推进公司法人治理结构建设和现代企业制度建设"的改革方案，成立以总经理茅院生同志为组长的深化改革工作领导小组，制定《新华书店总店人事和分配制度改革实施方案》，提出制定和实施"一纲九方案"，推进和深化总店人事分配制度改革的工作思路。

4 月 2 日　国家新闻出版广电总局党组书记蒋建国在总店报送的《新华书店总店 2014 年度工作报告》上做出重要批示："我看了报告，认为很好。总店资源金贵，使命光荣，要搞活，要做大，要在全国发行行业起引领作用。要做到这些，关键是要进一步深化改革，要充分运用市场机制和新科技成果，实行转型升级。"

同日 总店党委举办学习贯彻习近平总书记系列讲话精神培训班。总店党委成员和处级干部近30人参加开班式和首次集中学习。总经理、党委副书记茅院生作开班动员，党委副书记柏万良作学习专题辅导，副总经理、党委委员王宏经主持会议。

4月3日 总店中层以上干部到中国印刷技术研究所学习调研。

4月9日 总店中层以上干部到北京中译语通公司学习调研。

4月15日 北京市文资办书记赵磊，西城区委常委、副区长梁昌新到总店调研135号院开发事宜，总店总经理茅院生、副总经理张雅山就开发思路、功能设计、需要北京市及西城区帮助协调的事项进行了说明。

4月17日 中国出版集团公司按照总店过去3年经营平均数下达了2014年总店销售收入指标。

4月30日 总店中层以上干部到北京知易网络科技公司学习调研。

5月19日 根据中国出版集团下发的《关于做好股权投资统计清理工作的通知》，总店成立长期投资股权清理工作小组，柏万良任组长，计财处具体承办。

5月26日 根据中国出版集团公司内部控制体系建设启动大会精神，总店成立内部控制体系建设领导小组，茅院生任组长，总经理室和全体党委委员、纪委委员为成员；成立内部控制体系建设工作小组，柏万良任组长，办公室、财务、人事部门负责人为小组成员。

6月16日 中国出版集团公司总裁谭跃、副总裁潘凯雄听取由北京市建筑设计研究院提供的总店135号院开发概念设计方案。

6月23日 中国出版集团公司批复同意总店135号院整体开发方案。

同日 西城区副区长李岩到总店调研135号院开发事宜。总店总经理茅院生、副总经理张雅山就开发思路、功能设计、需要北京市及西城区帮助协调的事项进行了说明。

同日 总店中层以上干部到商务印书馆学习调研。

7月30日 总店内退职工申请涨工资工作小组就内退职工申请增长工资

事宜召开座谈会。内退职工代表马林根、肖军华、刘德庆、梁雁秋、王九如、李杰、王志广 7 名同志代表内退职工反映申请增长工资的诉求。新华书店总店总经理茅院生、副总经理王宏经、党委副书记柏万良参加会议并就总店现状、未来发展和内退员工待遇等问题进行了深入沟通和回复。

8 月 21 日　总店召开 2014 年半年工作分析会。总经理茅院生、副总经理王宏经、党委副书记柏万良、副总经理张雅山出席会议，对上半年工作进行总结，并对下半年工作进行安排。

8 月 28 日　西城区政府组织相关部门召开总店 135 号院开发方案及新华文化创意产业园功能论证会。北京市文资办副主任刘绍坚，西城区委常委、副区长梁昌新，北京市华融基础设施建设公司董事长陈松石，北京市文资办规划处处长刘和华、投融资处处长程丽君，总店总经理茅院生、副总经理张雅山等参加会议。与会人员学习讨论了习近平总书记 2 月 25 日视察北京时对北京功能定位的重要指示，对新华文化创意产业园的规划方案和功能规划提出修改意见和建议，提出了 135 号院整体开发和原址改扩建两套思路。

9 月 22 日　总店召开信息中心转企改制专题座谈会，明确转企改制的必要性，研究改制后的发展方向及人员安置等问题，统一思想、鼓舞和坚定员工改制信心。总经理茅院生、副总经理王宏经、党委副书记柏万良、副总经理张雅山参加座谈会，信息中心全体中层干部参加。

9 月 29 日　总店与中新华（北京）文化传媒有限公司在京签署《框架合作协议》。中新华（北京）文化传媒有限公司承诺向拟设立的全国大中专教材网络采选系统项目投资 5 000 万元。为体现合作诚意，中新华（北京）文化传媒有限公司在项目公司设立前提供 1 000 万元（免利息）保证金。总店总经理茅院生、副总经理王宏经、党委副书记柏万良、副总经理张雅山、中新华（北京）文化传媒有限公司总经理蔡新选出席签约仪式。王宏经主持签约仪式。

9 月　总店分别召开有关部门和单位行政领导、党支部书记、人事干部、工会干部、职代会代表、团支部书记、青年代表、民主党派代表等参加的座谈会，听取大家对"一纲九方案"征求意见稿的意见和建议。会议由总店党委副书记、工会主席柏万良主持。

10 月 14 日　中国出版集团党组成员、中国出版传媒股份公司副总经理孙月沐到总店调研报刊工作。总店总经理茅院生就总店相关报刊的经营现状与下一步发展思路进行了汇报。

10 月 16 日　总店召开信息中心改制工作会议，总经理班子与信息中心全体员工进行座谈，研讨信息中心改制原因、改制路径、改制后的发展规划、改制中员工的身份与待遇等问题，形成了信息中心改制的初步方案。

10 月 22 日　中国出版集团公司向北京市委书记郭金龙报送"关于恳请支持新华书店总店建设新华文化创意产业园的请示"。

10 月 28 日　中国出版集团公司批复同意对北京勤盛物业管理公司进行公司化改制。

11 月 3 日　中国新华书店协会第三届全国代表大会召开，总店总经理茅院生当选为协会第三届常务副理事长，副总经理张雅山当选为副理事长兼秘书长。

11 月 12 日　总店策划的"出版界图书馆界全民阅读年会（2014）"在湖南长沙成功举办。年会由中国出版集团公司、韬奋基金会、中国新华书店协会和中国图书馆学会阅读推广委员会联合主办，总店、图书馆报、湖南图书馆、湖南图书馆学会共同承办。总店总经理茅院生、副总经理张雅山出席年会。

11 月 20 日　总店总经理茅院生、副总经理张雅山与总店相关部门负责人到用友软件股份有限公司开展业务交流。用友软件股份有限公司董事长兼 CEO 王文京、执行总裁章培林等接待了茅院生一行。

11 月 28 日　由中国出版集团公司、中国新华书店协会、《全国大中专教学用书汇编》编委会主办，总店承办的"2014 年全国大中专教材公共论坛"在北京举行，国家新闻出版广电总局副局长孙寿山出席并发表讲话。国务院参事室新闻顾问、中央文史研究馆馆员赵德润，中国新闻出版研究院副院长范军，中国出版传媒股份有限公司副总经理孙月沐，总店总经理茅院生、副总经理张雅山等出席，并为"2014年度全国优秀教材经销商"获奖单位颁发奖牌。在论坛举行期间，总店与全国12家优秀教材经销商签署了共建全国大中专教材采选系统战略协议。

12月4日 总店完成中层干部竞聘。

12月18日 中国出版集团公司批复同意总店对信息中心进行业务重组，设立"中国新华发行网络股份公司（暂定名）"和"新华国采教育网络科技股份公司（暂定名）"。

12月20日 总经理茅院生与保卫处26名员工座谈，就总店全面改革、机构调整、全员竞聘上岗、落聘员工安置办法进行讲解沟通。

12月31日 经总店党政联席会议研究，发布总店中层干部以下管理岗位干部竞聘聘任人选。总店成立以来第一次开展的管理岗位全员竞聘圆满完成。

12月 总店"中国新华发行网络平台"项目获得国家2014年国有资本经营预算项目资金2 500万元。

同年 总店营业总收入13 295万元，投资收益22万元，利润总额149万元，上缴所得税54万元，净利润95万元，所有者权益-15 097万元。固定资产原价31 897万元。年末在职职工345人，离退休职工653人。

2015 年

1月5日　北京勤盛物业管理公司公司化改制完成，获得新的营业执照，名称变更为北京新华文博物业管理有限公司。

1月8日　由中国出版集团公司、北京图书订货会组委会、中国新华书店协会、中国图书馆学会媒体与阅读委员会、图书馆报共同主办，总店、新华书月报承办的"2015年全国馆社高层论坛"在京举行。

1月14日　总店召开2015年改革发展工作务虚研讨会。总经理茅院生、副总经理王宏经、副书记柏万良、副总经理张雅山全程参会，与各部门研究2015年的工作设想、改革思路及落实措施。

1月16日　总店党委召开民主生活会。集团公司第一督导组组长宋晓红、督导组成员徐静到会指导。总店总经理、党委副书记茅院生，副总经理、党委委员王宏经，党委副书记、纪委书记柏万良，副总经理、党委委员张雅山参加会议。

1月20日　总店中层以上干部及业务骨干到法制出版社学习调研。

1月25日　总店办公室编印的店刊《总店通讯》创刊。

1月　总店全面深化改革工作小组编印《新华书店总店全面深化改革材料汇编》，梳理总结了总店全面深化改革的工作思路、主要做法和成果。

2月6日　总店召开2015年度工作会议。中国出版集团公司党组成员、副总裁刘伯根出席会议并发表重要讲话，总店总经理茅院生、副总经理王宏经、党委副书记柏万良、副总经理张雅山，总店全体在职员工与所属公司负责人参加了会议。大会审议了茅院生所作的《全面深化改革，努力夯实产业基础，推进产业转型，稳步向现代先进文化企业迈进——新华书店总店2015年度工作会议报告》，并对总店 2014 年度先进单位和个人进行表彰。

2 月初　总店领导班子成员在老龄工作部、人力资源部、党群工作部的分别陪同下，探望了总店离退休干部、特困职工、劳模等。

2 月 11 日　召开《新华书目报》改革发展研讨会，总经理茅院生、副总经理张雅山出席会议并讲话。

2 月　总店总经理茅院生、副总经理张雅山，信息中心主任李漓、副主任牛海龙等领导分批次拜访了清华大学出版社、中国水利水电出版社、科学出版社等多家合作单位，并召开洽谈会。

3 月 5 日　总店工会、女工委联合举办"庆元宵迎三八"联谊会。总店领导班子成员茅院生、王宏经、柏万良、张雅山等出席。

3 月 9 日　新华文博物业管理公司董事会调整，王宏经任董事长、公司法人代表，柏万良、张京义任董事。

3 月 13 日　总店中层以上干部到化学工业出版社学习调研。

4 月 1 日　总店党委召开各党支部换届改选工作会议，党委副书记柏万良主持会议，总店"公推直选"工作小组成员及各党支部召集人参加了会议。

4 月 3 日　聘任张雅山为新华出版物流通有限公司法定代表人、总经理。

4 月 15 日　用友软件股份有限公司副总裁何晓军、副总经理邱东强一行来到总店，与总经理茅院生、副总经理张雅山，信息中心副主任牛海龙、毛艳琴等，就全国大中专教材网络采选系统、中国新华发行网络平台项目的情况进行合作洽谈。

4 月 22 日　由中国书刊发行业协会图书馆馆配工作委员会主办，北京台湖出版物会展贸易中心、总店《图书馆报》共同承办的首届数字资源建设研讨峰会在京举行。总店副总经理张雅山出席并致辞。

4 月 27 日　为纪念新华书店建店 78 周年，总店全体员工在北京蟒山国家森林公园开展登山活动。

5 月 12 日　免去张雅山新华求索求知（北京）图书有限公司法定代表人、执行董事职务。

5月13日　新华文博物业公司中标中国医学科学院阜外医院中控服务项目。

5月14日　金宇集团董事长陶贤财一行到访总店，总经理茅院生，副总经理张雅山，信息中心副主任牛海龙、毛艳琴与其就新华发行网络平台合作问题进行了交流。

5月21日　总店总经理、中国新华书店协会常务副理事长茅院生，副总经理、中国新华书店协会副理事长兼秘书长张雅山出席在延安召开的中国新华书店协会第三届常务理事会第二次会议。会议将中国新华发行网确定为协会重点建设项目。

5月下旬　根据中国出版集团公司安排，总经理茅院生陪同集团公司副总裁李岩访问美国、日本。在美国访问期间，出席了美国书展开幕式及书展相关业务交流活动，参观考察美国最大的连锁书店巴诺书店，访问美国亚洲协会，与美国英格拉姆公司高层进行业务交流和洽谈，参加多场图书发布会和论坛。

6月18日　总店职工餐厅正式供餐。

7月1日　由中共党史学会主办，中共党史学会艺术专业委员会等单位承办，中国出版集团公司、新华书店总店协办的"民族先锋中流砥柱美术作品展"开展。展出的作品包括全国数十位著名艺术家精心创作的70幅油画、国画和版画等精品。当晚的中央电视台新闻联播对本次活动作了报道。

7月6日　总店135号院7号楼经过装修改造正式投入办公使用，总店店史陈列馆同时开放。

7月16日　总店召开党员大会，选举产生了第五届党的委员会和纪律检查委员会。茅院生、柏万良、王宏经、张雅山、陈新5位同志当选为中共新华书店总店第五届委员会委员。柏万良、韩杰、马凌当选为中共新华书店总店纪律检查委员会委员。新一届党委委员、纪委委员召开第一次会议，分别选举茅院生同志为中共新华书店总店第五届委员会副书记、柏万良同志为专职副书记，柏万良同志为中共新华书店总店纪律检查委员会书记。

同日　总店建立困难职工帮扶基金。

7月20日　中国出版集团公司聘任陈新为总店副总经理。

7月27日　中国出版集团公司谭跃总裁、王涛书记率领集团领导班子成员在总店召开研究135号院改造改建方案现场办公会，研究确定了135号院改造建设方案。集团刘伯根副总裁、李岩副总经理、潘凯雄副总裁、孙月沐副总经理以及集团相关部门主任参会。

7月29日　总店总经理、《图书馆报》社长兼总编辑茅院生带队访问国家图书馆，与国家图书馆馆长、中国图书馆学会理事长韩永进就共同建设《图书馆报》、发挥优势资源、利用互联网技术推广全民阅读、繁荣社会主义先进文化等主题进行深入交流，并就双方开展全面合作达成初步意向。

7月30日　总店召开半年经济工作会议。会议总结分析上半年的经营情况，规划安排下半年的重点工作。

8月11日　中国出版集团公司副总裁刘伯根率队来总店进行"十三五"规划专题调研，就中国出版集团"集团化"战略实施、集团"十三五"规划制定、如何应对经济下滑形势听取意见和建议，听取总店"十三五"规划设想、重大工程规划安排。集团办公室主任曹剑、财务部主任徐凤君、投资与资产经营部主任周锡培、办公室副处长何奎、仝冠军、办公室张婧，总店领导班子成员、中层干部及部分业务骨干代表参加调研会。

8月14日　"全民阅读年会50种重点推荐图书（2014—2015年）"终评会议在总店举行。会议评选出全民阅读年会50种重点推荐图书（2014—2015年）。

8月15日　根据《新华书店总店"月学习季交流年培训"制度》，总店举办了第一次读书交流活动。

8月　总店党委副书记柏万良代表总店领导班子和全体职工，分别走访慰问抗战时期参加革命工作的离休干部鲁明、邱平、郗志真、刘来存、高兰菊5人，并为每人发放5 000元慰问金。

9月2日　中国出版集团公司党组书记王涛看望总店抗战老战士、老同志鲁明，并为她送去由中共中央、国务院、中央军委颁发的抗日战争胜利70周年纪念章。总店总经理茅院生、中国出版集团公司人力资源部主任聂静陪同看望。

9月8日　总店135号院改造改建项目合作建设投资方公开招标，经专家评选开标。135号院改造改建项目合作方为中新华（北京）教育科技有限公司。

9月18日　由中国图书馆学会、韬奋基金会、中国出版集团公司、中国新华书店协会主办，新华书店总店协办，中国图书馆学会阅读推广委员会、《图书馆报》、苏州工业园区独墅湖图书馆承办的"出版界图书馆界全民阅读年会（2015年）"在江苏省苏州市举行。

9月22日　总店参加中国出版集团第一届职工运动会，获团体总分第七名。

9月28日　总店召开工会第七次大会，选举产生新一届工会委员会委员和工会经费审查委员会委员。

10月1日　《教育与出版月刊》项目结项。

10月10日　《推动全民阅读出版》项目结项。

同日　新华书店总店与中新华（北京）教育科技有限公司举行135号院改造改建项目合作框架协议签约仪式。中国出版集团副总裁刘伯根，国务院参事室新闻顾问、文史馆馆员赵德润，中共党史学会艺术专业委员会常务副会长姜上林，总店总经理茅院生、副总经理张雅山、陈新，中新华（北京）教育科技有限公司总经理宋国翊等出席签约仪式。

10月12日　总店召开员工大会，全面启动总店信息中心改制重组工作。总店领导班子全体成员茅院生、王宏经、柏万良、张雅山、陈新出席会议。茅院生作动员讲话，柏万良对改制重组方案作全面讲解。

10月14日　为纪念抗日战争胜利暨世界反法西斯战争胜利70周年，总店组织在职员工和部分离退休老同志参观中国人民抗日战争纪念馆。

10月20日　新华国采教育网络科技有限责任公司及新华互联电子商务有限责任公司获得营业执照。

10月26日　总店召开前三季度经济分析暨"十三五"规划研讨会议。

总店领导班子成员茅院生、王宏经、张雅山、陈新出席会议。

10月下旬 总店新华出版物流通有限公司事业发展部高级主管助理陆建新，作为中国出版集团公司第一批选派干部到青海泽库地区村一级单位工作。

11月9日 中宣部副部长庹震到总店调研。中宣部出版局局长郭义强、图书处处长何瑞、副处长陈兰、中国出版集团副总裁李岩等陪同调研。总店总经理茅院生、党委副书记柏万良、副总经理张雅山、陈新参加调研座谈会。

11月10日 《全国少儿阅读推广》项目结项。

11月12日 总店和《全国大中专教学用书汇编》编委会举办的首届"全国大中专教材金牌编辑"评选终评会议在京举行。从150家出版社的655位候选人中最终评选出40名"金牌编辑"。

11月17日 聘任边尔康担任新华出版物流通有限公司副总经理，聘任关喜云担任新华出版物流通有限公司总经理助理。

11月25日 经中国出版集团批准，聘任戴昕、汪春荣任总店总经理助理。聘任张京义、韩杰任总店总监。

11月26日 新版总店官网正式上线运行。

12月4日 由中国出版集团公司、《全国大中专教学用书汇编》编委会主办，新华书店总店、新华国采教育网络科技有限责任公司承办，北京印刷学院协办的"2015年全国高等教育教材论坛"在北京中国科技会堂举行。"全国大中专教材网络采选系统"正式启动。

12月11日 由总店《图书馆报》主办的2015年全国优秀馆配商评选终评会议在总店召开。

12月12日 中共党史艺术专业委员会、中共党史美术馆筹建委员会主办，新华书店总店、中新华（北京）教育科技有限公司承办的中共党史美术馆筹建工作及选址座谈会在总店召开。中央文献研究室原常务副主任、全国政协常委、中共文献研究会副会长杨胜群，中宣部新闻局局长明立志、文艺局局长汤恒，中国出版集团公司副总裁、党组成员刘伯根，国家发改委、财政部、公安部、北京市等相关部门50余位领导与嘉宾出席座谈会。总店总经理茅院生、党委副书记柏万良、副总经理张雅山、陈新出席会议。

12 月 13 日　总店与中宣部机关足球队进行足球友谊赛。

12 月 24 日　总店、《图书馆报》主办的 2006—2015 中国馆配行业"最具影响力人物"专家评选活动召开。经初评专家初选，从社会提名的近 500 名候选人中确定了 50 位终评候选人。

同日　北京新华数创传媒科技发展有限公司获得营业执照。

12 月 26 日　总店首次面向社会招聘人才面试。共有 106 人报名应聘。经过笔试、面试，管理岗位 10 人、其他岗位 11 人进入考察程序。

12 月 28 日　《全国高校教材目录信息建设系统工程》项目结项。

12 月　总店总经理茅院生入选全国新闻出版行业第四批领军人才。

同年　总店营业总收入 15 041 万元，投资收益 21 万元，利润总额 759 万元，上缴所得税 213 万元，净利润 546 万元，所有者权益-9 085 万元。固定资产原价 31 704 万元。年末在职职工 263 人，离退休职工 662 人。

2016 年

1月6日　广西新华书店集团股份有限公司董事长谢向阳、常务副总经理周伟勤一行到总店参观考察。总店总经理茅院生、副总经理张雅山、总经理助理戴昕与谢向阳一行座谈交流。

1月8日　由中国出版集团公司、新华书店总店、北京图书订货会组委会主办，《图书馆报》《新华书目报》承办的主题为"创新发展与文献资源建设"2016全国馆社高层论坛在北京举办。总店总经理茅院生主持，总店副总经理王宏经、张雅山出席。

1月12日　聘任杨琳任新华书店成都有限公司法定代表人。

1月13日　总店颁布《新华书店总店关于提高离休、退休、内退人员生活补贴的办法》。

1月18日　总店作出《关于表彰〈忆往昔峥嵘岁月稠——新华书店总店老同志征文活动〉获奖同志的决定》。经过专家评审，郑士德、许起盈获一等奖；王栋石、李俊杰、冯振洲、王鼎吉、胡有田、吴道乾等获二等奖；郭俊良、姜雨生、邱陵、刘宗文、冯泽秋、陈淑梅、尹立军、邓用忠、蒋敏等获三等奖。

1月25日　聘任李漓为新华国采教育网络科技有限责任公司常务副总经理，牛海龙为北京新华数创传媒科技发展有限公司常务副总经理，毛艳琴为新华互联电子商务有限责任公司副总经理。

1月28日　总店2016年度工作会议召开。中国出版集团公司副总裁潘凯雄出席并讲话。总店总经理茅院生、党委副书记柏万良、副总经理张雅山、陈新，总店全体在职员工与所属公司负责人参加了会议。大会审议了茅院生总经理所作的《实施资源重组，推进产业转型，不断改革创新，为创建现代先进文化企业而努力奋斗——新华书店总店 2016 年度工作会议报告》，对总店 2015 年度先进单位、个人进行表彰。

1 月　总店领导茅院生、王宏经、张雅山、陈新先后看望慰问李连仲、郄志真、邱陵、费再扬、郑士德、刘宗文等 20 余位离退休老领导。陪同看望的还有总店老龄工作部的同志。

同月　店刊《总店通讯》更名为《新华书店总店》。

同月　经过总店困难职工帮扶基金管理委员会对困难申请进行审核、审批，明确了帮扶对象和帮扶标准，于春节前将帮扶送温暖慰问金送到困难职工手里。

2 月 18 日　总店召开 2015 年度总店领导班子述职会议。中国出版集团公司党组成员、中国出版传媒股份有限公司副总经理孙月沐出席并讲话，中国出版集团公司人力资源部主任聂静，干部处副处长朱建伟莅临指导。总店领导班子成员、中层干部和职工代表参加会议。

2 月 24 日　聘任戴昕兼任新华出版物流通有限公司董事长、法定代表人，免去张雅山董事长、总经理职务及法定代表人。聘任戴云波任新华出版物流通有限公司副总经理，免去其总店办公室副主任职务。聘任汪春荣任北京新华文博物业管理有限公司董事长、法定代表人，免去王宏经董事长职务及法定代表人。

2 月 26 日　中国书刊发行业协会理事长艾立民、副理事长兼秘书长纪宏、副理事长王宏经、副秘书长成永利一行莅临总店考察，并就相关项目合作进行座谈协商。总店总经理茅院生，副总经理陈新、总经理助理戴昕、汪春荣等出席座谈会。双方就联合出版《发行界》《中国书刊发行业年鉴》《全国出版发行机构名录》达成合作意向。

2 月 29 日　总店召开各部门、所属公司 2016 年改革发展工作务虚研讨会。总经理茅院生，党委副书记柏万良，副总经理张雅山、陈新，总经理助理戴昕、汪春荣参加会议。仔细听取了各部门、所属公司 2016 年工作目标、发展思路及落实措施,对发言作了点评,针对工作性质与特点提出建议。

3月1日　根据上级组织选派,总店总经理茅院生进入中央党校第16期中青年干部二班(一年制)学习。

3月3日　总店组建合唱队,党委副书记柏万良、副总经理张雅山与队员们一起进行首次训练。

3月16日　总店党委副书记柏万良、副总经理张雅山和北京新华文博物业管理有限公司董事长、总经理汪春荣带队前往顺义区中国出版集团公司物流中心参观学习,与北京新华联合发行有限公司总经理沈致金等座谈。

3月17日　张雅山兼任深圳图书贸易有限公司副董事长,免去王宏经副董事长职务。

3月18日　总店党委颁布《关于在全体党员中开展"学党章党规、学系列讲话、做合格党员"学习教育的工作方案》。

3月21日　新华互联电子商务有限责任公司聘任杨桦担任副总经理;新华国采教育网络科技有限责任公司聘任李昆担任副总经理;北京新华文博物业管理有限公司聘任高峰担任副总经理。

3月25日　新华出版物流通有限公司聘任刘健担任副总经理。

3月　总经理茅院生入选国家2014年文化名家暨"四个一批"人才。

同月　总店确定企业文化核心理念(店训):克勤于邦,止于至善。体现了总店核心价值观,传达了总店作为现代文化企业的责任和担当。

4月20日　中国出版集团组织专题会议研究总店中国新华发行网项目。集团总裁谭跃、副总裁刘伯根以及集团相关部门负责人听取了新华发行网项目小组的汇报。总店总经理茅院生、党委副书记柏万良、副总经理张雅山及新华发行网项目组全体成员参加会议。

4月22日　为了推进"两学一做"学习教育和庆祝总店建店79周年活动,总店组织在职党员、预备党员和入党积极分子赴西柏坡参观学习。

4月25—28日　总店副总经理张雅山、新华互联电子商务有限责任公司副总经理郑欢带队,与广西新华书店集团、深圳出版发行集团,就"中国新华书店跨地区协作网（一网通）"和"中国新华发行网络电子商务平台"项目合作建设进行商谈。广西新华书店集团董事长谢向阳、副总经理王春林，深圳出版发行集团总经理尹昌龙、副总经理何春华等分别参加洽谈。

4月27日　聘任陈建华担任总店事业发展部主任。免去柏万良事业发展部主任职务，免去戴昕、马凌事业发展部副主任职务。

4月28日　《新华书店总店全面深化改革材料汇编（2015）》出版。

5月10日　中国出版集团党组书记王涛莅临总店听取新华发行网项目情况汇报。总经理茅院生，党委副书记柏万良，副总经理张雅山、陈新，总经理助理戴昕、汪春荣及新华发行网项目组全体成员参加座谈会。

5月11日　聘任陈公海担任北京新华数创传媒科技发展有限公司副总经理。试用期半年。

5月19日　聘任马凌担任总店人力资源部主任。聘任张京义担任总店老龄工作部主任。免去张京义总店人力资源部主任职务。免去马凌总店老龄工作部主任职务。

5月20日　总店召开所属公司项目推介交流会。总经理茅院生，党委副书记柏万良，副总经理张雅山、陈新，总经理助理戴昕、汪春荣，总店及所属公司全体中层干部参会。新华出版物流通有限公司、北京新华数创传媒科技发展有限公司、北京文博物业管理有限公司分别就近期规划的重点项目进行了汇报推介。

5月25日　北京新华文博物业管理有限公司与中国大百科全书出版社就双方的物业服务项目正式签署合作协议。

5月30日　共青团新华书店总店团委第十次团员代表大会召开，李戈多、唐榕蔚、薛瑾同志为共青团新华书店总店第十届团委会委员。李戈多任团委书记，唐榕蔚任团委副书记，薛瑾任团委组织委员。

6月21日　聘任杨桦任新华国采教育网络科技有限公司副总经理。免去杨桦新华互联电子商务有限责任公司副总经理职务。

6月22日　中国出版集团公司总裁谭跃，副总裁刘伯根、潘凯雄以及集团财务部等相关部门负责人听取了总店"十三五"重点项目的汇报。总店总经理茅院生、副总经理张雅山、陈新，新华发行网项目组、全国大中专教材采选系统项目组全体人员就两个项目的经营指标测算、融资计划进行重点汇报。

6月27日　由中国出版集团公司主管、新华书店总店主办，新华互联电子商务有限责任公司、中译语通（北京）科技有限公司联合运营的《国际出版周报》创刊。

同日　总店召开"庆祝中国共产党成立95周年暨'两学一做'学习教育"党员大会，通过表彰优秀共产党员、优秀党务工作者和先进基层党组织及讲党课、在党旗下举行宣誓仪式的方式庆祝党的生日。总店领导班子、全体在职党员、离退休党员代表以及入党积极分子参加会议。

6月29日　总店党委副书记柏万良、党群工作部主任韩杰、老龄工作部主任张京义看望了汪轶千、鲁明、郑士德3位离退休老领导。党群工作部主任韩杰与老龄工作部李静还看望了郁红、张永年、郄志真同志。

6月30日　总店副总经理陈新主持召开全国大中专教材网络采选系统项目技术需求方案专家论证会。

7月5日　总店副总经理、新华互联电子商务有限责任公司总经理张雅山主持召开中国新华发行网与跨地区协作网系统技术专家论证会。

7月19日　中国出版集团党组书记王涛、总店总经理茅院生带队到江西南昌，与江西出版集团公司洽谈"新华发行网"合作共建事宜。江西省出版集团公司党委书记、董事长赵东亮，江西省出版集团公司党委副书记、总经理曾光辉，总店副总经理张雅山，中文天地出版传媒股份有限公司党委副书记、总经理傅伟中，江西新华书店总经理涂华等参加洽谈。

7月21日　中国出版集团公司直属机关党委常务副书记、纪委书记、党群工作部主任姜红新到总店督查"两学一做"学习教育工作。总店党委副书记柏万良汇报总店"两学一做"学习教育情况。总店各党支部书记参加座谈。

7月26日　总店举办新华大讲堂暨"两学一做"专题党课。邀请中国出版集团原党组书记、中国出版协会副理事长、《国际出版周报》编委会主席李朋义作"坚定理想信念，补好精神之钙"的报告。总店总经理、党委副书记茅院生主持党课，党委副书记柏万良，副总经理、党委委员陈新，总店全体员工、离退休党员代表参加了学习。

同日 马凌担任新华互联电子商务有限责任公司董事，王宏经不再任新华互联电子商务有限责任公司董事。

7月28日 总店及所属新华国采教育网络科技有限责任公司与郑州大学、郑州大学出版社在第26届全国图书交易博览会期间，举行"全国大中专教材网络采选系统"战略合作协议签约仪式。中国出版传媒股份有限公司副总经理樊希安，总店总经理、新华国采公司董事长兼总经理茅院生，总店总经理助理戴昕等出席签约仪式。

8月2日 总店召开2016年上半年经营工作会议。总经理茅院生作总结讲话，党委副书记柏万良，副总经理张雅山、陈新，总经理助理戴昕、汪春荣出席会议。

8月3日 "全国大中专教材网络采选系统"采购项目经公开招标确定中科软科技股份有限公司为中标单位。总店纪委、职工代表对开标评标全过程进行监督。

8月4日 全国大中专教材网络采选系统项目启动会在总店召开。总店总经理、新华国采公司董事长兼总经理茅院生，总店党委副书记柏万良，新华国采公司常务副总经理李漓、副总经理李昆、杨桦，中科软科技股份有限公司信息工程三部总经理肖强，采选系统项目负责人李天佑，新华国采公司及中科软公司采选系统项目开发团队成员参会。

8月9日 总店颁发《新华书店总店领导干部选拔任用管理办法》。

8月10日 总店11栋建筑装修改造工程施工监理项目评标大会在总店举行。总店纪委、职工代表对开标评标全过程进行监督。

8月22日 总店召开党委理论学习中心组会议，学习《中国共产党问责条例》。

同日 聘许维华任总店办公室副主任，新华互联电子商务有限责任公司董事、常务副总经理。

8月24日　由国际出版商协会、中国出版协会主办，新华书店总店《国际出版周报》发起并承办的"2016国际出版企业高层论坛暨'国际出版网'上线仪式"在北京举行。国家新闻出版广电总局副局长阎晓宏、中国出版集团公司总裁谭跃、国际出版商协会秘书长José Borghion、埃及文化部副部长海赛姆·艾尔哈加里等中外200余位嘉宾出席，中央电视台、凤凰网、搜狐网等20家媒体进行了报道。

8月30日　陈新担任新华国采教育网络科技有限责任公司董事，张京义不再担任新华国采教育网络科技有限责任公司董事。戴昕不再担任新华互联电子商务有限责任公司董事。张雅珊、戴昕、陈建华、张京义、马凌担任新华出版物流通有限公司董事，汪季贤、陈新、赖雪梅、马宝亮、王宏经、王四海、杨树德不再担任新华出版物流通有限公司董事。聘任戴昕担任新华出版物流通有限公司总经理。免去谢志磊新华出版物流通有限公司监事职务。陈新担任北京新华文博物业管理有限公司董事，柏万良不再担任北京新华文博物业管理有限公司董事。柏万良担任北京新华文博物业管理有限公司监事，陈新不再担任北京新华文博物业管理有限公司监事。

8月31日　由中国图书馆学会主办，总店图书馆报与河南省少儿图书馆承办的"2016全国少儿阅读峰会"在郑州举办。总店副总经理、图书馆报总编辑张雅山出席并致辞。

同日　中国出版集团人力资源部主任聂静带队来总店调研总经理助理、总监岗位选拔任用情况。总经理茅院生、党委副书记柏万良作专项汇报。总经理助理戴昕、汪春荣、总监张京义结合自身工作交流经验体会。

8月　总店离、退休支部完成换届改选工作。新一届总店离休支部支部书记为张京义，宣传委员张素华，组织、纪检委员李静。新一届总店退休支部支部书记为陈淑梅，副书记冯泽秋，纪检委员郭金利，支部委员张淑敏、沈琪、梁洁、王秀英、付育承、庄梅芬。

9月7—10日　由全民阅读活动组织协调办公室指导，中国图书馆学会、韬奋基金会、中国出版集团公司、中国书刊发行业协会、中国新华书店协会主办，总店图书馆报等单位承办的"2016全民阅读年会"在宁夏图书馆隆重举行。会上，张雅山副总经理代表总店与一点资讯签署战略合作协议。

9月13日 北京新华文博物业管理有限公司与北京新华联合发行有限公司签署园区物业服务合同。

9月18日 总店承担的"中国新华发行网"和"全国大中专教材采选系统"入选中国出版集团公司"十三五"时期重点建设项目。

9月19日 为展现和讴歌总店和员工奋发有为的精神风貌，喜迎总店80华诞，总店开展征文活动，发布《关于"我与总店"和"店歌歌词"征文的通知》。

9月23日 陈建华、马凌担任北京新华数创传媒科技发展有限公司董事，戴昕、张京义不再担任北京新华数创传媒科技发展有限公司董事。聘任陈建华担任北京新华数创传媒科技发展有限公司常务副总经理。聘任牛海龙担任北京新华数创传媒科技发展有限公司副总经理，免去常务副总经理职务。

10月15日 总店召开"全国大中专教材网络采选系统"高校专家论证会。会议邀请了云南大学副校长周学斌、宁波大学副校长严小军、云南农业大学党委副书记朱江、首都师范大学党委副书记缪劲翔、新疆师范大学党委副书记李国良、江苏科技大学副校长黄进、贵阳中医学院党委副书记朱洪波等高校领导参会，对"全国大中专教材网络采选系统"进行深入论证。总店总经理、新华国采公司董事长兼总经理茅院生、总店党委副书记柏万良、副总经理陈新参会。

10月19日 总店第二期新华大讲堂邀请上海图书馆馆长、上海科学技术情报研究所所长陈超作了题为"全球科技创新发展态势与启示"的精彩演讲。总店领导茅院生、柏万良、张雅珊、戴昕及百余名员工参加了报告会。

10月28日 为扎实推进"两学一做"学习教育，认真学习贯彻党的十八届六中全会精神，总店党委召开了党支部书记会议，党委副书记柏万良主持会议并讲话。

11月4日　王杨担任新华出版物流通有限公司监事，免去张向阳新华出版物流通有限公司监事职务。

11月14日　总店颁布《新华书店总店人才引进管理办法（试行）》和《新华书店总店所属公司营业收入和利润超额奖励办法（试行）》。

11月24日　总店召开2016年前三季度经营分析会议。总经理茅院生出席会议作总结讲话，党委副书记柏万良，副总经理张雅山、陈新，总经理助理戴昕、汪春荣出席会议。

同日　新华书店总店与中国华录集团战略合作签约仪式在总店多功能厅举行。总店总经理、新华互联公司董事长茅院生、总店党委副书记柏万良、总店副总经理、新华互联公司总经理张雅山、总店副总经理陈新，新华互联公司常务副总经理许维华、副总经理郑欢，中国华录集团服务与文化事业部副总经理吴蕾，北京易华录智慧城市BG总经理王大鹏等出席签约仪式。张雅山与王大鹏在参会领导、嘉宾的见证下签署《中国新华发行网电商平台技术服务合同》和《中国新华发行网电商平台项目合作意向书》。

11月25日　化学工业出版社社长周伟斌、党委书记张婉如、常务副社长刘海星、社长助理郎红旗等一行6人莅临总店参观考察，与总店就双方全方位合作举行交流座谈会。总店领导茅院生、柏万良、张雅山、陈新、戴昕、汪春荣，总店中层及所属公司领导班子成员参加座谈。双方就发展战略、经营思路、改革经验等进行深入交流。

12月6日　由中国出版协会、国际出版商协会主办，《国际出版周报》承办，以"国际出版聚焦中国"为主题内容的沙龙在外研社举办。总店副总经理张雅山作了"新华书店的发展、问题与转型"的主题发言。

12月9日　总店总经理茅院生和副总经理张雅山带队赴上海参加中国出版集团公司重点项目招商融资大会。总店新华国采教育网络科技有限责任公司常务副总经理李漓，新华互联电子商务有限责任公司常务副总经理许维华、副总经理郑欢组成了项目招商路演团队。郑欢和李漓分别向参会人员介绍了新华书店网上商城和全国大中专教材网络采选系统两个项目，得到了参会领导和投资机构的好评和关注，为进一步拓宽项目的社会融资渠道打下坚实的基础。

12 月 17 日　总店完成 2017 年高校毕业生复试工作。

12 月 21 日　中国出版集团批复同意总店对北京新华数创传媒科技发展有限公司进行增资，注册资本由 50 万元人民币增至 1 000 万元人民币。

12 月 22 日　由《全国大中专教学用书汇编》编委会主办、新华国采教育网络科技有限责任公司承办的"2016 年全国高等教育教材峰会"前期评选活动之"全国大中专教材金牌编辑"评选终评会在总店举行。

12 月 24 日　纪念毛泽东诞辰 123 周年前夕，李讷、王景清夫妇莅临总店视察指导工作，并题词——"奋进"。总店总经理茅院生、党委副书记柏万良、副总经理陈新、总经理助理汪春荣等陪同。

12 月 29 日　总店党委 2016 年民主生活会召开，中国出版集团公司纪委副书记张雁到会指导。总店总经理、党委副书记茅院生，党委副书记、纪委书记柏万良，副总经理、党委委员张雅山、陈新参加会议。

2017 年

1 月 4 日　全国人大常委会委员、全国人大教育科学文化卫生委员会主任委员柳斌杰在全国人大办公楼举行的北京图书订货会媒体见面会上，回答中外记者提问时，高度评价了总店主办的《国际出版周报》。他在介绍中国加入国际出版商协会的有关情况时特别提到："最近，国际出版商协会主席理查德访华，我们进行了深入交谈。与理查德会见的相关情况，《国际出版周报》做了很好的报道，各位媒体记者可以去查阅相关情况。"在得知《图书馆报》与《国际出版周报》同属新华书店总店主办后，柳斌杰对《图书馆报》记者说："你们的情况我是知道的，与理查德那次见面活动，就是你们总店《国际出版周报》主办的，活动办得很好，报纸办得很好。"

1 月 7 日　新华书店总店、新华互联电子商务有限责任公司在北京召开中国新华发行网项目出版社合作洽谈会，与中国出版集团所属在京 13 家出版社主要领导或发行业务分管领导进行座谈，共商新华发行网合作发展大计。会议由总店总经理茅院生主持，党委副书记柏万良、副总经理张雅山、总经理助理戴昕，新华互联电子商务有限责任公司常务副总经理许维华、副总经理郑欢和项目组有关成员参加会议。

1 月 10 日　总店召开贯彻落实中国出版集团公司 1 月 5 日老干部工作会议精神的会议，党委副书记柏万良主持会议，老龄工作部主任、离休支部书记张京义及离退休支部支委等 10 余人参会。

1 月 11 日　广西新华书店集团股份公司董事长谢向阳、副总经理王春林、向润华一行 7 人到总店参观考察。总店副总经理张雅山、总经理助理戴昕，新华互联公司常务副总经理许维华、副总经理郑欢，新华国采公司副总经理杨桦等与谢向阳一行座谈交流。

同日 由中国出版协会、中国出版集团公司、《全国大中专教学用书汇编》编委会主办，新华书店总店、新华国采教育网络科技有限责任公司、全国大中专教材网络采选系统承办的"2017全国高等教育教材峰会"在北京举办。总店副总经理陈新出席会议。会上由新华国采教育网络科技公司发起的"全国大中专教材经销商联盟"正式成立。首批加入联盟的全国42家优秀教材经销商联合发布《全国大中专教材经销商联盟反盗版共同宣言》。

1月13日 由北京图书订货会组委会、中国出版集团公司、新华书店总店主办，中国图书馆学会阅读推广委员会阅读与出版专业委员会、《图书馆报》、新华互联电子商务有限责任公司承办的主题为"馆社联动——构建文献资源建设新生态"的2017全国馆社高层论坛在北京举办，由总店副总经理张雅山主持。

1月20日 总店2017年度工作会议召开。中国出版集团公司党组成员、副总裁刘伯根出席并讲话。总店总经理茅院生、党委副书记柏万良、副总经理张雅山、陈新，总经理助理戴昕、汪春荣，总店及所属公司全体在职员工和离退休员工代表参加会议。大会审议了茅院生所做的《脚踏实地，改革创新，大力推进产业转型，在新的起点上创造总店更加美好的明天》的工作报告，对总店2016年度先进单位、先进个人进行了表彰。

2月16日 总店召开2016年度总店领导班子述职会议。中国出版集团公司党组成员、中国出版传媒股份有限公司副总经理孙月沐出席并讲话，党群工作部主任助理、纪委副书记张雁，人力资源部王端、赵荣荣莅临指导。总店领导班子成员、总店各部门、所属公司负责人及部分职工代表参加会议。

2月17日 下午，中国出版集团公司总裁谭跃，副总裁刘伯根、潘凯雄莅临总店考察调研，现场考察新华文化创意产业园建设情况，召开座谈会研究总店年度重点工作，推进重点项目。集团科技与数字出版部主任赖雪梅，办公室副主任万萍，副处长全冠军等陪同调研。总店总经理茅院生、党委副书记柏万良、副总经理陈新、总经理助理戴昕与汪春荣陪同考察园区，总店各部门负责人及中国新华发行网、全国大中专教材网络采选系统项目组成员参加座谈会。

2月22日 宁波市委宣传部副部长林大吉、文化产业处处长陈善杰，宁波市工商联商会副会长陈春明一行莅临新华书店总店参观考察，就双方共建宁波"书香之城"等项目进行洽谈。总店总经理茅院生、总经理助理戴昕、《国际出版周报》副社长袁虎参加合作洽谈。

2月23日 总店第三期新华大讲堂邀请全国政协委员、中国韬奋基金会理事长聂震宁作题为"邹韬奋是怎样成为出版大家"的精彩报告。总店领导茅院生、柏万良、张雅山、戴昕、汪春荣及总店各部门、所属公司在职员工聆听了报告。

2月 总店成立新华书店80周年纪念活动领导小组和办公室。

领导小组：

组长　　茅院生

副组长　柏万良　张雅山　陈　新

办公室：

主任　　戴　昕

成员　　汪春荣　张京义　韩　杰　马　凌　陈建华　杨　琳

　　　　李　漓　许维华　孙向东　王　杨

2月 新华书店80周年纪念活动领导小组决定开展系列纪念活动，包括：召开纪念大会，出版发行《中国新华书店发展大系·总店卷》，拍摄新华书店总店80周年宣传片，出版新华书店总店成立80周年纪念文集，评选并出版新华书店总店80周年80位人物专刊，举办传统出版发行业创新发展论坛，召开老同志座谈会暨优秀征文、人物传记出版发布会，举办新华大讲堂系列活动，《新华书目报》策划出版80版《新华书店80周年店庆特刊》，等等。

3月15日 由国际出版商协会、中国出版协会、中国出版集团、伦敦书展组委会主办，新华书店总店、《国际出版周报》承办的2017国际出版企业高层论坛伦敦峰会在英国伦敦举行。总店总经理、《国际出版周报》社长茅院生发布《中国出版产业发展报告》。国际出版商协会主席柯曼，伦敦书展主席托马斯，中国出版协会副理事长、《国际出版周报》编委会主席李朋义，国家新闻出版广电总局规划发展司司长朱伟峰，中国出版集团副总裁姜军等出席，中央电视台、《中国日报》、凤凰网等媒体进行了报道。

3月24日　下午，国家新闻出版广电总局副局长阎晓宏莅临总店调研并座谈，听取总店改革发展及重点项目建设情况汇报并发表重要讲话。对总店近年来改革发展所取得的成绩给予充分肯定，对总店联合全国各省市新华书店共同建设的"中国新华发行网"给予高度评价，并对"中国新华发行网"的建设提出要求。中国出版集团公司党组书记王涛主持调研座谈会。国家新闻出版广电总局印刷发行司司长刘晓凯、副巡视员董依薇，中国出版集团公司副总裁刘伯根、投资与资产经营部主任周锡培，中国出版传媒股份有限公司市场营销部主任陈晗雨等陪同调研。总店总经理茅院生汇报了总店近年来改革发展所取得的成绩，重点汇报了"中国新华发行网"的建设情况。阎晓宏还视察了总店在建中的135号院"新华文化创意产业园"。总店党委副书记柏万良，副总经理张雅山、陈新，总经理助理戴昕、汪春荣陪同视察。总店中层干部、所属公司负责人及"中国新华发行网""全国大中专教材采选系统"项目小组成员参加了座谈会。

参考文献

1. 编写组：《新华书店五十年（1937—1987）》，新华书店总店 1987 年。

2. 郑士德等：《新华书店五十春秋（1937—1987）》，新华书店总店 1987 年。

3. 新华书店总店：《图书发行工作文件选编（1982—1987）》，新华书店总店 1988 年。

4. 新华书店总店史编辑委员会：《新华书店总店史（1951—1992）》，人民出版社 1996 年版。

5. 《书海物流》编委会：《书海物流》，四川人民出版社 2000 年版。

6. 编写组：《新华书店六十年纪事（1937—1997）》，海洋出版社 2001 年版。

7. 编辑委员会：《书香满神州：新华书店 60 周年纪念》，北京出版社 2001 年版。

8. 哈九如：《新华书店七十纪事（1937—2006）》，上海人民出版社 2007 年版。

9. 新华书店 70 周年纪念活动组委会：《书香神州遍地春：新华书店 70 周年纪念文集》，中国大百科全书出版社 2007 年版。

10. 汪轶千：《书店往事》，北京时代弄潮文化发展有限公司 2009 年版。

11. 郑士德：《中国图书发行史》，高等教育出版社 2009 年版。

12. 李俊杰：《新华情》，中国时代经济出版社 2010 年版。

13. 年鉴编委会：《中国出版集团公司年鉴 2010》，中国大百科全书出版社 2010 年版。

14. 年鉴编委会：《中国出版集团公司年鉴 2011》，中国大百科全书出版社 2011 年版。

15. 年鉴编委会：《中国出版集团公司年鉴 2012》，中国大百科全书出版社 2012 年版。

16. 年鉴编委会：《中国出版集团公司年鉴 2013》，中国大百科全书出版社 2013 年版。

17. 赵连稳：《新华书店总店史》，研究出版社 2013 年版。

18. 方卿等：《30 而立——武汉大学出版学教育 30 周年纪念文集》，武汉大学出版社 2013 年版。

19.《图书发行》合订本（1992）。

20. 中国图书商报：《中国图书商报·商报十年专刊》，1995 年 1 月 7 日。

21. 纪念活动筹备组：《京所三十年—— 新华书店北京发行所成立三十周年纪念册（1954—1984）》，1984 年（内部资料）。

22.《新华书店总店大事记》（1951—1992）（征求意见稿，内部资料）。

23.《新华书店管理模式》（1951—2001），《出版史料》2011 年第 3 期。

24.《京所大事记》（1984—1987）（王鼎吉手稿，内部资料）。

25.《总店大事记》（1987.9—1991，1992—1995，1997—2006）（内部资料）。

26.《总店信息中心大事记》（2000—2013）（内部资料）。

27.《总店总经理室办公会议纪要》（2008.1—2016.6）（内部资料）。

28.《新华书店总店》2016 年 1—10 期（内部资料）。

29.《新华书店总店三任总经理邓耘、刘国辉、汪季贤离任审计报告》（内部资料）。

30. 北京市、天津市新华书店，陕西、山西、河北、山东、黑龙江、吉林、辽宁、安徽、江苏、浙江、福建、江西、湖南、甘肃省新华书店，内蒙古自治区新华书店提供的 1949 年 10 月新中国成立前店史史料。

后记

为了庆祝新华书店成立 80 周年，中国新华书店协会组织编辑出版《中国新华书店发展大系》，按省（区）分卷，共 32 卷，新华书店总店（简称总店）单成一卷。

1937 年 4 月 24 日，总店诞生于革命圣地延安，她伴随着党的事业，在艰苦环境中浴血发展，不断壮大，开枝散叶，建立了遍及全国城乡的 1.4 万余处图书发行网点，成为不可或缺的国有图书发行力量。总店作为延安新华书店的传承者和长时期全国新华书店系统的组织管理机构，在新华书店的壮大发展中发挥了重要作用。按照《中国新华书店发展大系》编委会的统一要求，将新华书店从延安创立之日至新中国成立新华书店总店止的发展历程，统一编入《中国新华书店发展大系·总店卷（1937—2017）》。总店成立后至 2017 年 3 月的发展历程一并纳入其中。依此凡例，总店史将涵盖 80 年的历史，内容浩大，史料庞杂，在编辑过程中，花费时间和精力甚多。为此，专门成立了《中国新华书店发展大系·总店卷（1937—2017）》编委会。编委会对此项工作非常重视，把店史编辑工作看成是记述历史、传承后人、留史于世、启迪后来的重大工程，指派专人负责对已有店史、零散文献和藏于个人的资料统一集中整理，逐事逐时进行审核与校验，务求其真，以保证店史的质量。同时，编委会还专门召集老同志座谈，丰富和补充材料，力求减少缺漏。初稿形成后，分送总店领导班子成员及历任老领导、老同志进行审读。各位参与其中的同志们也都认真履职，精细审阅，提出了许多有价值的建议和意见。在此，对他们的付出表示衷心的感谢。

　　这卷翔实史料，反映了总店 80 年来服务全国、服务基层、服务读者的历史足迹和真实情怀，反映了总店在服务党和国家工作大局中做出的历史性贡献。

　　编写总店史是十分光荣和繁杂的工作。尽管编写者付出了辛勤劳动，但限于水平和经验，难免有所漏缺。书中如有讹误或不足之处，欢迎历史亲历者和同志们批评指正。